LA NOUVELLE HÉLOÏSE,

PAR

J. J. ROUSSEAU.

PARIS,
LIBRAIRIE DE FIRMIN DIDOT FRÈRES,
IMPRIMEURS DE L'INSTITUT,
RUE JACOB, 56

1843.

LA
NOUVELLE HÉLOÏSE.

PARIS. — TYPOGRAPHIE DE FIRMIN DIDOT FRÈRES, RUE JACOB, 56

LA NOUVELLE HÉLOÏSE,

PAR

J. J. ROUSSEAU.

PARIS,
LIBRAIRIE DE FIRMIN DIDOT FRÈRES,
IMPRIMEURS DE L'INSTITUT,
RUE JACOB, 56

1843.

PRÉFACE.

Il faut des spectacles dans les grandes villes, et des romans aux peuples corrompus. J'ai vu les mœurs de mon temps, et j'ai publié ces lettres : que n'ai-je vécu dans un siècle où je dusse les jeter au feu !

Quoique je ne porte ici que le titre d'éditeur, j'ai travaillé moi-même à ce livre, et je ne m'en cache pas. Ai-je fait le tout, et la correspondance entière est-elle une fiction ? Gens du monde, que vous importe ? c'est sûrement une fiction pour vous.

Tout honnête homme doit avouer les livres qu'il publie : je me nomme donc à la tête de ce recueil, non pour me l'approprier, mais pour en répondre. S'il y a du mal, qu'on me l'impute ; s'il y a du bien, je n'entends point m'en faire honneur. Si le livre est mauvais, j'en suis plus obligé de le reconnaître : je ne veux pas passer pour meilleur que je ne suis.

Quant à la vérité des faits, je déclare qu'ayant été plusieurs fois dans le pays des deux amants, je n'y ai jamais ouï parler du baron d'Étange, ni de sa fille, ni de M. d'Orbe, ni de mylord Édouard Bomston, ni de M. de Wolmar. J'avertis encore que la topographie est grossièrement altérée en plusieurs endroits, soit pour mieux donner le change au lecteur, soit qu'en effet l'auteur n'en sût pas davantage. Voilà tout ce que je puis dire : que chacun pense comme il lui plaira.

Ce livre n'est point fait pour circuler dans le monde, et convient à très-peu de lecteurs. Le style rebutera les gens de goût ; la matière alarmera les gens sévères ; tous les sentiments seront hors de la nature pour ceux qui ne croient pas à la vertu. Il doit déplaire aux dévots, aux libertins, aux philosophes ; il doit choquer les femmes galantes, et scandaliser les honnêtes femmes. A qui plaira-t-il donc ? Peut-être à moi seul ; mais à coup sûr il ne plaira médiocrement à personne.

Quiconque veut se résoudre à lire ces lettres doit s'armer de patience sur les fautes de langue, sur le style emphatique et plat, sur les pensées communes rendues en termes ampoulés ; il doit se dire d'avance que ceux qui les écrivent ne sont pas des Français, des beaux esprits, des académiciens, des philosophes, mais des provinciaux, des étrangers, des solitaires, des jeunes gens, presque des enfants, qui, dans leurs imaginations romanesques, prennent pour de la philosophie les honnêtes délires de leur cerveau

Pourquoi craindrais-je de dire ce que je pense ? Ce recueil, avec son gothique ton, convient mieux aux femmes que les livres de philosophie il peut même être utile à celles qui, dans une vie déréglée, ont conservé quelque amour pour l'honnêteté Quant aux filles, c'est autre chose Jamais fille chaste n'a lu de romans, et j'ai mis à celui-ci un titre assez décidé pour qu'en l'ouvrant on sût à quoi s'en tenir. Celle qui, malgré ce titre, en osera lire une seule page, est une fille perdue mais qu'elle n'impute point sa perte à ce livre ; le mal était fait d'avance. Puisqu'elle a commencé, qu'elle achève de lire. elle n'a plus rien à risquer.

Qu'un homme austère, en parcourant ce recueil, se rebute aux premières parties, jette le livre avec colère, et s'indigne contre l'editeur, je ne me plaindrai point de son injustice, à sa place, j'en aurais pu faire autant. Que si, après l'avoir lu tout entier, quelqu'un m'osait blâmer de l'avoir publié, qu'il le dise, s'il veut, à toute la terre ; mais qu'il ne vienne pas me le dire. je sens que je ne pourrais de ma vie estimer cet homme-là.

Allez, bonnes gens avec qui j'aimai tant à vivre, et qui m'avez si souvent consolé des outrages des méchants, allez au loin chercher vos semblables ; fuyez les villes, ce n'est pas là que vous les trouverez. Allez dans d'humbles retraites amuser quelque couple d'époux fidèles, dont l'union se resserre aux charmes de la vôtre, quelque homme simple et sensible qui sache aimer votre état, quelque solitaire ennuyé du monde, qui, blâmant vos erreurs et vos fautes, se dise pourtant avec attendrissement : Ah ! voilà les âmes qu'il fallait à la mienne'

AVERTISSEMENT

SUR LA PRÉFACE SUIVANTE.

La forme et la longueur de ce dialogue, ou entretien supposé, ne m'ayant permis de le mettre que par extrait à la tête du recueil des premières éditions, je le donne à celle-ci tout entier, dans l'espoir qu'on y trouvera quelques vues utiles sur l'objet de ces sortes d'écrits. J'ai cru d'ailleurs devoir attendre que le livre eut fait son effet avant d'en discuter les inconvénients et les avantages, ne voulant ni faire de tort au libraire, ni mendier l'indulgence du public

---

SECONDE PRÉFACE

DE LA NOUVELLE HÉLOISE

N. Voilà votre manuscrit; je l'ai lu tout entier

R Tout entier? J'entends · vous comptez sur peu d'imitateurs.

N. *Vel duo, vel nemo.*

R. *Turpe et miserabile.* Mais je veux un jugement positif.

N. Je n'ose.

R Tout est osé par ce seul mot Expliquez-vous.

N Mon jugement dépend de la réponse que vous m'allez faire Cette correspondance est-elle réelle, ou si c'est une fiction?

R Je ne vois point la conséquence. Pour dire si un livre est bon ou mauvais, qu'importe de savoir comment on l'a fait?

N Il importe beaucoup pour celui-ci. Un portrait a toujours son prix, pourvu qu'il ressemble, quelque étrange que soit l'original. Mais dans un tableau d'imagination toute figure humaine doit avoir les traits communs à l'homme, ou le tableau ne vaut rien Tous deux supposés bons, il reste encore cette différence, que le portrait intéresse peu de gens, le tableau seul peut plaire au public.

R Je vous suis. Si ces lettres sont des portraits, ils n'intéressent point; si ce sont des tableaux, ils imitent mal. N'est-ce pas cela?

N. Précisément.

R Ainsi j'arracherai toutes vos réponses avant que vous m'ayez répondu Au reste, comme je ne puis satisfaire à votre question, il faut vous en passer pour résoudre la mienne Mettez la chose au pis ma Julie

N. Oh! si elle avait existé!

R. Hé bien?

N. Mais sûrement ce n'est qu'une fiction.

R. Supposez.

N. En ce cas, je ne connais rien de si maussade. Ces lettres ne sont point des lettres; ce roman n'est point un roman : les personnages sont des gens de l'autre monde.

R. J'en suis fâché pour celui-ci.

N. Consolez-vous ; les fous n'y manquent pas non plus : mais les vôtres ne sont pas dans la nature.

R. Je pourrais.. Non, je vois le détour que prend votre curiosité Pourquoi décidez-vous ainsi? Savez-vous jusqu'où les hommes diffèrent les uns des autres? combien les caractères sont opposés, combien les mœurs, les préjugés, varient selon les temps, les lieux, les âges? Qui est-ce qui ose assigner des bornes précises à la nature, et dire · Voilà jusqu'où l'homme peut aller, et pas au delà?

N. Avec ce beau raisonnement, les monstres inouïs, les géants, les pygmées, les chimères de toute espèce, tout pourrait être admis spécifiquement dans la nature, tout serait défiguré; nous n'aurions plus de modèle commun Je le répète, dans les tableaux de l'humanité chacun doit reconnaître l'homme.

R. J'en conviens, pourvu qu'on sache aussi discerner ce qui fait les variétés, de ce qui est essentiel à l'espèce Que diriez-vous de ceux qui ne reconnaîtraient la nôtre que dans un habit à la française?

N. Que diriez-vous de celui qui, sans exprimer ni traits ni taille, voudrait peindre une figure humaine avec un voile pour vêtement? N'aurait-on pas droit de lui demander où est l'homme?

R Ni traits ni taille! Êtes-vous juste? Point de gens parfaits, voilà la chimère Une jeune fille offensant la vertu qu'elle aime, et ramenée au devoir par l'horreur d'un plus grand crime; une amie trop facile, punie enfin par son propre cœur de l'excès de son indulgence; un jeune homme honnête et sensible, plein de faiblesse et de beaux discours; un vieux gentilhomme entêté de sa noblesse, sacrifiant tout à l'opinion; un Anglais généreux et brave, toujours passionné par sagesse, toujours raisonnant sans raison ..

N. Un mari débonnaire et hospitalier, empressé d'établir dans sa maison l'ancien amant de sa femme ..

R. Je vous renvoie à l'inscription de l'estampe.

N. *Les belles âmes!* . Le beau mot!

SECONDE PRÉFACE.

R. O philosophie, combien tu prends de peine à rétrécir les cœurs, à rendre les hommes petits !

N. L'esprit romanesque les agrandit et les trompe. Mais revenons. Les deux amies ?. Qu'en dites-vous ?... Et cette conversion subite au temple ?. La grâce, sans doute ?..

R. Monsieur...

N. Une femme chrétienne, une dévote qui n'apprend point le catéchisme à ses enfants; qui meurt sans vouloir prier Dieu; dont la mort cependant édifie un pasteur et convertit un athée.. Oh!...

R. Monsieur...

N. Quant à l'intérêt, il est pour tout le monde, il est nul. Pas une mauvaise action, pas un méchant homme qui fasse craindre pour les bons; des événements si naturels, si simples, qu'ils le sont trop; rien d'inopiné, point de coup de théâtre · tout est prévu longtemps d'avance, tout arrive comme il est prévu. Est-ce la peine de tenir registre de ce que chacun peut voir tous les jours dans sa maison ou dans celle de son voisin ?

R. C'est-à-dire qu'il vous faut des hommes communs et des événements rares : je crois que j'aimerais mieux le contraire. D'ailleurs, vous jugez ce que vous avez lu comme un roman. Ce n'en est point un ; vous l'avez dit vous-même. C'est un recueil de lettres...

N. Qui ne sont point des lettres ; je crois l'avoir dit aussi. Quel style épistolaire! qu'il est guindé! que d'exclamations! que d'apprêts! quelle emphase pour ne dire que des choses communes! quels grands mots pour de petits raisonnements! Rarement du sens, de la justesse ; jamais ni finesse, ni force, ni profondeur. Une diction toujours dans les nues, et des pensées qui rampent toujours. Si vos personnages sont dans la nature, avouez que leur style est peu naturel.

R. Je conviens que, dans le point de vue où vous êtes, il doit vous paraître ainsi.

N. Comptez-vous que le public le verra d'un autre œil ? et n'est-ce pas mon jugement que vous demandez ?

R. C'est pour l'avoir plus au long que je vous réplique. Je vois que vous aimeriez mieux des lettres faites pour être imprimées.

N. Ce souhait paraît assez bien fondé pour celles qu'on donne à l'impression.

R. On ne verra donc jamais les hommes dans les livres que comme ils veulent s'y montrer ?

N. L'auteur, comme il veut s'y montrer ; ceux qu'il dépeint, tels qu'ils sont. Mais cet avantage manque encore ici. Pas un portrait vigoureusement peint, pas un caractère assez bien marqué, nulle observation solide, aucune connaissance du monde. Qu'apprend on dans la petite sphere de deux ou trois amants ou amis toujours occupés d eux seuls?

R. On apprend à aimer l'humanité. Dans les grandes sociétés on n'apprend qu'a hair les hommes.

Votre jugement est sévère; celui du public doit l'être encore plus. Sans le taxer d'injustice, je veux vous dire a mon tour de quel œil je vois ces lettres, moins pour excuser les défauts que vous y blamez, que pour en trouver la source.

Dans la retraite on a d'autres manières de voir et de sentir que dans le commerce du monde, les passions, autrement modifiées, ont aussi d'autres expressions: l'imagination, toujours frappée des mêmes objets, s'en affecte plus vivement. Ce petit nombre d'images revient toujours, se mêle a toutes les idées, et leur donne ce tour bizarre et peu varie qu'on remarque dans les discours des solitaires. S'ensuit il de la que leur langage soit fort énergique? Point du tout; il n'est qu'extraordinaire. Ce n'est que dans le monde qu'on apprend a parler avec energie. Premierement, parce qu'il faut toujours dire autrement et mieux que les autres; et puis que, force d'affirmer à chaque instant ce qu'on ne croit pas, d exprimer des sentiments qu'on n'a point, on cherche a donner à ce qu'on dit un tour persuasif qui supplee a la persuasion intérieure. Croyez-vous que les gens vraiment passionnés aient ces manières de parler vives, fortes, coloriées, que vous admirez dans vos drames et dans vos romans? Non; la passion, pleine d'elle-même, s'exprime avec plus d'abondance que de force. elle ne songe pas même a persuader; elle ne soupçonne pas qu'on puisse douter d'elle. Quand elle dit ce qu'elle sent, c'est moins pour l'exposer aux autres que pour se soulager. On peint plus vivement l amour dans les grandes villes. l'y sent on mieux que dans les hameaux?

N. C'est a-dire que la faiblesse du langage prouve la force du sentiment.

R. Quelquefois du moins elle en montre la vérité. Lisez une lettre d'amour faite par un auteur dans son cabinet, par un bel esprit qui veut briller pour peu qu'il ait de feu dans la tête, sa plume va, comme on dit, brûler le papier; la chaleur n'ira pas plus loin. Vous serez enchanté, même agite peut-être, mais d une agitation passagere et sèche, qui ne vous laissera que des mots pour tout souvenir. Au contraire, une lettre que l'amour a réellement dictée, une lettre d'un amant vraiment passionné, sera lâche, diffuse, toute en longueurs, en désordre, en répétitions. Son cœur, plein d'un sentiment qui déborde, redit toujours la même chose, et n'a jamais achevé de dire, comme une source vive qui coule sans cesse et ne s'épuise jamais. Rien de saillant, rien de remarquable; on ne retient ni mots, ni tours, ni phrases; on n'admire rien, l'on n'est frappé de rien. Cependant on se sent l'âme attendrie, on se sent ému sans savoir pourquoi. Si la force du sentiment ne nous frappe pas, sa vérité nous touche; et c'est ainsi que le cœur sait parler au cœur. Mais ceux qui ne sentent rien, ceux qui n'ont que le jargon paré des passions, ne connaissent point ces sortes de beautés, et les méprisent.

N. J'attends.

R. Fort bien. Dans cette dernière espèce de lettres si les pensées sont communes, le style pourtant n'est pas familier, et ne doit pas l'être. L'amour n'est qu'illusion, il se fait, pour ainsi dire, un autre univers; il s'entoure d'objets qui ne sont point, ou auxquels lui seul a donné l'être; et, comme il rend tous ses sentiments en images, son langage est toujours figuré. Mais ces figures sont sans justesse et sans suite; son éloquence est dans son désordre; il prouve d'autant plus qu'il raisonne moins. L'enthousiasme est le dernier degré de la passion. Quand elle est à son comble, elle voit son objet parfait; elle en fait alors son idole, elle le place dans le ciel; et, comme l'enthousiasme de la dévotion emprunte le langage de l'amour, l'enthousiasme de l'amour emprunte aussi le langage de la dévotion. Il ne voit plus que le paradis, les anges, les vertus des saints, les délices du séjour céleste. Dans ces transports, entouré de si hautes images, en parlera-t-il en termes rampants? se résoudra-t-il d'abaisser, d'avilir ses idées par des expressions vulgaires? n'élèvera-t-il pas son style? ne lui donnera-t-il pas de la noblesse, de la dignité? Que parlez-vous de lettres, de style épistolaire? En écrivant à ce qu'on aime, il est bien question de cela! ce ne sont plus des lettres que l'on écrit, ce sont des hymnes.

N. Citoyen, voyons votre pouls.

R. Non, voyez l'hiver sur ma tête. Il est un âge pour l'expérience, un autre pour le souvenir. Le sentiment s'éteint à la fin, mais l'âme sensible demeure toujours.

Je reviens à nos lettres. Si vous les lisez comme l'ouvrage d'un auteur qui veut plaire ou qui se pique d'écrire, elles sont détestables. Mais prenez-les pour ce qu'elles sont, et jugez-les dans leur espèce. Deux ou trois jeunes gens simples, mais sensibles, s'entretiennent entre eux des intérêts de leurs cœurs; ils ne songent point à briller aux yeux les uns des autres. Ils se connaissent et s'aiment trop mutuellement pour que l'amour-propre ait plus rien à faire entre eux. Ils sont enfants, penseront-ils en hommes? ils sont étrangers, écriront-ils correctement? ils sont solitaires, connaîtront-ils le monde et la société? Pleins du seul sentiment qui les occupe, ils sont dans le délire, et pensent philosopher. Voulez-vous qu'ils sachent observer, juger, réfléchir? Ils ne savent rien de tout cela. ils savent aimer, ils rapportent tout à leur passion. L'importance qu'ils donnent à leurs folles idées est-elle moins amusante que tout l'esprit qu'ils pourraient étaler? Ils parlent de tout, ils se trompent sur tout; ils ne font rien connaître qu'eux mais en se faisant connaître ils se font aimer; leurs erreurs valent mieux que le savoir des sages; leurs cœurs honnêtes portent partout, jusque dans leurs fautes, les préjugés de la vertu toujours confiante et toujours trahie Rien ne les entend, rien ne leur répond, tout les détrompe. Ils se refusent aux vérités décourageantes ne trouvant nulle part ce qu'ils sentent, ils se replient sur eux-mêmes; ils se détachent du reste de l'univers, et créant entre eux un petit monde différent du nôtre, ils y forment un spectacle véritablement nouveau

N. Je conviens qu'un homme de vingt ans et des filles de dix-huit ne doivent pas, quoique instruits, parler en philosophes, même en pensant l'être; j'avoue encore, et cette différence ne m'a pas échappé, que ces filles deviennent des femmes de mérite, et ce jeune homme un meilleur observateur. Je ne fais point de comparaison entre le commencement et la fin de l'ouvrage. Les détails de la vie domestique effacent les fautes du premier âge; la chaste épouse, la femme sensée, la digne mère de famille, font oublier la coupable amante. Mais cela même est un sujet de critique. la fin du recueil rend le commencement d'autant plus répréhensible; on dirait que ce sont deux livres différents que les mêmes personnes ne doivent pas lire. Ayant à montrer des gens raisonnables, pourquoi les prendre avant qu'ils le soient devenus? Les jeux d'enfants qui précèdent les leçons de la sagesse empêchent de les attendre; le mal scandalise avant que le bien puisse édifier; enfin le lecteur indigné se rebute, et quitte le livre au moment d'en tirer du profit.

R. Je pense au contraire que la fin de ce recueil serait superflue aux lecteurs rebutés du commencement, et que ce même commencement doit être agréable à ceux pour qui la fin peut être utile Ainsi, ceux qui n'achèveront pas le livre ne perdront rien, puisqu'il ne leur est pas propre; et ceux qui peuvent en profiter ne l'auraient pas lu, s'il eût commencé plus gravement Pour rendre utile ce qu'on veut dire, il faut d'abord se faire écouter de ceux qui doivent en faire usage

J'ai changé de moyen, mais non pas d'objet. Quand j'ai tâché de

SECONDE PRÉFACE.

parler aux hommes, on ne m'a point entendu ; peut-être, en parlant aux enfants, me ferai-je mieux entendre ; et les enfants ne goûtent pas mieux la raison nue que les remèdes mal déguisés :

> Cosi all' egro fanciul porgiamo aspersi
> Di soave licor gl' orli del vaso,
> Succhi amari ingannato in tanto ei beve,
> E dall' inganno suo vita riceve

N. J'ai peur que vous ne vous trompiez encore ; ils suceront les bords du vase, et ne boiront point la liqueur.

R. Alors ce ne sera plus ma faute ; j'aurai fait de mon mieux pour la faire passer.

Mes jeunes gens sont aimables ; mais, pour les aimer à trente ans, il faut les avoir connus à vingt : il faut avoir vécu longtemps avec eux pour s'y plaire ; et ce n'est qu'après avoir déploré leurs fautes qu'on vient à goûter leurs vertus. Leurs lettres n'intéressent pas tout d'un coup ; mais peu à peu elles attachent : on ne peut ni les prendre ni les quitter. La grâce et la facilité n'y sont pas, ni la raison, ni l'esprit, ni l'éloquence ; le sentiment y est ; il se communique au cœur par degrés, et lui seul à la fin supplée à tout. C'est une longue romance, dont les couplets pris à part n'ont rien qui touche, mais dont la suite produit à la fin son effet. Voilà ce que j'éprouve en les lisant : dites-moi si vous sentez la même chose.

N. Non. Je conçois pourtant cet effet par rapport à vous. Si vous êtes l'auteur, l'effet est tout simple ; si vous ne l'êtes pas, je le conçois encore. Un homme qui vit dans le monde ne peut s'accoutumer aux idées extravagantes, au pathos affecté, au déraisonnement continuel de vos bonnes gens ; un solitaire peut les goûter : vous en avez dit la raison vous-même. Mais, avant que de publier ce manuscrit, songez que le public n'est pas composé d'ermites. Tout ce qui pourrait arriver de plus heureux serait qu'on prît votre petit bon homme pour un Céladon, votre Édouard pour un don Quichotte, vos caillettes pour deux Astrées, et qu'on s'en amusât comme d'autant de vrais fous. Mais les longues folies n'amusent guère : il faut écrire comme Cervantes, pour faire lire six volumes de visions.

R. La raison qui vous ferait supprimer cet ouvrage m'encourage à le publier.

N. Quoi ! la certitude de n'être point lu ?

R. Un peu de patience, et vous allez m'entendre.

En matière de morale, il n'y a point, selon moi, de lecture utile aux gens du monde. Premièrement, parce que la multitude des livres nouveaux qu'ils parcourent, et qui disent tour à tour le pour et le contre, détruit l'effet de l'un par l'autre, et rend le tout comme non avenu. Les livres choisis qu'on relit ne font point d'effet encore : s'ils soutiennent les maximes du monde, ils sont superflus ; et s'ils les combattent, ils sont inutiles ; ils trouvent ceux qui les lisent liés aux vices de la société par des chaînes qu'ils ne peuvent rompre. L'homme du monde qui veut remuer un instant son âme pour la remettre dans l'ordre moral, trouvant de toutes parts une résistance invincible, est toujours forcé de garder ou reprendre sa première situation. Je suis persuadé qu'il y a peu de gens bien nés qui n'aient fait cet essai, du moins une fois en leur vie ; mais, bientôt découragé d'un vain effort, on ne le répète plus, et l'on s'accoutume à regarder la morale des livres comme un babil de gens oisifs. Plus on s'éloigne des affaires, des grandes villes, des nombreuses sociétés, plus les obstacles diminuent. Il est un terme où ces obstacles cessent d'être invincibles, et c'est alors que les livres peuvent avoir quelque utilité. Quand on vit isolé, comme on ne se hâte pas de lire pour faire parade de ses lectures, on les varie moins, on les médite davantage ; et, comme elles ne trouvent pas un si grand contre poids au dehors, elles font beaucoup plus d'effet au dedans. L'ennui, ce fléau de la solitude aussi bien que du grand monde, force de recourir aux livres amusants, seule ressource de qui vit seul et n'en a pas en lui-même. On lit beaucoup plus de romans dans les provinces qu'à Paris, on en lit plus dans les campagnes que dans les villes, et ils y font beaucoup plus d'impression : vous voyez pourquoi cela doit être.

Mais ces livres, qui pourraient servir à la fois d'amusement, d'instruction, de consolation au campagnard, malheureux seulement parce qu'il pense l'être, ne semblent faits au contraire que pour le rebuter de son état, en étendant et fortifiant le préjugé qui le lui rend méprisable : les gens du bel air, les femmes à la mode, les grands, les militaires, voilà les acteurs de tous vos romans. Le raffinement du goût des villes, les maximes de la cour, l'appareil du luxe, la morale épicurienne, voilà les leçons qu'ils prêchent, et les préceptes qu'ils donnent. Le coloris de leurs fausses vertus ternit l'éclat des véritables ; le manège des procédés est substitué aux devoirs réels ; les beaux discours font dédaigner les belles actions ; et la simplicité des bonnes mœurs passe pour grossièreté.

Quel effet produiront de pareils tableaux sur un gentilhomme de campagne, qui voit railler la franchise avec laquelle il reçoit ses hôtes, et traiter de brutale orgie la joie qu'il fait régner dans son canton ? sur sa femme, qui apprend que les soins d'une mère de famille sont au dessous des dames de son rang ? sur sa fille, à qui les airs contour nés et le jargon de la ville font dédaigner l'honnête et rustique voisin qu'elle eût epousé? Tous de concert, ne voulant plus être des manants, se dégoûtent de leur village, abandonnent leur vieux château, qui bientôt devient masure, et vont dans la capitale, où le père, avec sa croix de St.-Louis, de seigneur qu'il était, devient valet, ou chevalier d'industrie ; la mère établit un brelan, la fille attire les joueurs ; et souvent tous trois, après avoir mené une vie infâme, meurent de misère et déshonorés.

Les auteurs, les gens de lettres, les philosophes, ne cessent de crier que, pour remplir ses devoirs de citoyen, pour servir ses semblables, il faut habiter les grandes villes Selon eux, fuir Paris, c'est haïr le genre humain ; le peuple de la campagne est nul à leurs yeux à les entendre, on croirait qu'il n'y a des hommes qu'où il y a des pensions, des accadémies, et des dîners.

De proche en proche, la même pente entraîne tous les états · les contes, les romans, les pièces de théâtre, tout tire sur les provinciaux ; tout tourne en dérision la simplicité des mœurs rustiques ; tout prêche les manières et les plaisirs du grand monde c'est une honte de ne les pas connaître, c'est un malheur de ne les pas goûter. Qui sait de combien de filous et de filles publiques l'attrait de ces plaisirs imaginaires peuple Paris de jour en jour? Ainsi les préjugés et l'opinion, renforçant l'effet des systèmes politiques, amoncellent, entassent les habitants de chaque pays sur quelques points du territoire, laissant tout le reste en friche et désert ainsi, pour faire briller les capitales, se dépeuplent les nations, et ce frivole éclat, qui frappe les yeux des sots, fait courir l'Europe à grands pas vers sa ruine Il importe au bonheur des hommes qu'on tâche d'arrêter ce torrent de maximes empoisonnées. C'est le métier des prédicateurs de nous crier, *Soyez bons et sages !* sans beaucoup s'inquiéter du succès de leurs discours. Le citoyen qui s'en inquiète ne doit point nous crier sottement, *Soyez bons !* mais nous faire aimer l'état qui nous porte à l'être.

N. Un moment ; reprenez haleine. J'aime les vues utiles ; et je vous ai si bien suivi dans celles ci, que je crois pouvoir pérorer pour vous.

Il est clair, selon votre raisonnement, que, pour donner aux ouvrages d'imagination la seule utilité qu'ils puissent avoir, il faudrait les diriger vers un but opposé à celui que leurs auteurs se proposent ; éloigner toutes les choses d'institution ; ramener tout à la nature ; donner aux hommes l'amour d'une vie égale et simple, les guérir des fantaisies de l'opinion, leur rendre le gout des vrais plaisirs, leur faire aimer la solitude et la paix ; les tenir à quelques distances les uns des autres, et, au lieu de les exciter à s'entasser dans les villes, les porter à s'étendre également sur le territoire, pour le vivifier de toutes parts. Je comprends encore qu'il ne s'agit pas de faire des Daphnis, des Sylvandres, des pasteurs d'Arcadie, des bergers du Lignon, d'illustres paysans cultivant leurs champs de leurs propres mains, et philosophant sur la nature, ni d'autres pareils êtres romanesques, qui ne peuvent exister que dans les livres; mais de montrer aux gens aisés que la vie rustique et l'agriculture ont des plaisirs qu'ils ne savent pas connaître ; que ces plaisirs sont moins insipides, moins grossiers qu'ils ne pensent, qu'il y peut régner du goût, du choix, de la délicatesse; qu'un homme de mérite qui voudrait se retirer à la campagne avec sa famille, et devenir lui-même son propre fermier, y pourrait couler une vie aussi douce qu'au milieu des amusements des villes, qu'une ménagère des champs peut être une femme charmante, aussi pleine de grâces, et de grâces plus touchantes, que toutes les petites maîtresses ; qu'enfin les plus doux sentiments du cœur y peuvent animer une société plus agréable que le langage apprêté des cercles, où nos rires mordants et satiriques sont le triste supplément de la gaieté qu'on n'y connaît plus. Est-ce bien cela ?

R. C'est cela même : à quoi j'ajouterai seulement une réflexion. L'on se plaint que les romans troublent les têtes ; je le crois bien. en montrant sans cesse à ceux qui les lisent les prétendus charmes d'un état qui n'est pas le leur, ils les séduisent, ils leur font prendre leur état en dédain, et en faire un échange imaginaire contre celui qu'on leur fait aimer. Voulant être ce qu'on n'est pas, on parvient à se croire autre chose que ce qu'on est, et voilà comment on devient fou. Si les romans n'offraient à leurs lecteurs que des tableaux d'objets qui les environnent, que des devoirs qu'ils peuvent remplir, que des plaisirs de leur condition, les romans ne les rendraient point fous, ils les rendraient sages. Il faut que les écrits faits pour les solitaires parlent la langue des solitaires pour les instruire, il faut qu'ils leur plaisent, qu'ils les intéressent ; il faut qu'ils les attachent à leur état en le leur rendant agréable. Ils doivent combattre et détruire les maximes des grandes sociétés ; ils doivent les montrer fausses et méprisables, c'est-à-dire telles qu'elles sont. A tous ces titres, un roman, s'il est bien fait, au moins s'il est utile, doit être sifflé, haï, décrié par les gens à la mode, comme un livre plat, extravagant, ridicule ; et voilà, monsieur, comment la folie du monde est sagesse.

N. Votre conclusion se tire d'elle-même. On ne peut mieux prévoir sa chute, ni s'apprêter à tomber plus fièrement. Il me reste une seule difficulté. Les provinciaux, vous le savez, ne lisent que sur notre parole ; il ne leur parvient que ce que nous leur envoyons. Un livre destiné pour les solitaires est d'abord jugé par les gens du monde ; si ceux-ci le rebutent, les autres ne le lisent point. Répondez.

R La réponse est facile. Vous parlez des beaux esprits de province, et moi je parle des vrais campagnards. Vous avez, vous autres qui brillez dans la capitale, des préjugés dont il faut vous guérir : vous croyez donner le ton a toute la France, et les trois quarts de la France ne savent pas que vous existez. Les livres qui tombent à Paris font la fortune des libraires de province.

N Pourquoi voulez-vous les enrichir aux dépens des nôtres ?

R. Raillez ; moi je persiste. Quand on aspire à la gloire, il faut se faire lire à Paris ; quand on veut être utile, il faut se faire lire en province Combien d'honnêtes gens passent leur vie, dans des campagnes éloignées, à cultiver le patrimoine de leurs pères, où ils se regardent comme exilés par une fortune étroite ! Durant les longues nuits d'hiver, dépourvus de sociétés, ils emploient la soirée à lire au coin de leur feu les livres amusants qui leur tombent sous la main. Dans leur simplicité grossière, ils ne se piquent ni de littérature, ni de bel esprit ; ils lisent pour se désennuyer, et non pour s'instruire ; les livres de morale et de philosophie sont pour eux comme n'existant pas . on en ferait en vain pour leur usage, ils ne leur parviendraient jamais Cependant, loin de leur rien offrir de convenable à leur situation, vos romans ne servent qu'à la leur rendre encore plus amère Ils changent leur retraite en un désert affreux ; et, pour quelques heures de distraction qu'ils leur donnent, ils leur préparent des mois de malaise et de vains regrets. Pourquoi n'oserais je supposer que, par quelque heureux hasard, ce livre, comme tant d'autres plus mauvais encore, pourra tomber dans les mains de ces habitants des champs, et que l'image des plaisirs d'un état tout semblable au leur le leur rendra plus supportable ? J'aime à me figurer deux époux lisant ce recueil ensemble, y puisant un nouveau courage pour supporter leurs travaux communs, et peut-être de nouvelles vues pour les rendre utiles Comment pourraient ils y contempler le tableau d'un ménage heureux, sans vouloir imiter un si doux modele ? Comment s'attendriront ils sur le charme de l'union conjugale, même privé de celui de l'amour, sans que la leur se resserre et s'affermisse ? En quittant leur lecture, ils ne seront ni attristés de leur état, ni rebutés de leurs soins Au contraire, tout semblera prendre autour d'eux une face plus riante ; leurs devoirs s'ennobliront à leurs yeux, ils reprendront le goût des plaisirs de la nature ; ses vrais sentiments renaîtront dans leurs cœurs ; et en voyant le bonheur à leur portée, ils apprendront à le goûter. Ils rempliront les mêmes fonctions, mais ils les rempliront avec une autre âme, et feront en vrais patriarches ce qu'ils faisaient en paysans.

N. Jusqu'ici tout va fort bien. Les maris, les femmes, les mères de famille. Mais les filles, n'en dites-vous rien ?

R. Non. Une honnête fille ne lit point de livres d'amour. Que celle qui lira celui-ci, malgré son titre, ne se plaigne point du mal qu'il lui aura fait : elle ment. Le mal était fait d'avance ; elle n'a plus rien à risquer.

N. A merveille ! Auteurs érotiques, venez à l'école, vous voilà tous justifiés.

R. Oui, s'ils le sont par leur propre cœur, et par l'objet de leurs écrits.

N. L'êtes-vous aux mêmes conditions ?

R. Je suis trop fier pour répondre à cela ; mais Julie s'était fait une règle pour juger les livres ; si vous la trouvez bonne, servez-vous en pour juger celui-ci.

On a voulu rendre la lecture des romans utile à la jeunesse ; je ne connais point de projet plus insensé : c'est commencer par mettre le feu à la maison, pour faire jouer les pompes. D'après cette folle idée, au lieu de diriger vers son objet la morale de ces sortes d'ouvrages, on adresse toujours cette morale aux jeunes filles [1], sans songer que les jeunes filles n'ont point de part aux désordres dont on se plaint. En général leur conduite est régulière, quoique leurs cœurs soient corrompus. Elles obéissent à leurs mères, en attendant qu'elles puissent les imiter. Quand les femmes feront leur devoir, soyez sûr que les filles ne manqueront point au leur.

N. L'observation vous est contraire en ce point. Il semble qu'il faut toujours au sexe un temps de libertinage, ou dans un état, ou dans l'autre. C'est un mauvais levain qui fermente tôt ou tard. Chez les peuples qui ont des mœurs, les filles sont faciles, et les femmes sévères : c'est le contraire chez ceux qui n'en ont pas. Les premiers n'ont égard qu'au délit, et les autres qu'au scandale. Il ne s'agit que d'être à l'abri des preuves, le crime est compté pour rien [2].

R. A l'envisager par ses suites, on n'en jugerait pas ainsi. Mais

---

[1] Ceci ne regarde que les modernes romans anglais.
[2] *Talis est via mulieris adulteræ, quæ comedit, et tergens os suum dicit. Non sum operata malum.* Proverb., XXX, 20.

soyons justes envers les femmes : la cause de leur désordre est moins en elles que dans nos mauvaises institutions.

Depuis que tous les sentiments de la nature sont étouffés par l'extrême inégalité, c'est de l'inique despotisme des pères que viennent les vices et les malheurs des enfants ; c'est dans des nœuds forcés et mal assortis que, victimes de l'avarice ou de la vanité des parents, de jeunes femmes effacent, par un désordre dont elles font gloire, le scandale de leur première honnêteté Voulez-vous donc remédier au mal ? remontez à sa source S'il y a quelque réforme à tenter dans les mœurs publiques, c'est par les mœurs domestiques qu'elle doit commencer ; et cela dépend absolument des pères et mères. Mais ce n'est point ainsi qu'on dirige les instructions ; vos lâches auteurs ne prêchent jamais que ceux qu'on opprime ; et la morale des livres sera toujours vaine, parce qu'elle n'est que l'art de faire sa cour au plus fort

N Assurément la vôtre n'est pas servile ; mais à force d'être libre, ne l'est-elle point trop ? Est-ce assez qu'elle aille à la source du mal ? ne craignez-vous point qu'elle en fasse ?

R Du mal ! A qui ? Dans des temps d'épidémie et de contagion, quand tout est atteint dès l'enfance, faut-il empêcher le débit des drogues bonnes aux malades, sous prétexte qu'elles pourraient nuire aux gens sains ? Monsieur, nous pensons si différemment sur ce point, que, si l'on pouvait espérer quelque succès pour ces lettres, je suis très persuadé qu'elles feraient plus de bien qu'un meilleur livre

N Il est vrai que vous avez une excellente prêcheuse. Je suis charmé de vous voir raccommodé avec les femmes ; j'étais fâché que vous leur défendissiez de nous faire des sermons [1]

R. Vous êtes pressant, il faut me taire, je ne suis ni assez fou ni assez sage pour avoir toujours raison laissons cet os à ronger à la critique.

N Bénignement de peur qu'elle n'en manque Mais n'eût-on sur tout le reste rien à dire à tout autre, comment passer au sévère censeur des spectacles les situations vives et les sentiments passionnés dont tout ce recueil est rempli ? Montrez moi une scène de théâtre qui forme un tableau pareil à ceux du bosquet de Clarens [2] et du cabinet de toilette Relisez la lettre sur les spectacles; relisez ce recueil . Soyez conséquent, ou quittez vos principes Que voulez-vous qu'on pense ?

---

[1] Voyez la Lettre à M d'Alembert sur les spectacles, p 81, première édition

[2] On prononce Clarans.

R. Je veux, monsieur, qu'un critique soit conséquent lui-même, et qu'il ne juge qu'après avoir examiné. Relisez mieux l'écrit que vous venez de citer; relisez aussi la préface de *Narcisse*, vous y verrez la réponse à l'inconséquence que vous me reprochez. Les étourdis qui prétendent en trouver dans le *Devin du village* en trouveront sans doute bien plus ici. Ils feront leur métier : mais vous...

N. Je me rappelle deux passages [1]... Vous estimez peu vos contemporains.

R. Monsieur, je suis aussi leur contemporain. Oh! que ne suis-je né dans un siècle où je dusse jeter ce recueil au feu!

N. Vous outrez, à votre ordinaire; mais, jusqu'à certain point, vos maximes sont assez justes. Par exemple, si votre Héloïse eût été toujours sage, elle instruirait beaucoup moins; car à qui servirait-elle de modèle? C'est dans les siècles les plus dépravés qu'on aime les leçons de la morale la plus parfaite : cela dispense de les pratiquer; et l'on contente à peu de frais, par une lecture oisive, un reste de goût pour la vertu.

R. Sublimes auteurs, rabaissez un peu vos modèles, si vous voulez qu'on cherche à les imiter. A qui vantez-vous la pureté qu'on n'a point souillée? Eh! parlez-nous de celle qu'on peut recouvrer; peut-être au moins quelqu'un pourra vous entendre

N. Votre jeune homme a déjà fait ces réflexions; mais n'importe, on ne vous fera pas moins un crime d'avoir dit ce qu'on fait, pour montrer ensuite ce qu'on devrait faire. Sans compter qu'inspirer l'amour aux filles et la réserve aux femmes, c'est renverser l'ordre établi, et ramener toute cette petite morale que la philosophie a proscrite. Quoi que vous en puissiez dire, l'amour dans les filles est indécent et scandaleux, et il n'y a qu'un mari qui puisse autoriser un amant. Quelle étrange maladresse que d'être indulgent pour des filles qui ne doivent point vous lire, et sévère pour les femmes qui vous jugeront! Croyez-moi, si vous avez peur de réussir, tranquillisez-vous; vos mesures sont trop bien prises pour vous laisser craindre un pareil affront Quoi qu'il en soit, je vous garderai le secret; ne soyez imprudent qu'à demi. Si vous croyez donner un livre utile, à la bonne heure; mais gardez-vous de l'avouer.

R. De l'avouer, monsieur! Un honnête homme se cache-t-il quand il parle au public? ose-t-il imprimer ce qu'il n'oserait reconnaître?

---

[1] Préface de Narcisse, pages 28 et 32. Lettre à M. d'Alembert, pages 223, 224, première édition.

SECONDE PRÉFACE.

Je suis l'éditeur de ce livre, et je m'y nommerai comme éditeur.

N. Vous vous y nommerez! vous?

R. Moi-même.

N. Quoi ! vous y mettrez votre nom?

R. Oui, monsieur.

N. Votre vrai nom, *Jean-Jacques Rousseau*, en toutes lettres?

R. *Jean Jacques Rousseau*, en toutes lettres.

N. Vous n'y pensez pas! que dira-t-on de vous?

R. Ce qu'on voudra. Je me nomme à la tête de ce recueil, non pour me l'approprier, mais pour en répondre. S'il y a du mal, qu'on me l'impute; s'il y a du bien, je n'entends point m'en faire honneur. Si l'on trouve le livre mauvais en lui-même, c'est une raison de plus pour y mettre mon nom. Je ne veux pas passer pour meilleur que je ne suis.

N. Êtes-vous content de cette réponse?

R. Oui, dans des temps ou il n'est possible à personne d'être bon.

N. Et les belles âmes, les oubliez-vous?

R. La nature les fit, vos institutions les gâtent.

N. A la tête d'un livre d'amour on lira ces mots : *Par J.-J Rousseau, citoyen de Genève!*

R. *Citoyen de Genève!* Non pas cela. Je ne profane point le nom de ma patrie; je ne le mets qu'aux écrits que je crois lui pouvoir faire honneur.

N. Vous portez vous-même un nom qui n'est pas sans honneur, et vous avez aussi quelque chose à perdre. Vous donnez un livre faible et plat, qui vous fera tort. Je voudrais vous en empêcher; mais si vous en faites la sottise, j'approuve que vous la fassiez hautement et franchement; cela du moins sera dans votre caractère. Mais, à propos, mettrez-vous aussi votre devise à ce livre?

R. Mon libraire m'a déjà fait cette plaisanterie; et je l'ai trouvée si bonne, que j'ai promis de lui en faire honneur. Non, monsieur, je ne mettrai point ma devise à ce livre; mais je ne la quitterai pas pour cela, et je m'effraye moins que jamais de l'avoir prise. Souvenez-vous que je songeais à faire imprimer ces lettres quand j'écrivais contre les spectacles, et que le soin d'excuser un de ces écrits ne m'a point fait altérer la vérité dans l'autre. Je me suis accusé d'avance plus fortement peut-être que personne ne m'accusera. Celui qui préfère la vérité à sa gloire peut espérer de la préférer à sa vie. Vous voulez qu'on soit toujours conséquent; je doute que cela soit possible à l'homme, mais ce qui lui est impossible est d'être toujours vrai : voilà ce que je veux tâcher d'être.

N. Quand je vous demande si vous êtes l'auteur de ces lettres, pourquoi donc éludez vous ma question?

R. Pour cela même que je ne veux pas dire un mensonge.

N. Mais vous refusez aussi de dire la vérité?

R. C'est encore lui rendre honneur que de déclarer qu'on la veut taire : vous auriez meilleur marché d'un homme qui voudrait mentir. D'ailleurs les gens de goût se trompent-ils sur la plume des auteurs? Comment osez vous faire une question que c'est à vous de résoudre?

N. Je la résoudrais bien pour quelques lettres, elles sont certainement de vous; mais je ne vous reconnais plus dans les autres, et je doute qu'on se puisse contrefaire à ce point. La nature, qui n'a pas peur qu'on la méconnaisse, change souvent d'apparence; et souvent l'art se décèle en voulant être plus naturel qu'elle : c'est le grogneur de la fable, qui rend la voix de l'animal mieux que l'animal même. Ce recueil est plein de choses d'une maladresse que le dernier barbouilleur eut évitée : les déclamations, les répétitions, les contradictions, les éternelles rabâcheries. Où est l'homme capable de mieux faire, qui pourrait se résoudre à faire si mal? ou est celui qui aurait laissé la choquante proposition que ce fou d'Édouard fait à Julie? ou est celui qui n'aurait pas corrigé le ridicule du petit bonhomme qui, voulant toujours mourir, a soin d'en avertir tout le monde, et finit par se porter toujours bien? ou est celui qui n'eût pas commencé par se dire : Il faut marquer avec soin les caractères, il faut exactement varier les styles? Infailliblement, avec ce projet, il aurait mieux fait que la nature.

J'observe que dans une société très intime les styles se rapprochent ainsi que les caractères, et que les amis, confondant leurs âmes, confondent aussi leurs manières de penser, de sentir et de dire. Cette Julie, telle qu'elle est, doit être une créature enchanteresse, tout ce qui l'approche doit lui ressembler; tout doit devenir Julie autour d'elle; tous ses amis ne doivent avoir qu'un ton. Mais ces choses se sentent et ne s'imaginent pas. Quand elles s'imagineraient, l'inventeur n'oserait les mettre en pratique : il ne lui faut que des traits qui frappent la multitude, ce qui redevient simple à force de finesse ne lui convient plus : or c'est là qu'est le sceau de la vérité; c'est là qu'un œil attentif cherche et retrouve la nature.

R. Hé bien! vous concluez donc?

N. Je ne conclus pas, je doute; et je ne saurais vous dire combien

SECONDE PRÉFACE.

ce doute m'a tourmenté durant la lecture de ces lettres. Certainement, si tout cela n'est que fiction, vous avez fait un mauvais livre; mais dites que ces deux femmes ont existé, et je relis ce recueil tous les ans, jusqu'à la fin de ma vie.

R. Eh! qu'importe qu'elles aient existé? vous les chercheriez en vain sur la terre, elles ne sont plus.

N. Elles ne sont plus? elles furent donc?

R. Cette conclusion est conditionnelle : si elles furent, elles ne sont plus.

N. Entre nous, convenez que ces petites subtilités sont plus déterminantes qu'embarrassantes.

R. Elles sont ce que vous les forcez d'être, pour ne point me trahir ni mentir.

N. Ma foi, vous aurez beau faire, on vous devinera malgré vous. Ne voyez-vous pas que votre épigraphe seule dit tout?

R. Je vois qu'elle ne dit rien sur le fait en question : car qui peut savoir si j'ai trouvé cette épigraphe dans le manuscrit, ou si c'est moi qui l'y ai mise? qui peut dire si je ne suis point dans le même doute où vous êtes, si tout cet air de mystère n'est pas peut-être une feinte pour vous cacher ma propre ignorance sur ce que vous voulez savoir?

N. Mais enfin, vous connaissez les lieux? vous avez été à Vevay, dans le pays de Vaud?

R. Plusieurs fois; et je vous déclare que je n'y ai point ouï parler du baron d'Étange ni de sa fille; le nom de M. de Wolmar n'y est pas même connu. J'ai été à Clarens, je n'y ai rien vu de semblable à la maison décrite dans ces lettres. J'y ai passé, revenant d'Italie, l'année même de l'événement funeste, et l'on n'y pleurait ni Julie de Wolmar, ni rien qui lui ressemblât, que je sache. Enfin, autant que je puis me rappeler la situation du pays, j'ai remarqué dans ces lettres des transpositions de lieux et des erreurs de topographie, soit que l'auteur n'en sût pas davantage, soit qu'il voulût dépayser ses lecteurs. C'est là tout ce que vous apprendrez de moi sur ce point; et soyez sûr que d'autres ne m'arracheront pas ce que j'aurai refusé de vous dire.

N. Tout le monde aura la même curiosité que moi. Si vous publiez cet ouvrage, dites donc au public ce que vous m'avez dit, faites plus, écrivez cette conversation pour toute préface : les éclaircissements nécessaires y sont tous.

R. Vous avez raison, elle vaut mieux que ce que j'aurais dit de mon chef. Au reste, ces sortes d'apologies ne réussissent guère.

N. Non, quand on voit que l'auteur s'y ménage; mais j'ai pris soin qu'on ne trouvât pas ce défaut dans celle-ci : seulement, je vous conseille d'en transposer les rôles. Feignez que c'est moi qui vous presse de publier ce recueil, et que vous vous en défendez; donnez-vous les objections, et à moi les réponses : cela sera plus modeste, et fera un meilleur effet.

R. Cela sera-t-il aussi dans le caractère dont vous m'avez loué ci-devant?

N. Non, je vous tendais un piége : laissez les choses comme elles sont.

JULIE,

ou

LA NOUVELLE HÉLOISE.

PREMIÈRE PARTIE.

LETTRE PREMIERE.

A JULIE.

Il faut vous fuir, mademoiselle, je le sens bien : j'aurais dû beaucoup moins attendre; ou plutot il fallait ne vous voir jamais. Mais que faire aujourd'hui? comment m'y prendre? Vous m'avez promis de l'amitié; voyez mes perplexités, et conseillez-moi.

Vous savez que je ne suis entré dans votre maison que sur l'*invitation* de madame votre mère. Sachant que j'avais cultivé quelques talents agréables, elle a cru qu'ils ne seraient pas inutiles, dans un lieu dépourvu de maîtres, a l'éducation d'une fille qu'elle adore. Fier, à mon tour, d'orner de quelques fleurs un si beau naturel, j'osai me charger de ce dangereux soin, sans en prévoir le péril, ou du moins sans le redouter. Je ne vous dirai point que je commence à payer le prix de ma témérité : j'espere que je ne m'oublierai jamais jusqu'à vous tenir des discours qu'il ne vous convient pas d'entendre, et manquer au respect que je dois a vos mœurs, encore plus qu'a votre naissance et a vos charmes. Si je souffre, j'ai du moins la consolation de souffrir seul, et je ne voudrais pas d'un bonheur qui pût coûter au votre.

Cependant je vous vois tous les jours, et je m'aperçois que, sans y songer, vous aggravez innocemment des maux que vous ne pouvez plaindre, et que vous devez ignorer. Je sais, il est vrai, le parti que dicte en pareil cas la prudence, au defaut de l'espoir; et je me serais efforce de le prendre, si je pouvais accorder en cette occasion la prudence avec l'honnêteté : mais comment me retirer décemment d'une maison dont la maîtresse elle-même m'a offert l'entrée, ou elle m'accable de bontés, où elle me croit de quelque utilité à ce qu'elle a de plus cher au monde? comment frustrer cette tendre mère du plaisir de surprendre un jour son époux par vos progrès dans des études qu'elle lui cache à ce dessein? Faut-il quitter impoliment sans lui rien dire? faut-il lui déclarer le sujet de ma retraite? et cet aveu même ne l'offensera-t-il pas, de la part d'un homme dont la naissance et la fortune ne peuvent lui permettre d'aspirer à vous?

Je ne vois, mademoiselle, qu'un moyen de sortir de l'embarras où je suis c'est que la main qui m'y plonge m'en retire; que ma peine, ainsi que ma faute, me vienne de vous; et qu'au moins par pitié pour moi vous daigniez m'interdire votre présence. Montrez ma lettre à vos parents, faites-moi refuser votre porte, chassez-moi comme il vous plaira; je puis tout endurer de vous, je ne puis vous fuir de moi-même.

Vous, me chasser! moi, vous fuir! et pourquoi? Pourquoi donc est-ce un crime d'être sensible au mérite, et d'aimer ce qu'il faut qu'on honore? Non, belle Julie; vos attraits avaient ébloui mes yeux; jamais ils n'eussent égaré mon cœur, sans l'attrait plus puissant qui les anime. C'est cette union touchante d'une sensibilité si vive et d'une inaltérable douceur; c'est cette pitié si tendre à tous les maux d'autrui; c'est cet esprit juste et ce goût exquis qui tirent leur pureté de celle de l'âme; ce sont, en un mot, les charmes des sentiments bien plus que ceux de la personne, que j'adore en vous. Je consens qu'on vous puisse imaginer plus belle encore : mais plus aimable et plus digne du cœur d'un honnête homme; non, Julie, il n'est pas possible.

J'ose me flatter quelquefois que le ciel a mis une conformité secrète entre nos affections, ainsi qu'entre nos goûts et nos âges Si jeunes encore, rien n'altère en nous les penchants de la nature, et toutes nos inclinations semblent se rapporter. Avant que d'avoir pris les uniformes préjugés du monde, nous avons des manières uniformes de sentir et de voir; et pourquoi n'oserais-je pas imaginer dans nos cœurs ce même concert que j'aperçois dans nos jugements? Quelquefois nos yeux se rencontrent; quelques soupirs nous échappent en même temps; quelques larmes furtives. . O Julie! si cet accord venait de plus loin... si le ciel nous avait destinés... toute la force humaine... Ah! pardon! je m'égare j'ose prendre mes vœux pour de l'espoir; l'ardeur de mes désirs prête a leur objet la possibilité qui lui manque.

Je vois avec effroi quel tourment mon cœur se prépare. Je ne cherche point a flatter mon mal; je voudrais le haïr, s'il était possible : jugez si mes sentiments sont purs, par la sorte de grâce que je viens vous demander. Tarissez, s'il se peut, la source du poison qui me nourrit et me tue : je ne veux que guérir ou mourir; et j'implore vos rigueurs comme un amant implorerait vos bontés.

Oui, je promets, je jure de faire de mon coté tous mes efforts pour recouvrer ma raison, ou concentrer au fond de mon âme le trouble que j'y sens naître : mais, par pitié, détournez de moi ces yeux si doux qui me donnent la mort; dérobez aux miens vos traits, votre air, vos bras, vos mains, vos blonds cheveux, vos gestes; trompez l'avide imprudence de mes regards; retenez cette voix touchante qu'on n'entend point sans émotion · soyez, hélas ! une autre que vous-même, pour que mon cœur puisse revenir a lui.

Vous le dirai-je sans détour ? Dans ces jeux que l'oisiveté de la soirée engendre, vous vous livrez devant tout le monde a des familiarités cruelles; vous n'avez pas plus de réserve avec moi qu'avec un autre. Hier même, il s'en fallut peu que, par pénitence, vous ne me laissassiez prendre un baiser : vous résistates faiblement. Heureusement je n'eus garde de m'obstiner. Je sentis à mon trouble croissant que j'allais me perdre, et je m'arrêtai. Ah ! si du moins je l'eusse pu savourer à mon gré, ce baiser eût été mon dernier soupir, et je serais mort le plus heureux des hommes !

De grace, quittons ces jeux qui peuvent avoir des suites funestes. Non, il n'y en a pas un qui n'ait son danger, jusqu'au plus puéril de tous. Je tremble toujours d'y rencontrer votre main, et je ne sais comment il arrive que je la rencontre toujours. A peine se repose-t-elle sur la mienne, qu'un tressaillement me saisit; le jeu me donne la fièvre ou plutot le délire : je ne vois, je ne sens plus rien; et, dans ce moment d'aliénation, que dire, que faire, ou me cacher, comment repondre de moi ?

Durant nos lectures, c'est un autre inconvénient. Si je vous vois un instant sans votre mère ou sans votre cousine, vous changez tout a coup de maintien; vous prenez un air si sérieux, si froid, si glacé, que le respect et la crainte de vous déplaire m'ôtent la presence d'esprit et le jugement, et j'ai peine à bégayer en tremblant quelques mots d'une leçon que toute votre sagacité vous fait suivre à peine. Ainsi l'inégalité que vous affectez tourne à la fois au préjudice de tous deux : vous me désolez et ne vous instruisez point, sans que je puisse concevoir quel motif fait ainsi changer d'humeur une personne si raisonnable. J'ose vous le demander, comment pouvez-vous etre si folatre en public, et si grave dans le tete-a-tete ? Je pensais que ce devait etre tout le contraire, et qu'il fallait composer son maintien à proportion du nombre des spectateurs. Au lieu de cela, je vous vois, toujours avec une égale perplexité de ma part, le ton de cérémonie en particulier, et le ton familier devant tout le monde. Daignez etre plus égale, peut-etre serai-je moins tourmenté.

Si la commiseration naturelle aux âmes bien nées peut vous attendrir sur les peines d'un infortune auquel vous avez témoigné quelque estime, de légers changements dans votre conduite rendront sa situation moins violente, et lui feront supporter plus paisiblement et son silence et ses maux. Si sa retenue et son etat ne vous touchent pas, et que vous vouliez user du droit de le perdre, vous le pouvez sans qu'il en murmure : il aime mieux encore périr par votre ordre que par un transport indiscret qui le rendit coupable à vos yeux. Enfin, quoi que vous ordonniez de mon sort, au moins n'aurai-je point à me reprocher d'avoir pu former un espoir téméraire ; et si vous avez lu cette lettre, vous avez fait tout ce que j'oserais vous demander, quand même je n'aurais point de refus à craindre.

II. — A JULIE

Que je me suis abusé, mademoiselle, dans ma premiere lettre ! Au lieu de soulager mes maux, je n'ai fait que les augmenter en m'exposant à votre disgrâce, et je sens que le pire de tous est de vous déplaire. Votre silence, votre air froid et réservé, ne m'annoncent que trop mon malheur. Si vous avez exaucé ma priere en partie, ce n'est que pour mieux m'en punir.

> F poi ch amor di me vi fece accorta,
> Fur i biondi capelli allor velati,
> E l amoroso sguardo in se raccolto [1]

[1] Et l'amour vous ayant rendue attentive, vous voilâtes vos blonds cheveux, et recueillites en vous-même vos doux regards. Metast.

Vous retranchez en public l'innocente familiarité dont j'eus la folie de me plaindre ; mais vous n'en êtes que plus sévère dans le particulier; et votre ingénieuse rigueur s'exerce également par votre complaisance et par vos refus.

Que ne pouvez-vous connaître combien cette froideur m'est cruelle ! vous me trouveriez trop puni. Avec quelle ardeur ne voudrais-je pas revenir sur le passé, et faire que vous n'eussiez point vu cette fatale lettre ! Non, dans la crainte de vous offenser encore, je n'écrirais point celle-ci, si je n'eusse écrit la première ; et je ne veux pas redoubler ma faute, mais la réparer. Faut-il, pour vous apaiser, dire que je m'abusais moi-même ? faut-il protester que ce n'était pas de l'amour que j'avais pour vous ?... Moi, je prononcerais cet odieux parjure ! Le vil mensonge est-il digne d'un cœur où vous régnez ? Ah ! que je sois malheureux, s'il faut l'être : pour avoir été téméraire je ne serai ni menteur ni lâche, et le crime que mon cœur a commis, ma plume ne peut le désavouer.

Je sens d'avance le poids de votre indignation, et j'en attends les derniers effets comme une grâce que vous me devez, au défaut de toute autre ; car le feu qui me consume mérite d'être puni, mais non méprisé. Par pitié, ne m'abandonnez pas à moi-même ; daignez au moins disposer de mon sort ; dites quelle est votre volonté. Quoi que vous puissiez me prescrire, je ne saurai qu'obéir. M'imposez-vous un silence éternel ? je saurai me contraindre à le garder. Me bannissez-vous de votre présence ? je jure que vous ne me verrez plus. M'ordonnez-vous de mourir ? ah ! ce ne sera pas le plus difficile. Il n'y a point d'ordre auquel je ne souscrive, hors celui de ne vous plus aimer : encore obéirais-je en cela même, s'il m'était possible.

Cent fois le jour je suis tenté de me jeter à vos pieds, de les arroser de mes pleurs, d'y obtenir la mort ou mon pardon ; toujours un effroi mortel glace mon courage ; mes genoux tremblent et n'osent fléchir ; la parole expire sur mes lèvres ; et mon âme ne trouve aucune assurance contre la frayeur de vous irriter.

Est-il au monde un état plus affreux que le mien ? Mon cœur sent trop combien il est coupable, et ne saurait cesser de l'être ; le crime et le remords l'agitent de concert ; et, sans savoir quel sera mon destin, je flotte dans un doute insupportable, entre l'espoir de la clémence et la crainte du châtiment.

Mais non, je n'espère rien ; je n'ai droit de rien espérer. La seule grâce que j'attends de vous est de hâter mon supplice. Contentez une juste vengeance. Est-ce être assez malheureux que de me voir réduit à la solliciter moi-même? Punissez-moi, vous le devez; mais si vous n'êtes impitoyable, quittez cet air froid et mécontent qui me met au désespoir : quand on envoie un coupable à la mort, on ne lui montre plus de colere.

III. — A JULIE.

Ne vous impatientez pas, mademoiselle; voici la dernière importunité que vous recevrez de moi.

Quand je commençai de vous aimer, que j'étais loin de voir tous les maux que je m'apprêtais! Je ne sentis d'abord que celui d'un amour sans espoir, que la raison peut vaincre à force de temps; j'en connus ensuite un plus grand dans la douleur de vous déplaire; et maintenant j'éprouve le plus cruel de tous dans le sentiment de vos propres peines. O Julie! je le vois avec amertume, mes plaintes troublent votre repos; vous gardez un silence invincible : mais tout décèle à mon cœur attentif vos agitations secretes. Vos yeux deviennent sombres, rêveurs, fixés en terre; quelques regards égarés s'échappent sur moi : vos vives couleurs se fanent; une pâleur étrangère couvre vos joues; la gaieté vous abandonne; une tristesse mortelle vous accable; et il n'y a que l'inaltérable douceur de votre âme qui vous préserve d'un peu d'humeur.

Soit sensibilité, soit dédain, soit pitié pour mes souffrances, vous en êtes affectée, je le vois; je crains de contribuer aux vôtres, et cette crainte m'afflige beaucoup plus que l'espoir qui devrait en naître ne peut me flatter; car ou je me trompe moi-même, ou votre bonheur m'est plus cher que le mien.

Cependant, en revenant à mon tour sur moi, je commence à connaître combien j'avais mal jugé de mon propre cœur, et je vois trop tard que ce que j'avais d'abord pris pour un délire passager fera le destin de ma vie. C'est le progres de votre tristesse qui m'a fait sentir celui de mon mal. Jamais, non jamais le feu de vos yeux, l'éclat de votre teint, les charmes de votre esprit, toutes les graces de votre ancienne gaieté, n'eussent produit un effet semblable à celui de votre abattement. N'en doutez pas, divine Julie, si vous pouviez voir quel embrasement ces huit jours de langueur ont allumé dans mon âme, vous gémiriez vous-même des maux que vous me causez. Ils sont désormais sans remede, et je sens avec désespoir que le feu qui me consume ne s'éteindra qu'au tombeau.

N'importe, qui ne peut se rendre heureux peut au moins mériter de l'être, et je saurai vous forcer d'estimer un homme à qui vous n'avez pas daigné faire la moindre réponse. Je suis jeune, et peux mériter un jour la considération dont je ne suis pas maintenant digne. En attendant, il faut vous rendre le repos que j'ai perdu pour toujours, et que je vous ôte ici malgré moi. Il est juste que je porte seul la peine du crime dont je suis seul coupable. Adieu, trop belle Julie; vivez tranquille, et reprenez votre enjouement, des demain vous ne me verrez plus. Mais soyez sûre que l'amour ardent et pur dont j'ai brulé pour vous ne s'éteindra de ma vie, que mon cœur, plein d'un si digne objet, ne saurait plus s'avilir, qu'il partagera désormais ses uniques hommages entre vous et la vertu, et qu'on ne verra jamais profaner par d'autres feux l'autel ou Julie fut adorée.

PREMIER BILLET DE JULIE.

N'emportez pas l'opinion d'avoir rendu votre éloignement necessaire. Un cœur vertueux saurait se vaincre ou se taire, et deviendrait peut-être a craindre. Mais vous... vous pouvez rester.

RÉPONSE.

Je me suis tu longtemps, vos froideurs m'ont fait parler a la fin. Si l'on peut se vaincre pour la vertu, l'on ne supporte point le mépris de ce qu'on aime. Il faut partir.

IIe BILLET DE JULIE.

Non, monsieur, apres ce que vous avez paru sentir, apres ce que vous m'avez osé dire, un homme tel que vous avez feint d'être ne part point; il fait plus.

RÉPONSE.

Je n'ai rien feint qu'une passion moderée dans un cœur au desespoir. Demain vous serez contente; et, quoi que vous en puissiez dire, j'aurai moins fait que de partir.

III" BILLET DE JULIE.

Insensé ! si mes jours te sont chers, crains d'attenter aux tiens. Je suis obsédée, et ne puis ni vous parler ni vous écrire jusqu'à demain. Attendez.

IV. — DE JULIE.

Il faut donc l'avouer enfin, ce fatal secret trop mal déguisé ! Combien de fois j'ai juré qu'il ne sortirait de mon cœur qu'avec la vie ! La tienne en danger me l'arrache; il m'échappe, et l honneur est perdu Hélas ! j'ai trop tenu parole : est-il une mort plus cruelle que de survivre a l'honneur?

Que dire? comment rompre un si pénible silence? ou plutôt n'ai-je pas déjà tout dit, et ne m'as-tu pas trop entendue? Ah ! tu en as trop vu pour ne pas deviner le reste ! Entraînée par degrés dans les pièges d'un vil séducteur, je vois, sans pouvoir m'arreter, l'horrible précipice ou je cours. Homme artificieux ! c'est bien plus mon amour que le tien qui fait ton audace Tu vois l'égarement de mon cœur, tu t'en prévaux pour me perdre; et quand tu me rends méprisable, le pire de mes maux est d'etre forcée a te mépriser. Ah ! malheureux, je t'estimais, et tu me déshonores ! crois-moi, si ton cœur était fait pour jouir en paix de ce triomphe, il ne l'eût jamais obtenu.

Tu le sais, tes remords en augmenteront; je n'avais point dans l'âme des inclinations vicieuses. La modestie et l'honneteté m'étaient chères; j'aimais a les nourrir dans une vie simple et laborieuse. Que m'ont servi des soins que le ciel a rejetés? Dès le premier jour que j'eus le malheur de te voir, je sentis le poison qui corrompt mes sens et ma raison, je le sentis du premier instant; et tes yeux, tes sentiments, tes discours, ta plume criminelle, le rendent chaque jour plus mortel.

Je n'ai rien négligé pour arrêter le progrès de cette passion funeste. Dans l'impuissance de résister, j'ai voulu me garantir d'etre attaquée; tes poursuites ont trompé ma vaine prudence. Cent fois j'ai voulu me jeter aux pieds des auteurs de mes jours, cent fois j'ai voulu leur ouvrir mon cœur coupable. ils ne peuvent connaître ce qui s'y passe; ils voudront appliquer des remèdes ordinaires a un mal désespéré; ma mère est faible et sans autorité; je connais l'inflexible sévérité de mon père, et je ne ferai que perdre et déshonorer moi, ma famille, et toi-même. Mon amie est absente, mon frere n'est plus ; je ne trouve aucun protecteur au monde contre l'ennemi qui me poursuit ; j'implore en vain le ciel, le ciel est sourd aux prieres des faibles. Tout fomente l'ardeur qui me devore ; tout m'abandonne a moi-même, ou plutôt tout me livre a toi ; la nature entiere semble etre ta complice ; tous mes efforts sont vains, je t'adore en dépit de moi-même. Comment mon cœur, qui n'a pu résister dans toute sa force, céderait-il maintenant a demi ? comment ce cœur, qui ne sait rien dissimuler, te cacherait-il le reste de sa faiblesse ? Ah ! le premier pas, qui coûte le plus, était celui qu'il ne fallait pas faire : comment m'arreterais-je aux autres ? Non ; de ce premier pas je me sens entrainer dans l'abime, et tu peux me rendre aussi malheureuse qu'il te plaira.

Tel est l'état affreux ou je me vois, que je ne puis plus avoir recours qu'a celui qui m'y a réduite, et que, pour me garantir de ma perte, tu dois etre mon unique défenseur contre toi. Je pouvais, je le sais, différer cet aveu de mon desespoir ; je pouvais quelque temps déguiser ma honte, et céder par degrés pour m'en imposer a moi-meme. Vaine adresse qui pouvait flatter mon amour-propre, et non pas sauver ma vertu ! Va, je vois trop, je sens trop ou mene la premiere faute, et je ne cherchais pas a préparer ma ruine, mais a l'éviter.

Toutefois, si tu n'es pas le dernier des hommes, si quelque étincelle de vertu brilla dans ton âme, s'il y reste encore quelque trace des sentiments d'honneur dont tu m'a paru pénétré, puis-je te croire assez vil pour abuser de l'aveu fatal que mon delire m'arrache ? Non, je te connais bien : tu soutiendras ma faiblesse, tu deviendras ma sauvegarde, tu protégeras ma personne contre mon propre cœur. Tes vertus sont le dernier refuge de mon innocence ; mon honneur s'ose confier au tien, tu ne peux conserver l'un sans l'autre. Ame genéreuse, ah ! conserve-les tous deux ; et, du moins pour l'amour de toi-meme, daigne prendre pitié de moi.

O Dieu ! suis-je assez humiliée ? Je t'écris a genoux ; je baigne mon papier de mes pleurs ; j'eleve a toi mes timides supplications. Et ne pense pas cependant que j'ignore que c'était a moi d'en recevoir, et que, pour me faire obeir, je n'avais qu'a me rendre avec art méprisable. Ami, prends ce vain empire, et laisse-moi l'honnêteté : j'aime mieux être ton esclave, et vivre innocente, que d'acheter

3.

ta dépendance au prix de mon deshonneur Si tu daignes m'écouter, que d'amour, que de respects ne dois-tu pas attendre de celle qui te devra son retour à la vie ! Quels charmes dans la douce union de deux ames pures ! tes désirs vaincus seront la source de ton bonheur, et les plaisirs dont tu jouiras seront dignes du ciel meme.

Je crois, j'espere qu'un cœur qui m'a paru meriter tout l'attachement du mien ne démentira pas la generosité que j'attends de lui, j'espere encore que, s'il etait assez lache pour abuser de mon égarement et des aveux qu'il m'arrache, le mepris, l'indignation, me rendraient la raison que j'ai perdue, et que je ne serais pas assez lache moi-meme pour craindre un amant dont j'aurais à rougir. Tu seras vertueux, ou méprisé; je serai respectée, ou guérie. Voila l'unique espoir qui me reste avant celui de mourir.

V — A JULIE

Puissances du ciel ! j'avais une âme pour la douleur, donnez-m'en une pour la felicité. Amour, vie de l'ame, viens soutenir la mienne prete à defaillir. Charme inexprimable de la vertu, force invincible de la voix de ce qu'on aime, bonheur, plaisirs, transports, que vos traits sont poignants ! qui peut en soutenir l'atteinte ? Oh! comment suffire au torrent de delices qui vient inonder mon cœur ? comment expier les alarmes d'une craintive amante ? Julie.. non; ma Julie à genoux ! ma Julie verser des pleurs !... celle à qui l'univers devrait des hommages, supplier un homme qui l'adore de ne pas l'outrager, de ne pas se deshonorer lui-meme ! Si je pouvais m'indigner contre toi, je le ferais, pour tes frayeurs qui nous avilissent Juge mieux, beauté pure et celeste, de la nature de ton empire. Eh ! si j'adore les charmes de ta personne, n'est-ce pas surtout pour l'empreinte de cette ame sans tache qui l'anime, et dont tous tes traits portent la divine enseigne ? Tu crains de ceder à mes poursuites? Mais quelles poursuites peut redouter celle qui couvre de respect et d'honneteté tous les sentiments qu'elle inspire ? Est-il un homme assez vil sur la terre pour oser etre temeraire avec toi?

Permets, permets que je savoure le bonheur inattendu d'etre aimé... aimé de celle... Trone du monde, combien je te vois au dessous de moi ! Que je la relise mille fois, cette lettre adorable ou ton amour et tes sentiments sont ecrits en caracteres de feu, ou, malgré tout l'emportement d'un cœur agité, je vois avec transport combien, dans une ame honnete, les passions les plus vives gardent encore le saint caractere de la vertu ! Quel monstre, apres avoir lu cette touchante lettre, pourrait abuser de ton état, et témoigner par l'acte le plus marqué son profond mépris pour lui-même ? Non, chere amante, prends confiance en un ami fidele qui n'est point fait pour te tromper. Bien que ma raison soit a jamais perdue, bien que le trouble de mes sens s'accroisse à chaque instant, ta personne est desormais pour moi le plus charmant, mais le plus sacré depot dont jamais mortel fut honoré. Ma flamme et son objet conserveront ensemble une inalterable pureté. Je fremirais de porter la main sur tes chastes attraits plus que du plus vil inceste; et tu n'es pas dans une sûrete plus inviolable avec ton pere qu'avec ton amant. Oh ! si jamais cet amant heureux s'oublie un moment devant toi !... L'amant de Julie aurait une ame abjecte ! Non, quand je cesserai d'aimer la vertu, je ne t'aimerai plus; a ma premiere lâcheté, je ne veux plus que tu m'aimes.

Rassure toi donc, je t'en conjure au nom du tendre et pur amour qui nous unit; c'est a lui de t'etre garant de ma retenue et de mon respect; c'est a lui de te répondre de lui-meme Et pourquoi tes craintes iraient-elles plus loin que mes desirs ? à quel autre bonheur voudrais je aspirer, si tout mon cœur suffit a peine a celui qu'il goûte ? Nous sommes jeunes tous deux, il est vrai; nous aimons pour la premiere et l'unique fois de la vie, et n'avons nulle expérience des passions : mais l'honneur qui nous conduit est-il un guide trompeur ? a-t il besoin d'une experience suspecte qu'on n'acquiert qu'a force de vices ? J'ignore si je m'abuse; mais il me semble que les sentiments droits sont tous au fond de mon cœur. Je ne suis point un vil seducteur comme tu m'appelles dans ton desespoir, mais un homme simple et sensible, qui montre aisément ce qu'il sent, et ne sent rien dont il doive rougir. Pour dire tout en un seul mot, j'abhorre encore plus le crime que je n'aime Julie. Je ne sais, non, je ne sais pas meme si l'amour que tu fais naitre est compatible avec l'oubli de la vertu, et si tout autre qu'une âme honnete peut sentir assez tous tes charmes. Pour moi, plus j'en suis penetré, plus mes sentiments s'elevent. Quel bien, que je n'aurais pas fait pour lui-meme, ne ferais-je pas maintenant pour me rendre digne de toi ? Ah ! daigne te confier aux feux que tu m'inspires, et que tu sais si bien purifier ; crois qu'il suffit que je t'adore, **pour respecter** a jamais le précieux depot dont tu m'as chargé. Oh ! quel cœur je vais posseder ! Vrai bonheur, gloire de ce qu'on aime, triomphe d'un amour qui s'honore, combien tu vaux mieux que tous ses plaisirs !

VI. — DE JULIE A CLAIRE.

Veux-tu, ma cousine, passer ta vie a pleurer cette pauvre Chaillot, et faut-il que les morts te fassent oublier les vivants? Tes regrets sont justes, et je les partage ; mais doivent-ils etre eternels? Depuis la perte de ta mere, elle t'avait élevée avec le plus grand soin : elle etait plutot ton amie que ta gouvernante ; elle t'aimait tendrement, et m'aimait parce que tu m'aimes ; elle ne nous inspira jamais que des principes de sagesse et d'honneur. Je sais tout cela, ma chere ; et j'en conviens avec plaisir. Mais conviens aussi que la bonne femme etait peu prudente avec nous ; qu'elle nous faisait sans necessite les confidences les plus indiscretes ; qu'elle nous entretenait sans cesse des maximes de la galanterie, des aventures de sa jeunesse, du manége des amants, et que, pour nous garantir des pieges des hommes, si elle ne nous apprenait pas a leur en tendre, elle nous instruisait au moins de mille choses que de jeunes filles se passeraient bien de savoir. Console-toi donc de sa perte comme d'un mal qui n'est pas sans quelque dedommagement : a l'age ou nous sommes, ses leçons commençaient a devenir dangereuses ; et le ciel nous l'a peut-etre otee au moment ou il n'etait pas bon qu'elle nous restat plus longtemps. Souviens-toi de tout ce que tu me disais quand je perdis le meilleur des freres. La Chaillot t'est-elle plus chere? as-tu plus de raison de la regretter ?

Reviens, ma chere, elle n'a plus besoin de toi. Helas ! tandis que tu perds ton temps en regrets superflus, comment ne crains-tu point de t'en attirer d'autres? comment ne crains-tu point, toi qui connais l'etat de mon cœur, d'abandonner ton amie a des perils que ta présence aurait prevenus? Oh ! qu'il s'est passé de choses depuis ton depart ! Tu frémiras en apprenant quels dangers j'ai courus par mon imprudence. J'espere en etre délivrée, mais je me vois pour ainsi dire a la discretion d'autrui : c'est a toi de me rendre a moi-meme. Hate-toi donc de revenir. Je n'ai rien dit tant que tes soins étaient utiles a ta pauvre bonne; j'eusse été la première a t'exhorter a les lui rendre. Depuis qu'elle n'est plus, c'est a sa famille que tu les dois : nous les remplirons mieux ici de concert que tu ne ferais seule à la campagne, et tu t'acquitteras des devoirs de la reconnaissance sans rien oter à ceux de l'amitié.

Depuis le depart de mon pere nous avons repris notre ancienne maniere de vivre, et ma mere me quitte moins; mais c'est par habitude plus que par defiance. Ses sociétés lui prennent encore bien des moments qu'elle ne veut pas dérober à mes petites études, et Babi remplit alors sa place assez négligemment. Quoique je trouve a cette bonne mere beaucoup trop de sécurité, je ne puis me résoudre a l'en avertir; je voudrais bien pourvoir a ma sûreté sans perdre son estime, et c'est toi seule qui peux concilier tout cela. Reviens, ma Claire, reviens sans tarder. J'ai regret aux leçons que je prends sans toi, et j'ai peur de devenir trop savante : notre maitre n'est pas seulement un homme de mérite, il est vertueux, et n'en est que plus a craindre. Je suis trop contente de lui pour l'etre de moi : a son âge et au notre, avec l'homme le plus vertueux, quand il est aimable, il vaut mieux etre deux filles qu'une.

VII. — RÉPONSE.

Je t'entends, et tu me fais trembler, non que je croie le danger aussi pressant que tu l'imagines. Ta crainte modere la mienne sur le present, mais l'avenir m'epouvante; et si tu ne peux te vaincre, je ne vois plus que des malheurs. Helas ! combien de fois la pauvre Chaillot m'a-t-elle predit que le premier soupir de ton cœur ferait le destin de ta vie ! Ah ! cousine, si jeune encore, faut-il voir déja ton sort s'accomplir ! Qu'elle va nous manquer cette femme habile que tu nous crois avantageux de perdre ! Il l'eût été peut-etre de tomber d'abord en de plus sures mains; mais nous sommes trop instruites en sortant des siennes pour nous laisser gouverner par d'autres, et pas assez pour nous gouverner nous-mêmes : elle seule pouvait nous garantir des dangers auxquels elle nous avait exposees. Elle nous a beaucoup appris ; et nous avons, ce me semble, beaucoup pensé pour notre âge. La vive et tendre amitie qui nous unit presque des le berceau nous a, pour ainsi dire, éclairé le cœur de bonne heure sur toutes les passions.

nous connaissons assez bien leurs signes et leurs effets ; il n'y a que l'art de les réprimer qui nous manque. Dieu veuille que ton jeune philosophe connaisse mieux que nous cet art-là !

Quand je dis *nous*, tu m'entends ; c'est surtout de toi que je parle : car pour moi, la bonne m'a toujours dit que mon étourderie me tiendrait lieu de raison, que je n'aurais jamais l'esprit de savoir aimer, et que j'étais trop folle pour faire un jour des folies. Ma Julie, prends garde à toi ; mieux elle augurait de ta raison, plus elle craignait pour ton cœur. Aie bon courage cependant ; tout ce que la sagesse et l'honneur pourront faire, je sais que ton âme le fera, et la mienne fera, n'en doute pas, tout ce que l'amitié peut faire à son tour. Si nous en savons trop pour notre âge, au moins cette étude n'a rien coûté à nos mœurs. Crois, ma chère, qu'il y a bien des filles plus simples qui sont moins honnêtes que nous : nous le sommes, parce que nous voulons l'être ; et, quoi qu'on en puisse dire, c'est le moyen de l'être plus sûrement.

Cependant, sur ce que tu me marques, je n'aurai pas un moment de repos que je ne sois auprès de toi ; car si tu crains le danger, il n'est pas tout à fait chimérique. Il est vrai que le preservatif est facile : deux mots à ta mère, et tout est fini. Mais je te comprends, tu ne veux point d'un expédient qui finit tout : tu veux bien t'ôter le pouvoir de succomber, mais non pas l'honneur de combattre. O pauvre cousine !... encore si la moindre lueur... Le baron d'Étange consentir à donner sa fille, son enfant unique, à un petit bourgeois sans fortune ! L'esperes-tu ?... Qu'esperes-tu donc ? que veux-tu ?... Pauvre, pauvre cousine !.. Ne crains rien toutefois de ma part ; ton secret sera gardé par ton amie. Bien des gens trouveraient plus honnête de le révéler ; peut-être auraient-ils raison. Pour moi, qui ne suis pas une grande raisonneuse, je ne veux point d'une honnêteté qui trahit l'amitié, la foi, la confiance ; j'imagine que chaque relation, chaque âge, a ses maximes, ses devoirs, ses vertus ; que ce qui serait prudence à d'autres, à moi serait perfidie, et qu'au lieu de nous rendre sages, on nous rend méchants en confondant tout cela. Si ton amour est faible, nous le vaincrons ; s'il est extrême, c'est l'exposer à des tragedies que de l'attaquer par des moyens violents ; et il ne convient à l'amitié de tenter que ceux dont elle peut répondre. Mais, en revanche, tu n'as qu'à marcher droit quand tu seras sous ma garde.

tu verras, tu verras ce que c'est qu'une duegne de dix-huit ans.

Je ne suis pas, comme tu sais, loin de toi pour mon plaisir; et le printemps n'est pas si agreable en campagne que tu penses; on y souffre à la fois le froid et le chaud ; on n'a point d'ombre a la promenade, et il faut se chauffer dans la maison. Mon pere, de son cote, ne laisse pas, au milieu de ses bâtiments, de s'apercevoir qu'on a la gazette ici plus tard qu'a la ville. Ainsi tout le monde ne demande pas mieux que d'y retourner; et tu m'embrasseras, j'espere, dans quatre ou cinq jours Mais ce qui m'inquiete est que quatre ou cinq jours font je ne sais combien d'heures, dont plusieurs sont destinées au philosophe. Au philosophe, entends-tu, cousine ? Pense que toutes ces heures-la ne doivent sonner que pour lui.

Ne va pas ici rougir et baisser les yeux. Prendre un air grave, il t'est impossible, cela ne peut aller a tes traits. Tu sais bien que je ne saurais pleurer sans rire, et que je n'en suis pas pour cela moins sensible ; je n'en ai pas moins de chagrin d'etre loin de toi ; je n'en regrette pas moins la bonne Chaillot. Je te sais un gré infini de vouloir partager avec moi le soin de sa famille, je ne l'abandonnerai de mes jours, mais tu ne serais plus toi-même si tu perdais quelque occasion de faire du bien. Je conviens que la pauvre mie était babillarde, assez libre dans ses propos familiers, peu discrete avec de jeunes filles, et qu'elle aimait à parler de son vieux temps. Aussi ne sont-ce pas tant les qualités de son esprit que je regrette, bien qu'elle en eût d'excellentes parmi de mauvaises : la perte que je pleure en elle, c'est son bon cœur, son parfait attachement, qui lui donnait à la fois pour moi la tendresse d'une mere et la confiance d'une sœur. Elle me tenait lieu de toute ma famille. A peine ai-je connu ma mere, mon pere m'aime autant qu'il peut aimer : nous avons perdu ton aimable frere, je ne vois presque jamais les miens · me voila comme une orpheline delaissée. Mon enfant, tu me restes seule; car ta bonne mere, c'est toi ' tu as raison pourtant, tu me restes. Je pleurais ' j'etais donc folle ; qu'avais-je a pleurer ?

P S De peur d'accident, j'adresse cette lettre a notre maitre, afin qu'elle te parvienne plus surement

VIII [1]. — A JULIE.

Quels sont, belle Julie, les bizarres caprices de l'amour ! Mon cœur a plus qu'il n'esperait, et n'est pas content ! vous m'aimez, vous me le dites, et je soupire ! Ce cœur injuste ose désirer encore, quand il n'a plus rien a desirer, il me punit de ses fantaisies, et me rend inquiet au sein du bonheur Ne croyez pas que j'aie oublie les lois qui me sont imposees, ni perdu la volonte de les observer; non mais un secret depit m'agite en voyant que ces lois ne coutent qu'a moi, que vous qui vous pretendiez si faible etes si forte a présent, et que j'ai si peu de combats a rendre contre moi meme, tant je vous trouve attentive a les prevenir.

Que vous etes changée depuis deux mois, sans que rien ait change que vous ! Vos langueurs ont disparu ; il n est plus question de degout ni d'abattement, toutes les graces sont venues reprendre leurs postes ; tous vos charmes se sont ranimes ; la rose qui vient d'éclore n'est pas plus fraiche que vous ; les saillies ont recommence ; vous avez de l'esprit avec tout le monde ; vous folatrez, meme avec moi, comme auparavant ; et, ce qui m'irrite plus que tout le reste, vous me jurez un amour eternel d un air aussi gai que si vous disiez la chose du monde la plus plaisante.

Dites, dites, volage, est-ce la le caractere d'une passion violente réduite a se combattre elle-meme ? et si vous aviez le moindre desir a vaincre, la contrainte n'etoufferait-elle pas au moins l'enjouement ? Oh ! que vous étiez bien plus aimable quand vous etiez moins belle ! Que je regrette cette paleur touchante, precieux gage du bonheur d'un amant ! et que je hais l'indiscrete sante que vous avez recouvrée aux depens de mon repos ! Oui, j'aimerais mieux vous voir malade encore, que cet air content, ces yeux brillants, ce teint fleuri, qui m'outragent Avez-vous oublie sitot que vous n'etiez pas ainsi quand vous imploriez ma clémence ? Julie ! Julie ! que cet amour si vif est devenu tranquille en peu de temps !

Mais ce qui m'offense plus encore, c'est qu apres vous etre remise a ma discrétion, vous paraissez vous en defier, et que vous fuyez les dangers comme s'il vous en restait à craindre. Est-ce ainsi

---

[1] On sent qu'il y a ici une lacune, et l'on en trouvera souvent dans la suite de cette correspondance Plusieurs lettres se sont perdues, d'autres ont ete supprimees, d'autres ont souffert des retranchements, mais il ne manque rien d'essentiel qu'on ne puisse aisement suppleer a l'aide de ce qui reste

que vous honorez ma retenue ? et mon inviolable respect méritait-il cet affront de votre part? Bien loin que le départ de votre père nous ait laissé plus de liberté, à peine peut-on vous voir seule. Votre inséparable cousine ne vous quitte plus. Insensiblement nous allons reprendre nos premières manières de vivre et notre ancienne circonspection, avec cette unique différence qu'alors elle vous était à charge, et qu'elle vous plaît maintenant.

Quel sera donc le prix d'un si pur hommage, si votre estime ne l'est pas ? et de quoi me sert l'abstinence éternelle et volontaire de ce qu'il y a de plus doux au monde, si celle qui l'exige ne m'en sait aucun gré ? Certes, je suis las de souffrir inutilement, et de me condamner aux plus dures privations sans en avoir même le mérite. Quoi ! faut-il que vous embellissiez impunément, tandis que vous me méprisez ? faut-il qu'incessamment mes yeux dévorent des charmes dont ma bouche n'ose approcher ? faut-il enfin que je m'ôte à moi-même toute espérance sans pouvoir au moins m'honorer d'un sacrifice aussi rigoureux ? Non ; puisque vous ne vous fiez pas à ma foi, je ne veux plus la laisser vainement engagée : c'est une sûreté injuste que celle que vous tirez à la fois de ma parole et de vos précautions ; vous êtes trop ingrate, ou je suis trop scrupuleux, et je ne veux plus refuser de la fortune les occasions que vous n'aurez pu lui ôter. Enfin, quoi qu'il en soit de mon sort, je sens que j'ai pris une charge au-dessus de mes forces. Julie, reprenez la garde de vous-même, je vous rends un dépôt trop dangereux pour la fidélité du dépositaire, et dont la défense coûtera moins à votre cœur que vous n'avez feint de le craindre.

Je vous le dis sérieusement : comptez sur vous, ou chassez-moi, c'est-à-dire ôtez-moi la vie. J'ai pris un engagement téméraire. J'admire comment je l'ai pu tenir si longtemps ; je sais que je le dois toujours ; mais je sens qu'il m'est impossible. On mérite de succomber quand on s'impose de si périlleux devoirs. Croyez-moi, chère et tendre Julie, croyez-en ce cœur sensible qui ne vit que pour vous ; vous serez toujours respectée : mais je puis un instant manquer de raison, et l'ivresse des sens peut dicter un crime dont on aurait horreur de sang-froid. Heureux de n'avoir point trompé votre espoir, j'ai vaincu deux mois, et vous me devez le prix de deux siècles de souffrances.

IX. — DE JULIE.

J'entends; les plaisirs du vice et l'honneur de la vertu vous feraient un sort agreable. Est-ce la votre morale?... Eh! mon bon ami, vous vous lassez bien vite d'etre genereux! Ne l'etiez-vous donc que par artifice? La singuliere marque d'attachement que de vous plaindre de ma sante! Serait-ce que vous esperiez voir mon fol amour achever de la detruire, et que vous m'attendiez au moment de vous demander la vie? ou bien, comptiez-vous de me respecter aussi longtemps que je ferais peur, et de vous retracter quand je deviendrais supportable? Je ne vois pas dans de pareils sacrifices un merite a tant faire valoir.

Vous me reprochez avec la meme equité le soin que je prends de vous sauver des combats penibles avec vous-meme, comme si vous ne deviez pas plutot m'en remercier. Puis vous vous retractez de l'engagement que vous avez pris comme d'un devoir trop à charge; en sorte que dans la meme lettre vous vous plaignez de ce que vous avez trop de peine, et de ce que vous n'en avez pas assez. Pensez-y mieux, et tachez d'etre d'accord avec vous, pour donner a vos pretendus griefs une couleur moins frivole, ou plutot, quittez toute cette dissimulation qui n'est pas dans votre caractere. Quoi que vous puissiez dire, votre cœur est plus content du mien qu'il ne feint de l'etre. Ingrat, vous savez trop qu'il n'aura jamais tort avec vous! Votre lettre meme vous dement par son style enjoue, et vous n'auriez pas tant d'esprit si vous etiez moins tranquille. En voila trop sur les vains reproches qui vous regardent; passons a ceux qui me regardent moi-meme, et qui semblent d'abord mieux fondes.

Je le sens bien, la vie egale et douce que nous menons depuis deux mois ne s'accorde pas avec ma declaration precedente, et j'avoue que ce n'est pas sans raison que vous etes surpris de ce contraste. Vous m'avez d'abord vue au desespoir, vous me trouvez a présent trop paisible; de la vous accusez mes sentiments d'inconstance, et mon cœur de caprice. Ah! mon ami, ne le jugez-vous point trop severement? Il faut plus d'un jour pour le connaitre. Attendez, et vous trouverez peut-etre que ce cœur qui vous aime n'est pas indigne du votre.

Si vous pouviez comprendre avec quel effroi j'éprouvai les premieres atteintes du sentiment qui m'unit a vous, vous jugeriez du trouble qu'il dut me causer : j'ai été élevée dans des maximes si sévères, que l'amour le plus pur me paraissait le comble du déshonneur. Tout m'apprenait ou me faisait croire qu'une fille sensible était perdue au premier mot tendre échappé de sa bouche; mon imagination troublée confondait le crime avec l'aveu de la passion; et j'avais une si affreuse idée de ce premier pas, qu'à peine voyais-je au delà nul intervalle jusqu'au dernier. L'excessive défiance de moi-même augmenta mes alarmes; les combats de la modestie me parurent ceux de la chasteté : je pris le tourment du silence pour l'emportement des désirs. Je me crus perdue aussitôt que j'aurais parlé, et cependant il fallait parler, ou vous perdre. Ainsi, ne pouvant plus déguiser mes sentiments, je tâchai d'exciter la générosité des vôtres; et, me fiant plus à vous qu'à moi, je voulus, en intéressant votre honneur à ma défense, me ménager des ressources dont je me croyais dépourvue.

J'ai reconnu que je me trompais; je n'eus pas parlé, que je me trouvai soulagée; vous n'eûtes pas répondu, que je me sentis tout à fait calme · et deux mois d'expérience m'ont appris que mon cœur trop tendre a besoin d'amour, mais que mes sens n'ont aucun besoin d'amant. Jugez, vous qui aimez la vertu, avec quelle joie je fis cette heureuse découverte. Sortie de cette profonde ignominie où mes terreurs m'avaient plongée, je goûte le plaisir délicieux d'aimer purement. Cet état fait le bonheur de ma vie; mon humeur et ma santé s'en ressentent, à peine puis-je en concevoir un plus doux, et l'accord de l'amour et de l'innocence me semble être le paradis sur la terre.

Dès lors je ne vous craignis plus; et, quand je pris soin d'éviter la solitude avec vous, ce fut autant pour vous que pour moi; car vos yeux et vos soupirs annonçaient plus de transports que de sagesse, et si vous eussiez oublié l'arrêt que vous·avez prononcé vous-même, je ne l'aurais pas oublié.

Ah! mon ami, que ne puis-je faire passer dans votre âme le sentiment de bonheur et de paix qui règne au fond de la mienne! que ne puis-je vous apprendre à jouir tranquillement du plus délicieux état de la vie! Les charmes de l'union des cœurs se joignent pour nous à ceux de l'innocence : nulle crainte, nulle honte ne trouble notre félicité; au sein des vrais plaisirs de l'amour, nous pouvons parler de la vertu sans rougir,

I v è il placer con l' onestade accanto [1]

Je ne sais quel triste pressentiment s'élève dans mon sein, et me crie que nous jouissons du seul temps heureux que le ciel nous ait destiné. Je n'entrevois dans l'avenir qu'absence, orages, troubles, contradictions : la moindre altération a notre situation présente me paraît ne pouvoir être qu'un mal. Non, quand un lien plus doux nous unirait à jamais, je ne sais si l'excès du bonheur n'en deviendrait pas bientôt la ruine. Le moment de la possession est une crise de l'amour, et tout changement est dangereux au nôtre ; nous ne pouvons plus qu'y perdre.

Je t'en conjure, mon tendre et unique ami, tâche de calmer l'ivresse des vains désirs que suivent toujours les regrets, le repentir, la tristesse. Goûtons en paix notre situation présente. Tu te plais à m'instruire, et tu sais trop si je me plais à recevoir tes leçons. Rendons-les encore plus fréquentes ; ne nous quittons qu'autant qu'il faut pour la bienséance ; employons à nous écrire les moments que nous ne pouvons passer à nous voir, et profitons d'un temps précieux après lequel peut-être nous soupirerons un jour. Ah ! puisse notre sort, tel qu'il est, durer autant que notre vie ! L'esprit s'orne, la raison s'éclaire, l'âme se fortifie, le cœur jouit : que manque-t-il à notre bonheur ?

X. — A JULIE.

Que vous avez raison, ma Julie, de dire que je ne vous connais pas encore ! toujours je crois connaître tous les trésors de votre belle âme, et toujours j'en découvre de nouveaux. Quelle femme jamais associa comme vous la tendresse à la vertu, et, tempérant l'une par l'autre, les rendit toutes deux plus charmantes ? Je trouve je ne sais quoi d'aimable et d'attrayant dans cette sagesse qui me désole ; et vous ornez avec tant de grâce les privations que vous m'imposez, qu'il s'en faut peu que vous ne me les rendiez chères.

Je le sens chaque jour davantage, le plus grand des biens est d'être aimé de vous, il n'y en a point, il n'y en peut avoir qui l'égale ; et s'il fallait choisir entre votre cœur et votre possession même, non, charmante Julie, je ne balancerais pas un instant. Mais d'où viendrait cette amère alternative, et pourquoi rendre

---

[1] Et le plaisir s'unit à l honnêteté. METAST.

incompatible ce que la nature a voulu réunir? Le temps est précieux, dites-vous; sachons en jouir tel qu'il est, et gardons-nous par notre impatience d'en troubler le paisible cours. Eh! qu'il passe, et qu'il soit heureux! Pour profiter d'un état aimable faut-il en négliger un meilleur, et préférer le repos à la félicité suprême? Ne perd-on pas tout le temps qu'on peut mieux employer? Ah! si l'on peut vivre mille ans en un quart d'heure, à quoi bon compter tristement les jours qu'on aura vécu?

Tout ce que vous dites du bonheur de notre situation présente est incontestable; je sens que nous devons être heureux, et pourtant je ne le suis pas. La sagesse a beau parler par votre bouche, la voix de la nature est la plus forte. Le moyen de lui résister, quand elle s'accorde à la voix du cœur? Hors vous seule, je ne vois rien dans ce séjour terrestre qui soit digne d'occuper mon âme et mes sens : non, sans vous la nature n'est plus rien pour moi; mais son empire est dans vos yeux, et c'est là qu'elle est invincible.

Il n'en est pas ainsi de vous, céleste Julie; vous vous contentez de charmer nos sens, et n'êtes point en guerre avec les vôtres. Il semble que des passions humaines soient au-dessous d'une âme si sublime; et comme vous avez la beauté des anges, vous en avez la pureté. O pureté que je respecte en murmurant, que ne puis-je ou vous rabaisser, ou m'élever jusqu'à vous! Mais, non, je ramperai toujours sur la terre, et vous verrai toujours briller dans les cieux. Ah! soyez heureuse aux dépens de mon repos; jouissez de toutes vos vertus; périsse le vil mortel qui tentera jamais d'en souiller une! Soyez heureuse; je tâcherai d'oublier combien je suis à plaindre, et je tirerai de votre bonheur même la consolation de mes maux. Oui, chère amante, il me semble que mon amour est aussi parfait que son adorable objet; tous les désirs enflammés par vos charmes s'éteignent dans les perfections de votre âme, je la vois si paisible, que je n'ose en troubler la tranquillité. Chaque fois que je suis tenté de vous dérober la moindre caresse, si le danger de vous offenser me retient, mon cœur me retient encore plus par la crainte d'altérer une félicité si pure : dans le prix des biens où j'aspire, je ne vois plus que ce qu'ils vous peuvent coûter; et, ne pouvant accorder mon bonheur avec le vôtre, jugez comment j'aime : c'est au mien que j'ai renoncé.

Que d'inexplicables contradictions dans les sentiments que vous m'inspirez! Je suis à la fois soumis et téméraire, impétueux et retenu; je ne saurais lever les yeux sur vous sans éprouver des combats en moi-même. Vos regards, votre voix, portent au cœur, avec l'amour, l'attrait touchant de l'innocence; c'est un charme divin qu'on aurait regret d'effacer. Si j'ose former des vœux extrêmes, ce n'est plus qu'en votre absence; mes désirs, n'osant aller jusqu'à vous, s'adressent à votre image, et c'est sur elle que je me venge du respect que je suis contraint de vous porter.

Cependant je languis et me consume; le feu coule dans mes veines; rien ne saurait l'éteindre ni le calmer, et je l'irrite en voulant le contraindre. Je dois être heureux, je le suis, j'en conviens; je ne me plains point de mon sort; tel qu'il est, je n'en changerais pas avec les rois de la terre. Cependant un mal réel me tourmente, je cherche vainement à le fuir; je ne voudrais point mourir, et toutefois je me meurs; je voudrais vivre pour vous, et c'est vous qui m'ôtez la vie.

XI. — DE JULIE.

Mon ami, je sens que je m'attache à vous chaque jour davantage; je ne puis plus me séparer de vous; la moindre absence m'est insupportable; et il faut que je vous voie ou que je vous écrive, afin de m'occuper de vous sans cesse.

Ainsi mon amour s'augmente avec le vôtre; car je connais à présent combien vous m'aimez par la crainte réelle que vous avez de me déplaire; au lieu que vous n'en aviez d'abord qu'une apparente pour mieux venir à vos fins. Je sais fort bien distinguer en vous l'empire que le cœur a su prendre, du délire d'une imagination échauffée; et je vois cent fois plus de passion dans la contrainte où vous êtes que dans vos premiers emportements. Je sais bien aussi que votre état, tout gênant qu'il est, n'est pas sans plaisirs. Il est doux pour un véritable amant de faire des sacrifices qui lui sont tous comptés, et dont aucun n'est perdu dans le cœur de ce qu'il aime. Qui sait même si, connaissant ma sensibilité, vous n'employez pas pour me séduire une adresse mieux entendue? Mais non, je suis injuste, et vous n'êtes pas capable d'user d'artifice avec moi. Cependant, si je suis sage, je me défierai plus encore de la pitié que de l'amour. Je me sens mille fois plus attendrie par vos respects que par vos transports, et je crains bien qu'en prenant le parti le plus honnête, vous n'ayez pris enfin le plus dangereux.

Il faut que je vous dise, dans l'épanchement de mon cœur, une vérité qu'il sent fortement, et dont le vôtre doit vous convaincre : c'est qu'en dépit de la fortune, des parents, et de nous-mêmes, nos destinées sont à jamais unies, et que nous ne pouvons plus être heureux ou malheureux qu'ensemble. Nos âmes se sont pour ainsi dire touchées par tous les points, et nous avons partout senti la même cohérence. (Corrigez-moi, mon ami, si j'applique mal vos leçons de physique.) Le sort pourra bien nous séparer, mais non pas nous désunir. Nous n'aurons plus que les mêmes plaisirs et les mêmes peines ; et comme ces aimants dont vous me parliez, qui ont, dit-on, les mêmes mouvements en différents lieux, nous sentirons les mêmes choses aux deux extrémités du monde.

Défaites-vous donc de l'espoir, si vous l'eûtes jamais, de vous faire un bonheur exclusif, et de l'acheter aux dépens du mien. N'espérez pas pouvoir être heureux si j'étais déshonorée, ni pouvoir d'un œil satisfait contempler mon ignominie et mes larmes. Croyez-moi, mon ami, je connais votre cœur bien mieux que vous ne le connaissez. Un amour si tendre et si vrai doit savoir commander aux désirs ; vous en avez trop fait pour achever sans vous perdre, et ne pouvez plus combler mon malheur sans faire le vôtre.

Je voudrais que vous pussiez sentir combien il est important pour tous deux que vous vous en remettiez à moi du soin de notre destin commun. Doutez-vous que vous ne me soyez aussi cher que moi-même ? et pensez-vous qu'il pût exister pour moi quelque félicité que vous ne partageriez pas ? Non, mon ami ; j'ai les mêmes intérêts que vous, et un peu plus de raison pour les conduire. J'avoue que je suis la plus jeune ; mais n'avez-vous jamais remarqué que si la raison d'ordinaire est plus faible et s'éteint plus tôt chez les femmes, elle est aussi plus tôt formée, comme un frêle tournesol croît et meurt avant un chêne ? Nous nous trouvons dès le premier âge chargées d'un si dangereux dépôt, que le soin de le conserver nous éveille bientôt le jugement, et c'est un excellent moyen de bien voir les conséquences des choses, que de sentir vivement tous les risques qu'elles nous font courir. Pour moi, plus je m'occupe de notre situation, plus je trouve que la raison vous demande ce que je vous demande au nom de l'amour. Soyez donc docile à sa douce voix, et laissez-vous conduire, hélas! par un autre aveugle, mais qui tient au moins un appui.

Je ne sais, mon ami, si nos cœurs auront le bonheur de s'entendre, et si vous partagerez, en lisant cette lettre, la tendre émotion qui l'a dictée; je ne sais si nous pourrons jamais nous accorder sur la manière de voir comme sur celle de sentir : mais je sais bien que l'avis de celui des deux qui sépare le moins son bonheur du bonheur de l'autre, est l'avis qu'il faut préférer.

XII. — A JULIE.

Ma Julie, que la simplicité de votre lettre est touchante! que j'y vois bien la sérénité d'une âme innocente, et la tendre sollicitude de l'amour! Vos pensées s'exhalent sans art et sans peine; elles portent au cœur une impression délicieuse, que ne produit point un style apprêté. Vous donnez des raisons invincibles d'un air si simple, qu'il y faut réfléchir pour en sentir la force; et les sentiments élevés vous coûtent si peu, qu'on est tenté de les prendre pour des manières de penser communes. Ah! oui sans doute, c'est à vous de régler nos destins; ce n'est pas un droit que je vous laisse, c'est un devoir que j'exige de vous, c'est une justice que je vous demande, et votre raison me doit dédommager du mal que vous avez fait à la mienne. Dès cet instant je vous remets pour ma vie l'empire de mes volontés : disposez de moi comme d'un homme qui n'est plus rien pour lui-même, et dont tout l'être n'a de rapport qu'à vous. Je tiendrai, n'en doutez pas, l'engagement que je prends, quoi que vous puissiez me prescrire. Ou j'en vaudrai mieux, ou vous en serez plus heureuse, et je vois partout le prix assuré de mon obéissance. Je vous remets donc sans réserve le soin de notre bonheur commun; faites le vôtre, et tout est fait. Pour moi, qui ne puis ni vous oublier un instant, ni penser à vous sans des transports qu'il faut vaincre, je vais m'occuper uniquement des soins que vous m'avez imposés.

Depuis un an que nous étudions ensemble, nous n'avons guère fait que des lectures sans ordre et presque au hasard, plus pour consulter votre goût que pour l'éclairer : d'ailleurs tant de trouble dans l'âme ne nous laissait guère de liberté d'esprit. Les yeux étaient mal fixés sur le livre; la bouche en prononçait les mots; l'attention manquait toujours. Votre petite cousine, qui n'était pas si préoccupée, nous reprochait notre peu de conception, et se faisait un honneur facile de nous devancer. Insensiblement elle est devenue le maitre du maitre ; et quoique nous ayons quelquefois ri de ses pretentions, elle est au fond la seule des trois qui sait quelque chose de tout ce que nous avons appris.

Pour regagner donc le temps perdu (ah! Julie, en fut-il jamais de mieux employé?), j'ai imaginé une espece de plan qui puisse reparer par la méthode le tort que les distractions ont fait au savoir. Je vous l'envoie ; nous le lirons tantot ensemble, et je me contente d'y faire ici quelques legeres observations.

Si nous voulions, ma charmante amie, nous charger d'un étalage d'erudition, et savoir pour les autres plus que pour nous, mon systeme ne vaudrait rien ; car il tend toujours a tirer peu de beaucoup de choses, et a faire un petit recueil d'une grande bibliotheque. La science est dans la plupart de ceux qui la cultivent une monnaie dont on fait grand cas, qui cependant n'ajoute au bien etre qu'autant qu'on la communique, et n'est bonne que dans le commerce. Otez a nos savants le plaisir de se faire écouter, le savoir ne sera rien pour eux. Ils n'amassent dans le cabinet que pour répandre dans le public ; ils ne veulent etre sages qu'aux yeux d'autrui ; et ils ne se soucieraient plus de l'etude s'ils n'avaient plus d'admirateurs[1]. Pour nous qui voulons profiter de nos connaissances, nous ne les amassons point pour les revendre, mais pour les convertir a notre usage ; ni pour nous en charger, mais pour nous en nourrir. Peu lire, et penser beaucoup nos lectures, ou, ce qui est la meme chose, en causer beaucoup entre nous, est le moyen de les bien digérer. Je pense que quand on a une fois l'entendement ouvert par l'habitude de réfléchir, il vaut toujours mieux trouver de soi-meme les choses qu'on trouverait dans les livres ; c'est le vrai secret de les bien mouler à sa tete, et de se les approprier : au lieu qu'en les recevant telles qu'on nous les donne, c'est presque toujours sous une forme qui n'est pas la notre. Nous sommes plus riches que nous ne pensons ; mais, dit Montaigne, on nous dresse a l'emprunt et à la quete ; on nous apprend a nous servir du bien d'autrui plutot que du notre ; ou plutot, accumulant sans cesse, nous n'osons

---

[1] C'est ainsi que pensait Senèque lui meme *Si l'on me donnait*, dit il, *la science a condition de ne la pas montrer, je n'en voudrais point.* Sublime philosophie, voilà donc ton usage!

toucher a rien : nous sommes comme ces avares qui ne songent qu'a remplir leurs greniers, et dans le sein de l'abondance se laissent mourir de faim.

Il y a, je l'avoue, bien des gens a qui cette méthode serait fort nuisible, et qui ont besoin de beaucoup lire et peu méditer, parce qu'ayant la tete mal faite, ils ne rassemblent rien de si mauvais que ce qu'ils produisent d'eux-memes. Je vous recommande tout le contraire a vous qui mettez dans vos lectures mieux que ce que vous y trouvez, et dont l'esprit actif fait sur le livre un autre livre, quelquefois meilleur que le premier. Nous nous communiquerons donc nos idees; je vous dirai ce que les autres auront pensé, vous me direz sur le meme sujet ce que vous pensez vous meme, et souvent apres la leçon j'en sortirai plus instruit que vous.

Moins vous aurez de lecture a faire, mieux il faudra la choisir; et voici les raisons de mon choix. La grande erreur de ceux qui etudient est, comme je viens de vous dire, de se fier trop a leurs livres, et de ne pas tirer assez de leur fonds, sans songer que de tous les sophistes notre propre raison est presque toujours celui qui nous abuse le moins. Sitot qu'on veut rentrer en soi meme, chacun sent ce qui est bien, chacun discerne ce qui est beau, nous n'avons pas besoin qu'on nous apprenne a connaitre ni l'un ni l'autre, et l'on ne s'en impose la-dessus qu'autant qu'on s'en veut imposer. Mais les exemples du tres-bon et du tres-beau sont plus rares et moins connus; il les faut aller chercher loin de nous : la vanite, mesurant les forces de la nature sur notre faiblesse, nous fait regarder comme chimeriques les qualités que nous ne sentons pas en nous-memes; la paresse et le vice s'appuient sur cette pretendue impossibilité, et ce qu'on ne voit pas tous les jours, l'homme faible pretend qu'on ne le voit jamais. C'est cette erreur qu'il faut detruire; ce sont ces grands objets qu'il faut s'accoutumer a sentir et a voir, afin de s'oter tout pretexte de ne les pas imiter. L'âme s'eleve, le cœur s'enflamme a la contemplation de ces divins modeles : a force de les considerer on cherche a leur devenir semblable, et l'on ne souffre plus rien de mediocre sans un degout mortel.

N'allons donc pas chercher dans les livres des principes et des regles que nous trouvons plus sûrement au dedans de nous. Laissons la toutes ces vaines disputes des philosophes sur le bonheur et sur la vertu, employons a nous rendre bons et heureux le temps qu'ils perdent à chercher comment on doit l'être, et proposons-nous de grands exemples à imiter plutôt que de vains systèmes à suivre.

J'ai toujours cru que le bon n'était que le beau mis en action, que l'un tenait intimement à l'autre, et qu'ils avaient tous deux une source commune dans la nature bien ordonnée. Il suit de cette idée que le goût se perfectionne par les mêmes moyens que la sagesse, et qu'une âme bien touchée des charmes de la vertu doit à proportion être aussi sensible à tous les autres genres de beautés On s'exerce à voir comme à sentir, ou plutôt une vue exquise n'est qu'un sentiment délicat et fin : c'est ainsi qu'un peintre, à l'aspect d'un beau paysage ou devant un beau tableau, s'extasie à des objets qui ne sont pas même remarqués d'un spectateur vulgaire. Combien de choses qu'on n'aperçoit que par sentiment, et dont il est impossible de rendre raison ! combien de ces je ne sais quoi qui reviennent si fréquemment, et dont le goût seul decide ! Le goût est en quelque manière le microscope du jugement ; c'est lui qui met les petits objets à sa portée, et ses opérations commencent ou s'arrêtent celles du dernier Que faut-il donc pour le cultiver ? S'exercer à voir ainsi qu'à sentir, et à juger du beau par inspection comme du bon par sentiment. Non, je soutiens qu'il n'appartient pas même à tous les cœurs d'être émus au premier regard de Julie.

Voilà, ma charmante écolière, pourquoi je borne toutes vos études à des livres de goût et de mœurs, voilà pourquoi, tournant toute ma méthode en exemples, je ne vous donne point d'autre définition des vertus qu'un tableau des gens vertueux, ni d'autres règles pour bien écrire que les livres qui sont bien écrits.

Ne soyez donc pas surprise des retranchements que je fais à vos précédentes lectures, je suis convaincu qu'il faut les resserrer pour les rendre utiles, et je vois tous les jours mieux que tout ce qui ne dit rien à l'âme n'est pas digne de vous occuper Nous allons supprimer les langues, hors l'italienne que vous savez et que vous aimez ; nous laisserons là nos eléments d'algèbre et de géométrie : nous quitterions même la physique, si les termes qu'elle vous fournit m'en laissaient le courage. Nous renoncerons pour jamais à l'histoire moderne, excepté celle de notre pays ; encore n'est-ce que parce que c'est un pays libre et simple, où l'on trouve des hommes antiques dans les temps modernes . car ne vous laissez pas ébloui par ceux qui disent que l'histoire la plus interessante pour chacun est celle de son pays. Cela n'est pas vrai. Il y a des pays dont l'histoire ne peut pas même être lue, à moins qu'on ne soit imbécile ou négociateur. L'histoire la plus interessante est celle où l'on trouve le plus d'exemples de mœurs, de caractères de toute espèce, en un mot le plus d'instruction. Ils vous diront qu'il y a autant de tout cela parmi nous que parmi les anciens. Cela n'est pas vrai. Ouvrez leur histoire, et faites-les taire. Il y a des peuples sans physionomie auxquels il ne faut point de peintres; il y a des gouvernements sans caractère auxquels il ne faut point d'historiens, et où, sitôt qu'on sait quelle place un homme occupe, on sait d'avance tout ce qu'il y fera. Ils diront que ce sont les bons historiens qui nous manquent; mais demandez-leur pourquoi Cela n'est pas vrai. Donnez matière à de bonnes histoires, et les bons historiens se trouveront Enfin ils diront que les hommes de tous les temps se ressemblent, qu'ils ont les mêmes vertus et les mêmes vices, qu'on n'admire les anciens que parce qu'ils sont anciens. Cela n'est pas vrai non plus, car on faisait autrefois de grandes choses avec de petits moyens, et l'on fait aujourd'hui tout le contraire. Les anciens étaient contemporains de leurs historiens, et nous ont pourtant appris à les admirer assurément si la postérité jamais admire les nôtres, elle ne l'aura pas appris de nous

J'ai laissé par égard pour votre inséparable cousine quelques livres de petite littérature que je n'aurais pas laissés pour vous. hors le Pétrarque, le Tasse, le Métastase, et les maitres du théatre français, je n'y mele ni poètes, ni livres d'amour, contre l'ordinaire des lectures consacrées à votre sexe. Qu'apprendrions-nous de l'amour dans ces livres? Ah! Julie, notre cœur nous en dit plus qu'eux; et le langage imité des livres est bien froid pour quiconque est passionné lui-même d'ailleurs ces études énervent l'âme, la jettent dans la mollesse, et lui ôtent tout son ressort Au contraire, l'amour véritable est un feu dévorant qui porte son ardeur dans les autres sentiments, et les anime d'une vigueur nouvelle. C'est pour cela qu'on a dit que l'amour faisait des héros: heureux celui que le sort eut placé pour le devenir, et qui aurait Julie pour amante!

XIII. — DE JULIE.

Je vous le disais bien que nous étions heureux ; rien ne me l'apprend mieux que l'ennui que j'éprouve au moindre changement d'état : si nous avions des peines bien vives, une absence de deux jours nous en ferait-elle tant? Je dis nous, car je sais que mon ami partage mon impatience ; il la partage parce que je la sens, et il la sent encore pour lui-même : je n'ai plus besoin qu'il me dise ces choses-là.

Nous ne sommes à la campagne que d'hier au soir ; il n'est pas encore l'heure où je vous verrais à la ville, et cependant mon déplacement me fait déjà trouver votre absence plus insupportable. Si vous ne m'aviez pas defendu la géometrie, je vous dirais que mon inquiétude est en raison composée des intervalles du temps et du lieu ; tant je trouve que l'éloignement ajoute au chagrin de l'absence.

J'ai apporté votre lettre et votre plan d'études pour méditer l'un et l'autre, et j'ai déjà relu deux fois la premiere : la fin m'en touche extremement. Je vois, mon ami, que vous sentez le véritable amour, puisqu'il ne vous a point oté le gout des choses honnetes, et que vous savez encore dans la partie la plus sensible de votre cœur faire des sacrifices à la vertu. En effet, employe la voie de l'instruction pour corrompre une femme est de toutes les séductions la plus condamnable ; et vouloir attendrir sa maitresse a l'aide des romans est avoir bien peu de ressource en soi-meme. Si vous eussiez plié dans vos leçons la philosophie a vos vues, si vous eussiez taché d'établir des maximes favorables a votre intérêt, en voulant me tromper vous m'eussiez bientot detrompee ; mais la plus dangereuse de vos seductions est de n'en point employer. Du moment que la soif d'aimer s'empara de mon cœur, et que j'y sentis naitre le besoin d'un éternel attachement, je ne demandai point au ciel de m'unir a un homme aimable, mais a un homme qui eut l'âme belle ; car je sentais bien que c'est, de tous les agrements qu'on peut avoir, le moins sujet au degoût, et que la droiture et l'honneur ornent tous les sentiments qu'ils accompagnent Pour avoir bien placé ma preférence, j'ai eu, comme Salomon, avec ce que j'avais demande, encore ce que je ne demandais pas. Je tire un bon augure pour mes autres vœux de l'accomplissement de celui là, et je ne desespere pas, mon ami, de pouvoir vous rendre aussi heureux un jour que vous méritez de l'être. Les moyens en sont lents, difficiles, douteux ; les obstacles terribles · je n'ose rien me promettre ; mais croyez que tout ce que la patience et l'amour pourront faire ne sera pas oublié Continuez cependant a complaire en tout a ma mere, et preparez-vous, au retour de mon pere, qui se retire enfin tout a fait apres trente ans de service, a supporter les hauteurs d'un vieux gentilhomme brusque, mais plein d'honneur, qui vous aimera sans vous caresser, et vous estimera sans le dire.

J'ai interrompu ma lettre pour m'aller promener dans des bocages qui sont pres de notre maison. O mon doux ami ! je t'y conduisais avec moi, ou plutot je t'y portais dans mon sein : je choisissais les lieux que nous devions parcourir ensemble ; j'y marquais des asiles dignes de nous retenir ; nos cœurs s'épanchaient d'avance dans ces retraites delicieuses, elles ajoutaient au plaisir que nous goutions d'etre ensemble ; elles recevaient a leur tour un nouveau prix du séjour de deux vrais amants, et je m'etonnais de n'y avoir point remarqué seule les beautes que j'y trouvais avec toi.

Parmi les bosquets naturels que forme ce lieu charmant, il en est un plus charmant que les autres, dans lequel je me plais davantage, et ou, par cette raison, je destine une petite surprise a mon ami. Il ne sera pas dit qu'il aura toujours de la déference, et moi jamais de génerosité : c'est la que je veux lui faire sentir, malgré les préjuges vulgaires, combien ce que le cœur donne vaut mieux que ce qu'arrache l'importunité. Au reste, de peur que votre imagination vive ne se mette un peu trop en frais, je dois vous prévenir que nous n'irons point ensemble dans le bosquet sans l'*inseparable cousine*.

A propos d'elle, il est décide, si cela ne vous fâche pas trop, que vous viendrez nous voir lundi Ma mere enverra sa caleche à ma cousine, vous vous rendrez chez elle a dix heures ; elle vous amenera ; vous passerez la journée avec nous, et nous nous en retournerons ensemble le lendemain apres le diner.

J'en étais ici de ma lettre quand j'ai reflechi que je n'avais pas pour vous la remettre les memes commodités qu'a la ville. J'avais d'abord pensé de vous renvoyer un de vos livres par Gustin, le fils du jardinier, et de mettre a ce livre une couverture de papier, dans laquelle j'aurais inseré ma lettre, mais, outre qu'il n'est pas sûr que vous vous avisassiez de la chercher, ce serait une imprudence impardonnable d'exposer a de pareils hasards le destin de notre vie. Je vais donc me contenter de vous marquer simplement par un billet le rendez-vous de lundi, et je garderai la lettre pour vous la donner a vous-même. Aussi bien j'aurais un peu de souci qu'il n'y eût trop de commentaires sur le mystere du bosquet.

XIV — A JULIE.

Qu'as-tu fait, ah! qu'as-tu fait, ma Julie? tu voulais me récompenser, et tu m'as perdu. Je suis ivre, ou plutot insensé. Mes sens sont altérés, toutes mes facultés sont troublées par ce baiser mortel. Tu voulais soulager mes maux! Cruelle! tu les aigris. C'est du poison que j'ai cueilli sur tes levres; il fermente; il embrase mon sang; il me tue, et ta pitié me fait mourir.

O souvenir immortel de cet instant d'illusion, de délire et d'enchantement, jamais, jamais tu ne t'effaceras de mon âme, et tant que les charmes de Julie y seront gravés, tant que ce cœur agité me fournira des sentiments et des soupirs, tu feras le supplice et le bonheur de ma vie.

Hélas! je jouissais d'une apparente tranquillité; soumis a tes volontés supremes, je ne murmurais plus d'un sort auquel tu daignais presider. J'avais dompté les fougueuses saillies d'une imagination téméraire; j'avais couvert mes regards d'un voile, et mis une entrave a mon cœur; mes désirs n'osaient plus s'échapper qu'a demi; j'étais aussi content que je pouvais l'etre. Je reçois ton billet, je vole chez ta cousine; nous nous rendons a Clarens, je t'aperçois, et mon sein palpite; le doux son de ta voix y porte une agitation nouvelle; je t'aborde comme transporté, et j'avais grand besoin de la diversion de ta cousine pour cacher mon trouble a ta mere. On parcourt le jardin, l'on dine tranquillement, tu me rends en secret ta lettre, que je n'ose lire devant ce redoutable témoin; le soleil commence a baisser, nous fuyons tous trois dans le bois le reste de ses rayons, et ma paisible simplicité n'imaginait pas même un etat plus doux que le mien.

En approchant du bosquet j'aperçus, non sans une emotion secrete, vos signes d'intelligence, vos sourires mutuels, et le coloris de tes joues prendre un nouvel éclat. En y entrant je vis avec surprise ta cousine s'approcher de moi, et, d'un air plaisamment suppliant, me demander un baiser. Sans rien comprendre a ce mystère, j'embrassai cette charmante amie; et, tout aimable, toute piquante qu'elle est, je ne connus jamais mieux que les sensations ne sont rien que ce que le cœur les fait être. Mais que devins-je un moment après, quand je sentis .. la main me tremble . un doux fremissement . ta bouche de roses .. la bouche de Julie . se poser, se presser sur la mienne, et mon corps serré dans tes bras? Non, le feu du ciel n'est pas plus vif ni plus prompt que celui qui vint a l'instant m'embraser. Toutes les parties de moi-même se rassemblerent sous ce toucher delicieux Le feu s'exhalait avec nos soupirs de nos levres brulantes, et mon cœur se mourait sous le poids de la volupté . quand tout a coup je te vis palir, fermer tes beaux yeux, l'appuyer sur ta cousine, et tomber en défaillance Ainsi la frayeur eteignit le plaisir, et mon bonheur ne fut qu'un eclair.

A peine sais je ce qui m'est arrivé depuis ce fatal moment. L'impression profonde que j'ai reçue ne peut plus s'effacer. Une faveur¹.. c'est un tourment horrible.. Non, garde tes baisers, je ne les saurais supporter . ils sont trop âcres, trop pénétrants; ils percent, ils brulent jusqu'à la moelle .. ils me rendraient furieux. Un seul, un seul m'a jeté dans un égarement dont je ne puis plus revenir. Je ne suis plus le même, et ne te vois plus la même Je ne te vois plus comme autrefois réprimante et sévère; mais je te sens et te touche sans cesse unie à mon sein comme tu fus un instant. O Julie ! quelque sort que m'annonce un transport dont je ne suis plus maître, quelque traitement que ta rigueur me destine, je ne puis plus vivre dans l'état ou je suis, et je sens qu'il faut enfin que j expire a tes pieds... ou dans tes bras.

XV. — DE JULIE.

Il est important, mon ami, que nous nous séparions quelque temps, et c'est ici la première épreuve de l'obéissance que vous m'avez promise Si je l'exige en cette occasion, croyez que j'en ai des raisons tres fortes il faut bien, et vous le savez trop, que j'en aie pour m'y résoudre, quant a vous, vous n'en avez pas besoin d'autre que ma volonté.

Il y a longtemps que vous avez un voyage a faire en Valais Je voudrais que vous pussiez l'entreprendre a présent qu'il ne fait p s encore froid Quoique l'automne soit encore agréable ici, vous voyez déjà blanchir la pointe de la Dent-de-Jamant[1], et dans six semaines je ne vous laisserais pas faire ce voyage dans un pays si rude. Tâchez donc de partir dès demain : vous m'écrirez à l'adresse que je vous envoie, et vous m'enverrez la vôtre quand vous serez arrivé à Sion.

Vous n'avez jamais voulu me parler de l'état de vos affaires ; mais vous n'êtes pas dans votre patrie : je sais que vous y avez peu de fortune, et que vous ne faites que la déranger ici, où vous ne resteriez pas sans moi. Je puis donc supposer qu'une partie de votre bourse est dans la mienne, et je vous envoie un léger à compte dans celle que renferme cette boîte, qu'il ne faut pas ouvrir devant le porteur. Je n'ai garde d'aller au-devant des difficultés, je vous estime trop pour vous croire capable d'en faire.

Je vous défends, non-seulement de retourner sans mon ordre, mais de venir nous dire adieu. Vous pouvez écrire à ma mère ou à moi, simplement pour nous avertir que vous êtes forcé de partir sur-le-champ pour une affaire imprévue, et me donner, si vous voulez, quelques avis sur mes lectures jusqu'à votre retour. Tout cela doit être fait naturellement et sans aucune apparence de mystère. Adieu, mon ami ; n'oubliez pas que vous emportez le cœur et le repos de Julie.

XVI. — RÉPONSE.

Je relis votre terrible lettre, et je frissonne à chaque ligne. J'obéirai pourtant, je l'ai promis, je le dois ; j'obéirai. Mais vous ne savez pas, non, barbare, vous ne saurez jamais ce qu'un tel sacrifice coûte à mon cœur. Ah ! vous n'aviez pas besoin de l'épreuve du bosquet pour me le rendre sensible : c'est un raffinement de cruauté perdu pour votre âme impitoyable ; et je puis au moins vous défier de me rendre plus malheureux.

Vous recevrez votre boîte dans le même état où vous l'avez envoyée. C'est trop d'ajouter l'opprobre à la cruauté ; si je vous ai laissé maîtresse de mon sort, je ne vous ai point laissée arbitre de mon honneur. C'est un dépôt sacré (l'unique, hélas ! qui me reste), dont jusqu'à la fin de ma vie nul ne sera chargé que moi seul.

[1] Haute montagne du pays de Vaud.

XVII. — RÉPLIQUE.

Votre lettre me fait pitié ; c'est la seule chose sans esprit que vous ayez jamais écrite.

J'offense donc votre honneur, pour lequel je donnerais mille fois ma vie ? J'offense donc ton honneur, ingrat¹ qui m'as vue prête à t'abandonner le mien ? Où est-il donc cet honneur que j'offense ? Dis le moi, cœur rampant, âme sans délicatesse. — Ah ! que tu es méprisable, si tu n'as qu'un honneur que Julie ne connaisse pas! Quoi ? ceux qui veulent partager leur sort n'oseraient partager leurs biens, et celui qui fait profession d'être à moi se tient outragé de mes dons ! Et depuis quand est-il vil de recevoir de ce qu'on aime ? depuis quand ce que le cœur donne déshonore-t-il le cœur qui l'accepte ? Mais on méprise un homme qui reçoit d'un autre : on méprise celui dont les besoins passent la fortune. Et qui méprise ? Des âmes abjectes qui mettent l'honneur dans la richesse, et pèsent les vertus au poids de l'or. Est-ce dans ces basses maximes qu'un homme de bien met son honneur ? et le préjugé même de la raison n'est-il pas en faveur du plus pauvre ?

Sans doute, il est des dons vils qu'un honnête homme ne peut accepter; mais apprenez qu'ils ne déshonorent pas moins la main qui les offre, et qu'un don honnête à faire est toujours honnête à recevoir, or sûrement mon cœur ne me reproche pas celui-ci, il s'en glorifie ! Je ne sache rien de plus méprisable qu'un homme dont on achète le cœur et les soins, si ce n'est la femme qui les paye ; mais entre deux cœurs unis la communauté de biens est une justice et un devoir; et si je me trouve encore en arrière de ce qui me reste de plus qu'à vous, j'accepte sans scrupule ce que je réserve, et je vous dois ce que je ne vous ai pas donné. Ah ! si les dons de l'amour sont à charge, quel cœur jamais peut être reconnaissant ?

Supposeriez vous que je refuse à mes besoins ce que je destine à pourvoir aux vôtres ? Je vais vous donner au contraire une preuve sans réplique. C'est que la bourse que je vous renvoie contient le double de ce qu'elle contenait la première fois, et qu'il ne tiendrait qu'à moi de la doubler encore. Mon père me donne pour mon en-

---

¹ Elle a raison. Sur le motif secret de ce voyage, on voit que jamais argent ne fut plus honnêtement employé. C'est grand dommage que cet emploi n'ait pas fait un meilleur profit.

tretien une pension, modique à la vérité, mais à laquelle je n'ai jamais besoin de toucher, tant ma mère est attentive à pourvoir à tout; sans compter que ma broderie et ma dentelle suffisent pour m'entretenir de l'une et de l'autre. Il est vrai que je n'étais pas toujours aussi riche; les soucis d'une passion fatale m'ont fait depuis longtemps négliger certains soins auxquels j'employais mon superflu; c'est une raison de plus d'en disposer comme je fais: il faut vous humilier pour le mal dont vous êtes cause, et que l'amour expie les fautes qu'il fait commettre.

Venons à l'essentiel. Vous dites que l'honneur vous défend d'accepter mes dons. Si cela est, je n'ai plus rien à dire, et je conviens avec vous qu'il ne vous est pas permis d'aliéner un pareil soin. Si donc vous pouvez me prouver cela, faites-le clairement, incontestablement, et sans vaine subtilité; car vous savez que je hais les sophismes. Alors vous pouvez me rendre la bourse, je la reprends sans me plaindre, et il n'en sera plus parlé.

Mais comme je n'aime ni les gens pointilleux ni le faux point d'honneur, si vous me renvoyez encore une fois la boîte sans justification, ou que votre justification soit mauvaise, il faudra ne nous plus voir. Adieu; pensez-y.

XVIII. — A JULIE.

J'ai reçu vos dons, je suis parti sans vous voir, me voici bien loin de vous; êtes-vous contente de vos tyrannies, et vous ai-je assez obéi?

Je ne puis vous parler de mon voyage; à peine sais-je comment il s'est fait. J'ai mis trois jours à faire vingt lieues; chaque pas qui m'éloignait de vous séparait mon corps de mon âme, et me donnait un sentiment anticipé de la mort. Je voulais vous décrire ce que je verrais. Vain projet! Je n'ai rien vu que vous, et ne puis vous peindre que Julie. Les puissantes émotions que je viens d'éprouver coup sur coup m'ont jeté dans des distractions continuelles; je me sentais toujours où je n'étais point : à peine avais-je assez de présence d'esprit pour suivre et demander mon chemin, et je suis arrivé à Sion sans être parti de Vevay.

C'est ainsi que j'ai trouvé le secret d'éluder votre rigueur et de vous voir sans vous désobéir. Oui, cruelle, quoi que vous ayez su faire, vous n'avez pu me séparer de vous tout entier. Je n'ai traîné dans mon exil que la **moindre** partie de moi-même : tout ce qu'il y a de vivant en moi demeure auprès de **vous sans** cesse. Il erre impunément sur vos yeux, sur vos lèvres, **sur votre sein**, sur tous vos charmes; il pénètre partout comme une vapeur subtile; et je suis plus heureux en dépit de vous que je ne fus jamais de votre gré.

J'ai ici quelques personnes a voir, quelques affaires a traiter; voila ce qui me desole. Je ne suis point a plaindre dans la solitude ou je puis m'occuper de vous et me transporter aux lieux ou vous êtes. La vie active qui me rappelle a moi tout entier m'est seule insupportable. Je vais faire mal et vite, pour etre promptement libre, et pouvoir m'egarer a mon aise dans les lieux sauvages qui forment a mes yeux les charmes de ce pays. Il faut tout fuir et vivre seul au monde, quand on n'y peut vivre avec vous.

XIX. — A JULIE.

Rien ne m'arrête plus ici que vos ordres; cinq jours que j'y ai passés ont suffi et au dela pour mes affaires; si toutefois on peut appeler des affaires celles ou le cœur n'a point de part. Enfin vous n'avez plus de prétexte, et ne pouvez me retenir loin de vous qu'afin de me tourmenter.

Je commence a etre fort inquiet du sort de ma premiere lettre; elle fut écrite et mise a la poste en arrivant; l'adresse en est fidelement copiée sur celle que vous m'envoyates, je vous ai envoyé la mienne avec le meme soin; et si vous aviez fait exactement reponse, elle aurait deja du me parvenir. Cette réponse pourtant ne vient point, et il n'y a nulle cause possible et funeste de son retard, que mon esprit trouble ne se figure. O ma Julie! que d'imprevues catastrophes peuvent en huit jours rompre a jamais les plus doux liens du monde! Je fremis de songer qu'il n'y a pour moi qu'un seul moyen d'etre heureux, et des millions d'etre miserable [1]. Julie, m'auriez-vous oublié? Ah! c'est la plus affreuse de

---

[1] On me dira que c'est le devoir d'un editeur de corriger les fautes de langue. Oui bien pour les editeurs qui font cas de cette correction, oui bien pour les ouvrages dont on peut corriger le style sans le refondre et le gater, oui bien quand on est assez sur de sa plume pour ne pas substituer ses propres fautes a celles de l'auteur. Et, avec tout cela, qu'aura-t-on gagné à faire parler un Suisse comme un académicien ?

mes craintes! Je puis préparer ma constance aux autres malheurs, mais toutes les forces de mon ame défaillent au seul soupçon de celui-la.

Je vois le peu de fondement de mes alarmes, et ne saurais les calmer. Le sentiment de mes maux s'aigrit sans cesse loin de vous; et, comme si je n'en avais pas assez pour m'abattre, je m'en forge encore d'incertains pour irriter tous les autres. D'abord mes inquiétudes étaient moins vives. Le trouble d'un départ subit, l'agitation du voyage, donnaient le change a mes ennuis; ils se raniment dans la tranquille solitude. Hélas! je combattais; un fer mortel a percé mon sein, et la douleur ne s'est fait sentir que long-temps apres la blessure.

Cent fois, en lisant des romans, j'ai ri des froides plaintes des amants sur l'absence. Ah! je ne savais pas alors a quel point la vôtre un jour me serait insupportable! Je sens aujourd'hui combien une âme paisible est peu propre a juger des passions, et combien il est insensé de rire des sentiments qu'on n'a point éprouvés. Vous le dirai-je pourtant? je ne sais quelle idée consolante et douce tempere en moi l'amertume de votre éloignement, en songeant qu'il s'est fait par votre ordre. Les maux qui me viennent de vous me sont moins cruels que s'ils m'etaient envoyés par la fortune; s'ils servent a vous contenter, je ne voudrais pas ne les point sentir; ils sont les garants de leur dedommagement, et je connais trop bien votre ame pour vous croire barbare a pure perte.

Si vous voulez m'éprouver, je n'en murmure plus; il est juste que vous sachiez si je suis constant, patient, docile, digne en un mot des biens que vous me reservez. Dieux! si c'était la votre idée, je me plaindrais de trop peu souffrir. Ah! non, pour nourrir dans mon cœur une si douce attente, inventez, s'il se peut, des maux mieux proportionnés a leur prix.

XX. — DE JULIE.

Je reçois à la fois vos deux lettres; et je vois, par l'inquiétude que vous marquez dans la seconde sur le sort de l'autre, que quand l'imagination prend les devants, la raison ne se hate pas comme elle, et souvent la laisse aller seule. Pensates-vous, en arrivant à Sion, qu'un courrier tout pret n'attendait pour partir que votre lettre, que cette lettre me serait remise en arrivant ici, et que les occasions ne favoriseraient pas moins ma réponse? Il n'en va pas ainsi, mon bel ami. Vos deux lettres me sont parvenues à la fois, parce que le courrier, qui ne passe qu'une fois la semaine [1], n'est parti qu'avec la seconde. Il faut un certain temps pour distribuer les lettres; il en faut à mon commissionnaire pour me rendre la mienne en secret, et le courrier ne retourne pas d'ici le lendemain du jour qu'il est arrivé. Ainsi, tout bien calculé, il nous faut huit jours, quand celui du courrier est bien choisi, pour recevoir réponse l'un de l'autre; ce que je vous explique afin de calmer une fois pour toutes votre impatiente vivacité. Tandis que vous déclamez contre la fortune et ma négligence, vous voyez que je m'informe adroitement de tout ce qui peut assurer notre correspondance, et prévenir vos perplexités. Je vous laisse à decider de quel coté sont les plus tendres soins.

Ne parlons plus de peines, mon bon ami : ah! respectez et partagez plutôt le plaisir que j'éprouve, après huit mois d'absence, de revoir le meilleur des pères! Il arriva jeudi au soir; et je n'ai songé qu'à lui [2] depuis cet heureux moment. O toi que j'aime le mieux au monde après les auteurs de mes jours, pourquoi tes lettres, tes querelles viennent-elles contrister mon âme, et troubler les premiers plaisirs d'une famille réunie? Tu voudrais que mon cœur s'occupât de toi sans cesse ; mais, dis-moi, le tien pourrait-il aimer une fille dénaturée à qui les feux de l'amour feraient oublier les droits du sang, et que les plaintes d'un amant rendraient insensible aux caresses d'un père? Non, mon digne ami, n'empoisonne point par d'injustes reproches l'innocente joie que m'inspire un si doux sentiment. Toi dont l'âme est si tendre et si sensible, ne conçois-tu point quel charme c'est de sentir, dans ces purs et sacrés embrassements, le sein d'un père palpiter d'aise contre celui de sa fille? Ah! crois-tu qu'alors le cœur puisse un moment se partager, et rien dérober à la nature?

Sol che son figlia lo mi rammento adesso [3].

Ne pensez pas pourtant que je vous oublie. Oublia-t-on jamais ce qu'on a une fois aimé? Non, les impressions plus vives, qu'on suit quelques instants, n'effacent pas pour cela les autres. Ce n'est

[1] Il passe à présent deux fois.
[2] L'article qui précède prouve qu'elle ment
[3] Tout ce dont je me souviens en ce moment, c'est que je suis sa fille.

point sans chagrin que je vous ai vu partir, ce n'est point sans
plaisir que je vous verrais de retour. Mais .. prenez patience ainsi
que moi, puisqu'il le faut, sans en demander davantage. Soyez sûr
que je vous rappellerai le plus tôt qu'il me sera possible ; et pensez
que souvent tel qui se plaint bien haut de l'absence n'est pas celui
qui en souffre le plus.

XXI. — A JULIE.

Que j'ai souffert en la recevant, cette lettre souhaitée avec tant
d'ardeur ! J'attendais le courrier à la poste. A peine le paquet était-
il ouvert, que je me nomme ; je me rends importun : on me dit
qu'il y a une lettre, je tressaille ; je la demande, agité d'une mortelle impatience ; je la reçois enfin. Julie, j'aperçois les traits de
ta main adorée ! La mienne tremble en s'avançant pour recevoir ce
précieux dépôt. Je voudrais baiser mille fois ces sacrés caractères :
ô circonspection d'un amour craintif ! je n'ose porter la lettre à ma
bouche, ni l'ouvrir devant tant de témoins. Je me dérobe à la hâte ;
mes genoux tremblaient sous moi ; mon émotion croissante me
laisse à peine apercevoir mon chemin. J'ouvre la lettre au premier détour ; je la parcours, je la dévore ; et à peine suis-je à ces
lignes où tu peins si bien les plaisirs de ton cœur en embrassant ce
respectable père, que je fonds en larmes ; on me regarde, j'entre
dans une allée pour échapper aux spectateurs ; là je partage ton
attendrissement ; j'embrasse avec transport cet heureux père que
je connais à peine ; et, la voix de la nature me rappelant au mien,
je donne de nouveaux pleurs à sa mémoire honorée.

Et que voulez-vous apprendre, incomparable fille, dans mon
vain et triste savoir ? Ah ! c'est de vous qu'il faut apprendre tout ce
qui peut entrer de bon, d'honnête, dans une âme humaine, et surtout ce divin accord de la vertu, de l'amour et de la nature, qui ne
se trouva jamais qu'en vous. Non, il n'y a point d'affection saine
qui n'ait sa place dans votre cœur, qui ne s'y distingue par la sensibilité qui vous est propre ; et, pour savoir moi-même régler le
mien, comme j'ai soumis toutes mes actions à vos volontés, je
vois bien qu'il faut soumettre encore tous mes sentiments aux
vôtres.

Quelle différence pourtant de votre état au mien ! daignez le remarquer. Je ne parle point du rang et de la fortune, l'honneur et

l'amour doivent en cela suppléer à tout : mais vous êtes environnée de gens que vous chérissez et qui vous adorent : les soins d'une tendre mere, d'un pere dont vous êtes l'unique espoir ; l'amitié d'une cousine qui ne semble respirer que par vous ; toute une famille dont vous faites l'ornement ; une ville entiere fiere de vous avoir vue naitre ; tout occupe et partage votre sensibilité ; et ce qu'il en reste à l'amour n'est que la moindre partie de ce que lui ravissent les droits du sang et de l'amitié. Mais moi, Julie, hélas ! errant, sans famille, et presque sans patrie, je n'ai que vous sur la terre, et l'amour seul me tient lieu de tout. Ne soyez donc pas surprise si, bien que votre ame soit la plus sensible, la mienne sait le mieux aimer ; et si, vous cedant en tant de choses, j'emporte au moins le prix de l'amour.

Ne craignez pourtant pas que je vous importune encore de mes indiscretes plaintes. Non, je respecterai vos plaisirs, et pour eux-mêmes qui sont si purs, et pour vous qui les ressentez. Je m'en formerai dans l'esprit le touchant spectacle, je les partagerai de loin ; et, ne pouvant etre heureux de ma propre félicité, je le serai de la votre. Quelles que soient les raisons qui me tiennent éloigné de vous, je les respecte : et que me servirait de les connaitre, si, quand je devrais les désapprouver, il n'en faudrait pas moins obeir à la volonté qu'elles vous inspirent ? M'en coûtera-t-il plus de garder le silence, qu'il ne m'en couta de vous quitter ? Souvenez-vous toujours, o Julie, que votre âme a deux corps a gouverner, et que celui qu'elle anime par son choix lui sera toujours le plus fidele :

Nodo piu forte,
Fabricato da noi, non dalla sorte [1].

Je me tais donc ; et, jusqu'a ce qu'il vous plaise de terminer mon exil, je vais tâcher d'en tempérer l'ennui en parcourant les montagnes du Valais tandis qu'elles sont encore praticables. Je m'aperçois que ce pays ignoré mérite les regards des hommes, et qu'il ne lui manque pour être admire que des spectateurs qui le sachent voir. Je tâcherai d'en tirer quelques observations dignes de vous plaire. Pour amuser une jolie femme, il faudrait peindre un peuple aimable et galant : mais toi, ma Julie, ah ! je le sais bien, le tableau d'un peuple heureux et simple est celui qu'il faut à ton cœur.

---

[1] Le plus fort des nœuds, notre ouvrage, et non celui du sort

XXII. — DE JULIE.

Enfin le premier pas est franchi, et il a été question de vous. Malgré le mépris que vous témoignez pour ma doctrine, mon père en a été surpris : il n'a pas moins admiré mes progrès dans la musique et dans le dessin [1], et au grand étonnement de ma mere, prévenue par vos calomnies [2]; au blason pres, qui lui a paru négligé, il a paru fort content de tous mes talents. Mais ces talents ne s'acquierent pas sans maitre ; il a fallu nommer le mien ; et je l'ai fait avec une énumération pompeuse de toutes les sciences qu'il voulait bien m'enseigner, hors une. Il s'est rappelé de vous avoir vu plusieurs fois a son précédent voyage, et il n'a pas paru qu'il eût conservé de vous une impression désavantageuse.

Ensuite il s'est informé de votre fortune ; on lui a dit qu'elle était médiocre : de votre naissance ; on lui a dit qu'elle était honnete. Ce mot *honnête* est fort équivoque à l'oreille d'un gentilhomme, et a excité des soupçons que l'eclaircissement a confirmés. Des qu'il a su que vous n'etiez pas noble, il a demandé ce qu'on vous donnait par mois. Ma mere, prenant la parole, a dit qu'un pareil arrangement n'était pas même proposable ; et qu'au contraire vous aviez rejeté constamment tous les moindres presents qu'elle avait tâché de vous faire en choses qui ne se refusent pas ; mais cet air de fierté n'a fait qu'exciter la sienne. Et le moyen de supporter l'idée d'etre redevable a un roturier ? Il a donc ete decidé qu'on vous offrirait un payement, au refus duquel, malgré tout votre merite, dont on convient, vous seriez remercié de vos soins. Voila, mon ami, le résumé d'une conversation qui a été tenue sur le compte de mon tres-honoré maitre, et durant laquelle son humble écoliere n'était pas fort tranquille. J'ai cru ne pouvoir trop me hâter de vous en donner avis, afin de vous laisser le temps d'y refléchir. Aussitôt que vous aurez pris votre résolution, ne manquez pas de m'en instruire ; car cet article est de votre competence, et mes droits ne vont pas jusque-la.

J'apprends avec peine vos courses dans les montagnes ; non que vous n'y trouviez, a mon avis, une agréable diversion, et que le

---

[1] Voilà, ce me semble, un sage de vingt ans qui sait prodigieusement de choses ! Il est vrai que Julie le felicite à trente de n'etre plus si savant

[2] Cela se rapporte a une lettre à la mere, écrite sur un ton équivoque, et qui a été supprimée.

détail de ce que vous aurez vu ne me soit fort agréable à moi-même : mais je crains pour vous des fatigues que vous n'êtes guere en etat de supporter. D'ailleurs la saison est fort avancée ; d'un jour a l'autre tout peut se couvrir de neige ; et je prévois que vous aurez encore plus a souffrir du froid que de la fatigue. Si vous tombiez malade dans le pays où vous êtes, je ne m'en consolerais jamais. Revenez donc, mon bon ami, dans mon voisinage. Il n'est pas temps encore de rentrer à Vevay ; mais je veux que vous habitiez un séjour moins rude, et que nous soyons à portée d'avoir aisément des nouvelles l'un de l'autre. Je vous laisse le maitre du choix de votre station Tâchez seulement qu'on ne sache point ici où vous êtes, et soyez discret sans être mysterieux. Je ne vous dis rien sur ce chapitre ; je me fie à l'intérêt que vous avez d'etre prudent, et plus encore a celui que j'ai que vous le soyez.

Adieu, mon ami ; je ne puis m'entretenir plus longtemps avec vous. Vous savez de quelles précautions j'ai besoin pour écrire. Ce n'est pas tout : mon pere a amené un étranger respectable, son ancien ami, et qui lui a sauvé autrefois la vie a la guerre. Jugez si nous nous sommes efforcés de le bien recevoir. Il repart demain, et nous nous hâtons de lui procurer, pour le jour qui nous reste, tous les amusements qui peuvent marquer notre zele à un tel bienfaiteur. On m'appelle : il faut finir. Adieu derechef.

XXIII. — A JULIE.

A peine ai-je employé huit jours a parcourir un pays qui demanderait des années d'observation : mais, outre que la neige me chasse, j'ai voulu revenir au devant du courrier qui m'apporte, je l'espere, une de vos lettres. En attendant qu'elle arrive, je commence par vous écrire celle ci, apres laquelle j'en écrirai, s'il est nécessaire, une seconde pour répondre a la votre.

Je ne vous ferai point ici un détail de mon voyage et de mes remarques ; j'en ai fait une relation que je compte vous porter. Il faut réserver notre correspondance pour les choses qui nous touchent de plus près l'un et l'autre. Je me contenterai de vous parler de la situation de mon âme : il est juste de vous rendre compte de l'usage qu'on fait de votre bien.

J'étais parti, triste de mes peines et console de votre joie ; ce qui me tenait dans un certain état de langueur qui n'est pas sans charme pour un cœur sensible. Je gravissais lentement et à pied des sentiers assez rudes, conduit par un homme que j'avais pris pour être mon guide, et dans lequel, durant toute la route, j'ai trouvé plutôt un ami qu'un mercenaire. Je voulais rêver, et j'en étais toujours détourné par quelque spectacle inattendu. Tantôt d'immenses rochers pendaient en ruines au-dessus de ma tête. Tantôt de hautes et bruyantes cascades m'inondaient de leur épais brouillard. Tantôt un torrent éternel ouvrait à mes côtes un abîme dont les yeux n'osaient sonder la profondeur. Quelquefois je me perdais dans l'obscurité d'un bois touffu. Quelquefois, en sortant d'un gouffre, une agréable prairie réjouissait tout à coup mes regards. Un mélange étonnant de la nature sauvage et de la nature cultivée montrait partout la main des hommes, où l'on eût cru qu'ils n'avaient jamais pénétré : à côté d'une caverne on trouvait des maisons, on voyait des pampres secs où l'on n'eut cherché que des ronces, des vignes dans des terres éboulées, d'excellents fruits sur des rochers, et des champs dans des précipices.

Ce n'était pas seulement le travail des hommes qui rendait ces pays étranges si bizarrement contrastés; la nature semblait encore prendre plaisir à s'y mettre en opposition avec elle-même, tant on la trouvait différente en un même lieu sous divers aspects. Au levant les fleurs du printemps, au midi les fruits de l'automne, au nord les glaces de l'hiver : elle réunissait toutes les saisons dans le même instant, tous les climats dans le même lieu, des terrains contraires sur le même sol, et formait l'accord inconnu partout ailleurs des productions des plaines et de celles des Alpes. Ajoutez à tout cela les illusions de l'optique, les pointes des monts différemment éclairées, le clair-obscur du soleil et des ombres, et tous les accidents de lumière qui en résultaient le matin et le soir; vous aurez quelque idée des scènes continuelles qui ne cessèrent d'attirer mon admiration, et qui semblaient m'être offertes en un vrai théâtre; car la perspective des monts étant verticale frappe les yeux tout à la fois, et bien plus puissamment que celle des plaines, qui ne se voit qu'obliquement, en fuyant, et dont chaque objet vous en cache un autre.

J'attribuai, durant la première journée, aux agréments de cette variété le calme que je sentais renaître en moi : j'admirais l'empire qu'ont sur nos passions les plus vives les êtres les plus insensibles, et je méprisais la philosophie de ne pouvoir pas même autant sur l'âme qu'une suite d'objets inanimés. Mais cet état paisible ayant duré la nuit et augmenté le lendemain, je ne tardai pas de juger qu'il avait encore quelque autre cause qui ne m'était pas connue. J'arrivai ce jour-la sur des montagnes les moins elevées ; et, parcourant ensuite leurs inégalités, sur celles des plus hautes qui étaient a ma portée. Apres m'etre promené dans les nuages, j'atteignais un sejour plus serein, d'ou l'on voit dans la saison le tonnerre et l'orage se former au-dessous de soi, image trop vaine de l'ame du sage, dont l'exemple n'exista jamais, ou n'existe qu'aux memes lieux d'où l'on en a tiré l'embleme.

Ce fut la que je démêlai sensiblement dans la pureté de l'air où je me trouvais la veritable cause du changement de mon humeur, et du retour de cette paix intérieure que j'avais perdue depuis si longtemps. En effet, c'est une impression générale qu'eprouvent tous les hommes, quoiqu'ils ne l'observent pas tous, que sur les hautes montagnes, ou l'air est pur et subtil, on se sent plus de facilité dans la respiration, plus de légereté dans le corps, plus de sérénité dans l'esprit; les plaisirs y sont moins ardents, les passions plus modérées. Les méditations y prennent je ne sais quel caractere grand et sublime, proportionné aux objets qui nous frappent, je ne sais quelle volupté tranquille qui n'a rien d'âcre et de sensuel. Il semble qu'en s'élevant au-dessus du séjour des hommes on y laisse tous les sentiments bas et terrestres, et qu'a mesure qu'on approche des régions éthérées, l'âme contracte quelque chose de leur inaltérable pureté. On y est grave sans mélancolie, paisible sans indolence, content d'etre et de penser : tous les désirs trop vifs s'émoussent; ils perdent cette pointe aiguë qui les rend douloureux ; ils ne laissent au fond du cœur qu'une émotion légère et douce ; et c'est ainsi qu'un heureux climat fait servir a la félicité de l'homme les passions qui font ailleurs son tourment. Je doute qu'aucune agitation violente, aucune maladie de vapeurs pût tenir contre un pareil séjour prolongé, et je suis surpris que des bains de l'air salutaire et bienfaisant des montagnes ne soient pas un des grands remèdes de la médecine et de la morale :

> Qui non palazzi, non teatro o loggia,
> M'an lor vece un' abete, un faggio, un pino,
> Trà l'erba verde e'l bel monte vicino
> Levan di terra al ciel nostr' intelletto (1).

¹ Au lieu des palais, des pavillons, des théâtres, les chênes, les

Supposez les impressions réunies de ce que je viens de vous décrire, et vous aurez quelque idée de la situation délicieuse où je me trouvais : imaginez la variété, la grandeur, la beauté de mille étonnants spectacles ; le plaisir de ne voir autour de soi que des objets tout nouveaux, des oiseaux étranges, des plantes bizarres et inconnues ; d'observer en quelque sorte une autre nature, et de se trouver dans un nouveau monde. Tout cela fait aux yeux un mélange inexprimable, dont le charme augmente encore par la subtilité de l'air, qui rend les couleurs plus vives, les traits plus marqués, rapproche tous les points de vue ; les distances paraissant moindres que dans les plaines, où l'épaisseur de l'air couvre la terre d'un voile, l'horizon présente aux yeux plus d'objets qu'il semble n'en pouvoir contenir : enfin ce spectacle a je ne sais quoi de magique, de surnaturel, qui ravit l'esprit et les sens ; on oublie tout, on s'oublie soi-même, on ne sait plus où l'on est.

J'aurais passé tout le temps de mon voyage dans le seul enchantement du paysage si je n'en eusse éprouvé un plus doux encore dans le commerce des habitants. Vous trouverez dans ma description un léger crayon de leurs mœurs, de leur simplicité, de leur égalité d'ame, et de cette paisible tranquillité qui les rend heureux par l'exemption des peines plutôt que par le goût des plaisirs. Mais ce que je n'ai pu vous peindre et qu'on ne peut guère imaginer, c'est leur humanité désintéressée, et leur zèle hospitalier pour tous les étrangers que le hasard ou la curiosité conduisent chez eux : j'en fis une épreuve surprenante, moi qui n'étais connu de personne, et qui ne marchais qu'à l'aide d'un conducteur. Quand j'arrivais le soir dans un hameau, chacun venait avec tant d'empressement m'offrir sa maison, que j'étais embarrassé du choix ; et celui qui obtenait la préférence en paraissait si content, que la première fois je pris cette ardeur pour de l'avidité. Mais je fus bien étonné quand, après en avoir usé chez mon hôte à peu près comme au cabaret, il refusa le lendemain mon argent, s'offensant même de ma proposition ; et il en a partout été de même. Ainsi c'était le pur amour de l'hospitalité, communément assez tiède, qu'à sa vivacité j'avais pris pour l'âpreté du gain. Leur désintéressement fut si complet, que dans tout le voyage je n'ai pu trouver

noirs sapins, les hêtres, s'élancent de l'herbe verte au sommet des monts, et semblent élever au ciel, avec leurs têtes, les yeux et l'esprit des mortels Pétrarq

a placer un patagon¹ En effet, à quoi dépenser de l'argent dans un pays où les maîtres ne reçoivent point le prix de leurs frais, ni les domestiques celui de leurs soins, et où l'on ne trouve aucun mendiant? Cependant l'argent est fort rare dans le haut Valais, mais c'est pour cela que les habitants sont à leur aise : car les denrées y sont abondantes sans aucun débouché au dehors, sans consommation de luxe au dedans, et sans que le cultivateur montagnard, dont les travaux sont les plaisirs, devienne moins laborieux. Si jamais ils ont plus d'argent, ils seront infailliblement plus pauvres. Ils ont la sagesse de le sentir, et il y a dans le pays des mines d'or qu'il n'est pas permis d'exploiter.

J'étais d'abord fort surpris de l'opposition de ces usages avec ceux du bas Valais, où, sur la route d'Italie, on rançonne assez durement les passagers, et j'avais peine à concilier dans un même peuple des manières si différentes. Un Valaisan m'en expliqua la raison : Dans la vallée, me dit-il, les étrangers qui passent sont des marchands, et d'autres gens uniquement occupés de leur négoce et de leur gain ; il est juste qu'ils nous laissent une partie de leur profit, et nous les traitons comme ils traitent les autres. Mais ici, où nulle affaire n'appelle les étrangers, nous sommes sûrs que leur voyage est désintéressé, l'accueil qu'on leur fait l'est aussi. Ce sont des hôtes qui nous viennent voir parce qu'ils nous aiment, et nous les recevons avec amitié.

Au reste, ajouta-t-il en souriant, cette hospitalité n'est pas coûteuse, et peu de gens s'avisent d'en profiter. Ah! je le crois, lui répondis-je : que ferait-on chez un peuple qui vit pour vivre, non pour gagner ni pour briller? Hommes heureux et dignes de l'être, j'aime à croire qu'il faut vous ressembler en quelque chose pour se plaire au milieu de vous.

Ce qui me paraissait le plus agréable dans leur accueil, c'était de n'y pas trouver le moindre vestige de gêne ni pour eux ni pour moi : ils vivaient dans leur maison comme si je n'y eusse pas été, et il ne tenait qu'à moi d'y être comme si j'y eusse été seul. Ils ne connaissaient point l'incommode vanité d'en faire les honneurs aux étrangers, comme pour les avertir de la présence d'un maître, dont on dépend au moins en cela. Si je ne disais rien, ils supposaient que je voulais vivre à leur manière, je n'avais qu'à dire un mot pour vivre à la mienne, sans éprouver jamais de leur

¹ Lieu du pays.

part la moindre marque de répugnance ou d'étonnement. Le seul compliment qu'ils me firent, après avoir su que j'étais Suisse, fut de me dire que nous étions frères, et que je n'avais qu'à me regarder chez eux comme étant chez moi : puis ils ne s'embarrassèrent plus de ce que je faisais, n'imaginant pas même que je pusse avoir le moindre doute sur la sincérité de leurs offres, ni le moindre scrupule à m'en prévaloir. Ils en usent entre eux avec la même simplicité : les enfants en âge de raison sont les égaux de leurs pères, les domestiques s'asseyent à table avec leurs maitres · la même liberté règne dans les maisons et dans la république, et la famille est l'image de l'État.

La seule chose sur laquelle je ne jouissais pas de la liberté était la durée excessive des repas : j'étais bien le maître de ne pas me mettre à table ; mais quand j'y étais une fois, il y fallait rester une partie de la journée, et boire d'autant. Le moyen d'imaginer qu'un homme, et un Suisse, n'aimât pas à boire ? En effet, j'avoue que le bon vin me paraît une excellente chose, et que je ne hais point à m'en égayer, pourvu qu'on ne m'y force pas. J'ai toujours remarqué que les gens faux sont sobres, et la grande réserve de la table annonce assez souvent des mœurs feintes et des âmes doubles. Un homme franc craint moins ce babil affectueux et ces tendres épanchements qui précèdent l'ivresse ; mais il faut savoir s'arrêter et prévenir l'excès. Voilà ce qu'il ne m'était guère possible de faire avec d'aussi déterminés buveurs que les Valaisans, des vins aussi violents que ceux du pays, et sur des tables où l'on ne vit jamais d'eau. Comment se résoudre à jouer si sottement le sage, et à fâcher de si bonnes gens ? Je m'enivrais donc par reconnaissance ; et, ne pouvant payer mon écot de ma bourse, je le payais de ma raison.

Un autre usage qui ne me gênait guère moins, c'était de voir, même chez des magistrats, la femme et les filles de la maison, debout derrière ma chaise, servir à table comme des domestiques. La galanterie française se serait d'autant plus tourmentée à réparer cette incongruité, qu'avec la figure des Valaisanes, des servantes mêmes rendraient leurs services embarrassants. Vous pouvez m'en croire, elles sont jolies puisqu'elles m'ont paru l'être. Des yeux accoutumés à vous voir sont difficiles en beauté.

Pour moi, qui respecte encore plus les usages des pays où je vis que ceux de la galanterie, je recevais leur service en silence, avec autant de gravité que don Quichotte chez la duchesse. J'opposais quelquefois en souriant les grandes barbes et l'air grossier des convives au teint eblouissant de ces jeunes beautés timides qu'un mot faisait rougir, et ne rendait que plus agreables. Mais je fus un peu choqué de l'enorme ampleur de leur gorge, qui n'a dans sa blancheur eblouissante qu'un des avantages du modele que j'osais lui comparer; modele unique et voilé, dont les contours, furtivement observés, me peignent ceux de cette coupe celebre à qui le plus beau sein du monde servit de moule.

Ne soyez pas surprise de me trouver si savant sur des mysteres que vous cachez si bien : je le suis en depit de vous, un sens en peut quelquefois instruire un autre : malgré la plus jalouse vigilance, il échappe à l'ajustement le mieux concerté quelques légers interstices par lesquels la vue opere l'effet du toucher. L'œil avide et temeraire s'insinue impunément sous les fleurs d'un bouquet; il erre sous la chenille et la gaze, et fait sentir à la main la resistance elastique qu'elle n'oserait éprouver.

> Parte appar delle mamme acerbe e crude
> Parte altrui ne ricopre invida vesta,
> Invida, ma s'agli occhi il varco chiude,
> L'amoroso pensier g à non arresta (1).

Je remarquai aussi un grand defaut dans l'habillement des Valaisanes : c'est d'avoir des corps de robe si élevés par derriere, qu'elles en paraissent bossues; cela fait un effet singulier avec leurs petites coiffures noires et le reste de leur ajustement, qui ne manque au surplus ni de simplicité ni d'elegance. Je vous porte un habit complet à la valaisane, et j'espere qu'il vous ira bien; il a été pris sur la plus jolie taille du pays.

Tandis que je parcourais avec extase ces lieux si peu connus et si dignes d'être admirés, que faisiez-vous cependant, ma Julie? Étiez-vous oubliée de votre ami? Julie oubliée! Ne m'oublierai-je pas plutot moi-meme? et que pourrais-je etre un moment seul, moi qui ne suis plus rien que par vous? Je n'ai jamais mieux remarqué avec quel instinct je place en divers lieux notre existence commune selon l'etat de mon ame. Quand je suis triste elle se refugie auprès de la vôtre, et cherche des consolations aux lieux ou

---

[1] Son acerbe et dure mamelle se laisse entrevoir un vêtement jaloux en cache en vain la plus grande partie, l'amoureux desir, plus perçant que l'œil, penetre à travers tous les obstacles TASSO

vous êtes; c'est ce que j'éprouvais en vous quittant. Quand j'ai du plaisir, je n'en saurais jouir seul, et pour le partager avec vous je vous appelle alors où je suis. Voila ce qui m'est arrivé durant toute cette course, où, la diversité des objets me rappelant sans cesse en moi-meme, je vous conduisais partout avec moi. Je ne faisais pas un pas que nous ne le fissions ensemble. Je n'admirais pas une vue sans me hâter de vous la montrer. Tous les arbres que je rencontrais vous prêtaient leur ombre, tous les gazons vous servaient de siége. Tantot, assis a vos cotés, je vous aidais a parcourir des yeux les objets; tantot à vos genoux j'en contemplais un plus digne des regards d'un homme sensible. Rencontrais-je un pas difficile, je vous le voyais franchir avec la legereté d'un faon qui bondit apres sa mere. Fallait-il traverser un torrent, j'osais presser dans mes bras une si douce charge; je passais le torrent lentement, avec delices, et voyais à regret le chemin que j'allais atteindre. Tout me rappelait a vous dans ce séjour paisible; et les touchants attraits de la nature, et l'inalterable pureté de l'air, et les mœurs simples des habitants, et leur sagesse égale et sûre, et l'aimable pudeur du sexe, et ses innocentes grâces, et tout ce qui frappait agréablement mes yeux et mon cœur leur peignaient celle qu'ils cherchent.

O ma Julie, disais-je avec attendrissement, que ne puis-je couler mes jours avec toi dans ces lieux ignores, heureux de notre bonheur, et non du regard des hommes! Que ne puis-je ici rassembler, toute mon âme en toi seule, et devenir à mon tour l'univers pour toi! Charmes adorés, vous jouiriez alors des hommages qui vous sont dus! Delices de l'amour, c'est alors que nos cœurs vous savoureraient sans cesse! Une longue et douce ivresse nous laisserait ignorer le cours des ans, et quand enfin l'âge aurait calmé nos premiers feux, l'habitude de penser et sentir ensemble ferait succeder a leurs transports une amitie non moins tendre. Tous les sentiments honnetes, nourris dans la jeunesse avec ceux de l'amour, en rempliraient un jour le vide immense; nous pratiquerions au sein de cet heureux peuple, et a son exemple, tous les devoirs de l'humanite: sans cesse nous nous unirions pour bien faire, et nous ne mourrions point sans avoir vécu.

La poste arrive; il faut finir ma lettre, et courir recevoir la votre. Que le cœur me bat jusqu'à ce moment! Helas! j'étais heureux dans mes chimeres : mon bonheur fuit avec elles; que vais-je être en realité?

XXIV. — A JULIE

Je réponds sur-le champ a l'article de votre lettre qui regarde le payement, et n'ai, Dieu merci, nul besoin d'y reflechir Voici, ma Julie, quel est mon sentiment sur ce point.

Je distingue dans ce qu'on appelle honneur celui qui se tire de l'opinion publique, et celui qui derive de l'estime de soi-meme. Le premier consiste en vains prejuges plus mobiles qu'une onde agitée; le second a sa base dans les verites eternelles de la morale. L'honneur du monde peut etre avantageux a la fortune; mais il ne pénetre point dans l'ame, et n'influe en rien sur le vrai bonheur. L'honneur véritable au contraire en forme l'essence, parce qu'on ne trouve qu'en lui ce sentiment permanent de satisfaction intérieure qui seul peut rendre heureux un etre pensant. Appliquons, ma Julie, ces principes a votre question : elle sera bientot résolue.

Que je m'érige en maitre de philosophie, et prenne, comme ce fou de la fable, de l'argent pour enseigner la sagesse; cet emploi paraitra bas aux yeux du monde, et j'avoue qu'il a quelque chose de ridicule en soi : cependant, comme aucun homme ne peut tirer sa subsistance absolument de lui-meme, et qu'on ne saurait l'en tirer de plus pres que par son travail, nous mettrons ce mépris au rang des plus dangereux prejugés; nous n'aurons point la sottise de sacrifier la felicité a cette opinion insensée; vous ne m'en estimerez pas moins, et je n'en serai pas plus a plaindre quand je vivrai des talents que j'ai cultives.

Mais ici, ma Julie, nous avons d'autres considerations a faire. Laissons la multitude, et regardons en nous-memes. Que serai-je réellement a votre pere en recevant de lui le salaire des leçons que je vous aurai données, et lui vendant une partie de mon temps, c'est-a-dire de ma personne? Un mercenaire, un homme a ses gages, une espece de valet; et il aura de ma part, pour garant de sa confiance et pour sûreté de ce qui lui appartient, ma foi tacite, comme celle du dernier de ses gens.

Or, quel bien plus précieux peut avoir un pere que sa fille unique, fût-ce même une autre que Julie ? Que fera donc celui qui lui vend ses services ? fera-t-il taire ses sentiments pour elle ? Ah ! tu sais si cela se peut ! Ou bien, se livrant sans scrupule au penchant de son cœur, offensera-t-il dans la partie la plus sensible celui a qui il doit fidelité ? Alors je ne vois plus dans un tel maitre qu'un perfide qui foule aux pieds les droits les plus sacres [1], un traitre, un séducteur domestique, que les lois condamnent tres-justement a la mort. J'espere que celle a qui je parle sait m'entendre ; ce n'est pas la mort que je crains, mais la honte d'en être digne, et le mépris de moi-même.

Quand les lettres d'Heloïse et d'Abelard tomberent entre vos mains, vous savez ce que je vous dis de cette lecture et de la conduite du théologien. J'ai toujours plaint Héloïse ; elle avait un cœur fait pour aimer : mais Abelard ne m'a jamais paru qu'un misérable digne de son sort, et connaissant aussi peu l'amour que la vertu. Apres l'avoir jugé, faudra-t-il que je l'imite ? Malheur a quiconque preche une morale qu'il ne veut pas pratiquer ! Celui qu'aveugle sa passion jusqu'a ce point en est bientot puni par elle, et perd le goût des sentiments auxquels il a sacrifié son honneur. L'amour est privé de son plus grand charme quand l'honnêteté l'abandonne : pour en sentir tout le prix, il faut que le cœur s'y complaise, et qu'il nous eleve en élevant l'objet aimé. Otez l'idee de la perfection, vous otez l'enthousiasme; otez l'estime, et l'amour n'est plus rien. Comment une femme pourrait-elle honorer un homme qui se deshonore ? Comment pourra-t-il adorer lui-même celle qui n'a pas craint de s'abandonner a un vil corrupteur ? Ainsi bientot ils se mépriseront mutuellement ; l'amour ne sera plus pour eux qu'un honteux commerce ; ils auront perdu l'honneur, et n'auront point trouvé la felicité.

Il n'en est pas ainsi, ma Julie, entre deux amants de meme âge, tous deux épris du meme feu, qu'un mutuel attachement unit, qu'aucun lien particulier ne gene, qui jouissent tous deux de leur premiere liberté, et dont aucun droit ne proscrit l'engage

[1] Malheureux jeune homme, qui ne voit pas qu'en se laissant payer en reconnaissance ce qu'il refuse de recevoir en argent, il viole des droits plus sacres encore ! Au lieu d'instruire, il corrompt, au lieu de nourrir, il empoisonne il se fait remercier par une mere abusee d'avoir perdu son enfant On sent pourtant qu'il aime sincerement la vertu, mais sa passion l'egare, et si sa grande jeunesse ne l'excusait pas, avec ses beaux discours il ne serait qu'un scelerat Les deux amants sont a plaindre, la mere seule est inexcusable

ment réciproque. Les lois les plus sévères ne peuvent leur imposer d'autre peine que le prix même de leur amour; la seule punition de s'être aimés est l'obligation de s'aimer à jamais; et s'il est quelques malheureux climats au monde où l'homme barbare brise ces innocentes chaines, il en est puni sans doute par les crimes que cette contrainte engendre.

Voila mes raisons, sage et vertueuse Julie; elles ne sont qu'un froid commentaire de celles que vous m'exposates avec tant d'énergie et de vivacité dans une de vos lettres; mais c'en est assez pour vous montrer combien je m'en suis pénétré. Vous vous souvenez que je n'insistai point sur mon refus, et que, malgré la répugnance que le préjugé m'a laissée, j'acceptai vos dons en silence, ne trouvant point en effet dans le véritable honneur de solide raison pour les refuser. Mais ici le devoir, la raison, l'amour même, tout parle d'un ton que je ne peux méconnaitre. S'il faut choisir entre l'honneur et vous, mon cœur est prêt à vous perdre : il vous aime trop, ô Julie, pour vous conserver à ce prix.

XXV. — DE JULIE.

La relation de votre voyage est charmante, mon bon ami, elle me ferait aimer celui qui l'a écrite, quand bien même je ne le connaitrais pas. J'ai pourtant à vous tancer sur un passage dont vous vous doutez bien, quoique je n'aie pu m'empêcher de rire de la ruse avec laquelle vous vous êtes mis à l'abri du Tasse, comme derrière un rempart. Eh! comment ne sentiez-vous point qu'il y a bien de la différence entre écrire au public ou à sa maitresse? L'amour, si craintif, si scrupuleux, n'exige-t-il pas plus d'égards que la bienséance? pouviez-vous ignorer que ce style n'est pas de mon goût, et cherchiez-vous à me déplaire? Mais en voila déja trop peut-être sur un sujet qu'il ne fallait point relever. Je suis d'ailleurs trop occupée de votre seconde lettre pour repondre en détail à la première : ainsi, mon ami, laissons le Valais pour une autre fois, et bornons-nous maintenant à nos affaires; nous serons assez occupés.

Je savais le parti que vous prendriez. Nous nous connaissons trop bien pour en être encore à ces complimens. Si jamais la vertu nous abandonne, ce ne sera pas, croyez-moi, dans les occasions qui demandent du courage et des sacrifices [1]. Le premier mouvement aux attaques vives est de resister; et nous vaincrons, je l'espere, tant que l'ennemi nous avertira de prendre les armes. C'est au milieu du sommeil, c'est dans le sein d'un doux repos, qu'il faut se defier des surprises : mais c'est surtout la continuité des maux qui rend leur poids insupportable; et l'ame résiste bien plus aisément aux vives douleurs qu'a la tristesse prolongée. Voila, mon ami, la dure espece de combat que nous aurons desormais a soutenir : ce ne sont point des actions héroïques que le devoir nous demande, mais une résistance plus heroïque encore a des peines sans relâche.

Je l'avais trop prévu; le temps du bonheur est passé comme un éclair; celui des disgraces commence, sans que rien m'aide a juger quand il finira. Tout m'alarme et me décourage; une langueur mortelle s'empare de mon ame; sans sujet bien précis de pleurer, des pleurs involontaires s'échappent de mes yeux : je ne lis pas dans l'avenir des maux inévitables; mais je cultivais l'espérance, et la vois fletrir tous les jours. Que sert, hélas! d'arroser le feuillage quand l'arbre est coupé par le pied ?

Je le sens, mon ami, le poids de l'absence m'accable. Je ne puis vivre sans toi, je le sens; c'est ce qui m'effraye le plus. Je parcours cent fois le jour les lieux que nous habitions ensemble, et ne t'y trouve jamais. Je t'attends a ton heure ordinaire, l'heure passe, et tu ne viens point Tous les objets que j'apperçois me portent quelque idee de ta présence, pour m'avertir que je t'ai perdu. Tu n'as point ce supplice affreux . ton cœur seul peut te dire que je te manque. Ah! si tu savais quel pire tourment c'est de rester quand on se sépare, combien tu préfererais ton etat au mien!

Encore si j'osais gémir, si j'osais parler de mes peines, je me sentirais soulagée des maux dont je pourrais me plaindre · mais, hors quelques soupirs exhales en secret dans le sein de ma cousine, il faut étouffer tous les autres, il faut contenir mes larmes il faut sourire quand je me meurs

Sentirsi, oh Dei! morir,

[1] On verra bientot que la prediction ne saurait plus mal cadrer avec l'evenement

> E non poter mai dir
> Morir mi sento [1]

Le pis est que tous ces maux aggravent sans cesse mon plus grand mal, et que plus ton souvenir me désole, plus j'aime à me le rappeler. Dis-moi, mon ami, mon doux ami! sens-tu combien un cœur languissant est tendre, et combien la tristesse fait fermenter l'amour?

Je voulais vous parler de mille choses; mais, outre qu'il vaut mieux attendre de savoir positivement où vous êtes, il ne m'est pas possible de continuer cette lettre dans l'état où je me trouve en l'écrivant. Adieu, mon ami; je quitte la plume, mais croyez que je ne vous quitte pas.

BILLET.

J'écris, par un batelier que je ne connais point, ce billet à l'adresse ordinaire, pour donner avis que j'ai choisi mon asile à Meillerie, sur la rive opposée, afin de jouir au moins de la vue du lieu dont je n'ose approcher.

XXVI. — A JULIE.

Que mon état est changé dans peu de jours! Que d'amertumes se mêlent à la douceur de me rapprocher de vous! Que de tristes réflexions m'assiégent! Que de traverses mes craintes me font prévoir! O Julie! que c'est un fatal présent du ciel qu'une ame sensible! Celui qui l'a reçue doit s'attendre à n'avoir que peine et douleur sur la terre. Vil jouet de l'air et des saisons, le soleil ou les brouillards, l'air couvert ou serein, régleront sa destinée, et il sera content ou triste au gré des vents. Victime des préjugés, il trouvera dans d'absurdes maximes un obstacle invincible aux justes vœux de son cœur. Les hommes le puniront d'avoir des sentiments droits de chaque chose, et d'en juger par ce qui est véritable plutôt que par ce qui est de convention. Seul il suffirait pour faire sa propre misère, en se livrant indiscrètement aux attraits divins de l'honnête et du beau, tandis que les pesantes chaînes de la nécessité l'attachent à l'ignominie. Il cherchera la félicité suprême sans se souvenir qu'il est homme : son cœur et sa raison

---

[1] O dieux! se sentir mourir, et n'oser dire Je me sens mourir!
METAST.

seront incessamment en guerre, et des désirs sans bornes lui prepareront d'éternelles privations.

Telle est la situation cruelle ou me plongent le sort qui m'accable, et mes sentiments qui m'élèvent, et ton père qui me méprise, et toi qui fais le charme et le tourment de ma vie. Sans toi, beauté fatale, je n'aurais jamais senti ce contraste insupportable de grandeur au fond de mon âme et de bassesse dans ma fortune; j'aurais vécu tranquille et serais mort content, sans daigner remarquer quel rang j'avais occupé sur la terre. Mais t'avoir vue et ne pouvoir te posséder, t'adorer et n'être qu'un homme, être aimé et ne pouvoir être heureux, habiter les mêmes lieux et ne pouvoir vivre ensemble ! . O Julie a qui je ne puis renoncer ! ô destinée que je ne puis vaincre ! quels combats affreux vous excitez en moi, sans pouvoir jamais surmonter mes desirs ni mon impuissance !

Quel effet bizarre et inconcevable ! Depuis que je suis rapproche de vous je ne roule dans mon esprit que des pensées funestes. Peut-être le séjour ou je suis contribue-t-il a cette mélancolie; il est triste et horrible; il en est plus conforme a l'état de mon âme, et je n'en habiterais pas si patiemment un plus agréable. Une file de rochers stériles borde la cote et environne mon habitation, que l'hiver rend encore plus affreuse. Ah ! je le sens, ma Julie, s'il fallait renoncer à vous, il n'y aurait plus pour moi d'autre séjour ni d'autre saison.

Dans les violents transports qui m'agitent, je ne saurais demeurer en place; je cours, je monte avec ardeur, je m'élance sur les rochers, je parcours à grands pas tous les environs, et trouve partout dans les objets la même horreur qui règne au dedans de moi. On n'aperçoit plus de verdure, l'herbe est jaune et flétrie, les arbres sont dépouillés, le séchard [1] et la froide bise entassent la neige et les glaces; et toute la nature est morte a mes yeux, comme l'espérance au fond de mon cœur.

Parmi les rochers de cette cote j'ai trouvé, dans un abri solitaire, une petite esplanade d'ou l'on découvre a plein la ville heureuse ou vous habitez Jugez avec quelle avidité mes yeux se portèrent vers ce séjour cheri. Le premier jour, je fis mille efforts pour y discerner votre demeure; mais l'extrême éloignement les rendit vains, et je m'aperçus que mon imagination donnait le change a

[1] Vent du nord-est

mes yeux fatigués. Je courus chez le curé emprunter un télescope, avec lequel je vis ou crus voir votre maison ; et depuis ce temps je passe les jours entiers dans cet asile à contempler ces murs fortunés qui renferment la source de ma vie. Malgré la saison, je m'y rends dès le matin, et n'en reviens qu'à la nuit. Des feuilles et quelques bois secs que j'allume servent, avec mes courses, à me garantir du froid excessif. J'ai pris tant de goût pour ce lieu sauvage, que j'y porte même de l'encre et du papier ; et j'y écris maintenant cette lettre sur un quartier que les glaces ont détaché du rocher voisin.

C'est là, ma Julie, que ton malheureux amant achève de jouir des derniers plaisirs qu'il goûtera peut-être en ce monde. C'est de là qu'à travers les airs et les murs il ose en secret pénétrer jusque dans ta chambre. Tes traits charmants le frappent encore ; tes regards tendres raniment son cœur mourant ; il entend le son de ta douce voix ; il ose chercher encore en tes bras ce délire qu'il éprouva dans le bosquet. Vain fantôme d'une âme agitée, qui s'égare dans ses désirs ! Bientôt forcé de rentrer en moi-même, je te contemple au moins dans le détail de ton innocente vie : je suis de loin les diverses occupations de ta journée, et je me les représente dans les temps et les lieux où j'en fus quelquefois l'heureux témoin. Toujours je te vois vaquer à des soins qui te rendent plus estimable, et mon cœur s'attendrit avec délices sur l'inépuisable bonté du tien. Maintenant, me dis-je au matin, elle sort d'un paisible sommeil, son teint a la fraîcheur de la rose, son âme jouit d'une douce paix ; elle offre à celui dont elle tient l'être un jour qui ne sera point perdu pour la vertu. Elle passe à présent chez sa mère : les tendres affections de son cœur s'épanchent avec les auteurs de ses jours ; elle les soulage dans le détail des soins de la maison ; elle fait peut-être la paix d'un domestique imprudent, elle fait peut-être une exhortation secrète ; elle demande peut-être une grâce pour un autre. Dans un autre temps elle s'occupe sans ennui des travaux de son sexe ; elle orne son âme de connaissances utiles ; elle ajoute à son goût exquis les agréments des beaux-arts, et ceux de la danse à sa légèreté naturelle. Tantôt je vois une élégante et simple parure orner des charmes qui n'en ont pas besoin. Ici je la vois consulter un pasteur vénérable sur la peine ignorée d'une famille indigente ; là, secourir ou consoler la triste veuve et l'orphelin délaissé. Tantôt elle charme une honnête société par ses discours sensés et modestés ; tantôt, en riant avec ses compagnes, elle ramène une jeunesse folâtre au ton de la sagesse et des bonnes mœurs. Quelques moments, ah ! pardonne ! j'ose te voir même t'occuper de moi. je vois tes yeux attendris parcourir une de mes lettres ; je lis dans leur douce langueur que c'est à ton amant fortuné que s'adressent les lignes que tu traces ; je vois que c'est de lui que tu parles à ta cousine avec une si tendre émotion. O Julie ! o Julie ! et nous ne serions pas unis ? et nos jours ne couleraient pas ensemble ? et nous pourrions être séparés pour toujours ? Non, que jamais cette affreuse idée ne se présente à mon esprit ! En un instant elle change tout mon attendrissement en fureur, la rage me fait courir de caverne en caverne ; des gémissements et des cris m'échappent malgré moi ; je rugis comme une lionne irritée ; je suis capable de tout, hors de renoncer à toi, et il n'y a rien, non, rien que je ne fasse pour te posséder ou mourir.

J'en étais ici de ma lettre, et je n'attendais qu'une occasion sûre pour vous l'envoyer, quand j'ai reçu de Sion la dernière que vous m'y avez écrite. Que la tristesse qu'elle respire a charmé la mienne ! Que j'y ai vu un frappant exemple de ce que vous me disiez de l'accord de nos âmes dans des lieux éloignés ! Votre affliction, je l'avoue, est plus patiente ; la mienne est plus emportée : mais il faut bien que le même sentiment prenne la teinture des caractères qui l'éprouvent, et il est bien naturel que les plus grandes pertes causent les plus grandes douleurs. Que dis-je, des pertes ? Eh ! qui les pourrait supporter ? Non, connaissez-le enfin, ma Julie, un éternel arrêt du ciel nous destina l'un pour l'autre ; c'est la première loi qu'il faut écouter, c'est le premier soin de la vie de s'unir à qui doit nous la rendre douce. Je le vois, j'en gémis, tu t'égares dans tes vains projets, tu veux forcer des barrières insurmontables, et négliges les seuls moyens possibles ; l'enthousiasme de l'honnêteté t'ôte la raison, et ta vertu n'est plus qu'un délire.

Ah ! si tu pouvais rester toujours jeune et brillante comme à présent, je ne demanderais au ciel que de te savoir éternellement heureuse, te voir tous les ans de ma vie une fois, une seule fois, et passer le reste de mes jours à contempler de loin ton asile, à t'adorer parmi ces rochers Mais, hélas ! vois la rapidité de cet astre qui jamais n'arrête ; il vole, et le temps fuit, l'occasion s'échappe. ta beauté, ta beauté même aura son terme, elle doit décliner et périr un jour comme une fleur qui tombe sans avoir été cueillie, et moi cependant je gémis, je souffre, ma jeunesse s'use dans les larmes, et se flétrit dans la douleur. Pense, pense, Julie, que nous comptons deja des annees perdues pour le plaisir. Pense qu'elles ne reviendront jamais, qu'il en sera de meme de celles qui nous restent, si nous les laissons echapper encore. O amante aveuglée ! tu cherches un chimerique bonheur pour un temps ou nous ne serons plus ; tu regardes un avenir eloigne ; et tu ne vois pas que nous nous consumons sans cesse, et que nos ames, epuisees d'amour et de peines, se fondent et coulent comme l'eau. Reviens, il en est temps encore, reviens, ma Julie, de cette erreur funeste. Laisse la tes projets, et sois heureuse. Viens, o mon ame ! dans les bras de ton ami reunir les deux moities de notre etre : viens a la face du ciel, guide de notre fuite et témoin de nos serments, jurer de vivre et mourir l'un a l'autre Ce n'est pas toi, je le sais, qu'il faut rassurer contre la crainte de l'indigence Soyons heureux et pauvres, ah ! quel tresor nous aurons acquis ! Mais ne faisons point cet affront a l'humanite, de croire qu'il ne restera pas sur la terre entiere un asile a deux amants infortunes. J'ai des bras, je suis robuste ; le pain gagne par mon travail te paraitra plus delicieux que les mets des festins. Un repas apprete par l'amour peut-il jamais etre insipide ? Ah ! tendre et chere amante, dussions-nous n'etre heureux qu'un seul jour, veux-tu quitter cette courte vie sans avoir goute le bonheur ?

Je n'ai plus qu'un mot a vous dire, o Julie ! vous connaissez l'antique usage du rocher de Leucate, dernier refuge de tant d'amants malheureux. Ce lieu-ci lui ressemble a bien des egards : la roche est escarpee, l'eau est profonde, et je suis au desespoir.

XXVII. — DE CLAIRE.

Ma douleur me laisse a peine la force de vous ecrire Vos malheurs et les miens sont au comble L'aimable Julie est a l'extremité, et n'a peut-etre pas deux jours a vivre. L'effort qu'elle fit pour vous eloigner d'elle commença d'altérer sa sante, la premiere conversation qu'elle eut sur votre compte avec son pere y porta de nouvelles attaques : d'autres chagrins plus recents ont accru ses agitations, et votre derniere lettre a fait le reste Elle en fut si vivement emue, qu'apres avoir passé une nuit dans d'affreux combats, elle tomba hier dans l'acces d'une fievre ardente qui n'a fait qu'augmenter sans cesse, et lui a enfin donné le transport Dans cet état elle vous nomme à chaque instant, et parle de vous avec une véhémence qui montre combien elle en est occupée. On éloigne son père autant qu'il est possible ; cela prouve assez que ma tante a conçu des soupçons : elle m'a même demandé avec inquiétude si vous n'étiez pas de retour ; et je vois que, le danger de sa fille effaçant pour le moment toute autre considération, elle ne serait pas fâchée de vous voir ici.

Venez donc, sans différer. J'ai pris ce bateau exprès pour vous porter cette lettre ; il est à vos ordres, servez-vous-en pour votre retour, et surtout ne perdez pas un moment, si vous voulez revoir la plus tendre amante qui fut jamais.

XXVIII — DE JULIE A CLAIRE

Que ton absence me rend amère la vie que tu m'as rendue ! Quelle convalescence ! Une passion plus terrible que la fièvre et le transport m'entraîne à ma perte. Cruelle ! tu me quittes quand j'ai plus besoin de toi, tu m'as quittée pour huit jours, peut-être ne me reverras tu jamais. O si tu savais ce que l'insensé m'ose proposer ! .. et de quel ton ! m'enfuir ! le suivre ! m'enlever ! . . Le malheureux ! .. De qui me plains-je ? mon cœur, mon indigne cœur m'en dit cent fois plus que lui .. Grand Dieu ! que serait-ce s'il savait tout ? . . il en deviendrait furieux, je serais entraînée, il faudrait partir... Je frémis

Enfin mon père m'a donc vendue ! il fait de sa fille une marchandise, une esclave ! il s'acquitte à mes depens ! il paye sa vie de la mienne ! . car, je le sens bien, je n'y survivrai jamais. Père barbare et dénaturé ! Mérite-t-il Quoi ! mériter ! c'est le meilleur des pères, il veut unir sa fille à son ami, voilà son crime. Mais ma mère, ma tendre mère ! quel mal m'a-t-elle fait ? Ah ! beaucoup elle m'a trop aimée, elle m'a perdue.

Claire, que ferai-je ? que deviendrai-je ? Hanz ne vient point Je ne sais comment t'envoyer cette lettre Avant que tu la reçoives avant que tu sois de retour .. qui sait ?... fugitive, errante, deshonorée .. C'en est fait, c'en est fait, la crise est venue. Un jour, une heure, un moment, peut-être . qui est-ce qui sait éviter son sort ? Oh ! dans quelque lieu que je vive et que je meure, en quelque asile obscur que je traine ma honte et mon desespoir, Claire, souviens-toi de ton amie.. Hélas! la **misère** et l'**opprobre** changent les cœurs... Ah! si jamais le mien t'oublie, il aura beaucoup changé.

XXIX. — DE JULIE A CLAIRE.

Reste, ah! reste, ne reviens jamais : tu viendrais trop tard. Je ne dois plus te voir ; comment soutiendrais-je ta vue ?

Où étais-tu, ma douce amie, ma sauvegarde, mon ange tutélaire ? Tu m'as abandonnée, et j'ai péri ! Quoi ! ce fatal voyage était-il si nécessaire ou si pressé ? Pouvais-tu me laisser à moi-même dans l'instant le plus dangereux de ma vie ? Que de regrets tu t'es préparés par cette coupable négligence ! Ils seront éternels ainsi que mes pleurs. Ta perte n'est pas moins irréparable que la mienne, et une autre amie digne de toi n'est pas plus facile à recouvrer que mon innocence.

Qu'ai je dit, misérable ? Je ne puis ni parler ni me taire. Que sert le silence quand le remords crie ? L'univers entier ne me reproche-t-il pas ma faute ? Ma honte n'est-elle pas écrite sur tous les objets ? Si je ne verse mon cœur dans le tien, il faudra que j'étouffe. Et toi, ne te reproches-tu rien, facile et trop confiante amie ? Ah ! que ne me trahissais-tu ? C'est ta fidélité, ton amitié, c'est ta malheureuse indulgence qui m'a perdue.

Quel démon t'inspira de le rappeler, ce cruel qui fait mon opprobre ? Ses perfides soins devaient-ils me redonner la vie pour me la rendre odieuse ? Qu'il fuie à jamais, le barbare ! qu'un reste de pitié le touche ; qu'il ne vienne plus redoubler mes tourments par sa présence ; qu'il renonce au plaisir féroce de contempler mes larmes. Que dis je, hélas ! il n'est point coupable, c'est moi seule qui le suis ; tous mes malheurs sont mon ouvrage, et je n'ai rien à reprocher qu'à moi. Mais le vice a déjà corrompu mon âme, c'est le premier de ses effets de nous faire accuser autrui de nos crimes.

Non, non, jamais il ne fut capable d'enfreindre ses serments. Son cœur vertueux ignore l'art abject d'outrager ce qu'il aime. Ah ! sans doute il sait mieux aimer que moi, puisqu'il sait mieux se vaincre. Cent fois mes yeux furent témoins de ses combats et de sa victoire ; les siens étincelaient du feu de ses désirs, il s'élançait vers moi dans l'impétuosité d'un transport aveugle, s'arrêtait tout à coup ; une barrière insurmontable semblait m'avoir entourée, et jamais son amour impétueux, mais honnête, ne l'eut franchie. J'osai trop contempler ce dangereux spectacle. Je me sentais troubler de ses transports, ses soupirs oppressaient mon cœur ; je partageais ses tourments en ne pensant que les plaindre. Je le vis, dans des agitations convulsives, pret a s'evanouir a mes pieds. Peut-etre l'amour seul m'aurait epargnee, o ma cousine, c'est la pitie qui me perdit !

Il semblait que ma passion funeste voulût se couvrir, pour me seduire, du masque de toutes les vertus. Ce jour meme il m'avait pressée avec plus d'ardeur de le suivre : c'etait desoler le meilleur des peres, c'etait plonger le poignard dans le sein maternel; je resistai, je rejetai ce projet avec horreur. L'impossibilite de voir jamais nos vœux accomplis, le mystere qu'il fallait lui faire de cette impossibilite, le regret d'abuser un amant si soumis et si tendre apres avoir flatte son espoir, tout abattait mon courage, tout augmentait ma faiblesse, tout alienait ma raison, il fallait donner la mort aux auteurs de mes jours, a mon amant, ou a moi-meme. Sans savoir ce que je faisais, je choisis ma propre infortune; j'oubliai tout, et ne me souvins que de l'amour : c'est ainsi qu'un instant d'egarement m'a perdue a jamais. Je suis tombée dans l'abime d'ignominie dont une fille ne revient point, et si je vis, c'est pour etre plus malheureuse.

Je cherche en gémissant quelque reste de consolation sur la terre; je n'y vois que toi, mon aimable amie; ne me prive pas d'une si charmante ressource, je t'en conjure ; ne m'ote pas les douceurs de ton amitie. J'ai perdu le droit d'y pretendre, mais jamais je n'en eus si grand besoin. Que la pitié supplee a l'estime. Viens, ma chere, ouvrir ton ame a mes plaintes; viens recueillir les larmes de ton amie; garantis-moi, s'il se peut, du mépris de moi meme, et fais-moi croire que je n'ai pas tout perdu, puisque ton cœur me reste encore.

XXX — RÉPONSE.

Fille infortunee ! helas ! qu'as tu fait ? Mon Dieu ! tu étais si digne d'etre sage ! Que te dirai-je dans l'horreur de ta situation, et dans l'abattement ou elle te plonge ? Acheverai je d'accabler ton pauvre cœur ? ou t'offrirai-je des consolations qui se refusent au mien ? Te montrerai je les objets tels qu'ils sont, ou tels qu'il te convient de les voir ? Sainte et pure amitié, porte a mon esprit tes douces illusions ; et, dans la tendre pitié que tu m'inspires, abuse moi la première sur des maux que tu ne peux plus guérir.

J'ai craint, tu le sais, le malheur dont tu gémis. Combien de fois je te l'ai prédit sans être écoutée !... il est l'effet d'une témeraire confiance... Ah ! ce n'est plus de tout cela qu'il s'agit. J'aurais trahi ton secret, sans doute, si j'avais pu te sauver ainsi : mais j'ai lu mieux que toi dans ton cœur trop sensible : je le vis se consumer d'un feu dévorant que rien ne pouvait éteindre. Je sentis dans ce cœur palpitant d'amour qu'il fallait être heureuse ou mourir; et quand la peur de succomber te fit bannir ton amant avec tant de larmes, je jugeai que bientôt tu ne serais plus, ou qu'il serait bientôt rappelé. Mais quel fut mon effroi quand je te vis dégoûtée de vivre, et si près de la mort ! N'accuse ni ton amant ni toi d'une faute dont je suis la plus coupable, puisque je l'ai prévue sans la prevenir.

Il est vrai que je partis malgré moi; tu le vis, il fallut obéir ; si je t'avais crue si près de ta perte, on m'aurait plutôt mise en pièces que de m'arracher à toi. Je m'abusai sur le moment du péril. Faible et languissant encore, tu me parus en sûreté contre une si courte absence : je ne prévis pas la dangereuse alternative où tu t'allais trouver ; j'oubliai que ta propre faiblesse laissait ce cœur abattu moins en état de se défendre contre lui-même. J'en demande pardon au mien ; j'ai peine à me repentir d'une erreur qui t'a sauvé la vie ; je n'ai pas ce dur courage qui te faisait renoncer à moi ; je n'aurais pu te perdre sans un mortel désespoir, et j'aime encore mieux que tu vives et que tu pleures.

Mais pourquoi tant de pleurs, chère et douce amie ? Pourquoi ces regrets plus grands que ta faute, et ce mépris de toi-même que tu n'as pas mérité ? Une faiblesse effacera-t-elle tant de sacrifices ? et le danger même dont tu sors n'est-il pas une preuve de ta vertu ? Tu ne penses qu'à ta défaite, et oublies tous les triomphes pénibles qui l'ont précédée. Si tu as plus combattu que celles qui résistent, n'as-tu pas plus fait pour l'honneur qu'elles ? Si rien ne peut te justifier, songe au moins à ce qui t'excuse. Je connais à peu près ce qu'on appelle amour ; je saurai toujours résister aux transports qu'il inspire : mais j'aurais fait moins de résistance à un amour pareil au tien ; et sans avoir été vaincue, je suis moins chaste que toi.

Ce langage te choquera ; mais ton plus grand malheur est de l'a voir rendu nécessaire. je donnerais ma vie pour qu'il ne te fût pas propre, car je hais les mauvaises maximes encore plus que les mauvaises actions [1]. Si la faute était à commettre, que j'eusse la bassesse de te parler ainsi, et toi celle de m'écouter, nous serions toutes deux les dernières des créatures. A présent, ma chere, je dois te parler ainsi, et tu dois m'écouter, ou tu es perdue; car il reste en toi mille adorables qualités que l'estime de toi-même peut seule conserver, qu'un excès de honte et d'abjection qui le suit détruirait infailliblement, et c'est sur ce que tu croiras valoir encore que tu vaudras en effet.

Garde-toi donc de tomber dans un abattement dangereux qui t'avilirait plus que ta faiblesse. le véritable amour est-il fait pour degrader l'ame? Qu'une faute que l'amour a commise ne t'ote point ce noble enthousiasme de l'honnêteté et du beau, qui t'eleva toujours au-dessus de toi-même.

Une tache parait-elle au soleil? Combien de vertus te restent pour une qui s'est alterée! En seras-tu moins douce, moins sincere, moins modeste, moins bienfaisante? en seras-tu moins digne, en un mot, de tous nos hommages? L'honneur, l'humanité, l'amitié, le pur amour, en seront-ils moins chers à ton cœur? En aimeras-tu moins les vertus mêmes que tu n'auras plus? Non, chere et bonne Julie ta Claire en te plaignant t'adore; elle sait, elle sent qu'il n'y a rien de bien qui ne puisse encore sortir de ton ame. Ah! crois-moi, tu pourrais beaucoup perdre avant qu'aucune autre plus sage que toi te valut jamais.

Enfin tu me restes, je puis me consoler de tout, hors de te perdre. Ta premiere lettre m'a fait frémir. Elle m'eut presque fait désirer la seconde, si je ne l'avais reçue en même temps. Vouloir delaisser son amie! projeter de s'enfuir sans moi! Tu ne parles point de ta plus grande faute; c'était de celle-là qu'il fallait cent fois plus rougir. Mais l'ingrate ne songe qu'à son amour... Tiens, je t'aurais été tuer au bout du monde.

Je compte avec une mortelle impatience les moments que je suis forcée à passer loin de toi, ils se prolongent cruellement. nous sommes encore pour six jours à Lausanne, apres quoi je volerai vers mon unique amie; j'irai la consoler ou m'affliger avec elle,

---

[1] Ce sentiment est juste et sain Les passions dereglées inspirent les mauvaises actions, mais les mauvaises maximes corrompent la raison meme, et ne laissent plus de ressource pour revenir au bien

essuyer ou partager ses pleurs. Je ferai parler dans ta douleur moins l'inflexible raison que la tendre amitié. Chere cousine, il faut gemir, nous aimer, nous taire, et, s'il se peut, effacer, a force de vertus, une faute qu'on ne repare point avec des larmes. Ah ! ma pauvre Chaillot !

XXXI. — A JULIE.

Quel prodige du ciel es-tu donc, inconcevable Julie? et par quel art, connu de toi seule, peux-tu rassembler dans un cœur tant de mouvements incompatibles? Ivre d'amour et de volupté, le mien nage dans la tristesse ; je souffre et languis de douleur au sein de la félicité supreme, et je me reproche comme un crime l'exces de mon bonheur. Dieu ! quel tourment affreux de n'oser se livrer tout entier a nul sentiment, de les combattre incessamment l'un par l'autre, et d'allier toujours l'amertume au plaisir ! Il vaudrait mieux cent fois n'etre que misérable.

Que me sert, hélas ! d'etre heureux ? Ce ne sont plus mes maux mais les tiens que j'eprouve, et ils ne m'en sont que plus sensibles. Tu veux en vain me cacher tes peines ; je les lis malgré toi dans la langueur et l'abattement de tes yeux : ces yeux touchants peuvent-ils dérober quelque secret a l'amour ? Je vois, je vois, sous une apparente sérénité, les deplaisirs cachés qui t'assiégent ; et ta tristesse, voilee d'un doux sourire, n'en est que plus amere a mon cœur...

Il n'est plus temps de me rien dissimuler. J'étais hier dans la chambre de ta mere, elle me quitte un moment ; j'entends des gémissements qui me percent l'âme : pouvais-je a cet effet meconnaitre leur source ? Je m'approche du lieu d'ou ils semblent partir ; j'entre dans ta chambre, je penetre dans ton cabinet. Que devins-je, en entr'ouvrant la porte, quand j'aperçus celle qui devrait etre sur le trone de l'univers assise a terre, la tete appuyée sur un fauteuil inondé de ses larmes? Ah ! j'aurais moins souffert s'il l'eût ete de mon sang ! De quels remords je fus a l'instant dechiré ! Mon bonheur devint mon supplice, je ne sentis plus que tes peines, et j'aurais racheté de ma vie tes pleurs et tous mes plaisirs. Je voulais me precipiter a tes pieds, je voulais essuyer de mes levres ces précieuses larmes, les recueillir au fond de mon cœur, mourir, ou les tarir pour jamais. J'entends revenir ta mere, il faut retourner brusquement à ma place : j'emporte en moi toutes tes douleurs, et des regrets qui ne finiront qu'avec elles.

Que je suis humilié, que je suis avili de ton repentir ! Je suis donc bien méprisable, si notre union te fait mépriser de toi-même, et si le charme de mes jours est le supplice des tiens ! Sois plus juste envers toi, ma Julie ; vois d'un œil moins prévenu les sacrés liens que ton cœur a formés. N'as-tu pas suivi les plus pures lois de la nature ? n'as-tu pas librement contracté le plus saint des engagements ? Qu'as-tu fait que les lois divines et humaines ne puissent et ne doivent autoriser ? que manque-t-il au nœud qui nous joint, qu'une déclaration publique ? Veuille être à moi, tu n'es plus coupable. O mon épouse ! o ma digne et chaste compagne ! o charme et bonheur de ma vie ! non, ce n'est point ce qu'a fait mon amour qui peut être un crime, mais ce que tu lui voudrais ôter : ce n'est qu'en acceptant un autre époux que tu peux offenser l'honneur. Sois sans cesse à l'ami de ton cœur, pour être innocente. La chaîne qui nous lie est légitime, l'infidélité seule qui la romprait serait blâmable ; et c'est désormais à l'amour d'être garant de la vertu.

Mais quand ta douleur serait raisonnable, quand tes regrets seraient fondés, pourquoi m'en dérobes-tu ce qui m'appartient ? pourquoi mes yeux ne versent-ils pas la moitié de tes pleurs ? Tu n'as pas une peine que je ne doive sentir, pas un sentiment que je ne doive partager ; et mon cœur, justement jaloux, te reproche toutes les larmes que tu ne répands pas dans mon sein. Dis, froide et mystérieuse amante, tout ce que ton âme ne communique point à la mienne n'est-il pas un vol que tu fais à l'amour ? Tout ne doit-il pas être commun entre nous ? Ne te souvient-il plus de l'avoir dit ? Ah ! si tu savais aimer comme moi, mon bonheur te consolerait comme ta peine m'afflige, et tu sentirais mes plaisirs comme je sens ta tristesse.

Mais je le vois, tu me méprises comme un insensé, parce que ma raison s'égare au sein des délices : mes emportements t'effrayent, mon délire te fait pitié, et tu ne sens pas que toute la force humaine ne peut suffire à des félicités sans bornes. Comment veux-tu qu'une âme sensible goûte modérément des biens infinis ? comment veux-tu qu'elle supporte à la fois tant d'espèces de transports sans sortir de son assiette ? Ne sais-tu pas qu'il est un terme où nulle raison ne résiste plus, et qu'il n'est point d'homme au monde dont le bon sens soit à toute épreuve ? Prends donc pitié de l'egarement où tu m'as jeté, et ne méprise pas des erreurs qui sont ton ouvrage. Je ne suis plus à moi, je l'avoue ; mon ame alienee est toute en toi. J'en suis plus propre a sentir tes peines, et plus digne de les partager. O Julie ! ne te dérobe pas à toi-meme.

XXXII. — RÉPONSE.

Il fut un temps, mon aimable ami, ou nos lettres étaient faciles et charmantes, le sentiment qui les dictait coulait avec une élegante simplicité : il n'avait besoin ni d'art ni de coloris, et sa pureté faisait toute sa parure. Cet heureux temps n'est plus : hélas ! il ne peut revenir ; et, pour premier effet d'un changement si cruel, nos cœurs ont deja cessé de s'entendre.

Tes yeux ont vu mes douleurs : tu crois en avoir pénétré la source ; tu veux me consoler par de vains discours, et quand tu penses m'abuser, c'est toi, mon ami, qui t'abuses. Crois-moi, crois-en le cœur tendre de ta Julie : mon regret est bien moins d'avoir donné trop a l'amour, que de l'avoir privé de son plus grand charme. Ce doux enchantement de vertu s'est évanoui comme un songe · nos feux ont perdu cette ardeur divine qui les animait en les épurant ; nous avons recherché le plaisir, et le bonheur a fui loin de nous. Ressouviens-toi de ces moments delicieux ou nos cœurs s'unissaient d'autant mieux que nous nous respections davantage ; ou la passion tirait de son propre exces la force de se vaincre elle-meme ; ou l'innocence nous consolait de la contrainte ; ou les hommages rendus a l'honneur tournaient tous au profit de l'amour. Compare un etat si charmant a notre situation presente : que d'agitations ! que d'effroi ! que de mortelles alarmes ! que de sentiments immodérés ont perdu leur premiere douceur ! Qu'est devenu ce zele de sagesse et d'honnêteté dont l'amour animait toutes les actions de notre vie, et qui rendait à son tour l'amour plus délicieux ? Notre jouissance était paisible et durable, nous n'avons plus que des transports : ce bonheur insensé ressemble a des acces de fureur plus qu'a de tendres caresses. Un feu pur et sacré brûlait nos cœurs ; livrés aux erreurs des sens, nous ne sommes plus que des amants vulgaires : trop heureux si l'amour jaloux daigne présider encore a des plaisirs que le plus vil mortel peut gouter sans lui !

Voila, mon ami, les pertes qui nous sont communes, et que je ne pleure pas moins pour toi que pour moi. Je n'ajoute rien sur les miennes ; ton cœur est fait pour les sentir. Vois ma honte, et gémis si tu sais aimer. Ma faute est irréparable, mes pleurs ne tariront point. O toi qui les fais couler, crains d'attenter à de si justes douleurs ; tout mon espoir est de les rendre éternelles : le pire de mes maux serait d'en être consolée ; et c'est le dernier degré de l'opprobre de perdre avec l'innocence le sentiment qui nous la fait aimer.

Je connais mon sort, j'en sens l'horreur, et cependant il me reste une consolation dans mon désespoir : elle est unique, mais elle est douce C'est de toi que je l'attends, mon aimable ami. Depuis que je n'ose plus porter mes regards sur moi-même, je les porte avec plus de plaisir sur celui que j'aime. Je te rends tout ce que tu m'ôtes de ma propre estime, et tu ne m'en deviens que plus cher en me forçant à me haïr L'amour, cet amour fatal qui me perd, te donne un nouveau prix : tu t'élèves quand je me dégrade ; ton ame semble avoir profité de tout l'avilissement de la mienne. Sois donc désormais mon unique espoir ; c'est à toi de justifier, s'il se peut, ma faute ; couvre-la de l honnêteté de tes sentiments ; que ton mérite efface ma honte, rends excusable, à force de vertus, la perte de celles que tu me coûtes. Sois tout mon être, à présent que je ne suis plus rien · le seul honneur qui me reste est tout en toi ; et tant que tu seras digne de respect, je ne serai pas tout à fait méprisable.

Quelque regret que j'aie au retour de ma santé, je ne saurais le dissimuler plus longtemps ; mon visage démentirait mes discours, et ma feinte convalescence ne peut plus tromper personne. Hâte-toi donc, avant que je sois forcée de reprendre mes occupations ordinaires, de faire la démarche dont nous sommes convenus : je vois clairement que ma mere a conçu des soupçons, et qu'elle nous observe. Mon pere n'en est pas la, je l'avoue : ce fier gentilhomme n'imagine pas meme qu'un roturier puisse etre amoureux de sa fille. Mais enfin tu sais ses résolutions ; il te préviendra si tu ne le préviens ; et, pour avoir voulu te conserver le meme acc ès dans notre maison, tu t'en banniras tout à fait. Crois-moi, parle à ma mere tandis qu'il en est encore temps ; feins des affaires qui t'empêchent de continuer à m'instruire, et renonçons à nous voir si souvent, pour nous voir au moins quelquefois : car si l'on te ferme la porte, tu ne peux plus t'y présenter ; mais si tu te la fermes toi même, tes visites seront en quelque sorte à ta discrétion, et, avec un peu d'adresse et de complaisance, tu pourras les rendre plus fréquentes dans la suite, sans qu'on l'aperçoive ou qu'on le trouve mauvais. Je te dirai ce soir les moyens que j'imagine d'avoir d'autres occasions de nous voir, et tu conviendras que l'inséparable cousine, qui causait autrefois tant de murmures, ne sera pas maintenant inutile à deux amants qu'elle n'eût point du quitter.

XXXIII. — DE JULIE.

Ah! mon ami, le mauvais refuge pour deux amants qu'une assemblée! Quel tourment de se voir et de se contraindre! il vaudrait mieux cent fois ne se point voir. Comment avoir l'air tranquille avec tant d'émotion? comment être si différent de soi-même? comment songer à tant d'objets, quand on n'est occupé que d'un seul? comment contenir le geste et les yeux, quand le cœur vole? Je ne sentis de ma vie un trouble égal à celui que j'éprouvai hier quand on t'annonça chez madame d'Hervart. je pris ton nom prononcé pour un reproche qu'on m'adressait; je m'imaginais que tout le monde m'observait de concert; je ne savais plus ce que je faisais; et à ton arrivée je rougis si prodigieusement, que ma cousine, qui veillait sur moi, fut contrainte d'avancer son visage et son éventail, comme pour me parler à l'oreille. Je tremblai que cela même ne fît un mauvais effet, et qu'on ne cherchât du mystere à cette chuchoterie. En un mot, je trouvais partout de nouveaux sujets d'alarmes; et je ne sentis jamais mieux combien une conscience coupable arme contre nous de témoins qui n'y songent pas.

Claire prétendit remarquer que tu ne faisais pas une meilleure figure : tu lui paraissais embarrassé de ta contenance, inquiet de ce que tu devais faire, n'osant aller ni venir, ni m'aborder, ni t'eloigner, et promenant tes regards à la ronde, pour avoir, disait-elle, occasion de les tourner sur nous. Un peu remise de mon agitation, je crus m'apercevoir moi-même de la tienne, jusqu'à ce que la jeune madame Belon t'ayant adressé la parole, tu t'assis en causant avec elle, et devins plus calme à ses cotés

Je sens, mon ami, que cette maniere de vivre, qui donne tant de contrainte et si peu de plaisir, n'est pas bonne pour nous : nous nous aimons trop pour pouvoir nous gêner ainsi. Ces rendez-vous publics ne conviennent qu'à des gens qui, sans connaître l'amour, ne laissent pas d'être bien ensemble, ou qui peuvent se passer du mystère : les inquiétudes sont trop vives de ma part, les indiscrétions trop dangereuses de la tienne ; et je ne puis pas tenir une madame Belon toujours à mes côtés, pour faire diversion au besoin.

Reprenons, reprenons cette vie solitaire et paisible dont je t'ai tiré si mal à propos : c'est elle qui a fait naître et nourri nos feux ; peut-être s'affaibliront-ils par une manière de vivre plus dissipée. Toutes les grandes passions se forment dans la solitude ; on n'en a point de semblables dans le monde, où nul objet n'a le temps de faire une profonde impression, et où la multitude des goûts énerve la force des sentiments Cet état est aussi plus convenable à ma mélancolie ; elle s'entretient du même aliment que mon amour : c'est ta chère image qui soutient l'une et l'autre ; et j'aime mieux te voir tendre et sensible au fond de mon cœur, que contraint et distrait dans une assemblée.

Il peut d'ailleurs venir un temps où je serais forcée à une plus grande retraite fut-il déjà venu, ce temps désiré ! La prudence et mon inclination veulent également que je prenne d'avance des habitudes conformes à ce que peut exiger la nécessité. Ah ! si de mes fautes pouvait naître le moyen de les réparer ! Le doux espoir d'être un jour... Mais insensiblement j'en dirais plus que je n'en veux dire sur le projet qui m'occupe. Pardonne-moi ce mystère, mon unique ami ; mon cœur n'aura jamais de secret qui ne te fût doux à savoir. Tu dois pourtant ignorer celui-ci ; et tout ce que je t'en puis dire à présent, c'est que l'amour qui fit nos maux doit nous en donner le remède Raisonne, commente si tu veux, dans ta tête, mais je te défends de m'interroger là-dessus.

XXXIV. — RÉPONSE.

> No, non vedrete mai
> Cambiar gl' affetti miei,
> Bei lumi onde imparai
> O sospirar d'amor [1]

Que je dois l'aimer, cette jolie madame Belon, pour le plaisir qu'elle m'a procuré ! Pardonne-le-moi, divine Julie, j'osai jouir un moment de tes tendres alarmes, et ce moment fut un des plus doux de ma vie. Qu'ils étaient charmants ces regards inquiets et curieux qui se portaient sur nous à la dérobée, et se baissaient aussitôt pour eviter les miens ! Que faisait alors ton heureux amant ? S'entretenait-il avec madame Belon ? Ah ! ma Julie, peux-tu le croire ? Non, non, fille incomparable, il était plus dignement occupé. Avec quel charme son cœur suivait les mouvements du tien ! avec quelle avide impatience ses yeux devoraient tes attraits ! Ton amour, ta beauté, remplissaient, ravissaient son âme, elle pouvait suffire à peine à tant de sentiments délicieux. Mon seul regret était de gouter, aux dépens de celle que j'aime, des plaisirs qu'elle ne partageait pas. Sais-je ce que, durant tout ce temps, me dit madame Belon ? Sais-je ce que je lui répondis ? Le savais-je au moment de notre entretien ? A-t-elle pu le savoir elle-même ? et pouvait-elle comprendre la moindre chose aux discours d'un homme qui parlait sans penser, et repondait sans entendre ? Aussi m'a-t-elle pris dans le plus parfait dédain. Elle a dit à tout le monde, à toi peut-être, que je n'ai pas le sens commun, qui pis est, pas le moindre esprit, et que je suis tout aussi sot que mes livres. Que m'importe ce qu'elle en dit et ce qu'elle en pense ? Ma Julie ne decide-t-elle pas seule de mon être et du rang que je veux avoir ? Que le reste de la terre pense de moi comme il voudra ; tout mon prix est dans ton estime.

> Com uom che par ch' ascolti, e nulla intende [2].

Ah ! crois qu'il n'appartient ni à madame Belon, ni à toutes les beautés supérieures à la sienne, de faire la diversion dont tu parles, et d'eloigner un moment de toi mon cœur et mes yeux. Si tu pouvais douter de ma sincérité, si tu pouvais faire cette mortelle injure à mon amour et à tes charmes, dis-moi, qui pourrait avoir

---

[1] Non, non, beaux yeux qui m'apprites à soupirer, jamais vous ne verrez changer mes affections. METAST.
[2] Comme celui qui semble écouter, et qui n'entend rien.

tenu registre de tout ce qui se fit autour de toi? Ne te vis-je pas briller entre ces jeunes beautés comme le soleil entre les astres qu'il éclipse? n'aperçus-je pas les cavaliers [1] se rassembler autour de ta chaise? ne vis-je pas, au dépit de tes compagnes, l'admiration qu'ils marquaient pour toi? ne vis-je pas leurs respects empressés, et leurs hommages et leurs galanteries? ne te vis-je pas recevoir tout cela avec cet air de modestie et d'indifférence qui en impose plus que la fierté? ne vis-je pas, quand tu te dégantais pour la collation l'effet que ce bras découvert produisit sur les spectateurs? ne vis-je pas le jeune étranger qui releva ton gant vouloir baiser la main charmante qui le recevait? n'en vis-je pas un plus téméraire, dont l'œil ardent suçait mon sang et ma vie, t'obliger, quand tu t'en fus aperçue, d'ajouter une épingle à ton fichu? Je n'étais pas si distrait que tu penses; je vis tout cela, Julie, et n'en fus point jaloux; car je connais ton cœur: il n'est pas, je le sais bien, de ceux qui peuvent aimer deux fois Accuseras-tu le mien d'en être?

Reprenons-la donc cette vie solitaire que je ne quittai qu'à regret. Non, le cœur ne se nourrit point dans le tumulte du monde: les faux plaisirs lui rendent la privation des vrais plus amère, et il préfère sa souffrance à de vains dédommagements. Mais, ma Julie, il en est, il en peut être de plus solides à la contrainte où nous vivons, et tu sembles les oublier! Quoi! passer quinze jours entiers si près l'un de l'autre sans se voir ou sans se rien dire! Ah! que veux-tu qu'un cœur brûle d'amour fasse durant tant de siècles? l'absence même serait moins cruelle. Que sert un excès de prudence qui nous fait plus de maux qu'il n'en prévient? que sert de prolonger sa vie avec son supplice? ne vaudrait-il pas mieux cent fois se voir un seul instant, et puis mourir?

Je ne le cache point, ma douce amie, j'aimerais à pénétrer l'aimable secret que tu me dérobes; il n'en fut jamais de plus intéressant pour nous mais j'y fais d'inutiles efforts. Je saurai pourtant garder le silence que tu m'imposes, et contenir une indiscrète curiosité, mais, en respectant un si doux mystère, que n'en puis-je au moins assurer l'éclaircissement! Qui sait, qui sait encore si tes

---

[1] *Cavaliers,* vieux mot qui ne se dit plus, on dit *hommes* J'ai cru devoir aux provinciaux cette importante remarque, afin d'être au moins une fois utile au public

projets ne portent point sur des chimères ? Chère âme de ma vie, ah ! commençons du moins par les bien réaliser.

P. S J'oubliais de te dire que M. Roguin m'a offert une compagnie dans le régiment qu'il leve pour le roi de Sardaigne : j'ai été sensiblement touché de l'estime de ce brave officier ; je lui ai dit, en le remerciant, que j'avais la vue trop courte pour le service, et que ma passion pour l'étude s'accordait mal avec une vie aussi active. En cela je n'ai point fait un sacrifice a l'amour ; je pense que chacun doit sa vie et son sang a la patrie, qu'il n'est pas permis de s'aliéner a des princes auxquels on ne doit rien, moins encore de se vendre, et de faire du plus noble métier du monde celui d'un vil mercenaire. Ces maximes étaient celles de mon pere, que je serais bien heureux d'imiter dans son amour pour ses devoirs et pour son pays. Il ne voulut jamais entrer au service d'aucun prince étranger ; mais, dans la guerre de 1712, il porta les armes avec honneur pour la patrie ; il se trouva dans plusieurs combats, a l'un desquels il fut blessé ; et a la bataille de Wilmerghen il eut le bonheur d'enlever un drapeau ennemi sous les yeux du général de Sacconex.

XXXV. — DE JULIE.

Je ne trouve pas, mon ami, que les deux mots que j'avais dits en riant sur madame Belon valussent une explication si sérieuse. Tant de soins a se justifier produisent quelquefois un préjuge contraire, et c'est l'attention qu'on donne aux bagatelles qui seule en fait des objets importants. Voilà ce qui sûrement n'arrivera pas entre nous ; car les cœurs bien occupés ne sont guere pointilleux, et les tracasseries des amants sur des riens ont presque toujours un fondement beaucoup plus réel qu'il ne semble.

Je ne suis pas fâchée pourtant que cette bagatelle nous fournisse une occasion de traiter entre nous de la jalousie ; sujet malheureusement trop important pour moi.

Je vois, mon ami, par la trempe de nos âmes et par le tour commun de nos goûts, que l'amour sera la grande affaire de notre vie. Quand une fois il a fait les impressions profondes que nous en avons reçues, il faut qu'il éteigne ou absorbe toutes les autres passions ; le moindre refroidissement serait bientôt pour nous la langueur de la mort; un dégoût invincible, un éternel ennui, succéderaient a l'amour éteint, et nous ne saurions longtemps vivre apres avoir cessé d'aimer. En mon particulier, tu sens bien qu'il n'y a que le délire de la passion qui puisse me voiler l'horreur de ma situation présente, et qu'il faut que j'aime avec transport, ou que je meure de douleur. Vois donc si je suis fondée a discuter sérieusement un point d'où doit dépendre le bonheur ou le malheur de mes jours.

Autant que je puis juger de moi-même, il me semble que, souvent affectée avec trop de vivacité, je suis pourtant peu sujette à l'emportement. Il faudrait que mes peines eussent fermenté longtemps en dedans, pour que j'osasse en découvrir la source a leur auteur; et comme je suis persuadée qu'on ne peut faire une offense sans le vouloir, je supporterais plutot cent sujets de plainte qu'une explication. Un pareil caractere doit mener loin, pour peu qu'on ait de penchant à la jalousie; et j'ai bien peur de sentir en moi ce dangereux penchant. Ce n'est pas que je ne sache que ton cœur est fait pour le mien et non pour un autre. Mais on peut s'abuser soi-meme, prendre un goût passager pour une passion, et faire autant de choses par fantaisie qu'on en eût peut-etre fait par amour. Or si tu peux te croire inconstant sans l'etre, a plus forte raison puis-je t'accuser a tort d'infidélité. Ce doute affreux empoisonnerait pourtant ma vie; je gemirais sans me plaindre, et mourrais inconsolable sans avoir cessé d'etre aimée.

Prevenons, je t'en conjure, un malheur dont la seule idee me fait frissonner. Jure-moi donc, mon doux ami, non par l'amour, serment qu'on ne tient que quand il est superflu; mais par ce nom sacré de l'honneur, si respecté de toi, que je ne cesserai jamais d'etre la confidente de ton cœur, et qu'il n'y surviendra point de changement dont je ne sois la premiere instruite. Ne m'allegue pas que tu n'auras jamais rien a m'apprendre; je le crois, je l'espere : mais préviens mes folles alarmes, et donne-moi, dans tes engagements pour un avenir qui ne doit point etre, l'éternelle securité du présent. Je serais moins a plaindre d'apprendre de toi mes malheurs réels, que d'en souffrir sans cesse d'imaginaires; je jouirais au moins de tes remords; si tu ne partageais plus mes feux, tu partagerais encore mes peines, et je trouverais moins ameres les larmes que je verserais dans ton sein.

C'est ici, mon ami, que je me felicite doublement de mon choix, et par le doux lien qui nous unit, et par la probité qui l'assure. Voila l'usage de cette regle de sagesse dans les choses de pur sentiment ; voila comment la vertu sévere sait écarter les peines du tendre amour. Si j'avais un amant sans principes, dut-il m'aimer éternellement, ou seraient pour moi les garants de cette constance? quels moyens aurais-je de me délivrer de mes défiances continuelles? et comment m'assurer de n'etre point abusée, ou par sa feinte, ou par ma credulite? Mais toi, mon digne et respectable ami, toi qui n'es capable ni d'artifice ni de deguisement, tu me garderas, je le sais, la sincérite que tu m'auras promise. La honte d'avouer une infidélite ne l'emportera point dans ton ame droite sur le devoir de tenir ta parole ; et si tu pouvais ne plus aimer ta Julie, tu lui dirais.. oui, tu pourrais lui dire, O Julie! je ne .. Mon ami, jamais je n'écrirai ce mot-la.

Que penses-tu de mon expédient? C'est le seul, j'en suis sûre, qui pouvait deraciner en moi tout sentiment de jalousie. Il y a je ne sais quelle delicatesse qui m'enchante a me fier de ton amour a ta bonne foi, et a m'oter le pouvoir de croire une infidélité que tu ne m'apprendrais pas toi-meme. Voila, mon cher, l'effet assuré de l'engagement que je t'impose ; car je pourrais te croire amant volage, mais non pas ami trompeur ; et quand je douterais de ton cœur, je ne puis jamais douter de ta foi. Quel plaisir je goute a prendre en ceci des precautions inutiles, a prevenir les apparences d'un changement dont je sens si bien l'impossibilite! Quel charme de parler de jalousie avec un amant si fidele! Ah! si tu pouvais cesser de l'etre, ne crois pas que je t'en parlasse ainsi. Mon pauvre cœur ne serait pas si sage au besoin, et la moindre défiance m'oterait bientot la volonté de m'en garantir.

Voila, mon tres-honoré maitre, matiere a discussion pour ce soir ; car je sais que vos deux humbles disciples auront l'honneur de souper avec vous chez le pere de l'inséparable. Vos doctes commentaires sur la gazette vous ont tellement fait trouver grace devant lui, qu'il n'a pas fallu beaucoup de manege pour vous faire inviter. La fille a fait accorder son clavecin, le pere a feuilleté Lamberti ; moi, je recorderai peut etre la leçon du bosquet de Clarens. O docteur en toutes facultes, vous avez partout quelque science de mise! M. d'Orbe, qui n'est pas oublie, comme vous pouvez penser, a le mot pour entamer une savante dissertation sur le futur hommage du roi de Naples, durant laquelle nous passerons tous trois dans la chambre de la cousine. C'est là, mon féal, qu'à genoux devant votre dame et maitresse, vos deux mains dans les siennes, et en présence de son chancelier, vous lui jurerez foi et loyauté a toute épreuve; non pas a dire amour éternel, engagement qu'on n'est maitre ni de tenir ni de rompre; mais vérité, sincérité, franchise inviolable. Vous ne jurerez point d'etre toujours soumis, mais de ne point commettre acte de félonie, et de déclarer au moins la guerre avant de secouer le joug. Ce faisant, aurez l'accolade, et serez reconnu vassal unique, et loyal chevalier.

Adieu, mon bon ami; l'idée du souper de ce soir m'inspire de la gaieté. Ah ! qu'elle me sera douce quand je te la verrai partager ?

XXXVI. — DE JULIE.

Baise cette lettre, et saute de joie pour la nouvelle que je vais t'apprendre; mais pense que, pour ne point sauter et n'avoir rien a baiser, je n'y suis pas la moins sensible. Mon pere, obligé d'aller a Berne pour son proces, et de la a Soleure pour sa pension, a propose a ma mere d'etre du voyage; et elle l'a accepté, esperant pour sa sante quelque effet salutaire du changement d'air. On voulait me faire la grace de m'emmener aussi, et je ne jugeai pas a propos de dire ce que j'en pensais; mais la difficulté des arrangements de voiture a fait abandonner ce projet, et l'on travaille a me consoler de n'etre pas de la partie. Il fallait feindre de la tristesse; et le faux role que je me vois contrainte a jouer m'en donne une si véritable, que le remords m'a presque dispensée de la feinte.

Pendant l'absence de mes parents, je ne resterai point maitresse de maison; mais on me dépose chez le pere de la cousine, en sorte que je serai tout de bon, durant ce temps, inséparable de l'inséparable. De plus, ma mere a mieux aimé se passer de femme de chambre, et me laisser Babi pour gouvernante; sorte d'Argus peu dangereux, dont on ne doit ni corrompre la fidelité ni se faire des confidents, mais qu'on écarte aisément au besoin, sur la moindre lueur de plaisir ou de gain qu'on leur offre.

Tu comprends quelle facilite nous aurons a nous voir durant une quinzaine de jours; mais c'est ici que la discretion doit suppléer à la contrainte, et qu'il faut nous imposer volontairement la même réserve à laquelle nous sommes forcés dans d'autres temps. Non-seulement tu ne dois pas, quand je serai chez ma cousine, y venir plus souvent qu'auparavant, de peur de la compromettre ; j'espère même qu'il ne faudra te parler ni des égards qu'exige son sexe, ni des droits sacrés de l'hospitalité ; et qu'un honnête homme n'aura pas besoin qu'on l'instruise du respect dû par l'amour à l'amitié qui lui donne asile. Je connais tes vivacités, mais j'en connais les bornes inviolables. Si tu n'avais jamais fait de sacrifice à ce qui est honnête, tu n'en aurais point à faire aujourd'hui.

D'où vient cet air mécontent et cet œil attristé ? Pourquoi murmurer des lois que le devoir t'impose ? Laisse a ta Julie le soin de les adoucir : t'es-tu jamais repenti d'avoir été docile a sa voix ? Près des coteaux fleuris d'où part la source de la Vevayse, il est un hameau solitaire qui sert quelquefois de repaire aux chasseurs, et ne devrait servir que d'asile aux amants. Autour de l'habitation principale dont M. d'Orbe dispose, sont épars assez loin quelques chalets [1], qui de leurs toits de chaume peuvent couvrir l'amour et le plaisir, amis de la simplicité rustique. Les fraîches et discrètes laitières savent garder pour autrui le secret dont elles ont besoin pour elles-mêmes. Les ruisseaux qui traversent les prairies sont bordés d'arbrisseaux et de bocages délicieux. Des bois épais offrent au delà des asiles plus déserts et plus sombres.

> Al bel seggio riposto, ombroso e fosco,
> Ne mai pastori appressan, ne bifolci [2]

L'art ni la main des hommes n'y montrent nulle part leurs soins inquiétants ; on n'y voit partout que les tendres soins de la mère commune. C'est la, mon ami, qu'on n'est que sous ses auspices, et qu'on peut n'écouter que ses lois. Sur l'invitation de M. d'Orbe, Claire a déjà persuadé à son papa qu'il avait envie d'aller faire avec quelques amis une chasse de deux ou trois jours dans ce canton, et d'y mener les inséparables. Ces inséparables en ont d'autres, comme tu ne sais que trop bien. L'un, représentant le maître de la maison, en fera naturellement les honneurs ; l'autre ; avec moins

---

[1] Sorte de maisons de bois ou se font les fromages et diverses espèces de laitage dans la montagne.

[2] Jamais pâtre ni laboureur n'approcha des épais ombrages qui couvrent ces charmants asiles. PETRARQ.

d'éclat, pourra faire a sa Julie ceux d'un humble chalet; et ce chalet, consacré par l'amour, sera pour eux le temple de Gnide. Pour executer heureusement et sûrement ce charmant projet, il n'est question que de quelques arrangements qui se concerteront facilement entre nous, et qui feront partie eux-memes des plaisirs qu'ils doivent produire. Adieu, mon ami; je te quitte brusquement, de peur de surprise. Aussi bien je sens que le cœur de ta Julie vole un peu trop tot habiter le chalet.

P. S. Tout bien considéré, je pense que nous pouvons sans indiscretion nous voir presque tous les jours; savoir, chez ma cousine de deux jours l'un, et l'autre a la promenade.

XXXVII. — DE JULIE.

Ils sont partis ce matin, ce tendre pere et cette mere incomparable, en accablant des plus tendres caresses une fille cherie, et trop indigne de leurs bontés. Pour moi, je les embrassais avec un leger serrement de cœur, tandis qu'au dedans de lui-meme ce cœur ingrat et dénaturé petillait d'une odieuse joie. Hélas! qu'est devenu ce temps heureux ou je menais incessamment sous leurs yeux une vie innocente et sage, ou je n'etais bien que contre leur sein, et ne pouvais les quitter d'un seul pas sans deplaisir? Maintenant, coupable et craintive, je tremble en pensant a eux; je rougis en pensant a moi; tous mes bons sentiments se depravent, et je me consume en vains et steriles regrets que n'anime pas meme un vrai repentir. Ces ameres reflexions m'ont rendu toute la tristesse que leurs adieux ne m'avaient pas d'abord donnee. Une secrete angoisse etouffait mon ame apres le depart de ces chers parents. Tandis que Babi faisait les paquets, je suis entree machinalement dans la chambre de ma mere; et voyant quelques unes de ses hardes encore eparses, je les ai toutes baisees l'une apres l'autre, en fondant en larmes. Cet état d'attendrissement m'a un peu soulagee, et j'ai trouve quelque sorte de consolation a sentir que les doux mouvements de la nature ne sont pas tout a fait eteints dans mon cœur. Ah! tyran, tu veux en vain l'asservir tout entier, ce tendre et trop faible cœur; malgré toi, malgre tes prestiges, il lui reste au moins des sentiments légitimes ; il respecte et chérit encore des droits plus sacrés que les tiens.

Pardonne, ô mon doux ami, ces mouvements involontaires, et ne crains pas que j'étende ces réflexions aussi loin que je le devrais. Le moment de nos jours peut-être ou notre amour est le plus en liberté n'est pas, je le sais bien, celui des regrets : je ne veux ni te cacher mes peines, ni t'en accabler ; il faut que tu les connaisses, non pour les porter, mais pour les adoucir. Dans le sein de qui les épancherais-je, si je n'osais les verser dans le tien ? N'es-tu pas mon tendre consolateur ? N'est-ce pas toi qui soutiens mon courage ébranlé ? N'est-ce pas toi qui nourris dans mon âme le goût de la vertu, même après que je l'ai perdue ? Sans toi, sans cette adorable amie dont la main compatissante essuya si souvent mes pleurs, combien de fois n'eussé-je pas déjà succombé sous le plus mortel abattement ! Mais vos tendres soins me soutiennent ; je n'ose m'avilir tant que vous m'estimez encore ; et je me dis avec complaisance que vous ne m'aimeriez pas tant l'un et l'autre, si je n'étais digne que de mépris. Je vole dans les bras de cette chère cousine, ou plutôt de cette tendre sœur, déposer au fond de son cœur une importune tristesse. Toi, viens ce soir achever de rendre au mien la joie et la sérénité qu'il a perdues.

XXXVIII. — A JULIE.

Non, Julie, il ne m'est pas possible de ne te voir chaque jour que comme je t'ai vue la veille : il faut que mon amour s'augmente et croisse incessamment avec tes charmes ; et tu m'es une source inépuisable de sentiments nouveaux que je n'aurais pas même imaginés. Quelle soirée inconcevable ! Que de délices inconnues tu fis éprouver à mon cœur ! O tristesse enchanteresse ! ô langueur d'une âme attendrie ! combien vous surpassez les turbulents plaisirs, et la gaieté folâtre, et la joie emportée, et tous les transports qu'une ardeur sans mesure offre aux desirs effrénés des amants ! Paisible et pure jouissance qui n'as rien d'égal dans la volupté des sens, jamais, jamais ton pénétrant souvenir ne s'effacera de mon cœur ! Dieux ! quel ravissant spectacle, ou plutôt quelle extase, de voir deux beautés si touchantes s'embrasser tendrement, le visage de l'une se pencher sur le sein de l'autre, leurs douces larmes se confondre, et baigner ce sein charmant comme la rosée du ciel humecte un lis fraichement éclos ! J'étais jaloux d'une amitié si tendre ; je lui trouvais je ne sais quoi de plus intéressant qu'à l'amour même, et je me voulais une sorte de mal de ne pouvoir t'offrir des consolations aussi chères, sans les troubler par l'agitation de mes transports. Non, rien, rien sur la terre n'est capable d'exciter un si voluptueux attendrissement que vos mutuelles caresses ; et le spectacle de deux amants eut offert à mes yeux une sensation moins délicieuse.

Ah ! qu'en ce moment j'eusse été amoureux de cette aimable cousine, si Julie n'eut pas existé ! Mais non, c'était Julie elle-même qui répandait son charme invincible sur tout ce qui l'environnait. Ta robe, ton ajustement, tes gants, ton éventail, ton ouvrage, tout ce qui frappait autour de toi mes regards enchantait mon cœur, et toi seule faisais tout l'enchantement. Arrête, o ma douce amie ! à force d'augmenter mon ivresse, tu m'ôteras le plaisir de la sentir. Ce que tu me fais éprouver approche d'un vrai délire, et je crains d'en perdre enfin la raison. Laisse-moi du moins connaître un égarement qui fait mon bonheur ; laisse-moi goûter ce nouvel enthousiasme, plus sublime, plus vif que toutes les idées que j'avais de l'amour. Quoi ! tu peux te croire avilie ! quoi ! la passion t'ôte-t-elle aussi le sens ? Moi, je te trouve trop parfaite pour une mortelle ; je t'imaginerais d'une espèce plus pure, si ce feu dévorant qui pénètre ma substance ne m'unissait à la tienne, et ne me faisait sentir qu'elles sont la même. Non, personne au monde ne te connait, tu ne te connais pas toi-même ; mon cœur seul te connait, te sent, et sait te mettre à ta place. Ma Julie ! ah ! quels hommages te seraient ravis si tu n'étais qu'adorée ! Ah ! si tu n'étais qu'un ange, combien tu perdrais de ton prix !

Dis-moi comment il se peut qu'une passion telle que la mienne puisse augmenter : je l'ignore, mais je l'éprouve. Quoique tu me sois présente dans tous les temps, il y a quelques jours surtout que ton image, plus belle que jamais, me poursuit et me tourmente avec une activité à laquelle ni lieu ni temps ne me dérobe ; et je crois que tu me laissas avec elle dans ce chalet que tu quittas en finissant ta dernière lettre. Depuis qu'il est question de ce rendez-vous champêtre, je suis trois fois sorti de la ville, chaque fois mes pieds m'ont porté des mêmes côtes, et chaque fois la perspective d'un séjour si désiré m'a paru plus agréable.

Non vide il mondo si leggiadri rami,
Ne mosse 'l vento mai si verdi frondi [1]

Je trouve la campagne plus riante, la verdure plus fraiche et plus vive, l'air plus pur, le ciel plus serein ; le chant des oiseaux semble avoir plus de tendresse et de volupté ; le murmure des eaux inspire une langueur plus amoureuse ; la vigne en fleurs exhale au loin de plus doux parfums, un charme secret embellit tous les objets ou fascine mes sens, on dirait que la terre se pare pour former a ton heureux amant un lit nuptial digne de la beauté qu'il adore et du feu qui le consume. O Julie ! o chere et précieuse moitié de mon âme ! hatons-nous d'ajouter a ces ornements du printemps la presence de deux amants fideles. Portons le sentiment du plaisir dans des lieux qui n'en offrent qu'une vaine image ; allons animer toute la nature, elle est morte sans les feux de l'amour. Quoi ! trois jours d'attente ! trois jours encore ! Ivre d'amour, affamé de transports, j'attends ce moment tardif avec une douloureuse impatience. Ah ! qu'on serait heureux si le ciel otait de la vie tous les ennuyeux intervalles qui séparent de pareils instants !

XXXIX. — DE JULIE.

Tu n'as pas un sentiment, mon bon ami, que mon cœur ne partage ; mais ne me parle plus de plaisir tandis que des gens qui valent mieux que nous souffrent, gémissent, et que j'ai leur peine a me reprocher. Lis la lettre ci-jointe, et sois tranquille si tu le peux : pour moi, qui connais l'aimable et bonne fille qui l'a écrite, je n'ai pu la lire sans des larmes de remords et de pitié. Le regret de ma coupable négligence m'a pénétré l'âme, et je vois avec une amere confusion jusqu'ou l'oubli du premier de mes devoirs m'a fait porter celui de tous les autres. J'avais promis de prendre soin de cette pauvre enfant ; je la protégeais auprès de ma mere ; je la tenais en quelque maniere sous ma garde ; et, pour n'avoir su me garder moi-même, je l'abandonne sans me souvenir d'elle, et l'expose a des dangers pires que ceux ou j'ai succombé. Je fremis en songeant que deux jours plus tard c'en était fait peut-être de

---

[1] Jamais œil d'homme ne vit des bocages aussi charmants, jamais zephyr n'agita de plus verts feuillages. PETRARQ

mon dépôt, et que l'indigence et la séduction perdaient une fille modeste et sage qui peut faire un jour une excellente mere de famille. O mon ami, comment y a-t-il dans le monde des hommes assez vils pour acheter de la misere un prix que le cœur seul doit payer, et recevoir d'une bouche affamée les tendres baisers de l'amour !

Dis-moi, pourrais-tu n'être pas touché de la piété filiale de ma Fanchon, de ses sentiments honnêtes, de son innocente naïveté ? Ne l'es-tu pas de la rare tendresse de cet amant qui se vend lui-même pour soulager sa maîtresse ? Ne seras-tu pas trop heureux de contribuer a former un nœud si bien assorti ? Ah ! si nous étions sans pitié pour les cœurs unis qu'on divise, de qui pourraient-ils jamais en attendre ? Pour moi, j'ai résolu de réparer envers ceux-ci ma faute a quelque prix que ce soit, et de faire en sorte que ces deux jeunes gens soient unis par le mariage. J'espere que le ciel bénira cette entreprise, et qu'elle sera pour nous d'un bon augure. Je te propose et te conjure au nom de notre amitié de partir des aujourd'hui, si tu le peux, ou tout au moins demain matin, pour Neufchatel. Va négocier avec M de Merveilleux le congé de cet honnête garçon ; n'epargne ni les supplications ni l'argent : porte avec toi la lettre de ma Fanchon, il n'y a point de cœur sensible qu'elle ne doive attendrir. Enfin, quoi qu'il nous en coûte et de plaisir et d'argent, ne reviens qu'avec le congé absolu de Claude Anet, ou crois que l'amour ne me donnera de mes jours un moment de pure joie.

Je sens combien d'objections ton cœur doit avoir a me faire. doutes-tu que le mien ne les ait faites avant toi ? Et je persiste ; car il faut que ce mot de vertu ne soit qu'un vain nom, ou qu'elle exige des sacrifices. Mon ami, mon digne ami, un rendez-vous manqué peut revenir mille fois ; quelques heures agréables s'éclipsent comme un eclair, et ne sont plus ; mais si le bonheur d'un couple honnete est dans tes mains, songe a l'avenir que tu vas te preparer. Crois-moi, l'occasion de faire des heureux est plus rare qu'on ne pense ; la punition de l'avoir manquee est de ne la plus retrouver ; et l'usage que nous ferons de celle-ci nous va laisser un sentiment eternel de contentement ou de repentir. Pardonne a mon zele ces discours superflus ; j'en dis trop a un honnete homme, et cent fois trop a mon ami. Je sais combien tu hais cette volupte cruelle qui nous endurcit aux maux d'autrui Tu l'as dit mille fois toi-même. Malheur a qui ne sait pas sacrifier un jour de plaisir aux devoirs de l'humanité !

XL. — DE FANCHON REGARD A JULIE.

MADEMOISELLE,

Pardonnez une pauvre fille au désespoir, qui, ne sachant plus que devenir, ose encore avoir recours a vos bontés ; car vous ne vous lassez point de consoler les affligés ; et je suis si malheureuse, qu'il n'y a que vous et le bon Dieu que mes plaintes n'importunent pas. J'ai eu bien du chagrin de quitter l'apprentissage ou vous m'aviez mise ; mais, ayant eu le malheur de perdre ma mere cet hiver, il a fallu revenir auprès de mon pauvre pere, que sa paralysie retient toujours dans son lit.

Je n'ai pas oublié le conseil que vous aviez donné a ma mere, de tâcher de m'etablir avec un honnete homme qui prit soin de la famille. Claude Anet, que monsieur votre pere avait ramené du service, est un brave garçon, range, qui sait un bon metier, et qui me veut du bien. Apres tant de charité que vous avez eue pour nous, je n'osais plus vous être incommode, et c'est lui qui nous a fait vivre pendant tout l'hiver. Il devait m'épouser ce printemps ; il avait mis son cœur à ce mariage : mais on m'a tellement tourmentée pour payer trois ans de loyer échu a Paques, que, ne sachant ou prendre tant d'argent comptant, le pauvre jeune homme s'est engage de rechef, sans m'en rien dire, dans la compagnie de M. de Merveilleux, et m'a apporte l'argent de son engagement. M. de Merveilleux n'est plus a Neufchâtel que pour sept ou huit jours, et Claude Anet doit partir dans trois ou quatre pour suivre la recrue ; ainsi nous n'avons pas le temps ni le moyen de nous marier, et il me laisse sans aucune ressource. Si, par votre credit ou celui de monsieur le baron, vous pouviez nous obtenir au moins un délai de cinq ou six semaines, on tâcherait pendant ce temps-la de prendre quelque arrangement pour nous marier, ou pour rembourser ce pauvre garçon : mais je le connais bien ; il ne voudra jamais reprendre l'argent qu'il m'a donne.

Il est venu ce matin un monsieur bien riche m'en offrir beaucoup davantage ; mais Dieu m'a fait la grâce de le refuser. Il a dit

qu'il reviendrait demain matin savoir ma derniere résolution. Je
lui ai dit de n'en pas prendre la peine, et qu'il la savait deja. Que
Dieu le conduise! il sera reçu demain comme aujourd'hui. Je pourrais
bien aussi recourir a la bourse des pauvres; mais on est si
méprisé qu'il vaut mieux patir; et puis Claude Anet a trop de
cœur pour vouloir d'une fille assistee.

Excusez la liberté que je prends, ma bonne demoiselle; je n'ai
trouvé que vous seule a qui j'ose avouer ma peine, et j'ai le cœur
si serre, qu'il faut finir cette lettre. Votre bien humble et affectionnee
servante a vous servir.

FANCHON REGARD.

XLI. — REPONSE.

J'ai manque de mémoire et toi de confiance, ma chere enfant :
nous avons eu grand tort toutes deux, mais le mien est impardonnable.
Je tacherai du moins de le réparer. Babi, qui te porte cette
lettre, est chargée de pourvoir au plus presse. Elle retournera demain
matin pour t'aider a congedier ce monsieur, s'il revient; et
l'apres-dinee nous irons te voir, ma cousine et moi; car je sais
que tu ne peux pas quitter ton pauvre pere, et je veux connaitre
par moi-meme l'etat de ton petit menage

Quant a Claude Anet, n'en sois point en peine mon pere est
absent; mais, en attendant son retour, on fera ce qu'on pourra;
et tu peux compter que je n'oublierai ni toi ni ce brave garçon.
Adieu, mon enfant que le bon Dieu te console ! Tu as bien fait de
n'avoir pas recours a la bourse publique, c'est ce qu'il ne faut jamais
faire tant qu'il reste quelque chose dans celle des bonnes
gens

XLII — A JULIE

Je reçois votre lettre, et je pars a l'instant : ce sera toute ma
reponse. Ah ! cruelle, que mon cœur en est loin de cette odieuse
vertu que vous me supposez et que je deteste ! Mais vous ordonnez,
il faut obeir. Dusse-je en mourir cent fois, il faut etre estime
de Julie.

XLIII — A JULIE

J'arrivai hier matin à Neufchâtel ; j'appris que M. de Merveilleux était à la campagne, je courus l'y chercher : il était à la chasse, et je l'attendis jusqu'au soir. Quand je lui eus expliqué le sujet de mon voyage, et que je l'eus prié de mettre un prix au congé de Claude Anet, il me fit beaucoup de difficultés. Je crus les lever en offrant de moi-même une somme assez considérable, et l'augmentant à mesure qu'il résistait ; mais, n'ayant pu rien obtenir, je fus obligé de me retirer, après m'être assuré de le retrouver ce matin, bien résolu de ne le plus quitter jusqu'à ce qu'à force d'argent ou d'importunités, ou de quelque manière que ce pût être, j'eusse obtenu ce que j'étais venu lui demander. M'étant levé pour cela de très-bonne heure, j'étais prêt à monter à cheval, quand je reçus par un exprès ce billet de M. de Merveilleux, avec le congé du jeune homme en bonne forme :

« Voilà, monsieur, le congé que vous êtes venu solliciter ; je
« l'ai refusé à vos offres, je le donne à vos intentions charitables,
« et vous prie de croire que je ne mets point à prix une bonne
« action. »

Jugez à la joie que vous donnera cet heureux succès de celle que j'ai sentie en l'apprenant Pourquoi faut-il qu'elle ne soit pas aussi parfaite qu'elle devrait l'être ? Je ne puis me dispenser d'aller remercier et rembourser M. de Merveilleux ; et si cette visite retarde mon départ d'un jour, comme il est à craindre, n'ai-je pas droit de dire qu'il s'est montré généreux à mes dépens ? N'importe, j'ai fait ce qui vous est agréable ; je puis tout supporter à ce prix. Qu'on est heureux de pouvoir bien faire en servant ce qu'on aime, et réunir ainsi dans le même soin les charmes de l'amour et de la vertu ! Je l'avoue, ô Julie ! je partis le cœur plein d'impatience et de chagrin. Je vous reprochais d'être si sensible aux peines d'autrui, et de compter pour rien les miennes, comme si j'étais le seul au monde qui n'eût rien mérité de vous. Je trouvais de la barbarie, après m'avoir leurré d'un si doux espoir, à me priver sans nécessité d'un bien dont vous m'aviez flatté vous-même Tous ces murmures se sont évanouis ; je sens renaître à leur place au fond de mon âme un contentement inconnu : j'éprouve déjà le dédommagement que vous m'avez promis, vous que l'habitude de bien faire a tant instruite du goût qu'on y trouve. Quel étrange

empire est le votre, de pouvoir rendre les privations aussi douces
que les plaisirs, et donner a ce qu'on fait pour vous le même
charme qu'on trouverait a se contenter soi-même ! Ah ! je l'ai
dit cent fois, tu es un ange du ciel, ma Julie ! Sans doute, avec
tant d'autorité sur mon âme, la tienne est plus divine qu'humaine
Comment n'être pas éternellement a toi, puisque ton regne est
celeste ? et que servirait de cesser de t'aimer s'il faut toujours qu'on
t'adore ?

P. S. Suivant mon calcul, nous avons encore au moins cinq ou
six jours jusqu'au retour de la maman : serait-il impossible, durant cet intervalle, de faire un pelerinage au chalet ?

XLIV. — DE JULIE

Ne murmure pas tant, mon ami, de ce retour précipite ; il nous
est plus avantageux qu'il ne semble ; et quand nous aurions fait
par adresse ce que nous avons fait par bienfaisance, nous n'aurions
pas mieux réussi Regarde ce qui serait arrivé si nous n'eussions
suivi que nos fantaisies. Je serais allée a la campagne precisement
la veille du retour de ma mere a la ville ; j'aurais eu un expres
avant d'avoir pu ménager notre entrevue ; il aurait fallu partir sur-
le-champ, peut-etre sans pouvoir t'avertir ; te laisser dans des perplexites mortelles ; et notre separation se serait faite au moment
qui la rendait le plus douloureuse. De plus, on aurait su que nous
etions tous deux a la campagne ; malgre nos précautions, peut-etre
eut-on su que nous y étions ensemble ; du moins on l'aurait soup-
conne, c'en était assez L'indiscrete avidite du présent nous otait
toute ressource pour l'avenir, et le remords d'une bonne œuvre
dedaignee nous eut tourmentes toute la vie.

Compare a present cet état a notre situation réelle. Premierement, ton absence a produit un excellent effet. Mon Argus n'aura
pas manque de dire a ma mere qu'on t'avait peu vu chez ma cousine elle sait ton voyage et le sujet ; c'est une raison de plus pour
l'estimer Et le moyen d'imaginer que des gens qui vivent en
bonne intelligence prennent volontairement pour s'eloigner le seul
moment de liberté qu'ils ont pour se voir ! Quelle ruse avons-nous
employee pour ecarter une trop juste defiance ? La seule, a mon
avis, qui soit permise a d'honnetes gens, celle de l'etre a un point

qu'on ne puisse croire, en sorte qu'on prenne un effort de vertu pour un acte d'indifférence. Mon ami, qu'un amour caché par de tels moyens doit être doux aux cœurs qui le goûtent! Ajoute a cela le plaisir de réunir des amants désolés, et de rendre heureux deux jeunes gens si dignes de l'être. Tu l'as vue ma Fanchon ; dis, n'est-elle pas charmante ? et ne mérite-t-elle pas bien tout ce que tu as fait pour elle ? N'est-elle pas trop jolie et trop malheureuse pour rester fille impunément ? Claude Anet, de son coté, dont le bon naturel a résisté par miracle a trois ans de service, en eût-il pu supporter encore autant sans devenir un vaurien comme tous les autres ? Au lieu de cela ils s'aiment et seront unis ; ils sont pauvres et seront aidés ; ils sont honnêtes gens et pourront continuer de l'être ; car mon pere a promis de prendre soin de leur etablissement. Que de biens tu as procurés a eux et a nous par ta complaisance, sans parler du compte que je t'en dois tenir ! Tel est, mon ami, l'effet assuré des sacrifices qu'on fait a la vertu : s'ils coûtent souvent a faire, il est toujours doux de les avoir faits, et l'on n'a jamais vu personne se repentir d'une bonne action.

Je me doute bien qu'a l'exemple de l'inséparable, tu m'appelleras aussi *la precheuse*, et il est vrai que je ne fais pas mieux ce que je dis que les gens du metier. Si mes sermons ne valent pas les leurs, au moins je vois avec plaisir qu'ils ne sont pas comme eux jetés au vent. Je ne m'en defends point, mon aimable ami ; je voudrais ajouter autant de vertus aux tiennes qu'un fol amour m'en a fait perdre ; et, ne pouvant plus m'estimer moi-même, j'aime a m'estimer encore en toi. De ta part il ne s'agit que d'aimer parfaitement, et tout viendra comme de lui-même. Avec quel plaisir tu dois voir augmenter sans cesse les dettes que l'amour s'oblige a payer !

Ma cousine a su les entretiens que tu as eus avec son père au sujet de M. d'Orbe ; elle y est aussi sensible que si nous pouvions, en offices de l'amitié, n'être pas toujours en reste avec elle. Mon Dieu, mon ami, que je suis une heureuse fille ! que je suis aimée, et que je trouve charmant de l'être ! Pere, mere, amie, amant, j'ai beau chérir tout ce qui m'environne, je me trouve toujours ou prévenue ou surpassée. Il semble que tous les plus doux sentiments du monde viennent sans cesse chercher mon âme, et j'ai le regret de n'en avoir qu'une pour jouir de tout mon bonheur.

J'oubliais de t'annoncer une visite pour demain matin : c'est mylord Bomston qui vient de Geneve, où il a passé sept ou huit mois. Il dit t'avoir vu à Sion à son retour d'Italie. Il te trouva fort triste, et parle au surplus de toi comme j'en pense. Il fit hier ton éloge si bien et si à propos devant mon père, qu'il m'a tout à fait disposée à faire le sien. En effet j'ai trouvé du sens, du sel, du feu, dans sa conversation. Sa voix s'élève et son œil s'anime au récit des grandes actions, comme il arrive aux hommes capables d'en faire. Il parle aussi avec intérêt des choses de goût, entre autres de la musique italienne, qu'il porte jusqu'au sublime ; je croyais entendre encore mon pauvre frere. Au surplus, il met plus d'énergie que de grâce dans ses discours, et je lui trouve même l'esprit un peu rêche [1]. Adieu, mon ami.

XLV. — A JULIE.

Je n'en étais encore qu'à la seconde lecture de ta lettre quand mylord Édouard Bomston est entré. Ayant tant d'autres choses à te dire, comment aurais-je pensé, ma Julie, à te parler de lui ? Quand on se suffit l'un à l'autre, s'avise-t-on de songer à un tiers ? Je vais te rendre compte de ce que j'en sais, maintenant que tu parais le désirer.

Ayant passé le Simplon, il était venu jusqu'à Sion au-devant d'une chaise qu'on devait lui amener de Geneve à Brigue ; et, le désœuvrement rendant les hommes assez liants, il me rechercha. Nous fîmes une connaissance aussi intime qu'un Anglais naturellement peu prévenant peut la faire avec un homme fort préoccupé qui cherche la solitude. Cependant nous sentîmes que nous nous convenions ; il y a un certain unisson d'âmes qui s'aperçoit au premier instant ; et nous fûmes familiers au bout de huit jours, mais pour toute la vie, comme deux Français l'auraient été au bout de huit heures pour tout le temps qu'ils ne se seraient pas quittés. Il m'entretint de ses voyages, et, le sachant Anglais, je crus qu'il m'allait parler d'édifices et de peintures. Bientôt je vis avec plaisir que les tableaux et les monuments ne lui avaient point

---

[1] Terme du pays, pris ici métaphoriquement. Il signifie au propre une surface rude au toucher, et qui cause un frissonnement désagréable en y passant la main, comme celle d'une brosse fort serrée, ou du velours d'Utrecht.

fait négliger l'étude des mœurs et des hommes : il me parla cependant des beaux-arts avec beaucoup de discernement, mais modérément et sans prétention. J'estimai qu'il en jugeait avec plus de sentiment que de science, et par les effets plus que par les regles; ce qui me confirma qu'il avait l'âme sensible. Pour la musique italienne, il m'en parut enthousiaste comme a toi ; il m'en fit meme entendre, car il mene un virtuose avec lui ; son valet de chambre joue fort bien du violon, et lui-même passablement du violoncelle. Il me choisit plusieurs morceaux tres-pathétiques, a ce qu'il pretendait : mais, soit qu'un accent si nouveau pour moi demandât une oreille plus exercée, soit que le charme de la musique, si doux dans la mélancolie, s'efface dans une profonde tristesse, ces morceaux me firent peu de plaisir ; et j'en trouvai le chant agréable, a la vérité, mais bizarre et sans expression.

Il fut aussi question de moi, et mylord s'informa avec interet de ma situation. Je lui en dis tout ce qu'il en devait savoir. Il me proposa un voyage en Angleterre, avec des projets de fortune impossibles dans un pays ou Julie n'etait pas. Il me dit qu'il allait passer l'hiver a Geneve, l'eté suivant a Lausanne, et qu'il viendrait a Vevay avant de retourner en Italie : il m'a tenu parole, et nous nous sommes revus avec un nouveau plaisir.

Quant a son caractere, je le crois vif et emporté, mais vertueux et ferme : il se pique de philosophie, et de ces principes dont nous avons autrefois parlé. Mais au fond je le crois par tempérament ce qu'il pense etre par methode ; et le vernis stoïque qu'il met a ses actions ne consiste qu'a parer de beaux raisonnements le parti que son cœur lui a fait prendre. J'ai cependant appris avec un peu de peine qu'il avait eu quelques affaires en Italie, et qu'il s'y etait battu plusieurs fois.

Je ne sais ce que tu trouves de reche dans ses manieres ; veritablement elles ne sont pas prévenantes, mais je n'y sens rien de repoussant : quoique son abord ne soit pas aussi ouvert que son cœur, et qu'il dédaigne les petites bienséances, il ne laisse pas, ce me semble, d'être d'un commerce agreable. S'il n'a pas cette politesse réservee et circonspecte qui se regle uniquement sur l'extérieur, et que nos jeunes officiers nous apportent de France, il a celle de l'humanité, qui se pique moins de distinguer au premier coup d'œil les etats et les rangs, et respecte en genéral tous les hommes. Te l'avouerai-je naïvement ? La privation des graces est un defaut que les femmes ne pardonnent point, même au merite, et j'ai peur que Julie n'ait été femme une fois en sa vie.

Puisque je suis en train de sincerité, je te dirai encore, ma jolie precheuse, qu'il est inutile de vouloir donner le change a mes droits, et qu'un amour affamé ne se nourrit point de sermons. Songe, songe aux dédommagements promis et dus : car toute la morale que tu m'as debitée est fort bonne ; mais, quoi que tu puisses dire, le chalet valait encore mieux.

XLVI. — DE JULIE.

Hé bien donc, mon ami, toujours le chalet ! l'histoire de ce chalet te pese furieusement sur le cœur ; et je vois bien qu'a la mort ou a la vie il faut te faire raison du chalet. Mais des lieux ou tu ne fus jamais te sont-ils si chers qu'on ne puisse t'en dédommager ailleurs? et l'Amour, qui fit le palais d'Armide au fond d'un desert, ne saurait-il nous faire un chalet a la ville. Ecoute : on va marier ma Fanchon, mon pere, qui ne hait pas les fetes et l'appareil, veut lui faire une noce ou nous serons tous : cette noce ne manquera pas d'etre tumultueuse. Quelquefois le mystere a su tendre son voile au sein de la turbulente joie et du fracas des festins : tu m'entends, mon ami ; ne serait-il pas doux de retrouver dans l'effet de nos soins les plaisirs qu'ils nous ont coutés?

Tu t'animes, ce me semble, d'un zele assez superflu sur l'apologie de mylord Édouard, dont je suis fort eloignée de mal penser. D'ailleurs, comment jugerais je un homme que je n'ai vu qu'une apres midi? et comment en pourrais-tu juger toi-meme sur une connaissance de quelques jours. Je n'en parle que par conjecture, et tu ne peux guere etre plus avancé ; car les propositions qu'il t'a faites sont de ces offres vagues dont un air de puissance et la facilite de les eluder rendent souvent les etrangers prodigues. Mais je reconnais tes vivacites ordinaires, et combien tu as de penchant a te prévenir pour ou contre les gens presque a la premiere vue : cependant nous examinerons a loisir les arrangements qu'il t'a proposes. Si l'amour favorise le projet qui m'occupe, il s'en presentera peut-etre de meilleurs pour nous. O mon bon ami, la patience est amere, mais son fruit est doux !

Pour revenir a ton Anglais, je t'ai dit qu'il me paraissait avoir l'ame grande et forte, et plus de lumieres que d'agréments dans l'esprit. Tu dis a peu près la même chose ; et puis, avec cet air de superiorité masculine qui n'abandonne point nos humbles adorateurs, tu me reproches d'avoir été de mon sexe une fois en ma vie ; comme si jamais une femme devait cesser d'en être ! Te souvient-il qu'en lisant ta République de Platon nous avons autrefois disputé sur ce point de la différence morale des sexes ? Je persiste dans l'avis dont j'étais alors, et ne saurais imaginer un modele commun de perfection pour deux êtres si différents. L'attaque et la défense, l'audace des hommes, la pudeur des femmes, ne sont point des conventions, comme le pensent tes philosophes, mais des institutions naturelles dont il est facile de rendre raison, et dont se déduisent aisement toutes les autres distinctions morales. D'ailleurs, la destination de la nature n'étant pas la même, les inclinations, les manieres de voir et de sentir, doivent etre dirigées de chaque côté selon ses vues. Il ne faut point les mêmes goûts ni la meme constitution pour labourer la terre et pour allaiter des enfants : une taille plus haute, une voix plus forte, et des traits plus marqués, semblent n'avoir aucun rapport necessaire au sexe ; mais les modifications exterieures annoncent l'intention de l'ouvrier dans les modifications de l'esprit. Une femme parfaite et un homme parfait ne doivent pas plus se ressembler d'âme que de visage : ces vaines imitations de sexe sont le comble de la déraison ; elles font rire le sage et fuir les amours. Enfin, je trouve qu'a moins d'avoir cinq pieds et demi de haut, une voix de basse, et de la barbe au menton, l'on ne doit point se meler d'etre homme.

Vois combien les amants sont maladroits en injures ! Tu me reproches une faute que je n'ai pas commise, ou que tu commets aussi bien que moi, et l'attribues a un defaut dont je m'honore. Veux-tu que, te rendant sincérite pour sincérite, je te dise naïvement ce que je pense de la tienne ? Je n'y trouve qu'un raffinement de flatterie, pour te justifier a toi-meme, par cette franchise apparente, les éloges enthousiastes dont tu m'accables à tout propos. Mes prétendues perfections t'aveuglent au point que, pour démentir les reproches que tu te fais en secret de ta prévention, tu n'as pas l'esprit d'en trouver un solide a me faire.

Crois-moi, ne te charge point de me dire mes vérités, tu t'en acquitterais trop mal : les yeux de l'amour, tout perçants qu'ils sont, savent-ils voir des défauts ? C'est a l'integre amitié que ces soins appartiennent, et la-dessus ta disciple Claire est cent fois

plus savante que toi. Oui, mon ami, loue-moi, admire moi, trouve-
moi belle, charmante, parfaite ; tes éloges me plaisent sans me séduire, parce que je vois qu'ils sont le langage de l'erreur et non
de la fausseté, et que tu te trompes toi-meme, mais que tu ne
veux pas me tromper. O que les illusions de l'amour sont aimables ! ses flatteries sont en un sens des vérités ; le jugement se
tait, mais le cœur parle : l'amant qui loue en nous des perfections
que nous n'avons pas les voit en effet telles qu'il les représente ;
il ne ment point en disant des mensonges ; il flatte sans s'avilir,
et l'on peut au moins l'estimer sans le croire.

J'ai entendu, non sans quelque battement de cœur, proposer
d'avoir demain deux philosophes a souper : l'un est mylord
Édouard ; l'autre est un sage dont la gravité s'est quelquefois un
peu derangée aux pieds d'une jeune écoliere ; ne le counaitriez-
vous point ? Exhortez-le, je vous prie, a tâcher de garder demain
le décorum philosophique un peu mieux qu'a son ordinaire. J'aurai soin d'avertir aussi la petite personne de baisser les yeux, et
d'etre aux siens le moins jolie qu'il se pourra.

XLVII. — A JULIE.

Ah ! mauvaise ! est-ce la la circonspection que tu m'avais promise ? est-ce ainsi que tu ménages mon cœur et voiles tes attraits ?
Que de contraventions à tes engagements ! Premierement, ta parure, car tu n'en avais point, et tu sais bien que jamais tu n'es
si dangereuse ; secondement, ton maintien si doux, si modeste,
si propre a laisser remarquer à loisir toutes tes grâces. Ton parler
plus rare, plus refléchi, plus spirituel encore qu'a l'ordinaire,
qui nous rendait tous plus attentifs, et faisait voler l'oreille et
le cœur au-devant de chaque mot. Cet air que tu chantas a
demi-voix, pour donner encore plus de douceur a ton chant, et
qui, bien que français, plut a mylord Édouard meme. Ton regard timide et tes yeux baissés, dont les éclairs inattendus me
jetaient dans un trouble inévitable. Enfin, ce je ne sais quoi d'i-
nexprimable, d'enchanteur, que tu semblais avoir répandu sur
toute ta personne pour faire tourner la tete a tout le monde, sans
paraitre même y songer. Je ne sais, pour moi, comment tu t'y
prends ; mais si telle est ta maniere d'etre jolie le moins qu'il est

possible, je t'avertis que c'est l'être beaucoup plus qu'il ne faut pour avoir des sages autour de soi.

Je crains fort que le pauvre philosophe anglais n'ait un peu ressenti la même influence. Après avoir reconduit ta cousine, comme nous étions tous encore fort éveillés, il nous proposa d'aller chez lui faire de la musique et boire du punch. Tandis qu'on rassemblait ses gens, il ne cessa de nous parler de toi avec un feu qui me déplut; et je n'entendis pas ton éloge dans sa bouche avec autant de plaisir que tu avais entendu le mien. En général, j'avoue que je n'aime point que personne, excepté ta cousine, me parle de toi; il me semble que chaque mot m'ôte une partie de mon secret ou de mes plaisirs; et, quoi que l'on puisse dire, on y met un intérêt si suspect, ou l'on est si loin de ce que je sens, que je n'aime écouter la-dessus que moi-même.

Ce n'est pas que j'aie comme toi du penchant à la jalousie: je connais mieux ton âme; j'ai des garants qui ne me permettent pas même d'imaginer ton changement possible. Apres tes assurances, je ne te dis plus rien des autres prétendants: mais celui-ci, Julie!... des conditions sortables... les préjugés de ton père... Tu sais bien qu'il s'agit de ma vie; daigne donc me dire un mot la-dessus: un mot de Julie, et je suis tranquille à jamais.

J'ai passé la nuit à entendre ou exécuter de la musique italienne, car il s'est trouvé des duos, et il a fallu hasarder d'y faire ma partie: je n'ose te parler encore de l'effet qu'elle a produit sur moi; j'ai peur que l'impression du souper d'hier ne se soit prolongée sur ce que j'entendais, et que je n'aie pris l'effet de tes séductions pour le charme de la musique. Pourquoi la même cause qui me la rendait ennuyeuse a Sion ne pourrait-elle pas ici me la rendre agréable dans une situation contraire? N'es-tu pas la première source de toutes les affections de mon âme? et suis-je a l'épreuve des prestiges de ta magie? Si la musique eût réellement produit cet enchantement, il eût agi sur tous ceux qui l'entendaient; mais tandis que ces chants me tenaient en extase, M. d'Orbe dormait tranquillement dans un fauteuil, et, au milieu de mes transports, il s'est contenté pour tout éloge de demander si ta cousine savait l'italien.

Tout ceci sera mieux éclairci demain; car nous avons pour ce soir un nouveau rendez-vous de musique: mylord veut la rendre complete, et il a mandé de Lausanne un second violon qu'il dit être assez entendu. Je porterai de mon coté des scenes, des cantates françaises, et nous verrons.

En arrivant chez moi j'étais d'un accablement que m'a donné le peu d'habitude de veiller, et qui se perd en t'écrivant; il faut pourtant tâcher de dormir quelques heures. Viens avec moi, ma douce amie, ne me quitte point durant mon sommeil; mais, soit que ton image le trouble ou le favorise, soit qu'il m'offre ou non les noces de la Fanchon, un instant delicieux qui ne peut m'échapper et qu'il me prépare, c'est le sentiment de mon bonheur au réveil.

XLVIII. — A JULIE.

Ah! ma Julie, qu'ai-je entendu? Quels sons touchants! quelle musique! quelle source délicieuse de sentiments et de plaisirs! Ne perds pas un moment; rassemble avec soin tes opéras, tes cantates, ta musique française; fais un grand feu bien ardent, jettes-y tout ce fatras, et l'attise avec soin, afin que tant de glace puisse y brûler, et donner de la chaleur au moins une fois. Fais ce sacrifice propitiatoire au dieu du gout, pour expier ton crime et le mien d'avoir profané ta voix a cette lourde psalmodie, et d'avoir pris si longtemps pour le langage du cœur un bruit qui ne fait qu'etourdir l'oreille. O que ton digne frere avait raison! Dans quelle étrange erreur j'ai vécu jusqu'ici sur les productions de cet art charmant! je sentais leur peu d'effet, et l'attribuais a sa faiblesse; je disais : La musique n'est qu'un vain son qui peut flatter l'oreille et n'agit qu'indirectement et legerement sur l'ame : l'impression des accords est purement mecanique et physique; qu'a-t-elle a faire au sentiment? et pourquoi devrais-je esperer d'etre plus vivement touché d'une belle harmonie que d'un bel accord de couleurs? Je n'apercevais pas dans les accents de la mélodie, appliqués a ceux de la langue, le lien puissant et secret des passions avec les sons. je ne voyais pas que l'imitation des tons divers dont les sentiments animent la voix parlante donne a son tour a la voix chantante le pouvoir d'agiter les cœurs, et que l'energique tableau des mouvements de l'ame de celui qui se fait entendre est ce qui fait le vrai charme de ceux qui l'ecoutent.

C'est ce que me fit remarquer le chanteur de mylord, qui, pour un musicien, ne laisse pas de parler assez bien de son art.

L'harmonie, me disait-il, n'est qu'un accessoire éloigné dans la musique imitative ; il n'y a dans l'harmonie proprement dite aucun principe d'imitation. Elle assure, il est vrai, les intonations, elle porte témoignage de leur justesse ; et, rendant les modulations plus sensibles, elle ajoute de l'énergie à l'expression, et de la grâce au chant. Mais c'est de la seule mélodie que sort cette puissance invincible des accents passionnés ; c'est d'elle que dérive tout le pouvoir de la musique sur l'âme. Formez les plus savantes successions d'accords sans mélange de mélodie, vous serez ennuyés au bout d'un quart d'heure. De beaux chants sans aucune harmonie sont longtemps a l'epreuve de l'ennui. Que l'accent du sentiment anime les chants les plus simples, ils seront intéressants. Au contraire, une mélodie qui ne parle point chante toujours mal, et la seule harmonie n'a jamais rien su dire au cœur.

C'est en ceci, continuait-il, que consiste l'erreur des Français sur les forces de la musique. N'ayant et ne pouvant avoir une mélodie à eux dans une langue qui n'a point d'accent, et sur une poésie maniérée qui ne connut jamais la nature, ils n'imaginent d'effets que ceux de l'harmonie et des éclats de voix, qui ne rendent pas les sons plus melodieux, mais plus bruyants ; et ils sont si malheureux dans leurs prétentions, que cette harmonie meme qu'ils cherchent leur échappe ; à force de la vouloir charger ils n'y mettent plus de choix, ils ne connaissent plus les choses d'effet, ils ne font plus que du remplissage ; ils se gâtent l'oreille, et ne sont plus sensibles qu'au bruit ; en sorte que la plus belle voix pour eux n'est que celle qui chante le plus fort. Aussi, faute d'un genre propre, n'ont-ils jamais fait que suivre pesamment et de loin nos modeles ; et depuis leur célebre Lulli, ou plutot le notre, qui ne fit qu'imiter les opéras dont l'Italie était déja pleine de son temps, on les a toujours vus, a la piste de trente ou quarante ans, copier, gâter nos vieux auteurs, et faire a peu pres de notre musique comme les autres peuples font de leurs modes. Quand ils se vantent de leurs chansons, c'est leur propre condamnation qu'ils prononcent ; s'ils savaient chanter des sentiments, ils ne chanteraient pas de l'esprit : mais parce que leur musique n'exprime rien, elle est plus propre aux chansons qu'aux opéras ; et parce que la notre est toute passionnée, elle est plus propre aux opéras qu'aux chansons.

Ensuite m'ayant récité sans chant quelques scenes italiennes, il me fit sentir les rapports de la musique a la parole dans le récitatif, de la musique au sentiment dans les airs, et partout l'énergie que la mesure exacte et le choix des accords ajoutent a l'expression. Enfin, apres avoir joint a la connaissance que j'ai de la langue la meilleure idee qu'il me fut possible de l'accent oratoire et pathétique, c'est-à-dire de l'art de parler a l'oreille et au cœur dans une langue sans articuler des mots, je me mis a écouter cette musique enchanteresse, et je sentis bientot, aux émotions qu'elle me causait, que cet art avait un pouvoir supérieur a celui que j'avais imaginé. Je ne sais quelle sensation voluptueuse me gagnait insensiblement. Ce n'etait plus une vaine suite de sons comme dans nos récits. A chaque phrase quelque image entrait dans mon cerveau, ou quelque sentiment dans mon cœur; le plaisir ne s'arretait point a l'oreille, il pénetrait jusqu'a l'ame; l'exécution coulait sans effort avec une facilité charmante, tous les concertants semblaient animés du meme esprit; le chanteur, maître de sa voix, en tirait sans gêne tout ce que le chant et les paroles demandaient de lui; et je trouvai surtout un grand soulagement a ne sentir ni ces lourdes cadences, ni ces pénibles efforts de voix, ni cette contrainte que donne chez nous au musicien le perpetuel combat du chant et de la mesure, qui, ne pouvant jamais s'accorder, ne lassent guere moins l'auditeur que l'exécutant.

Mais quand apres une suite d'airs agréables on vint à ces grands morceaux d'expression qui savent exciter et peindre le désordre des passions violentes, je perdais à chaque instant l'idée de musique, de chant, d'imitation; je croyais entendre la voix de la douleur, de l'emportement, du desespoir, je croyais voir des meres eplorées, des amants trahis, des tyrans furieux; et, dans les agitations que j'étais forcé d'eprouver, j'avais peine a rester en place. Je connus alors pourquoi cette meme musique qui m'avait autrefois ennuyé m'echauffait maintenant jusqu'au transport; c'est que j'avais commence de la concevoir, et que sitôt qu'elle pouvait agir elle agissait avec toute sa force. Non, Julie, on ne supporte point à demi de pareilles impressions : elles sont excessives ou nulles, jamais faibles ou mediocres; il faut rester insensible, ou se laisser emouvoir outre mesure; ou c'est le vain bruit d'une langue qu'on n'entend point, ou c'est une impétuosité de sentiment qui vous entraine, et a laquelle il est impossible a l'âme de résister.

Je n'avais qu'un regret, mais il ne me quittait point; c'était qu'un autre que toi formât des sons dont j'étais si touché, et de voir sortir de la bouche d'un vil *castrato* les plus tendres expressions de l'amour. O ma Julie ! n'est-ce pas à nous de revendiquer tout ce qui appartient au sentiment ? Qui sentira, qui dira mieux que nous ce que doit dire et sentir une âme attendrie ? Qui saura prononcer d'un ton plus touchant le *cor mio, l'idolo amato* ? Ah ! que le cœur pretera d'énergie à l'art si jamais nous chantons ensemble un de ces duos charmants qui font couler des larmes si délicieuses ! Je te conjure premierement d'entendre un essai de cette musique, soit chez toi, soit chez l'inséparable. Mylord y conduira quand tu voudras tout son monde ; et je suis sûr qu'avec un organe aussi sensible que le tien, et plus de connaissance que je n'en avais de la déclamation italienne, une seule séance suffira pour t'amener au point où je suis, et te faire partager mon enthousiasme. Je te propose et te prie encore de profiter du séjour du virtuose pour prendre leçon de lui, comme j'ai commencé de faire des ce matin. Sa maniere d'enseigner est simple, nette, et consiste en pratique plus qu'en discours, il ne dit pas ce qu'il faut faire, il le fait; et en ceci, comme en bien d'autres choses, l'exemple vaut mieux que la regle : je vois déjà qu'il n'est question que de s'asservir à la mesure, de la bien sentir, de phraser et ponctuer avec soin, de soutenir également des sons et non de les renfler, enfin d'oter de la voix les éclats et toute la pretintaille française, pour la rendre juste, expressive, et flexible : la tienne, naturellement si legere et si douce, prendra facilement ce nouveau pli ; tu trouveras bientot dans ta sensibilité l'energie et la vivacité de l'accent qui anime la musique italienne,

E'l cantar che nell' anima si sente [1]

Laisse donc pour jamais cet ennuyeux et lamentable chant français, qui ressemble aux cris de la colique mieux qu'aux transports des passions. Apprends à former ces sons divins que le sentiment inspire, seuls dignes de ta voix, seuls dignes de ton cœur, et qui portent toujours avec eux le charme et le feu des caracteres sensibles.

[1] Et le chant qui se sent dans l'ame. PETRARQ.

XLIX. DE JULIE.

Tu sais bien, mon ami, que je ne puis t'écrire qu'à la dérobée, et toujours en danger d'être surprise. Ainsi, dans l'impossibilité de faire de longues lettres, je me borne à répondre à ce qu'il y a de plus essentiel dans les tiennes, ou à suppléer à ce que je ne t'ai pu dire dans des conversations non moins furtives de bouche que par écrit. C'est ce que je ferai surtout aujourd'hui, que deux mots au sujet de mylord Édouard me font oublier le reste de ta lettre.

Mon ami, tu crains de me perdre, et me parles de chansons! belle matière à tracasserie entre amants qui s'entendraient moins. Vraiment tu n'es pas jaloux, on le voit bien; mais pour le coup je ne serai pas jalouse moi-même, car j'ai pénétré dans ton âme, et ne sens que ta confiance ou d'autres croiraient sentir ta froideur. O la douce et charmante sécurité que celle qui vient du sentiment d'une union parfaite! C'est par elle, je le sais, que tu tires de ton propre cœur le bon témoignage du mien; c'est par elle aussi que le mien te justifie; et je te croirais bien moins amoureux si je te voyais plus alarmé.

Je ne sais ni ne veux savoir si mylord Édouard a d'autres attentions pour moi que celles qu'ont tous les hommes pour les personnes de mon âge : ce n'est point de ses sentiments qu'il s'agit, mais de ceux de mon père et des miens; ils sont aussi d'accord sur son compte que sur celui des prétendus prétendants dont tu dis que tu ne dis rien. Si son exclusion et la leur suffisent à ton repos, sois tranquille. Quelque honneur que nous fît la recherche d'un homme de ce rang, jamais, du consentement du père ni de la fille, Julie d'Étange ne sera lady Bomston. Voilà sur quoi tu peux compter.

Ne va pas croire qu'il ait été pour cela question de mylord Édouard, je suis sûre que de nous quatre tu es le seul qui puisses même lui supposer du goût pour moi. Quoi qu'il en soit, je sais à cet égard la volonté de mon père sans qu'il en ait parlé ni à moi ni à personne; et je n'en serais pas mieux instruite quand il me l'aurait positivement déclarée. En voilà assez pour calmer tes craintes, c'est-à-dire autant que tu en dois savoir. Le reste serait pour toi de pure curiosité, et tu sais que j'ai résolu de ne la pas satisfaire. Tu as beau me reprocher cette réserve, et la prétendre hors de propos dans nos intérêts communs : si je l'avais toujours eue, elle me serait moins importante aujourd'hui. Sans le compte indiscret que je te rendis d'un discours de mon père, tu n'aurais point été te désoler à Meillerie ; tu ne m'eusses point écrit la lettre qui m'a perdue ; je vivrais innocente, et pourrais encore aspirer au bonheur. Juge, par ce que me coute une seule indiscrétion, de la crainte que je dois avoir d'en commettre d'autres. Tu as trop d'emportement pour avoir de la prudence ; tu pourrais plutôt vaincre tes passions que les déguiser. La moindre alarme te mettrait en fureur ; a la moindre lueur favorable tu ne douterais plus de rien ; on lirait tous nos secrets dans ton ame, et tu détruirais a force de zele tout le succes de mes soins. Laisse-moi donc les soucis de l'amour, et n'en garde que les plaisirs ; ce partage est-il si pénible ? et ne sens-tu pas que tu ne peux rien a notre bonheur que de n'y point mettre obstacle ?

Hélas ! que me serviront désormais ces précautions tardives ? Est-il temps d'affermir ses pas au fond du précipice, et de prévenir les maux dont on se sent accablé ? Ah ! misérable fille, c'est bien à toi de parler de bonheur ! En peut-il jamais etre où règnent la honte et le remords ? Dieu ! quel état cruel, de ne pouvoir ni supporter son crime, ni s'en repentir ; d'etre assiégé par mille frayeurs, abusé par mille espérances vaines ; et de ne jouir pas meme de l'horrible tranquillité du desespoir ! Je suis désormais a la seule merci du sort. Ce n'est plus ni de force ni de vertu qu'il est question, mais de fortune et de prudence ; et il ne s'agit pas d'eteindre un amour qui doit durer autant que ma vie, mais de le rendre innocent ou de mourir coupable. Considere cette situation, mon ami, et vois si tu peux te fier a mon zele.

L. — DE JULIE.

Je n'ai point voulu vous expliquer hier en vous quittant la cause de la tristesse que vous m'avez reprochée, parce que vous n'etiez pas en état de m'entendre. Malgré mon aversion pour les eclaircissements, je vous dois celui-ci, puisque je l'ai promis ; et je m'en acquitte.

Je ne sais si vous vous souvenez des étranges discours que vous me tintes hier au soir, et des manieres dont vous les accompagnates : quant à moi, je ne les oublierai jamais assez tot pour votre honneur et pour mon repos, et malheureusement j'en suis trop indignée pour pouvoir les oublier aisément. De pareilles expressions avaient quelquefois frappé mon oreille en passant auprès du port ; mais je ne croyais pas qu'elles pussent jamais sortir de la bouche d'un honnête homme ; je suis très-sûre au moins qu'elles n'entrèrent jamais dans le dictionnaire des amants, et j'étais bien éloignée de penser qu'elles pussent être d'usage entre vous et moi. Eh dieux ! quel amour est le votre, s'il assaisonne ainsi ses plaisirs ! Vous sortiez, il est vrai, d'un long repas, et je vois ce qu'il faut pardonner en ce pays aux excès qu'on y peut faire : c'est aussi pour cela que je vous en parle. Soyez certain qu'un tête-à-tête où vous m'auriez traitée ainsi de sang-froid eût été le dernier de notre vie.

Mais ce qui m'alarme sur votre compte, c'est que souvent la conduite d'un homme échauffé de vin n'est que l'effet de ce qui se passe au fond de son cœur dans les autres temps. Croirai-je que dans un état où l'on ne déguise rien vous vous montrâtes tel que vous êtes ? Que deviendrais-je si vous pensiez à jeun comme vous parliez hier au soir ? Plutot que de supporter un pareil mépris, j'aimerais mieux éteindre un feu si grossier, et perdre un amant qui, sachant si mal honorer sa maîtresse, mériterait si peu d'en être estimé. Dites-moi, vous qui chérissez les sentiments honnêtes, seriez-vous tombé dans cette erreur cruelle, que l'amour heureux n'a plus de ménagement à garder avec la pudeur, et qu'on ne doit plus de respect à celle dont on n'a plus de rigueur à craindre ? Ah ! si vous aviez toujours pensé ainsi, vous auriez été moins à redouter, et je ne serais pas si malheureuse ! Ne vous y trompez pas, mon ami ; rien n'est si dangereux pour les vrais amants que les préjugés du monde ; tant de gens parlent d'amour, et si peu savent aimer, que la plupart prennent pour ses pures et douces lois les viles maximes d'un commerce abject, qui, bientôt assouvi, de lui-même, a recours aux monstres de l'imagination, et se déprave pour se soutenir.

Je ne sais si je m'abuse ; mais il me semble que le véritable amour est le plus chaste de tous les liens. C'est lui, c'est son feu divin qui sait épurer nos penchants naturels, en les concentrant dans un seul objet ; c'est lui qui nous dérobe aux tentations, et qui fait qu'excepté cet objet unique un sexe n'est plus rien pour l'autre. Pour une femme ordinaire, tout homme est toujours un homme ;

mais pour celle dont le cœur aime, il n'y a point d'homme que son amant. Que dis-je? Un amant n'est-il qu'un homme? Ah! qu'il est un être bien plus sublime! Il n'y a point d'homme pour celle qui aime : son amant est plus, tous les autres sont moins; elle et lui sont les seuls de leur espece. Ils ne désirent pas, ils aiment. Le cœur ne suit point les sens, il les guide; il couvre leurs égarements d'un voile délicieux. Non, il n'y a rien d'obscene que la debauche et son grossier langage. Le véritable amour, toujours modeste, n'arrache point ses faveurs avec audace; il les dérobe avec timidité. Le mystere, le silence, la honte craintive, aiguisent et cachent ses doux transports. Sa flamme honore et purifie toutes ses caresses; la décence et l'honnêteté l'accompagnent au sein de la volupté meme; et lui seul sait tout accorder aux désirs sans rien oter a la pudeur. Ah! dites, vous qui connûtes les vrais plaisirs, comment une cynique effronterie pourrait-elle s'allier avec eux? comment ne bannirait-elle pas leur délire et tout leur charme? comment ne souillerait-elle pas cette image de perfection sous laquelle on se plait a contempler l'objet aimé? Croyez-moi, mon ami, la débauche et l'amour ne sauraient loger ensemble, et ne peuvent pas même se compenser. Le cœur fait le vrai bonheur quand on s'aime, et rien n'y peut suppléer sitôt qu'on ne s'aime plus.

Mais quand vous seriez assez malheureux pour vous plaire a ce déshonnete langage, comment avez-vous pu vous résoudre a l'employer si mal a propos, et a prendre avec celle qui vous est chere un ton et des manieres qu'un homme d'honneur doit meme ignorer? Depuis quand est il doux d'affliger ce qu'on aime? et quelle est cette volupté barbare qui se plait a jouir du tourment d'autrui? Je n'ai pas oublié que j'ai perdu le droit d'etre respectée; mais si je l'oubliais jamais, est-ce a vous de me le rappeler? est-ce à l'auteur de ma faute d'en aggraver la punition? Ce serait à lui plutot a m'en consoler. Tout le monde a droit de me mépriser, hors vous. Vous me devez le prix de l'humiliation ou vous m'avez réduite : et tant de pleurs versés sur ma faiblesse méritaient que vous me la fissiez moins cruellement sentir. Je ne suis ni prude ni précieuse. Helas! que j'en suis loin, moi qui n'ai pas su meme être sage! Vous le savez trop, ingrat, si ce tendre cœur sait rien refuser a l'amour. Mais au moins ce qu'il lui cede, il ne veut le céder qu'a lui; et vous m'avez trop bien appris son langage pour lui en pouvoir substituer un si différent. Des injures, des coups, m'outrageraient moins que de semblables caresses. Ou renoncez à Julie, ou sachez être estimé d'elle. Je vous l'ai déjà dit, je ne connais point d'amour sans pudeur; et s'il m'en coûtait de perdre le votre, il m'en coûterait encore plus de le conserver à ce prix.

Il me reste beaucoup de choses à dire sur le même sujet; mais il faut finir cette lettre, et je les renvoie a un autre temps. En attendant, remarquez un effet de vos fausses maximes sur l'usage immodéré du vin. Votre cœur n'est point coupable, j'en suis tres-sûre; cependant vous avez navré le mien; et, sans savoir ce que vous faisiez, vous désoliez comme a plaisir ce cœur trop facile a s'alarmer, et pour qui rien n'est indifférent de ce qui lui vient de vous.

LI. — RÉPONSE.

Il n'y a pas une ligne dans votre lettre qui ne me fasse glacer le sang; et j'ai peine a croire, après l'avoir relue vingt fois, que ce soit à moi qu'elle est adressée. Qui? moi? moi? j'aurais offensé Julie? j'aurais profané ses attraits? celle à qui chaque instant de ma vie j'offre des adorations eût été en butte à mes outrages? Non, je me serais percé le cœur mille fois avant qu'un projet si barbare en eût approché. Ah! que tu le connais mal, ce cœur qui t'idolatre, ce cœur qui vole et se prosterne sous chacun de tes pas, ce cœur qui voudrait inventer pour toi de nouveaux hommages inconnus aux mortels; que tu le connais mal, o Julie, si tu l'accuses de manquer envers toi a ce respect ordinaire et commun qu'un amant vulgaire aurait même pour sa maitresse ! Je ne crois être ni imprudent ni brutal, je hais les discours deshonnetes, et n'entrerai de mes jours dans les lieux ou l'on apprend a les tenir ⋅ mais que je le redise après toi, que je renchérisse sur ta juste indignation; quand je serais le plus vil des mortels, quand j'aurais passé mes premiers ans dans la crapule, quand le gout des honteux plaisirs pourrait trouver place en un cœur ou tu regnes, oh! dis-moi, Julie, ange du ciel, dis-moi comment je pourrais apporter devant toi l'effronterie qu'on ne peut avoir que devant celles qui l'aiment? Ah! non, il n'est pas possible. Un seul de tes regards eût contenu ma bouche et purifié mon cœur. L'amour eut couvert mes desirs emportés des charmes de ta modestie; il l'eut vaincue sans l'ou trager; et, dans la douce union de nos âmes, leur seul délire eût produit les erreurs des sens. J'en appelle à ton propre témoignage. Dis si, dans toutes les fureurs d'une passion sans mesure, je cessai jamais d'en respecter le charmant objet. Si je reçus le prix que ma flamme avait mérité, dis si j'abusai de mon bonheur pour outrager ta douce honte. Si d'une main timide l'amour ardent et craintif attenta quelquefois à tes charmes, dis si jamais une témérité brutale osa les profaner. Quand un transport indiscret écarte un instant le voile qui les couvre, l'aimable pudeur n'y substitue-t-elle pas aussitôt le sien? Ce vêtement sacré t'abandonnerait-il un moment quand tu n'en aurais point d'autre? Incorruptible comme ton âme honnête, tous les feux de la mienne l'ont-ils jamais altérée? Cette union si touchante et si tendre ne suffit-elle pas à notre félicité? ne fait-elle pas seule tout le bonheur de nos jours? connaissons-nous au monde quelques plaisirs hors ceux que l'amour donne? en voudrions-nous connaître d'autres? Conçois-tu comment cet enchantement eût pu se détruire? Comment! j'aurais oublié dans un moment l'honnêteté, notre amour, mon honneur, et l'invincible respect que j'aurais toujours eu pour toi, quand même je ne t'aurais point adorée! Non, ne le crois pas; ce n'est point moi qui pus t'offenser; je n'en ai nul souvenir; et si j'eusse été coupable un instant, le remords me quitterait-il jamais? Non, Julie; un démon, jaloux d'un sort trop heureux pour un mortel, a pris ma figure pour le troubler, et m'a laissé mon cœur pour me rendre plus misérable.

J'abjure, je déteste un forfait que j'ai commis puisque tu m'en accuses, mais auquel ma volonté n'a point de part. Que je vais l'abhorrer cette fatale intempérance qui me paraissait favorable aux épanchements du cœur, et qui peut démentir si cruellement le mien! J'en fais par toi l'irrévocable serment, dès aujourd'hui je renonce pour ma vie au vin comme au plus mortel poison; jamais cette liqueur funeste ne troublera mes sens, jamais elle ne souillera mes lèvres, et son délire insensé ne me rendra plus coupable à mon insu. Si j'enfreins ce vœu solennel, Amour, accable-moi du châtiment dont je serai digne : puisse à l'instant l'image de ma Julie sortir pour jamais de mon cœur, et l'abandonner à l'indifférence et au désespoir!

Ne pense pas que je veuille expier mon crime par une peine si légère; c'est une précaution et non pas un châtiment : j'attends de toi celui que j'ai mérité, je l'implore pour soulager mes regrets. Que l'amour offensé se venge et s'apaise ; punis-moi sans me haïr, je souffrirai sans murmure. Sois juste et sévère ; il le faut, j'y consens : mais si tu veux me laisser la vie, ôte-moi tout, hormis ton cœur.

LII. — DE JULIE.

Comment, mon ami, renoncer au vin pour sa maîtresse ! Voilà ce qu'on appelle un sacrifice ! Oh ! je défie qu'on trouve dans les quatre cantons un homme plus amoureux que toi ! Ce n'est pas qu'il n'y ait parmi nos jeunes gens de petits messieurs francisés qui boivent de l'eau par air ; mais tu seras le premier a qui l'amour en aura fait boire ; c'est un exemple a citer dans les fastes galants de la Suisse. Je me suis même informée de tes déportements, et j'ai appris avec une extrême édification que, soupant hier chez M. de Vueilerans, tu laissas faire la ronde a six bouteilles apres le repas, sans y toucher, et ne marchandais non plus les verres d'eau que les convives ceux de vin de la Cote. Cependant cette pénitence dure depuis trois jours que ma lettre est écrite, et trois jours font au moins six repas : or, a six repas observés par fidélité, l'on en peut ajouter six autres par crainte, et six par honte, et six par habitude, et six par obstination. Que de motifs peuvent prolonger des privations pénibles dont l'amour seul aurait la gloire ! Daignerait-il se faire honneur de ce qui peut n'etre pas a lui ?

Voilà plus de mauvaises plaisanteries que tu ne m'as tenu de mauvais propos, il est temps d'enrayer. Tu es grave naturellement ; je me suis aperçue qu'un long badinage t'échauffe, comme une longue promenade échauffe un homme replet ; mais je tire a peu pres de toi la vengeance que Henri IV tira du duc de Mayenne, et ta souveraine veut imiter la clemence du meilleur des rois. Aussi bien je craindrais qu'a force de regrets et d'excuses tu ne te fisses à la fin un mérite d'une faute si bien reparée ; et je veux me hâter de l'oublier, de peur que si j'attendais trop long-temps, ce ne fût plus générosité, mais ingratitude.

A l'égard de la résolution de renoncer au vin pour toujours, elle n'a pas autant d'éclat à mes yeux que tu pourrais croire ; les passions vives ne songent guere a ces petits sacrifices, et l'amour ne se repait point de galanterie. D'ailleurs, il y a quelquefois plus d'adresse que de courage à tirer avantage pour le moment présent d'un avenir incertain, et à se payer d'avance d'une abstinence éternelle à laquelle on renonce quand on veut. Eh ! mon bon ami, dans tout ce qui flatte les sens l'abus est-il donc inséparable de la jouissance ? L'ivresse est-elle nécessairement attachée au goût du vin ? et la philosophie serait-elle assez vaine ou assez cruelle pour n'offrir d'autre moyen d'user modérément des choses qui plaisent, que de s'en priver tout a fait ?

Si tu tiens ton engagement, tu t'ôtes un plaisir innocent, et risques ta santé en changeant de manière de vivre ; si tu l'enfreins, l'amour est doublement offensé, et ton honneur même en souffre. J'use donc en cette occasion de mes droits ; et non-seulement je te relève d'un vœu nul, comme fait sans mon congé, mais je te défends même de l'observer au delà du terme que je vais te prescrire. Mardi nous aurons ici la musique de mylord Édouard. A la collation je t'enverrai une coupe a demi pleine d'un nectar pur et bienfaisant : je veux qu'elle soit bue en ma présence et a mon intention, apres avoir fait de quelques gouttes une libation expiatoire aux Grâces. Ensuite mon pénitent reprendra dans ses repas l'usage sobre du vin tempéré par le cristal des fontaines ; et, comme dit ton bon Plutarque, en calmant les ardeurs de Bacchus par le commerce des Nymphes.

A propos du concert de mardi, cet étourdi de Regianino ne s'est-il pas mis dans la tête que j'y pourrais déjà chanter un air italien et même un duo avec lui ? Il voulait que je le chantasse avec toi, pour mettre ensemble ses deux écoliers ; mais il y a dans ce duo de certains *ben mio* dangereux a dire sous les yeux d'une mere quand le cœur est de la partie ; il vaut mieux renvoyer cet essai au premier concert qui se fera chez l'inséparable. J'attribue la facilité avec laquelle j'ai pris le goût de cette musique à celui que mon frere m'avait donné pour la poésie italienne, et que j'ai si bien entretenu avec toi, que je sens aisément la cadence des vers, et qu'au dire de Regianino j'en prends assez bien l'accent. Je commence chaque leçon par lire quelques octaves du Tasse ou quelques scenes du Métastase ; ensuite il me fait dire et accompagner du récitatif ; et je crois continuer de parler ou de lire, ce qui sûrement ne m'arrivait pas dans le récitatif français. Après cela il faut soutenir en mesure des sons égaux et justes ; exercice que les éclats auxquels j'étais accoutumée me rendent assez difficile. Enfin nous passons aux airs; et il se trouve que la justesse et la flexibilité de la voix, l'expression pathétique, les sons renforcés, et tous les passages, sont un effet naturel de la douceur du chant et de la précision de la mesure; de sorte que ce qui me paraissait le plus difficile à apprendre n'a pas même besoin d'être enseigné. Le caractère de la mélodie a tant de rapport au ton de la langue, et une si grande pureté de modulation, qu'il ne faut qu'écouter la basse et savoir parler pour déchiffrer aisément le chant. Toutes les passions y ont des expressions aiguës et fortes; tout au contraire de l'accent traînant et pénible du chant français, le sien, toujours doux facile, mais vif et touchant, dit beaucoup avec peu d'effort : enfin je sens que cette musique agite l'âme et repose la poitrine; c'est précisément celle qu'il faut à mon cœur et à mes poumons. A mardi donc, mon aimable ami, mon maître, mon pénitent, mon apôtre : hélas! que ne m'es-tu point? pourquoi faut-il qu'un seul titre manque à tant de droits?

P. S. Sais-tu qu'il est question d'une jolie promenade sur l'eau, pareille à celle que nous fîmes il y a deux ans avec la pauvre Chaillot? Que mon rusé maître était timide alors! qu'il tremblait en me donnant la main pour sortir du bateau! Ah! l'hypocrite!... il a beaucoup changé.

LIII. — DE JULIE.

Ainsi tout déconcerte nos projets, tout trompe notre attente, tout trahit des feux que le ciel eût dû couronner! Vils jouets d'une aveugle fortune, tristes victimes d'un moqueur espoir, toucherons-nous sans cesse au plaisir qui fuit, sans jamais l'atteindre? Cette noce trop vainement désirée devait se faire à Clarens; le mauvais temps nous contrarie, il faut la faire à la ville. Nous devions nous y ménager une entrevue; tous deux obsédés d'importuns; nous ne pouvons leur échapper en même temps; et le moment où l'un des deux se dérobe est celui où il est impossible à l'autre de le joindre! Enfin, un favorable instant se présente; la plus cruelle des mères vient nous l'arracher; et peu s'en faut que cet instant ne soit celui de la perte de deux infortunés qu'il devait rendre heureux! Loin de rebuter mon courage, tant d'obstacles l'ont irrité ; je ne sais quelle nouvelle force m'anime, mais je me sens une hardiesse que je n'eus jamais ; et si tu l'oses partager, ce soir, ce soir même peut acquitter mes promesses, et payer d'une seule fois toutes les dettes de l'amour.

Consulte-toi bien, mon ami, et vois jusqu'à quel point il t'est doux de vivre ; car l'expédient que je te propose peut nous mener tous deux à la mort : si tu la crains, n'achève point cette lettre ; mais si la pointe d'une épée n'effraye pas plus aujourd'hui ton cœur que ne l'effrayaient jadis les gouffres de Meillerie, le mien court le même risque, et n'a pas balancé. Écoute.

Babi, qui couche ordinairement dans ma chambre, est malade depuis trois jours ; et, quoique je voulusse absolument la soigner, on l'a transportée ailleurs malgré moi : mais, comme elle est mieux, peut-être elle reviendra dès demain. Le lieu où l'on mange est loin de l'escalier qui conduit à l'appartement de ma mère et au mien : à l'heure du souper toute la maison est déserte, hors la cuisine et la salle à manger. Enfin la nuit, dans cette saison, est déjà obscure à la même heure ; son voile peut dérober aisément dans la rue les passants aux spectateurs, et tu sais parfaitement les êtres de la maison.

Ceci suffit pour me faire entendre. Viens cette après midi chez ma Fanchon, je t'expliquerai le reste et te donnerai les instructions nécessaires : que si je ne le puis, je les laisserai par écrit à l'ancien entrepôt de nos lettres, où, comme je t'en ai prévenu, tu trouveras déjà celle-ci : car le sujet en est trop important pour l'oser confier à personne.

Oh ! comme je vois à présent palpiter ton cœur ! comme j'y lis tes transports, et comme je les partage ! Non, mon doux ami, non, nous ne quitterons point cette courte vie sans avoir un instant goûté le bonheur : mais songe pourtant que cet instant est environné des horreurs de la mort ; que l'abord est sujet à mille hasards, le séjour dangereux, la retraite d'un péril extrême ; que nous sommes perdus si nous sommes découverts, et qu'il faut que tout nous favorise pour pouvoir éviter de l'être. Ne nous abusons point : je connais trop mon père pour douter que je ne te visse à l'instant percer le cœur de sa main, si même il ne commençait par moi ; car sûrement je ne serais pas plus épargnée : et crois-tu que je t'exposerais à ce risque si je n'étais sûre de le partager ?

Pense encore qu'il n'est point question de te fier à ton courage ;

il n'y faut pas songer ; et je te défends même très-expressément d'apporter aucune arme pour ta défense, pas même ton épée : aussi bien te serait-elle parfaitement inutile ; car si nous sommes surpris, mon dessein est de me précipiter dans tes bras, de t'enlacer fortement dans les miens, et de recevoir ainsi le coup mortel pour n'avoir plus à me séparer de toi, plus heureuse à ma mort que je ne le fus de ma vie.

J'espère qu'un sort plus doux nous est réservé ; je sens au moins qu'il nous est dû ; et la fortune se lassera de nous être injuste. Viens donc, âme de mon cœur, vie de ma vie, viens te réunir à toi-même ; viens, sous les auspices du tendre amour, recevoir le prix de ton obéissance et de tes sacrifices ; viens avouer, même au sein des plaisirs, que c'est de l'union des cœurs qu'ils tirent leur plus grand charme.

LIV. — A JULIE.

J'arrive plein d'une émotion qui s'accroît en entrant dans cet asile. Julie ! me voici dans ton cabinet, me voici dans le sanctuaire de tout ce que mon cœur adore. Le flambeau de l'amour guidait mes pas, et j'ai passé sans être aperçu. Lieu charmant, lieu fortuné, qui jadis vis tant réprimer de regards tendres, tant étouffer de soupirs brûlants ; toi qui vis naître et nourrir mes premiers feux, pour la seconde fois tu les verras couronner ; témoin de ma constance immortelle, sois le témoin de mon bonheur, et voile à jamais les plaisirs du plus fidèle et du plus heureux des hommes !

Que ce mystérieux séjour est charmant ! tout y flatte et nourrit l'ardeur qui me dévore. O Julie ! il est plein de toi, et la flamme de mes désirs s'y répand sur tous tes vestiges : oui, tous mes sens y sont enivrés à la fois. Je ne sais quel parfum presque insensible, plus doux que la rose et plus léger que l'iris, s'exhale ici de toutes parts : j'y crois entendre le son flatteur de ta voix. Toutes les parties de ton habillement éparses présentent à mon ardente imagination celles de toi-même qu'elles recèlent : cette coiffure légère que parent de grands cheveux blonds qu'elle feint de couvrir ; cet heureux fichu contre lequel une fois au moins je n'aurai point à murmurer ; ce deshabillé élégant et simple qui marque si bien le goût de celle qui le porte ; ces mules si mignonnes qu'un pied souple remplit sans peine ; ce corps si délié qui touche et embrasse... Quelle taille enchanteresse!... au-devant deux légers contours... O spectacle de volupté!... la baleine a cédé à la force de l'impression... Empreintes délicieuses, que je vous baise mille fois!... Dieux! dieux! que sera-ce quand... Ah! je crois déjà sentir ce tendre cœur battre sous une heureuse main! Julie! ma charmante Julie! je te vois, je te sens partout; je te respire avec l'air que tu as respiré; tu pénètres toute ma substance. Que ton séjour est brûlant et douloureux pour moi! il est terrible à mon impatience. Oh! viens, vole, ou je suis perdu!

Quel bonheur d'avoir trouvé de l'encre et du papier! J'exprime ce que je sens pour en tempérer l'excès, je donne le change à mes transports en les décrivant.

Il me semble entendre du bruit: serait-ce ton barbare père? Je ne crois pas être lâche... Mais qu'en ce moment la mort me serait horrible! mon désespoir serait égal à l'ardeur qui me consume. Ciel, je te demande encore une heure de vie; et j'abandonne le reste de mon être à ta rigueur. O désirs! ô crainte! ô palpitations cruelles!... On ouvre!... on entre!... c'est elle! c'est elle! je l'entrevois, je l'ai vue; j'entends refermer la porte. Mon cœur, mon faible cœur, tu succombes à tant d'agitations: ah! cherche des forces pour supporter la félicité qui t'accable!

LV. — A JULIE.

Oh! mourons, ma douce amie! mourons, la bien-aimée de mon cœur! Que faire désormais d'une jeunesse insipide dont nous avons épuisé toutes les délices? Explique-moi, si tu le peux, ce que j'ai senti dans cette nuit inconcevable; donne-moi l'idée d'une vie ainsi passée, ou laisse-m'en quitter une qui n'a plus rien de ce que je viens d'éprouver avec toi. J'avais goûté le plaisir, et croyais concevoir le bonheur. Ah! je n'avais senti qu'un vain songe, et n'imaginais que le bonheur d'un enfant. Mes sens abusaient mon âme grossière; je ne cherchais qu'en eux le bien suprême, et j'ai trouvé que leurs plaisirs épuisés n'étaient que le commencement des miens. O chef-d'œuvre unique de la nature! divine Julie! possession délicieuse, à laquelle tous les transports du plus ardent amour suffisent à peine! non, ce ne sont point ces transports que je regrette le plus : ah! non, retire s'il le faut ces faveurs enivrantes pour lesquelles je donnerais mille vies; mais rends-moi tout ce qui n'était point elles, et les effaçait mille fois. Rends-moi cette étroite union des âmes que tu m'avais annoncée, et que tu m'as si bien fait goûter ; rends-moi cet abattement si doux, rempli par les effusions de nos cœurs ; rends-moi ce sommeil enchanteur trouvé sur ton sein ; rends-moi ce réveil plus délicieux encore, et ces soupirs entrecoupés, et ces douces larmes, et ces baisers qu'une voluptueuse langueur nous faisait lentement savourer, et ces gémissements si tendres durant lesquels tu pressais sur ton cœur ce cœur fait pour s'unir à lui.

Dis-moi, Julie, toi qui, d'apres ta propre sensibilité, sais si bien juger de celle d'autrui, crois-tu que ce que je sentais auparavant fut véritablement de l'amour ? Mes sentiments, n'en doute pas, ont depuis hier changé de nature ; ils ont pris je ne sais quoi de moins impétueux, mais de plus doux, de plus tendre et de plus charmant. Te souvient-il de cette heure entière que nous passames à parler paisiblement de notre amour, et de cet avenir obscur et redoutable par qui le présent nous était encore plus sensible, de cette heure, hélas ! trop courte, dont une legere empreinte de tristesse rendit les entretiens si touchants ? J'étais tranquille, et pourtant j'étais pres de toi ; je t'adorais et ne desirais rien ; je n'imaginais pas meme une autre felicité que de sentir ainsi ton visage aupres du mien, ta respiration sur ma joue, et ton bras autour de mon cou. Quel calme dans tous mes sens ! quelle volupté pure, continue, universelle ! Le charme de la jouissance était dans l'ame, il n'en sortait plus, il durait toujours. Quelle différence des fureurs de l'amour à une situation si paisible ! C'est la premiere fois de mes jours que je l'ai éprouvée aupres de toi ; et cependant, juge du changement etrange que j'éprouve : c'est de toutes les heures de ma vie celle qui m'est la plus chere, et la seule que j'aurais voulu prolonger éternellement [1]. Julie, dis-moi donc si je ne t'aimais point auparavant, ou si maintenant je ne t'aime plus.

Si je ne t'aime plus ? Quel doute ! Ai-je donc cessé d'exister ? et ma vie n'est-elle pas plus dans ton cœur que dans le mien ? Je sens, je sens que tu m'es mille fois plus chere que jamais ; et j'ai trouvé dans mon abattement de nouvelles forces pour te chérir

---

[1] Femme trop facile, voulez-vous savoir si vous êtes aimée ? examinez votre amant sortant de vos bras. O amour, si je regrette l'age ou l'on te goute, ce n'est pas pour l'heure de la jouissance, c'est pour l'heure qui la suit.

plus tendrement encore. J'ai pris pour toi des sentiments plus paisibles, il est vrai, mais plus affectueux et de plus de différentes espèces ; sans s'affaiblir, ils se sont multipliés : les douceurs de l'amitié tempèrent les emportements de l'amour, et j'imagine à peine quelque sorte d'attachement qui ne m'unisse pas à toi. O ma charmante maîtresse ! o mon épouse, ma sœur, ma douce amie ! que j'aurai peu dit pour ce que je sens, après avoir épuisé tous les noms les plus chers au cœur de l'homme !

Il faut que je t'avoue un soupçon que j'ai conçu dans la honte et l'humiliation de moi-même: c'est que tu sais mieux aimer que moi. Oui, ma Julie, c'est bien toi qui fais ma vie et mon être ; je t'adore bien de toutes les facultés de mon âme, mais la tienne est plus aimante, l'amour l'a plus profondément pénétrée ; on le voit, on le sent ; c'est lui qui anime tes grâces, qui règne dans tes discours, qui donne à tes yeux cette douceur pénétrante, à ta voix ces accents si touchants ; c'est lui qui, par ta seule présence, communique aux autres cœurs, sans qu'ils s'en aperçoivent, la tendre émotion du tien. Que je suis loin de cet état charmant qui se suffit à lui-même ! je veux jouir, et tu veux aimer ; j'ai des transports, et toi de la passion ; tous mes emportements ne valent pas ta délicieuse langueur, et le sentiment dont ton cœur se nourrit est la seule félicité suprême. Ce n'est que d'hier seulement que j'ai goûté cette volupté si pure. Tu m'as laissé quelque chose de ce charme inconcevable qui est en toi, et je crois qu'avec ta douce haleine tu m'inspirais une âme nouvelle, Hâte-toi, je t'en conjure, d'achever ton ouvrage. Prends de la mienne tout ce qui m'en reste, et mets tout-à-fait la tienne à la place. Non, beauté d'ange, âme céleste, il n'y a que des sentiments comme les tiens qui puissent honorer tes attraits ; toi seule es digne d'inspirer un parfait amour, toi seule es propre à le sentir. Ah ! donne-moi ton cœur, ma Julie, pour t'aimer comme tu le mérites.

LVI. — DE CLAIRE A JULIE.

J'ai, ma chère cousine, à te donner un avis qui t'importe. Hier au soir ton ami eut avec mylord Édouard un démêlé qui peut devenir sérieux. Voici ce que m'en a dit M. d'Orbe qui était présent, et qui, inquiet des suites de cette affaire, est venu ce matin m'en rendre compte.

Ils avaient tous deux soupé chez mylord ; et, après une heure ou deux de musique, ils se mirent à causer et à boire du punch. Ton ami n'en but qu'un seul verre, mêlé d'eau ; les deux autres ne furent pas si sobres ; et quoique M. d'Orbe ne convienne pas de s'être enivré, je me réserve à lui en dire mon avis dans un autre temps. La conversation tomba naturellement sur ton compte ; car tu n'ignores pas que mylord n'aime à parler que de toi. Ton ami, à qui ces confidences déplaisent, les reçut avec si peu d'aménité, qu'enfin Edouard, échauffé de punch, et piqué de cette sécheresse, osa dire, en se plaignant de ta froideur, qu'elle n'était pas si générale qu'on pourrait croire, et que tel qui n'en disait mot n'était pas si mal traité que lui. A l'instant ton ami, dont tu connais la vivacité, releva ce discours avec un emportement insultant, qui lui attira un démenti, et ils sautèrent à leurs épées. Bomston, à demi ivre, se donna en courant une entorse qui le força de s'asseoir. Sa jambe enfla sur-le-champ, et cela calma la querelle mieux que tous les soins que M. d'Orbe s'était donnés. Mais comme il était attentif à ce qui se passait, il vit ton ami s'approcher, en sortant, de l'oreille de mylord Édouard, et il entendit qu'il lui disait à demi-voix. « Sitôt que vous serez en état de sortir, faites-« moi donner de vos nouvelles, ou j'aurai soin de m'en informer. — « N'en prenez pas la peine, lui dit Edouard avec un souris mo-« queur, vous en aurez assez tôt. — Nous verrons, » reprit froidement ton ami, et il sortit. M. d'Orbe, en te remettant cette lettre, t'expliquera le tout plus en détail. C'est à ta prudence à te suggérer des moyens d'étouffer cette fâcheuse affaire, ou à me prescrire de mon côté ce que je dois faire pour y contribuer. En attendant, le porteur est à tes ordres ; il fera tout ce que tu lui commanderas, et tu peux compter sur le secret.

Tu te perds, ma chère ; il faut que mon amitié te le dise ; l'engagement où tu vis ne peut rester longtemps caché dans une petite ville comme celle-ci ; et c'est un miracle de bonheur que, depuis plus de deux ans qu'il a commencé, tu ne sais pas encore le sujet des discours publics. Tu le vas devenir, si tu n'y prends garde ; tu le serais déjà, si tu étais moins aimée. mais il y a une répugnance si générale à mal parler de toi, que c'est un mauvais moyen de se faire fête, et un très-sûr de se faire haïr. Cependant tout a son terme, je tremble que celui du mystère ne soit venu pour ton amour, et il y a grande apparence que les soupçons de mylord

Édouard lui viennent de quelques mauvais propos qu'il peut avoir entendus. Songes-y bien, ma chère enfant. Le guet dit, il y a quelque temps, avoir vu sortir de chez toi ton ami à cinq heures du matin. Heureusement celui-ci sut des premiers ce discours ; il courut chez cet homme, et trouva le secret de le faire taire : mais qu'est-ce qu'un pareil silence, sinon le moyen d'accréditer des bruits sourdement répandus? La défiance de ta mère augmente aussi de jour en jour; tu sais combien de fois elle te l'a fait entendre : elle m'en a parlé à mon tour d'une manière assez dure ; et si elle ne craignait la violence de ton pere, il ne faut pas douter qu'elle ne lui en eût déja parlé à lui-même ; mais elle l'ose d'autant moins qu'il lui donnera toujours le principal tort d'une connaissance qui te vient d'elle.

Je ne puis trop te le répéter, songe à toi tandis qu'il en est temps encore; écarte ton ami avant qu'on en parle, préviens des soupçons naissants que son absence fera sûrement tomber : car enfin que peut-on croire qu'il fait ici? Peut-être dans six semaines, dans un mois, sera-t-il trop tard. Si le moindre mot venait aux oreilles de ton pere, tremble de ce qui résulterait de l'indignation d'un vieux militaire entêté de l'honneur de sa maison, et de la pétulance d'un jeune homme emporté qui ne sait rien endurer : mais il faut commencer par vider, de manière ou d'autre, l'affaire de mylord Édouard ; car tu ne ferais qu'irriter ton ami, et t'attirer un juste refus, si tu lui parlais d'éloignement avant qu'elle fût terminée.

LVII. — DE JULIE.

Mon ami, je me suis instruite avec soin de ce qui s'est passé entre vous et mylord Édouard ; c'est sur l'exacte connaissance des faits que votre amie veut examiner avec vous comment vous devez vous conduire en cette occasion, d'après les sentiments que vous professez, et dont je suppose que vous ne faites pas une vaine et fausse parade.

Je ne m'informe point si vous êtes versé dans l'art de l'escrime, ni si vous vous sentez en état de tenir tete a un homme qui a dans l'Europe la réputation de manier supérieurement les armes, et qui, s'étant battu cinq ou six fois en sa vie, a toujours tué, blessé, ou désarmé son homme : je comprends que, dans le cas où vous êtes, on ne consulte pas son habileté, mais son courage, et que la bonne maniere de se venger d'un brave qui vous insulte est de faire qu'il vous tue : passons sur une maxime si judicieuse. Vous me direz que votre honneur et le mien vous sont plus chers que la vie : voilà donc le principe sur lequel il faut raisonner.

Commençons par ce qui vous regarde. Pourriez-vous jamais me dire en quoi vous etes personnellement offensé dans un discours où c'est de moi seule qu'il s'agissait ? Si vous deviez en cette occasion prendre fait et cause pour moi, c'est ce que nous verrons tout à l'heure : en attendant, vous ne sauriez disconvenir que la querelle ne soit parfaitement étrangère à votre honneur particulier, a moins que vous ne preniez pour un affront le soupçon d'etre aimé de moi. Vous avez été insulté, je l'avoue, mais apres avoir commencé vous-meme par une insulte atroce ; et moi, dont la famille est pleine de militaires, et qui ai tant oui débattre ces horribles questions, je n'ignore pas qu'un outrage en reponse a un autre ne l'efface point, et que le premier qu'on insulte demeure le seul offensé : c'est le même cas d'un combat imprévu, ou l'agresseur est le seul criminel, et où celui qui tue ou blesse en se défendant n'est point coupable de meurtre.

Venons maintenant a moi. Accordons que j'étais outragée par le discours de mylord Edouard, quoiqu'il ne fit que me rendre justice : savez-vous ce que vous faites en me défendant avec tant de chaleur et d'indiscretion? vous aggravez son outrage, vous prouvez qu'il avait raison, vous sacrifiez mon honneur a un faux point d'honneur, vous diffamez votre maitresse pour gagner tout au plus la réputation d'un bon spadassin. Montrez-moi, de grâce, quel rapport il y a entre votre maniere de me justifier et ma justification réelle. Pensez-vous que prendre ma cause avec tant d'ardeur soit une grande preuve qu'il n'y a point de liaison entre nous, et qu'il suffise de faire voir que vous êtes brave, pour montrer que vous n'etes pas mon amant ? Soyez sûr que tous les propos de mylord Edouard me font moins de tort que votre conduite ; c'est vous seul qui vous chargez, par cet éclat, de les publier et de les confirmer. Il pourra bien, quant a lui, eviter votre épée dans le combat ; mais jamais ma reputation ni mes jours peut-etre n'eviteront le coup mortel que vous leur portez.

Voila des raisons trop solides pour que vous ayez rien qui le puisse être à y répliquer : mais vous combattrez, je le prévois, la raison par l'usage ; vous me direz qu'il est des fatalités qui nous entraînent malgré nous ; que, dans quelque cas que ce soit, un démenti ne se souffre jamais, et que, quand une affaire a pris un certain tour, on ne peut plus éviter de se battre ou de se déshonorer. Voyons encore.

Vous souvient-il d'une distinction que vous me fîtes autrefois, dans une occasion importante, entre l'honneur réel et l'honneur apparent ? Dans laquelle des deux classes mettrons-nous celui dont il s'agit aujourd'hui ? Pour moi, je ne vois pas comment cela peut même faire une question. Qu'y a-t-il de commun entre la gloire d'égorger un homme, et le témoignage d'une âme droite ? et quelle prise peut avoir la vaine opinion d'autrui sur l'honneur véritable, dont toutes les racines sont au fond du cœur ? Quoi ! les vertus qu'on a réellement périssent-elles sous les mensonges d'un calomniateur ? les injures d'un homme ivre prouvent-elles qu'on les mérite ? et l'honneur du sage serait-il à la merci du premier brutal qu'il peut rencontrer ? Me direz-vous qu'un duel témoigne qu'on a du cœur, et que cela suffit pour effacer la honte ou le reproche de tous les autres vices ? Je vous demanderai quel honneur peut dicter une pareille décision, et quelle raison peut la justifier. A ce compte, un fripon n'a qu'à se battre pour cesser d'être un fripon ; les discours d'un menteur deviennent des vérités sitôt qu'ils sont soutenus à la pointe de l'épée, et si l'on vous accusait d'avoir tué un homme, vous en iriez tuer un second pour prouver que cela n'est pas vrai. Ainsi, vertu, vice, honneur, infamie, vérité, mensonge, tout peut tirer son être de l'événement d'un combat ; une salle d'armes est le siége de toute justice ; il n'y a d'autre droit que la force, d'autre raison que le meurtre ; toute la réparation due à ceux qu'on outrage est de les tuer, et toute offense est également bien lavée dans le sang de l'offenseur ou de l'offensé. Dites, si les loups savaient raisonner, auraient-ils d'autres maximes ? Jugez vous-même, par le cas où vous êtes, si j'exagère leur absurdité. De quoi s'agit-il ici pour vous ? D'un démenti reçu dans une occasion où vous mentiez en effet. Pensez-vous donc tuer la vérité avec celui que vous voulez punir de l'avoir dite ? Songez-vous qu'en vous soumettant au sort d'un duel vous appelez le ciel en témoignage d'une fausseté, et que vous osez dire à l'arbitre des combats : Viens soutenir la cause injuste, et faire triompher le mensonge ? Ce blasphème n'a-t-il rien qui vous épouvante ?

cette absurdité n'a-t-elle rien qui vous révolte? Eh Dieu! quel est ce misérable honneur qui ne craint pas le vice, mais le reproche, et qui ne vons permet pas d'endurer d'un autre un démenti reçu d'avance de votre propre cœur !

Vous, qui voulez qu'on profite pour soi de ses lectures, profitez donc des votres, et cherchez si l'on vit un seul appel sur la terre quand elle était couverte de héros. Les plus vaillants hommes de l'antiquité songerent-ils jamais a venger leurs injures personnelles par des combats particuliers? César envoya-t-il un cartel a Caton, ou Pompée a César, pour tant d'affronts réciproques? et le plus grand capitaine de la Grece fut-il déshonoré pour s'etre laissé menacer du baton? D'autres temps, d'autres mœurs, je le sais; mais n'y en a-t-il que de bonnes? et n'oserait-on s'enquérir si les mœurs d'un temps sont celles qu'exige le solide honneur? Non, cet honneur n'est point variable; il ne dépend ni des temps, ni des lieux, ni des préjugés; il ne peut ni passer, ni renaitre; il a sa source eternelle dans le cœur de l'homme juste, et dans la regle inaltérable de ses devoirs. Si les peuples les plus éclaires, les plus braves, les plus vertueux de la terre, n'ont point connu le duel, je dis qu'il n'est pas une institution de l'honneur, mais une mode affreuse et barbare, digne de sa féroce origine. Reste a savoir si, quand il s'agit de sa vie ou de celle d'autrui, l'honnete homme se regle sur la mode, et s'il n'y a pas alors plus de vrai courage a la braver qu'a la suivre. Que ferait, a votre avis, celui qui s'y veut asservir, dans des lieux ou regne un usage contraire? A Messine ou a Naples, il irait attendre son homme au coin d'une rue, et le poignarder par derriere. Cela s'appelle etre brave en ce pays-la; et l'honneur n'y consiste pas à se faire tuer par son ennemi, mais a le tuer lui-meme.

Gardez-vous donc de confondre le nom sacré de l'honneur avec ce préjugé feroce qui met toutes les vertus a la pointe de l'epee, et n'est propre qu'a faire de braves scélérats. Que cette methode puisse fournir, si l'on veut, un supplement a la probité. partout ou la probité regne, son supplément n'est-il pas inutile? et que penser de celui qui s'expose a la mort pour s'exempter d'etre honnete homme? Ne voyez-vous pas que les crimes que la honte et l'honneur n'ont point empeches sont couverts et multiplies par la fausse honte et la crainte du blame? C'est elle qui rend l'homme hypocrite et menteur; c'est elle qui lui fait verser le sang d un ami pour un mot indiscret qu'il devrait oublier, pour un reproche mérité qu'il ne peut souffrir ; c'est elle qui transforme en furie infernale une fille abusée et craintive; c'est elle, o Dieu puissant, qui peut armer la main maternelle contre le tendre fruit... Je sens defaillir mon âme a cette idée horrible, et je rends grâces au moins à celui qui sonde les cœurs, d'avoir éloigné du mien cet honneur affreux qui n'inspire que des forfaits et fait frémir la nature.

Rentrez donc en vous-même, et considérez s'il vous est permis d'attaquer de propos délibéré la vie d'un homme, et d'exposer la vôtre pour satisfaire une barbare et dangereuse fantaisie qui n'a nul fondement raisonnable, et si le triste souvenir du sang versé dans une pareille occasion peut cesser de crier vengeance au fond du cœur de celui qui l'a fait couler. Connaissez-vous aucun crime égal à l'homicide volontaire? et si la base de toutes les vertus est l'humanité, que penserons-nous de l'homme sanguinaire et dépravé qui l'ose attaquer dans la vie de son semblable? Souvenez-vous de ce que vous m'avez dit vous-même contre le service etranger. Avez-vous oublié que le citoyen doit sa vie a la patrie, et n'a pas le droit d'en disposer sans le congé des lois, a plus forte raison contre leur défense? O mon ami, si vous aimez sincerement la vertu, apprenez a la servir a sa mode, et non a la mode des hommes. Je veux qu'il en puisse resulter quelque inconvénient. ce mot de vertu n'est-il donc pour vous qu'un vain nom? et ne serez-vous vertueux que quand il n'en coûtera rien de l'etre?

Mais quels sont au fond ces inconvénients? Les murmures des gens oisifs, des méchants, qui cherchent a s'amuser des malheurs d'autrui, et voudraient avoir toujours quelque histoire nouvelle a raconter. Voilà vraiment un grand motif pour s'entr'égorger ! Si le philosophe et le sage se reglent, dans les plus grandes affaires de la vie, sur les discours insensés de la multitude, que sert tout cet appareil d'études, pour n'être au fond qu'un homme vulgaire? Vous n'osez donc sacrifier le ressentiment au devoir, a l'estime, à l'amitié, de peur qu'on ne vous accuse de craindre la mort? Pesez les choses, mon bon ami, et vous trouverez bien plus de lacheté dans la crainte de ce reproche, que dans celle de la mort même. Le fanfaron, le poltron veut a toute force passer pour brave;

Ma verace valor, ben che negletto,

E di se stesso a se freggio assai chiaro ¹.

Celui qui feint d'envisager la mort sans effroi ment. Tout homme craint de mourir, c'est la grande loi des êtres sensibles, sans laquelle toute espèce mortelle serait bientôt détruite. Cette crainte est un simple mouvement de la nature, non-seulement indifférent, mais bon en lui-même et conforme a l'ordre : tout ce qui la rend honteuse et blâmable, c'est qu'elle peut nous empêcher de bien faire et de remplir nos devoirs. Si la lâcheté n'était jamais un obstacle à la vertu, elle cesserait d'être un vice. Quiconque est plus attaché a sa vie qu'à son devoir ne saurait être solidement vertueux, j'en conviens. Mais expliquez-moi, vous qui vous piquez de raison, quelle espèce de mérite on peut trouver a braver la mort pour commettre un crime.

Quand il serait vrai qu'on se fait mépriser en refusant de se battre, quel mépris est le plus à craindre, celui des autres en faisant bien, ou le sien propre en faisant mal? Croyez-moi, celui qui s'estime véritablement lui-même est peu sensible a l'injuste mépris d'autrui, et ne craint que d'en être digne ; car le bon et l'honnête ne dépendent point du jugement des hommes, mais de la nature des choses ; et quand toute la terre approuverait l'action que vous allez faire, elle n'en serait pas moins honteuse. Mais il est faux qu'à s'en abstenir par vertu l'on se fasse mépriser. L'homme droit, dont toute la vie est sans tache et qui ne donna jamais aucun signe de lâcheté, refusera de souiller sa main d'un homicide, et n'en sera que plus honoré. Toujours prêt a servir la patrie, a protéger le faible, a remplir les devoirs les plus dangereux, et a défendre, en toute rencontre juste et honnête, ce qui lui est cher, au prix de son sang, il met dans ses démarches cette inébranlable fermeté qu'on n'a point sans le vrai courage. Dans la sécurité de sa conscience, il marche la tête levée, il ne fuit ni ne cherche son ennemi ; on voit aisément qu'il craint moins de mourir que de mal faire, et qu'il redoute le crime et non le péril. Si les vils préjugés s'élèvent un instant contre lui, tous les jours de son honorable vie sont autant de témoins qui les récusent ; et, dans une conduite si bien liée, on juge d'une action sur toutes les autres.

Mais savez-vous ce qui rend cette modération si pénible a un

---

¹ Mais la véritable valeur n'a pas besoin du témoignage d'autrui, et tire sa gloire d'elle-même.

homme ordinaire? C'est la difficulté de la soutenir dignement ; c'est la nécessité de ne commettre ensuite aucune action blâmable. Car si la crainte de mal faire ne le retient pas dans ce dernier cas, pourquoi l'aurait-elle retenu dans l'autre, où l'on peut supposer un motif plus naturel? On voit bien alors que ce refus ne vient pas de vertu, mais de lâcheté ; et l'on se moque avec raison d'un scrupule qui ne vient que dans le péril. N'avez-vous point remarqué que les hommes si ombrageux et si prompts à provoquer les autres sont, pour la plupart, de très-malhonnêtes gens qui, de peur qu'on n'ose leur montrer ouvertement le mépris qu'on a pour eux, s'efforcent de couvrir de quelques affaires d'honneur l'infamie de leur vie entière? Est-ce à vous d'imiter de tels hommes? Mettons encore à part les militaires de profession, qui vendent leur sang à prix d'argent ; qui, voulant conserver leur place, calculent par leur intérêt ce qu'ils doivent à leur honneur, et savent à un écu près ce que vaut leur vie. Mon ami, laissez battre tous ces gens-là. Rien n'est moins honorable que cet honneur dont ils font si grand bruit ; ce n'est qu'une mode insensée, une fausse imitation de vertu, qui se pare des plus grands crimes. L'honneur d'un homme comme vous n'est point au pouvoir d'un autre ; il est en lui-même, et non dans l'opinion du peuple ; il ne se défend ni par l'épée ni par le bouclier, mais par une vie intègre et irréprochable ; et ce combat vaut bien l'autre en fait de courage.

C'est par ces principes que vous devez concilier les éloges que j'ai donnés dans tous les temps à la véritable valeur, avec le mépris que j'eus toujours pour les faux braves. J'aime les gens de cœur, et ne puis souffrir les lâches ; je romprais avec un amant poltron que la crainte ferait fuir le danger, et je pense, comme toutes les femmes, que le feu du courage anime celui de l'amour. Mais je veux que la valeur se montre dans les occasions légitimes, et qu'on ne se hâte pas d'en faire hors de propos une vaine parade, comme si l'on avait peur de ne la pas retrouver au besoin. Tel fait un effort et se présente une fois, pour avoir droit de se cacher le reste de sa vie. Le vrai courage a plus de constance et moins d'empressement ; il est toujours ce qu'il doit être ; il ne faut ni l'exciter ni le retenir ; l'homme de bien le porte partout avec lui, au combat contre l'ennemi, dans un cercle en faveur des absents et de la vérité, dans son lit contre les attaques de la douleur et de la mort. La force de l'âme qui l'inspire est d'usage dans tous les temps ; elle met toujours la vertu au-dessus des événements, et ne consiste pas à se battre, mais à ne rien craindre. Telle est, mon ami, la sorte de courage que j'ai souvent louée, et que j'aime à trouver en vous. Tout le reste n'est qu'étourderie, extravagance, férocité ; c'est une lâcheté de s'y soumettre ; et je ne méprise pas moins celui qui cherche un péril inutile, que celui qui fuit un péril qu'il doit affronter.

Je vous ai fait voir, si je ne me trompe, que dans votre démêlé avec mylord Édouard votre honneur n'est point intéressé ; que vous compromettez le mien en recourant à la voie des armes ; que cette voie n'est ni juste, ni raisonnable, ni permise ; qu'elle ne peut s'accorder avec les sentiments dont vous faites profession ; qu'elle ne convient qu'à de malhonnêtes gens, qui font servir la bravoure de supplément aux vertus qu'ils n'ont pas, ou aux officiers qui ne se battent point par honneur, mais par intérêt ; qu'il y a plus de vrai courage à la dédaigner qu'à la prendre ; que les inconvénients auxquels on s'expose en la rejetant sont inséparables de la pratique des vrais devoirs, et plus apparents que réels ; qu'enfin les hommes les plus prompts à y recourir sont toujours ceux dont la probité est le plus suspecte. D'où je conclus que vous ne sauriez en cette occasion ni faire ni accepter un appel sans renoncer en même temps à la raison, à la vertu, à l'honneur, et à moi. Retournez mes raisonnements comme il vous plaira, entassez de votre part sophisme sur sophisme : il se trouvera toujours qu'un homme de courage n'est point un lâche, et qu'un homme de bien ne peut être un homme sans honneur. Or, je vous ai démontré, ce me semble, que l'homme de courage dédaigne le duel, et que l'homme de bien l'abhorre.

J'ai cru, mon ami, dans une matière aussi grave, devoir faire parler la raison seule, et vous présenter les choses exactement telles qu'elles sont. Si j'avais voulu les peindre telles que je les vois, et faire parler le sentiment et l'humanité, j'aurais pris un langage fort différent. Vous savez que mon père dans sa jeunesse eut le malheur de tuer un homme en duel : cet homme était son ami ; ils se battirent à regret, l'insensé point d'honneur les y contraignit. Le coup mortel qui priva l'un de la vie ôta pour jamais le repos à l'autre. Le triste remords n'a pu depuis ce temps sortir de son cœur ; souvent dans la solitude on l'entend pleurer et gémir, il croit sentir encore le fer poussé par sa main cruelle entrer dans le cœur de son ami ; il voit dans l'ombre de la nuit son corps pale et sanglant ; il contemple en frémissant la plaie mortelle ; il voudrait étancher le sang qui coule ; l'effroi le saisit, il s'écrie ; ce cadavre affreux ne cesse de le poursuivre. Depuis cinq ans qu'il a perdu le cher soutien de son nom et l'espoir de sa famille, il s'en reproche la mort comme un juste chatiment du ciel, qui vengea sur son fils unique le pere infortuné qu'il priva du sien.

Je vous l'avoue, tout cela, joint a mon aversion naturelle pour la cruauté, m'inspire une telle horreur des duels, que je les regarde comme le dernier degré de brutalité ou les hommes puissent parvenir. Celui qui va se battre de gaieté de cœur n'est a mes yeux qu'une bete féroce qui s'efforce d'en déchirer une autre ; et s'il reste le moindre sentiment naturel dans leur âme, je trouve celui qui périt moins à plaindre que le vainqueur. Voyez ces hommes accoutumés au sang, ils ne bravent les remords qu'en étouffant la voix de la nature ; ils deviennent par degrés cruels, insensibles ; ils se jouent de la vie des autres ; et la punition d'avoir pu manquer d'humanité est de la perdre enfin tout a fait. Que sont-ils dans cet état ? Réponds, veux-tu leur devenir semblable ? Non, tu n'es point fait pour cet odieux abrutissement ; redoute le premier pas qui peut t'y conduire : ton âme est encore innocente et saine, ne commence pas a la dépraver au péril de ta vie par un effort sans vertu, un crime sans plaisir, un point d'honneur sans raison.

Je ne t'ai rien dit de ta Julie ; elle gagnera sans doute à laisser parler ton cœur. Un mot, un seul mot, et je te livre a lui. Tu m'as honorée quelquefois du tendre nom d'épouse ; peut-être en ce moment dois-je porter celui de mere. Veux-tu me laisser veuve avant qu'un nœud sacré nous unisse ?

P. S. J'emploie dans cette lettre une autorité a laquelle jamais homme sage n'a résisté. Si vous refusez de vous y rendre, je n'ai plus rien a vous dire ; mais pensez-y bien auparavant. Prenez huit jours de reflexion pour méditer sur cet important sujet. Ce n'est pas au nom de la raison que je vous demande ce delai, c'est au mien. Souvenez-vous que j'use en cette occasion du droit que vous m'avez donné vous-même, et qu'il s'etend au moins jusque-la.

LVIII. — DE JULIE A MYLORD ÉDOUARD.

Ce n'est point pour me plaindre de vous, mylord, que je vous écris : puisque vous m'outragez, il faut bien que j'aie avec vous des torts que j'ignore. Comment concevoir qu'un honnête homme voulût déshonorer sans sujet une famille estimable ? Contentez donc votre vengeance, si vous la croyez légitime ; cette lettre vous donne un moyen facile de perdre une malheureuse fille qui ne se consolera jamais de vous avoir offensé, et qui met à votre discrétion l'honneur que vous voulez lui ôter. Oui, mylord, vos imputations étaient justes ; j'ai un amant aimé, il est maître de mon cœur et de ma personne ; la mort seule pourra briser un nœud si doux. Cet amant est celui même que vous honoriez de votre amitié ; il en est digne, puisqu'il vous aime et qu'il est vertueux. Cependant il va périr de votre main ; je sais qu'il faut du sang à l'honneur outragé ; je sais que sa valeur même le perdra ; je sais que, dans un combat si peu redoutable pour vous, son intrépide cœur ira sans crainte chercher le coup mortel. J'ai voulu retenir ce zèle inconsidéré ; j'ai fait parler la raison. Hélas ! en écrivant ma lettre j'en sentais l'inutilité ; et, quelque respect que je porte à ses vertus, je n'en attends point de lui d'assez sublimes pour le détacher d'un faux point d'honneur. Jouissez d'avance du plaisir que vous aurez de percer le sein de votre ami : mais sachez, homme barbare, qu'au moins vous n'aurez pas celui de jouir de mes larmes, et de contempler mon désespoir. Non, j'en jure par l'amour qui gémit au fond de mon cœur, soyez témoin d'un serment qui ne sera point vain ; je ne survivrai pas d'un jour à celui pour qui je respire ; et vous aurez la gloire de mettre au tombeau d'un seul coup deux amants infortunés, qui n'eurent point envers vous de tort volontaire, et qui se plaisaient à vous honorer.

On dit, mylord, que vous avez l'âme belle et le cœur sensible : s'ils vous laissent goûter en paix une vengeance que je ne puis comprendre, et la douceur de faire des malheureux, puissent-ils, quand je ne serai plus, vous inspirer quelques soins pour un père et une mère inconsolables, que la perte du seul enfant qui leur reste va livrer à d'éternelles douleurs !

LIX. — DE M. D'ORBE A JULIE.

Je me hâte, mademoiselle, selon vos ordres, de vous rendre compte de la commission dont vous m'avez chargé. Je viens de chez mylord Édouard, que j'ai trouvé souffrant encore de son entorse, et ne pouvant marcher dans sa chambre qu'à l'aide d'un bâton. Je lui ai remis votre lettre, qu'il a ouverte avec empressement ; il m'a paru ému en la lisant : il a rêvé quelque temps, puis il l'a relue une seconde fois avec une agitation plus sensible. Voici ce qu'il m'a dit en la finissant : « Vous savez, monsieur, que les affaires « d'honneur ont leurs règles, dont on ne peut se départir : vous « avez vu ce qui s'est passé dans celle-ci ; il faut qu'elle soit vi- « dée régulièrement. Prenez deux amis, et donnez-vous la peine de « revenir ici demain matin avec eux ; vous saurez alors ma réso- « lution. » Je lui ai représenté que l'affaire s'étant passée entre nous, il serait mieux qu'elle se terminât de même. « Je sais ce « qui convient, m'a-t-il dit brusquement, et je ferai ce qu'il faut. « Amenez vos deux amis, ou je n'ai plus rien a vous dire. » Je suis sorti là-dessus, cherchant inutilement dans ma tête quel peut être son bizarre dessein. Quoi qu'il en soit, j'aurai l'honneur de vous voir ce soir, et j'exécuterai demain ce que vous me prescrirez. Si vous trouvez à propos que j'aille au rendez-vous avec mon cortége, je le composerai de gens dont je sois sûr a tout evénement.

LX. — A JULIE.

Calme tes alarmes, tendre et chère Julie ; et, sur le récit de ce qui vient de se passer, connais et partage les sentiments que j'éprouve.

J'étais si rempli d'indignation quand je reçus ta lettre, qu'à peine pus je la lire avec l'attention qu'elle méritait. J'avais beau ne la pouvoir réfuter, l'aveugle colère était la plus forte. Tu peux avoir raison, disais-je en moi-même ; mais ne me parle jamais de te laisser avilir. Dussé-je te perdre et mourir coupable, je ne souffrirai point qu'on manque au respect qui t'est dû ; et tant qu'il me restera un souffle de vie, tu seras honorée de tout ce qui t'approche comme tu l'es de mon cœur. Je ne balançai pas pourtant sur les huit jours que tu me demandais ; l'accident de mylord

Édouard et mon vœu d'obéissance concouraient à rendre ce délai nécessaire. Résolu, selon tes ordres, d'employer cet intervalle à méditer sur le sujet de ta lettre, je m'occupais sans cesse à la relire et à y réfléchir, non pour changer de sentiment, mais pour justifier le mien.

J'avais repris ce matin cette lettre trop sage et trop judicieuse à mon gré, et je la relisais avec inquiétude, quand on a frappé à la porte de ma chambre. Un moment après j'ai vu entrer mylord Édouard sans épée, appuyé sur une canne; trois personnes le suivaient, parmi lesquelles j'ai reconnu M. d'Orbe. Surpris de cette visite imprévue, j'attendais en silence ce qu'elle devait produire, quand Édouard m'a prié de lui donner un moment d'audience, et de le laisser agir et parler sans l'interrompre. Je vous en demande, a-t-il dit, votre parole; la présence de ces messieurs, qui sont de vos amis, doit vous répondre que vous ne l'engagez pas indiscrètement. Je l'ai promis sans balancer. A peine avais-je achevé, que j'ai vu, avec l'étonnement que tu peux concevoir, mylord Édouard à genoux devant moi. Surpris d'une si étrange attitude, j'ai voulu sur-le-champ le relever; mais après m'avoir rappelé ma promesse, il m'a parlé dans ces termes : « Je viens, monsieur,
« rétracter hautement les discours injurieux que l'ivresse m'a fait
« tenir en votre présence : leur injustice les rend plus offensants
« pour moi que pour vous, et je m'en dois l'authentique désa-
« veu. Je me soumets à toute la punition que vous voudrez m'im-
« poser, et je ne croirai mon honneur rétabli que quand ma faute
« sera réparée. A quelque prix que ce soit, accordez-moi le pardon
« que je vous demande, et me rendez votre amitié. » Mylord, lui ai-je dit aussitôt, je reconnais maintenant votre âme grande et généreuse; et je sais bien distinguer en vous les discours que le cœur dicte de ceux que vous tenez quand vous n'êtes pas à vous-même : qu'ils soient à jamais oubliés. A l'instant, je l'ai soutenu en se relevant, et nous nous sommes embrassés. Après cela mylord se tournant vers les spectateurs leur a dit : « Mes-
« sieurs, je vous remercie de votre complaisance. De braves gens
« comme vous, a-t-il ajouté d'un air fier et d'un ton animé, sen-
« tent que celui qui répare ainsi ses torts n'en sait endurer de
« personne. Vous pouvez publier ce que vous avez vu. » Ensuite il nous a tous quatre invités à souper pour ce soir, et ces messieurs sont sortis.

A peine avons-nous été seuls, qu'il est revenu m'embrasser d'une manière plus tendre et plus amicale ; puis me prenant la main et s'asseyant à côté de moi : Heureux mortel, s'est-il écrié, jouissez d'un bonheur dont vous êtes digne! Le cœur de Julie est à vous ; puissiez-vous tous deux... Que dites-vous, mylord ? ai-je interrompu ; perdez-vous le sens ? Non, m'a-t-il dit en souriant. Mais peu s'en est fallu que je ne le perdisse, et c'en était fait de moi peut-être si celle qui m'ôtait la raison ne me l'eût rendue. Alors il m'a remis une lettre que j'ai été surpris de voir écrite d'une main qui n'en écrivit jamais à d'autre homme [1] qu'à moi. Quels mouvements j'ai sentis à sa lecture ! Je voyais une amante incomparable vouloir se perdre pour me sauver, et je reconnaissais Julie. Mais quand je suis parvenu à cet endroit où elle jure de ne pas survivre au plus fortuné des hommes, j'ai frémi des dangers que j'avais courus, j'ai murmuré d'être trop aimé, et mes terreurs m'ont fait sentir que tu n'es qu'une mortelle. Ah ! rends-moi le courage dont tu me prives ; j'en avais pour braver la mort qui ne menaçait que moi seul, je n'en ai point pour mourir tout entier.

Tandis que mon âme se livrait à ces réflexions amères, Édouard me tenait des discours auxquels j'ai donné donné d'abord peu d'attention : cependant il me l'a rendue à force de me parler de toi ; car ce qu'il m'en disait plaisait à mon cœur, et n'excitait plus ma jalousie. Il m'a paru pénétré de regret d'avoir troublé nos feux et ton repos. Tu es ce qu'il honore le plus au monde ; et, n'osant te porter les excuses qu'il m'a faites, il m'a prié de les recevoir en ton nom, et de te les faire agréer. Je vous ai regardé, m'a-t-il dit, comme son représentant, et n'ai pu trop m'humilier devant ce qu'elle aime, ne pouvant, sans la compromettre, m'adresser à sa personne, ni même la nommer. Il avoue avoir conçu pour toi les sentiments dont on ne peut se défendre en te voyant avec trop de soin ; mais c'était une tendre admiration plutôt que de l'amour. Ils ne lui ont jamais inspiré ni prétention ni espoir ; il les a tous sacrifiés aux nôtres à l'instant qu'ils lui ont été connus, et le mauvais propos qui lui est échappé était l'effet du punch et non de la jalousie. Il traite l'amour en philosophe qui croit son âme au-dessus des passions : pour moi, je suis trompé s'il n'en a déjà ressenti quelqu'une qui ne permet plus à d'autre de germer profondément.

[1] Il en faut, je pense, excepter son père.

Il prend l'épuisement du cœur pour l'effort de la raison, et je sais bien qu'aimer Julie et renoncer a elle n'est pas une vertu d'homme.

Il a désiré de savoir en détail l'histoire de nos amours, et les causes qui s'opposent au bonheur de ton ami ; j'ai cru qu'après ta lettre une demi-confidence était dangereuse et hors de propos : je l'ai faite entière, et il m'a écouté avec une attention qui m'attestait sa sincérité. J'ai vu plus d'une fois ses yeux humides et son âme attendrie ; je remarquais surtout l'impression puissante que tous les triomphes de la vertu faisaient sur son âme, et je crois avoir acquis a Claude Anet un nouveau protecteur qui ne sera pas moins zelé que ton pere. Il n'y a, m'a-t-il dit, ni incidents ni aventures dans ce que vous m'avez raconté, et les catastrophes d'un roman m'attacheraient beaucoup moins ; tant les sentiments suppléent aux situations, et les procedes honnetes aux actions eclatantes ! Vos deux âmes sont si extraordinaires, qu'on n'en peut juger sur les regles communes. Le bonheur n'est pour vous ni sur la meme route ni de la meme espece que celui des autres hommes : ils ne cherchent que la puissance et les regards d'autrui, il ne vous faut que la tendresse et la paix. Il s'est joint a votre amour une emulation de vertu qui vous éleve ; et vous vaudriez moins l'un et l'autre, si vous ne vous etiez point aimes. L'amour passera, ose-t-il ajouter (pardonnons-lui ce blaspheme prononce dans l'ignorance de son cœur), l'amour passera, dit-il, et les vertus resteront. Ah ! puissent-elles durer autant que lui, ma Julie ! le ciel n'en demandera pas davantage.

Enfin je vois que la dureté philosophique et nationale n'altere point dans cet honnete Anglais l'humanité naturelle, et qu'il s'intéresse véritablement a nos peines. Si le crédit et la richesse nous pouvaient être utiles, je crois que nous aurions lieu de compter sur lui. Mais, hélas ! de quoi servent la puissance et l'argent pour rendre les cœurs heureux ?

Cet entretien, durant lequel nous ne comptions pas les heures, nous a menes jusqu'a celle du diner. J'ai fait apporter un poulet, et apres le dine nous avons continue de causer. Il m'a parle de sa demarche de ce matin, et je n'ai pu m'empecher de temoigner quelque surprise d'un procédé si authentique et si peu mesuré : mais, outre la raison qu'il m'en avait deja donnee, il a ajoute qu'une demi satisfaction etait indigne d'un homme de courage, qu'il la fallait complete ou nulle, de peur qu'on ne s'avilit sans rien réparer, et qu'on ne fît attribuer a la crainte une démarche faite a contre-cœur et de mauvaise grace. D'ailleurs, a-t-il ajouté, ma reputation est faite, je puis etre juste sans soupçon de lacheté, mais vous, qui etes jeune et debutez dans le monde, il faut que vous sortiez si net de la premiere affaire, qu'elle ne tente personne de vous en susciter une seconde. Tout est plein de ces poltrons droits qui cherchent, comme on dit, a tâter leur homme, c'est-a-dire a decouvrir quelqu'un qui soit encore plus poltron qu'eux, et aux dépens duquel ils puissent se faire valoir. Je veux éviter a un homme d'honneur comme vous la necessité de chatier sans gloire un de ces gens-la ; et j'aime mieux, s'ils ont besoin de leçon, qu'ils la reçoivent de moi que de vous : car une affaire de plus n'ote rien a celui qui en a déja eu plusieurs ; mais en avoir une est toujours une sorte de tache, et l'amant de Julie en doit etre exempt.

Voila l'abrégé de ma longue conversation avec mylord Edouard. J'ai cru nécessaire de t'en rendre compte, afin que tu me prescrives la maniere dont je dois me comporter avec lui.

Maintenant que tu dois etre tranquillisee, chasse, je t'en conjure, les idées funestes qui t'occupent depuis quelques jours. Songe aux menagements qu'exige l'incertitude de ton etat actuel. Oh ! si bientot tu pouvais tripler mon etre ! si bientot un gage adoré .. Espoir déja trop deçu, viendrais-tu m'abuser encore ?... O desirs ! o crainte ! o perplexites ! Charmante amie de mon cœur, vivons pour nous aimer, et que le ciel dispose du reste.

P. S. J'oubliais de te dire que mylord m'a remis ta lettre, et que je n'ai point fait difficulté de la recevoir, ne jugeant pas qu'un pareil dépôt doive rester entre les mains d'un tiers. Je te la rendrai a notre premiere entrevue ; car, quant a moi, je n'en ai plus affaire ; elle est trop bien écrite au fond de mon cœur pour que jamais j'aie besoin de la relire.

LXI. — DE JULIE.

Amène demain mylord Édouard, que je me jette à ses pieds comme il s'est mis aux tiens. Quelle grandeur ! quelle générosité ! Oh ! que nous sommes petits devant lui ! Conserve ce precieux ami comme la prunelle de ton œil. Peut-être vaudrait-il moins s'il était plus temperant : jamais homme sans défauts eut-il de grandes vertus ?

Mille angoisses de toute espece m'avaient jetée dans l'abattement ; ta lettre est venue ranimer mon courage éteint ; en dissipant mes terreurs elle m'a rendu mes peines plus supportables ; je me sens maintenant assez de force pour souffrir. Tu vis, tu m'aimes ; ton sang, le sang de ton ami, n'ont point été répandus, et ton honneur est en sûreté je ne suis donc pas tout a fait miserable.

Ne manque pas au rendez-vous de demain Jamais je n'eus si grand besoin de te voir, ni si peu d'espoir de te voir longtemps. Adieu, mon cher et unique ami. Tu n'as pas bien dit, ce me semble, vivons pour nous aimer. Ah ! il fallait dire, Aimons-nous pour vivre

---

LXII. — DE CLAIRE A JULIE.

Faudra-t-il toujours, aimable cousine, ne remplir envers toi que les plus tristes devoirs de l'amitié ? Faudra-t-il toujours, dans l'amertume de mon cœur, affliger le tien par de cruels avis ? Helas ! tous nos sentiments nous sont communs, tu le sais bien ; et je ne saurais t'annoncer de nouvelles peines que je ne les aie déja senties Que ne puis-je te cacher ton infortune sans l'augmenter ! ou que la tendre amitié n'a-t-elle autant de charmes que l'amour ! Ah ! que j'effacerais promptement tous les chagrins que je te donne !

Hier, apres le concert, ta mere en s'en retournant ayant accepte le bras de ton ami, et toi celui de M. d'Orbe, nos deux peres resterent avec mylord a parler de politique ; sujet dont je suis si excédée, que l'ennui me chassa dans ma chambre Une demi-heure après j'entendis nommer ton ami plusieurs fois avec assez de vehémence · je connus que la conversation avait changé d'objet, et je prêtai l'oreille. Je jugeai par la suite du discours qu'Édouard avait osé proposer ton mariage avec ton ami, qu'il appelait hautement le sien, et auquel il offrait de faire en cette qualité un etablissement convenable. Ton pere avait rejeté avec mépris cette proposition, et c'etait la-dessus que les propos commençaient a s'echauffer Sachez, lui disait mylord, malgré vos prejuges, qu'il est de tous les hommes le plus digne d'elle, et peut-etre le plus propre à la rendre heureuse. Tous   ne dépendent pas des hommes il les a reçus de la   y a ajouté tous les talents qui ont dépendu de lui. Il est jeune, grand, bien fait, robuste, adroit ; il a de l'éducation, du sens, des mœurs, du courage ; il a l'esprit orné, l'âme saine : que lui manque-t-il donc pour mériter votre aveu? La fortune? il l'aura. Le tiers de mon bien suffit pour en faire le plus riche particulier du pays de Vaud; j'en donnerai s'il le faut jusqu'à la moitié. La noblesse? vaine prérogative dans un pays où elle est plus nuisible qu'utile. Mais il l'a encore, n'en doutez pas, non point écrite d'encre en de vieux parchemins, mais gravée au fond de son cœur en caractères ineffaçables. En un mot, si vous préférez la raison au préjugé, et si vous aimez mieux votre fille que vos titres, c'est à lui que vous la donnerez.

Là-dessus ton père s'emporta vivement. Il traita la proposition d'absurde et de ridicule. Quoi! mylord, dit-il, un homme d'honneur comme vous peut-il seulement penser que le dernier rejeton d'une famille illustre aille éteindre ou dégrader son nom dans celui d'un quidam sans asile, et réduit à vivre d'aumônes?... Arrêtez, interrompit Édouard; vous parlez de mon ami, songez que je prends pour moi tous les outrages qui lui sont faits en ma présence, et que les noms injurieux à un homme d'honneur le sont encore plus à celui qui les prononce. De tels quidams sont plus respectables que tous les hobereaux de l'Europe, et je vous défie de trouver aucun moyen plus honorable d'aller à la fortune que les hommages de l'estime et les dons de l'amitié. Si le gendre que je vous propose ne compte point, comme vous, une longue suite d'aïeux toujours incertains, il sera le fondement et l'honneur de sa maison, comme votre premier ancêtre le fut de la vôtre. Vous seriez-vous donc tenu pour déshonoré par l'alliance du chef de votre famille, et ce mépris ne rejaillirait-il pas sur vous-même? Combien de grands noms retomberaient dans l'oubli, si l'on ne tenait compte que de ceux qui ont commencé par un homme estimable! Jugeons du passé par le présent : sur deux ou trois citoyens qui s'illustrent par des moyens honnêtes, mille coquins anoblissent tous les jours leur famille; et que prouvera cette noblesse dont leurs descendants seront si fiers, sinon les vols et l'infamie de leur ancêtre [1]? On voit, je l'avoue, beaucoup de mal-

---

[1] Les lettres de noblesse sont rares en ce siècle, et même elles y ont été

honnêtes gens parmi les roturiers ; mais il y a toujours vingt a parier contre un qu'un gentilhomme descend d'un fripon. Laissons, si vous voulez, l'origine a part, et pesons le mérite et les services. Vous avez porté les armes chez un prince étranger, son père les a portées gratuitement pour la patrie. Si vous avez bien servi, vous avez été bien payé ; et quelque honneur que vous ayez acquis a la guerre, cent roturiers en ont acquis encore plus que vous.

De quoi s'honore donc, continua mylord Édouard, cette noblesse dont vous êtes si fier ? Que fait-elle pour la gloire de la patrie ou le bonheur du genre humain ? Mortelle ennemie des lois et de la liberté ; qu'a-t-elle jamais produit dans la plupart des pays ou elle brille, si ce n'est la force de la tyrannie et l'oppression des peuples ? Osez-vous dans une république vous honorer d'un état destructeur des vertus et de l'humanité, d'un état ou l'on se vante de l'esclavage, et ou l'on rougit d'être homme ? Lisez les annales de votre patrie [1] : en quoi votre ordre a-t-il bien mérité d'elle ? quels nobles comptez-vous parmi ses libérateurs ? Les *Furts*, les *Tell*, les *Stouffacher*, étaient-ils gentilshommes ? Quelle est donc cette gloire insensée dont vous faites tant de bruit ? Celle de servir un homme, et d'être a charge a l'État.

Conçois, ma chère, ce que je souffrais de voir cet honnête homme nuire ainsi par une âpreté déplacée aux intérêts de l'ami qu'il voulait servir. En effet, ton père, irrité par tant d'invectives piquantes quoique générales, se mit a les repousser par des personnalités. Il dit nettement a mylord Édouard que jamais homme de sa condition n'avait tenu les propos qui venaient de lui échapper. Ne plaidez point inutilement la cause d'autrui, ajouta-t-il d'un ton brusque ; tout grand seigneur que vous êtes, je doute que vous puissiez bien défendre la vôtre sur le sujet en question. Vous demandez ma fille pour votre ami prétendu, sans savoir si vous-même seriez bon pour elle ; et je connais assez la noblesse d'Angleterre pour avoir sur vos discours une médiocre opinion de la vôtre.

Pardieu ! dit mylord, quoi que vous pensiez de moi, je serais

---

illustrées au moins une fois Mais quant à la noblesse qui s'acquiert à prix d'argent, et qu'on achette avec des charges, tout ce que j'y vois de plus honorable est le privilège de n'être pas pendu

[1] Il y a ici beaucoup d'inexactitude. Le pays de Vaud n'a jamais fait partie de la Suisse : c'est une conquête des Bernois, et ses habitants ne sont ni citoyens, ni libres, mais sujets

bien fâché de n'avoir d'autre preuve de mon mérite que celui d'un homme mort depuis cinq cents ans. Si vous connaissez la noblesse d'Angleterre, vous savez qu'elle est la plus éclairée, la mieux instruite, la plus sage et la plus brave de l'Europe : avec cela, je n'ai pas besoin de chercher si elle est la plus antique, car, quand on parle de ce qu'elle est, il n'est pas question de ce qu'elle fut. Nous ne sommes point, il est vrai, les esclaves du prince, mais ses amis ; ni les tyrans du peuple, mais ses chefs. Garants de la liberté, soutiens de la patrie et appuis du trône, nous formons un invincible équilibre entre le peuple et le roi. Notre premier devoir est envers la nation, le second envers celui qui la gouverne : ce n'est pas sa volonté mais son droit que nous consultons Ministres suprêmes des lois dans la chambre des pairs, quelquefois même législateurs, nous rendons également justice au peuple et au roi, et nous ne souffrons point que personne dise, *Dieu et mon epee*, mais seulement, *Dieu et mon droit*.

Voilà, monsieur, continua-t-il, quelle est cette noblesse respectable, ancienne autant qu'aucune autre, mais plus fière de son mérite que de ses ancêtres, et dont vous parlez sans la connaître Je ne suis point le dernier en rang dans cet ordre illustre, et crois, malgré vos pretentions, vous valoir à tous égards. J'ai une sœur à marier, elle est noble, jeune, aimable, riche ; elle ne cède à Julie que par les qualités que vous comptez pour rien. Si quiconque a senti les charmes de votre fille pouvait tourner ailleurs ses yeux et son cœur, quel honneur je me ferais d'accepter avec rien, pour mon beau-frère, celui que je vous propose pour gendre avec la moitié de mon bien !

Je connus à la réplique de ton père que cette conversation ne faisait que l'aigrir, et, quoique pénétrée d'admiration pour la générosité de mylord Édouard, je sentis qu'un homme aussi peu liant que lui n'était propre qu'à ruiner à jamais la négociation qu'il avait entreprise Je me hâtai donc de rentrer avant que les choses allassent plus loin Mon retour fit rompre cet entretien, et l'on se sépara le moment d'après assez froidement Quant à mon père, je trouvai qu'il se comportait très-bien dans ce démelé. Il appuya d'abord avec interêt la proposition ; mais voyant que ton père n'y voulait point entendre, et que la dispute commençait à s'animer, il se retourna, comme de raison, du parti de son beau-frère ; et, en interrompant à propos l'un et l'autre par des discours modérés, il les retint tous deux dans des bornes dont ils seraient vraisemblablement sortis s'ils fussent restés tête à tête. Après leur départ, il me fit confidence de ce qui venait de se passer, et comme je prévis où il en allait venir, je me hâtai de lui dire que les choses étant en cet état, il ne convenait plus que la personne en question te vît si souvent ici, et qu'il ne conviendrait pas même qu'il y vînt du tout, si ce n'était faire une espèce d'affront à M. d'Orbe, dont il était l'ami ; mais que je le prierais de l'amener plus rarement, ainsi que mylord Edouard. C'est, ma chère, tout ce que j'ai pu faire de mieux pour ne leur pas fermer tout à fait ma porte.

Ce n'est pas tout ; la crise où je te vois me force à revenir sur mes avis précédents. L'affaire de mylord Édouard et de ton ami a fait par la ville tout l'éclat auquel on devait s'attendre. Quoique M. d'Orbe ait gardé le secret sur le fond de la querelle, trop d'indices le décèlent pour qu'il puisse rester caché. On soupçonne, on conjecture, on te nomme : le rapport du guet n'est pas si bien étouffé qu'on ne s'en souvienne, et tu n'ignores pas qu'aux yeux du public la vérité soupçonnée est bien près de l'évidence. Tout ce que je puis te dire pour ta consolation, c'est qu'en général on approuve ton choix, et qu'on verrait avec plaisir l'union d'un si charmant couple, ce qui me confirme que ton ami s'est bien comporté dans ce pays, et n'y est guère moins aimé que toi. Mais que fait la voix publique à ton inflexible père ? Tous ces bruits lui sont parvenus ou lui vont parvenir, et je frémis de l'effet qu'ils peuvent produire, si tu ne te hâtes de prévenir sa colère. Tu dois t'attendre de sa part à une explication terrible pour toi-même, et peut-être à pis encore pour ton ami : non que je pense qu'il veuille à son âge se mesurer avec un jeune homme qu'il ne croit pas digne de son épée ; mais le pouvoir qu'il a dans la ville lui fournirait, s'il le voulait, mille moyens de lui faire un mauvais parti, et il est à craindre que sa fureur ne lui en inspire la volonté.

Je t'en conjure à genoux, ma douce amie, songe aux dangers qui t'environnent, et dont le risque augmente à chaque instant. Un bonheur inouï t'a préservée jusqu'à présent au milieu de tout cela, tandis qu'il en est temps encore, mets le sceau de la prudence au mystère de tes amours, et ne pousse pas à bout la fortune, de peur qu'elle n'enveloppe dans tes malheurs celui qui les aura causés. Crois-moi, mon ange, l'avenir est incertain ;

mille evenements peuvent, avec le temps, offrir des ressources
inespérées ; mais quant à présent, je te l'ai dit et le répete plus
fortement, éloigne ton ami, ou tu es perdue.

LXIII. — DE JULIE A CLAIRE.

Tout ce que tu avais prevu, ma chere, est arrivé. Hier, une
heure apres notre retour, mon pere entra dans la chambre de ma
mere, les yeux étincelants, le visage enflammé, dans un état, en
un mot, ou je ne l'avais jamais vu. Je compris d'abord qu'il venait d'avoir querelle, ou qu'il allait la chercher ; et ma conscience
agitee me fit trembler d'avance.

Il commença par apostropher vivement, mais en général, les
meres de famille qui appellent indiscretement chez elles de jeunes
gens sans état et sans nom, dont le commerce n'attire que honte et
deshonneur a celles qui les ecoutent. Ensuite voyant que cela ne
suffisait pas pour arracher quelque réponse d'une femme intimi-
dee, il cita sans ménagement en exemple ce qui s'etait passé dans
notre maison depuis qu'on y avait introduit un pretendu bel
esprit, un diseur de riens, plus propre a corrompre une fille sage,
qu'a lui donner aucune bonne instruction Ma mere, qui vit qu'elle
gagnerait peu de chose a se taire, l'arreta sur ce mot de corruption, et lui demanda ce qu'il trouvait dans la conduite ou dans la
reputation de l'honnete homme dont il parlait, qui pût autoriser
de pareils soupçons. Je n'ai pas cru, ajouta t-elle, que l'esprit et
le mérite fussent des titres d'exclusion dans la société A qui donc
faudra-t-il ouvrir votre maison, si les talents et les mœurs n'en
obtiennent pas l'entrée? A des gens sortables, madame, reprit-il
en colère, qui puissent reparer l'honneur d'une fille quand ils l'ont
offensée. Non, dit-elle, mais a des gens de bien qui ne l'offensent
point. Apprenez, dit-il, que c'est offenser l'honneur d'une maison que d'oser en solliciter l'alliance sans titres pour l'obtenir.
Loin de voir en cela, dit ma mere, une offense, je n'y vois, au
contraire, qu'un témoignage d'estime. D'ailleurs, je ne sache
point que celui contre qui vous vous emportez ait rien fait de semblable a votre égard. Il l'a fait, madame, et fera pis encore si je
n'y mets ordre ; mais je veillerai, n'en doutez pas, aux soins que
vous remplissez si mal.

Alors commença une dangereuse altercation qui m'apprit que

les bruits de ville dont tu parles etaient ignorées de mes parents, mais durant laquelle ton indigne cousine eût voulu etre a cent pieds sous terre. Imagine-toi la meilleure et la plus abusée des meres faisant l'éloge de sa coupable fille, et la louant, hélas ! de toutes les vertus qu'elle a perdues, dans les termes les plus honorables, ou, pour mieux dire, les plus humiliants ; figure-toi un pere irrite, prodigue d'expressions offensantes, et qui, dans tout son emportement, n'en laisse pas echapper une seule qui marque le moindre doute sur la sagesse de celle que le remords déchire, et que la honte ecrase en sa presence. Oh ! quel incroyable tourment d'une conscience avilie, de se reprocher des crimes que la colere et l'indignation ne pourraient soupçonner ! Quel poids accablant et insupportable que celui d'une fausse louange et d'une estime que le cœur rejette en secret ! Je m'en sentais tellement oppressée, que, pour me delivrer d'un si cruel supplice, j'etais prete a tout avouer, si mon pere m'en eût laissé le temps ; mais l'impetuosité de son emportement lui faisait redire cent fois les memes choses, et changer a chaque instant de sujet. Il remarqua ma contenance basse, eperdue, humiliee, indice de mes remords. S'il n'en tira pas la conséquence de ma faute, il en tira celle de mon amour ; et, pour m'en faire plus de honte, il en outragea l'objet en des termes si odieux et si méprisants, que je ne pus, malgre tous mes efforts, le laisser poursuivre sans l'interrompre.

Je ne sais, ma chere, ou je trouvai tant de hardiesse, et quel moment d'egarement me fit oublier ainsi le devoir et la modestie, mais si j'osai sortir un instant d'un silence respectueux, j'en portai, comme tu vas voir, assez rudement la peine. Au nom du ciel, lui dis-je, daignez vous apaiser ; jamais un homme digne de tant d'injures ne sera dangereux pour moi. A l'instant mon pere, qui crut sentir un reproche a travers ces mots, et dont la fureur n'attendait qu'un prétexte, s'élança sur ta pauvre amie : pour la premiere fois de ma vie je reçus un soufflet qui ne fut pas le seul ; et, se livrant à son transport avec une violence egale à celle qu'il lui avait coûtee, il me maltraita sans menagement, quoique ma mere se fut jetee entre deux, m'eut couverte de son corps, et eut reçu quelques-uns des coups qui m'etaient portes. En reculant pour les eviter, je fis un faux pas, je tombai, et mon visage alla donner contre le pied d'une table qui me fit saigner

Ici finit le triomphe de la colere, et commença celui de la nature. Ma chute, mon sang, mes larmes, celles de ma mere, l'emurent; il me releva avec un air d'inquietude et d'empressement; et, m'ayant assise sur une chaise, ils rechercherent tous deux avec soin si je n'etais point blessee. Je n'avais qu'une légere contusion au front, et ne saignais que du nez. Cependant je vis, au changement d'air et de voix de mon pere, qu'il etait mécontent de ce qu'il venait de faire. Il ne revint point a moi par des caresses, la dignité paternelle ne souffrait pas un changement si brusque; mais il revint a ma mere avec de tendres excuses, et je voyais bien, aux regards qu'il jetait furtivement sur moi, que la moitié de tout cela m'etait indirectement adressée. Non, ma chere, il n'y a point de confusion si touchante que celle d'un tendre pere qui croit s'etre mis dans son tort. Le cœur d'un pere sent qu'il est fait pour pardonner, et non pour avoir besoin de pardon.

Il etait l'heure du souper; on le fit retarder, pour me donner le temps de me remettre; et mon pere, ne voulant pas que les domestiques fussent témoins de mon desordre, m'alla chercher lui-meme un verre d'eau, tandis que ma mere me bassinait le visage. Hélas! cette pauvre maman, deja languissante et valetudinaire, elle se serait bien passee d'une pareille scene, et n'avait guere moins besoin de secours que moi.

A table, il ne me parla point; mais ce silence était de honte et non de dedain; il affectait de trouver bon chaque plat, pour dire a ma mere de m'en servir; et ce qui me toucha le plus sensiblement, fut de m'apercevoir qu'il cherchait les occasions de me nommer sa fille et non pas Julie, comme a l'ordinaire

Apres le souper, l'air se trouva si froid que ma mere fit faire du feu dans sa chambre. Elle s'assit a l'un des coins de la cheminée, et mon pere a l'autre; j'allais prendre une chaise pour me placer entre eux, quand, m'arretant par la robe, et me tirant a lui sans rien dire il m'assit sur ses genoux. Tout cela se fit si promptement, et par une sorte de mouvement si involontaire, qu'il en eut une espece de repentir le moment d'apres. Cependant j'étais sur ses genoux, il ne pouvait plus s'en dédire; et, ce qu'il y avait de pis pour la contenance, il fallait me tenir embrassée dans cette genante attitude. Tout cela se faisait en silence; mais je sentais de temps en temps ses bras se presser contre mes flancs avec un soupir assez mal étouffé. Je ne sais quelle mauvaise honte empechait ses bras paternels de se livrer a ces douces étreintes. Une certaine gravité qu'on n'osait quitter, une certaine confusion qu'on n'osait vaincre, mettaient entre un pere et sa fille ce charmant embarras que la pudeur et l'amour donnent aux amants ; tandis qu'une tendre mere, transportée d'aise, devorait en secret un si doux spectacle. Je voyais, je sentais tout cela, mon ange, et ne pus tenir plus longtemps a l'attendrissement qui me gagnait. Je feignis de glisser ; je jetai, pour me retenir, un bras au cou de mon pere ; je penchai mon visage sur son visage venérable, et dans un instant il fut couvert de mes baisers et inondé de mes larmes ; je sentis a celles qui lui coulaient des yeux qu'il etait lui-meme soulagé d'une grande peine : ma mere vint partager nos transports. Douce et paisible innocence, tu manquas seule a mon cœur, pour faire de cette scene de la nature le plus délicieux moment de ma vie!

Ce matin, la lassitude et le ressentiment de ma chûte m'ayant retenue au lit un peu tard, mon pere est entré dans ma chambre avant que je fusse levée ; il s'est assis a coté de mon lit en s'informant tendrement de ma santé ; il a pris une de mes mains dans les siennes, il s'est abaissé jusqu'a la baiser plusieurs fois en m'appelant sa chere fille, et me témoignant du regret de son emportement. Pour moi, je lui ai dit, et je le pense, que je serais trop heureuse d'etre battue tous les jours au meme prix, et qu'il n'y a point de traitement si rude qu'une seule de ses caresses n'efface au fond de mon cœur.

Apres cela, prenant un ton plus grave, il m'a remise sur le sujet d'hier, et m'a signifié sa volonté en termes honnetes, mais précis. Vous savez, m'a-t-il dit, a qui je vous destine ; je vous l'ai déclaré des mon arrivée, et ne changerai jamais d'intention sur ce point. Quant a l'homme dont m'a parlé mylord Edouard, quoique je ne lui dispute point le mérite que tout le monde lui trouve, je ne sais s'il a conçu de lui-meme le ridicule espoir de s'allier a moi, ou si quelqu'un a pu le lui inspirer ; mais quand je n'aurais personne en vue, et qu'il aurait toutes les guinées de l'Angleterre, soyez sûre que je n'accepterais jamais un tel gendre. Je vous defends de le voir et de lui parler de votre vie, et cela autant pour la sûreté de la sienne que pour votre honneur. Quoique je me sois toujours senti peu d'inclination pour lui, je le hais, surtout a present, pour les exces qu'il m'a fait commettre, et ne lui pardonnerai jamais ma brutalité.

A ces mots, il est sorti sans attendre ma réponse, et presque avec le même air de sévérité qu'il venait de se reprocher. Ah! ma cousine, quels monstres d'enfer sont ces préjuges qui dépravent les meilleurs cœurs, et font taire a chaque instant la nature!

Voila, ma Claire, comment s'est passée l'explication que tu avais prévue, et dont je n'ai pu comprendre la cause jusqu'a ce que ta lettre me l'ait apprise Je ne puis bien te dire quelle révolution s'est faite en moi, mais depuis ce moment je me trouve changée; il me semble que je tourne les yeux avec plus de regret sur l'heureux temps ou je vivais tranquille et contente au sein de ma famille, et que je sens augmenter le sentiment de ma faute avec celui des biens qu'elle m'a fait perdre. Dis, cruelle, dis-le-moi si tu l'oses, le temps de l'amour serait-il passé, et faut-il ne se plus revoir? Ah! sens-tu bien tout ce qu'il y a de sombre et d'horrible dans cette funeste idée? Cependant l'ordre de mon pere est précis, le danger de mon amant est certain Sais-tu ce qui resulte en moi de tant de mouvements opposés qui s'entre-detruisent? Une sorte de stupidité qui me rend l'ame presque insensible, et ne me laisse l'usage ni des passions ni de la raison. Le moment est critique, tu me l'as dit et je le sens; cependant je ne fus jamais moins en état de me conduire. J'ai voulu tenter vingt fois d'écrire a celui que j'aime, je suis prete a m'evanouir a chaque ligne, et n'en saurais tracer deux de suite. Il ne me reste que toi, ma douce amie : daigne penser, parler, agir pour moi; je remets mon sort en tes mains; quelque parti que tu prennes, je confirme d'avance tout ce que tu feras; je confie a ton amitié ce pouvoir funeste que l'amour m'a vendu si cher. Sépare-moi pour jamais de moi-même, donne-moi la mort s'il faut que je meure, mais ne me force pas a me percer le cœur de ma propre main.

O mon ange! ma protectrice! quel horrible emploi je te laisse! Auras-tu le courage de l'exercer? sauras-tu bien en adoucir la barbarie? Helas! ce n'est pas mon cœur seul qu'il faut déchirer. Claire, tu le sais, tu le sais, comment je suis aimée! je n'ai pas même la consolation d'etre la plus a plaindre. De grace, fais parler mon cœur par ta bouche; penetre le tien de la tendre commiseration de l'amour, console un infortuné; dis-lui cent fois.. Ah! dis-lui.. Ne crois-tu pas, chere amie, que, malgré tous les prejuges, tous les obstacles, tous les revers, le ciel nous a faits l'un pour l'autre? Oui, oui, j'em suis sûre, il nous destine a etre unis; il m'est impossible de perdre cette idée, il m'est impossible de renoncer a l'espoir qui la suit. Dis-lui qu'il se garde lui-meme du decouragement et du desespoir. Ne t'amuse point a lui demander en mon nom amour et fidelité, encore moins a lui en promettre autant de ma part; l'assurance n'en est-elle pas au fond de nos ames? ne sentons-nous pas qu'elles sont indivisibles, et que nous n'en avons plus qu'une a nous deux? Dis-lui donc seulement qu'il espere, et que si le sort nous poursuit, il se fie au moins a l'amour : car je le sens, ma cousine, il guérira de maniere ou d'autre les maux qu'il nous cause; et, quoi que le ciel ordonne de nous, nous ne vivrons pas long temps séparés.

P. S. Apres ma lettre ecrite, j'ai passé dans la chambre de ma mere, et je m'y suis trouvee si mal que je suis obligée de venir me remettre dans mon lit; je m'aperçois meme... je crains... ah! ma chere, je crains bien que ma chute d'hier n'ait quelque suite plus funeste que je n'avais pensé. Ainsi tout est fini pour moi; toutes mes esperances m'abandonnent en meme temps.

LXIV. — DE CLAIRE A M. D'ORBE.

Mon pere m'a rapporté ce matin l'entretien qu'il eut hier avec vous Je vois avec plaisir que tout s'achemine à ce qu'il vous plait d'appeler votre bonheur. J'espere, vous le savez, d'y trouver aussi le mien; l'estime et l'amitie vous sont acquises, et tout ce que mon cœur peut nourrir de sentiments plus tendres est encore a vous. Mais ne vous y trompez pas; je suis en femme une espece de monstre, et je ne sais par quelle bizarrerie de la nature l'amitie l'emporte en moi sur l'amour. Quand je vous dis que ma Julie m'est plus chere que vous, vous n'en faites que rire; et cependant rien n'est plus vrai. Julie le sent si bien, qu'elle est plus jalouse pour vous que vous-meme, et que, tandis que vous paraissez content, elle trouve toujours que je ne vous aime pas assez. Il y a plus, et je m'attache tellement a tout ce qui lui est cher, que son amant et vous etes a peu pres dans mon cœur en meme degre, quoique de differentes manieres Je n'ai pour lui que de l'amitié, mais elle est plus vive; je crois sentir un peu d'amour pour vous, mais il est plus posé Quoique tout cela put paraitre assez équivalent pour troubler la tranquillité d'un jaloux, je ne pense pas que la vôtre en soit fort altérée.

Que les pauvres enfants en sont loin, de cette douce tranquillité dont nous osons jouir! et que notre contentement a mauvaise grâce, tandis que nos amis sont au désespoir! C'en est fait, il faut qu'ils se quittent; voici l'instant peut-être de leur éternelle séparation; et la tristesse que nous leur reprochâmes le jour du concert était peut-être un pressentiment qu'ils se voyaient pour la dernière fois. Cependant votre ami ne sait rien de son infortune : dans la sécurité de son cœur, il jouit encore du bonheur qu'il a perdu; au moment du désespoir, il goûte en idée une ombre de félicité; et, comme celui qu'enlève un trépas imprévu, le malheureux songe à vivre, et ne voit pas la mort qui va le saisir. Hélas ! c'est de ma main qu'il doit recevoir ce coup terrible. O divine amitié, seule idole de mon cœur, viens l'animer de ta sainte cruauté! Donne-moi le courage d'être barbare, et de te servir dignement dans un si douloureux devoir.

Je compte sur vous en cette occasion, et j'y compterais même quand vous m'aimeriez moins; car je connais votre âme, je sais qu'elle n'a pas besoin du zèle de l'amour où parle celui de l'humanité. Il s'agit d'abord d'engager notre ami à venir chez moi demain dans la matinée; gardez-vous, au surplus, de l'avertir de rien. Aujourd'hui l'on me laisse libre, et j'irai passer l'après-midi chez Julie; tâchez de trouver mylord Édouard, et de venir seul avec lui m'attendre à huit heures, afin de convenir ensemble de ce qu'il faudra faire pour résoudre au départ cet infortuné, et prévenir son désespoir.

J'espère beaucoup de son courage et de nos soins; j'espère encore plus de son amour : la volonté de Julie, le danger que courent sa vie et son honneur, sont des motifs auxquels il ne résistera pas. Quoi qu'il en soit, je vous déclare qu'il ne sera point question de noce entre nous que Julie ne soit tranquille, et que jamais les larmes de mon amie n'arroseront le nœud qui doit nous unir. Ainsi, monsieur, s'il est vrai que vous m'aimiez, votre intérêt s'accorde, en cette occasion, avec votre générosité; et ce n'est pas tellement ici l'affaire d'autrui, que ce ne soit aussi la vôtre.

LXV. — DE CLAIRE A JULIE.

Tout est fait, et, malgré ses imprudences, ma Julie est en sûreté. Les secrets de ton cœur sont ensevelis dans l'ombre du mystere; tu es encore au sein de ta famille et de ton pays, chérie, honorée, jouissant d'une réputation sans tache, et d'une estime universelle. Considere en frémissant les dangers que la honte ou l'amour t'ont fait courir en faisant trop ou trop peu : apprends a ne vouloir plus concilier des sentiments incompatibles, et bénis le ciel, trop aveugle amante ou fille trop craintive, d'un bonheur qui n'etait réservé qu'a toi.

Je voulais éviter a ton triste cœur le détail de ce départ si cruel et si nécessaire. Tu l'as voulu, je l'ai promis; je tiendrai parole avec cette même franchise qui nous est commune, et qui ne mit jamais aucun avantage en balance avec la bonne foi. Lis donc, chere et déplorable amie, lis, puisqu'il le faut; mais prends courage, et tiens-toi ferme.

Toutes les mesures que j'avais prises et dont je te rendis compte hier ont été suivies de point en point. En rentrant chez moi j'y trouvai M. d'Orbe et mylord Édouard; je commençai par déclarer au dernier ce que nous savions de son héroïque générosité, et lui témoignai combien nous en étions toutes deux pénétrees. Ensuite je leur exposai les puissantes raisons que nous avions d'éloigner promptement son ami, et les difficultes que je prévoyais à l'y résoudre. Mylord sentit parfaitement tout cela, et montra beaucoup de douleur de l'effet qu'avait produit son zele inconsideré; ils convinrent qu'il était important de précipiter le départ de ton ami, et de saisir un moment de consentement pour prévenir de nouvelles irresolutions, et l'arracher au continuel danger du séjour. Je voulais charger M. d'Orbe de faire a son insu les préparatifs convenables; mais mylord, regardant cette affaire comme la sienne, voulut en prendre le soin. Il me promit que sa chaise serait prete ce matin a onze heures, ajoutant qu'il l'accompagnerait aussi loin qu'il serait nécessaire, et proposa de l'emmener d'abord sous un autre prétexte, pour le déterminer plus a loisir. Cet expédient ne me parut pas assez franc pour nous et pour notre ami, et je ne voulus pas non plus l'exposer loin de nous au premier effet d'un désespoir qui pouvait plus aisément échapper aux yeux de mylord qu'aux miens. Je n'acceptai pas, par la même raison, la proposition qu'il fit de lui parler lui-même et d'obtenir son consentement. Je prévoyais que cette négociation serait délicate, et je n'en voulus charger que moi seule ; car je connais plus sûrement les endroits sensibles de son cœur, et je sais qu'il regne toujours entre hommes une sécheresse qu'une femme sait mieux adoucir. Cependant je conçus que les soins de mylord ne nous seraient pas inutiles pour préparer les choses ; je vis tout l'effet que pouvaient produire sur un cœur vertueux les discours d'un homme sensible qui croit n'etre qu'un philosophe, et quelle chaleur la voix d'un ami pouvait donner aux raisonnements d'un sage.

J'engageai donc mylord Edouard à passer avec lui la soirée, et, sans rien dire qui eût un rapport direct à sa situation, de disposer insensiblement son âme a la fermeté stoïque. Vous qui savez si bien votre Épictete, lui dis-je, voici le cas ou jamais de l'employer utilement : distinguez avec soin les biens apparents des biens réels, ceux qui sont en nous, de ceux qui sont hors de nous. Dans un moment ou l'épreuve se prépare au dehors, prouvez-lui qu'on ne reçoit jamais de mal que de soi-meme, et que le sage, se portant partout avec lui, porte aussi partout son bonheur. Je compris à sa réponse que cette légère ironie, qui ne pouvait le fâcher, suffisait pour exciter son zèle, et qu'il comptait fort m'envoyer le lendemain ton ami bien preparé. C'etait tout ce que j avais prétendu ; car, quoiqu'au fond je ne fasse pas grand cas, non plus que toi, de toute cette philosophie parliere, je suis persuadée qu'un honnête homme a toujours quelque honte de changer de maxime du soir au matin, et de se dédire en son cœur, des le lendemain, de tout ce que sa raison lui dictait la veille.

M d'Orbe voulait être aussi de la partie, et passer la soirée avec eux, mais je le priai de n'en rien faire ; il n'aurait fait que s'ennuyer, ou gêner l'entretien. L'intérêt que je prends à lui ne m'empeche pas de voir qu'il n'est point du vol des deux autres · ce penser mâle des âmes fortes, qui leur donne un idiome si particulier, est une langue dont il n'a pas la grammaire. En les quittant, je songeai au punch ; et, craignant les confidences anticipées, j'en glissai un mot en riant a mylord. Rassurez-vous, me dit-il, je me livre aux habitudes quand je n'y vois aucun danger ; mais je ne m'en suis jamais fait l'esclave ; il s'agit ici de l'honneur de Julie, du destin, peut-être de la vie d'un homme et de mon ami. Je boirai du punch selon ma coutume, de peur de donner à l'entretien quelque air de préparation ; mais ce punch sera de la limonade, et comme il s'abstient d'en boire, il ne s'en apercevra point. Ne trouves-tu pas, ma chere, qu'on doit être bien humilié d'avoir contracté des habitudes qui forcent à de pareilles précautions?

J'ai passé la nuit dans de grandes agitations qui n'étaient pas toutes pour ton compte : les plaisirs innocents de notre première jeunesse, la douceur d'une ancienne familiarité, la société plus resserrée encore depuis une année entre lui et moi, par la difficulté qu'il avait de te voir ; tout portait dans mon âme l'amertume de cette séparation. Je sentais que j'allais perdre avec la moitié de toi-même une partie de ma propre existence ; je comptais les heures avec inquiétude ; et, voyant poindre le jour, je n'ai pas vu naître sans effroi celui qui devait décider de ton sort. J'ai passé la matinée à méditer mes discours, et à réfléchir sur l'impression qu'ils pouvaient faire ; enfin l'heure est venue, et j'ai vu entrer ton ami. Il avait l'air inquiet, et m'a demandé précipitamment de tes nouvelles ; car, des le lendemain de ta scene avec ton pere, il avait su que tu étais malade, et mylord Édouard lui avait confirmé hier que tu n'etais pas sortie de ton lit. Pour éviter là-dessus les details, je lui ai dit aussitôt que je t'avais laissée mieux hier au soir, et j'ai ajouté qu'il en apprendrait dans un moment davantage par le retour de Hanz, que je venais de t'envoyer. Ma précaution n'a servi de rien ; il m'a fait cent questions sur ton état ; et comme elles m'eloignaient de mon objet, j'ai fait des reponses succinctes, et me suis mise à le questionner à mon tour.

J'ai commencé par sonder la situation de son esprit : je l'ai trouve grave, méthodique, et prêt à peser le sentiment au poids de la raison. Grâces au ciel, ai-je dit en moi-meme, voilà mon sage bien préparé ; il ne s'agit plus que de le mettre à l'epreuve. Quoique l'usage ordinaire soit d'annoncer par degrés les tristes nouvelles, la connaissance que j'ai de son imagination fougueuse, qui, sur un mot, porte tout à l'extrême, m'a determinée à suivre une route contraire, et j'ai mieux aimé l'accabler d'abord, pour lui ménager des adoucissements, que de multiplier inutilement ses douleurs, et les lui donner mille fois pour une. Prenant donc un ton plus sérieux, et le regardant fixement : Mon ami, lui ai-je dit, connaissez vous les bornes du courage et de la vertu dans une âme forte? et croyez-vous que renoncer à ce qu'on aime soit un effort au-dessus de l'humanité? A l'instant il s'est leve comme un furieux : puis, frappant des mains et les portant a son front ainsi jointes, Je vous entends, s'est-il ecrie, Julie est morte ! Julie est morte! a-t-il répeté d'un ton qui m'a fait fremir je le sens a vos soins trompeurs, a vos vains menagements, qui ne font que rendre ma mort plus lente et plus cruelle.

Quoique effrayée d'un mouvement si subit, j'en ai bientot devine la cause, et j'ai d'abord conçu comment les nouvelles de ta maladie, les moralités de mylord Edouard, le rendez-vous de ce matin, ses questions eludées, celles que je venais de lui faire, l'avaient pu jeter dans de fausses alarmes. Je voyais bien aussi quel parti je pouvais tirer de son erreur, en l'y laissant quelques instants; mais je n'ai pu me resoudre a cette barbarie. L'idee de la mort de ce qu'on aime est si affreuse, qu'il n'y en a point qui ne soit douce a lui substituer, et je me suis hatee de profiter de cet avantage. Peut-etre ne la verrez-vous plus, lui ai-je dit ; mais elle vit et vous aime. Ah! si Julie etait morte, Claire aurait-elle quelque chose a vous dire? Rendez graces au ciel, qui sauve a votre infortune des maux dont il pourrait vous accabler Il était si étonné, si saisi, si égare, qu'apres l'avoir fait rasseoir, j'ai eu le temps de lui detailler par ordre tout ce qu'il fallait qu'il sut, et j'ai fait valoir de mon mieux les procedes de mylord Édouard, afin de faire dans son cœur honnete quelque diversion a la douleur, par le charme de la reconnaissance.

Voila, mon cher, ai-je poursuivi, l'etat actuel des choses : Julie est au bord de l'abime, prete a s'y voir accabler du deshonneur public, de l'indignation de sa famille, des violences d'un pere emporté, et de son propre desespoir. Le danger augmente incessamment : de la main de son pere ou de la sienne, le poignard, a chaque instant de sa vie, est a deux doigts de son cœur. Il reste un seul moyen de prévenir tous ces maux, et ce moyen depend de vous seul, le sort de votre amante est entre vos mains : voyez si vous avez le courage de la sauver en vous éloignant d'elle, puisque aussi bien il ne lui est plus permis de vous voir; ou si vous aimez mieux etre l'auteur et le temoin de sa perte et de son opprobre. Apres avoir tout fait pour vous, elle va voir ce que votre cœur peut faire pour elle. Est-il etonnant que sa sante succombe a ses peines? Vous etes inquiet de sa vie : sachez que vous en etes l'arbitre.

Il m'écoutait sans m'interrompre : mais sitôt qu'il a compris de quoi il s'agissait, j'ai vu disparaître ce geste animé, ce regard furieux, cet air effrayé, mais vif et bouillant, qu'il avait auparavant. Un voile sombre de tristesse et de consternation a couvert son visage ; son œil morne et sa contenance effacée annonçaient l'abattement de son cœur à peine avait-il la force d'ouvrir la bouche pour me répondre. Il faut partir, m'at-il dit d'un ton qu'une autre aurait cru tranquille : hé bien ! je partirai ; n'ai-je pas assez vécu ? Non, sans doute, ai-je repris aussitôt ; il faut vivre pour celle qui vous aime · avez-vous oublié que ses jours dépendent des vôtres ? Il ne fallait donc pas les séparer, a-t-il à l'instant ajouté ; elle l'a pu et le peut encore. J'ai feint de ne pas entendre ces derniers mots, et je cherchais à le ranimer par quelques espérances auxquelles son âme demeurait fermée, quand Hanz est rentré, et m'a rapporté de bonnes nouvelles. Dans le moment de joie qu'il en a ressenti, il s'est écrié · Ah ! qu'elle vive, qu'elle soit heureuse. . s'il est possible ! Je ne veux que lui faire mes derniers adieux... et je pars. Ignorez-vous, ai-je dit, qu'il ne lui est plus permis de vous voir ? hélas ! vos adieux sont faits, et vous êtes déjà séparés. Votre sort sera moins cruel quand vous serez plus loin d'elle ; vous aurez du moins le plaisir de l'avoir mise en sûreté. Fuyez dès ce jour, dès cet instant ; craignez qu'un si grand sacrifice ne soit trop tardif ; tremblez de causer encore sa perte, après vous être dévoué pour elle. Quoi ! m'a-t-il dit avec une espèce de fureur, je partirais sans la revoir ! quoi ! je ne la verrais plus ! Non, non nous périrons tous deux, s'il le faut ; la mort, je le sais bien, ne lui sera point dure avec moi : mais je la verrai, quoi qu'il arrive, je laisserai mon cœur et ma vie à ses pieds, avant de m'arracher à moi-même Il ne m'a pas été difficile de lui montrer la folie et la cruauté d'un pareil projet : mais ce *quoi ! je ne la verrai plus !* qui revenait sans cesse d'un ton plus douloureux, semblait chercher au moins des consolations pour l'avenir Pourquoi, lui ai-je dit, vous figurez vos maux pires qu'ils ne sont ? pourquoi renoncer à des espérances que Julie elle-même n'a pas perdues ? Pensez-vous qu'elle pût se séparer ainsi de vous, si elle croyait que ce fut pour toujours ? Non, mon ami, vous devez connaître son cœur ; vous devez savoir combien elle préfère son amour à sa vie. Je crains, je crains trop (j'ai ajouté ces mots, je te l'avoue) qu'elle ne le préfère bientôt à tout Croyez donc qu'elle espère, puisqu'elle consent à vivre : croyez que les soins que la prudence lui dicte vous regardent plus qu'il ne semble, et qu'elle ne se respecte pas moins pour vous que pour elle-même. Alors j'ai tiré ta dernière lettre; et, lui montrant les tendres espérances de cette fille aveuglée qui croit n'avoir plus d'amour, j'ai ranimé les siennes à cette douce chaleur. Ce peu de lignes semblait distiller un baume salutaire sur sa blessure envenimée : j'ai vu ses regards s'adoucir et ses yeux s'humecter; j'ai vu l'attendrissement succéder par degrés au désespoir; mais ces derniers mots si touchants, tels que ton cœur les sait dire, *nous ne vivrons pas longtemps séparés*, l'ont fait fondre en larmes. Non, Julie, non, ma Julie, a-t-il dit en élevant la voix et baisant la lettre, nous ne vivrons pas longtemps séparés ; le ciel unira nos destins sur la terre, ou nos cœurs dans le séjour éternel.

C'était là l'état où je l'avais souhaité. Sa sèche et sombre douleur m'inquiétait. Je ne l'aurais pas laissé partir dans cette situation d'esprit; mais sitôt que je l'ai vu pleurer, et que j'ai entendu ton nom chéri sortir de sa bouche avec douceur, je n'ai plus craint pour sa vie; car rien n'est moins tendre que le désespoir. Dans cet instant il a tiré de l'émotion de son cœur une objection que je n'avais pas prévue. Il m'a parlé de l'état où tu soupçonnais d'être, jurant qu'il mourrait plutôt mille fois que de t'abandonner à tous les périls qui t'allaient menacer. Je n'ai eu garde de lui parler de ton accident; je lui ai dit simplement que ton attente avait encore été trompée, et qu'il n'y avait plus rien à espérer. Ainsi, m'a-t-il dit en soupirant, il ne restera sur la terre aucun monument de mon bonheur; il a disparu comme un songe qui n'eut jamais de réalité.

Il me restait à exécuter la dernière partie de ta commission; et je n'ai pas cru qu'après l'union dans laquelle vous avez vécu, il fallût à cela ni préparatif ni mystère. Je n'aurais pas même évité un peu d'altercation sur ce léger sujet, pour éluder celle qui pourrait renaître sur celui de notre entretien. Je lui ai reproché sa négligence dans le soin de ses affaires. Je lui ai dit que tu craignais que de longtemps il ne fût plus soigneux, et qu'en attendant qu'il le devînt, tu lui ordonnais de se conserver pour toi, de pourvoir mieux à ses besoins, et de se charger à cet effet du léger supplément que j'avais à lui remettre de ta part. Il n'a ni paru humilié de cette proposition, ni prétendu en faire une affaire. Il m'a dit simplement que tu savais bien que rien ne lui venait de toi qu'il ne reçût avec transport ; mais que ta précaution était superflue, et qu'une petite maison qu'il venait de vendre à Granson [1], reste de son chétif patrimoine, lui avait procuré plus d'argent qu'il n'en avait possédé de sa vie. D'ailleurs, a-t-il ajouté, j'ai quelques talents dont je puis tirer partout des ressources. Je serai trop heureux de trouver dans leur exercice quelque diversion à mes maux ; et depuis que j'ai vu de plus près l'usage que Julie fait de son superflu, je le regarde comme le trésor sacré de la veuve et de l'orphelin, dont l'humanité ne me permet pas de rien aliéner. Je lui ai rappelé son voyage du Valais, ta lettre, et la précision de tes ordres. Les mêmes raisons subsistent... Les mêmes [1] a-t-il interrompu d'un ton d'indignation. La peine de mon refus était de ne la plus voir : qu'elle me laisse donc rester, et j'accepte. Si j'obéis, pourquoi me punit-elle ? Si je refuse, que me fera-t-elle de pis ?... Les mêmes [1] répétait-il avec impatience. Notre union commençait ; elle est prête à finir ; peut-être vais-je pour jamais me séparer d'elle ; il n'y a plus rien de commun entre elle et moi ; nous allons être étrangers l'un a l'autre. Il a prononcé ces derniers mots avec un tel serrement de cœur, que j'ai tremblé de le voir retomber dans l'état d'où j'avais eu tant de peine à le tirer. Vous êtes un enfant, ai-je affecté de lui dire d'un air riant ; vous avez encore besoin d'un tuteur, et je veux être le vôtre. Je vais garder ceci ; et pour en disposer à propos dans le commerce que nous allons avoir ensemble, je veux être instruite de toutes vos affaires. Je tâchais de détourner ainsi ses idées funestes par celle d'une correspondance familière continuée entre nous ; et cette âme simple, qui ne cherche pour ainsi dire qu'à s'accrocher à ce qui t'environne, a pris aisément le change. Nous nous sommes ensuite ajustés pour les adresses de lettres ; et comme ces mesures ne pouvaient que lui être agréables, j'en ai prolongé le détail jusqu'à l'arrivée de M d'Orbe, qui m'a fait signe que tout était prêt.

Ton ami a facilement compris de quoi il s'agissait ; il a instamment demandé à t'écrire, mais je me suis gardée de le permettre. Je prévoyais qu'un excès d'attendrissement lui relâcherait

---

[1] Je suis un peu en peine de savoir comment cet amant anonyme, qu'il sera dit ci-après n'avoir pas encore vingt-quatre ans, a pu vendre une maison n'étant pas majeur. Ces lettres sont si pleines de semblables absurdités, que je n'en parlerai plus, il suffit d'en avoir averti.

trop le cœur, et qu'à peine serait-il au milieu de sa lettre, qu'il n'y aurait plus moyen de le faire partir. Tous les délais sont dangereux, lui ai-je dit ; hâtez-vous d'arriver à la première station, d'où vous pourrez lui écrire à votre aise. En disant cela, j'ai fait signe à M. d'Orbe ; je me suis avancée, et, le cœur gros de sanglots, j'ai collé mon visage sur le sien : je n'ai plus su ce qu'il devenait ; les larmes m'offusquaient la vue, ma tête commençait à se perdre, et il était temps que mon role finit.

Un moment apres je les ai entendus descendre précipitamment. Je suis sortie sur le palier pour les suivre des yeux. Ce dernier trait manquait à mon trouble. J'ai vu l'insensé se jeter à genoux au milieu de l'escalier, en baiser mille fois les marches, et d'Orbe pouvoir à peine l'arracher de cette froide pierre qu'il pressait de son corps, de la tete et des bras, en poussant de longs gémissements. J'ai senti les miens pres d'éclater malgré moi, et je suis brusquement rentrée, de peur de donner une scene a toute la maison.

A quelques instants de là, M. d'Orbe est revenu tenant son mouchoir sur ses yeux. C'en est fait, m'a-t-il dit, ils sont en route. En arrivant chez lui, votre ami a trouvé la chaise a sa porte. Mylord Édouard l'y attendait aussi ; il a couru au-devant de lui, et le serrant contre sa poitrine : « Viens, homme infortuné, lui « a-t-il dit d'un ton pénétré, viens verser tes douleurs dans ce « cœur qui t'aime. Viens, tu sentiras peut-être qu'on n'a pas tout « perdu sur la terre, quand on y retrouve un ami tel que moi. » A l'instant il l'a porté d'un bras vigoureux dans la chaise, et ils sont partis en se tenant étroitement embrassés.

SECONDE PARTIE.

LETTRE PREMIÈRE.

A JULIE [1].

J'ai pris et quitté cent fois la plume, j'hésite dès le premier mot, je ne sais quel ton je dois prendre, je ne sais par où commencer ; et c'est à Julie que je veux écrire ! Ah ! malheureux ! que suis-je devenu ? Il n'est donc plus ce temps où mille sentiments délicieux coulaient de ma plume comme un intarissable torrent ! Ces doux moments de confiance et d'épanchement sont passés, nous ne sommes plus l'un à l'autre, nous ne sommes plus les mêmes, et je ne sais plus à qui j'écris. Daignerez-vous recevoir mes lettres ? vos yeux daigneront-ils les parcourir ? les trouverez-vous assez réservées, assez circonspectes ? Oserais-je y garder encore une ancienne familiarité ? Oserais-je y parler d'un amour éteint ou méprisé ? et ne suis-je pas plus reculé que le premier jour où je vous écrivis ? Quelle différence, ô ciel ! de ces jours si charmants et si doux, à mon effroyable misère ! Hélas ! je commençais d'exister, et je suis tombé dans l'anéantissement ; l'espoir de vivre animait mon cœur ; je n'ai plus devant moi que l'image de la mort ; et trois ans d'intervalle ont fermé le cercle fortuné de mes jours. Ah ! que ne les ai-je terminés avant de me survivre à moi-même ! Que n'ai-je suivi mes pressentiments après ces rapides instants de délices où je ne voyais plus rien dans la vie qui fût digne de la prolonger ! Sans doute il fallait la borner à ces trois ans, ou les ôter de sa durée ; il valait mieux ne jamais goûter la félicité, que la goûter et la perdre. Si j'avais franchi ce fatal intervalle, si j'avais évité ce premier regard qui me fit une autre âme, je jouirais de ma raison, je remplirais les devoirs d'un homme, et sèmerais peut-être de quelques vertus mon insipide carrière. Un moment d'erreur a tout changé. Mon œil osa contempler ce qu'il ne fallait point voir ; cette vue a produit enfin son effet inévitable. Après m'être égaré par degrés,

---

[1] Je n'ai guère besoin, je crois, d'avertir que, dans cette seconde partie et dans la suivante, les deux amants séparés ne font que déraisonner et battre la campagne, leurs pauvres têtes n'y sont plus

je ne suis plus qu'un furieux dont le sens est aliéné, un lâche esclave sans force et sans courage, qui va traînant dans l'ignominie sa chaîne et son désespoir.

Vains rêves d'un esprit qui s'égare! désirs faux et trompeurs, désavoués à l'instant par le cœur qui les a formés! Que sert d'imaginer a des maux réels de chimériques remedes qu'on rejetterait quand ils nous seraient offerts? Ah! qui jamais connaîtra l'amour, t'aura vue, et pourra le croire, qu'il y ait quelque felicite possible que je voulusse acheter au prix de mes premiers feux? Non, non : que le ciel garde ses bienfaits, et me laisse avec ma misere le souvenir de mon bonheur passe. J'aime mieux les plaisirs qui sont dans ma mémoire, et les regrets qui déchirent mon âme, que d'etre a jamais heureux sans ma Julie. Viens, image adorée, remplir un cœur qui ne vit que par toi; suis moi dans mon exil, console-moi dans mes peines, ranime et soutiens mon espérance éteinte. Toujours ce cœur infortuné sera ton sanctuaire inviolable, d'ou le sort ni les hommes ne pourront jamais t'arracher. Si je suis mort au bonheur, je ne le suis point a l'amour qui m'en rend digne. Cet amour est invincible comme le charme qui l'a fait naitre; il est fondé sur la base inébranlable du mérite et des vertus; il ne peut périr dans une âme immortelle; il n'a plus besoin de l'appui de l'espérance, et le passé lui donne des forces pour un avenir éternel.

Mais toi, Julie, o toi qui sus aimer une fois, comment ton tendre cœur a-t-il oublié de vivre? comment ce feu sacré s'est-il éteint dans ton âme pure? comment as-tu perdu le gout de ces plaisirs célestes que toi seule étais capable de sentir et de rendre? Tu me chasses sans pitié, tu me bannis avec opprobre, tu me livres à mon désespoir; et tu ne vois pas, dans l'erreur qui t'égare, qu'en me rendant miserable tu t'otes le bonheur de tes jours! Ah! Julie, crois-moi, tu chercheras vainement un autre cœur ami du tien mille t'adoreront sans doute, le mien seul te savait aimer.

Réponds-moi maintenant, amante abusée et trompeuse, que sont devenus ces projets formés avec tant de mystere? Ou sont ces vaines espérances dont tu leurras si souvent ma credule simplicité? Où est cette union sainte et désirée, doux objet de tant d'ardents soupirs, et dont ta plume et ta bouche flattaient mes vœux? Helas! sur la foi de tes promesses j'osais aspirer a ce nom sacre d'epoux, et me croyais deja le plus heureux des hommes

Dis, cruelle, ne m'abusais-tu que pour rendre enfin ma douleur plus vive et mon humiliation plus profonde? Ai-je attiré mes malheurs par ma faute? Ai-je manqué d'obéissance, de docilité, de discrétion? M'as-tu vu désirer assez faiblement pour mériter d'être éconduit, ou preferer mes fougueux désirs a tes volontés suprêmes? J'ai tout fait pour te plaire, et tu m'abandonnes! tu te chargeais de mon bonheur, et tu m'as perdu! Ingrate, rends-moi compte du depot que je t'ai confié; rends-moi compte de moi-meme, après avoir égaré mon cœur dans cette suprême félicité que tu m'as montrée et que tu m'enleves. Anges du ciel, j'eusse meprisé votre sort; j'eusse eté le plus heureux des etres... Helas! je ne suis plus rien, un instant m'a tout oté. J'ai passé sans intervalle du comble des plaisirs aux regrets eternels. je touche encore au bonheur qui m'echappe.. j'y touche encore, et le perds pour jamais!.. Ah! si je le pouvais croire! si les restes d'une espérance vaine ne soutenaient.. O rochers de Meillerie, que mon œil égaré mesura tant de fois, que ne servites-vous mon desespoir! J'aurais moins regretté la vie quand je n'en avais pas senti le prix.

II — DE MYLORD ÉDOUARD A CLAIRE.

Nous arrivons a Besançon, et mon premier soin est de vous donner des nouvelles de notre voyage. Il s'est fait, sinon paisiblement, du moins sans accident, et votre ami est aussi sain de corps qu'on peut l'etre avec un cœur aussi malade; il voudrait meme affecter à l'extérieur une sorte de tranquillité. Il a honte de son état, et se contraint beaucoup devant moi, mais tout decele ses secretes agitations. et si je feins de m'y tromper, c'est pour le laisser aux prises avec lui meme, et occuper ainsi une partie des forces de son ame a reprimer l'effet de l'autre.

Il fut fort abattu la premiere journée, je la fis courte, voyant que la vitesse de notre marche irritait sa douleur. Il ne me parla point, ni moi a lui. les consolations indiscretes ne font qu'aigrir les violentes afflictions. L'indifference et la froideur trouvent aisement des paroles, mais la tristesse et le silence sont alors le vrai langage de l'amitie. Je commençai d'apercevoir hier les premieres étincelles de la fureur qui va succeder infailliblement a cette lethargie. A la dinee, a peine y avait-il un quart d'heure que nous étions arrivés, qu'il m'aborda d'un air d'impatience. Que tardons-nous à partir? me dit-il avec un souris amer; pourquoi restons-nous un moment si près d'elle? Le soir il affecta de parler beaucoup, sans dire un mot de Julie : il recommençait des questions auxquelles j'avais répondu dix fois. Il voulut savoir si nous étions déjà sur les terres de France, et puis il demanda si nous arriverions bientôt à Vevay. La première chose qu'il fait à chaque station, c'est de commencer quelque lettre qu'il déchire ou chiffonne un moment après. J'ai sauvé du feu deux ou trois de ces brouillons, sur lesquels vous pourrez entrevoir l'état de son âme. Je crois pourtant qu'il est parvenu à écrire une lettre entière.

L'emportement qu'annoncent ces premiers symptômes est facile à prévoir, mais je ne saurais dire quel en sera l'effet et le terme; car cela dépend d'une combinaison du caractère de l'homme, du genre de sa passion, des circonstances qui peuvent naître, de mille choses que nulle prudence humaine ne peut déterminer. Pour moi, je puis répondre de ses fureurs, mais non pas de son désespoir; et, quoi qu'on fasse, tout homme est toujours maître de sa vie.

Je me flatte cependant qu'il respectera sa personne et mes soins; et je compte moins pour cela sur le zèle de l'amitié, qui n'y sera pas épargné, que sur le caractère de sa passion et sur celui de sa maîtresse. L'âme ne peut guère s'occuper fortement et longtemps d'un objet, sans contracter des dispositions qui s'y rapportent. L'extrême douceur de Julie doit tempérer l'âcreté du feu qu'elle inspire, et je ne doute pas non plus que l'amour d'un homme aussi vif ne lui donne à elle-même un peu plus d'activité qu'elle n'en aurait naturellement sans lui.

J'ose compter aussi sur son cœur; il est fait pour combattre et vaincre. Un amour pareil au sien n'est pas tant une faiblesse qu'une force mal employée. Une flamme ardente et malheureuse est capable d'absorber pour un temps, pour toujours peut-être, une partie de ses facultés : mais elle est elle-même une preuve de leur excellence, et du parti qu'il en pourrait tirer pour cultiver la sagesse; car la sublime raison ne se soutient que par la même vigueur de l'âme qui fait les grandes passions, et l'on ne sert dignement la philosophie qu'avec le même feu qu'on sent pour une maîtresse.

Soyez-en sûre, aimable Claire, je ne m'intéresse pas moins que vous au sort de ce couple infortuné, non par un sentiment de commisération qui peut n'etre qu'une faiblesse, mais par la considération de la justice et de l'ordre, qui veulent que chacun soit placé de la maniere la plus avantageuse a lui-meme et a la société. Ces deux belles ames sortirent l'une pour l'autre des mains de la nature; c'est dans une douce union, c'est dans le sein du bonheur, que, libres de deployer leurs forces et d'exercer leurs vertus, elles eussent éclairé la terre de leurs exemples. Pourquoi faut il qu'un insensé prejuge vienne changer les directions éternelles, et bouleverser l'harmonie des etres pensants? Pourquoi la vanité d'un pere barbare cache t-elle ainsi la lumiere sous le boisseau, et fait-elle gemir dans les larmes des cœurs tendres et bienfaisants, né pour essuyer celles d'autrui? Le lien conjugal n'est-il pas le plus libre ainsi que le plus sacré des engagements? Oui, toutes les lois qui le genent sont injustes, tous les peres qui l'osent former ou rompre sont des tyrans. Ce chaste nœud de la nature n'est soumis ni au pouvoir souverain ni a l'autorité paternelle, mais a la seule autorité du Pere commun, qui sait commander aux cœurs, et qui, leur ordonnant de s'unir, les peut contraindre à s'aimer [1].

Que signifie ce sacrifice des convenances de la nature aux convenances de l'opinion? La diversité de la fortune et d'etat s'éclipse et se confond dans le mariage, elle ne fait rien au bonheur; mais celle d'humeur et de caractere demeure, et c'est par elle qu'on est heureux ou malheureux. L'enfant qui n'a de regle que l'amour choisit mal, le pere qui n'a de regle que l'opinion choisit plus mal encore. Qu'une fille manque de raison, d'experience pour juger de la sagesse et des mœurs, un bon pere y doit suppléer sans doute; son droit, son devoir meme est de dire, Ma fille, c'est un honnete homme, ou, c'est un fripon; c'est un homme

---

[1] Il y a des pays ou cette convenance des conditions et de la fortune est tellement preferée a celle de la nature et des cœurs, qu'il suffit que la premiere ne s'y trouve pas, pour empecher ou rompre les plus heureux mariages, sans egard pour l'honneur perdu des infortunées qui sont tous les jours victimes de ces odieux prejuges. J'ai vu plaider au parlement de Paris une cause celebre, ou l'honneur du rang attaquait insolemment et publiquement l'honneteté, le devoir, la foi conjugale, et ou l'indigne pere qui gagna son procés osa desheriter son fils pour n'avoir pas voulu etre un malhonnete homme. On ne saurait dire à quel point, dans ce pays si galant, les femmes sont tyrannisées par les lois Faut il s'etonner qu'elles s'en vengent si cruellement par leurs mœurs?

de sens, ou, c'est un fou. Voilà les convenances dont il doit connaître ; le jugement de toutes les autres appartient à la fille. En criant qu'on troublerait ainsi l'ordre de la société, ces tyrans le troublent eux-mêmes. Que le rang se règle par le mérite, et l'union des cœurs par leur choix, voilà le véritable ordre social ; ceux qui le reglent par la naissance ou par les richesses sont les vrais perturbateurs de cet ordre, ce sont ceux-là qu'il faut décrier ou punir.

Il est donc de la justice universelle que ces abus soient redressés ; il est du devoir de l'homme de s'opposer à la violence, de concourir à l'ordre ; et, s'il m'était possible d'unir ces deux amants en dépit d'un vieillard sans raison, ne doutez pas que je n'achevasse en cela l'ouvrage du ciel, sans m'embarrasser de l'approbation des hommes.

Vous êtes plus heureuse, aimable Claire, vous avez un pere qui ne prétend point savoir mieux que vous en quoi consiste votre bonheur. Ce n'est peut-être ni par de grandes vues de sagesse, ni par une tendresse excessive, qu'il vous rend ainsi maitresse de votre sort ; mais qu'importe la cause si l'effet est le même, et si, dans la liberté qu'il vous laisse, l'indolence lui tient lieu de raison ? Loin d'abuser de cette liberté, le choix que vous avez fait à vingt ans aurait l'approbation du plus sage pere. Votre cœur, absorbé par une amitié qui n'eut jamais d'égale, a gardé peu de place aux feux de l'amour ; vous leur substituez tout ce qui peut y suppléer dans le mariage : moins amante qu'amie, si vous n'êtes la plus tendre epouse vous serez la plus vertueuse ; et cette union qu'a formee la sagesse doit croitre avec l'âge et durer autant qu'elle. L'impulsion du cœur est plus aveugle, mais elle est plus invincible : c'est le moyen de se perdre, que de se mettre dans la nécessité de lui résister. Heureux ceux que l'amour assortit comme aurait fait la raison, et qui n'ont point d'obstacle à vaincre et de préjugés à combattre ! Tels seraient nos deux amants, sans l'injuste résistance d'un pere enteté. Tels malgré lui pourraient-ils être encore, si l'un des deux était bien conseillé.

L'exemple de Julie et le votre montrent également que c'est aux époux seuls à juger s'ils se conviennent. Si l'amour ne regne pas, la raison choisira seule ; c'est le cas ou vous êtes : si l'amour regne, la nature a déjà choisi ; c'est celui de Julie Telle est la loi sacrée de la nature, qu'il n'est pas permis à l'homme d'enfreindre, qu'il n'enfreint jamais impunément, et que la considération des états et des rangs ne peut abroger, qu'il n'en coûte des malheurs et des crimes.

Quoique l'hiver s'avance et que j'aie à me rendre à Rome, je ne quitterai point l'ami que j'ai sous ma garde, que je ne voie son âme dans un état de consistance sur lequel je puisse compter. C'est un dépôt qui m'est cher par son prix, et parce que vous me l'avez confié. Si je ne puis faire qu'il soit heureux, je tâcherai de faire au moins qu'il soit sage, et qu'il porte en homme les maux de l'humanité. J'ai résolu de passer ici une quinzaine de jours avec lui, durant lesquels j'espère que nous recevrons des nouvelles de Julie et des vôtres, et que vous m'aiderez toutes deux à mettre quelque appareil sur les blessures de ce cœur malade, qui ne peut encore écouter la raison que par l'organe du sentiment.

Je joins ici une lettre pour votre amie. ne la confiez, je vous prie, à aucun commissionnaire, mais remettez-la vous-même

FRAGMENTS

JOINTS A LA LETTRE PRECÉDENTE

I

Pourquoi n'ai-je pu vous voir avant mon départ? Vous avez craint que je n'expirasse en vous quittant! Cœur pitoyable, rassurez-vous. Je me porte bien... je ne souffre pas. je vis encore. je pense à vous... je pense au temps où je vous fus cher. j'ai le cœur un peu serré.. la voiture m'étourdit... je me trouve abattu... Je ne pourrai longtemps vous écrire aujourd'hui. Demain peut-être aurai-je plus de force... ou n'en aurai-je plus besoin..

II.

Où m'entraînent ces chevaux avec tant de vitesse? Où me conduit avec tant de zèle cet homme qui se dit mon ami? Est-ce loin de toi, Julie? Est-ce par ton ordre? Est-ce en des lieux où tu n'es pas?.. Ah! fille insensée!... je mesure des yeux le chemin que je parcours si rapidement. D'où viens-je? où vais-je? et pourquoi tant de diligence? Avez-vous peur, cruels, que je ne coure pas assez tôt à ma perte? O amitié! ô amour! est-ce là votre accord? sont-ce là vos bienfaits?

III.

As-tu bien consulté ton cœur, en me chassant avec tant de violence ? As-tu pu, dis, Julie, as-tu pu renoncer pour jamais... Non, non ; ce tendre cœur m'aime, je le sais bien. Malgré le sort, malgré lui-même, il m'aimera jusqu'au tombeau... Je le vois, tu t'es laissé suggérer...[1] Quel repentir éternel tu te prépares[1]. . Helas ! il sera trop tard... Quoi ! tu pourrais oublier... Quoi ! je t'aurais mal connue !... Ah ! songe a toi, songe a moi, songe a... Écoute, il en est temps encore... Tu m'as chassé avec barbarie. Je fuis plus vite que le vent... Dis un mot, un seul mot, et je reviens plus prompt que l'éclair. Dis un mot, et pour jamais nous sommes unis : nous devons l'etre... nous le serons... Ah ! l'air emporte mes plaintes !... et cependant je fuis ! je vais vivre et mourir loin d'elle... Vivre loin d'elle !...

III. — DE MYLORD ÉDOUARD A JULIE.

Votre cousine vous dira des nouvelles de votre ami. Je crois d'ailleurs qu'il vous écrit par cet ordinaire. Commencez par satisfaire là-dessus votre empressement, pour lire ensuite posément cette lettre ; car je vous préviens que son sujet demande toute votre attention.

Je connais les hommes ; j'ai vécu beaucoup, en peu d'années ; j'ai acquis une grande expérience à mes dépens, et c'est le chemin des passions qui m'a conduit a la philosophie. Mais de tout ce que j'ai observé jusqu'ici, je n'ai rien vu de si extraordinaire que vous et votre amant. Ce n'est pas que vous ayez ni l'un ni l'autre un caractère marqué dont on puisse au premier coup d'œil assigner les différences, et il se pourrait bien que cet embarras de vous définir vous fît prendre pour des âmes communes par un observateur superficiel. Mais c'est cela même qui vous distingue, qu'il est impossible de vous distinguer, et que les traits du modele commun, dont quelqu'un manque toujours à chaque individu, brillent tous également dans les vôtres. Ainsi chaque épreuve d'une estampe a ses défauts particuliers qui lui servent de caractere ; et s'il en vient une qui soit parfaite, quoiqu'on la trouve belle au

[1] La suite montre que ses soupçons tombaient sur mylord Édouard, et que Claire les a pris pour elle.

premier coup d'œil, il faut la considérer longtemps pour la reconnaitre. La première fois que je vis votre amant, je fus frappé d'un sentiment nouveau qui n'a fait qu'augmenter de jour en jour, a mesure que la raison l'a justifié. A votre égard, ce fut tout autre chose encore, et ce sentiment fut si vif, que je me trompai sur sa nature. Ce n'etait pas tant la difference des sexes qui produisait cette impression, qu'un caractere encore plus marqué de perfection que le cœur sent, meme indépendamment de l'amour. Je vois bien ce que vous seriez sans votre ami, je ne vois pas de meme ce qu'il serait sans vous : beaucoup d'hommes peuvent lui ressembler, mais il n'y a qu'une Julie au monde. Apres un tort que je ne me pardonnerai jamais, votre lettre vint m'eclairer sur mes vrais sentiments. Je connus que je n'etais point jaloux, ni par conséquent amoureux; je connus que vous etiez trop aimable pour moi. il vous faut les prémices d'une ame, et la mienne ne serait pas digne de vous.

Des ce moment je pris pour votre bonheur mutuel un tendre interet qui ne s'éteindra point. Croyant lever toutes les difficultes, je fis aupres de votre pere une démarche indiscrete, dont le mauvais succes n'est qu'une raison de plus pour exciter mon zele. Daignez m'ecouter, et je puis reparer encore tout le mal que je vous ai fait.

Sondez bien votre cœur, o Julie, et voyez s'il vous est possible d'eteindre le feu dont il est devore. Il fut un temps peut-etre ou vous pouviez en arreter le progres. mais si Julie, pure et chaste, a pourtant succombe, comment se relevera-t-elle apres sa chute? comment resistera-t-elle a l'amour vainqueur, et arme de la dangereuse image de tous les plaisirs passes? Jeune amante, ne vous en imposez plus, et renoncez a la confiance qui vous a seduite. vous etes perdue s'il faut combattre encore. vous serez avilie et vaincue, et le sentiment de votre honte etouffera par degres toutes vos vertus. L'amour s'est insinue trop avant dans la substance de votre ame pour que vous puissiez jamais l'en chasser; il en renforce et penetre tous les traits comme une eau forte et corrosive, vous n'en effacerez jamais la profonde impression, sans effacer a la fois tous les sentiments exquis que vous reçutes de la nature; et quand il ne vous restera plus d'amour, il ne vous restera plus rien d'estimable. Qu'avez-vous donc maintenant a faire, ne pouvant plus changer l'etat de votre cœur? Une seule chose, Julie, c'est de le rendre légitime. Je vais vous proposer pour cela l'unique moyen qui vous reste : profitez-en tandis qu'il est temps encore, rendez à l'innocence et à la vertu cette sublime raison dont le ciel vous fit dépositaire, ou craignez d'avilir à jamais le plus précieux de ses dons.

J'ai dans le duché d'York une terre assez considérable, qui fut longtemps le séjour de mes ancêtres. Le château est ancien, mais bon et commode ; les environs sont solitaires, mais agréables et variés. La rivière d'Ouse, qui passe au bout du parc, offre à la fois une perspective charmante à la vue, et un débouché facile aux denrées. Le produit de la terre suffit pour l'honnête entretien du maître, et peut doubler sous ses yeux. L'odieux préjugé n'a point d'accès dans cette heureuse contrée ; l'habitant paisible y conserve encore les mœurs simples des premiers temps ; et l'on y trouve une image du Valais, décrit avec des traits si touchants par la plume de votre ami. Cette terre est à vous, Julie, si vous daignez l'habiter avec lui, et c'est là que vous pourrez accomplir ensemble tous les tendres souhaits par où finit la lettre dont je parle.

Venez, modèle unique des vrais amants, venez, couple aimable et fidèle, prendre possession d'un lieu fait pour servir d'asile à l'amour et à l'innocence ; venez y serrer, à la face du ciel et des hommes, le doux nœud qui vous unit ; venez honorer de l'exemple de vos vertus un pays où elles seront adorées, et des gens simples portés à les imiter. Puissiez-vous en ce lieu tranquille goûter à jamais, dans les sentiments qui vous unissent le bonheur des âmes pures ! puisse le ciel y bénir vos chastes feux d'une famille qui vous ressemble ! puissiez-vous y prolonger vos jours dans une honorable vieillesse, et les terminer enfin paisiblement dans les bras de vos enfants ! puissent nos neveux, en parcourant avec un charme secret ce monument de la félicité conjugale, dire un jour dans l'attendrissement de leur cœur : « Ce fut ici l'asile de l'inno-« cence, ce fut ici la demeure des deux amants ! »

Votre sort est en vos mains, Julie ; pesez attentivement la proposition que je vous fais, et n'en examinez que le fond ; car d'ailleurs je me charge d'assurer d'avance et irrévocablement votre ami de l'engagement que je prends ; je me charge aussi de la sûreté de votre départ, et de veiller avec lui à celle de votre personne jusqu'à votre arrivée : là vous pourrez aussitôt vous marier publiquement sans obstacle ; car parmi nous une fille nubile n'a nul besoin du consentement d'autrui pour disposer d'elle-même Nos sages lois n'abrogent point celles de la nature ; et s'il résulte de cet heureux accord quelques inconvenients, ils sont beaucoup moindres que ceux qu'il previent. J'ai laissé a Vevay mon valet de chambre, homme de confiance, brave, prudent, et d'une fidelité a toute epreuve. Vous pourrez aisément vous concerter avec lui de bouche ou par écrit a l'aide de Regianino, sans que ce dernier sache de quoi il s'agit. Quand il sera temps, nous partirons pour vous aller joindre, et vous ne quitterez la maison paternelle que sous la conduite de votre epoux.

Je vous laisse a vos reflexions ; mais, je le répete, craignez l'erreur des prejugés et la séduction des scrupules, qui menent souvent au vice par le chemin de l'honneur. Je prévois ce qui vous arrivera si vous rejetez mes offres La tyrannie d'un pere intraitable vous entrainera dans l'abime, que vous ne connaitrez qu'apres la chute. Votre extreme douceur dégenere quelquefois en timidité. vous serez sacrifiee a la chimere des conditions [1]. Il faudra contracter un engagement désavoué par le cœur. L'approbation publique sera dementie incessamment par le cri de la conscience ; vous serez honoree et méprisable . il vaut mieux etre oubliée et vertueuse.

P S Dans le doute de votre resolution, je vous ecris a l'insu de notre ami, de peur qu'un refus de votre part ne vint détruire en un instant tout l'effet de mes soins

---

IV DE JULIE A CLAIRE

Oh ! ma chere, dans quel trouble tu m'as laissee hier au soir ! et quelle nuit j'ai passée en revaut a cette fatale lettre ! Non, jamais tentation plus dangereuse ne vint assaillir mon cœur ; jamais je n'éprouvai de pareilles agitations, et jamais je n'aperçus moins le moyen de les apaiser. Autrefois une certaine lumiere de sagesse et de raison dirigeait ma volonté, dans toutes les occasions embarrassantes, je discernais d'abord le parti le plus honnete, et le prenais a l'instant. Maintenant, avilie et toujours vaincue, je ne fais que flotter entre des passions contraires . mon faible cœur n'a plus que le choix de ses fautes ; et tel est mon deplorable aveugle-

---

[1] La chimère des conditions ! c'est un pair d'Angleterre qui parle ainsi ! et tout ceci ne serait pas une fiction ! Lecteur, qu'en dites vous ?

ment, que si je viens par hasard a prendre le meilleur parti, la vertu ne m'aura point guidée, et je n'en aurai pas moins de remords. Tu sais quel époux mon pere me destine; tu sais quels liens l'amour m'a donnés. Veux-je être vertueuse? l'obéissance et la foi m'imposent des devoirs opposés. Veux-je suivre le penchant de mon cœur? qui préférer d'un amant ou d'un pere? Helas! en écoutant l'amour ou la nature, je ne puis éviter de mettre l'un ou l'autre au désespoir; en me sacrifiant au devoir, je ne puis eviter de commettre un crime; et, quelque parti que je prenne, il faut que je meure a la fois malheureuse et coupable.

Ah! chere et tendre amie, toi qui fus toujours mon unique ressource, et qui m'as tant de fois sauvée de la mort et du desespoir, considere aujourd'hui l'horrible etat de mon ame, et vois si jamais tes secourables soins me furent plus necessaires. Tu sais si tes avis sont écoutés, tu sais si tes conseils sont suivis; tu viens de voir, au prix du bonheur de ma vie, si je sais déférer aux leçons de l'amitié. Prends donc pitie de l'accablement ou tu m'as reduite; acheve, puisque tu as commencé; supplée a mon courage abattu; pense pour celle qui ne pense plus que par toi. Enfin, tu lis dans ce cœur qui t'aime; tu le connais mieux que moi. Apprends-moi donc ce que je veux; et choisis à ma place, quand je n'ai plus la force de vouloir, ni la raison de choisir.

Relis la lettre de ce généreux Anglais; relis-la mille fois, mon ange. Ah! laisse-toi toucher au tableau charmant du bonheur que l'amour, la paix, la vertu peuvent me promettre encore! Douce et ravissante union des âmes, delices inexprimables meme au sein des remords, dieux! que seriez-vous pour mon cœur au sein de la foi conjugale? Quoi! le bonheur et l'innocence seraient encore en mon pouvoir! Quoi! je pourrais expirer d'amour et de joie entre un époux adoré et les chers gages de sa tendresse!.. Et j'hesite un seul moment! et je ne vole pas réparer ma faute dans les bras de celui qui me la fit commettre! et je ne suis pas deja femme vertueuse et chaste mere de famille!... Oh! que les auteurs de mes jours ne peuvent-ils me voir sortir de mon avilissement! que ne peuvent-ils etre témoins de la maniere dont je saurai remplir a mon tour les devoirs sacrés qu'ils ont remplis envers moi!... Et les tiens, fille ingrate et denaturée, qui les remplira pres d'eux, tandis que tu les oublies? Est-ce en plongeant le poignard dans le sein d'une mere, que tu te prepares a le devenir? Celle qui desho nore sa famille apprendra-t-elle a ses enfants à l'honorer? Digne objet de l'aveugle tendresse d'un père et d'une mère idolâtres, abandonne-les au regret de t'avoir fait naitre ; couvre leurs vieux jours de douleur et d'opprobre... et jouis, si tu peux, d'un bonheur acquis à ce prix !

Mon Dieu, que d'horreurs m'environnent! quitter furtivement son pays, déshonorer sa famille, abandonner à la fois père, mère, amis, parents, et toi-même! et toi, ma douce amie! et toi, la bien-aimée de mon cœur! toi dont à peine, des mon enfance, je puis rester éloignée un seul jour ; te fuir, te quitter, te perdre, ne plus te voir!... Ah! non : que jamais... Que de tourments déchirent ta malheureuse amie! elle sent à la fois tous les maux dont elle a le choix, sans qu'aucun des biens qui lui resteront la console. Hélas! je m'égare. Tant de combats passent ma force et troublent ma raison, je perds à la fois le courage et le sens. Je n'ai plus d'espoir qu'en toi seule. Ou choisis, ou laisse-moi mourir.

V. REPONSE.

Tes perplexités ne sont que trop bien fondées, ma chère Julie ; je les ai prévues et n'ai pu les prévenir ; je les sens et ne les puis apaiser ; et ce que je vois de pire dans ton état, c'est que personne ne t'en peut tirer que toi-même. Quand il s'agit de prudence, l'amitié vient au secours d'une âme agitée, s'il faut choisir le bien ou le mal, la passion qui les méconnaît peut se taire devant un conseil désintéressé. Mais ici, quelque parti que tu prennes, la nature l'autorise et le condamne, la raison le blâme et l'approuve, le devoir se tait ou s'oppose à lui-même ; les suites sont également à craindre de part et d'autre ; tu ne peux ni rester indécise, ni bien choisir ; tu n'as que des peines à comparer, et ton cœur seul en est le juge. Pour moi, l'importance de la délibération m'épouvante, et son effet m'attriste. Quelque sort que tu préferes, il sera toujours peu digne de toi ; et ne pouvant ni te montrer un parti qui te convienne, ni te conduire au vrai bonheur, je n'ai pas le courage de décider de ta destinée. Voici le premier refus que tu reçus jamais de ton amie, et je sens bien, par ce qu'il me coute, que ce sera le dernier : mais je te trahirais en voulant te gouverner dans un cas où la raison même s'impose silence, et où la seule règle à suivre est d'écouter ton propre penchant.

Ne sois pas injuste envers moi, ma douce amie, et ne me juge point avant le temps. Je sais qu'il est des amitiés circonspectes qui, craignant de se compromettre, refusent des conseils dans les occasions difficiles, et dont la réserve augmente avec le péril des amis. Ah ! tu vas connaître si ce cœur qui t'aime connaît ces timides précautions ! Souffre qu'au lieu de te parler de tes affaires, je te parle un instant des miennes.

N'as-tu jamais remarqué, mon ange, à quel point tout ce qui t'approche s'attache à toi ? Qu'un père et une mère chérissent une fille unique, il n'y a pas, je le sais, de quoi s'en fort étonner ; qu'un jeune homme ardent s'enflamme pour un objet aimable, cela n'est pas plus extraordinaire. Mais qu'à l'âge mûr, un homme aussi froid que M. de Wolmar s'attendrisse en te voyant pour la première fois de sa vie ; que toute une famille t'idolâtre unanimement ; que tu sois chère à mon père, cet homme si peu sensible, autant et plus peut-être que ses propres enfants ; que les amis, les connaissances, les domestiques, les voisins, et toute une ville entière, t'adorent de concert, et prennent à toi le plus tendre intérêt : voilà, ma chère, un concours moins vraisemblable, et qui n'aurait point lieu s'il n'avait en ta personne quelque cause particulière. Sais-tu bien quelle est cette cause ? Ce n'est ni ta beauté, ni ton esprit, ni ta grace, ni rien de tout ce qu'on entend par le don de plaire : mais c'est cette âme tendre et cette douceur d'attachement qui n'a point d'égale ; c'est le don d'aimer, mon enfant, qui te fait aimer. On peut résister à tout, hors à la bienveillance ; et il n'y a point de moyen plus sûr d'acquérir l'affection des autres, que de leur donner la sienne. Mille femmes sont plus belles que toi, plusieurs ont autant de graces ; toi seule as, avec les graces, je ne sais quoi de plus séduisant qui ne plaît pas seulement, mais qui touche, et qui fait voler tous les cœurs au-devant du tien. On sent que ce tendre cœur ne demande qu'à se donner, et le doux sentiment qu'il cherche le va chercher à son tour.

Tu vois, par exemple, avec surprise l'incroyable affection de mylord Édouard pour ton ami ; tu vois son zèle pour ton bonheur ; tu reçois avec admiration ses offres généreuses ; tu les attribues à la seule vertu : et ma Julie de s'attendrir ! Erreur, abus, charmante cousine ! A Dieu ne plaise que j'atténue les bienfaits de mylord Édouard, et que je déprise sa grande âme ! Mais, crois-moi, ce zèle, tout pur qu'il est, serait moins ardent, si, dans la même

SECONDE PARTIE.

circonstance, il s'adressait a d'autres personnes. C'est ton ascendant invincible et celui de ton ami qui, sans même qu'il s'en aperçoive, le déterminent avec tant de force, et lui font faire par attachement ce qu'il croit ne faire que par honnêteté.

Voilà ce qui doit arriver a toutes les âmes d'une certaine trempe ; elles transforment, pour ainsi dire, les autres en elles-mêmes ; elles ont une sphère d'activité dans laquelle rien ne leur résiste : on ne peut les connaître sans les vouloir imiter, et de leur sublime élévation elles attirent a elles tout ce qui les environne. C'est pour cela, ma chère, que ni toi ni ton ami ne connaîtrez peut-être jamais les hommes ; car vous les verrez bien plus comme vous les ferez, que comme ils seront d'eux-mêmes. Vous donnerez le ton a tous ceux qui vivront avec vous ; ils vous fuiront, ou vous deviendront semblables ; et tout ce que vous aurez vu n'aura peut-être rien de pareil dans le reste du monde.

Venons maintenant à moi, cousine, a moi qu'un même sang, un même âge, et surtout une parfaite conformité de goûts et d'humeurs, avec des tempéraments contraires, unit a toi des l'enfance.

> Congiunti eran gl alberghi,
> Ma piu congiunti i cuori
> Conforme era l'etate,
> Ma 'l pensier piu conforme [1]

Que penses-tu qu'ait produit, sur celle qui a passé sa vie avec toi, cette charmante influence qui se fait sentir à tout ce qui t'approche ? Crois-tu qu'il puisse ne régner entre nous qu'une union commune ? Mes yeux ne te rendent-ils pas la douce joie que je prends chaque jour dans les tiens en nous abordant ? Ne lis-tu pas dans mon cœur attendri le plaisir de partager tes peines et de pleurer avec toi ? Puis-je oublier que, dans les premiers transports d'un amour naissant, l'amitié ne te fut point importune, et que les murmures de ton amant ne purent t'engager a m'éloigner de toi, et a me dérober le spectacle de ta faiblesse ? Ce moment fut critique, ma Julie ; je sais ce que vaut dans ton cœur modeste le sacrifice d'une honte qui n'est pas réciproque. Jamais je n'eusse été ta confidente si j'eusse été ton amie a demi, et nos ames se sont

---

[1] Nos âmes étaient jointes ainsi que nos demeures, et nous avions la même conformité de goûts que d'âges.
TASSE, Aminte.

trop bien senties en s'unissant, pour que rien les puisse désormais séparer.

Qu'est-ce qui rend les amitiés si tièdes et si peu durables entre les femmes, je dis entre celles qui sauraient aimer? Ce sont les intérêts de l'amour, c'est l'empire de la beauté, c'est la jalousie des conquêtes : or, si rien de tout cela nous eût pu diviser, cette division serait déjà faite. Mais quand mon cœur serait moins inepte à l'amour, quand j'ignorerais que vos feux sont de nature à ne s'éteindre qu'avec la vie, ton amant est mon ami, c'est-à-dire mon frère : et qui vit jamais finir par l'amour une véritable amitié? Pour M. d'Orbe, assurément il aura longtemps à se louer de tes sentiments, avant que je songe à m'en plaindre ; et je ne suis pas plus tentée de le retenir par force, que toi de me l'arracher. Eh! mon enfant, plût au ciel qu'au prix de son attachement je te pusse guérir du tien! je le garde avec plaisir, je le céderais avec joie.

A l'égard des prétentions sur la figure, j'en puis avoir tant qu'il me plaira ; tu n'es pas fille à me les disputer, et je suis bien sûre qu'il ne t'entra de tes jours dans l'esprit de savoir qui de nous deux est la plus jolie. Je n'ai pas été tout à fait si indifférente ; je sais là-dessus à quoi m'en tenir, sans en avoir le moindre chagrin. Il me semble même que j'en suis plus fière que jalouse ; car enfin les charmes de ton visage, n'étant pas ceux qu'il faudrait au mien, ne m'ôtent rien de ce que j'ai, et je me trouve encore belle de ta beauté, aimable de tes grâces, ornée de tes talents · je me pare de toutes tes perfections, et c'est en toi que je place mon amour-propre le mieux entendu. Je n'aimerais pourtant guère à faire peur pour mon compte, mais je suis assez jolie pour le besoin que j'ai de l'être. Tout le reste m'est inutile, et je n'ai pas besoin d'être humble pour te céder.

Tu t'impatientes de savoir à quoi j'en veux venir. Le voici : Je ne puis te donner le conseil que tu me demandes, je t'en ai dit la raison ; mais le parti que tu prendras pour toi, tu le prendras en même temps pour ton amie ; et, quel que soit ton destin, je suis déterminée à le partager. Si tu pars, je te suis ; si tu restes, je reste : j'en ai formé l'inébranlable résolution ; je le dois, rien ne m'en peut détourner. Ma fatale indulgence a causé ta perte ; ton sort doit être le mien ; et puisque nous fûmes inséparables dès l'enfance, ma Julie, il faut l'être jusqu'au tombeau.

Tu trouveras, je le prévois, beaucoup d'étourderie dans ce projet; mais, au fond, il est plus sensé qu'il ne semble; et je n'ai pas les mêmes motifs d'irrésolution que toi. Premierement, quant à ma famille, si je quitte un père facile, je quitte un père assez indifférent, qui laisse faire a ses enfants tout ce qui leur plait, plus par négligence que par tendresse : car tu sais que les affaires de l'Europe l'occupent beaucoup plus que les siennes, et que sa fille lui est bien moins chère que la Pragmatique. D'ailleurs, je ne suis pas comme toi fille unique; et avec les enfants qui lui resteront, a peine saura-t-il s'il lui en manque un.

J'abandonne un mariage prêt à conclure? *Manco male*, ma chere; c'est a M. d'Orbe, s'il m'aime, à s'en consoler. Pour moi, quoique j'estime son caractere, que je ne sois pas sans attachement pour sa personne, et que je regrette en lui un fort honnête homme, il ne m'est rien auprès de ma Julie. Dis-moi, mon enfant, l'âme a-t-elle un sexe? En vérité, je ne le sens guere a la mienne. Je puis avoir des fantaisies, mais fort peu d'amour. Un mari peut m'etre utile, mais il ne sera jamais pour moi qu'un mari; et de ceux-la, libre encore et passable comme je suis, j'en puis trouver un par tout le monde.

Prends bien garde, cousine, que, quoique je n'hésite point, ce n'est pas à dire que tu ne doives point hésiter, ni que je veuille t'insinuer de prendre le parti que je prendrai si tu pars. La différence est grande entre nous, et tes devoirs sont beaucoup plus rigoureux que les miens. Tu sais encore qu'une affection presque unique remplit mon cœur, et absorbe si bien tous les autres sentiments, qu'ils y sont comme anéantis. Une invincible et douce habitude m'attache a toi des mon enfance; je n'aime parfaitement que toi seule; et si j'ai quelque lien à rompre en te suivant, je m'encouragerai par ton exemple. Je me dirai, J'imite Julie, et me croirai justifiée.

BILLET DE JULIE A CLAIRE.

Je t'entends, amie incomparable, et je te remercie. Au moins une fois j'aurai fait mon devoir, et ne serai pas en tout indigne de toi.

VI. — DE JULIE A MYLORD ÉDOUARD.

Votre lettre, mylord, me pénetre d'attendrissement et d'admiration. L'ami que vous daignez protéger n'y sera pas moins sensible, quand il saura tout ce que vous avez voulu faire pour nous. Helas! il n'y a que les infortunés qui sentent le prix des âmes bienfaisantes. Nous ne savons déja qu'a trop de titres tout ce que vaut la vôtre, et vos vertus heroïques nous toucheront toujours, mais elles ne nous surprendront plus.

Qu'il me serait doux d'etre heureuse sous les auspices d'un ami si généreux, et de tenir de ses bienfaits le bonheur que la fortune m'a refusé! Mais, mylord, je le vois avec désespoir, elle trompe vos bons desseins; mon sort cruel l'emporte sur votre zele, et la douce image des biens que vous m'offrez ne sert qu'a m'en rendre la privation plus sensible. Vous donnez une retraite agréable et sûre a deux amants persécutés; vous y rendez leurs feux légitimes, leur union solennelle; et je sais que sous votre garde j'échapperais aisément aux poursuites d'une famille irritée. C'est beaucoup pour l'amour, est-ce assez pour la félicité? Non : si vous voulez que je sois paisible et contente, donnez-moi quelque asile plus sûr encore, ou l'on puisse échapper a la honte et au repentir. Vous allez au-devant de nos besoins, et, par une générosité sans exemple, vous vous privez pour notre entretien d'une partie des biens destinés au vôtre. Plus riche, plus honorée de vos bienfaits que de mon patrimoine, je puis tout recouvrer près de vous, et vous daignerez me tenir lieu de pere. Ah! mylord, serai-je digne d'en trouver un, apres avoir abandonné celui que m'a donné la nature?

Voila la source des reproches d'une conscience épouvantée, et des murmures secrets qui déchirent mon cœur. Il ne s'agit pas de savoir si j'ai droit de disposer de moi contre le gré des auteurs de mes jours, mais si j'en puis disposer sans les affliger mortellement, si je puis les fuir sans les mettre au désespoir. Hélas! il vaudrait autant consulter si j'ai droit de leur ôter la vie. Depuis quand la vertu pese-t-elle ainsi les droits du sang et de la nature? Depuis quand un cœur sensible marque-t-il avec tant de soin les bornes de la reconnaissance? N'est-ce pas etre déja coupable, que de vouloir aller jusqu'au point où l'on commence a le devenir? et cherche-t-on si scrupuleusement le terme de ses devoirs, quand on n'est point tenté de le passer? Qui? moi? j'abandonnerais impitoyablement ceux par qui je respire, ceux qui me conservent la vie qu'ils m'ont donnée, et me la rendent chere; ceux qui n'ont d'autre espoir, d'autre plaisir qu'en moi seule; un pere presque sexagénaire, une mère toujours languissante! moi, leur unique enfant, je les laisserais sans assistance dans la solitude et les ennuis de la vieillesse, quand il est temps de leur rendre les tendres soins qu'ils m'ont prodigués! je livrerais leurs derniers jours à la honte, aux regrets, aux pleurs! la terreur, le cri de ma conscience agitée me peindraient sans cesse mon pere et ma mère expirant sans consolation, et maudissant la fille ingrate qui les délaisse et les déshonore! Non, mylord, la vertu que j'abandonnai m'abandonne à son tour, et ne dit plus rien à mon cœur : mais cette idée horrible me parle à sa place; elle me suivrait pour mon tourment à chaque instant de mes jours, et me rendrait misérable au sein du bonheur. Enfin, si tel est mon destin qu'il faille livrer le reste de ma vie aux remords, celui-là seul est trop affreux pour le supporter; j'aime mieux braver tous les autres.

Je ne puis répondre à vos raisons, je l'avoue; je n'ai que trop de penchant à les trouver bonnes. Mais, mylord, vous n'etes pas marié : ne sentez-vous point qu'il faut être pere pour avoir le droit de conseiller les enfants d'autrui? Quant a moi, mon parti est pris; mes parents me rendront malheureuse, je le sais bien : mais il me sera moins cruel de gémir dans mon infortune, que d'avoir causé la leur, et je ne déserterai jamais la maison paternelle. Va donc, douce chimere d'une âme sensible, félicité si charmante et si désirée, va te perdre dans la nuit des songes : tu n'auras plus de réalité pour moi. Et vous, ami trop généreux, oubliez vos aimables projets, et qu'il n'en reste de trace qu'au fond d'un cœur trop reconnaissant pour en perdre le souvenir. Si l'exces de nos maux ne décourage point votre grande âme, si vos généreuses bontés ne sont point épuisées, il vous reste de quoi les exercer avec gloire; et celui que vous honorez du titre de votre ami peut, par vos soins, meriter de le devenir. Ne jugez pas de lui par l'etat où vous le voyez : son égarement ne vient point de lacheté, mais d'un génie ardent et fier qui se roidit contre la fortune. Il y a souvent plus de stupidité que de courage dans une constance apparente; le vulgaire ne connaît point de violentes douleurs, et les grandes passions ne germent guere chez les hommes faibles. Hélas ! il a mis dans la sienne cette energie de sentiments qui caractérise les âmes nobles, et c'est ce qui fait aujourd'hui ma honte et mon désespoir. Mylord, daignez le croire, s'il n'était qu'un homme ordinaire, Julie n'eût point péri.

Non, non, cette affection secrete qui prévint en vous une estime éclairée ne vous a point trompé. Il est digne de tout ce que vous avez fait pour lui sans le bien connaitre; vous ferez plus encore, s'il est possible, après l'avoir connu. Oui, soyez son consolateur, son protecteur, son ami, son pere; c'est a la fois pour vous et pour lui que je vous en conjure; il justifiera votre confiance, il honorera vos bienfaits, il pratiquera vos leçons, il imitera vos vertus, il apprendra de vous la sagesse. Ah! mylord, s'il devient entre vos mains tout ce qu'il peut etre, que vous serez fier un jour de votre ouvrage!

VII. — DE JULIE.

Et toi aussi, mon doux ami! et toi l'unique espoir de mon cœur, tu viens le percer encore quand il se meurt de tristesse! J'étais préparée aux coups de la fortune, de longs pressentiments me les avaient annoncés; je les aurais supportés avec patience : mais toi pour qui je les souffre!... Ah! ceux qui me viennent de toi me sont seuls insupportables, et il m'est affreux de voir aggraver mes peines par celui qui devait me les rendre cheres. Que de douces consolations je m'étais promises, qui s'evanouissent avec ton courage! Combien de fois je me flattai que ta force animerait ma langueur, que ton merite effacerait ma faute, que tes vertus releveraient mon ame abattue! Combien de fois j'essuyai mes larmes ameres, en me disant : Je souffre pour lui, mais il en est digne; je suis coupable, mais il est vertueux; mille ennuis m'assiegent, mais sa constance me soutient, et je trouve au fond de son cœur le dedommagement de toutes mes pertes! Vain espoir que la premiere épreuve a detruit! Ou est maintenant cet amour sublime qui sait élever tous les sentiments et faire éclater la vertu? Où sont ces fieres maximes? Qu'est devenue cette imitation des grands hommes? Ou est ce philosophe que le malheur ne peut ebranler, et qui succombe au premier accident qui le separe de sa maitresse? Quel prétexte excusera désormais ma honte a mes propres yeux, quand je ne vois plus dans celui qui m'a séduite qu'un homme sans courage, amolli par les plaisirs, qu'un cœur lâche, abattu par les premiers revers, qu'un insensé qui renonce à la raison sitôt qu'il a besoin d'elle? O Dieu! dans ce comble d'humiliation devais-je me voir réduite à rougir de mon choix autant que de ma faiblesse?

Regarde à quel point tu t'oublies : ton âme égarée et rampante s'abaisse jusqu'à la cruauté! tu m'oses faire des reproches! tu t'oses plaindre de moi!... de ta Julie!... Barbare!... comment tes remords n'ont-ils pas retenu ta main? comment les plus doux témoignages du plus tendre amour qui fut jamais t'ont-ils laissé le courage de m'outrager? Ah! si tu pouvais douter de mon cœur, que le tien serait méprisable!... Mais, non tu n'en doutes pas, tu n'en peux douter, j'en puis défier ta fureur; et, dans cet instant même où je hais ton injustice, tu vois trop bien la source du premier mouvement de colère que j'éprouvai de ma vie.

Peux-tu t'en prendre à moi, si je me suis perdue par une aveugle confiance, et si mes desseins n'ont point réussi? Que tu rougirais de tes duretés si tu connaissais quel espoir m'avait séduite, quels projets j'osai former pour ton bonheur et le mien, et comment ils se sont évanouis avec toutes mes espérances! Quelque jour, j'ose m'en flatter encore, tu pourras en savoir davantage, et tes regrets me vengeront alors de tes reproches. Tu sais la défense de mon père; tu n'ignores pas les discours publics; j'en prévis les conséquences, je te les fis exposer, tu les sentis comme nous; et, pour nous conserver l'un à l'autre, il fallut nous soumettre au sort qui nous séparait.

Je t'ai donc chassé, comme tu l'oses dire! Mais pour qui l'ai-je fait, amant sans délicatesse? Ingrat! c'est pour un cœur bien plus honnête qu'il ne croit l'être, et qui mourrait mille fois plutôt que de me voir avilie. Dis-moi, que deviendras-tu quand je serai livrée à l'opprobre? Espères-tu pouvoir supporter le spectacle de mon déshonneur? Viens, cruel, si tu le crois, viens recevoir le sacrifice de ma réputation avec autant de courage que je puis te l'offrir. Viens, ne crains pas d'être désavoué de celle à qui tu fus cher. Je suis prête à déclarer à la face du ciel et des hommes tout ce que nous avons senti l'un pour l'autre; je suis prête à te nommer hautement mon amant, à mourir dans tes bras d'amour et de honte : j'aime mieux que le monde entier connaisse ma tendresse que de t'en voir douter un moment, et tes reproches me sont plus amers que l'ignominie.

Finissons pour jamais ces plaintes mutuelles, je t'en conjure ; elles me sont insupportables. O Dieu ! comment peut-on se quereller quand on s'aime, et perdre à se tourmenter l'un l'autre des moments ou l'on a si grand besoin de consolation ! Non, mon ami, que sert de feindre un mécontentement qui n'est pas ? Plaignons-nous du sort et non de l'amour. Jamais il ne forma d'union si parfaite ; jamais il n'en forma de plus durable. Nos âmes trop bien confondues ne sauraient plus se séparer ; et nous ne pouvons plus vivre éloignés l'un de l'autre, que comme deux parties d'un même tout. Comment peux-tu donc ne sentir que tes peines ? comment ne sens-tu point celles de ton amie ? comment n'entends-tu point dans ton sein ses tendres gémissements ? Combien ils sont plus douloureux que tes cris emportés ! combien, si tu partageais mes maux, ils te seraient plus cruels que les tiens mêmes !

Tu trouves ton sort déplorable ! Considere celui de ta Julie, et ne pleure que sur elle. Considere dans nos communes infortunes l'état de mon sexe et du tien, et juge qui de nous est le plus à plaindre. Dans la force des passions, affecter d'être insensible ; en proie a mille peines, paraître joyeuse et contente ; avoir l'air serein et l'âme agitée ; dire toujours autrement qu'on ne pense ; déguiser tout ce qu'on sent ; être fausse par devoir, et mentir par modestie ; voilà l'état habituel de toute fille de mon âge. On passe ainsi ses beaux jours sous la tyrannie des bienséances, qu'aggrave enfin celle des parents dans un lien mal assorti. Mais on gêne en vain nos inclinations ; le cœur ne reçoit de lois que de lui-meme ; il échappe a l'esclavage, il se donne a son gré. Sous un joug de fer que le ciel n'impose pas, on n'asservit qu'un corps sans âme : la personne et la foi restent séparément engagées ; et l'on force au crime une malheureuse victime, en la forçant de manquer de part ou d'autre au devoir sacré de la fidelité Il en est de plus sages. Ah ! je le sais. Elles n'ont point aimé ? Qu'elles sont heureuses ! Elles résistent ? J'ai voulu resister. Elles sont plus vertueuses ? Aiment-elles mieux la vertu ? Sans toi, sans toi seul, je l'aurais toujours aimée. Il est donc vrai que je ne l'aime plus ?.. Tu m'as perdue, et c'est moi qui te console !... Mais moi que vais-je devenir ?... Que les consolations de l'amitié sont faibles ou manquent celles de l'amour ! Qui me consolera donc dans mes peines ? Quel sort affreux j'envisage, moi qui, pour avoir vécu dans le crime, ne vois plus qu'un nouveau crime dans des nœuds abhorrés et peut-être inévitables ! Ou trouverai je assez de larmes pour pleurer ma faute et mon amant, si je cede? Où trouverai-je assez de force pour résister, dans l'abattement où je suis? Je crois déjà voir les fureurs d'un père irrité; je crois déja sentir le cri de la nature émouvoir mes entrailles, ou l'amour gémissant déchirer mon cœur. Privée de toi, je reste sans ressource, sans appui, sans espoir; le passé m'avilit, le présent m'afflige, l'avenir m'épouvante. J'ai cru tout faire pour notre bonheur, je n'ai fait que nous rendre plus misérables en nous préparant une séparation plus cruelle. Les vains plaisirs ne sont plus, les remords demeurent; et la honte qui m'humilie est sans dédommagement.

C'est a moi, c'est à moi d'être faible et malheureuse. Laisse-moi pleurer et souffrir; mes pleurs ne peuvent non plus tarir que mes fautes se réparer; et le temps même qui guérit tout ne m'offre que de nouveaux sujets de larmes. Mais toi qui n'as nulle violence a craindre, que la honte n'avilit point, que rien ne force a deguiser bassement tes sentiments; toi qui ne sens que l'atteinte du malheur et jouis au moins de tes premières vertus, comment t'oses-tu dégrader au point de soupirer et gémir comme une femme, et de t'emporter comme un furieux? N'est-ce pas assez du mépris que j'ai mérité pour toi, sans l'augmenter en te rendant méprisable toi-même, et sans m'accabler à la fois de mon opprobre et du tien? Rappelle donc ta fermeté, sache supporter l'infortune, et sois homme. Sois encore, si j'ose le dire, l'amant que Julie a choisi. Ah! si je ne suis plus digne d'animer ton courage, souviens-toi du moins de ce que je fus un jour; mérite que pour toi j'aie cessé de l'etre; ne me déshonore pas deux fois.

Non, mon respectable ami, ce n'est point toi que je reconnais dans cette lettre efféminée que je veux a jamais oublier, et que je tiens déjà désavouée par toi-même. J'espere, tout avilie, toute confuse que je suis, j'ose espérer que mon souvenir n'inspire point des sentiments si bas, que mon image règne encore avec plus de gloire dans un cœur que je pus enflammer, et que je n'aurai point a me reprocher, avec ma faiblesse, la lâcheté de celui qui l'a causée.

Heureux dans ta disgrâce, tu trouves le plus précieux dédommagement qui soit connu des âmes sensibles. Le ciel dans ton malheur te donne un ami, et te laisse a douter si ce qu'il te rend ne vaut pas mieux que ce qu'il t'ote. Admire et chéris cet homme trop genereux qui daigne, aux dépens de son repos, prendre soin de tes jours et de ta raison. Que tu serais ému si tu savais tout ce qu'il a voulu faire pour toi ! Mais que sert d'animer ta reconnaissance en aigrissant tes douleurs ? Tu n'as pas besoin de savoir à quel point il t'aime pour connaître tout ce qu'il vaut ; et tu ne peux l'estimer comme il le mérite, sans l'aimer comme tu le dois.

VIII. — DE CLAIRE.

Vous avez plus d'amour que de délicatesse, et savez mieux faire des sacrifices que les faire valoir. Y pensez-vous d'écrire à Julie sur un ton de reproches dans l'état où elle est ? et parce que vous souffrez, faut-il vous en prendre à elle qui souffre encore plus ? Je vous l'ai dit mille fois, je ne vis de ma vie un amant si grondeur que vous ; toujours prêt à disputer sur tout, l'amour n'est pour vous qu'un état de guerre ; ou si quelquefois vous êtes docile, c'est pour vous plaindre ensuite de l'avoir été. Oh ! que de pareils amants sont à craindre ! et que je m'estime heureuse de n'en avoir jamais voulu que de ceux qu'on peut congédier quand on veut, sans qu'il en coûte une larme à personne !

Croyez-moi, changez de langage avec Julie, si vous voulez qu'elle vive ; c'en est trop pour elle de supporter à la fois sa peine et vos mécontentements. Apprenez une fois à ménager ce cœur trop sensible ; vous lui devez les plus tendres consolations : craignez d'augmenter vos maux à force de vous en plaindre, ou du moins ne vous en plaignez qu'à moi qui suis l'unique auteur de votre éloignement. Oui, mon ami, vous avez deviné juste ; je lui ai suggéré le parti qu'exigeait son honneur en péril, ou plutôt je l'ai forcée à le prendre en exagérant le danger ; je vous ai déterminé vous-même, et chacun a rempli son devoir. J'ai plus fait encore ; je l'ai détournée d'accepter les offres de mylord Édouard ; je vous ai empêché d'être heureux, mais le bonheur de Julie m'est plus cher que le vôtre ; je savais qu'elle ne pouvait être heureuse après avoir livré ses parents à la honte et au désespoir, et j'ai peine à comprendre, par rapport à vous-même, quel bonheur vous pourriez goûter aux dépens du sien.

Quoi qu'il en soit, voilà ma conduite et mes torts ; et puisque vous vous plaisez à quereller ceux qui vous aiment, voilà de quoi vous en prendre à moi seule, si ce n'est pas cesser d'être ingrat, c'est au moins cesser d'etre injuste. Pour moi, de quelque maniere que vous en usiez, je serai toujours la meme envers vous; vous me serez cher tant que Julie vous aimera, et je dirais davantage s'il etait possible. Je ne me repens d'avoir ni favorisé ni combattu votre amour. Le pur zele de l'amitié qui m'a toujours guidée me justifie également dans ce que j'ai fait pour et contre vous : et si quelquefois je m'intéressai pour vos feux plus peut-etre qu'il ne semblait me convenir, le témoignage de mon cœur suffit a mon repos; je ne rougirai jamais des services que j'ai pu rendre a mon amie, et ne me reproche que leur inutilité.

Je n'ai pas oublié ce que vous m'avez appris autrefois de la constance du sage dans les disgrâces, et je pourrais, ce me semble, vous en rappeler à propos quelques maximes; mais l'exemple de Julie m'apprend qu'une fille de mon âge est pour un philosophe du votre un aussi mauvais precepteur qu'un dangereux disciple; et il ne me conviendrait pas de donner des leçons a mon maitre.

IX.— DE MYLORD EDOUARD A JULIE.

Nous l'emportons, charmante Julie; une erreur de notre ami l'a ramené a la raison : la honte de s'etre mis un moment dans son tort a dissipe toute sa fureur, et l'a rendu si docile que nous en ferons désormais tout ce qu'il nous plaira. Je vois avec plaisir que la faute qu'il se reproche lui laisse plus de regret que de depit; et je connais qu'il m'aime, en ce qu'il est humble et confus en ma presence, mais non pas embarrassé ni contraint. Il sent trop bien son injustice pour que je m'en souvienne; et des torts ainsi reconnus font plus d'honneur a celui qui les repare qu'a celui qui les pardonne.

J'ai profite de cette révolution et de l'effet qu'elle a produit, pour prendre avec lui quelques arrangements necessaires avant de nous separer; car je ne puis différer mon depart plus longtemps. Comme je compte revenir l'ete prochain, nous sommes convenus qu'il irait m'attendre a Paris, et qu'ensuite nous irions ensemble en Angleterre. Londres est le seul théatre digne des grands talents, et ou leur carriere est le plus etendue [1]. les siens sont supérieurs a

---

[1] C'est avoir une etrange prévention pour son pays, car je n'entends pas dire qu'il y en ait au monde ou, generalement parlant, les etrangers soient moins bien reçus, et trouvent plus d'obstacles a s'avancer,

bien des égards; et je ne désespère pas de lui voir faire en peu de temps, à l'aide de quelques amis, un chemin digne de son mérite. Je vous expliquerai mes vues plus en détail à mon passage auprès de vous : en attendant, vous sentez qu'à force de succes on peut lever bien des difficultés, et qu'il y a des degrés de considération qui peuvent compenser la naissance, même dans l'esprit de votre pere. C'est, ce me semble, le seul expédient qui reste à tenter pour votre bonheur et le sien, puisque le sort et les préjugés vous ont ôté tous les autres.

J'ai écrit a Regianino de venir me joindre en poste, pour profiter de lui pendant huit ou dix jours que je passe encore avec notre ami : sa tristesse est trop profonde pour laisser place à beaucoup d'entretien : la musique remplira les vides du silence, le laissera rêver, et changera par degrés sa douleur en mélancolie. J'attends cet état pour le livrer à lui-meme, je n'oserais m'y fier auparavant. Pour Regianino, je vous le rendrai en repassant, et ne le reprendrai qu'à mon retour d'Italie, temps où, sur les progrès que vous avez déjà faits toutes deux, je juge qu'il ne vous sera plus nécessaire. Quant à présent, sûrement il vous est inutile, et je ne vous prive de rien en vous l'ôtant pour quelques jours.

X. — A CLAIRE.

Pourquoi faut-il que j'ouvre enfin les yeux sur moi? Que ne les ai-je fermés pour toujours, plutot que de voir l'avilissement où je suis tombé; plutot que de me trouver le dernier des hommes, apres en avoir été le plus fortuné! Aimable et généreuse amie, qui fûtes si souvent mon refuge, j'ose encore verser ma honte et mes peines dans votre cœur compatissant; j'ose encore implorer vos consolations contre le sentiment de ma propre indignité; j'ose recourir à vous quand je suis abandonné de moi-même. Ciel! comment un homme aussi méprisable a-t-il pu jamais être

---

qu'en Angleterre. Par le goût de la nation, ils n'y sont favorisés en rien; par la forme du gouvernement, ils n'y sauraient parvenir à rien. Mais convenons aussi que l'Anglais ne va guère demander aux autres l'hospitalité qu'il leur refuse chez lui. Dans quelle cour, hors celle de Londres, voit-on ramper lâchement ces fiers insulaires? Dans quel pays, hors le leur, vont-ils chercher à s'enrichir? Ils sont durs, il est vrai; cette dureté ne me déplait pas quand elle marche avec la justice. Je trouve beau qu'ils ne soient qu'Anglais, puisqu'ils n'ont pas besoin d'être hommes

aimé d'elle? ou comment un feu si divin n'a-t-il point épuré mon âme? Qu'elle doit maintenant rougir de son choix, celle que je ne suis plus digne de nommer! qu'elle doit gémir de voir profaner son image dans un cœur si rampant et si bas! qu'elle doit de dédains et de haine à celui qui put l'aimer et n'être qu'un lâche! Connaissez toutes mes erreurs, charmante cousine [1] ; connaissez mon crime et mon repentir; soyez mon juge, et que je meure; ou soyez mon intercesseur, et que l'objet qui fait mon sort daigne encore en être l'arbitre.

Je ne vous parlerai point de l'effet que produisit sur moi cette séparation imprévue; je ne vous dirai rien de ma douleur stupide et de mon insensé désespoir : vous n'en jugerez que trop par l'égarement inconcevable où l'un et l'autre m'ont entraîné. Plus je sentais l'horreur de mon état, moins j'imaginais qu'il fût possible de renoncer volontairement a Julie ; et l'amertume de ce sentiment, jointe à l'étonnante générosité de mylord Édouard, me fit naître des soupçons que je ne me rappellerai jamais sans horreur, et que je ne puis oublier sans ingratitude envers l'ami qui me les pardonne.

En rapprochant dans mon délire toutes les circonstances de mon départ, j'y crus reconnaître un dessein prémédité, et j'osai l'attribuer au plus vertueux des hommes. A peine ce doute affreux me fut-il entré dans l'esprit, que tout me sembla le confirmer : la conversation de mylord avec le baron d'Étange, le ton peu insinuant que je l'accusais d'y avoir affecté, la querelle qui en dériva, la défense de me voir, la résolution prise de me faire partir, la diligence et le secret des préparatifs, l'entretien qu'il eut avec moi la veille, enfin la rapidité avec laquelle je fus plutôt enlevé qu'emmené; tout me semblait prouver de la part de mylord un projet formé de m'écarter de Julie ; et le retour que je savais qu'il devait faire auprès d'elle achevait, selon moi, de me déceler le but de ses soins. Je résolus pourtant de m'éclaircir encore mieux avant d'éclater ; et dans ce dessein je me bornai a examiner les choses avec plus d'attention. Mais tout redoublait mes ridicules soupçons, et le zèle de l'humanité ne lui inspirait rien d'honnête en ma faveur, dont mon aveugle jalousie ne tirât quelque indice de trahison. A Besançon je sus qu'il avait écrit a Julie sans me communiquer

---

[1] A l'imitation de Julie, il l'appelait ma cousine, et a l'imitation de Julie, Claire l'appelait mon ami

sa lettre, sans m'en parler. Je me tins alors suffisamment convaincu, et je n'attendis que la réponse, dont j'espérais bien le trouver mécontent, pour avoir avec lui l'éclaircissement que je méditais.

Hier au soir nous rentrâmes assez tard, et je sus qu'il y avait un paquet venu de Suisse, dont il ne me parla point en nous séparant. Je lui laissai le temps de l'ouvrir; je l'entendis de ma chambre murmurer en lisant quelques mots : je prêtai l'oreille attentivement. Ah! Julie, disait-il en phrases interrompues, j'ai voulu vous rendre heureuse... je respecte votre vertu... mais je plains votre erreur. A ces mots et d'autres semblables que je distinguai parfaitement, je ne fus plus maître de moi; je pris mon épée sous mon bras; j'ouvris ou plutôt j'enfonçai la porte; j'entrai comme un furieux. Non, je ne souillerai point ce papier ni vos regards des injures que me dicta la rage pour le porter à se battre avec moi sur-le-champ.

O ma cousine, c'est là surtout que je pus reconnaître l'empire de la véritable sagesse, même sur les hommes les plus sensibles, quand ils veulent écouter sa voix. D'abord il ne put rien comprendre à mes discours, et il les prit pour un vrai délire : mais la trahison dont je l'accusais, les desseins secrets que je lui reprochais, cette lettre de Julie qu'il tenait encore, et dont je lui parlais sans cesse, lui firent connaître enfin le sujet de ma fureur. Il sourit; puis il me dit froidement : Vous avez perdu la raison, et je ne me bats point contre un insensé : ouvrez les yeux, aveugle que vous êtes, ajouta-t-il d'un ton plus doux; est-ce bien moi que vous accusez de vous trahir? Je sentis dans l'accent de ce discours je ne sais quoi qui n'était pas d'un perfide; le son de sa voix me remua le cœur; je n'eus pas jeté les yeux sur les siens, que tous mes soupçons se dissipèrent, et je commençai de voir avec effroi mon extravagance.

Il s'aperçut à l'instant de ce changement, il me tendit la main : Venez, me dit-il; si votre retour n'eût précédé ma justification, je ne vous aurais vu de ma vie. A présent que vous êtes raisonnable, lisez cette lettre, et connaissez une fois vos amis. Je voulus refuser de la lire; mais l'ascendant que tant d'avantages lui donnaient sur moi le lui fit exiger d'un ton d'autorité que, malgré mes ombrages dissipés, mon désir secret n'appuyait que trop.

Imaginez en quel état je me trouvai après cette lecture, qui m'apprit les bienfaits inouïs de celui que j'osais calomnier avec tant d'indignité. Je me précipitai à ses pieds ; et, le cœur chargé d'admiration, de regrets, et de honte, je serrais ses genoux de toute ma force, sans pouvoir proférer un seul mot. Il reçut mon repentir comme il avait reçu mes outrages, et n'exigea de moi, pour prix du pardon qu'il daigna m'accorder, que de ne m'opposer jamais au bien qu'il voudrait me faire. Ah ! qu'il fasse désormais ce qu'il lui plaira : son âme sublime est au-dessus de celles des hommes, et il n'est pas plus permis de résister à ses bienfaits qu'à ceux de la Divinité.

Ensuite il me remit les deux lettres qui s'adressaient à moi, lesquelles il n'avait pas voulu me donner avant d'avoir lu la sienne, et d'être instruit de la résolution de votre cousine. Je vis en les lisant, quelle amante et quelle amie le ciel m'a données ; je vis combien il a rassemblé de sentiments et de vertus autour de moi pour rendre mes remords plus amers et ma bassesse plus méprisable. Dites, quelle est donc cette mortelle unique dont le moindre empire est dans sa beauté, et qui, semblable aux puissances éternelles, se fait également adorer et par les biens et par les maux qu'elle fait ? Hélas ! elle m'a tout ravi, la cruelle, et je l'en aime davantage : plus elle me rend malheureux, plus je la trouve parfaite. Il semble que tous les tourments qu'elle me cause soient pour elle un nouveau mérite auprès de moi. Le sacrifice qu'elle vient de faire aux sentiments de la nature me désole et m'enchante ; il augmente à mes yeux le prix de celui qu'elle a fait à l'amour : non, son cœur ne sait rien refuser qui ne fasse valoir ce qu'il accorde.

Et vous, digne et charmante cousine, vous, unique et parfait modèle d'amitié, qu'on citera seule entre toutes les femmes, et que les cœurs qui ne ressemblent pas au vôtre oseront traiter de chimère ; ah ! ne me parlez plus de philosophie : je méprise ce trompeur étalage qui ne consiste qu'en vains discours, ce fantôme qui n'est qu'une ombre, qui nous excite à menacer de loin les passions, et nous laisse comme un faux brave à leur approche. Daignez ne pas m'abandonner à mes égarements ; daignez rendre vos anciennes bontés à cet infortuné qui ne les mérite plus, mais qui les désire plus ardemment et en a plus besoin que jamais ; daignez me rappeler à moi-même, et que votre douce voix supplée en ce cœur malade à celle de la raison.

Non, je l'ose espérer, je ne suis point tombé dans un abaissement éternel : je sens ranimer en moi ce feu pur et saint dont j'ai brûlé ; l'exemple de tant de vertus ne sera point perdu pour celui qui en fut l'objet, qui les aime, les admire, et veut les imiter sans cesse. O chère amante dont je dois honorer le choix ! ô mes amis dont je veux recouvrer l'estime! mon âme se réveille, et reprend dans les vôtres sa force et sa vie. Le chaste amour et l'amitié sublime me rendront le courage qu'un lâche désespoir fut prêt à m'ôter ; les purs sentiments de mon cœur me tiendront lieu de sagesse : je serai par vous tout ce que je dois être, et je vous forcerai d'oublier ma chute, si je puis m'en relever un instant. Je ne sais ni ne veux savoir quel sort le ciel me réserve : quel qu'il puisse être, je veux me rendre digne de celui dont j'ai joui. Cette immortelle image que je porte en moi me servira d'égide, et rendra mon âme invulnérable aux coups de la fortune : n'ai-je pas assez vécu pour mon bonheur? C'est maintenant pour sa gloire que je dois vivre. Ah! que ne puis-je étonner le monde de mes vertus, afin qu'on pût dire un jour en les admirant : Pouvait-il moins faire ? il fut aimé de Julie!

P. S. Des nœuds abhorrés et *peut-être inévitables!* Que signifient ces mots? Ils sont dans sa lettre. Claire, je m'attends à tout ; je suis résigné, prêt à supporter mon sort. Mais ces mots... jamais, quoi qu'il arrive, je ne partirai d'ici que je n'aie eu l'explication de ces mots-là.

XI. — DE JULIE.

Il est donc vrai que mon âme n'est pas fermée au plaisir, et qu'un sentiment de joie y peut pénétrer encore! Hélas! je croyais depuis ton départ n'être plus sensible qu'à la douleur ; je croyais ne savoir que souffrir loin de toi, et je n'imaginais pas même des consolations à ton absence. Ta charmante lettre à ma cousine est venue me désabuser ; je l'ai lue et baisée avec des larmes d'attendrissement ; elle a répandu la fraîcheur d'une douce rosée sur mon cœur séché d'ennuis et flétri de tristesse ; et j'ai senti, par la sérénité qui m'en est restée, que tu n'as pas moins d'ascendant de loin que de près sur les affections de ta Julie.

Mon ami, quel charme pour moi de te voir reprendre cette vigueur de sentiments qui convient au courage d'un homme ! Je t'en estimerai davantage, et m'en mépriserai moins de n'avoir pas en tout avili la dignité d'un amour honnête, ni corrompu deux cœurs a la fois. Je te dirai plus, a présent que nous pouvons parler librement de nos affaires : ce qui aggravait mon désespoir était de voir que le tien nous ôtait la seule ressource qui pouvait nous rester dans l'usage de tes talents. Tu connais maintenant le digne ami que le ciel t'a donné : ce ne serait pas trop de ta vie entière pour mériter ses bienfaits ; ce ne sera jamais assez pour réparer l'offense que tu viens de lui faire, et j'espere que tu n'auras plus besoin d'autre leçon pour contenir ton imagination fougueuse. C'est sous les auspices de cet homme respectable que tu vas entrer dans le monde ; c'est à l'appui de son crédit, c'est guidé par son expérience, que tu vas tenter de venger le mérite oublié des rigueurs de la fortune. Fais pour lui ce que tu ne ferais pas pour toi ; tâche au moins d'honorer ses bontés en les rendant pas inutiles. Vois quelle riante perspective s'offre encore a toi ; vois quel succes tu dois espérer dans une carriere ou tout concourt a favoriser ton zele. Le ciel t'a prodigué ses dons ; ton heureux naturel, cultivé par ton goût, t'a doué de tous les talents ; a moins de vingt-quatre ans tu joins les grâces de ton âge à la maturité qui dédommage plus tard du progres des ans :

Frutto senile in su 'l giovenil fiore [1].

L'étude n'a point émoussé ta vivacité ni appesanti ta personne ; la fade galanterie n'a point rétréci ton esprit ni hébété ta raison : l'ardent amour, en t'inspirant tous les sentiments sublimes dont il est le pere, t'a donne cette elevation d'idées et cette justesse de sens [2] qui en sont inséparables. A sa douce chaleur j'ai vu ton âme déployer ses brillantes facultés, comme une fleur s'ouvre aux rayons du soleil : tu as a la fois tout ce qui mene a la fortune et tout ce qui la fait mepriser. Il ne te manquait pour obtenir les honneurs du monde que d'y daigner pretendre, et j'espere qu'un objet plus cher à ton cœur te donnera pour eux le zele dont ils ne sont pas dignes.

O mon doux ami, tu vas t'éloigner de moi !... ô mon bien-aimé, tu vas fuir ta Julie !... Il le faut ; il faut nous separer, si nous voulons nous revoir heureux un jour ; et l'effet des soins que tu vas prendre est notre dernier espoir. Puisse une si chere idée t'ani-

---

[1] Les fruits de l'automne sur la fleur du printemps.
[2] Justesse de sens, inséparable de l'amour ! Bonne Julie, elle ne brille pas ici dans le vôtre.

mer, te consoler durant cette amere et longue séparation ! puisse-t-elle te donner cette ardeur qui surmonte les obstacles et dompte la fortune ! Hélas ! le monde et les affaires seront pour toi des distractions continuelles, et feront une utile diversion aux peines de l'absence. Mais je vais rester abandonnée à moi seule, ou livrée aux persécutions, et tout me forcera de te regretter sans cesse : heureuse au moins si de vaines alarmes n'aggravaient mes tourments réels, et si, avec mes propres maux, je ne sentais encore en moi tous ceux auxquels tu vas t'exposer !

Je fremis en songeant aux dangers de mille espèces que vont courir ta vie et tes mœurs : je prends en toi toute la confiance qu'un homme peut inspirer ; mais puisque le sort nous sépare, ah ! mon ami, pourquoi n'es-tu qu'un homme ? Que de conseils te seraient nécessaires dans ce monde inconnu où tu vas t'engager ! Ce n'est pas à moi, jeune, sans expérience, et qui ai moins d'étude et de réflexion que toi, qu'il appartient de te donner là-dessus des avis ; c'est un soin que je laisse a mylord Édouard. Je me borne à te recommander deux choses, parce qu'elles tiennent plus au sentiment qu'a l'expérience, et que, si je connais peu le monde, je crois bien connaitre ton cœur : N'abandonne jamais la vertu, et n'oublie jamais ta Julie.

Je ne te rappellerai point tous ces arguments subtils que tu m'as toi-même appris a mépriser, qui remplissent tant de livres et n'ont jamais fait un honnête homme. Ah ! ces tristes raisonneurs, quels doux ravissements leurs cœurs n'ont jamais sentis ni donnes ! Laisse, mon ami, ces vains moralistes, et rentre au fond de ton âme : c'est la que tu retrouveras toujours la source de ce feu sacré qui nous embrasa tant de fois de l'amour des sublimes vertus ; c'est là que tu verras ce simulacre éternel du vrai beau dont la contemplation nous anime d'un saint enthousiasme, et que nos passions souillent sans cesse sans pouvoir jamais l'effacer [1]. Souviens-toi des larmes délicieuses qui coulaient de nos yeux, des palpitations qui suffoquaient nos cœurs agités, des transports qui nous élevaient au-dessus de nous-mêmes, au récit de ces vies héroïques qui rendent le vice inexcusable, et font l'honneur de l'humanité. Veux-tu savoir laquelle est vraiment désirable, de la for-

[1] La véritable philosophie des amants est celle de Platon ; durant le charme ils n'en ont jamais d'autre. Un homme ému ne peut quitter ce philosophe, un lecteur froid ne peut le souffrir.

tune ou de la vertu ? songe à celle que le cœur préfere quand son choix est impartial; songe ou l'intéret nous porte en lisant l'histoire. T'avisas-tu jamais de désirer les trésors de Crésus, ni la gloire de César, ni le pouvoir de Néron, ni les plaisirs d'Héliogabale? Pourquoi, s'ils étaient heureux, tes désirs ne te mettaient-ils pas à leur place ? C'est qu'ils ne l'etaient point, et tu le sentais bien ; c'est qu'ils étaient vils et méprisables, et qu'un méchant heureux ne fait envie a personne. Quels hommes contemplais-tu donc avec le plus de plaisir ? desquels adorais-tu les exemples ? auxquels aurais-tu mieux aimé ressembler ? Charme inconcevable de la beauté qui ne périt point ! c'était l'Athenien buvant la ciguë, c'etait Brutus mourant pour son pays, c'était Regulus au milieu des tourments, c'etait Caton déchirant ses entrailles, c'étaient tous ces vertueux infortunés qui te faisaient envie ; et tu sentais au fond de ton cœur la félicité réelle que couvraient leurs maux apparents. Ne crois pas que ce sentiment fut particulier a toi seul ; il est celui de tous les hommes, et souvent même en dépit d'eux. Ce divin modele que chacun de nous porte avec lui nous enchante, malgré que nous en ayons; sitôt que la passion nous permet de le voir, nous lui voulons ressembler ; et si le plus mechant des hommes pouvait etre un autre que lui-meme, il voudrait etre un homme de bien.

Pardonne-moi ces transports, mon aimable ami ; tu sais qu'ils me viennent de toi, et c'est a l'amour dont je les tiens a te les rendre. Je ne veux point t'enseigner ici tes propres maximes, mais t'en faire un moment l'application, pour voir ce qu'elles ont a ton usage : car voici le temps de pratiquer tes propres leçons, et de montrer comment on exécute ce que tu sais dire. S'il n'est pas question d'etre un Caton ni un Régulus, chacun pourtant doit aimer son pays, être integre et courageux, tenir sa foi, meme aux dépens de sa vie. Les vertus privées sont souvent d'autant plus sublimes qu'elles n'aspirent point a l'approbation d'autrui, mais seulement au bon témoignage de soi-meme ; et la conscience du juste lui tient lieu des louanges de l'univers. Tu sentiras donc que la grandeur de l'homme appartient a tous les etats, et que nul ne peut être heureux s'il ne jouit de sa propre estime ; car si la véritable jouissance de l'ame est dans la contemplation du beau, comment le méchant peut il l'aimer dans autrui, sans etre force de se haïr lui-meme ?

Je ne crains pas que les sens et les plaisirs grossiers te corrompent ; ils sont des piéges peu dangereux pour un cœur sensible, et il lui en faut de plus délicats : mais je crains les maximes et les leçons du monde ; je crains cette force terrible que doit avoir l'exemple universel et continuel du vice ; je crains les sophismes adroits dont il se colore ; je crains enfin que ton cœur même ne t'en impose, et ne te rende moins difficile sur les moyens d'acquérir une considération que tu saurais dédaigner, si notre union n'en pouvait être le fruit.

Je t'avertis, mon ami, de ces dangers ; ta sagesse fera le reste : car c'est beaucoup pour s'en garantir que d'avoir su les prévoir. Je n'ajouterai qu'une réflexion, qui l'emporte, à mon avis, sur la fausse raison du vice, sur les fières erreurs des insensés, et qui doit suffire pour diriger au bien la vie de l'homme sage : c'est que la source du bonheur n'est tout entière ni dans l'objet désiré ni dans le cœur qui le possède, mais dans le rapport de l'un et de l'autre, et que, comme tous les objets de nos désirs ne sont pas propres à produire la félicité, tous les états du cœur ne sont pas propres à la sentir. Si l'âme la plus pure ne suffit pas seule à son propre bonheur, il est plus sûr encore que toutes les délices de la terre ne sauraient faire celui d'un cœur dépravé ; car il y a des deux côtés une préparation nécessaire, un certain concours dont résulte ce précieux sentiment recherché de tout être sensible, et toujours ignoré du faux sage, qui s'arrête au plaisir du moment, faute de connaître un bonheur durable. Que servirait donc d'acquérir un de ces avantages aux dépens de l'autre, de gagner au dehors pour perdre encore plus au dedans, et de se procurer les moyens d'être heureux en perdant l'art de les employer ? Ne vaut-il pas mieux encore, si l'on ne peut avoir qu'un des deux, sacrifier celui que le sort peut nous rendre a celui qu'on ne recouvre point quand on l'a perdu ? Qui le doit mieux savoir que moi, qui n'ai fait qu'empoisonner les douceurs de ma vie en pensant y mettre le comble ? Laisse donc dire les méchants qui montrent leur fortune et cachent leur cœur ; et sois sûr que s'il est un seul exemple du bonheur sur la terre, il se trouve dans un homme de bien. Tu reçus du ciel cet heureux penchant à tout ce qui est bon et honnête : n'écoute que tes propres désirs, ne suis que tes inclinations naturelles ; songe surtout à nos premieres amours : tant que ces moments purs et délicieux reviendront à ta mémoire, il n'est pas possible que tu cesses d'aimer ce qui te les rendit si doux que le charme du beau moral s'efface dans ton âme, ni que tu veuilles jamais obtenir ta Julie par des moyens indignes de toi. Comment jouir d'un bien dont on aurait perdu le goût? Non, pour pouvoir posséder ce qu'on aime, il faut garder le même cœur qui l'a aimé.

Me voici à mon second point; car, comme tu vois, je n'ai pas oublié mon métier. Mon ami, l'on peut sans amour avoir les sentiments sublimes d'une âme forte : mais un amour tel que le nôtre l'anime et la soutient tant qu'il brûle; sitôt qu'il s'éteint, elle tombe en langueur, et un cœur usé n'est plus propre à rien. Dis-moi, que serions-nous si nous n'aimions plus? Eh ! ne vaudrait-il pas mieux cesser d'être, que d'exister sans rien sentir? et pourrais-tu te résoudre à traîner sur la terre l'insipide vie d'un homme ordinaire, après avoir goûté tous les transports qui peuvent ravir une âme humaine? Tu vas habiter de grandes villes, où ta figure et ton âge, encore plus que ton mérite, tendront mille embûches à ta fidélité; l'insinuante coquetterie affectera le langage de la tendresse, et te plaira sans t'abuser : tu ne chercheras point l'amour, mais les plaisirs; tu les goûteras séparés de lui, et ne les pourras reconnaître. Je ne sais si tu retrouveras ailleurs le cœur de Julie; mais je te défie de jamais retrouver auprès d'une autre ce que tu sentis auprès d'elle. L'épuisement de ton âme t'annoncera le sort que je t'ai prédit; la tristesse et l'ennui t'accableront au sein des amusements frivoles; le souvenir de nos premières amours te poursuivra malgré toi; mon image cent fois plus belle que je ne fus jamais, viendra tout à coup te surprendre. A l'instant le voile du dégoût couvrira tous tes plaisirs, et mille regrets amers naîtront dans ton cœur. Mon bien-aimé, mon doux ami, ah ! si jamais tu m'oublies... hélas ! je ne ferai qu'en mourir; mais toi tu vivras vil et malheureux, et je mourrai trop vengée.

Ne l'oublie donc jamais cette Julie qui fut à toi, et dont le cœur ne sera point à d'autres. Je ne puis rien te dire de plus, dans la dépendance où le ciel m'a placée. Mais, après t'avoir recommandé la fidélité, il est juste de te laisser de la mienne le seul gage qui soit en mon pouvoir. J'ai consulté, non mes devoirs, mon esprit égaré ne les connaît plus, mais mon cœur, dernière règle de qui n'en saurait plus suivre, et voici le résultat de ses inspirations. Je ne t'épouserai jamais sans le consentement de mon père, mais je n'en épouserai jamais un autre sans ton consentement; je t'en donne ma parole ; elle me sera sacrée, quoi qu'il arrive, et il n'y a point de force humaine qui puisse m'y faire manquer. Sois donc sans inquiétude sur ce que je puis devenir en ton absence. Va, mon aimable ami, chercher sous les auspices du tendre amour un sort digne de le couronner. Ma destinée est dans tes mains autant qu'il a dépendu de moi de l'y mettre, et jamais elle ne changera que de ton aveu.

XII. — A JULIE.

O qual fiamma di gloria, d'onore,
Scorrer sento per tutte le vene,
Alma grande, parlando con te[1]

Julie, laisse-moi respirer ; tu fais bouillonner mon sang, tu me fais tressaillir, tu me fais palpiter ; ta lettre brule comme ton cœur du saint amour de la vertu, et tu portes au fond du mien son ardeur céleste. Mais pourquoi tant d'exhortations où il ne fallait que des ordres ? Crois que si je m'oublie au point d'avoir besoin de raisons pour bien faire, au moins ce n'est pas de ta part ; ta seule volonté me suffit. Ignores-tu que je serai toujours ce qu'il te plaira, et que je ferais le mal meme avant de pouvoir te désobéir ? Oui, j'aurais brule le Capitole si tu me l'avais commandé, parce que je t'aime plus que toutes choses. Mais sais-tu bien pourquoi je t'aime ainsi ? Ah ! fille incomparable, c'est parce que tu ne peux rien vouloir que d'honnete, et que l'amour de la vertu rend plus invincible celui que j'ai pour tes charmes.

Je pars, encouragé par l'engagement que tu viens de prendre, et dont tu pouvais t'épargner le détour ; car promettre de n'etre à personne sans mon consentement, n'est-ce pas promettre de n'etre qu'a moi ? Pour moi, je le dis plus librement, et je t'en donne aujourd'hui ma foi d'homme de bien, qui ne sera point violée. J'ignore, dans la carriere ou je vais m'essayer pour te complaire, a quel sort la fortune m'appelle ; mais jamais les nœuds de l'amour ni de l'hymen ne m'uniront à d'autres qu'a Julie d'Etange, je ne vis, je n'existe que pour elle, et mourrai libre ou son époux. Adieu ; l'heure presse, et je pars a l'instant.

[1] O de quelle flamme d'honneur et de gloire je sens embraser tout mon sang, ame grande, en parlant avec toi !

XIII. — A JULIE.

J'arrivai hier au soir à Paris, et celui qui ne pouvait vivre séparé de toi par deux rues en est maintenant à plus de cent lieues. O Julie, plains-moi, plains ton malheureux ami. Quand mon sang en longs ruisseaux aurait tracé cette route immense, elle m'eût paru moins longue, et je n'aurais pas senti défaillir mon âme avec plus de langueur. Ah! si du moins je connaissais le moment qui doit nous rejoindre, ainsi que l'espace qui nous sépare, je compenserais l'éloignement des lieux par le progrès du temps, je compterais dans chaque jour oté de ma vie les pas qui m'auraient rapproché de toi. Mais cette carrière de douleurs est couverte des ténèbres de l'avenir; le terme qui doit la borner se dérobe à mes faibles yeux. O doute! o supplice! Mon cœur inquiet te cherche, et ne trouve rien. Le soleil se lève et ne me rend plus l'espoir de te voir; il se couche, et je ne t'ai point vue; mes jours, vides de plaisirs et de joie, s'écoulent dans une longue nuit. J'ai beau vouloir ranimer en moi l'espérance éteinte, elle ne m'offre qu'une ressource incertaine et des consolations suspectes. Chère et tendre amie de mon cœur, hélas! à quels maux faut-il m'attendre, s'ils doivent égaler mon bonheur passé?

Que cette tristesse ne t'alarme pas, je t'en conjure; elle est l'effet passager de la solitude et des réflexions du voyage. Ne crains point le retour de mes premières faiblesses : mon cœur est dans ta main, ma Julie; et, puisque tu le soutiens, il ne se laissera plus abattre. Une des consolantes idées qui sont le fruit de ta dernière lettre, est que je me trouve à présent porté par une double force : et quand l'amour aurait anéanti la mienne, je ne laisserais pas d'y gagner encore; car le courage qui me vient de toi me soutient beaucoup mieux que je n'aurais pu me soutenir moi-même. Je suis convaincu qu'il n'est pas bon que l'homme soit seul. Les âmes humaines veulent être accouplées, pour valoir tout leur prix; et la force unie des amis, comme celle des lames d'un aimant artificiel, est incomparablement plus grande que la somme de leurs forces particulières. Divine amitié, c'est là ton triomphe. Mais qu'est-ce que la seule amitié, auprès de cette union parfaite qui joint à toute l'énergie de l'amitié des liens cent fois plus sacrés? Où sont-ils ces hommes grossiers qui ne prennent les transports de l'amour que pour une fièvre des sens, pour un désir de la nature avilie? Qu'ils viennent, qu'ils observent, qu'ils sentent ce qui se passe au fond de mon cœur ; qu'ils voient un amant malheureux éloigné de ce qu'il aime, incertain de le revoir jamais, sans espoir de recouvrer sa félicité perdue, mais pourtant animé de ces feux immortels qu'il prit dans tes yeux, et qu'ont nourris tes sentiments sublimes ; pret a braver la fortune à souffrir ses revers, à se voir même privé de toi, et a faire des vertus que tu lui as inspirees le digne ornement de cette empreinte adorable qui ne s'effacera jamais de son âme. Julie, eh! qu'aurais-je été sans toi? La froide raison m'eût éclairé peut-être ; tiede admirateur du bien, je l'aurais du moins aimé dans autrui. Je ferai plus, je saurai le pratiquer avec zele ; et, pénétré de tes sages leçons, je ferai dire un jour a ceux qui nous auront connus : O quels hommes nous serions tous, si le monde était plein de Julies et de cœurs qui les sussent aimer!

En méditant en route sur ta dernière lettre, j'ai résolu de rassembler en un recueil toutes celles que tu m'as écrites, maintenant que je ne puis plus recevoir tes avis de bouche. Quoiqu'il n'y en ait pas une que je ne sache par cœur, et bien par cœur, tu peux m'en croire, j'aime pourtant à les relire sans cesse, ne fût-ce que pour revoir les traits de cette main chérie qui seule peut faire mon bonheur. Mais insensiblement le papier s'use, et, avant qu'elles soient déchirées, je veux les copier toutes dans un livre blanc que je viens de choisir expres pour cela. Il est assez gros ; mais je songe à l'avenir, et j'espere ne pas mourir assez jeune pour me borner a ce volume. Je destine les soirées à cette occupation charmante, et j'avancerai lentement pour la prolonger. Ce précieux recueil ne me quittera de mes jours ; il sera mon manuel dans le monde ou je vais entrer ; il sera pour moi le contre-poison des maximes qu'on y respire ; il me consolera dans mes maux ; il préviendra ou corrigera mes fautes ; il m'instruira durant ma jeunesse ; il m'édifiera dans tous les temps ; et ce seront, a mon avis, les premieres lettres d'amour dont on aura tiré cet usage.

Quant a la derniere que j'ai présentement sous les yeux, toute-belle qu'elle me paraît, j'y trouve pourtant un article à retrancher. Jugement déjà fort étrange : mais ce qui doit l'être encore plus, c'est que cet article est précisément celui qui te regarde, et je te reproche d'avoir même songé à l'écrire. Que me parles-tu de fidélité, de constance? Autrefois tu connaissais mieux mon amour et ton pouvoir. Ah! Julie, inspires-tu des sentiments périssables?

et quand je ne t'aurais rien promis, pourrais-je cesser jamais d'être a toi? Non, non; c'est du premier regard de tes yeux, du premier mot de ta bouche, du premier transport de mon cœur, que s'alluma dans lui cette flamme éternelle que rien ne peut plus éteindre. Ne t'eussé-je vue que ce premier instant, c'en était déja fait, il était trop tard pour pouvoir jamais t'oublier. Et je t'oublierais maintenant! maintenant qu'enivré de mon bonheur passé, son seul souvenir suffit pour me le rendre encore! maintenant qu'oppressé du poids de tes charmes, je ne respire qu'en eux! maintenant que ma premiere âme est disparue, et que je suis animé de celle que tu m'as donnée! maintenant, o Julie, que je me dépite contre moi de t'exprimer si mal tout ce que je sens! Ah! que toutes les beautés de l'univers tentent de me séduire, en est-il d'autres que la tienne a mes yeux? Que tout conspire à l'arracher de mon cœur; qu'on le perce, qu'on le déchire, qu'on brise ce fidèle miroir de Julie, sa pure image ne cessera de brûler jusque dans le dernier fragment; rien n'est capable de l'y détruire. Non, la supreme puissance elle-meme ne saurait aller jusque-là; elle peut anéantir mon âme, mais non pas faire qu'elle existe et cesse de t'adorer.

Mylord Édouard s'est chargé de te rendre compte à son passage de ce qui me regarde, et de ses projets en ma faveur: mais je crains qu'il ne s'acquitte mal de cette promesse par rapport a ses arrangements présents. Apprends qu'il ose abuser du droit que lui donnent sur moi ses bienfaits, pour les étendre au dela même de la bienseance. Je me vois, par une pension qu'il n'a pas tenu a lui de rendre irrévocable, en etat de faire une figure fort au-dessus de ma naissance; et c'est peut-etre ce que je serai forcé de faire à Londres pour suivre ses vues. Pour ici, ou nulle affaire ne m'attache, je continuerai de vivre à ma maniere, et ne serai point tenté d'employer en vaines dépenses l'excédant de mon entretien. Tu me l'as appris, ma Julie, les premiers besoins, ou du moins les plus sensibles, sont ceux d'un cœur bienfaisant, et tant que quelqu'un manque du nécessaire, quel honnête homme a du superflu?

XIV. — A JULIE.

¹ J'entre avec une secrete horreur dans ce vaste désert du monde. Ce chaos ne m'offre qu'une solitude affreuse, où regne un morne silence. Mon âme a la presse cherche a s'y répandre, et se trouve partout resserrée. Je ne suis jamais moins seul que quand je suis seul, disait un ancien : moi, je ne suis seul que dans la foule, ou je ne puis être ni a toi ni aux autres. Mon cœur voudrait parler, il sent qu'il n'est point écouté ; il voudrait répondre, on ne lui dit rien qui puisse aller jusqu'a lui. Je n'entends point la langue du pays, et personne ici n'entend la mienne.

Ce n'est pas qu'on ne me fasse beaucoup d'accueil, d'amitiés, de prévenances, et que mille soins officieux n'y semblent voler au-devant de moi ; mais c'est précisément de quoi je me plains. Le moyen d'etre aussitot l'ami de quelqu'un qu'on n'a jamais vu ? L'honnete intéret de l'humanité, l'épanchement simple et touchant d'une âme franche, ont un langage bien différent des fausses démonstrations de la politesse et des dehors trompeurs que l'usage du monde exige. J'ai grand'peur que celui qui, des la premiere vue, me traite comme un ami de vingt ans, ne me traitât, au bout de vingt-ans, comme un inconnu, si j'avais quelque important service a lui demander ; et quand je vois des hommes si dissipés prendre un intérét si tendre a tant de gens, je présumerais volontiers qu'ils n'en prennent à personne.

Il y a pourtant de la réalité à tout cela ; car le Français est naturellement bon, ouvert, hospitalier, bienfaisant : mais il y a aussi mille manieres de parler qu'il ne faut pas prendre a la lettre, mille offres apparentes qui ne sont faites que pour être refusées, mille especes de piéges que la politesse tend à la bonne foi rusti-

¹ Sans prevenir le jugement du lecteur et celui de Julie sur ces relations, je crois pouvoir dire que si j'avais à les faire, et que je ne les fisse pas meilleures, je les ferais du moins fort différentes. J'ai eté plusieurs fois sur le point de les ôter, et d'en substituer de ma façon, enfin je les laisse, et je me vante de ce courage. Je me dis qu'un jeune homme de vingt-quatre ans entrant dans le monde ne doit pas le voir comme le voit un homme de cinquante, à qui l'expérience n'a que trop appris a le connaitre. Je me dis encore que, sans y avoir fait un fort grand role, je ne suis pourtant plus dans le cas d'en pouvoir parler avec impartialité. Laissons donc ces lettres comme elles sont, que les lieux communs uses restent, que les observations triviales restent, c'est un petit mal que tout cela · mais il importe a l'ami de la verite que, jusqu'a la fin de sa vie, ses passions ne souillent point ses ecrits.

que. Je n'entendis jamais tant dire : Comptez sur moi dans l'occasion, disposez de mon crédit, de ma bourse, de ma maison, de mon equipage. Si tout cela était sincere et pris au mot, il n'y aurait pas de peuple moins attaché à la propriété ; la communauté des biens serait ici presque établie ; le plus riche offrant sans cesse, et le plus pauvre acceptant toujours, tout se mettrait naturellement de niveau, et Sparte même eût eu des partages moins egaux qu'ils ne seraient à Paris. Au lieu de cela, c'est peut-être la ville du monde ou les fortunes sont le plus inégales, et ou regnent a la fois la plus somptueuse opulence et la plus déplorable misere. Il n'en faut pas davantage pour comprendre ce que signifient cette apparente commisération qui semble toujours aller au-devant des besoins d'autrui, et cette facile tendresse du cœur qui contracte en un moment des amities éternelles.

Au lieu de tous ces sentiments suspects et de cette confiance trompeuse, veux-je chercher des lumieres et de l'instruction ? c'en est ici l'aimable source ; et l'on est d'abord enchante du savoir et de la raison qu'on trouve dans les entretiens, non-seulement des savants et des gens de lettres, mais des hommes de tous les etats, et meme des femmes . le ton de la conversation y est coulant et naturel ; il n'est ni pesant ni frivole ; il est savant sans pedanterie, gai sans tumulte, poli sans affectation, galant sans fadeur, badin sans équivoque. Ce ne sont ni des dissertations ni des épigrammes : on y raisonne sans argumenter ; on y plaisante sans jeu de mots ; on y associe avec art l'esprit et la raison , les maximes et les saillies, la satire aiguë, l'adroite flatterie, et la morale austere. On y parle de tout, pour que chacun ait quelque chose a dire ; on n'approfondit point les questions, de peur d'ennuyer ; on les propose comme en passant, on les traite avec rapidite ; la precision mene a l'elegance ; chacun dit son avis et l'appuie en peu de mots, nul n'attaque avec chaleur celui d'autrui, nul ne defend opiniatrement le sien ; on discute pour s'éclairer, on s'arrete avant la dispute, chacun s'instruit, chacun s'amuse ; tous s'en vont contents, et le sage meme peut rapporter de ces entretiens des sujets dignes d'etre medités en silence.

Mais au fond que penses-tu qu'on apprenne dans ces conversations si charmantes ? A juger sainement des choses du monde ? a bien user de la societe ? a connaitre au moins les gens avec qui l'on vit ? Rien de tout cela, ma Julie : on y apprend a plaider avec art la cause du mensonge, à ébranler à force de philosophie tous les principes de la vertu, à colorer de sophismes subtils ses passions et ses préjugés, et à donner a l'erreur un certain tour a la mode, selon les maximes du jour. Il n'est point nécessaire de connaitre le caractere des gens, mais seulement leurs intérets, pour deviner à peu près ce qu'ils diront de chaque chose. Quand un homme parle, c'est pour ainsi dire son habit et non pas lui qui a un sentiment; et il en changera sans façon tout aussi souvent que d'etat. Donnez-lui tour à tour une longue perruque, un habit d'ordonnance, et une croix pectorale; vous l'entendrez successivement prêcher avec le même zèle les lois, le despotisme, et l'inquisition. Il y a une raison commune pour la robe, une autre pour la finance, une autre pour l'épée. Chacune prouve tres-bien que les deux autres sont mauvaises, conséquence facile a tirer pour les trois [1]. Ainsi nul ne dit jamais ce qu'il pense, mais ce qu'il lui convient de faire penser à autrui; et le zele apparent de la vérité n'est jamais en eux que le masque de l'intérêt.

Vous croiriez que les gens isolés qui vivent dans l'indépendance ont au moins un esprit à eux : point du tout; autres machines qui ne pensent point, et qu'on fait penser par ressorts. On n'a qu'a s'informer de leurs sociétés, de leurs coteries, de leurs amis, des femmes qu'ils voient, des auteurs qu'ils connaissent ; là-dessus on peut d'avance établir leur sentiment futur sur un livre prêt a paraître et qu'ils n'ont point lu, sur une piece prête à jouer et qu'ils n'ont point vue, sur tel ou tel auteur qu'ils ne connaissent point, sur tel ou tel système dont ils n'ont aucune idée ; et comme la pendule ne se monte ordinairement que pour vingt-quatre heures, tous ces gens-la s'en vont chaque soir apprendre dans leurs sociétés ce qu'ils penseront le lendemain.

Il y a ainsi un petit nombre d'hommes et de femmes qui pensent pour tous les autres, et pour lesquels tous les autres parlent et agissent : et comme chacun songe à son intérêt, personne au

[1] On doit passer ce raisonnement à un Suisse qui voit son pays fort bien gouverné, sans qu'aucune des trois professions y soit établie. Quoi ! l'État peut-il subsister sans defenseurs ? Non, il faut des defenseurs à l'État ; mais tous les citoyens doivent être soldats par devoir, aucun par métier Les mêmes hommes, chez les Romains et chez les Grecs, etaient officiers au camp, magistrats a la ville, et jamais ces deux fonctions ne furent mieux remplies que quand on ne connaissait pas ces bizarres préjugés d'états qui les separent et les déshonorent

bien commun, et que les intérêts particuliers sont toujours opposés entre eux, c'est un choc perpétuel de brigues et de cabales, un flux et reflux de préjugés, d'opinions contraires, où les plus échauffés, animés par les autres, ne savent presque jamais de quoi il est question. Chaque coterie a ses règles, ses jugements, ses principes, qui ne sont point admis ailleurs. L'honnete homme d'une maison est un fripon dans la maison voisine : le bon, le mauvais, le beau, le laid, la vérité, la vertu, n'ont qu'une existence locale et circonscrite. Quiconque aime à se répandre et fréquente plusieurs sociétés doit être plus flexibe qu'Alcibiade, changer de principes comme d'assemblées, modifier son esprit pour ainsi dire à chaque pas, et mesurer ses maximes à la toise; il faut qu'à chaque visite il quitte en entrant son âme, s'il en a une, qu'il en prenne une autre aux couleurs de la maison, comme un laquais prend un habit de livrée; qu'il la pose de même en sortant, et reprenne, s'il veut, la sienne jusqu'à nouvel échange.

Il y a plus; c'est que chacun se met sans cesse en contradiction avec lui-même, sans qu'on s'avise de le trouver mauvais. On a des principes pour la conversation et d'autres pour la pratique : leur opposition ne scandalise personne, et l'on est convenu qu'ils ne se ressembleraient point entre eux : on n'exige pas même d'un auteur, surtout d'un moraliste, qu'il parle comme ses livres, ni qu'il agisse comme il parle; ses écrits, ses discours, sa conduite, sont trois choses toutes différentes, qu'il n'est point obligé de concilier. En un mot, tout est absurde, et rien ne choque, parce qu'on y est accoutumé ; et il y a meme à cette inconséquence une sorte de bon air dont bien des gens se font honneur. En effet, quoique tous prêchent avec zèle les maximes de leur profession, tous se piquent d'avoir le ton d'une autre : le robin prend l'air cavalier; le financier fait le seigneur; l'evêque a le propos galant; l'homme de cour parle de philosophie, l'homme d'État de bel esprit : il n'y a pas jusqu'au simple artisan, qui, ne pouvant prendre un autre ton que le sien, se met en noir les dimanches, pour avoir l'air d'un homme de palais. Les militaires seuls, dédaignant tous les autres états, gardent sans façon le ton du leur, et sont insupportables de bonne foi. Ce n'est pas que M. de Muralt n'eût raison quand il donnait la préférence a leur société : mais ce qui etait vrai de son temps ne l'est plus aujourd'hui. Le progrès de la littérature a changé en mieux le ton général; les militaires seuls n'en ont point voulu changer ; et le leur, qui était le meilleur auparavant, est enfin devenu le pire [1].

Ainsi les hommes à qui l'on parle ne sont point ceux avec qui l'on converse ; leurs sentiments ne partent point de leur cœur, leurs lumières ne sont point dans leur esprit, leurs discours ne représentent point leurs pensées ; on n'aperçoit d'eux que leur figure, et l'on est dans une assemblée à peu près comme devant un tableau mouvant, où le spectateur paisible est le seul être mû par lui-même.

Telle est l'idée que je me suis formée de la grande société sur celle que j'ai vue à Paris : cette idée est peut-être plus relative à ma situation particulière qu'au véritable état des choses, et se réformera sans doute sur de nouvelles lumières. D'ailleurs je ne fréquente que les sociétés où les amis de mylord Édouard m'ont introduit, et je suis convaincu qu'il faut descendre dans d'autres états pour connaître les véritables mœurs d'un pays ; car celles des riches sont presque partout les mêmes. Je tâcherai de m'éclaircir mieux dans la suite. En attendant, juge si j'ai raison d'appeler cette foule un désert, et de m'effrayer d'une solitude où je ne trouve qu'une vaine apparence de sentiments et de vérité, qui change à chaque instant et se détruit elle-même, où je n'aperçois que larves et fantômes qui frappent l'œil un moment et disparaissent aussitôt qu'on les veut saisir. Jusques ici j'ai vu beaucoup de masques, quand verrai-je des visages d'hommes ?

XV. — DE JULIE.

Oui, mon ami, nous serons unis malgré notre éloignement, nous serons heureux en dépit du sort. C'est l'union des cœurs qui fait leur véritable félicité ; leur attraction ne connait point la loi des distances, et les nôtres se toucheraient aux deux bouts du monde. Je trouve comme toi que les amants ont mille moyens d'adoucir le sentiment de l'absence et de se rapprocher en un moment : quelquefois même on se voit plus souvent encore que quand on se

[1] Ce jugement, vrai ou faux, ne peut s'entendre que des subalternes, et de ceux qui ne vivent pas à Paris ; car tout ce qu'il y a d'illustre dans le royaume est au service, et la cour même est toute militaire. Mais il y a une grande différence, pour les manières que l'on contracte, entre faire campagne en temps de guerre, et passer sa vie dans des garnisons.

voyait tous les jours; car sitot qu'un des deux est seul, à l'instant tous deux sont ensemble. Si tu goûtes ce plaisir tous les soirs, je le goûte cent fois le jour ; je vis plus solitaire , je suis environnée de tes vestiges, et je ne saurais fixer les yeux sur les objets qui m'entourent, sans te voir tout autour de moi.

> Qui cantò dolcemente, et qui s'assise,
> Qui si rivolse, e qui ritenne il passo,
> Qui copegli occhi mi trafise il core,
> Qui disse un a parola, e qui sorrise [1].

Mais toi, sais-tu t'arreter à ces situations paisibles ? sais-tu goûter un amour tranquille et tendre, qui parle au cœur sans émouvoir les sens ? et tes regrets sont-ils aujourd'hui plus sages que tes desirs ne l'etaient autrefois ? Le ton de ta premiere lettre me fait trembler. Je redoute ces emportements trompeurs, d'autant plus dangereux que l'imagination qui les excite n'a point de bornes, et je crains que tu n'outrages ta Julie a force de l'aimer. Ah! tu ne sens pas, non, ton cœur peu delicat ne sent pas combien l'amour s'offense d'un vain hommage; tu ne songes ni que ta vie est a moi, ni qu'on court souvent à la mort en croyant servir la nature. Homme sensuel, ne sauras-tu jamais aimer ? Rappelle-toi, rappelle-toi ce sentiment si calme et si doux que tu connus une fois et que tu decrivis d'un ton si touchant et si tendre. S'il est le plus delicieux qu'ait jamais savouré l'amour heureux, il est le seul permis aux amants séparés ; et quand on l'a pu gouter un moment, on n'en doit plus regretter d'autre. Je me souviens des reflexions que nous faisions, en lisant ton Plutarque, sur un goût dépravé qui outrage la nature : quand ces tristes plaisirs n'auraient que de n'etre pas partagés, c'en serait assez, disions-nous, pour les rendre insipides et méprisables. Appliquons la meme idée aux erreurs d'une imagination trop active, elle ne leur conviendra pas moins. Malheureux ! de quoi jouis-tu quand tu es seul a jouir ? Ces voluptes solitaires sont des voluptés mortes. O amour ! les tiennes sont vives, c'est l'union des âmes qui les anime, et le plaisir qu'on donne à ce qu'on aime fait valoir celui qu'il nous rend.

Dis-moi, je te prie, mon cher ami, en quelle langue ou plutot en quel jargon est la relation de ta derniere lettre. Ne serait-ce

---

[1] C est ici qu'il chanta d'un ton si doux, voila le siege ou il s'assit, ici il marchait, et la il s'arreta, ici, d'un regard tendre il me perça le cœur, ici il me dit un mot, et la je le vis sourire. PETRARQUE.

point là par hasard du bel esprit? Si tu as dessein de t'en servir souvent avec moi, tu devrais bien m'en envoyer le dictionnaire. Qu'est-ce, je te prie, que le sentiment de l'habit d'un homme? qu'une âme qu'on prend comme un habit de livrée? que des maximes qu'il faut mesurer à la toise? Que veux-tu qu'une pauvre Suissesse entende à ces sublimes figures? Au lieu de prendre comme les autres des âmes aux couleurs des maisons, ne voudrais-tu point déjà donner à ton esprit la teinte de celui du pays? Prends garde, mon bon ami, j'ai peur qu'elle n'aille pas bien sur ce fond là : à ton avis, les *traslati* du cavalier Marin, dont tu t'es si souvent moqué, approchèrent-ils jamais de ces métaphores? et si l'on peut faire opiner l'habit d'un homme dans une lettre, pourquoi ne ferait-on pas suer le feu[1] dans un sonnet?

Observer en trois semaines toutes les sociétés d'une grande ville, assigner le caractère des propos qu'on y tient, y distinguer exactement le vrai du faux, le réel de l'apparent, et ce qu'on y dit de ce qu'on y pense, voilà ce qu'on accuse les Français de faire quelquefois chez les autres peuples, mais ce qu'un étranger ne doit point faire chez eux ; car ils valent bien la peine d'être étudiés posément. Je n'approuve pas non plus qu'on dise du mal du pays où l'on vit et où l'on est bien traité ; j'aimerais mieux qu'on se laissât tromper par les apparences, que de moraliser aux dépens de ses hôtes. Enfin, je tiens pour suspect tout observateur qui se pique d'esprit : je crains toujours que, sans y songer, il ne sacrifie la vérité des choses à l'éclat des pensées, et ne fasse jouer sa phrase aux dépens de la justice.

Tu ne l'ignores pas, mon ami, l'esprit, dit notre Muralt, est la manie des Français : je te trouve du penchant à la même manie ; avec cette différence qu'elle a chez eux de la grâce, et que de tous les peuples du monde c'est à nous qu'elle sied le moins. Il y a de la recherche et du jeu dans plusieurs de tes lettres : je ne parle point de ce tour vif et de ces expressions animées qu'inspire la force du sentiment ; je parle de cette gentillesse de style qui, n'étant point naturelle, ne vient d'elle-même à personne, et marque la prétention de celui qui s'en sert. Eh Dieu ! des prétentions avec ce qu'on aime! n'est-ce pas plutôt dans l'objet aimé qu'on les doit placer? et n'est-on pas glorieux soi-même de tout le mérite

[1] Sudate, o fochi, a preparar metalli
Vers d'un sonnet du cavalier Marin

qu'il a de plus que nous? Non, si l'on anime les conversations indifférentes de quelques saillies qui passent comme des traits, ce n'est point entre deux amants que ce langage est de saison; et le jargon fleuri de la galanterie est beaucoup plus éloigné du sentiment que le ton le plus simple qu'on puisse prendre. J'en appelle a toi-même : l'esprit eut-il jamais le temps de se montrer dans nos tête-a-tête? et si le charme d'un entretien passionné l'écarte et l'empêche de paraître, comment des lettres, que l'absence remplit toujours d'un peu d'amertume, et où le cœur parle avec plus d'attendrissement, le pourraient-elles supporter? Quoique toute grande passion soit sérieuse, et que l'excessive joie elle-même arrache des pleurs plutôt que des ris, je ne veux pas pour cela que l'amour soit toujours triste; mais je veux que sa gaieté soit simple, sans ornement, sans art, nue comme lui; en un mot, qu'elle brille de ses propres grâces, et non de la parure du bel esprit.

L'inséparable, dans la chambre de laquelle je t'écris cette lettre, prétend que j'étais, en la commençant, dans cet état d'enjouement que l'amour inspire ou tolère; mais je ne sais ce qu'il est devenu. A mesure que j'avançais, une certaine langueur s'emparait de mon âme, et me laissait à peine la force de t'écrire les injures que la mauvaise a voulu t'adresser; car il est bon de t'avertir que la critique de ta critique est bien plus de sa façon que de la mienne; elle m'en a dicté surtout le premier article en riant comme une folle, et sans me permettre d'y rien changer. Elle dit que c'est pour t'apprendre à manquer de respect au Marini qu'elle protége, et que tu plaisantes.

Mais sais-tu bien ce qui nous met toutes deux de si bonne humeur? C'est son prochain mariage : le contrat fut passé hier au soir, et le jour est pris de lundi en huit. Si jamais amour fut gai, c'est assurément le sien; on ne vit de la vie une fille si bouffonnement amoureuse. Ce bon M. d'Orbe, à qui de son coté la tête en tourne, est enchanté d'un accueil si folâtre. Moins difficile que tu n'étais autrefois, il se prête avec plaisir à la plaisanterie, et prend pour un chef-d'œuvre de l'amour l'art d'égayer sa maitresse. Pour elle, on a beau la prêcher, lui représenter la bienséance, lui dire que, si près du terme, elle doit prendre un maintien plus sérieux, plus grave, et faire un peu mieux les honneurs de l'état qu'elle est prête à quitter; elle traite tout cela de sottes simagrées; elle soutient en face à M. d'Orbe que le jour de la cérémonie elle sera de la meilleure humeur du monde, et qu'on ne saurait aller trop gaîment à la noce. Mais la petite dissimulée ne dit pas tout : je lui ai trouvé ce matin les yeux rouges, et je parie bien que les pleurs de la nuit payent les ris de la journée. Elle va former de nouvelles chaînes qui relâcheront les doux liens de l'amitié; elle va commencer une manière de vivre différente de celle qui lui fut chère; elle était contente et tranquille, elle va courir les hasards auxquels le meilleur mariage expose; et quoi qu'elle en dise, comme une eau pure et calme commence à se troubler aux approches de l'orage, son cœur timide et chaste ne voit point sans quelque alarme le prochain changement de son sort.

O mon ami, qu'ils sont heureux! Ils s'aiment, ils vont s'épouser; ils jouiront de leur amour sans obstacles, sans craintes, sans remords. Adieu, adieu; je n'en puis dire davantage.

P. S. Nous n'avons vu mylord Édouard qu'un moment, tant il était pressé de continuer sa route : le cœur plein de ce que nous lui devons, je voulais lui montrer mes sentiments et les tiens; mais j'en ai eu une espèce de honte. En vérité c'est faire injure à un homme comme lui de le remercier de rien.

XVI. — A JULIE.

Que les passions impétueuses rendent les hommes enfants! qu'un amour forcené se nourrit aisément de chimères! qu'il est aisé de donner le change à des désirs extrêmes par les plus frivoles objets! J'ai reçu ta lettre avec les mêmes transports que m'aurait causés ta présence; et, dans l'emportement de ma joie, un vain papier me tenait lieu de toi. Un des plus grands maux de l'absence, et le seul auquel la raison ne peut rien, c'est l'inquiétude sur l'état actuel de ce qu'on aime : sa santé, sa vie, son repos, son amour, tout échappe à qui craint de tout perdre; on n'est pas plus sûr du présent que de l'avenir, et tous les accidents possibles se réalisent sans cesse dans l'esprit d'un amant qui les redoute. Enfin je respire, je vis; tu te portes bien, tu m'aimes : ou plutôt il y a dix jours que tout cela était vrai; mais qui me répondra d'aujourd'hui? O absence! o tourment! o bizarre et funeste état où l'on ne peut jouir que du moment passé, et où le présent n'est point encore!

Quand tu ne m'aurais pas parlé de l'inséparable, j'aurais reconnu sa malice dans la critique de ma relation, et sa rancune dans l'apologie du Marini; mais s'il m'etait permis de faire la mienne, je ne resterais pas sans réplique.

Premierement, ma cousine (car c'est a elle qu'il faut repondre), quant au style, j'ai pris celui de la chose; j'ai tâché de vous donner a la fois l'idée et l'exemple du ton des conversations a la mode; et, suivant un ancien précepte, je vous ai écrit a peu près comme on parle en certaines sociétés. D'ailleurs, ce n'est pas l'usage des figures, mais leur choix, que je blâme dans le cavalier Marin. Pour peu qu'on ait de chaleur dans l'esprit, on a besoin de métaphores et d'expressions figurées pour se faire entendre. Vos lettres mêmes en sont pleines sans que vous y songiez; et je soutiens qu'il n'y a qu'un géometre et un sot qui puissent parler sans figures. En effet, un même jugement n'est-il pas susceptible de cent degrés de force? Et comment déterminer celui de ces degrés qu'il doit avoir, sinon par le tour qu'on lui donne? Mes propres phrases me font rire, je l'avoue, et je les trouve absurdes, grâces au soin que vous avez pris de les isoler; mais laissez-les ou je les ai mises, vous les trouverez claires et meme énergiques. Si ces yeux éveillés que vous savez si bien faire parler étaient séparés l'un de l'autre, et de votre visage, cousine, que pensez-vous qu'ils diraient avec tout leur feu? Ma foi, rien du tout, pas même a M. d'Orbe.

La premiere chose qui se présente à observer dans un pays ou l'on arrive, n'est-ce pas le ton général de la société? Eh bien, c'est aussi la premiere observation que j'ai faite dans celui-ci, et je vous ai parle de ce qu'on dit a Paris, et non pas de ce qu'on y fait. Si j'ai remarqué du contraste entre les discours, les sentiments et les actions des honnetes gens, c'est que ce contraste saute aux yeux au premier instant. Quand je vois les mêmes hommes changer de maximes selon les coteries, molinistes dans l'une, jansénistes dans l'autre, vils courtisans chez un ministre, frondeurs mutins chez un mécontent, quand je vois un homme doré decrier le luxe, un financier les impots, un prélat le dereglement; quand j'entends une femme de la cour parler de modestie, un grand seigneur de vertu, un auteur de simplicité, un abbé de religion, et que ces absurdités ne choquent personne; ne dois-je pas conclure a l'instant qu'on ne se soucie pas plus ici d'entendre la verite que de la dire, et que loin de vouloir persuader les autres quand on leur parle, on ne cherche pas même à leur faire penser qu'on croit ce que l'on leur dit?

Mais c'est assez plaisanter avec la cousine. Je laisse un ton qui nous est étranger à tous trois, et j'espère que tu ne me verras pas plus prendre le goût de la satire que celui du bel esprit. C'est à toi, Julie, qu'il faut à présent répondre ; car je sais distinguer la critique badine des reproches sérieux.

Je ne conçois pas comment vous avez pu prendre toutes deux le change sur mon objet. Ce ne sont point les Français que je me suis proposé d'observer : car si le caractère des nations ne peut se déterminer que par leurs différences, comment moi, qui n'en connais encore aucune autre, entreprendrais-je de peindre celle-ci? Je ne serais pas non plus si maladroit que de choisir la capitale pour le lieu de mes observations. Je n'ignore pas que les capitales diffèrent moins entre elles que les peuples, et que les caractères nationaux s'y effacent et se confondent en grande partie, tant à cause de l'influence commune des cours, qui se ressemblent toutes, que par l'effet commun d'une société nombreuse et resserrée, qui est le même à peu près sur tous les hommes, et l'emporte à la fin sur le caractère originel.

Si je voulais étudier un peuple, c'est dans les provinces reculées, où les habitants ont encore leurs inclinations naturelles, que j'irais les observer. Je parcourrais lentement et avec soin plusieurs de ces provinces, les plus éloignées les unes des autres ; toutes les différences que j'observerais entre elles me donneraient le génie particulier de chacune ; tout ce qu'elles auraient de commun, et que n'auraient pas les autres peuples, formerait le génie national ; et ce qui se trouverait partout appartiendrait en général à l'homme. Mais je n'ai ni ce vaste projet, ni l'expérience nécessaire pour le suivre. Mon objet est de connaître l'homme, et ma méthode de l'étudier dans ses diverses relations. Je ne l'ai vu jusqu'ici qu'en petite société, épars et presque isolé sur la terre. Je vais maintenant le considérer entassé par multitudes dans les mêmes lieux, et je commencerai à juger par là des vrais effets de la société : car s'il est constant qu'elle rende les hommes meilleurs, plus elle est nombreuse et rapprochée, mieux ils doivent valoir ; et les mœurs, par exemple, seront beaucoup plus pures à Paris que dans le Valais : que si l'on trouvait le contraire, il faudrait tirer une conséquence opposée.

Cette méthode pourrait, j'en conviens, me mener encore à la

connaissance des peuples, mais par une voie si longue et si détournée, que je ne serais peut-être de ma vie en état de prononcer sur aucun d'eux. Il faut que je commence par tout observer dans le premier où je me trouve, que j'assigne ensuite les différences, à mesure que je parcourrai les autres pays ; que je compare la France à chacun d'eux, comme on décrit l'olivier sur un saule, ou le palmier sur un sapin, et que j'attende à juger du premier peuple observé que j'aie observé tous les autres.

Veuille donc, ma charmante prêcheuse, distinguer ici l'observation philosophique de la satire nationale. Ce sont point les Parisiens que j'étudie, mais les habitants d'une grande ville ; et je ne sais si ce que j'en vois ne convient pas à Rome et à Londres tout aussi bien qu'à Paris. Les règles de la morale ne dépendent point des usages des peuples ; ainsi, malgré les préjugés dominants, je sens fort bien ce qu'il est mal en soi, mais ce mal, j'ignore s'il faut l'attribuer aux Français ou à l'homme, et s'il est l'ouvrage de la coutume ou de la nature. Le tableau du vice offense en tous lieux un œil impartial ; et l'on n'est pas plus blâmable de le reprendre dans un pays où il règne, quoiqu'on y soit, que de relever les défauts de l'humanité, quoiqu'on vive avec les hommes. Ne suis-je pas à présent moi-même un habitant de Paris ? Peut-être, sans le savoir, ai-je déjà contribué pour ma part au désordre que j'y remarque ; peut-être un trop long séjour y corromprait-il ma volonté même ; peut-être, au bout d'un an, ne serais-je plus qu'un bourgeois, si, pour être digne de toi, je ne gardais l'âme d'un homme libre et les mœurs d'un citoyen. Laisse-moi donc te peindre sans contrainte des objets auxquels je rougisse de ressembler, et m'animer au pur zèle de la vérité par le tableau de la flatterie et du mensonge.

Si j'étais le maître de mes occupations et de mon sort, je saurais, n'en doute pas, choisir d'autres sujets de lettres, et tu n'étais pas mécontente de celles que je t'écrivais de Meillerie et du Valais mais, chère amie, pour avoir la force de supporter le fracas du monde où je suis contraint de vivre, il faut bien au moins que je me console à te le décrire, et que l'idée de te préparer des relations m'excite à en chercher les sujets. Autrement le découragement va m'attendre à chaque pas, et il faudra que j'abandonne tout, si tu ne veux rien voir avec moi. Pense que, pour vivre d'une manière si peu conforme à mon goût, je fais un effort qui n'est pas indigne de sa cause ; et, pour juger quels soins me peuvent mener à toi, souffre que je te parle quelquefois des maximes qu'il faut connaître, et des obstacles qu'il faut surmonter.

Malgré ma lenteur, malgre mes distractions inévitables, mon recueil était fini quand ta lettre est arrivée heureusement pour le prolonger ; et j'admire, en le voyant si court, combien de choses ton cœur m'a su dire en si peu d'espace. Non, je soutiens qu'il n'y a point de lecture aussi délicieuse, même pour qui ne te connaîtrait pas, s'il avait une âme semblable aux notres. Mais comment ne te pas connaître en lisant tes lettres ? comment preter un ton si touchant et des sentiments si tendres a une autre figure que la tienne ? A chaque phrase ne voit-on pas le doux regard de tes yeux ? a chaque mot n'entend-on pas ta voix charmante ? Quelle autre que Julie a jamais aimé, pensé, parlé, agi, ecrit comme elle ? Ne sois donc pas surprise si tes lettres, qui te peignent si bien, font quelquefois sur ton idolâtre amant le meme effet que ta presence En les relisant je perds la raison, ma tete s'égare dans un délire continuel, un feu dévorant me consume, mon sang s'allume et petille, une fureur me fait tressaillir. Je crois te voir, te toucher, te presser contre mon sein... Objet adoré, fille enchanteresse, source de délices et de volupté, comment, en te voyant, ne pas voir les houris faites pour les bienheureux ?... Ah ! viens . Je la sens.. Elle m'échappe, et je n'embrasse qu'une ombre. Il est vrai, chere amie, tu es trop belle et tu fus trop tendre pour mon faible cœur ; il ne peut oublier ni ta beauté, ni tes caresses : tes charmes triomphent de l'absence, ils me poursuivent partout, ils me font craindre la solitude, et c'est le comble de ma misere de n'oser m'occuper toujours de toi.

Ils seront donc unis malgré les obstacles, ou plutot ils le sont au moment que j'écris ! Aimables et dignes epoux ! puisse le ciel les combler du bonheur que mérite leur sage et paisible amour, l'innocence de leurs mœurs, l'honnêtete de leurs âmes ! puisse-t-il leur donner ce bonheur précieux dont il est si avare envers les cœurs faits pour le goûter ! Qu'ils seront heureux s'il leur accorde, helas ! tout ce qu'il nous ote ! Mais pourtant ne sens-tu pas quelque sorte de consolation dans nos maux ? ne sens-tu pas que l'exces de notre misere n'est point non plus sans dédommagement, et que s'ils ont des plaisirs dont nous sommes prives, nous en avons aussi qu'ils ne peuvent connaître ? Oui, ma douce amie, malgré

l'absence, les privations, les alarmes, malgré le désespoir même,
les puissants élancements de deux cœurs l'un vers l'autre ont toujours une volupté secrete, ignorée des ames tranquilles. C'est un
des miracles de l'amour de nous faire trouver du plaisir a souffrir; et nous regarderions comme le pire des malheurs un etat
d'indifference et d'oubli qui nous oterait tout le sentiment de nos
peines. Plaignons donc notre sort, o Julie ! mais n'envions celui
de personne. Il n'y a point peut-etre, a tout prendre, d'existence
preferable a la notre, et comme la Divinité tire tout son bonheur
d'elle-meme, les cœurs qu'echauffe un feu celeste trouvent dans
leurs propres sentiments une sorte de jouissance pure et délicieuse, independante de la fortune et du reste de l'univers

XVII — A JULIE

Enfin me voila tout a fait dans le torrent Mon recueil fini, j'ai
commencé de frequenter les spectacles et de souper en ville Je
passe ma journée entiere dans le monde, je prete mes oreilles et
mes yeux a tout ce qui les frappe, et, n'apercevant rien qui te
ressemble, je me recueille au milieu du bruit, et converse en secret avec toi Ce n'est pas que cette vie bruyante et tumultueuse
n'ait aussi quelque sorte d'attraits, et que la prodigieuse diversité
d'objets n'offre de certains agréments a de nouveaux débarques,
mais pour les sentir il faut avoir le cœur vide et l'esprit frivole ;
l'amour et la raison semblent s'unir pour m'en degouter · comme
tout n'est que vaine apparence, et que tout change a chaque
instant, je n'ai le temps d'etre ému de rien, ni celui de rien examiner.

Ainsi je commence a voir les difficultes de l'étude du monde,
et je ne sais pas meme quelle place il faut occuper pour le bien
connaitre. Le philosophe en est trop loin, l'homme du monde en
est trop pres L'un voit trop pour pouvoir réflechir, l'autre trop
peu pour juger du tableau total Chaque objet qui frappe le philosophe, il le considere a part, et, n'en pouvant discerner ni les
liaisons ni les rapports avec d'autres objets qui sont hors de sa
portee, il ne le voit jamais a sa place, et n'en sent ni la raison ni
les vrais effets. L'homme du monde voit tout, et n'a le temps
de penser a rien . la mobilité des objets ne lui permet que de les
apercevoir, et non de les observer; ils s'effacent mutuellement

avec rapidité, et il ne lui reste du tout que des impressions confuses, qui ressemblent au chaos.

On ne peut pas non plus voir et méditer alternativement, parce que le spectacle exige une continuité d'attention qui interrompt la réflexion. Un homme qui voudrait diviser son temps par intervalles entre le monde et la solitude, toujours agité dans sa retraite et toujours étranger dans le monde, ne serait bien nulle part. Il n'y aurait d'autre moyen que de partager sa vie entière en deux grands espaces; l'un pour voir, l'autre pour réfléchir mais cela même est presque impossible; car la raison n'est pas un meuble qu'on pose et qu'on reprenne à son gré, et quiconque a pu vivre dix ans sans penser ne pensera de sa vie.

Je trouve aussi que c'est une folie de vouloir étudier le monde en simple spectateur. Celui qui ne prétend qu'observer n'observe rien, parce qu'étant inutile dans les affaires et importun dans les plaisirs, il n'est admis nulle part. On ne voit agir les autres qu'autant qu'on agit soi-même; dans l'école du monde comme dans celle de l'amour, il faut commencer par pratiquer ce qu'on veut apprendre.

Quel parti prendrai-je donc, moi étranger, qui ne puis avoir aucune affaire en ce pays, et que la différence de religion empêcherait seule d'y pouvoir aspirer à rien? Je suis réduit à m'abaisser pour m'instruire, et, ne pouvant jamais être un homme utile, à tâcher de me rendre un homme amusant. Je m'exerce, autant qu'il est possible, à devenir poli sans fausseté, complaisant sans bassesse, et à prendre si bien ce qu'il y a de bon dans la société, que j'y puisse être souffert sans en adopter les vices. Tout homme oisif qui veut voir le monde doit au moins en prendre les manières jusqu'à certain point; car de quel droit exigerait-on d'être admis parmi les gens à qui l'on n'aurait point l'art de plaire? Mais aussi quand il a trouvé cet art, on ne lui en demande pas davantage, surtout s'il est étranger. Il peut se dispenser de prendre part aux cabales, aux intrigues, aux démêlés; s'il se comporte honnêtement envers chacun, s'il ne donne à certaines femmes ni exclusion ni préférence, s'il garde le secret de chaque société où il est reçu, s'il n'étale point les ridicules d'une maison dans une autre, s'il évite les confidences, s'il se refuse aux tracasseries, s'il garde partout une certaine dignité, il pourra voir paisiblement le monde, conserver ses mœurs, sa probité, sa franchise même, pourvu qu'elle vienne d'un esprit de liberté, et non d'un esprit de parti. Voilà ce que j'ai tâché de faire, par l'avis de quelques gens éclairés que j'ai choisis pour guides parmi les connaissances que m'a données mylord Édouard. J'ai donc commencé d'être admis dans des sociétés moins nombreuses et plus choisies. Je ne m'étais trouvé jusqu'à présent qu'à des dîners réglés, où l'on ne voit de femme que la maîtresse de la maison, où tous les désœuvrés de Paris sont reçus pour peu qu'on les connaisse, où chacun paye comme il peut son dîner en esprit ou en flatterie, et dont le ton bruyant et confus ne diffère pas beaucoup de celui des tables d'auberges.

Je suis maintenant initié à des mystères plus secrets. J'assiste à des soupers priés, où la porte est fermée à tout survenant, et où l'on est sûr de ne trouver que des gens qui conviennent tous, sinon les uns aux autres, au moins à ceux qui les reçoivent. C'est là que les femmes s'observent moins, et qu'on peut commencer à les étudier ; c'est là que règnent plus paisiblement des propos plus fins et plus satiriques ; c'est là qu'au lieu des nouvelles publiques, des spectacles, des promotions, des morts, des mariages, dont on a parlé le matin, on passe discrètement en revue les anecdotes de Paris, qu'on dévoile tous les événements secrets de la chronique scandaleuse, qu'on rend le bien et le mal également plaisants et ridicules, et que, peignant avec art et selon l'intérêt particulier les caractères des personnages, chaque interlocuteur, sans y penser, peint encore beaucoup mieux le sien ; c'est là qu'un reste de circonspection fait inventer devant les laquais un certain langage entortillé, sous lequel, feignant de rendre la satire plus obscure, on la rend seulement plus amère, c'est là, en un mot, qu'on affile avec soin le poignard, sous prétexte de faire moins de mal, mais en effet pour l'enfoncer plus avant.

Cependant, à considérer ces propos selon nos idées, on aurait tort de les appeler satiriques, car ils sont bien plus railleurs que mordants, et tombent moins sur le vice que sur le ridicule. En général, la satire a peu de cours dans les grandes villes, où ce qui n'est que mal est si simple, que ce n'est pas la peine d'en parler. Que reste-t-il à blâmer où la vertu n'est plus estimée ? et de quoi médirait-on quand on ne trouve plus de mal à rien ? A Paris surtout, où l'on ne saisit les choses que par le côté plaisant, tout ce qui doit allumer la colère et l'indignation est toujours mal reçu, s'il n'est mis en chanson ou en épigramme. Les jolies femmes n'aiment point à se fâcher ; aussi ne se fachent elles de rien : elles aiment a rire ; et comme il n'y a pas le mot pour rire au crime, les fripons sont d'honnetes gens comme tout le monde. Mais malheur a qui prete le flanc au ridicule¹ sa caustique empreinte est ineffaçable, il ne dechire pas seulement les mœurs, la vertu, il marque jusqu'au vice meme ; il fait calomnier les méchants. Mais revenons a nos soupers.

Ce qui m'a le plus frappé dans ces sociétés d'élite, c'est de voir six personnes choisies exprès pour s'entretenir agreablement ensemble, et parmi lesquelles regnent meme le plus souvent des liaisons secretes, ne pouvoir rester une heure entre elles six sans y faire intervenir la moitie de Paris, comme si leurs cœurs n'avaient rien a se dire, et qu'il n'y eût la personne qui meritat de les interesser. Te souvient-il, ma Julie, comment, en soupant chez ta cousine ou chez toi, nous savions, en depit de la contrainte et du mystere, faire tomber l'entretien sur des sujets qui eussent du rapport a nous, et comment, a chaque réflexion touchante, a chaque allusion subtile, un regard plus vif qu'un eclair, un soupir plutot deviné qu'aperçu, en portait le doux sentiment d'un cœur a l'autre ?

Si la conversation se tourne par hasard sur les convives, c'est communement dans un certain jargon de societé, dont il faut avoir la clef pour l'entendre. A l'aide de ce chiffre, on se fait reciproquement et selon le gout du temps mille mauvaises plaisanteries, durant lesquelles le plus sot n'est pas celui qui brille le moins, tandis qu'un tiers mal instruit est reduit a l'ennui et au silence, ou a rire de ce qu'il n'entend point. Voila, hors le tete-a-tete, qui m'est et me sera toujours inconnu, tout ce qu'il y a de tendre et d'affectueux dans les liaisons de ce pays

Au milieu de tout cela, qu'un homme de poids avance un propos grave ou agite une question serieuse, aussitôt l'attention commune se fixe a ce nouvel objet, hommes, femmes, vieillards, jeunes gens, tout se prete a le considerer par toutes ses faces, et l'on est etonné du sens et de la raison qui sortent comme a l'envi de toutes ces tetes folatres¹. Un point de morale ne serait pas

¹ Pourvu toutefois qu'une plaisanterie imprévue ne vienne pas deranger cette gravité, car alors chacun rencherit, tout part a l'instant, et il n'y a plus moyen de reprendre le ton serieux. Je me rappelle un

mieux discuté dans une société de philosophes que dans celle d'une jolie femme de Paris ; les conclusions y seraient même souvent moins sévères : car le philosophe qui veut agir comme il parle y regarde a deux fois ; mais ici, ou toute la morale est un pur verbiage, on peut être austère sans conséquence, et l'on ne serait pas fâché, pour rabattre un peu l'orgueil philosophique, de mettre la vertu si haut, que le sage même n'y put atteindre. Au reste, hommes et femmes, tous, instruits par l'expérience du monde, et surtout par leur conscience, se réunissent pour penser de leur espèce aussi mal qu'il est possible, toujours philosophant tristement, toujours dégradant par vanité la nature humaine, toujours cherchant dans quelque vice la cause de tout ce qui se fait de bien, toujours, d'après leur propre cœur, médisant du cœur de l'homme.

Malgré cette avilissante doctrine, un des sujets favoris de ces paisibles entretiens, c'est le sentiment ; mot par lequel il ne faut pas entendre un épanchement affectueux dans le sein de l'amour ou de l'amitié, cela serait d'une fadeur a mourir ; c'est le sentiment mis en grandes maximes générales, et quintessencié par tout ce que la métaphysique a de plus subtil. Je puis dire n'avoir de ma vie ouï tant parler du sentiment, ni si peu compris ce qu'on en disait. Ce sont des raffinements inconcevables. O Julie ! nos cœurs grossiers n'ont jamais rien su de toutes ces belles maximes ; et j'ai peur qu'il n'en soit du sentiment chez les gens du monde comme d'Homère chez les pédants, qui lui forgent mille beautés chimériques, faute d'apercevoir les véritables. Ils dépensent ainsi tout leur sentiment en esprit ; et il s'en exhale tant dans le discours, qu'il n'en reste plus pour la pratique. Heureusement la bienséance y supplée, et l'on fait par usage a peu près les mêmes choses qu'on ferait par sensibilité, du moins tant qu'il n'en coûte que des formules et quelques gênes passagères, qu'on s'impose pour faire bien parler de soi ; car quand les sacrifices vont jusqu'à gêner trop longtemps ou a coûter trop cher, adieu le sentiment ; la bienséance n'en exige pas jusque-là. A cela près, on ne saurait croire a quel point tout est compassé, mesuré, pesé, dans ce

certain paquet de gimblettes qui troubla si plaisamment une représentation de la foire Les acteurs dérangés n'étaient que des animaux Mais que de choses sont gimblettes pour beaucoup d'hommes ! On sait que Fontenelle a voulu peindre dans l'histoire des Tyrinthiens

qu'ils appellent des procédés ; tout ce qui n'est plus dans les sentiments, ils l'ont mis en règle, et tout est règle parmi eux. Ce peuple imitateur serait plein d'originaux, qu'il serait impossible d'en rien savoir ; car nul homme n'ose être lui-même. *Il faut faire comme les autres :* c'est la première maxime de la sagesse du pays. *Cela se fait, cela ne se fait pas* voilà la décision suprême.

Cette apparente régularité donne aux usages communs l'air du monde le plus comique, même dans les choses les plus sérieuses : on sait à point nommé quand il faut envoyer savoir des nouvelles ; quand il faut se faire écrire, c'est-à-dire faire une visite qu'on ne fait pas ; quand il faut la faire soi-même ; quand il est permis d'être chez soi ; quand on doit n'y pas être, quoiqu'on y soit ; quelles offres l'un doit faire, quelles offres l'autre doit rejeter ; quel degré de tristesse on doit prendre à telle ou telle mort [1] ; combien de temps on doit pleurer à la campagne ; le jour où l'on peut revenir se consoler à la ville ; l'heure et la minute où l'affliction permet de donner le bal ou d'aller au spectacle. Tout le monde y fait à la fois la même chose dans la même circonstance ; tout va par temps, comme les mouvements d'un régiment en bataille : vous diriez que ce sont autant de marionnettes clouées sur la même planche, ou tirées par le même fil.

Or, comme il n'est pas possible que tous ces gens qui font exactement la même chose soient exactement affectés de même, il est clair qu'il faut les pénétrer par d'autres moyens pour les connaître ; il est clair que tout ce jargon n'est qu'un vain formulaire, et sert moins à juger des mœurs, que du ton qui règne à Paris. On apprend ainsi les propos qu'on y tient, mais rien de ce qui peut servir à les apprécier : j'en dis autant de la plupart des écrits nouveaux ; j'en dis autant de la scène même, qui depuis Molière est bien plus un lieu où se débitent de jolies conversations, que la représentation de la vie civile. Il y a ici trois théâtres, sur deux desquels on représente des êtres chimériques, savoir : sur l'un des arlequins, des pantalons, des scaramouches ; sur l'autre, des dieux, des diables, des sorciers. Sur le troisième on représente

[1] S'affliger à la mort de quelqu'un est un sentiment d'humanité et un témoignage de bon naturel, mais non pas un devoir de vertu, ce quelqu'un fût-il même notre père. Quiconque, en pareil cas, n'a point d'affliction dans le cœur, n'en doit point montrer au dehors ; car il est beaucoup plus essentiel de fuir la fausseté que de s'asservir aux bienséances.

ces pièces immortelles dont la lecture nous faisait tant de plaisir, et d'autres plus nouvelles qui paraissent de temps en temps sur la scène Plusieurs de ces pièces sont tragiques, mais peu touchantes ; et si l'on y trouve quelques sentiments naturels et quelque vrai rapport au cœur humain, elles n'offrent aucune sorte d'instruction sur les mœurs particulières du peuple qu'elles amusent.

L'institution de la tragédie avait, chez ses inventeurs, un fondement de religion qui suffisait pour l'autoriser : d'ailleurs, elle offrait aux Grecs un spectacle instructif et agréable dans les malheurs des Perses leurs ennemis, dans les crimes et les folies des rois dont ce peuple s'était délivré. Qu'on représente à Berne, à Zurich, à la Haye, l'ancienne tyrannie de la maison d'Autriche ; l'amour de la patrie et de la liberté nous rendra ces pièces intéressantes : mais qu'on me dise de quel usage sont ici les tragédies de Corneille, et ce qu'importe au peuple de Paris Pompée ou Sertorius. Les tragédies grecques roulaient sur des événements réels ou réputés tels par les spectateurs, et fondés sur des traditions historiques : mais que fait une flamme héroïque et pure dans l'ame des grands ? Ne dirait-on pas que les combats de l'amour et de la vertu leur donnent souvent de mauvaises nuits, et que le cœur a beaucoup à faire dans les mariages des rois ? Juge de la vraisemblance et de l'utilité de tant de pièces, qui roulent toutes sur ce chimérique sujet !

Quant à la comédie, il est certain qu'elle doit représenter au naturel les mœurs du peuple pour lequel elle est faite, afin qu'il s'y corrige de ses vices et de ses défauts, comme on ôte devant un miroir les taches de son visage. Térence et Plaute se trompèrent dans leur objet ; mais avant eux Aristophane et Ménandre avaient exposé aux Athéniens les mœurs athéniennes ; et, depuis, le seul Molière peignit plus naïvement encore celles des Français du siècle dernier à leurs propres yeux Le tableau a changé, mais il n'est plus revenu de peintre . maintenant on copie au théâtre les conversations d'une centaine de maisons de Paris ; hors de cela, on n'y apprend rien des mœurs des Français Il y a dans cette grande ville cinq ou six cent mille ames dont il n'est jamais question sur la scène. Molière osa peindre des bourgeois et des artisans aussi bien que des marquis, Socrate faisait parler des cochers, menuisiers, cordonniers, maçons Mais les auteurs d'aujourd'hui, qui sont des gens d'un autre air, se croiraient déshonorés s'ils savaient ce qui se passe au comptoir d'un marchand ou dans la boutique d'un ouvrier ; il ne leur faut que des interlocuteurs illustres, et ils cherchent dans le rang de leurs personnages l'élévation qu'ils ne peuvent tirer de leur génie. Les spectateurs eux-mêmes sont devenus si délicats, qu'ils craindraient de se compromettre à la comédie comme en visite, et ne daigneraient pas aller voir en représentation des gens de moindre condition qu'eux. Ils sont comme les seuls habitants de la terre ; tout le reste n'est rien à leurs yeux Avoir un carrosse, un suisse, un maitre d'hotel, c'est être comme tout le monde. Pour être comme tout le monde, il faut être comme très-peu de gens : ceux qui vont à pied ne sont pas du monde ; ce sont des bourgeois, des hommes du peuple, des gens de l'autre monde ; et l'on dirait qu'un carrosse n'est pas tant nécessaire pour se conduire que pour exister. Il y a comme cela une poignée d'impertinents qui ne comptent qu'eux dans tout l'univers, et ne valent guère la peine qu'on les compte, si ce n'est pour le mal qu'ils font C'est pour eux uniquement que sont faits les spectacles · ils s'y montrent à la fois comme représentés au milieu du théâtre, et comme représentants aux deux cotés ; ils sont personnages sur la scène, et comédiens sur les bancs. C'est ainsi que la sphère du monde et des auteurs se rétrécit, c'est ainsi que la scène moderne ne quitte plus son ennuyeuse dignité on n'y sait plus montrer les hommes qu'en habit doré Vous diriez que la France n'est peuplée que de comtes et de chevaliers ; et plus le peuple y est misérable et gueux, plus le tableau du peuple y est brillant et magnifique. Cela fait qu'en peignant le ridicule des états qui servent d'exemple aux autres, on le répand plutôt que de l'éteindre, et que le peuple, toujours singe et imitateur des riches, va moins au théâtre pour rire de leurs folies que pour les étudier, et devenir encore plus fou qu'eux en les imitant. Voilà de quoi fut cause Molière lui-même il corrigea la cour en infectant la ville ; et ses ridicules marquis furent le premier modèle des petits maitres bourgeois qui leur succédèrent.

En général, il y a beaucoup de discours et peu d'action sur la scène française : peut être est-ce qu'en effet le Français parle encore plus qu'il n'agit, ou du moins qu'il donne un bien plus grand prix à ce qu'on dit qu'à ce qu'on fait. Quelqu'un disait, en sortant d'une pièce de Denys le tyran : Je n'ai rien vu, mais j'ai entendu force paroles [1]. Voilà ce qu'on peut dire en sortant des pièces

[1] Montaigne rapporte ainsi le même trait d'après Plutarque . « Melan-

françaises. Racine et Corneille, avec tout leur génie, ne sont eux-mêmes que des parleurs ; et leur successeur est le premier qui, a l'imitation des Anglais, ait osé mettre quelquefois la scène en représentation. Communément tout se passe en beaux dialogues bien agencés, bien ronflants, où l'on voit d'abord que le premier soin de chaque interlocuteur est toujours celui de briller. Presque tout s'énonce en maximes générales. Quelque agités qu'ils puissent être, ils songent toujours plus au public qu'à eux-mêmes; une sentence leur coûte moins qu'un sentiment. les pièces de Racine et de Molière[1] exceptées, le *je* est presque aussi scrupuleusement banni de la scène française que des écrits de Port-Royal, et les passions humaines, aussi modestes que l'humilité chrétienne, n'y parlent jamais que par *on*. Il y a encore une certaine dignité maniérée dans le geste et dans le propos, qui ne permet jamais à la passion de parler exactement son langage, ni à l'auteur de revêtir son personnage et de se transporter au lieu de la scène, mais le tient toujours enchaîné sur le théâtre et sous les yeux des spectateurs Aussi les situations les plus vives ne lui font-elles jamais oublier un bel arrangement de phrases ni des attitudes élégantes ; et si le désespoir lui plonge un poignard dans le cœur, non content d'observer la décence en tombant comme Polyxène, il ne tombe point, la décence le maintient debout après sa mort, et tous ceux qui viennent d'expirer s'en retournent l'instant d'après sur leurs jambes.

Tout cela vient de ce que le Français ne cherche point sur la scène le naturel et l'illusion, et n'y veut que de l'esprit et des pensées ; il fait cas de l'agrément et non de l'imitation, et ne se soucie pas d'être séduit, pourvu qu'on l'amuse. Personne ne va au spectacle pour le plaisir du spectacle, mais pour voir l'assemblée, pour en être vu, pour ramasser de quoi fournir au caquet après la pièce, et l'on ne songe à ce qu'on voit que pour savoir ce qu'on en dira. L'acteur pour eux est toujours l'acteur, jamais le personnage qu'il représente : cet homme qui parle en maître du monde n'est

« thius, interroge ce qu'il lui sembloit de la tragédie de Dionysius *Ie ne*
« *l'ay*, dit-il, *point veue, tant elle est offusquée de langage* (Liv.
III, c 8)

[1] Il ne faut point associer en ceci Molière et Racine, car le premier est, comme tous les autres, plein de maximes et de sentences, surtout dans ses pièces en vers mais chez Racine tout est sentiment, il a su faire parler chacun pour soi, et c'est en cela qu'il est vraiment unique parmi les auteurs dramatiques de sa nation

point Auguste, c'est Baron; la veuve de Pompée est Adrienne; Alzire est mademoiselle Gaussin; et ce fier sauvage est Grandval. Les comédiens, de leur coté, négligent entièrement l'illusion, dont ils voient que personne ne se soucie : ils placent les héros de l'antiquité entre six rangs de jeunes Parisiens; ils calquent les modes françaises sur l'habit romain; on voit Cornélie en pleurs avec deux doigts de rouge, Caton poudré a blanc, et Brutus en panier. Tout cela ne choque personne, et ne fait rien au succès des pièces comme on ne voit que l'acteur dans le personnage, on ne voit non plus que l'auteur dans le drame; et si le costume est negligé, cela se pardonne aisément; car on sait bien que Corneille n'était pas tailleur, ni Crebillon perruquier.

Ainsi, de quelque sens qu'on envisage les choses, tout n'est ici que babil, jargon, propos sans conséquence. Sur la scene comme dans le monde, on a beau écouter ce qui se dit, on n'apprend rien de ce qui se fait. et qu'a-t-on besoin de l'apprendre? sitot qu'un homme a parle, s'informe-t-on de sa conduite? n'a-t-il pas tout fait? n'est-il pas jugé? L'honnete homme d'ici n'est point celui qui fait de bonnes actions, mais celui qui dit de belles choses; et un seul propos inconsidéré, lâché sans réflexion, peut faire a celui qui le tient un tort irréparable que n'effaceraient pas quarante ans d'intégrité En un mot, bien que les œuvres des hommes ne ressemblent guere a leurs discours, je vois qu'on ne les peint que par leurs discours, sans égard a leurs œuvres; je vois aussi que dans une grande ville la société parait plus douce, plus facile, plus sûre meme que parmi des gens moins étudies. mais les hommes y sont-ils en effet plus humains, plus modérés, plus justes? je n'en sais rien Ce ne sont encore la que des apparences; et sous ces dehors si ouverts et si agréables, les cœurs sont peut-être plus cachés, plus enfonces en dedans que les nôtres. Étranger, isolé, sans affaires, sans liaisons, sans plaisirs, et ne voulant m'en rapporter qu'a moi, le moyen de pouvoir prononcer?

Cependant je commence à sentir l'ivresse ou cette vie agitée et tumultueuse plonge ceux qui la menent, et je tombe dans un étourdissement semblable a celui d'un homme aux yeux duquel on fait passer rapidement une multitude d'objets. Aucun de ceux qui me frappent n'attache mon cœur, mais tous ensemble en troublent et suspendent les affections, au point d'en oublier quelques instants ce que je suis et à qui je suis. Chaque jour en sortant de chez moi j'enferme mes sentiments sous la clef, pour en prendre d'autres qui se prêtent aux frivoles objets qui m'attendent. Insensiblement je juge et raisonne comme j'entends juger et raisonner tout le monde. Si quelquefois j'essaye de secouer les préjugés et de voir les choses comme elles sont, à l'instant je suis écrasé d'un certain verbiage qui ressemble beaucoup à du raisonnement. On me prouve avec évidence qu'il n'y a que le demi-philosophe qui regarde à la réalité des choses, que le vrai sage ne les considère que par les apparences; qu'il doit prendre les préjugés pour principes, les bienséances pour lois, et que la plus sublime sagesse consiste à vivre comme les fous.

Forcé de changer ainsi l'ordre de mes affections morales, forcé de donner un prix à des chimères, et d'imposer silence à la nature et à la raison, je vois ainsi défigurer ce divin modèle que je porte au-dedans de moi, et qui servait à la fois d'objet à mes désirs et de règle à mes actions, je flotte de caprice en caprice; et mes goûts étant sans cesse asservis à l'opinion, je ne puis être sûr un seul jour de ce que j'aimerai le lendemain.

Confus, humilié, consterné de sentir dégrader en moi la nature de l'homme, et de me voir ravalé si bas de cette grandeur intérieure où nos cœurs enflammés s'élevaient réciproquement, je reviens le soir, pénétré d'une secrète tristesse, accablé d'un dégoût mortel, et le cœur vide et gonflé comme un ballon rempli d'air. O amour! o purs sentiments que je tiens de lui!... avec quel charme je rentre en moi-même ! avec quel transport j'y retrouve encore mes premières affections et ma première dignité ! Combien je m'applaudis d'y revoir briller dans tout son éclat l'image de la vertu, d'y contempler la tienne, o Julie, assise sur un trône de gloire, et dissipant d'un souffle tous ces prestiges ! Je sens respirer mon âme oppressée, je crois avoir recouvré mon existence et ma vie, et je reprends avec mon amour tous les sentiments sublimes qui le rendent digne de son objet.

XVIII. — DE JULIE.

Je viens, mon bon ami, de jouir d'un des plus doux spectacles qui puissent jamais charmer mes yeux. La plus sage, la plus aimable des filles est enfin devenue la plus digne et la meilleure des femmes. L'honnête homme dont elle a comblé les vœux, plein d'estime et d'amour pour elle, ne respire que pour la chérir, l'adorer, la rendre heureuse ; et je goûte le charme inexprimable d'être témoin du bonheur de mon amie, c'est-à-dire de le partager. Tu n'y seras pas moins sensible, j'en suis bien sûre, toi qu'elle aima toujours si tendrement, toi qui lui fus cher presque dès son enfance, et à qui tant de bienfaits l'ont dû rendre encore plus chère. Oui, tous les sentiments qu'elle éprouve se font sentir à nos cœurs comme au sien. S'ils sont des plaisirs pour elle, ils sont pour nous des consolations ; et tel est le prix de l'amitié qui nous joint, que la félicité d'un des trois suffit pour adoucir les maux des deux autres.

Ne nous dissimulons pas pourtant que cette amie incomparable va nous échapper en partie. La voilà dans un nouvel ordre de choses ; la voilà sujette à de nouveaux engagements, à de nouveaux devoirs ; et son cœur, qui n'était qu'à nous, se doit maintenant à d'autres affections auxquelles il faut que l'amitié cède le premier rang. Il y a plus, mon ami, nous devons de notre part devenir plus scrupuleux sur les témoignages de son zèle ; nous ne devons pas seulement consulter son attachement pour nous et le besoin que nous avons d'elle, mais ce qui convient à son nouvel état, et ce qui peut agréer ou déplaire à son mari. Nous n'avons pas besoin de chercher ce qu'exigerait en pareil cas la vertu, les lois seules de l'amitié suffisent. Celui qui pour son intérêt particulier pourrait compromettre un ami mériterait-il d'en avoir ? Quand elle était fille, elle était libre, elle n'avait à répondre de ses démarches qu'à elle-même, et l'honnêteté de ses intentions suffisait pour la justifier à ses propres yeux. Elle nous regardait comme deux époux destinés l'un à l'autre, et son cœur sensible et pur alliant la plus chaste pudeur pour elle-même à la plus tendre compassion pour sa coupable amie, elle couvrait ma faute sans la partager. Mais à présent tout est changé, elle doit compte de sa conduite à un autre ; elle n'a pas seulement engagé sa foi, elle a aliéné sa liberté. Dépositaire en même temps de l'honneur de deux personnes, il ne lui suffit pas d'être honnête, il faut encore qu'elle soit honorée ; il ne lui suffit pas de ne rien faire que de bien, il faut encore qu'elle ne fasse rien qui ne soit approuvé. Une femme vertueuse ne doit pas seulement mériter l'estime de son mari, mais l'obtenir ; s'il la blâme, elle est blâmable ; et fût-elle innocente, elle a tort sitôt qu'elle est soupçonnée ; car les apparences mêmes sont au nombre de ses devoirs.

Je ne vois pas clairement si toutes ces raisons sont bonnes, tu en seras le juge ; mais un certain sentiment intérieur m'avertit qu'il n'est pas bien que ma cousine continue d'être ma confidente, ni qu'elle me le dise la première. Je me suis souvent trouvée en faute sur mes raisonnements, jamais sur les mouvements secrets qui me les inspirent, et cela fait que j'ai plus de confiance a mon instinct qu'à ma raison.

Sur ce principe j'ai déja pris un pretexte pour retirer tes lettres, que la crainte d'une surprise me faisait tenir chez elle : elle me les a rendues avec un serrement de cœur que le mien m'a fait apercevoir, et qui m'a trop confirmé que j'avais fait ce qu'il fallait faire. Nous n'avons point eu d'explication, mais nos regards en tenaient lieu ; elle m'a embrassée en pleurant ; nous sentions, sans nous rien dire combien le tendre langage de l'amitié a peu besoin du secours des paroles.

A l'égard de l'adresse a substituer a la sienne, j'avais songé d'abord a celle de Fanchon Anet, et c'est bien la voie la plus sûre que nous pourrions choisir, mais si cette jeune femme est dans un rang plus bas que ma cousine, est-ce une raison d'avoir moins d'egards pour elle en ce qui concerne l'honneteté ? n'est-il pas a craindre au contraire que des sentiments moins elevés ne lui rendent mon exemple plus dangereux, que ce qui n'était pour l'une que l'effort d'une amitié sublime ne soit pour l'autre un commencement de corruption, et qu'en abusant de sa reconnaissance je ne force la vertu meme a servir d'instrument au vice ? Ah ! n'est-ce pas assez pour moi d'etre coupable, sans me donner des complices, et sans aggraver mes fautes du poids de celles d'autrui ? N'y pensons point, mon ami. J'ai imaginé un autre expedient, beaucoup moins sûr a la verité, mais aussi moins reprehensible, en ce qu'il ne compromet personne et ne nous donne aucun confident ; c'est de m'ecrire sous un nom en l'air, comme par exemple M du Bosquet, et de mettre une enveloppe adressée a Regianino, que j'aurai soin de prevenir. Ainsi Regianino lui-meme ne saura rien, il n'aura tout au plus que des soupçons, qu'il n'oserait verifier, car mylord Edouard, de qui depend sa fortune, m'a repondu de lui. Tandis que notre correspondance continuera par cette voie, je verrai si l'on peut reprendre celle qui nous servit du rant le voyage du Valais, ou quelque autre qui soit permanente et sûre.

Quand je ne connaîtrais pas l'état de ton cœur, je m'apercevrais, par l'humeur qui règne dans tes relations, que la vie que tu menes n'est pas de ton goût. Les lettres de M. de Muralt, dont on s'est plaint en France, étaient moins sévères que les tiennes ; comme un enfant qui se dépite contre ses maîtres, tu te venges d'être obligé d'étudier le monde sur les premiers qui te l'apprennent. Ce qui me surprend le plus est que la chose qui commence par te révolter est celle qui prévient tous les étrangers, savoir, l'accueil des Français et le ton général de leur société, quoique de ton propre aveu tu doives personnellement t'en louer. Je n'ai pas oublié la distinction de Paris en particulier et d'une grande ville en général ; mais je vois qu'ignorant ce qui convient à l'un ou à l'autre, tu fais ta critique à bon compte, avant de savoir si c'est une médisance ou une observation. Quoi qu'il en soit, j'aime la nation française, et ce n'est pas m'obliger que d'en mal parler. Je dois aux bons livres qui nous viennent d'elle la plupart des instructions que nous avons prises ensemble. Si notre pays n'est plus barbare, a qui en avons-nous l'obligation? Les deux plus grands, les deux plus vertueux des modernes, Catinat, Fénelon, étaient tous deux Français ; Henri IV, le roi que j'aime, le bon roi, l'était. Si la France n'est pas le pays des hommes libres, elle est celui des hommes vrais ; et cette liberté vaut bien l'autre aux yeux du sage. Hospitaliers, protecteurs de l'étranger, les Français lui passent même la vérité qui les blesse ; et l'on se ferait lapider à Londres si l'on y osait dire des Anglais la moitié du mal que les Français laissent dire d'eux à Paris. Mon père, qui a passé sa vie en France, ne parle qu'avec transport de ce bon et aimable peuple. S'il y a versé son sang au service du prince, le prince ne l'a point oublié dans sa retraite, et l'honore encore de ses bienfaits ; ainsi je me regarde comme intéressée à la gloire d'un pays où mon père a trouvé la sienne. Mon ami, si chaque peuple a ses bonnes et ses mauvaises qualités, honore au moins la vérité qui loue, aussi bien que la vérité qui blâme.

Je te dirai plus : pourquoi perdrais-tu en visites oisives le temps qui te reste a passer aux lieux où tu es? Paris est-il moins que Londres le théâtre des talents ? et les étrangers y font-ils moins aisément leur chemin ? Crois-moi, tous les Anglais ne sont pas des lords Édouards, et tous les Français ne ressemblent pas a ces beaux diseurs qui te déplaisent si fort. Tente, essaye, fais quelques épreuves, ne fût-ce que pour approfondir les mœurs, et juger à l'œuvre ces gens qui parlent si bien. Le pere de ma cousine dit que tu connais la constitution de l'Empire et les intérêts des princes. Mylord Édouard trouve aussi que tu n'as pas mal étudié les principes de la politique et les divers systemes de gouvernement. J'ai dans la tete que le pays du monde ou le merite est le plus honoré est celui qui te convient le mieux, et que tu n'as besoin que d'etre connu pour etre employé. Quant a la religion, pourquoi la tienne te nuirait-elle plus qu'a un autre? La raison n'est elle pas le préservatif de l'intolerance et du fanatisme? Est-on plus bigot en France qu'en Allemagne? et qui t'empecherait de pouvoir faire a Paris le meme chemin que M. de St. Saphorin a fait a Vienne? Si tu consideres le but, les plus prompts essais ne doivent ils pas accelerer les succes? Si tu compares les moyens, n'est-il pas plus honnete encore de s'avancer par ses talents que par ses amis? Si tu songes... Ah! cette mer!.. un plus long trajet... J'aimerais mieux l'Angleterre, si Paris était au dela.

A propos de cette grande ville, oserais-je relever une affectation que je remarque dans tes lettres? Toi qui me parlais des Valaisanes avec tant de plaisir, pourquoi ne me dis tu rien des Parisiennes? Ces femmes galantes et celebres valent-elles moins la peine d'etre depeintes que quelques montagnardes simples et grossieres? Crains tu peut-etre de me donner de l'inquietude par le tableau des plus séduisantes personnes de l'univers? Desabuse-toi, mon ami; ce que tu peux faire de pis pour mon repos est de ne me point parler d'elles; et, quoi que tu m'en puisses dire, ton silence a leur egard m'est beaucoup plus suspect que tes eloges.

Je serais bien aise aussi d'avoir un petit mot sur l'Opera de Paris, dont on dit ici des merveilles [1]; car enfin la musique peut etre mauvaise, et le spectacle avoir ses beautes. s'il n'en a pas, c'est un sujet pour ta médisance, et du moins tu n'offenseras personne.

Je ne sais si c'est la peine de te dire qu'a l'occasion de la noce il m'est encore venu ces jours passes deux epouseurs comme par

[1] J'aurais bien mauvaise opinion de ceux qui, connaissant le caractère et la situation de Julie, ne devineraient pas a l'instant que cette curiosité ne vient point d'elle. On verra bientot que son amant n'y a pas été trompé, s'il l'eut été, il ne l'aurait plus aimée.

rendez-vous : l'un d'Yverdun, qui va chassant de château en château ; l'autre du pays allemand, par le coche de Berne. Le premier est une maniere de petit-maître, parlant assez résolument pour faire trouver ses reparties spirituelles à ceux qui n'en écoutent que le ton ; l'autre est un grand nigaud timide, non de cette aimable timidité qui vient de la crainte de déplaire, mais de l'embarras d'un sot qui ne sait que dire, et du malaise d'un libertin qui ne se sent pas à sa place auprès d'une honnète fille. Sachant tres-positivement les intentions de mon père au sujet de ces deux messieurs, j'use avec plaisir de la liberté qu'il me laisse de les traiter à ma fantaisie, et je ne crois pas que cette fantaisie laisse durer longtemps celle qui les amène. Je les hais d'oser attaquer un cœur où tu regnes, sans armes pour te le disputer : s'ils en avaient, je les haïrais davantage encore ; mais où les prendraient-ils, eux, et d'autres, et tout l'univers? Non, non ; sois tranquille, mon aimable ami : quand je retrouverais un mérite égal au tien, quand il se présenterait un autre toi-même, encore le premier venu serait il le seul écouté. Ne t'inquiète donc point de ces deux especes dont je daigne à peine te parler. Quel plaisir j'aurais à leur mesurer deux doses de dégoût si parfaitement égales, qu'ils prissent la résolution de partir ensemble comme ils sont venus, et que je pusse t'apprendre à la fois le départ de tous deux !

M. de Crouzas vient de nous donner une réfutation des épitres de Pope, que j'ai lue avec ennui. Je ne sais pas au vrai lequel des deux auteurs a raison ; mais je sais bien que le livre de M. de Crouzas ne fera jamais faire une bonne action, et qu'il n'y a rien de bon qu'on ne soit tenté de faire en quittant celui de Pope. Je n'ai point, pour moi, d'autre maniere de juger de mes lectures que de sonder les dispositions où elles laissent mon âme, et j'imagine à peine quelle sorte de bonté peut avoir un livre qui ne porte point ses lecteurs au bien [1].

Adieu, mon trop cher ami : je ne voudrais pas finir sitot ; mais on m'attend, on m'appelle. Je te quitte à regret, car je suis gaie, et j'aime à partager avec toi mes plaisirs : ce qui les anime et les redouble est que ma mere se trouve mieux depuis quelques jours ; elle s'est senti assez de force pour assister au mariage, et servir de mère à sa niece, ou plutot à sa seconde fille. La pauvre Claire

---

[1] Si le lecteur approuve cette règle, et qu'il s'en serve pour juger ce recueil, l'éditeur n'appellera pas de son jugement.

en a pleuré de joie. Juge de moi, qui, méritant si peu de la conserver, tremble toujours de la perdre. En vérité, elle fait les honneurs de la fete avec autant de grace que dans sa plus parfaite santé ; il semble meme qu'un reste de langueur rende sa naïve politesse encore plus touchante. Non, jamais cette incomparable mere ne fut si bonne, si charmante, si digne d'etre adoree... Sais-tu qu'elle a demande plusieurs fois de tes nouvelles a M. d'Orbe? Quoiqu'elle ne me parle point de toi, je n'ignore pas qu'elle t'aime, et que, si jamais elle etait ecoutée, ton bonheur et le mien seraient son premier ouvrage Ah ! si ton cœur sait etre sensible, qu'il a besoin de l'etre ! et qu'il a de dettes a payer !

XIX. — A JULIE.

Tiens, ma Julie, gronde-moi, querelle-moi, bats-moi ; je souffrirai tout, mais je n'en continuerai pas moins a te dire ce que je pense. Qui sera le dépositaire de tous mes sentiments, si ce n'est toi qui les eclaires ? et avec qui mon cœur se permettrait-il de parler, si tu refusais de l'entendre ? Quand je te rends compte de mes observations et de mes jugements, c'est pour que tu les corriges, non pour que tu les approuves ; et plus je puis commettre d'erreurs, plus je dois me presser de t'en instruire. Si je blâme les abus qui me frappent dans cette grande ville, je ne m'en excuserai point sur ce que je t'en parle en confidence ; car je ne dis jamais rien d'un tiers que je ne sois pret a lui dire en face ; et, dans tout ce que je t'écris des Parisiens, je ne fais que le repeter ce que je leur dis tous les jours a eux-memes Ils ne m'en savent point mauvais gre; ils conviennent de beaucoup de choses. Ils se plaignaient de notre Muralt, je le crois bien, on voit, on sent combien il les hait, jusque dans les eloges qu'il leur donne, et je suis bien trompe si, meme dans ma critique, on n'aperçoit le contraire. L'estime et la reconnaissance que m'inspirent leurs bontes ne font qu'augmenter ma franchise : elle peut n etre pas inutile a quelques-uns ; et, a la maniere dont tous supportent la verite dans ma bouche, j'ose croire que nous sommes dignes, eux de l'entendre, et moi de la dire. C'est en cela, ma Julie, que la verité qui blame est plus honorable que la verité qui loue, car la louange ne sert qu'a corrompre ceux qui la goutent, et les plus indignes en sont toujours les plus affames mais la censure est utile, et le merite seul sait la supporter. Je te le dis du fond de mon cœur, j'honore le Français comme le seule peuple qui aime véritablement les hommes, et qui soit bienfaisant par caractere ; mais c'est pour cela même que je suis moins disposé a lui accorder cette admiration générale a laquelle il prétend, meme pour les defauts qu'il avoue. Si les Français n'avaient point de vertus, je n'en dirais rien ; s'ils n'avaient point de vices, ils ne seraient pas hommes . ils ont trop de cotes louables pour etre toujours loués.

Quant aux tentatives dont tu me parles, elles me sont impraticables, parce qu'il faudrait employer, pour les faire, des moyens qui ne me conviennent pas, et que tu m'as interdits toi-meme. L'austerite republicaine n'est pas de mise en ce pays ; il y faut des vertus plus flexibles, et qui sachent mieux se plier aux interets des amis ou des protecteurs Le mérite est honore, j'en conviens ; mais ici les talents qui menent a la reputation ne sont point ceux qui menent a la fortune . et quand j'aurais le malheur de posseder ces derniers, Julie se resoudrait-elle a devenir la femme d'un parvenu ? En Angleterre c'est tout autre chose ; et quoique les mœurs y vaillent peut-etre encore moins qu'en France, cela n'empeche pas qu'on n'y puisse parvenir par des chemins plus honnêtes, parce que le peuple ayant plus de part au gouvernement, l'estime publique y est un plus grand moyen de credit. Tu n'ignores pas que le projet de mylord Edouard est d'employer cette voie en ma faveur, et le mien de justifier son zele. Le lieu de la terre ou je suis le plus loin de toi est celui ou je ne puis rien faire qui m'en rapproche. O Julie, s'il est difficile d'obtenir ta main, il l'est bien plus de la mériter ; et voila la noble tache que l'amour m'impose.

Tu m'otes d'une grande peine en me donnant de meilleures nouvelles de ta mere : je t'en voyais deja si inquiete avant mon départ, que je n'osai te dire ce que j'en pensais ; mais je la trouvais maigrie, changee, et je redoutais quelque maladie dangereuse. Conserve-la-moi, parce qu'elle m'est chere, parce que mon cœur l'honore, parce que ses bontes font mon unique espérance, et surtout parce qu'elle est mere de ma Julie.

Je te dirai sur les deux epouseurs que je n'aime point ce mot, même par plaisanterie : du reste, le ton dont tu me parles d'eux m'empeche de les craindre, et je ne hais plus ces infortunes, puisque tu crois les hair Mais j'admire la simplicite de penser connaitre la haine : ne vois-tu pas que c'est l'amour dépité que tu prends pour elle? Ainsi murmure la blanche colombe dont on poursuit le bienaimé. Va, Julie, va, fille incomparable ; quand tu pourras haïr quelque chose, je pourrai cesser de t'aimer.

P. S. Que je te plains d'être obsédée par ces deux importuns ! Pour l'amour de toi-même, hâte-toi de les renvoyer.

XX. — DE JULIE.

Mon ami, j'ai remis à M. d'Orbe un paquet qu'il s'est chargé de t'envoyer a l'adresse de M. Silvestre, chez qui tu pourras le retirer ; mais je t'avertis d'attendre pour l'ouvrir que tu sois seul et dans ta chambre : tu trouveras dans ce paquet un petit meuble a ton usage.

C'est une espece d'alumette que les amants portent volontiers. La maniere de s'en servir est bizarre ; il faut la contempler tous les matins un quart d'heure, jusqu'a ce qu'on se sente pénétré d'un certain attendrissement ; alors on l'applique sur ses yeux, sur sa bouche, et sur son cœur : cela sert, dit-on, de préservatif durant la journée contre le mauvais air du pays galant. On attribue encore a ces sortes de talismans une vertu électrique tres-singuliere, mais qui n'agit qu'entre les amants fideles : c'est de communiquer a l'un l'impression des baisers de l'autre a plus de cent lieues de la. Je ne garantis pas le succès de l'expérience ; je sais seulement qu'il ne tient qu'a toi de la faire.

Tranquillise-toi sur les deux galants ou prétendants, ou comme tu voudras les appeler ; car désormais le nom ne fait plus rien a la chose. Ils sont partis : qu'ils aillent en paix. Depuis que je ne les vois plus, je ne les hais plus.

XXI. — A JULIE.

Tu l'as voulu, Julie ; il faut donc te les dépeindre ces aimables Parisiennes. Orgueilleuse ! cet hommage manquait à tes charmes. Avec toute ta feinte jalousie, avec ta modestie et ton amour, je vois plus de vanité que de crainte cachée sous cette curiosité Quoi qu'il en soit, je serai vrai : je puis l'être ; je le serais de meilleur cœur, si j'avais davantage a louer. Que ne sont-elles cent fois plus charmantes! que n'ont-elles assez d'attraits pour rendre un nouvel honneur aux tiens!

Tu te plaignais de mon silence! Eh mon Dieu! que t'aurais-je dit? En lisant cette lettre tu sentiras pourquoi j'aimais à te parler des Valaisanes tes voisines, et pourquoi je ne te parlais point des femmes de ce pays. C'est que les unes me rappelaient à toi sans cesse, et que les autres . Lis, et puis tu me jugeras. Au reste, peu de gens pensent comme moi des dames françaises, si même je ne suis sur leur compte tout à fait seul de mon avis C'est sur quoi l'équité m'oblige à te prevenir, afin que tu saches que je te les représente, non peut-être comme elles sont, mais comme je les vois. Malgré cela, si je suis injuste envers elles, tu ne manqueras pas de me censurer encore; et tu seras plus injuste que moi, car tout le tort en est à toi seule.

Commençons par l'exterieur . c'est à quoi s'en tiennent la plupart des observateurs. Si je les imitais en cela, les femmes de ce pays auraient trop à s'en plaindre . elles ont un exterieur de caractère aussi bien que de visage; et comme l'un ne leur est guère plus favorable que l'autre, on leur fait tort en ne les jugeant que par là. Elles sont tout au plus passables de figure, et généralement plutôt mal que bien : je laisse à part les exceptions. Menues plutôt que bien faites, elles n'ont pas la taille fine; aussi s'attachent-elles volontiers aux modes qui la deguisent : en quoi je trouve assez simples les femmes des autres pays de vouloir bien imiter des modes faites pour cacher des défauts qu'elles n'ont pas.

Leur démarche est aisée et commune; leur port n'a rien d'affecté, parce qu'elles n'aiment point à se gêner; mais elles ont naturellement une certaine *disinvoltura* qui n'est pas dépourvue de grâces, et qu'elles se piquent souvent de pousser jusqu'à l'étourderie. Elles ont le teint médiocrement blanc, et sont communément un peu maigres, ce qui ne contribue pas à leur embellir la peau. A l'egard de la gorge, c'est l'autre extrémité des Valaisanes Avec des corps fortement serrés, elles tachent d'en imposer sur la consistance; il y a d'autres moyens d'en imposer sur la couleur Quoique je n'aie aperçu ces objets que de fort loin, l'inspection en est si libre, qu'il reste peu de chose à deviner. Ces dames paraissent mal entendre en cela leurs intérêts; car, pour peu que le visage soit agréable, l'imagination du spectateur les servirait au surplus beaucoup mieux que ses yeux; et, suivant le philosophe gascon, la faim entière est bien plus âpre que celle qu'on a déjà rassasiée, au moins par un sens.

Leurs traits sont peu réguliers; mais si elles ne sont pas belles, elles ont de la physionomie, qui supplée à la beauté, et l'éclipse quelquefois. Leurs yeux vifs et brillants ne sont pourtant ni pénétrants ni doux. Quoiqu'elles prétendent les animer à force de rouge, l'expression qu'elles leur donnent par ce moyen tient plus du feu de la colere que de celui de l'amour : naturellement ils n'ont que de la gaieté; ou s'ils semblent quelquefois demander un sentiment tendre, ils ne le promettent jamais [1].

Elles se mettent si bien, ou du moins elles en ont tellement la réputation, qu'elles servent en cela, comme en tout, de modèle au reste de l'Europe. En effet, on ne peut employer avec plus de goût un habillement plus bizarre. Elles sont de toutes les femmes les moins asservies à leurs propres modes. La mode domine les provinciales; mais les Parisiennes dominent la mode, et la savent plier chacune à son avantage. Les premieres sont comme des copistes ignorants et serviles qui copient jusqu'aux fautes d'orthographe; les autres sont des auteurs qui copient en maîtres, et savent retablir les mauvaises leçons.

Leur parure est plus recherchée que magnifique; il y regne plus d'elégance que de richesse. La rapidité des modes, qui vieillit tout d'une année à l'autre, la propreté, qui leur fait aimer à changer souvent d'ajustement, les préservent d'une somptuosité ridicule : elles n'en dépensent pas moins, mais leur dépense est mieux entendue; au lieu d'habits râpés et superbes comme en Italie, on voit ici des habits plus simples, et toujours frais. Les deux sexes ont à cet égard la même modération, la même délicatesse; et ce goût me fait grand plaisir : j'aime fort à ne voir ni galons ni taches. Il n'y a point de peuple, excepté le nôtre, où les femmes surtout portent moins de dorure. On voit les memes étoffes dans tous les etats; et l'on aurait peine à distinguer une duchesse d'une bourgeoise, si la premiere n'avait l'art de trouver des distinctions que l'autre n'oserait imiter. Or ceci semble avoir sa difficulté; car quelque mode qu'on prenne à la cour, cette

---

[1] Parlons pour nous, mon cher philosophe pourquoi d'autres ne seraient ils pas plus heureux ? Il n'y a qu'une coquette qui promette à tout le monde ce qu'elle ne doit tenir qu'à un seul

mode est survie a l'instant à la ville; et il n'en est pas des bourgeoises de Paris comme des provinciales et des étrangères, qui ne sont jamais qu'à la mode qui n'est plus. Il n'en est pas encore comme dans les autres pays, où les plus grands étant aussi les plus riches, leurs femmes se distinguent par un luxe que les autres ne peuvent égaler. Si les femmes de la cour prenaient ici cette voie, elles seraient bientôt effacées par celles des financiers.

Qu'ont-elles donc fait? Elles ont choisi des moyens plus sûrs, plus adroits, et qui marquent plus de réflexion. Elles savent que des idées de pudeur et de modestie sont profondément gravées dans l'esprit du peuple. C'est la ce qui leur a suggéré des modes inimitables. Elles ont vu que le peuple avait en horreur le rouge, qu'il s'obstine à nommer grossièrement du fard ; elles se sont appliqué quatre doigts, non de fard, mais de rouge; car, le mot changé, la chose n'est plus la même. Elles ont vu qu'une gorge découverte est en scandale au public; elles ont largement échancré leurs corps. Elles ont vu... oh! bien des choses que ma Julie, toute demoiselle qu'elle est, ne verra sûrement jamais. Elles ont mis dans leurs manières le même esprit qui dirige leur ajustement. Cette pudeur charmante qui distingue, honore et embellit ton sexe, leur a paru vile et roturière ; elles ont animé leur geste et leur propos d'une noble impudence ; et il n'y a point d'honnête homme à qui leur regard assuré ne fasse baisser les yeux. C'est ainsi que cessant d'être femmes, de peur d'être confondues avec les autres femmes, elles préferent leur rang a leur sexe, et imitent les filles de joie, afin de n'être pas imitées.

J'ignore jusqu'où va cette imitation de leur part, mais je sais qu'elles n'ont pu tout a fait éviter celle qu'elles voulaient prévenir. Quant au rouge et aux corps échancrés, ils ont fait tout le progrès qu'ils pouvaient faire. Les femmes de la ville ont mieux aimé renoncer a leurs couleurs naturelles et aux charmes que pouvait leur prêter l'*amoroso pensier* des amants, que de rester mises comme des bourgeoises; et si cet exemple n'a point gagné les moindres états, c'est qu'une femme à pied dans un pareil équipage n'est pas trop en sûreté contre les insultes de la populace. Ces insultes sont le cri de la pudeur révoltée; et dans cette occasion, comme en beaucoup d'autres, la brutalité du peuple, plus honnete que la bienseance des gens polis, retient peut-être ici cent mille femmes dans les bornes de la modestie : c'est précisément ce qu'ont prétendu les adroites inventrices de ces modes.

Quant au maintien soldatesque et au ton grenadier, il frappe moins, attendu qu'il est plus universel, et il n'est guere sensible qu'aux nouveaux débarqués Depuis le faubourg Saint-Germain jusqu'aux halles, il y a peu de femmes à Paris dont l'abord, le regard, ne soit d'une hardiesse à deconcerter quiconque n'a rien vu de semblable en son pays, et de la surprise où jettent ces nouvelles manieres, naît cet air gauche qu'on reproche aux étrangers. C'est encore pis sitôt qu'elles ouvrent la bouche. Ce n'est point la voix douce et mignarde de nos Vaudoises ; c'est un certain accent dur, aigre, interrogatif, impérieux, moqueur, et plus fort que celui d'un homme. S'il reste dans leur ton quelque grace de leur sexe, leur maniere intrepide et curieuse de fixer les gens achève de l'eclipser. Il semble qu'elles se plaisent à jouir de l'embarras qu'elles donnent à ceux qui les voient pour la premiere fois ; mais il est à croire que cet embarras leur plairait moins si elles en demelaient mieux la cause.

Cependant, soit prevention de ma part en faveur de la beauté, soit instinct de la sienne à se faire valoir, les belles femmes me paraissent en général un peu plus modestes, et je trouve plus de decence dans leur maintien. Cette réserve ne leur coute guere ; elles sentent bien leurs avantages, elles savent qu'elles n'ont pas besoin d'agaceries pour nous attirer Peut-être aussi que l'impudence est plus sensible et choquante, jointe à la laideur, et il est sûr qu'on couvrirait plutôt de soufflets que de baisers un laid visage effronté, au lieu qu'avec la modestie il peut exciter une tendre compassion qui mene quelquefois à l'amour Mais quoiqu'en general on remarque ici quelque chose de plus doux dans le maintien des jolies personnes, il y a encore tant de minauderies dans leurs manieres, et elles sont toujours si visiblement occupees d'elles-memes, qu'on n'est jamais exposé dans ce pays à la tentation qu'avait quelquefois M. de Muralt auprès des Anglaises, de dire à une femme qu'elle est belle, pour avoir le plaisir de le lui apprendre.

La gaieté naturelle à la nation, ni le désir d'imiter les grands airs, ne sont pas les seules causes de cette liberté de propos et de maintien qu'on remarque ici dans les femmes Elle paraît avoir une racine plus profonde dans les mœurs, par le mélange indiscret et continuel des deux sexes, qui fait contracter a chacun d'eux l'air, le langage et les manières de l'autre. Nos Suissesses aiment assez à se rassembler entre elles [1], elles y vivent dans une douce familiarité ; et quoique apparemment elles ne haïssent pas le commerce des hommes, il est certain que la présence de ceux-ci jette une espece de contrainte dans cette petite gynécocratie. A Paris, c'est tout le contraire ; les femmes n'aiment a vivre qu'avec les hommes, elles ne sont a leur aise qu'avec eux. Dans chaque societe la maitresse de la maison est presque toujours seule au milieu d'un cercle d'hommes. On a peine à concevoir d'ou tant d'hommes peuvent se répandre partout ; mais Paris est plein d'aventuriers et de célibataires qui passent leur vie a courir de maison en maison ; et les hommes semblent, comme les especes, se multiplier par la circulation. C'est donc la qu'une femme apprend a parler, agir et penser comme eux, et eux comme elle. C'est la qu'unique objet de leurs petites galanteries, elle jouit paisiblement de ces insultants hommages auxquels on ne daigne pas meme donner un air de bonne foi. Qu'importe ? sérieusement ou par plaisanterie, on s'occupe d'elle, et c'est tout ce qu'elle veut. Qu'une autre femme survienne, a l'instant le ton de ceremonie succede a la familiarite, les grands airs commencent, l'attention des hommes se partage, et l'on se tient mutuellement dans une secrete gene, dont on ne sort plus qu'en se separant.

Les femmes de Paris aiment a voir les spectacles, c'est-a-dire a y etre vues ; mais leur embarras, chaque fois qu'elles veulent y aller, est de trouver une compagne ; car l'usage ne permet a aucune femme d'y aller seule en grande loge, pas meme avec son mari, pas meme avec un autre homme. On ne saurait dire combien dans ce pays si sociable ces parties sont difficiles a former ; de dix qu'on en projette, il en manque neuf : le desir d'aller au spectacle les fait lier, l'ennui d'y aller ensemble les fait rompre. Je crois que les femmes pourraient abroger aisément cet usage inepte ; car ou est la raison de ne pouvoir se montrer seule en public ? Mais c'est peut-etre ce défaut de raison qui le conserve. Il est bon de tourner autant qu'on peut les bienseances sur des choses

---

[1] Tout cela est fort change. Par les circonstances, ces lettres ne semblent ecrites que depuis quelque vingtaine d'annees : aux mœurs, au style, on les croirait de l'autre siecle.

ou il serait inutile d'en manquer. Que gagnerait une femme au droit d'aller sans compagne à l'Opéra ? Ne vaut-il pas mieux réserver ce droit pour recevoir en particulier ses amis ?

Il est sûr que mille liaisons secretes doivent être le fruit de leur manière de vivre éparses et isolées parmi tant d'hommes. Tout le monde en convient aujourd'hui, et l'expérience a détruit l'absurde maxime de vaincre les tentations en les multipliant. On ne dit donc plus que cet usage est plus honnête, mais qu'il est plus agréable : et c'est ce que je ne crois pas plus vrai ; car quel amour peut régner où la pudeur est en dérision ? et quel charme peut avoir une vie privée à la fois d'amour et d'honnêteté ? Aussi, comme le grand fléau de tous ces gens si dissipés est l'ennui, les femmes se soucient elles moins d'être aimées qu'amusées ; la galanterie et les soins valent mieux que l'amour auprès d'elles ; et, pourvu qu'on soit assidu, peu leur importe qu'on soit passionné. Les mots même d'amour et d'amant sont bannis de l'intime société des deux sexes, et relégués avec ceux de *chaîne* et de *flamme* dans les romans qu'on ne lit plus.

Il semble que tout l'ordre des sentiments naturels soit ici renversé. Le cœur n'y forme aucune chaîne . il n'est point permis aux filles d'en avoir un ; ce droit est réservé aux seules femmes mariées, et n'exclut du choix personne que leurs maris. Il vaudrait mieux qu'une mère eût vingt amants, que sa fille un seul. L'adultère n'y révolte point, on n'y trouve rien de contraire à la bienséance ; les romans les plus décents, ceux que tout le monde lit pour s'instruire, en sont pleins ; et le désordre n'est plus blamable sitôt qu'il est joint a l'infidélité O Julie ! telle femme qui n'a pas craint de souiller cent fois le lit conjugal oserait d'une bouche impure accuser nos chastes amours, et condamner l'union de deux cœurs sincères qui ne surent jamais manquer de foi On dirait que le mariage n'est pas à Paris de la même nature que partout ailleurs. C'est un sacrement, a ce qu'ils pretendent, et ce sacrement n'a pas la force des moindres contrats civils . il semble n'etre que l'accord de deux personnes libres qui conviennent de demeurer ensemble, de porter le même nom, de reconnaître les mêmes enfants, mais qui n'ont, au surplus, aucune sorte de droit l'une sur l'autre, et un mari qui s'aviserait de contrôler ici la mauvaise conduite de sa femme n'exciterait pas moins de murmures que celui qui souffrirait chez nous le désordre public de la sienne. Les femmes, de leur côte, n'usent pas de rigueur envers leurs maris, et l'on ne voit pas encore qu'elles les fassent punir d'imiter leurs infidelités Au reste, comment attendre de part ou d'autre un effet plus honnête d'un lien où le cœur n'a point été consulté? Qui n'épouse que la fortune ou l'état ne doit rien à la personne.

L'amour meme, l'amour a perdu ses droits, et n'est pas moins dénaturé que le mariage. Si les époux sont ici des garçons et des filles qui demeurent ensemble pour vivre avec plus de liberté, les amants sont des gens indifférents qui se voient par amusement, par air, par habitude, ou pour le besoin du moment. le cœur n'a que faire a ces liaisons ; on n'y consulte que la commodité et certaines convenances extérieures. C'est, si l'on veut, se connaitre, vivre ensemble, s'arranger, se voir, moins encore s'il est possible. Une liaison de galanterie dure un peu plus qu'une visite ; c'est un recueil de jolis entretiens, et de jolies lettres pleines de portraits, de maximes, de philosophie, et de bel esprit. A l'égard du physique, il n'exige pas tant de mystère ; on a très-sensément trouvé qu'il fallait régler sur l'instant des désirs la facilité de les satisfaire. la première venue, le premier venu, l'amant ou un autre, un homme est toujours un homme, tous sont presque également bons : et il y a du moins à cela de la conséquence, car pourquoi serait-on plus fidele à l'amant qu'au mari? Et puis à certain âge tous les hommes sont à peu près le même homme, toutes les femmes la même femme ; toutes ces poupées sortent de chez la même marchande de modes, et il n'y a guère d'autre choix à faire que ce qui tombe le plus commodement sous la main.

Comme je ne sais rien de ceci par moi-meme, on m'en a parlé sur un ton si extraordinaire, qu'il ne m'a pas été possible de bien entendre ce qu'on m'en a dit. Tout ce que j'en ai conçu, c'est que, chez la plupart des femmes, l'amant est comme un des gens de la maison · s'il ne fait pas son devoir, on le congedie et l'on en prend un autre ; s'il trouve mieux ailleurs, ou s'ennuie du métier, il quitte, et l'on en prend un autre. Il y a, dit-on, des femmes assez capricieuses pour essayer même du maître de la maison, car enfin c'est encore une espèce d'homme. Cette fantaisie ne dure pas ; quand elle est passée, on le chasse et l'on en prend un autre ; ou, s'il s'obstine, on le garde et l'on en prend un autre.

Mais, disais-je à celui qui m'expliquait ces étranges usages, comment une femme vit-elle ensuite avec tous ces autres-là qui ont ainsi pris ou reçu leur congé? Bon! reprit-il, elle n'y vit point. On ne se voit plus, on ne se connait plus. Si jamais la fantaisie prenait de renouer, on aurait une nouvelle connaissance à faire, et ce serait beaucoup qu'on se souvint de s'être vus. Je vous entends, lui dis-je; mais j'ai beau réduire ces exagérations, je ne conçois pas comment, après une union si tendre, on peut se voir de sang-froid, comment le cœur ne palpite pas au nom de ce qu'on a une fois aimé, comment on ne tressaille pas à sa rencontre. Vous me faites rire, interrompit-il, avec vos tressaillements; vous voudriez donc que nos femmes ne fissent autre chose que tomber en syncope?

Supprime une partie de ce tableau trop chargé sans doute, place Julie à côté du reste, et souviens-toi de mon cœur; je n'ai rien de plus à te dire.

Il faut cependant l'avouer, plusieurs de ces impressions désagréables s'effacent par l'habitude. Si le mal se présente avant le bien, il ne l'empêche pas de se montrer à son tour; les charmes de l'esprit et du naturel font valoir ceux de la personne. La première répugnance vaincue devient bientot un sentiment contraire C'est l'autre point de vue du tableau, et la justice ne permet pas de ne l'exposer que par le côté désavantageux.

C'est le premier inconvénient des grandes villes que les hommes y deviennent autres que ce qu'ils sont, et que la société leur donne pour ainsi dire un être différent du leur. Cela est vrai surtout à Paris, et surtout à l'égard des femmes, qui tirent des regards d'autrui la seule existence dont elles se soucient. En abordant une dame dans une assemblée, au lieu d'une Parisienne que vous croyez voir, vous ne voyez qu'un simulacre de la mode. Sa hauteur, son ampleur, sa démarche, sa taille, sa gorge, ses couleurs, son air, son regard, ses propos, ses manières, rien de tout cela n'est à elle; et si vous la voyiez dans son état naturel, vous ne pourriez la reconnaître. Or cet échange est rarement favorable à celles qui le font, et en général il n'y a guère à gagner à tout ce qu'on substitue à la nature. Mais on ne l'efface jamais entièrement; elle s'échappe toujours par quelque endroit, et c'est dans une certaine adresse à la saisir que consiste l'art d'observer. Cet art n'est pas difficile vis-à-vis des femmes de ce pays; car comme elles ont plus de naturel qu'elles ne croient en avoir, pour peu qu'on les fréquente assidument, pour peu qu'on les détache de cette éternelle représentation qui leur plaît si fort, on les voit bientôt comme elles sont ; et c'est alors que toute l'aversion qu'elles ont d'abord inspirée se change en estime et en amitié

Voilà ce que j'eus occasion d'observer la semaine dernière dans une partie de campagne où quelques femmes nous avaient assez étourdiment invités, moi et quelques autres nouveaux débarqués, sans trop s'assurer que nous leur convenions, ou peut-être pour avoir le plaisir d'y rire de nous à leur aise. Cela ne manqua pas d'arriver le premier jour. Elles nous accablèrent d'abord de traits plaisants et fins, qui, tombant toujours sans rejaillir, épuisèrent bientôt leur carquois. Alors elles s'exécutèrent de bonne grace, et, ne pouvant nous amener à leur ton, elles furent réduites à prendre le nôtre. Je ne sais si elles se trouvèrent bien de cet échange : pour moi, je m'en trouvai à merveille ; je vis avec surprise que je m'éclairais plus avec elles que je n'aurais fait avec beaucoup d'hommes. Leur esprit ornait si bien le bon sens, que je regrettais ce qu'elles en avaient mis à le défigurer ; et je déplorais, en jugeant mieux des femmes de ce pays, que tant d'aimables personnes ne manquassent de raison que parce qu'elles ne voulaient pas en avoir. Je vis aussi que les grâces familières et naturelles effaçaient insensiblement les airs apprêtés de la ville ; car, sans y songer, on prend des manières assortissantes aux choses qu'on dit, et il n'y a pas moyen de mettre à des discours sensés les grimaces de la coquetterie. Je les trouvai plus jolies depuis qu'elles ne cherchaient plus tant à l'être, et je sentis qu'elles n'avaient besoin pour plaire que de ne pas se déguiser. J'osai soupçonner sur ce fondement que Paris, ce prétendu siège du goût, est peut-être le lieu du monde où il y en a le moins, puisque tous les soins qu'on y prend pour plaire défigurent la véritable beauté

Nous restâmes ainsi quatre ou cinq jours ensemble, contents les uns des autres et de nous-mêmes. Au lieu de passer en revue Paris et ses folies, nous l'oubliâmes. Tout notre soin se bornait à jouir entre nous d'une société agréable et douce. Nous n'eûmes besoin ni de satires ni de plaisanteries pour nous mettre de bonne humeur ; et nos ris n'étaient pas de raillerie, mais de gaieté, comme ceux de ta cousine.

Une autre chose acheva de me faire changer d'avis sur leur compte. Souvent, au milieu de nos entretiens les plus animés, on venait dire un mot à l'oreille de la maîtresse de la maison. Elle

sortait, allait s'enfermer pour écrire, et ne rentrait de longtemps.
Il était aisé d'attribuer ces éclipses a quelque correspondance de
cœur, ou de celle qu'on appelle ainsi. Une autre femme en glissa
légerement un mot qui fut assez mal reçu ; ce qui me fit juger que
si l'absente manquait d'amants, elle avait au moins des amis Cependant la curiosité m'ayant donné quelque attention, quelle fut
ma surprise en apprenant que ces prétendus grisons de Paris
étaient des paysans de la paroisse qui venaient, dans leurs calamités,
implorer la protection de leur dame ! l'un surchargé de tailles, a la
décharge d'un plus riche ; l'autre enrolé dans la milice, sans égard
pour son age et pour ses enfants¹, l'autre écrasé d'un puissant
voisin par un procès injuste ; l'autre ruiné par la grele, et dont on
exigeait le bail a la rigueur ! Enfin tous avaient quelque grâce a
demander, tous étaient patiemment écoutés, on n'en rebutait aucun, et le temps attribué aux billets doux était employé a ecrire
en faveur de ces malheureux Je ne saurais te dire avec quel étonnement j'appris et le plaisir que prenait une femme si jeune et si
dissipée a remplir ces aimables devoirs, et combien peu elle y
mettait d'ostentation Comment ! disais-je tout attendri, quand
ce serait Julie, elle ne ferait pas autrement. Dès cet instant je ne
l'ai plus regardée qu'avec respect, et tous ses defauts sont effaces
a mes yeux.

Sitôt que mes recherches se sont tournées de ce coté, j'ai appris mille choses a l'avantage de ces memes femmes que j'avais
d'abord trouvées si insupportables. Tous les etrangers conviennent unanimement qu'en ecartant les propos a la mode, il n'y a
point de pays au monde ou les femmes soient plus eclairees, parlent en général plus sensément, plus judicieusement, et sachent
donner au besoin de meilleurs conseils. Otons le jargon de la
galanterie et du bel esprit, quel parti tirerons-nous de la conversation d'une Espagnole, d'une Italienne, d'une Allemande ? Aucun ;
et tu sais, Julie, ce qu'il en est communement de nos Suissesses. Mais qu'on ose passer pour peu galant, et tirer les Françaises de cette forteresse, dont a la verité elles n'aiment guere
a sortir, on trouve encore a qui parler en rase campagne, et l'on
croit combattre avec un homme, tant elles savent s'armer de

¹ On a vu cela dans l'autre guerre, mais non dans celle ci, que je
sache. On epargne les hommes maries, et l'on en fait ainsi marier
beaucoup

raison, et faire de necessité vertu. Quant au bon caractere, je ne citerai point le zele avec lequel elles servent leurs amis, car il peut regner en cela une certaine chaleur d'amour-propre qui soit de tous les pays; mais quoique ordinairement elles n'aiment qu'elles-mêmes, une longue habitude, quand elles ont assez de constance pour l'acquerir, leur tient lieu d'un sentiment assez vif: celles qui peuvent supporter un attachement de dix ans le gardent ordinairement toute leur vie; et elles aiment leurs vieux amis plus tendrement, plus sûrement au moins, que leurs jeunes amants.

Une remarque assez commune, qui semble être à la charge des femmes, est qu'elles font tout en ce pays, et par consequent plus de mal que de bien; mais ce qui les justifie est qu'elles font le mal poussées par les hommes, et le bien de leur propre mouvement. Ceci ne contredit point ce que je disais ci-devant, que le cœur n'entre pour rien dans le commerce des deux sexes; car la galanterie française a donné aux femmes un pouvoir universel qui n'a besoin d'aucun tendre sentiment pour se soutenir. Tout depend d'elles; rien ne se fait que par elles ou pour elles; l'Olympe et le Parnasse, la gloire et la fortune, sont egalement sous leurs lois. Les livres n'ont de prix, les auteurs n'ont d'estime, qu'autant qu'il plait aux femmes de leur en accorder; elles decident souverainement des plus hautes connaissances, ainsi que des plus agreables. Poésie, litterature, histoire, philosophie, politique meme; on voit d'abord au style de tous les livres qu'ils sont ecrits pour amuser de jolies femmes, et l'on vient de mettre la Bible en histoires galantes. Dans les affaires, elles ont pour obtenir ce qu'elles demandent un ascendant naturel jusque sur leurs maris, non parce qu'ils sont leurs maris, mais parce qu'ils sont hommes, et qu'il est convenu qu'un homme ne refusera rien à aucune femme, fût-ce meme la sienne.

Au reste, cette autorité ne suppose ni attachement ni estime, mais seulement de la politesse et de l'usage du monde; car d'ailleurs il n'est pas moins essentiel à la galanterie française de mepriser les femmes que de les servir. Ce mepris est une sorte de titre qui leur en impose; c'est un temoignage qu'on a vécu assez avec elles pour les connaitre. Quiconque les respecterait passerait à leurs yeux pour un novice, un paladin, un homme qui n'a connu les femmes que dans les romans. Elles se jugent avec tant d'equite, que les honorer serait être indigne de leur plaire; et la premiere qualité de l'homme à bonnes fortunes est d'être souverainement impertinent.

Quoi qu'il en soit, elles ont beau se piquer de méchanceté, elles sont bonnes en dépit d'elles ; et voici à quoi surtout leur bonté de cœur est utile. En tout pays les gens chargés de beaucoup d'affaires sont toujours repoussants et sans commisération ; et Paris étant le centre des affaires du plus grand peuple de l'Europe, ceux qui les font sont aussi les plus durs des hommes. C'est donc aux femmes qu'on s'adresse pour avoir des grâces ; elles sont le recours des malheureux ; elles ne ferment point l'oreille à leurs plaintes ; elles les écoutent, les consolent, et les servent. Au milieu de la vie frivole qu'elles mènent, elles savent dérober des moments à leurs plaisirs pour les donner à leur bon naturel ; et si quelques-unes font un infâme commerce des services qu'elles rendent, des milliers d'autres s'occupent tous les jours gratuitement à secourir le pauvre de leur bourse, et l'opprimé de leur crédit. Il est vrai que leurs soins sont souvent indiscrets, et qu'elles nuisent sans scrupule au malheureux qu'elles ne connaissent pas, pour servir le malheureux qu'elles connaissent · mais comment connaître tout le monde dans un si grand pays ? et que peut faire de plus la bonté d'âme séparée de la véritable vertu, dont le plus sublime effort n'est pas tant de faire le bien que de ne jamais mal faire ? A cela près, il est certain qu'elles ont du penchant au bien, qu'elles en font beaucoup, qu'elles le font de bon cœur, que ce sont elles seules qui conservent dans Paris le peu d'humanité qu'on y voit régner encore, et que sans elles on verrait les hommes avides et insatiables s'y dévorer comme des loups.

Voilà ce que je n'aurais point appris, si je m'en étais tenu aux peintures des faiseurs de romans et de comédies, lesquels voient plutôt dans les femmes des ridicules qu'ils partagent que les bonnes qualités qu'ils n'ont pas, ou qui peignent des chefs-d'œuvre de vertu qu'elles se dispensent d'imiter en les traitant de chimères, au lieu de les encourager au bien en louant celui qu'elles font réellement. Les romans sont peut-être la dernière instruction qu'il reste à donner à un peuple assez corrompu pour que toute autre lui soit inutile je voudrais qu'alors la composition de ces sortes de livres ne fût permise qu'à des gens honnêtes, mais sensibles, dont le cœur se peignît dans leurs écrits, à des auteurs qui ne fussent pas au-dessus des faiblesses de l'humanité, qui ne montrassent pas tout d'un coup la vertu dans le ciel hors de la portée des hommes, mais qui la leur fissent aimer en la peignant d'abord moins austere, et puis du sein du vice les y sussent conduire insensiblement.

Je t'en ai prévenue, je ne suis en rien de l'opinion commune sur le compte des femmes de ce pays. On leur trouve unanimement l'abord le plus enchanteur, les graces les plus seduisantes, la coquetterie la plus raffinée, le sublime de la galanterie, et l'art de plaire au souverain degre. Moi, je trouve leur abord choquant, leur coquetterie repoussante, leurs manieres sans modestie. J'imagine que le cœur doit se fermer a toutes leurs avances ; et l'on ne me persuadera jamais qu'elles puissent un moment parler de l'amour, sans se montrer également incapables d'en inspirer et d'en ressentir.

D'un autre coté, la renommée apprend a se défier de leur caractere ; elle les peint frivoles, rusées, artificieuses, étourdies, volages, parlant bien, mais ne pensant point, sentant encore moins, et dépensant ainsi tout leur mérite en vain babil. Tout cela me parait a moi leur être extérieur comme leurs paniers et leur rouge. Ce sont des vices de parade qu'il faut avoir a Paris, et qui dans le fond couvrent en elles du sens, de la raison, de l'humanite, du bon naturel. Elles sont moins indiscretes, moins tracassieres que chez nous, moins peut etre que partout ailleurs. Elles sont plus solidement instruites, et leur instruction profite mieux a leur jugement. En un mot, si elles me deplaisent par tout ce qui caractérise leur sexe qu'elles ont défiguré, je les estime par des rapports avec le notre qui nous font honneur ; et je trouve qu'elles seraient cent fois plutot des hommes de mérite que d'aimables femmes.

Conclusion si Julie n'eût point existé, si mon cœur eût pu souffrir quelque autre attachement que celui pour lequel il etait né, je n'aurais jamais pris a Paris ma femme, encore moins ma maitresse : mais je m'y serais fait volontiers une amie, et ce tresor m'eût consolé peut-etre de n'y pas trouver les deux autres [1].

[1] Je me garderai de prononcer sur cette lettre, mais je doute qu'un jugement qui donne liberalement a celles qu'il regarde des qualites qu'elles méprisent, et qui leur refuse les seules dont elles font cas, soit fort propre à être bien reçu d'elles

SECONDE PARTIE.

XXII. — A JULIE.

Depuis ta lettre reçue, je suis allé tous les jours chez M. Silvestre demander le petit paquet. Il n'était toujours point venu ; et, dévoré d'une mortelle impatience, j'ai fait le voyage sept fois inutilement. Enfin la huitième j'ai reçu le paquet. A peine l'ai-je eu dans les mains, que, sans payer le port, sans m'en informer, sans rien dire a personne, je suis sorti comme un étourdi ; et, ne voyant que le moment de rentrer chez moi, j'enfilais avec tant de précipitation des rues que je ne connaissais point, qu'au bout d'une demi-heure, cherchant la rue de Tournon où je loge, je me suis trouvé dans le Marais, à l'autre extrémité de Paris. J'ai été obligé de prendre un fiacre, pour revenir plus promptement ; c'est la première fois que cela m'est arrivé le matin pour mes affaires : je ne m'en sers même qu'a regret l'apres-midi pour quelques visites ; car j'ai deux jambes fort bonnes, dont je serais bien fâché qu'un peu plus d'aisance dans ma fortune me fit négliger l'usage.

J'étais fort embarrassé dans mon fiacre avec mon paquet ; je ne voulais l'ouvrir que chez moi, c'était ton ordre. D'ailleurs une sorte de volupté qui me laisse oublier la commodité dans les choses communes me la fait rechercher avec soin dans les vrais plaisirs. Je n'y puis souffrir aucune sorte de distraction, et je veux avoir du temps et mes aises pour savourer tout ce qui me vient de toi. Je tenais donc ce paquet avec une inquiete curiosité dont je n'étais pas le maître ; je m'efforçais de palper a travers les enveloppes ce qu'il pouvait contenir, et l'on eût dit qu'il me brûlait les mains, a voir les mouvements continuels qu'il faisait de l'une a l'autre. Ce n'est pas qu'a son volume, à son poids, au ton de ta lettre, je n'eusse quelque soupçon de la vérité, mais le moyen de concevoir comment tu pouvais avoir trouvé l'artiste et l'occasion ? Voila ce que je ne conçois pas encore ; c'est un miracle de l'amour ; plus il passe ma raison, plus il enchante mon cœur ; et l'un des plaisirs qu'il me donne est celui de n'y rien comprendre.

J'arrive enfin, je vole, je m'enferme dans ma chambre, je m'assieds hors d'haleine, je porte une main tremblante sur le cachet. O premiere influence du talisman ! j'ai senti palpiter mon cœur à chaque papier que j'ôtais, et je me suis bientot trouvé tellement oppressé, que j'ai été force de respirer un moment sur la derniere enveloppe . Julie ! . o ma Julie !... le voile est déchiré... je te vois... je vois tes divins attraits ! ma bouche et mon cœur leur rendent le premier hommage, mes genoux fléchissent .. Charmes adorés, encore une fois vous aurez enchanté mes yeux ! Qu'il est prompt, qu'il est puissant, le magique effet de ces traits chéris ! Non, il ne faut point, comme tu prétends, un quart d'heure pour le sentir ; une minute, un instant suffit pour arracher de mon sein mille ardents soupirs, et me rappeler avec ton image celle de mon bonheur passé Pourquoi faut-il que la joie de posseder un si précieux trésor soit mêlée d'une si cruelle amertume ? Avec quelle violence il me rappelle dans les temps qui ne sont plus ! Je crois, en le voyant, te revoir encore ; je crois me retrouver à ces moments délicieux dont le souvenir fait maintenant le malheur de ma vie, et que le ciel m'a donnés et ravis dans sa colère. Hélas ! un instant me désabuse, toute la douleur de l'absence se ranime et s'aigrit en m'ôtant l'erreur qui l'a suspendue, et je suis comme ces malheureux dont on n'interrompt les tourments que pour les leur rendre plus sensibles Dieux ! quels torrents de flammes mes avides regards puisent dans cet objet inattendu ! ô comme il ranime au fond de mon cœur tous les mouvements impétueux que ta présence y faisait naître ! O Julie ! s'il était vrai qu'il pût transmettre à tes sens le délire et l'illusion des miens !.. Mais pourquoi ne le ferait-il pas ? pourquoi des impressions que l'âme porte avec tant d'activité n'iraient-elles pas aussi loin qu'elle ? Ah ! chère amante ! où que tu sois, quoi que tu fasses au moment où j'écris cette lettre, au moment où ton portrait reçoit tout ce que ton idolâtre amant adresse à ta personne, ne sens-tu pas ton charmant visage inondé des pleurs de l'amour et de la tristesse ? ne sens-tu pas tes yeux, tes joues, ta bouche, ton sein, pressés, comprimés, accablés de mes ardents baisers ? ne te sens-tu pas embraser tout entière du feu de mes lèvres brûlantes ?... Ciel ! qu'entends-je ? Quelqu'un vient.. Ah ! serrons, cachons mon trésor... un importun !.. Maudit soit le cruel qui vient troubler des transports si doux ! . Puisse-t-il ne jamais aimer ou vivre loin de ce qu'il aime !

XXIII. — DE L'AMANT DE JULIE A MADAME D'ORBE.

C'est à vous, charmante cousine, qu'il faut rendre compte de l'Opéra; car bien que vous ne m'en parliez point dans vos lettres, et que Julie vous ait gardé le secret, je vois d'où lui vient cette curiosité. J'y fus une fois pour contenter la mienne; j'y suis retourné pour vous deux autres fois. Tenez-m'en quitte, je vous prie, après cette lettre. J'y puis retourner encore, y bâiller, y souffrir, y périr pour votre service; mais y rester éveillé et attentif, cela ne m'est pas possible.

Avant de vous dire ce que je pense de ce fameux théâtre, que je vous rende compte de ce qu'on en dit ici, le jugement des connaisseurs pourra redresser le mien, si je m'abuse.

L'Opéra de Paris passe à Paris pour le spectacle le plus pompeux, le plus voluptueux, le plus admirable qu'inventa jamais l'art humain. C'est, dit-on, le plus superbe monument de la magnificence de Louis XIV. Il n'est pas si libre à chacun que vous le pensez de dire son avis sur ce grave sujet. Ici l'on peut disputer de tout, hors de la musique et de l'Opéra; il y a du danger à manquer de dissimulation sur ce seul point. La musique française se maintient par une inquisition très-sévère; et la première chose qu'on insinue par forme de leçon à tous les étrangers qui viennent dans ce pays, c'est que tous les étrangers conviennent qu'il n'y a rien de si beau dans le reste du monde que l'Opéra de Paris. En effet, la vérité est que les plus discrets s'en taisent, et n'osent en rire qu'entre eux.

Il faut convenir pourtant qu'on y représente à grands frais, non-seulement toutes les merveilles de la nature, mais beaucoup d'autres merveilles bien plus grandes que personne n'a jamais vues; et sûrement Pope a voulu désigner ce bizarre théâtre par celui où il dit qu'on voit pêle-mêle des dieux, des lutins, des monstres, des rois, des bergers, des fées, de la fureur, de la joie, un feu, une gigue, une bataille, et un bal.

Cet assemblage si magnifique et si bien ordonné est regardé comme s'il contenait en effet toutes les choses qu'il représente. En voyant paraître un temple, on est saisi d'un saint respect; et, pour peu que la déesse en soit jolie, le parterre est à moitié païen. On n'est pas si difficile ici qu'à la Comédie française. Ces mêmes spectateurs, qui ne peuvent revêtir un comédien de son personnage, ne peuvent à l'Opéra séparer un acteur du sien. Il semble que les esprits se roidissent contre une illusion raisonnable, et ne s'y prêtent qu'autant qu'elle est absurde et grossière ; ou peut-être que des dieux leur coûtent moins à concevoir que des héros. Jupiter étant d'une autre nature que nous, on en peut penser ce qu'on veut : mais Caton était un homme ; et combien d'hommes ont droit de croire que Caton ait pu exister ?

L'Opéra n'est donc point ici comme ailleurs une troupe de gens payés pour se donner en spectacle au public ; ce sont, il est vrai, des gens que le public paye et qui se donnent en spectacle ; mais tout cela change de nature, attendu que c'est une Académie royale de musique, une espèce de cour souveraine qui juge sans appel dans sa propre cause, et ne se pique pas autrement de justice ni de fidélité[1]. Voilà, cousine, comment, dans certains pays, l'essence des choses tient aux mots, et comment des noms honnêtes suffisent pour honorer ce qui l'est le moins.

Les membres de cette noble Académie ne dérogent point ; en revanche, ils sont excommuniés, ce qui est précisément le contraire de l'usage des autres pays : mais peut-être, ayant eu le choix, aiment-ils mieux être nobles et damnés, que roturiers et bénis. J'ai vu sur le théâtre un chevalier moderne aussi fier de son métier qu'autrefois l'infortuné Labérius fut humilié du sien[2],

---

[1] Dit en mots plus ouverts, cela n'en serait que plus vrai ; mais ici je suis partie, et je dois me taire. Partout où l'on est moins soumis aux lois qu'aux hommes, on doit savoir endurer l'injustice.

[2] Forcé par le tyran de monter sur le théâtre, il déplora son sort par des vers très-touchants, et très-capables d'allumer l'indignation de tout honnête homme contre ce César si vanté. « Après avoir, dit-il, « vécu soixante ans avec honneur, j'ai quitté ce matin mon foyer che-« valier romain, j'y rentrerai ce soir vil histrion. Hélas ! j'ai vécu trop « d'un jour. O Fortune ! s'il fallait me déshonorer une fois, que ne m'y « forçais tu quand la jeunesse et la vigueur me laissaient au moins une « figure agréable ? Mais maintenant quel triste objet viens-je exposer « au rebut du peuple romain ! une voix éteinte, un corps infirme, un « cadavre, un sépulcre animé, qui n'a plus rien de moi que mon « nom. » Le prologue entier qu'il récita dans cette occasion, l'injustice que lui fit César, piqué de la noble liberté avec laquelle il vengeait son honneur flétri, l'affront qu'il reçut au cirque, la bassesse qu'eut Cicéron d'insulter à son opprobre, la réponse fine et piquante que lui fit Labérius, tout cela nous a été conservé par Aulu-Gelle ; et c'est, à mon gré, le morceau le plus curieux et le plus intéressant de son fade recueil. *

* C'est par erreur que Rousseau attribue à Aulu-Gelle ce qui ne se trouve que

quoiqu'il le fît par force et ne récitât que ses propres ouvrages. Aussi l'ancien Labérius ne put-il reprendre sa place au cirque parmi les chevaliers romains, tandis que le nouveau en trouve tous les jours une sur les bancs de la Comédie française parmi la première noblesse du pays ; et jamais on n'entendit parler à Rome avec tant de respect de la majesté du peuple romain, qu'on parle à Paris de la majesté de l'Opéra.

Voilà ce que j'ai pu recueillir des discours d'autrui sur ce brillant spectacle : que je vous dise à présent ce que j'y ai vu moi-même.

Figurez-vous une gaine large d'une quinzaine de pieds et longue à proportion : cette gaine est le théâtre. Aux deux côtés on place par intervalle des feuilles de paravent, sur lesquelles sont grossièrement peints les objets que la scène doit représenter. Le fond est un grand rideau peint de même, et presque toujours percé ou déchiré ; ce qui représente des gouffres dans la terre ou des trous dans le ciel, selon la perspective. Chaque personne qui passe derrière le théâtre et touche le rideau produit, en l'ébranlant, une sorte de tremblement de terre assez plaisant à voir. Le ciel est représenté par certaines guenilles bleuâtres, suspendues à des bâtons ou à des cordes, comme l'étendage d'une blanchisseuse. Le soleil (car on l'y voit quelquefois) est un flambeau dans une lanterne. Les chars des dieux et des déesses sont composés de quatre solives encadrées, et suspendues à une grosse corde en forme d'escarpolette; entre ces solives est une planche en travers sur laquelle le dieu s'assied, et sur le devant pend un morceau de grosse toile barbouillée, qui sert de nuage à ce magnifique char. On voit vers le bas de la machine l'illumination de deux ou trois chandelles puantes et mal mouchées, qui, tandis que le personnage se démène et crie en branlant dans son escarpolette, l'enfument tout à son aise : encens digne de la divinité.

Comme les chars sont la partie la plus considérable des machines de l'Opéra, sur celle-là vous pouvez juger des autres. La mer agitée est composée de longues lanternes angulaires de toile ou de carton bleu, qu'on enfile à des broches parallèles, et qu'on fait tourner par des polissons. Le tonnerre est une lourde charrette qu'on promène sur le cintre, et qui n'est pas le moins touchant instru-

---

dans Macrobe, et la question adressée par Cicéron à Labérius n'a point le caractère de *bassesse insultante* qu'il lui reproche (L'ÉDITEUR.)

ment de cette agréable musique. Les éclairs se font avec des pincées de poix-résine qu'on projette sur un flambeau : la foudre est un pétard au bout d'une fusée.

Le théâtre est garni de petites trappes carrées qui, s'ouvrant au besoin, annoncent que les démons vont sortir de la cave. Quand ils doivent s'élever dans les airs, on leur substitue adroitement des démons de toile brune empaillée, ou quelquefois de vrais ramoneurs, qui branlent en l'air suspendus à des cordes, jusqu'à ce qu'ils se perdent majestueusement dans les guenilles dont j'ai parlé. Mais ce qu'il y a de reellement tragique, c'est quand les cordes sont mal conduites, ou viennent à rompre; car alors les esprits infernaux et les dieux immortels tombent, s'estropient, se tuent quelquefois. Ajoutez à tout cela les monstres qui rendent certaines scènes fort pathétiques, tels que des dragons, des lézards, des tortues, des crocodiles, de gros crapauds qui se promènent d'un air menaçant sur le théâtre, et font voir à l'Opéra les tentations de saint Antoine. Chacune de ces figures est animée par un lourdaud de Savoyard qui n'a pas l'esprit de faire la bete.

Voila, ma cousine, en quoi consiste à peu près l'auguste appareil de l'Opéra, autant que j'ai pu l'observer du parterre a l'aide de ma lorgnette : car il ne faut pas vous imaginer que ces moyens soient fort cachés, et produisent un effet imposant; je ne vous dis en ceci que ce que j'ai aperçu de moi-même, et ce que peut apercevoir comme moi tout spectateur non préoccupé. On assure pourtant qu'il y a une prodigieuse quantité de machines employées à faire mouvoir tout cela; on m'a offert plusieurs fois de me les montrer; mais je n'ai jamais été curieux de voir comment on fait de petites choses avec de grands efforts.

Le nombre de gens occupés au service de l'Opéra est inconcevable. L'orchestre et les chœurs composent ensemble près de cent personnes : il y a des multitudes de danseurs; tous les roles sont doubles et triples [1], c'est-à-dire qu'il y a toujours un ou deux acteurs subalternes prêts à remplacer l'acteur principal, et payés pour ne rien faire jusqu'à ce qu'il lui plaise de ne rien faire à son tour; ce qui ne tarde jamais beaucoup d'arriver. Apres quelques représentations, les premiers acteurs, qui sont d'importants per-

---

[1] On ne sait ce que c'est que les doubles en Italie, le public ne les souffrirait pas : aussi le spectacle est-il à beaucoup meilleur marché. Il en coûterait trop pour être mal servi.

sonnages, n'honorent plus le public de leur présence; ils abandonnent la place à leurs substituts, et aux subtituts de leurs substituts. On reçoit toujours le même argent à la porte, mais on ne donne plus le même spectacle. Chacun prend son billet comme à une loterie, sans savoir quel lot il aura : et, quel qu'il soit, personne n'oserait se plaindre; car, afin que vous le sachiez, les nobles membres de cette Académie ne doivent aucun respect au public; c'est le public qui leur en doit.

Je ne vous parlerai point de cette musique; vous la connaissez. Mais ce dont vous ne sauriez avoir d'idée, ce sont les cris affreux, les longs mugissements dont retentit le théâtre durant la représentation. On voit les actrices, presque en convulsion, arracher avec violence ces glapissements de leurs poumons, les poings fermés contre la poitrine, la tête en arrière, le visage enflammé, les vaisseaux gonflés, l'estomac pantelant : on ne sait lequel est le plus désagréablement affecté de l'œil ou de l'oreille; leurs efforts font autant souffrir ceux qui les regardent, que leurs chants ceux qui les écoutent; et ce qu'il y a de plus inconcevable est que ces hurlements sont presque la seule chose qu'applaudissent les spectateurs. A leurs battements de mains; on les prendrait pour des sourds charmés de saisir par-ci par-là quelques sons perçants, et qui veulent engager les acteurs à les redoubler. Pour moi, je suis persuadé qu'on applaudit les cris d'une actrice à l'Opéra comme les tours de force d'un bateleur à la foire : la sensation en est déplaisante et pénible, on souffre tandis qu'ils durent; mais on est si aise de les voir finir sans accident, qu'on en marque volontiers sa joie. Concevez que cette manière de chanter est employée pour exprimer ce que Quinault a jamais dit de plus galant et de plus tendre. Imaginez les Muses, les Grâces, les Amours, Vénus même, s'exprimant avec cette délicatesse, et jugez de l'effet ! Pour les diables, passe encore; cette musique a quelque chose d'infernal qui ne leur messied pas. Aussi les magies, les évocations, et toutes les fêtes du sabbat, sont-elles toujours ce qu'on admire le plus à l'Opéra français.

A ces beaux sons, aussi justes qu'ils sont doux, se marient tres-dignement ceux de l'orchestre. Figurez-vous un charivari sans fin d'instruments sans mélodie, un ronron traînant et perpétuel de basses; chose la plus lugubre, la plus assommante que j'aie entendue de ma vie, et que je n'ai jamais pu supporter une demi-heure sans gagner un violent mal de tête. Tout cela forme une espèce de psalmodie à laquelle il n'y a pour l'ordinaire ni chant ni mesure. Mais quand par hasard il se trouve quelque air un peu sautillant, c'est un trépignement universel ; vous entendez tout le parterre en mouvement suivre à grand'peine et à grand bruit un certain homme de l'orchestre [1]. Charmés de sentir un moment cette cadence qu'ils sentent si peu, ils se tourmentent l'oreille, la voix, les bras, les pieds, et tout le corps, pour courir après la mesure [2], toujours prête à leur échapper ; au lieu que l'Allemand et l'Italien, qui en sont intimement affectés, la sentent et la suivent sans aucun effort, et n'ont jamais besoin de la battre. Du moins Regianino m'a-t-il souvent dit que dans les opéras d'Italie, où elle est si sensible et si vive, on n'entend, on ne voit jamais dans l'orchestre ni parmi les spectateurs le moindre mouvement qui la marque. Mais tout annonce en ce pays la dureté de l'organe musical ; les voix y sont rudes et sans douceur, les inflexions âpres et fortes, les sons forcés et traînants ; nulle cadence, nul accent mélodieux dans les airs du peuple : les instruments militaires, les fifres de l'infanterie, les trompettes de la cavalerie, tous les cors, tous les hautbois, les chanteurs des rues, les violons de guinguette, tout cela est d'un faux à choquer l'oreille la moins délicate. Tous les talents ne sont pas donnés aux mêmes hommes ; et en général le Français paraît être de tous les peuples de l'Europe celui qui a le moins d'aptitude à la musique. Mylord Édouard prétend que les Anglais en ont aussi peu ; mais la différence est que ceux-ci le savent et ne s'en soucient guère, au lieu que les Français renonceraient à mille justes droits, et passeraient condamnation sur toute autre chose, plutôt que de convenir qu'ils ne sont pas les premiers musiciens du monde. Il y en a même qui regarderaient volontiers la musique à Paris comme une affaire d'État, peut-être parce que c'en fut une à Sparte de couper deux cordes à la lyre de Timothée : à cela vous sentez qu'on n'a rien à dire. Quoi qu'il en soit, l'Opéra de Paris pourrait être une fort belle institution politique, qu'il n'en plairait pas davantage aux gens de goût. Revenons à ma description.

[1] Le Bûcheron.
[2] Je trouve qu'on n'a pas mal comparé les airs légers de la musique française à la course d'une vache qui galope, ou d'une oie grasse qui veut voler.

Les ballets, dont il me reste à vous parler, sont la partie la plus brillante de cet Opéra ; et, considérés séparément, ils font un spectacle agréable, magnifique, et vraiment théâtral ; mais ils servent comme partie constitutive de la pièce, et c'est en cette qualité qu'il les faut considérer. Vous connaissez les opéra de Quinault ; vous savez comment les divertissements y sont employés : c'est à peu près de même, ou encore pis, chez ses successeurs. Dans chaque acte l'action est ordinairement coupée au moment le plus intéressant par une fete qu'on donne aux acteurs assis, et que le parterre voit debout. Il arrive de là que les personnages de la pièce sont absolument oubliés, ou bien que les spectateurs regardent les acteurs, qui regardent autre chose. La manière d'amener ces fetes est simple : si le prince est joyeux, on prend part à sa joie, et l'on danse ; s'il est triste, on veut l'égayer, et l'on danse. J'ignore si c'est la mode à la cour de donner le bal aux rois quand ils sont de mauvaise humeur : ce que je sais par rapport à ceux-ci, c'est qu'on ne peut trop admirer leur constance stoïque à voir des gavottes ou écouter des chansons, tandis qu'on décide quelquefois derrière le théâtre de leur couronne ou de leur sort. Mais il y a bien d'autres sujets de danses ; les plus graves actions de la vie se font en dansant. Les prêtres dansent, les soldats dansent, les dieux dansent, les diables dansent ; on danse jusque dans les enterrements, et tout danse à propos de tout.

La danse est donc le quatrième des beaux-arts employés dans la constitution de la scène lyrique : mais les trois autres concourent à l'imitation ; et celui-là qu'imite-t-il ? Rien. Il est donc hors d'œuvre quand il n'est employé que comme danse ; car que font des menuets, des rigaudons, des chaconnes, dans une tragédie ? Je dis plus : il n'y serait pas moins déplacé s'ils imitaient quelque chose, parce que, de toutes les unités il n'y en a point de plus indispensable que celle du langage ; et un opéra où l'action se passerait moitié en chant, moitié en danse, serait plus ridicule encore que celui où l'on parlerait moitié français, moitié italien.

Non contents d'introduire la danse comme une partie essentielle de la scène lyrique, ils se sont même efforcés d'en faire quelquefois le sujet principal, et ils ont des operas appelés ballets qui remplissent si mal leur titre, que la danse n'y est pas moins déplacée que dans tous les autres. La plupart de ces ballets forment autant de sujets séparés que d'actes, et ces sujets sont liés entre eux par de certaines relations métaphysiques dont le spectateur ne se douterait jamais, si l'auteur n'avait soin de l'en avertir dans un prologue. Les saisons, les âges, les sens, les éléments ; je demande quel rapport ont tous ces titres à la danse, et ce qu'ils peuvent offrir en ce genre à l'imagination. Quelques-uns même sont purement allégoriques, comme le carnaval et la folie ; et ce sont les plus insupportables de tous, parce qu'avec beaucoup d'esprit et de finesse ils n'ont ni sentiments, ni tableaux, ni situations, ni chaleur, ni intérêt, ni rien de tout ce qui peut donner prise a la musique, flatter le cœur, et nourrir l'illusion. Dans ces prétendus ballets l'action se passe toujours en chant, la danse interrompt toujours l'action, ou ne s'y trouve que par occasion, et n'imite rien. Tout ce qu'il arrive, c'est que ces ballets ayant encore moins d'intérêt que les tragédies, cette interruption y est moins remarquée ; s'ils étaient moins froids, on en serait plus choqué : mais un défaut couvre l'autre, et l'art des auteurs pour empêcher que la danse ne lasse est de faire en sorte que la pièce ennuie.

Ceci me mène insensiblement à des recherches sur la véritable constitution du drame lyrique, trop étendues pour entrer dans cette lettre, et qui me jetteraient loin de mon sujet : j'en ai fait une petite dissertation à part que vous trouverez ci-jointe, et dont vous pourrez causer avec Regianino. Il me reste à vous dire sur l'Opéra français que le plus grand défaut que j'y crois remarquer est un faux goût de magnificence, par lequel on a voulu mettre en représentation le merveilleux, qui, n'étant fait que pour être imaginé, est aussi bien placé dans un poëme épique que ridiculement sur un théâtre. J'aurais eu peine à croire, si je ne l'avais vu, qu'il se trouvât des artistes assez imbéciles pour vouloir imiter le char du Soleil, et des spectateurs assez enfants pour aller voir cette imitation. La Bruyere ne concevait pas comment un spectacle aussi superbe que l'Opéra pouvait l'ennuyer à si grands frais. Je le conçois bien, moi, qui ne suis pas un la Bruyere ; et je soutiens que, pour tout homme qui n'est pas dépourvu du goût des beaux-arts, la musique française, la danse et le merveilleux, mêlés ensemble, feront toujours de l'Opéra de Paris le plus ennuyeux spectacle qui puisse exister. Apres tout, peut-être n'en faut-il pas aux Français de plus parfaits, au moins quant à l'exécution ; non qu'ils ne soient très en état de connaitre la bonne, mais parce qu'en ceci le mal les amuse plus que le bien. Ils aiment mieux railler qu'applaudir; le plaisir de la critique les dédommage de l'ennui du spectacle; et il leur est plus agréable de s'en moquer quand ils n'y sont plus, que de s'y plaire tandis qu'ils y sont.

XXIV. — DE JULIE.

Oui, oui, je le vois bien, l'heureuse Julie t'est toujours chère. Ce même feu qui brillait jadis dans tes yeux se fait sentir dans ta dernière lettre : j'y retrouve toute l'ardeur qui m'anime, et la mienne s'en irrite encore. Oui, mon ami, le sort a beau nous séparer, pressons nos cœurs l'un contre l'autre, conservons par la communication leur chaleur naturelle contre le froid de l'absence et du désespoir; et que tout ce qui devrait relâcher notre attachement ne serve qu'à le resserrer sans cesse.

Mais admire ma simplicité : depuis que j'ai reçu cette lettre, j'éprouve quelque chose des charmants effets dont elle parle; et ce badinage du talisman, quoique inventé par moi-même, ne laisse pas de me séduire et de me paraître une vérité. Cent fois le jour, quand je suis seule, un tressaillement me saisit comme si je te sentais près de moi. Je m'imagine que tu tiens mon portrait; et je suis si folle, que je crois sentir l'impression des caresses que tu lui fais et des baisers que tu lui donnes; ma bouche croit les recevoir, mon tendre cœur croit les goûter. O douces illusions ! ô chimères ! dernières ressources des malheureux ! ah ! s'il se peut, tenez-nous lieu de réalité ! Vous êtes quelque chose enco e a ceux pour qui le bonheur n'est plus rien.

Quant à la manière dont je m'y suis prise pour avoir ce portrait, c'est bien un soin de l'amour; mais crois que s'il était vrai qu'il fît des miracles, ce n'est pas celui-là qu'il aurait choisi. Voici le mot de l'énigme. Nous eûmes il y a quelque temps ici un peintre en miniature venant d'Italie; il avait des lettres de mylord Édouard, qui peut-être en les lui donnant avait en vue ce qui est arrivé. M. d'Orbe voulut profiter de cette occasion pour avoir le portrait de ma cousine; je voulus l'avoir aussi. Elle et ma mère voulurent avoir le mien; et à ma prière le peintre en fit secretement une seconde copie. Ensuite, sans m'embarrasser de copie ni d'original, je choisis subtilement le plus ressemblant des trois, pour te l'envoyer. C'est une friponnerie dont je ne me suis pas fait un grand scrupule ; car un peu de ressemblance de plus ou de moins n'importe guere à ma mère et à ma cousine ; mais les hommages que tu rendrais à une autre figure que la mienne seraient une espece d'infidélité d'autant plus dangereuse que mon portrait serait mieux que moi ; et je ne veux point, comme que ce soit, que tu prennes du goût pour des charmes que je n'ai pas. Au reste, il n'a pas dépendu de moi d'etre un peu plus soigneusement vêtue ; mais on ne m'a pas écoutée, et mon pere lui-même a voulu que le portrait demeurât tel qu'il est. Je te prie au moins de croire qu'excepté la coiffure, cet ajustement n'a point été pris sur le mien, que le peintre a tout fait de sa grâce, et qu'il a orné ma personne des ouvrages de son imagination.

XXV. — A JULIE.

Il faut, chère Julie, que je te parle encore de ton portrait ; non plus dans ce premier enchantement auquel tu fus si sensible, mais au contraire avec le regret d'un homme abusé par un faux espoir, et que rien ne peut dédommager de ce qu'il a perdu. Ton portrait a de la grâce et de la beauté, meme de la tienne ; il est assez ressemblant, et peint par un habile homme : mais pour en être content, il faudrait ne te pas connaitre.

La premiere chose que je lui reproche est de te ressembler et de n'être pas toi, d'avoir ta figure et d'être insensible. Vainement le peintre a cru rendre exactement tes yeux et tes traits ; il n'a point rendu ce doux sentiment qui les vivifie, et sans lequel, tout charmants qu'ils sont, ils ne seraient rien. C'est dans ton cœur, ma Julie, qu'est le fard de ton visage, et celui-la ne s'imite point. Ceci tient, je l'avoue, à l'insuffisance de l'art ; mais c'est au moins la faute de l'artiste de n'avoir pas été exact en tout ce qui dépendait de lui. Par exemple, il a placé la racine des cheveux trop loin des tempes, ce qui donne au front un contour moins agréable, et moins de finesse au regard. Il a oublié les rameaux de pourpre que font en cet endroit deux ou trois petites veines sous la peau, a peu pres comme dans ces fleurs d'iris que nous considérions un jour au jardin de Clarens. Le coloris des joues est trop près des yeux, et ne se fond pas délicieusement en couleur de rose vers le bas du visage comme sur le modele ; on dirait que c'est du rouge artificiel plaqué comme le carmin des femmes de ce pays. Ce défaut n'est pas peu de chose, car il te rend l'œil moins doux et l'air plus hardi.

Mais, dis-moi, qu'a-t-il fait de ces nichées d'Amours qui se cachent aux deux coins de ta bouche, et que dans mes jours fortunés j'osais réchauffer quelquefois de la mienne? Il n'a point donné leur grâce à ces coins, il n'a pas mis à cette bouche ce tour agréable et sérieux qui change tout à coup à ton moindre sourire, et porte au cœur je ne sais quel enchantement inconnu, je ne sais quel soudain ravissement que rien ne peut exprimer. Il est vrai que ton portrait ne peut passer du sérieux au sourire. Ah! c'est précisément de quoi je me plains : pour pouvoir exprimer tous tes charmes, il faudrait te peindre dans tous les instants de ta vie.

Passons au peintre d'avoir omis quelques beautés ; mais en quoi il n'a pas fait moins de tort à ton visage, c'est d'avoir omis les défauts. Il n'a point fait cette tache presque imperceptible que tu as sous l'œil droit, ni celle qui est au cou du coté gauche. Il n'a point mis... o dieux ! cet homme était-il de bronze?... il a oublié la petite cicatrice qui t'est restée sous la lèvre. Il t'a fait les cheveux et les sourcils de la même couleur, ce qui n'est pas : les sourcils sont plus châtains, et les cheveux plus cendrés :

Bionda testa, occhi azurri, e bruno ciglio [1]

Il a fait le bas du visage exactement ovale ; il n'a pas remarqué cette légère sinuosité qui, séparant le menton des joues, rend leur contour moins régulier et plus gracieux. Voilà les défauts les plus sensibles. Il en a omis beaucoup d'autres, et je lui en sais fort mauvais gré; car ce n'est pas seulement de tes beautés que je suis amoureux, mais de toi tout entière telle que tu es. Si tu ne veux pas que le pinceau te prête rien, moi je ne veux pas qu'il t'ote rien; et mon cœur se soucie aussi peu des attraits que tu n'as pas, qu'il est jaloux de ce qui tient leur place.

Quant à l'ajustement, je le passerai d'autant moins que, parée ou négligée, je t'ai toujours vue mise avec beaucoup plus de goût que tu ne l'es dans ton portrait. La coiffure est trop chargée : on me dira qu'il n'y a que des fleurs ; eh bien ! ces fleurs sont de trop. Te souviens-tu de ce bal où tu portais ton habit à la valaisane et

---

[1] Blonde chevelure, yeux bleus, et sourcils bruns. MARINI.

où ta cousine dit que je dansais en philosophe? tu n'avais pour toute coiffure qu'une longue tresse de tes cheveux roulée autour de ta tête, et rattachée avec une aiguille d'or, à la manière des villageoises de Berne. Non, le soleil orné de tous ses rayons n'a pas l'éclat dont tu frappais les yeux et les cœurs; et sûrement quiconque te vit ce jour-là ne t'oubliera de sa vie. C'est ainsi, ma Julie, que tu dois être coiffée; c'est l'or de tes cheveux qui doit parer ton visage, et non cette rose qui les cache et que ton teint flétrit. Dis à la cousine (car je reconnais ses soins et son choix) que ces fleurs dont elle a couvert et profané ta chevelure ne sont pas de meilleur goût que celles qu'elle recueille dans l'*Adone*, et qu'on peut leur passer de suppléer à la beauté, mais non de la cacher.

A l'égard du buste, il est singulier qu'un amant soit là-dessus plus sévère qu'un père; mais en effet je ne t'y trouve pas vêtue avec assez de soin. Le portrait de Julie doit être modeste comme elle. Amour, ces secrets n'appartiennent qu'à toi. Tu dis que le peintre a tout tiré de son imagination. Je le crois, je le crois! Ah! s'il eût aperçu le moindre de ces charmes voilés, ses yeux l'eussent dévoré, mais sa main n'eût point tenté de les peindre: pourquoi faut-il que son art téméraire ait tenté de les imaginer? Ce n'est pas seulement un défaut de bienséance, je soutiens que c'est encore un défaut de goût. Oui, ton visage est trop chaste pour supporter le désordre de ton sein; on voit que l'un de ces deux objets doit empêcher l'autre de paraître: il n'y a que le délire de l'amour qui puisse les accorder; et quand sa main ardente ose dévoiler celui que la pudeur couvre, l'ivresse et le trouble de tes yeux dit alors que tu l'oublies, et non que tu l'exposes.

Voilà la critique qu'une attention continuelle m'a fait faire de ton portrait. J'ai conçu là-dessus le dessein de le réformer selon mes idées. Je les ai communiqueés à un peintre habile; et, sur ce qu'il a déjà fait, j'espère te voir bientôt plus semblable à toi-même. De peur de gâter le portrait, nous essayons les changements sur une copie que je lui en ai fait faire, et il ne les transporte sur l'original que quand nous sommes bien sûrs de leur effet. Quoique je dessine assez médiocrement, cet artiste ne peut se lasser d'admirer la subtilité de mes observations; il ne comprend pas combien celui qui me les dicte est un maître plus savant que lui. Je lui parais aussi quelquefois fort bizarre: il dit que je suis le premier amant qui s'avise de cacher des objets qu'on n'expose jamais assez au gré des autres; et quand je lui réponds que c'est pour mieux te voir tout entière que je t'habille avec tant de soin, il me regarde comme un fou. Ah! que ton portrait serait bien plus touchant, si je pouvais inventer des moyens d'y montrer ton âme avec ton visage, et d'y peindre à la fois ta modestie et tes attraits! Je te jure, ma Julie, qu'ils gagneront beaucoup à cette réforme. On n'y voyait que ceux qu'avait supposés le peintre, et le spectateur ému les supposera tels qu'ils sont. Je ne sais quel enchantement secret regne dans ta personne, mais tout ce qui la touche semble y participer; il ne faut qu'apercevoir un coin de ta robe pour adorer celle qui la porte. On sent, en regardant ton ajustement, que c'est partout le voile des Grâces qui couvre la beauté; et le goût de ta modeste parure semble annoncer au cœur tous les charmes qu'elle recèle.

XXVI. — A JULIE.

Julie, ô Julie! ô toi qu'un temps j'osais appeler mienne, et dont je profane aujourd'hui le nom ! la plume échappe a ma main tremblante; mes larmes inondent le papier; j'ai peine à former les premiers traits d'une lettre qu'il ne fallait jamais écrire; je ne puis ni me taire ni parler. Viens, honorable et chère image, viens épurer et raffermir un cœur avili par la honte et brisé par le repentir. Soutiens mon courage qui s'éteint; donne à mes remords la force d'avouer le crime involontaire que ton absence m'a laissé commettre.

Que tu vas avoir de mepris pour un coupable! mais bien moins que je n'en ai moi-même. Quelque abject que j'aille etre à tes yeux, je le suis cent fois plus aux miens propres; car, en me voyant tel que je suis, ce qui m'humilie le plus encore, c'est de te voir, de te sentir au fond de mon cœur, dans un lieu désormais si peu digne de toi, et de songer que le souvenir des plus vrais plaisirs de l'amour n'a pu garantir mes sens d'un piége sans appas, et d'un crime sans charmes.

Tel est l'exces de ma confusion, qu'en recourant a ta clémence je crains même de souiller tes regards sur ces lignes par l'aveu de mon forfait. Pardonne, âme pure et chaste, un récit que j'épargnerais à ta modestie, s'il n'était un moyen d'expier mes égarements. Je suis indigne de tes bontes, je le sais; je suis vil, bas, méprisable;

mais au moins je ne serai ni faux ni trompeur, et j'aime mieux que tu m'ôtes ton cœur et la vie, que de t'abuser un seul moment. De peur d'être tenté de chercher des excuses qui ne me rendraient que plus criminel, je me bornerai à te faire un détail exact de ce qui m'est arrivé. Il sera aussi sincère que mon regret ; c'est tout ce que je me permettrai de dire en ma faveur.

J'avais fait connaissance avec quelques officiers aux gardes et autres jeunes gens de nos compatriotes, auxquels je trouvais un mérite naturel, que j'avais regret de voir gâter par l'imitation de je ne sais quels faux airs qui ne sont pas faits pour eux. Ils se moquaient à leur tour de me voir conserver dans Paris la simplicité des antiques mœurs helvétiques. Ils prirent mes maximes et mes manières pour des leçons indirectes dont ils furent choqués, et résolurent de me faire changer de ton, à quelque prix que ce fût. Après plusieurs tentatives qui ne réussirent point, ils en firent une mieux concertée qui n'eut que trop de succès. Hier matin ils vinrent me proposer d'aller souper chez la femme d'un colonel, qu'ils me nommerent, et qui, sur le bruit de ma sagesse, avait, disaient-ils, envie de faire connaissance avec moi. Assez sot pour donner dans ce persiflage, je leur représentai qu'il serait mieux d'aller premièrement lui faire visite ; mais ils se moquèrent de mon scrupule, me disant que la franchise suisse ne comportait pas tant de façon, et que ces manières cérémonieuses ne serviraient qu'à lui donner mauvaise opinion de moi. A neuf heures nous nous rendîmes donc chez la dame. Elle vint nous recevoir sur l'escalier, ce que je n'avais encore observé nulle part. En entrant je vis à des bras de cheminée de vieilles bougies qu'on venait d'allumer, et partout un certain air d'apprêt qui ne me plut point. La maîtresse de la maison me parut jolie, quoiqu'un peu passée ; d'autres femmes à peu près du même âge et d'une semblable figure étaient avec elle : leur parure, assez brillante, avait plus d'éclat que de goût ; mais j'ai déjà remarqué que c'est un point sur lequel on ne peut guère juger en ce pays de l'état d'une femme.

Les premiers compliments se passèrent à peu près comme partout ; l'usage du monde apprend à les abréger, ou à les tourner vers l'enjouement avant qu'ils ennuient. Il n'en fut pas tout à fait de même sitôt que la conversation devint générale et sérieuse : je crus trouver à ces dames un air contraint et gêné, comme si ce ton ne leur eût pas été familier ; et, pour la première fois depuis que j'étais à Paris, je vis des femmes embarrassées a soutenir un entretien raisonnable. Pour trouver une matiere aisée, elles se jeterent sur leurs affaires de famille; et comme je n'en connaissais pas une, chacune dit de la sienne ce qu'elle voulut. Jamais je n'avais tant ouï parler de M. le colonel; ce qui m'étonnait dans un pays ou l'usage est d'appeler les gens par leurs noms plus que par leurs titres, et ou ceux qui ont celui-'a en portent ordinairement d'autres.

Cette fausse dignité fit bientot place à des manières plus naturelles. On se mit a causer tout bas; et, reprenant sans y penser un ton de familiarité peu décente, on chuchotait, on souriait en me regardant, tandis que la dame de la maison me questionnait sur l'état de mon cœur d'un certain ton résolu qui n'était guere propre a le gagner. On servit; et la liberté de la table, qui semble confondre tous les etats, mais qui met chacun a sa place sans qu'il y songe, acheva de m'apprendre en quel lieu j'etais. Il etait trop tard pour m'en dedire. Tirant donc ma sûreté de ma repugnance, je consacrai cette soiree a ma fonction d'observateur, et résolus d'employer a connaitre cet ordre de femmes la seule occasion que j'en aurais de ma vie. Je tirai peu de fruit de mes remarques; elles avaient si peu d'idée de leur état présent, si peu de prévoyance pour l'avenir, et, hors du jargon de leur métier, elles étaient si stupides a tous égards, que le mépris effaça bientot la pitié que j'avais d'abord d'elles. En parlant du plaisir meme, je vis qu'elles etaient incapables d'en ressentir. Elles me parurent d'une violente avidité pour tout ce qui pouvait tenter leur avarice : a cela pres, je n'entendis sortir de leur bouche aucun mot qui partit du cœur. J'admirai comment d'honnetes gens pouvaient supporter une societe si dégoûtante. C'eut ete leur imposer une peine cruelle, a mon avis, que de les condamner au genre de vie qu'ils choisissaient eux-memes.

Cependant le souper se prolongeait et devenait bruyant. Au defaut de l'amour, le vin échauffait les convives. Les discours n'etaient pas tendres, mais déshonnetes; et les femmes tâchaient d'exciter, par le désordre de leur ajustement, les desirs qui l'auraient dû causer. D'abord tout cela ne fit sur moi qu'un effet contraire, et tous leurs efforts pour me séduire ne servaient qu'a me rebuter. Douce pudeur, disais-je en moi-même, supreme volupté de l'amour, que de charmes perd une femme au moment qu'elle renonce à toi¹ combien, si elles connaissaient ton empire, elles mettraient de soins à te conserver, sinon par honnêteté, du moins par coquetterie ! Mais on ne joue point la pudeur, il n'y a pas d'artifice plus ridicule que celui qui la veut imiter. Quelle différence, pensais-je encore, de la grossière impudence de ces créatures et de leurs équivoques licencieuses, à ces regards timides et passionnés, à ces propos pleins de modestie, de grâce et de sentiment, dont... Je n'osais achever; je rougissais de ces indignes comparaisons... Je me reprochais comme autant de crimes les charmants souvenirs qui me poursuivaient malgré moi... En quels lieux osais-je penser à celle... Hélas! ne pouvant écarter de mon cœur une trop chère image, je m'efforçais de la voiler.

Le bruit, les propos que j'entendais, les objets qui frappaient mes yeux, m'échauffèrent insensiblement : mes deux voisines ne cessaient de me faire des agaceries, qui furent enfin poussées trop loin pour me laisser de sang-froid. Je sentis que ma tête s'embarrassait : j'avais toujours bu mon vin fort trempé, j'y mis plus d'eau encore, et enfin je m'avisai de la boire pure. Alors seulement je m'aperçus que cette eau prétendue était du vin blanc, et que j'avais été trompé tout le long du repas. Je ne fis point des plaintes qui ne m'auraient attiré que des railleries : je cessai de boire. Il n'était plus temps; le mal était fait. L'ivresse ne tarda pas à m'ôter le peu de connaissance qui me restait. Je fus surpris en revenant à moi de me trouver dans un cabinet reculé, entre les bras d'une de ces créatures, et j'eus au même instant le désespoir de me sentir aussi coupable que je pouvais l'être...

J'ai fini ce récit affreux : qu'il ne souille plus tes regards ni ma mémoire. O toi dont j'attends mon jugement, j'implore ta rigueur, je la mérite. Quel que soit mon châtiment, il me sera moins cruel que le souvenir de mon crime.

XXVII. — DE JULIE.

Rassurez-vous sur la crainte de m'avoir irritée; votre lettre m'a donné plus de douleur que de colère. Ce n'est pas moi, c'est vous que vous avez offensé par un désordre auquel le cœur n'eut point de part. Je n'en suis que plus affligée : j'aimerais mieux vous voir m'outrager que vous avilir, et le mal que vous vous faites est le seul que je ne puis vous pardonner.

A ne regarder que la faute dont vous rougissez, vous vous trouvez bien plus coupable que vous ne l'êtes, et je ne vois guère en cette occasion que de l'imprudence à vous reprocher : mais ceci vient de plus loin, et tient à une plus profonde racine que vous n'apercevez pas, et qu'il faut que l'amitié vous découvre.

Votre première erreur est d'avoir pris une mauvaise route en entrant dans le monde : plus vous avancez, plus vous vous égarez; et je vois en frémissant que vous êtes perdu, si vous ne revenez sur vos pas. Vous vous laissez conduire insensiblement dans le piége que j'avais craint. Les grossières amorces du vice ne pouvaient d'abord vous séduire; mais la mauvaise compagnie a commencé par abuser votre raison pour corrompre votre vertu, et fait déjà sur vos mœurs le premier essai de ses maximes.

Quoique vous ne m'ayez rien dit en particulier des habitudes que vous vous êtes faites à Paris, il est aisé de juger de vos sociétés par vos lettres, et de ceux qui vous montrent les objets par votre manière de les voir. Je ne vous ai point caché combien j'étais peu contente de vos relations : vous avez continué sur le même ton, et mon déplaisir n'a fait qu'augmenter. En vérité, l'on prendrait ces lettres pour les sarcasmes d'un petit-maître [1] plutot que pour les relations d'un philosophe, et l'on a peine à les croire de la même main que celles que vous m'écriviez autrefois. Quoi! vous pensiez étudier les hommes dans les petites manières de quelques coteries de précieuses ou de gens désœuvrés; et ce vernis extérieur et changeant, qui devait à peine frapper vos yeux, fait le fond de toutes vos remarques ! Etait-ce la peine de recueillir avec tant de soin des usages et des bienséances qui n'existeront plus dans dix ans d'ici, tandis que les ressorts éternels du cœur humain, le jeu secret et durable des passions, échappent à vos recherches? Prenons votre lettre sur les femmes, qu'y trouverai-je qui puisse m'apprendre à les connaître? Quelque description de leur parure, dont tout le monde est instruit; quelques observations malignes sur leur manière de se mettre et de se présenter, quelque idée du désordre d'un petit nombre, injustement généralisée : comme si tous les sentiments honnêtes étaient éteints à Paris, et que toutes les femmes y allassent en carrosse et aux pre-

---

[1] Douce Julie, à combien de titres vous allez vous faire siffler! Eh quoi! vous n'avez pas même le ton du jour. Vous ne savez pas qu'il y a des *petites-maîtresses*, mais qu'il n'y a plus de *petits-maîtres!* Bon Dieu! que savez-vous donc?

mières loges ! M'avez-vous rien dit qui m'instruise solidement de leurs goûts, de leurs maximes, de leur vrai caractère ? et n'est il pas bien étrange qu'en parlant des femmes d'un pays, un homme sage ait oublié ce qui regarde les soins domestiques et l'éducation des enfants [1] ? La seule chose qui semble être de vous dans toute cette lettre, c'est le plaisir avec lequel vous louez leur bon naturel, et qui fait honneur au votre ; encore n'avez-vous fait en cela que rendre justice au sexe en général : et dans quel pays du monde la douceur et la commisération ne sont-elles pas l'aimable partage des femmes ?

Quelle différence de tableau si vous m'eussiez peint ce que vous aviez vu plutôt que ce qu'on vous avait dit, ou du moins que vous n'eussiez consulté que des gens sensés ! Faut-il que vous, qui avez tant pris de soins a conserver votre jugement, alliez le perdre comme de propos délibéré dans le commerce d'une jeunesse inconsidérée, qui ne cherche, dans la société des sages, qu'à les séduire, et non pas à imiter ! Vous regardez à de fausses convenances d'âge qui ne vous vont point, et vous oubliez celles de lumières et de raison qui vous sont essentielles. Malgré tout votre emportement, vous êtes le plus facile des hommes ; et, malgré la maturité de votre esprit, vous vous laissez tellement conduire par ceux avec qui vous vivez, que vous ne sauriez fréquenter des gens de votre âge sans en descendre et redevenir enfant. Ainsi vous vous dégradez en pensant vous assortir ; et c'est vous mettre au-dessous de vous-même que de ne pas choisir des amis plus sages que vous.

Je ne vous reproche point d'avoir été conduit sans le savoir dans une maison déshonnête ; mais je vous reproche d'y avoir été conduit par de jeunes officiers que vous ne deviez pas connaître, ou du moins auxquels vous ne deviez pas laisser diriger vos amusements. Quant au projet de les ramener à vos principes, j'y trouve plus de zèle que de prudence ; si vous êtes trop sérieux pour être leur camarade, vous êtes trop jeune pour être leur Mentor, et vous ne devez vous mêler de reformer autrui que quand vous n'aurez plus rien à faire en vous-même.

[1] Et pourquoi ne l'aurait-il pas oublié ? est-ce que ces soins les regardent ? Eh ! que deviendraient le monde et l'État ? Auteurs illustres, brillants accadémiciens, que deviendriez-vous tous, si les femmes allaient quitter le gouvernement de la littérature et des affaires, pour prendre celui de leur ménage ?

Une seconde faute, plus grave encore et beaucoup moins pardonnable, est d'avoir pu passer volontairement la soirée dans un lieu si peu digne de vous, et de n'avoir pas fui dès le premier instant où vous avez connu dans quelle maison vous étiez. Vos excuses là-dessus sont pitoyables. *Il était trop tard pour s'en dédire!* comme s'il y avait quelque espèce de bienséance en de pareils lieux, ou que la bienséance dût jamais l'emporter sur la vertu, et qu'il fût jamais trop tard pour s'empêcher de mal faire! Quant à la sécurité que vous tiriez de votre répugnance, je n'en dirai rien, l'événement vous a montré combien elle était fondée. Parlez plus franchement à celle qui sait lire dans votre cœur; c'est la honte qui vous retint. Vous craignîtes qu'on ne se moquât de vous en sortant, un moment de huée vous fit peur, et vous aimâtes mieux vous exposer aux remords qu'à la raillerie. Savez-vous bien quelle maxime vous suivîtes en cette occasion? celle qui la première introduit le vice dans une ame bien née, étouffe la voix de la conscience par la clameur publique, et réprime l'audace de bien faire par la crainte du blâme. Tel vaincrait les tentations, qui succombe aux mauvais exemples; tel rougit d'être modeste et devient effronté par honte; et cette mauvaise honte corrompt plus de cœurs honnêtes que les mauvaises inclinations. Voilà surtout de quoi vous avez à préserver le vôtre; car, quoi que vous fassiez, la crainte du ridicule que vous méprisez vous domine pourtant malgré vous. Vous braveriez plutôt cent périls qu'une raillerie, et l'on ne vit jamais tant de timidité jointe à une ame aussi intrépide.

Sans vous étaler contre ce défaut des préceptes de morale que vous savez mieux que moi, je me contenterai de vous proposer un moyen pour vous en garantir, plus facile et plus sûr peut-être que tous les raisonnements de la philosophie : c'est de faire dans votre esprit une légère transposition de temps, et d'anticiper sur l'avenir de quelques minutes. Si, dans ce malheureux souper, vous vous fussiez fortifié contre un instant de moquerie de la part des convives par l'idée de l'état où votre âme allait être sitôt que vous seriez dans la rue; si vous vous fussiez représenté le contentement intérieur d'échapper aux pièges du vice, l'avantage de prendre d'abord cette habitude de vaincre qui en facilite le pouvoir, le plaisir que vous eût donné la conscience de votre victoire, celui de me la décrire, celui que j'en aurais reçu moi-même, est-il croyable que tout cela ne l'eût pas emporté sur une répugnance d'un instant, à laquelle vous n'eussiez jamais cédé, si vous en aviez envisagé les suites ? Encore, qu'est-ce que cette répugnance qui met un prix aux railleries de gens dont l'estime n'en peut avoir aucun ? Infailliblement cette réflexion vous eût sauvé, pour un moment de mauvaise honte, une honte beaucoup plus juste, plus durable, les regrets, le danger ; et, pour ne vous rien dissimuler, votre amie eût versé quelques larmes de moins.

Vous voulûtes, dites-vous, mettre à profit cette soirée pour votre fonction d'observateur. Quel soin ! quel emploi ! que vos excuses me font rougir de vous ! Ne serez-vous point aussi curieux d'observer un jour les voleurs dans leurs cavernes, et de voir comment ils s'y prennent pour dévaliser les passants ? Ignorez-vous qu'il y a des objets si odieux qu'il n'est pas même permis à l'homme d'honneur de les voir, et que l'indignation de la vertu ne peut supporter le spectacle du vice ? Le sage observe le désordre public qu'il ne peut arrêter ; il l'observe, et montre sur son visage attristé la douleur qu'il lui cause ; mais quant aux desordres particuliers, il s'y oppose, ou détourne les yeux, de peur qu'ils ne s'autorisent de sa présence. D'ailleurs, était-il besoin de voir de pareilles sociétés, pour juger de ce qui s'y passe et des discours qu'on y tient ? Pour moi, sur leur seul objet plus que sur le peu que vous m'en avez dit, je devine aisément tout le reste ; et l'idée des plaisirs qu'on y trouve me fait connaître assez les gens qui les cherchent.

Je ne sais si votre commode philosophie adopte déjà les maximes qu'on dit établies dans les grandes villes pour tolérer de semblables lieux ; mais j'espère au moins que vous n'êtes pas de ceux qui se méprisent assez pour s'en permettre l'usage, sous prétexte de je ne sais quelle chimérique nécessité qui n'est connue que des gens de mauvaise vie : comme si les deux sexes étaient sur ce point d'une nature différente, et que dans l'absence ou le célibat il fallût à l'honnête homme des ressources dont l'honnête femme n'a pas besoin ! Si cette erreur ne vous mène pas chez des prostituées, j'ai bien peur qu'elle ne continue à vous égarer vous-même. Ah ! si vous voulez être méprisable, soyez-le au moins sans prétexte, et n'ajoutez point le mensonge à la crapule. Tous ces prétendus besoins n'ont point leur source dans la nature, mais dans la volontaire dépravation des sens. Les illusions même de l'amour se purifient dans un cœur chaste, et ne corrompent qu'un cœur déjà corrompu : au contraire, la pureté se soutient par elle-même ; les désirs toujours réprimés s'accoutument à ne plus renaître, et les tentations ne se multiplient que par l'habitude d'y succomber. L'amitié m'a fait surmonter deux fois ma répugnance à traiter un pareil sujet : celle-ci sera la dernière ; car a quel titre espérerais-je obtenir de vous ce que vous aurez refusé à l'honnêteté, à l'amour, et à la raison ?

Je reviens au point important par lequel j'ai commencé cette lettre. A vingt-un ans vous m'écriviez du Valais des descriptions graves et judicieuses ; à vingt-cinq vous m'envoyez de Paris des colifichets de lettres, où le sens et la raison sont partout sacrifiés à un certain tour plaisant, fort éloigné de votre caractère. Je ne sais comment vous avez fait ; mais, depuis que vous vivez dans le séjour des talents les vôtres paraissent diminués ; vous aviez gagné chez les paysans, et vous perdez parmi les beaux esprits. Ce n'est pas la faute du pays où vous vivez, mais des connaissances que vous y avez faites ; car il n'y a rien qui demande tant de choix que le mélange de l'excellent et du pire. Si vous voulez étudier le monde, fréquentez les gens sensés qui le connaissent par une longue expérience et de paisibles observations, non de jeunes étourdis qui n'en voient que la superficie, et des ridicules qu'ils font eux-mêmes. Paris est plein de savants accoutumés a réfléchir, et a qui ce grand théâtre en offre tous les jours le sujet. Vous ne me ferez point croire que ces hommes graves et studieux vont courant comme vous de maison en maison, de coterie en coterie, pour amuser les femmes et les jeunes gens, et mettre toute la philosophie en babil. Ils ont trop de dignité pour avilir ainsi leur état, prostituer leurs talents, et soutenir par leur exemple des mœurs qu'ils devraient corriger. Quand la plupart le feraient, sûrement plusieurs ne le font point, et c'est ceux-là que vous devez rechercher.

N'est-il pas singulier encore que vous donniez vous-même dans le défaut que vous reprochez aux modernes auteurs comiques ; que Paris ne soit plein pour vous que de gens de condition ; que ceux de votre état soient les seuls dont vous ne parliez point ? comme si les vains préjugés de la noblesse ne vous coûtaient pas assez cher pour les haïr, et que vous crussiez vous dégrader en fréquentant d'honnêtes bourgeois, qui sont peut-être l'ordre le plus respectable du pays où vous êtes ! Vous avez beau vous excuser sur les connaissances de mylord Édouard ; avec celles-là vous en eussiez bientôt fait d'autres dans un ordre inférieur. Tant de gens veulent monter, qu'il est toujours aisé de descendre ; et, de votre propre aveu, c'est le seul moyen de connaitre les véritables mœurs d'un peuple, que d'étudier sa vie privée dans les états les plus nombreux ; car s'arrêter aux gens qui représentent toujours, c'est ne voir que des comédiens.

Je voudrais que votre curiosité allât plus loin encore. Pourquoi, dans une ville si riche, le bas peuple est-il si misérable, tandis que la misère extrême est si rare parmi nous, où l'on ne voit point de millionnaires ? Cette question, ce me semble, est bien digne de vos recherches ; mais ce n'est pas chez les gens avec qui vous vivez que vous devez vous attendre à la résoudre. C'est dans les appartements dorés qu'un écolier va prendre les airs du monde ; mais le sage en apprend les mystères dans la chaumière du pauvre. C'est là qu'on voit sensiblement les obscures manœuvres du vice, qu'il couvre de paroles fardées au milieu d'un cercle : c'est là qu'on s'instruit par quelles iniquités secrètes le puissant et le riche arrachent un reste de pain noir à l'opprimé qu'ils feignent de plaindre en public. Ah ! si j'en crois nos vieux militaires, que de choses vous apprendriez dans les greniers d'un cinquième étage, qu'on ensevelit sous un profond secret dans les hôtels du faubourg Saint-Germain ! et que tant de beaux parleurs seraient confondus avec leurs feintes maximes d'humanité, si tous les malheureux qu'ils ont faits se présentaient pour les démentir !

Je sais qu'on n'aime pas le spectacle de la misère qu'on ne peut soulager, et que le riche même détourne les yeux du pauvre qu'il refuse de secourir ; mais ce n'est pas d'argent seulement qu'ont besoin les infortunés, et il n'y a que les paresseux de bien faire qui ne sachent faire du bien que la bourse à la main. Les consolations, les conseils, les soins, les amis, la protection, sont autant de ressources que la commisération vous laisse, au défaut des richesses, pour le soulagement de l'indigent. Souvent les opprimés ne le sont que parce qu'ils manquent d'organe pour faire entendre leurs plaintes. Il ne s'agit quelquefois que d'un mot qu'ils ne peuvent dire, d'une raison qu'ils ne savent point exposer, de la porte d'un grand qu'ils ne peuvent franchir. L'intrépide appui de la vertu désintéressée suffit pour lever une infinité d'obstacles, et l'éloquence d'un homme de bien peut effrayer la tyrannie au milieu de toute sa puissance.

Si vous voulez donc être homme en effet, apprenez à redescendre. L'humanité coule comme une eau pure et salutaire, et va fertiliser les lieux bas ; elle cherche toujours le niveau ; elle laisse à sec ces roches arides qui menacent la campagne, et ne donnent qu'une ombre nuisible ou des éclats pour écraser leurs voisins.

Voilà, mon ami, comment on tire parti du présent en s'instruisant pour l'avenir, et comment la bonté met d'avance à profit les leçons de la sagesse, afin que, quand les lumières acquises nous resteraient inutiles, on n'ait pas pour cela perdu le temps employé à les acquérir. Qui doit vivre parmi des gens en place ne saurait prendre trop de préservatifs contre leurs maximes empoisonnées, et il n'y a que l'exercice continuel de la bienfaisance qui garantisse les meilleurs cœurs de la contagion des ambitieux. Essayez, croyez-moi, de ce nouveau genre d'études ; il est plus digne de vous que ceux que vous avez embrassés ; et comme l'esprit s'étrécit à mesure que l'âme se corrompt, vous sentirez bientôt, au contraire, combien l'exercice des sublimes vertus élève et nourrit le génie, combien un tendre intérêt aux malheurs d'autrui sert mieux a en trouver la source, et à nous éloigner en tout sens des vices qui les ont produits.

Je vous devais toute la franchise de l'amitié dans la situation critique où vous me paraissez être, de peur qu'un second pas vers le désordre ne vous y plongeât enfin sans retour, avant que vous eussiez le temps de vous reconnaître. Maintenant je ne puis vous cacher, mon ami, combien votre prompte et sincère confession m'a touchée ; car je sens combien vous a coûté la honte de cet aveu, et par conséquent combien celle de votre faute vous pesait sur le cœur. Une erreur involontaire se pardonne et s'oublie aisément. Quant à l'avenir, retenez bien cette maxime dont je ne départirai point : Qui peut s'abuser deux fois en pareil cas ne s'est pas même abusé la première.

Adieu, mon ami : veille avec soin sur ta santé, je t'en conjure, et songe qu'il ne doit rester aucune trace d'un crime que j'ai pardonné.

P. S. Je viens de voir entre les mains de M. d'Orbe des copies de plusieurs de vos lettres à mylord Édouard, qui m'obligent à rétracter une partie de mes censures sur les matières et le style de vos observations. Celles-ci traitent, j'en conviens, de sujets importants, et me paraissent pleines de réflexions graves et judicieuses. Mais, en revanche, il est clair que vous nous dédaignez beaucoup, ma cousine et moi, ou que vous faites bien peu de cas de notre estime, en ne nous envoyant que des relations si propres à l'altérer, tandis que vous en faites pour votre ami de beaucoup meilleures. C'est, ce me semble, assez mal honorer vos leçons, que de juger vos écolières indignes d'admirer vos talents; et vous devriez feindre, au moins par vanité, de nous croire capables de vous entendre.

J'avoue que la politique n'est guère du ressort des femmes; et mon oncle nous en a tant ennuyées, que je comprends comment vous avez pu craindre d'en faire autant. Ce n'est pas non plus, à vous parler franchement, l'étude à laquelle je donnerais la préférence; son utilité est trop loin de moi pour me toucher beaucoup, et ses lumières sont trop sublimes pour frapper vivement mes yeux. Obligée d'aimer le gouvernement sous lequel le ciel m'a fait naître, je me soucie peu de savoir s'il en est de meilleurs. De quoi me servirait de les connaître, avec si peu de pouvoir pour les établir? et pourquoi contristerais-je mon âme à considérer de si grands maux où je ne peux rien, tant que j'en vois d'autres autour de moi qu'il m'est permis de soulager? Mais je vous aime; et l'intérêt que je ne prends pas au sujet, je le prends à l'auteur qui les traite. Je recueille avec une tendre admiration toutes les preuves de votre génie; et fière d'un mérite si digne de mon cœur, je ne demande à l'amour qu'autant d'esprit qu'il m'en faut pour sentir le vôtre. Ne me refusez donc pas le plaisir de connaître et d'aimer tout ce que vous faites de bien. Voulez-vous me donner l'humiliation de croire que, si le ciel unissait nos destinées, vous ne jugeriez pas votre compagne digne de penser avec vous?

XXVIII. — DE JULIE.

Tout est perdu! tout est découvert! Je ne trouve plus tes lettres dans le lieu où je les avais cachées. Elles y étaient encore hier au soir. Elles n'ont pu être enlevées que d'aujourd'hui. Ma mère seule peut les avoir surprises. Si mon père les voit, c'est fait de ma vie! Eh! que servirait qu'il ne les vit pas, s'il faut renoncer... Ah Dieu! ma mère m'envoie appeler. Où fuir? Comment soutenir ses regards? Que ne puis-je me cacher au sein de la terre!... Tout mon corps tremble, et je suis hors d'état de faire un pas... La honte, l'humiliation, les cuisants reproches... j'ai tout mérité; je supporterai tout. Mais la douleur, les larmes d'une mère éplorée... ô mon cœur, quels déchirements!... Elle m'attend, je ne puis tarder davantage... Elle voudra savoir... il faudra tout dire... Regianino sera congédié. Ne m'écris plus jusqu'à nouvel avis... Qui sait si jamais... je pourrais... Quoi! mentir!... mentir à ma mère!... Ah! s'il faut nous sauver par le mensonge, adieu, nous sommes perdus!

TROISIEME PARTIE.

LETTRE PREMIÈRE.

DE MADAME D'ORBE.

Que de maux vous causez a ceux qui vous aiment ! que de pleurs vous avez déja fait couler dans une famille infortunée, dont vous seul troublez le repos ! Craignez d'ajouter le deuil a nos larmes ; craignez que la mort d'une mere affligée ne soit le dernier effet du poison que vous versez dans le cœur de sa fille, et qu'un amour désordonné ne devienne enfin pour vous-même la source d'un remords éternel. L'amitié m'a fait supporter vos erreurs tant qu'une ombre d'espoir pouvait les nourrir ; mais comment tolérer une vaine constance que l'honneur et la raison condamnent, et qui, ne pouvant plus causer que des malheurs et des peines, ne merite que le nom d'obstination ?

Vous savez de quelle manière le secret de vos feux, dérobé si longtemps aux soupçons de ma tante, lui fut dévoilé par vos lettres. Quelque sensible que soit un tel coup à cette mere tendre et vertueuse, moins irritée contre vous que contre elle-meme, elle ne s'en prend qu'a son aveugle négligence ; elle déplore sa fatale illusion : sa plus cruelle peine est d'avoir pu trop estimer sa fille, et sa douleur est pour Julie un chatiment cent fois pire que ses reproches.

L'accablement de cette pauvre cousine ne saurait s'imaginer. Il faut le voir pour le comprendre. Son cœur semble étouffé par l'affliction, et l'exces des sentiments qui l'oppressent lui donne un air de stupidité plus effrayante que des cris aigus. Elle se tient jour et nuit à genoux au chevet de sa mere, l'air morne, l'œil fixé en terre, gardant un profond silence, la servant avec plus d'attention et de vivacité que jamais, puis retombant a l'instant dans un état d'anéantissement qui la ferait prendre pour une autre personne. Il est tres-clair que c'est la maladie de la mere qui soutient les forces de la fille ; et si l'ardeur de la servir m'animait son zele, ses yeux éteints, sa pâleur, son extreme abattement, me feraient craindre qu'elle n'eût grand besoin pour elle-même de tous les soins qu'elle lui rend. Ma tante s'en aperçoit aussi ; et je vois, à l'inquiétude avec laquelle elle me recommande en particulier la santé de sa fille, combien le cœur combat de part et d'autre contre la gene qu'elles s'imposent, et combien on doit vous haïr de troubler une union si charmante.

Cette contrainte augmente encore par le soin de la dérober aux yeux d'un père emporté, auquel une mère tremblante pour les jours de sa fille veut cacher ce dangereux secret. On se fait une loi de garder en sa présence l'ancienne familiarité ; mais si la tendresse maternelle profite avec plaisir de ce prétexte, une fille confuse n'ose livrer son cœur à des caresses qu'elle croit feintes, et qui lui sont d'autant plus cruelles qu'elles lui seraient douces si elle osait y compter. En recevant celles de son père, elle regarde sa mère d'un air si tendre et si humilié, qu'on voit son cœur lui dire par ses yeux : Ah ! que ne suis-je digne encore d'en recevoir autant de vous !

Madame d'Étange m'a prise plusieurs fois à part ; et j'ai connu facilement, à la douceur de ses réprimandes et au ton dont elle m'a parlé de vous, que Julie a fait de grands efforts pour calmer envers nous sa trop juste indignation, et qu'elle n'a rien épargné pour nous justifier l'un et l'autre à ses dépens. Vos lettres mêmes portent, avec le caractère d'un amour excessif, une sorte d'excuse qui ne lui a pas échappé ; elle vous reproche moins l'abus de sa confiance qu'à elle-même sa simplicité à vous l'accorder. Elle vous estime assez pour croire qu'aucun autre homme à votre place n'eût mieux résisté que vous ; elle s'en prend de vos fautes à la vertu même. Elle conçoit maintenant, dit-elle, ce que c'est qu'une probité trop vantée, qui n'empêche point un honnête homme amoureux de corrompre, s'il peut, une fille sage, et de déshonorer sans scrupule toute une famille pour satisfaire un moment de fureur. Mais que sert de revenir sur le passé ? Il s'agit de cacher sous un voile éternel cet odieux mystère, d'en effacer, s'il se peut, jusqu'au moindre vestige, et de seconder la bonté du ciel qui n'en a point laissé de témoignage sensible. Le secret est concentré entre six personnes sûres. Le repos de tout ce que vous avez aimé, les jours d'une mère au désespoir, l'honneur d'une maison respectable, votre propre vertu, tout dépend de vous encore ; tout vous prescrit votre devoir : vous pouvez réparer le mal que vous avez fait ; vous pouvez vous rendre digne de Julie, et justifier sa faute en renonçant à elle; et si votre cœur ne m'a point trompé, il n'y a plus que la grandeur d'un tel sacrifice qui puisse répondre à celle de l'amour qui l'exige. Fondée sur l'estime que j'eus toujours pour vos sentiments, et sur ce que la plus tendre union qui fut jamais lui doit ajouter de force, j'ai promis en votre nom tout ce que vous devez tenir : osez me démentir si j'ai trop présumé de vous, ou soyez aujourd'hui ce que vous devez être. Il faut immoler votre maîtresse ou votre amour l'un à l'autre, et vous montrer le plus lâche ou le plus vertueux des hommes.

Cette mère infortunée a voulu vous écrire; elle avait même commencé. O Dieu! que de coups de poignard vous eussent portés ses plaintes ameres! que ses touchants reproches vous eussent déchiré le cœur! que ses humbles prieres vous eussent pénétré de honte! J'ai mis en pièces cette lettre accablante que vous n'eussiez jamais supportée : je n'ai pu souffrir ce comble d'horreur de voir une mere humiliée devant le séducteur de sa fille : vous êtes digne au moins qu'on n'emploie pas avec vous de pareils moyens, faits pour fléchir des monstres, et pour faire mourir de douleur un homme sensible.

Si c'était ici le premier effort que l'amour vous eût demandé, je pourrais douter du succes, et balancer sur l'estime qui vous est due : mais le sacrifice que vous avez fait à l'honneur de Julie en quittant ce pays m'est garant de celui que vous allez faire à son repos en rompant un commerce inutile. Les premiers actes de vertu sont toujours les plus pénibles; et vous ne perdrez point le prix d'un effort qui vous a tant coûté, en vous obstinant à soutenir une vaine correspondance dont les risques sont terribles pour votre amante, les dédommagements nuls pour tous les deux, et qui ne fait que prolonger sans fruit les tourments de l'un et de l'autre. N'en doutez plus, cette Julie qui vous fut si chère ne doit rien être à celui qu'elle a tant aimé : vous vous dissimulez en vain vos malheurs; vous la perdîtes au moment que vous vous séparâtes d'elle, ou plutôt le ciel vous l'avait ôtée même avant qu'elle se donnât à vous; car son père la promit dès son retour, et vous savez trop que la parole de cet homme inflexible est irrévocable. De quelque maniere que vous vous comportiez, l'invincible sort s'oppose à vos vœux, et vous ne la posséderez jamais. L'unique choix qui vous reste à faire est de la précipiter dans un abîme de malheurs et d'opprobres, ou d'honorer en elle ce que vous avez adoré, et lui rendre, au lieu du bonheur perdu, la sagesse, la paix, la sûreté du moins dont vos fatales liaisons la privent.

Que vous seriez attristé, que vous vous consumeriez en regrets, si vous pouviez contempler l'état actuel de cette malheureuse amie, et l'avilissement où la réduisent le remords et la honte! Que son lustre est terni! que ses grâces sont languissantes! que tous ses sentiments si charmants et si doux se fondent tristement dans le seul qui les absorbe! L'amitié même en est attiédie; à peine partage-t-elle encore le plaisir que je goûte à la voir; et son cœur malade ne sait plus rien sentir que l'amour et la douleur. Hélas! qu'est devenu ce caractère aimant et sensible, ce goût si pur des choses honnêtes, cet intérêt si tendre aux peines et aux plaisirs d'autrui? Elle est encore, je l'avoue, douce, généreuse, compatissante; l'aimable habitude de bien faire ne saurait s'effacer en elle; mais ce n'est plus qu'une habitude aveugle, un goût sans réflexion. Elle fait toutes les même choses, mais elle ne les fait plus avec le même zèle; ces sentiments sublimes se sont affaiblis, cette flamme divine s'est amortie, cet ange, n'est plus qu'une femme ordinaire. Ah! quelle âme vous avez ôtée à la vertu!

II. — DE L'AMANT DE JULIE A MADAME D'ÉTANGE.

Pénétré d'une douleur qui doit durer autant que moi, je me jette à vos pieds, madame; non pour vous marquer un repentir qui ne dépend pas de mon cœur, mais pour expier un crime involontaire, en renonçant à tout ce qui pouvait faire la douceur de ma vie. Comme jamais sentiments humains n'approchèrent de ceux que m'inspira votre adorable fille, il n'y eut jamais de sacrifice égal à celui que je viens faire à la plus respectable des mères : mais Julie m'a trop appris comment il faut immoler le bonheur au devoir; elle m'en a trop courageusement donné l'exemple, pour qu'au moins une fois je ne sache pas l'imiter. Si mon sang suffisait pour guérir vos peines, je le verserais en silence, et me plaindrais de ne vous donner qu'une si faible preuve de mon zèle : mais briser le plus doux, le plus pur, le plus sacré lien qui jamais ait uni deux cœurs, ah! c'est un effort que l'univers entier ne m'eût pas fait faire, et qu'il n'appartenait qu'à vous d'obtenir.

Oui, je promets de vivre loin d'elle aussi longtemps que vous l'exigerez; je m'abstiendrai de la voir et de lui écrire, j'en jure par vos jours précieux, si nécessaires à la conservation des siens. Je me soumets, non sans effroi, mais sans murmure, à tout ce que vous daignerez ordonner d'elle et de moi. Je dirai beaucoup plus encore : son bonheur peut me consoler de ma misère, et je mourrai content si vous lui donnez un époux digne d'elle. Ah! qu'on le trouve, et qu'il m'ose dire : Je saurai mieux l'aimer que toi! Madame, il aura vainement tout ce qui me manque; s'il n'a mon cœur, il n'aura rien pour Julie : mais je n'ai que ce cœur honnête et tendre. Hélas! je n'ai rien non plus. L'amour qui rapproche tout n'élève point la personne; il n'élève que les sentiments. Ah! si j'eusse osé n'écouter que les miens pour vous, combien de fois, en vous parlant ma bouche eût prononcé le doux nom de mère!

Daignez vous confier à des serments qui ne seront point vains, et à un homme qui n'est point trompeur. Si je pus un jour abuser de votre estime, je m'abusai le premier moi-même. Mon cœur sans expérience ne connut le danger que quand il n'était plus temps de fuir, et je n'avais point encore appris de votre fille cet art cruel de vaincre l'amour par lui-même, qu'elle m'a depuis si bien enseigné. Bannissez vos craintes, je vous en conjure. Y a-t-il quelqu'un au monde à qui son repos, sa félicité, son honneur, soient plus chers qu'à moi? Non, ma parole et mon cœur vous sont garants de l'engagement que je prends au nom de mon illustre ami comme au mien. Nulle indiscrétion ne sera commise, soyez-en sûre; et je rendrai le dernier soupir sans qu'on sache quelle douleur termina mes jours. Calmez donc celle qui vous consume, et dont la mienne s'aigrit encore; essuyez des pleurs qui m'arrachent l'âme; rétablissez votre santé; rendez à la plus tendre fille qui fut jamais le bonheur auquel elle a renoncé pour vous; soyez vous-même heureuse par elle; vivez enfin, pour lui faire aimer la vie. Ah! malgré les erreurs de l'amour, être mère de Julie est encore un sort assez beau pour se féliciter de vivre.

III. — DE L'AMANT DE JULIE A MADAME D'ORBE,
en lui envoyant la lettre précédente.

Tenez, cruelle, voilà ma réponse. En la lisant, fondez en larmes si vous connaissez mon cœur, et si le vôtre est sensible encore ; mais surtout ne m'accablez plus de cette estime impitoyable que vous me vendez si cher, et dont vous faites le tourment de ma vie.

Votre main barbare a donc osé les rompre ces doux nœuds formés sous vos yeux presque dès l'enfance, et que votre amitié semblait partager avec tant de plaisir ! Je suis donc aussi malheureux que vous le voulez et que je puis l'etre ! Ah ! connaissez-vous tout le mal que vous faites ? Sentez-vous bien que vous m'arrachez l'ame, que ce que vous m'otez est sans dédommagement, et qu'il vaut mieux cent fois mourir que ne plus vivre l'un pour l'autre ? Que me parlez-vous du bonheur de Julie ? en peut-il etre sans le contentement du cœur ? Que me parlez-vous du danger de sa mere ? Ah ! qu'est-ce que la vie d'une mere, la mienne, la votre, la sienne même, qu'est-ce que l'existence du monde entier, auprès du sentiment delicieux qui nous unissait ? Insensée et farouche vertu, j'obeis a ta voix sans merite ; je t'abhorre en faisant tout pour toi. Que sont tes vaines consolations contre les vives douleurs de l'âme ? Va, triste idole des malheureux, tu ne fais qu'augmenter leur misere en leur otant les ressources que la fortune leur laisse. J'obeirai pourtant ; oui, cruelle, j'obéirai ; je deviendrai, s'il se peut, insensible et feroce comme vous. J'oublierai tout ce qui me fut cher au monde. Je ne veux plus entendre ni prononcer le nom de Julie ni le votre. Je ne veux plus m'en rappeler l'insupportable souvenir. Un depit, une rage inflexible m'aigrit contre tant de revers. Une dure opiniâtreté me tiendra lieu de courage : il m'en a trop couté d'etre sensible, il vaut mieux renoncer a l'humanité.

IV. — DE MADAME D'ORBE A L'AMANT DE JULIE.

Vous m'avez écrit une lettre désolante ; mais il y a tant d'amour et de vertu dans votre conduite, qu'elle efface l'amertume de vos plaintes . vous êtes trop généreux pour qu'on ait le courage de vous quereller. Quelque emportement qu'on laisse paraitre, quand on sait ainsi s'immoler a ce qu'on aime, on mérite plus de louanges que de reproches; et, malgré vos injures, vous ne me futes jamais si cher que depuis que je connais si bien tout ce que vous valez.

Rendez grâce à cette vertu que vous croyez haïr, et qui fait plus pour vous que votre amour même. Il n'y a pas jusqu'a ma tante que vous n'ayez séduite par un sacrifice dont elle sent tout le prix. Elle n'a pu lire votre lettre sans attendrissement ; elle a même eu la faiblesse de la laisser voir à sa fille ; et l'effort qu'a fait la pauvre Julie pour contenir à cette lecture ses soupirs et ses pleurs l'a fait tomber évanouie.

Cette tendre mère, que vos lettres avaient déjà puissamment émue, commence à connaître, par tout ce qu'elle voit, combien vos deux cœurs sont hors de la règle commune, et combien votre amour porte un caractère naturel de sympathie, que le temps ni les efforts humains ne sauraient effacer. Elle, qui a si grand besoin de consolation, consolerait volontiers sa fille, si la bienséance ne la retenait ; et je la vois trop pres d'en devenir la confidente pour qu'elle ne me pardonne pas de l'avoir été. Elle s'échappa hier jusqu'à dire en sa présence, un peu indiscretement[1] peut-être : Ah ! s'il ne dépendait que de moi.... Quoiqu'elle se retînt et n'achevât pas, je vis, au baiser ardent que Julie imprimait sur sa main, qu'elle ne l'avait que trop entendue. Je sais même qu'elle a voulu plusieurs fois parler à son inflexible époux ; mais, soit danger d'exposer sa fille aux fureurs d'un pere irrité, soit crainte pour elle-même, sa timidité l'a toujours retenue ; et son affaiblissement, ses maux, augmentent si sensiblement, que j'ai peur de la voir hors d'état d'exécuter sa résolution avant qu'elle l'ait bien formée.

Quoi qu'il en soit, malgré les fautes dont vous êtes cause, cette honnêteté de cœur qui se fait sentir dans votre amour mutuel lui a donné une telle opinion de vous, qu'elle se fie à la parole de tous deux sur l'interruption de votre correspondance, et qu'elle n'a pris aucune précaution pour veiller de plus près sur sa fille. Effectivement, si Julie ne répondait pas à sa confiance, elle ne serait plus digne de ses soins, et il faudrait vous étouffer l'un et l'autre si vous étiez capables de tromper encore la meilleure des mères, et d'abuser de l'estime qu'elle a pour vous.

Je ne cherche point à rallumer dans votre cœur une espérance que je n'ai pas moi-même ; mais je veux vous montrer, comme il est vrai, que le parti le plus honnête est aussi le plus sage, et que s'il peut rester quelque ressource a votre amour, elle est dans le sacrifice que l'honneur et la raison vous imposent. Mere, parents, amis, tout est maintenant pour vous, hors un pere, qu'on

[1] Claire, êtes-vous ici moins indiscrète ? est-ce la dernière fois que vous le serez ?

gagnera par cette voie, ou que rien ne saurait gagner. Quelque imprécation qu'ait pu vous dicter un moment de désespoir, vous nous avez prouvé cent fois qu'il n'est point de route plus sûre pour aller au bonheur que celle de la vertu. Si l'on y parvient, il est plus pur, plus solide et plus doux par elle ; si on le manque, elle seule peut en dédommager. Reprenez donc courage ; soyez homme, et soyez encore vous-même. Si j'ai bien connu votre cœur, la manière la plus cruelle pour vous de perdre Julie serait d'être indigne de l'obtenir.

V. — DE JULIE A SON AMANT.

Elle n'est plus. Mes yeux ont vu fermer les siens pour jamais ; ma bouche a reçu son dernier soupir ; mon nom fut le dernier mot qu'elle prononça ; son dernier regard fut tourné sur moi. Non, ce n'était pas la vie qu'elle semblait quitter, j'avais trop peu su la lui rendre chère ; c'était à moi seule qu'elle s'arrachait. Elle me voyait sans guide et sans espérance, accablée de mes malheurs et de mes fautes : mourir ne fut rien pour elle, et son cœur n'a gémi que d'abandonner sa fille dans cet état. Elle n'eut que trop de raison. Qu'avait-elle à regretter sur la terre ? Qu'est-ce qui pouvait ici-bas valoir à ses yeux le prix immortel de sa patience et de ses vertus, qui l'attendait dans le ciel ? Que lui restait-il à faire au monde sinon d'y pleurer mon opprobre ? Ame pure et chaste, digne épouse, et mère incomparable, tu vis maintenant au séjour de la gloire et de la félicité ; tu vis ! et moi, livrée au repentir et au désespoir, privée à jamais de tes soins, de tes conseils, de tes douces caresses, je suis morte au bonheur, à la paix, à l'innocence : je ne sens plus que ta perte ; je ne vois plus que ma honte ; ma vie n'est plus que peine et douleur. Ma mère, ma tendre mère, hélas ! je suis bien plus morte que toi !

Mon Dieu ! quel transport égare une infortunée et lui fait oublier ses résolutions ? Où viens-je verser mes pleurs et pousser mes gémissements ? C'est le cruel qui les a causés que j'en rends le dépositaire ! C'est avec celui qui fait les malheurs de ma vie que j'ose les déplorer ! Oui, oui, barbare, partagez les tourments que vous me faites souffrir. Vous par qui je plongeai le couteau dans le sein maternel, gémissez des maux qui me viennent de vous, et sentez avec moi l'horreur d'un parricide qui fut votre ouvrage A quels yeux oserais-je paraître aussi méprisable que je le suis? Devant qui m'avilirais-je au gré de mes remords? Quel autre que le complice de mon crime pourrait assez les connaître? C'est mon plus insupportable supplice de n'être accusée que par mon cœur, et de voir attribuer au bon naturel les larmes impures qu'un cuisant repentir m'arrache. Je vis, je vis en frémissant la douleur empoisonner, hâter les derniers jours de ma triste mère. En vain sa pitié pour moi l'empêcha d'en convenir; en vain elle affectait d'attribuer le progrès de son mal à la cause qui l'avait produit; en vain ma cousine gagnée a tenu le même langage : rien n'a pu tromper mon cœur déchiré de regret; et, pour mon tourment éternel, je garderai jusqu'au tombeau l'affreuse idée d'avoir abrégé la vie de celle à qui je la dois.

O vous que le ciel suscita dans sa colère pour me rendre malheureuse et coupable, pour la dernière fois recevez dans votre sein des larmes dont vous êtes l'auteur. Je ne viens plus, comme autrefois, partager avec vous des peines qui devaient nous être communes. Ce sont les soupirs d'un dernier adieu qui s'échappent malgré moi. C'en est fait, l'empire de l'amour est éteint dans une âme livrée au seul désespoir. Je consacre le reste de mes jours à pleurer la meilleure des mères; je saurai lui sacrifier des sentiments qui lui ont coûté la vie; je serais trop heureuse qu'il m'en coûtât assez de les vaincre, pour expier tout ce qu'ils lui ont fait souffrir. Ah! si son esprit immortel pénètre au fond de mon cœur, il sait bien que la victime que je lui sacrifie n'est pas tout à fait indigne d'elle. Partagez un effort que vous m'avez rendu nécessaire. S'il vous reste quelque respect pour la mémoire d'un nœud si cher et si funeste, c'est par lui que je vous conjure de me fuir à jamais, de ne plus m'écrire, de ne plus aigrir mes remords, de me laisser oublier, s'il se peut, ce que nous fûmes l'un à l'autre. Que mes yeux ne vous voient plus; que je n'entende plus prononcer votre nom; que votre souvenir ne vienne plus agiter mon cœur. J'ose parler encore au nom d'un amour qui ne doit plus être; à tant de sujets de douleur n'ajoutez pas celui de voir son dernier vœu méprisé. Adieu donc pour la dernière fois, unique et cher... Ah, fille insensée!... Adieu pour jamais.

VI. — DE L'AMANT DE JULIE A MADAME D'ORBE.

Enfin le voile est déchiré ; cette longue illusion s'est évanouie ; cet espoir si doux s'est éteint : il ne me reste pour aliment d'une flamme éternelle qu'un souvenir amer et délicieux, qui soutient ma vie et nourrit mes tourments du vain sentiment d'un bonheur qui n'est plus.

Est-il donc vrai que j'ai goûté la félicité suprême? Suis-je bien le même être qui fut heureux un jour? Qui peut sentir ce que je souffre n'est-il pas né pour toujours souffrir? Qui put jouir des biens que j'ai perdus peut-il les perdre et vivre encore? et des sentiments si contraires peuvent-ils germer dans un même cœur¹. Jours de plaisir et de gloire, non, vous n'étiez pas d'un mortel; vous étiez trop beaux pour devoir être périssables. Une douce extase absorbait toute votre durée, et la rassemblait en un point comme celle de l'éternité Il n'y avait pour moi ni passé ni avenir, et je goûtais à la fois les délices de mille siècles. Hélas! vous avez disparu comme un éclair. Cette éternité de bonheur ne fut qu'un instant de ma vie. Le temps a repris sa lenteur dans les moments de mon désespoir, et l'ennui mesure par longues années le reste infortuné de mes jours.

Pour achever de me les rendre insupportables, plus les afflictions m'accablent, plus tout ce qui m'était cher semblé se détacher de moi. Madame, il ne peut que vous n'aimiez encore; mais d'autres soins vous appellent, d'autres devoirs vous occupent. Mes plaintes, que vous écoutiez avec intérêt, sont maintenant indiscrètes. Julie, Julie elle-même se décourage et m'abandonne. Les tristes remords ont chassé l'amour. Tout est changé pour moi ; mon cœur seul est toujours le même, et mon sort en est plus affreux.

Mais qu'importe ce que je suis et ce que je dois être? Julie souffre, est-il temps de songer à moi? Ah! ce sont ses peines qui rendent les miennes plus amères. Oui, j'aimerais mieux qu'elle cessât de m'aimer et qu'elle fut heureuse... Cesser de m'aimer!... l'espère-t-elle?... Jamais, jamais. Elle a beau me défendre de la voir et de lui écrire. Ce n'est pas le tourment qu'elle s'ôte, hélas! c'est le consolateur. La perte d'une tendre mère la doit-elle priver d'un plus tendre ami? croit-elle soulager ses maux en les multipliant? O amour! est-ce à tes dépens qu'on peut venger la nature?

Non, non; c'est en vain qu'elle prétend m'oublier. Son tendre cœur pourra-t-il se séparer du mien? Ne la retiens-je pas en dépit d'elle? Oublie-t-on des sentiments tels que nous les avons éprouvés? et peut-on s'en souvenir sans les éprouver encore? L'amour vainqueur fit le malheur de sa vie; l'amour vaincu ne la rendra que plus à plaindre. Elle passera ses jours dans la douleur, tourmentée à la fois de vains regrets et de vains désirs, sans pouvoir jamais contenter ni l'amour ni la vertu.

Ne croyez pas pourtant qu'en plaignant ses erreurs je me dispense de les respecter. Après tant de sacrifices, il est trop tard pour apprendre à désobéir. Puisqu'elle commande, il suffit; elle n'entendra plus parler de moi. Jugez si mon sort est affreux Mon plus grand désespoir n'est pas de renoncer à elle. Ah! c'est dans son cœur que sont mes douleurs les plus vives, et je suis plus malheureux de son infortune que de la mienne. Vous qu'elle aime plus que toute chose, et qui seule, après moi, la savez dignement aimer, Claire, aimable Claire, vous êtes l'unique bien qui lui reste. Il est assez précieux pour lui rendre supportable la perte de tous les autres. Dédommagez-la des consolations qui lui sont ôtées, et de celles qu'elle refuse; qu'une sainte amitié supplée à la fois auprès d'elle à la tendresse d'une mère, à celle d'un amant, aux charmes de tous les sentiments qui devaient la rendre heureuse. Qu'elle le soit, s'il est possible, à quelque prix que ce puisse être. Qu'elle recouvre la paix et le repos dont je l'ai privée; je sentirai moins les tourments qu'elle m'a laissés. Puisque je ne suis plus rien à mes propres yeux, puisque c'est mon sort de passer ma vie à mourir pour elle; qu'elle me regarde comme n'étant plus, j'y consens si cette idée la rend plus tranquille. Puisse-t-elle retrouver près de vous ses premières vertus, son premier bonheur! puisse-t-elle être encore par vos soins tout ce qu'elle eût été sans moi!

Hélas! elle était fille, et n'a plus de mère! Voilà la perte qui ne se répare point, et dont on ne se console jamais quand on a pu se la reprocher. Sa conscience agitée lui redemande cette mère tendre et chérie, et dans une douleur si cruelle l'horrible remords se joint à son affliction. O Julie! ce sentiment affreux devait-il être connu de toi? Vous qui fûtes témoin de la maladie et des derniers moments de cette mere infortunée, je vous supplie, je vous conjure, dites-moi ce que j'en dois croire. Déchirez-moi le cœur si je suis coupable. Si la douleur de nos fautes l'a fait descendre au tombeau, nous sommes deux monstres indignes de vivre; c'est un crime de songer à des liens si funestes, c'en est un de voir le jour. Non, j'ose le croire, un feu si pur n'a point produit de si noirs effets. L'amour nous inspira des sentiments trop nobles pour en tirer les forfaits des âmes dénaturées. Le ciel, le ciel serait-il injuste? et celle qui sut immoler son bonheur aux auteurs de ses jours méritait-elle de leur coûter la vie?

VII. — REPONSE.

Comment pourrait-on vous aimer moins en vous estimant chaque jour davantage? comment perdrais-je mes anciens sentiments pour vous, tandis que vous en méritez chaque jour de nouveaux? Non, mon cher et digne ami, tout ce que nous fûmes les uns aux autres des notre première jeunesse, nous le serons le reste de nos jours; et si notre mutuel attachement n'augmente plus, c'est qu'il ne peut plus augmenter. Toute la différence est que je vous aimais comme mon frere, et qu'à présent je vous aime comme mon enfant; car quoique nous soyons toutes deux plus jeunes que vous, et meme vos disciples, je vous regarde un peu comme le notre. En nous apprenant a penser, vous avez appris de nous a etre sensible; et, quoi qu'en dise votre philosophe anglais, cette éducation vaut bien l'autre : si c'est la raison qui fait l'homme, c'est le sentiment qui le conduit

Savez-vous pourquoi je parais avoir changé de conduite envers vous? Ce n'est pas, croyez-moi, que mon cœur ne soit toujours le même; c'est que votre état est changé. Je favorisai vos feux tant qu'il leur restait un rayon d'espérance : depuis qu'en vous obstinant d'aspirer à Julie vous ne pouvez plus que la rendre malheureuse, ce serait vous nuire que de vous complaire. J'aime mieux vous savoir moins a plaindre, et vous rendre plus mécontent. Quand le bonheur commun devient impossible, chercher le sien dans celui de ce qu'on aime, n'est-ce pas tout ce qui reste a faire à l'amour sans espoir?

Vous faites plus que sentir cela, mon généreux ami; vous l'executez dans le plus douloureux sacrifice qu'ait jamais fait un amant fidele. En renonçant a Julie, vous achetez son repos aux dépens du votre, et c'est à vous que vous renoncez pour elle.

J'ose à peine vous dire les bizarres idées qui me viennent là-dessus ; mais elles sont consolantes, et cela m'enhardit. Premièrement, je crois que le véritable amour a cet avantage aussi bien que la vertu, qu'il dédommage de tout ce qu'on lui sacrifie, et qu'on jouit en quelque sorte des privations qu'on s'impose par le sentiment même de ce qu'il en coûte, et du motif qui nous y porte. Vous vous témoignerez que Julie a été aimée de vous comme elle méritait de l'être, et vous l'en aimerez davantage, et vous en serez plus heureux. Cet amour-propre exquis qui sait payer toutes les vertus pénibles mêlera son charme à celui de l'amour. Vous vous direz, Je sais aimer, avec un plaisir plus durable et plus délicat que vous n'en goûteriez à dire, Je possède ce que j'aime. Car celui-ci s'use à force d'en jouir ; mais l'autre demeure toujours, et vous en jouiriez encore quand même vous n'aimeriez plus.

Outre cela, s'il est vrai, comme Julie et vous me l'avez tant dit, que l'amour soit le plus délicieux sentiment qui puisse entrer dans le cœur humain, tout ce qui le prolonge et le fixe, même au prix de mille douleurs, est encore un bien. Si l'amour est un désir qui s'irrite par les obstacles, comme vous le disiez encore, il n'est pas bon qu'il soit content ; il vaut mieux qu'il dure et soit malheureux, que de s'éteindre au sein des plaisirs. Vos feux, je l'avoue, ont soutenu l'épreuve de la possession, celle du temps, celle de l'absence et des peines de toute espèce ; ils ont vaincu tous les obstacles, hors le plus puissant de tous, qui est de n'en avoir plus à vaincre, et de se nourrir uniquement d'eux-mêmes. L'univers n'a jamais vu de passion soutenir cette épreuve : quel droit avez-vous d'espérer que la vôtre l'eût soutenue ? Le temps eût joint au dégoût d'une longue possession le progrès de l'âge et le déclin de la beauté : il semble se fixer en votre faveur par votre séparation ; vous serez toujours l'un pour l'autre à la fleur des ans ; vous vous verrez sans cesse tels que vous vous vîtes en vous quittant ; et vos cœurs, unis jusqu'au tombeau, prolongeront dans une illusion charmante votre jeunesse avec vos amours.

Si vous n'eussiez point été heureux, une insurmontable inquiétude pourrait vous tourmenter ; votre cœur regretterait en soupirant les biens dont il était digne ; votre ardente imagination vous demanderait sans cesse ceux que vous n'auriez pas obtenus. Mais l'amour n'a point de délices dont il ne vous ait comblé ; et, pour parler comme vous, vous avez épuisé durant une année les plaisirs d'une vie entière. Souvenez-vous de cette lettre si passionnée, écrite le lendemain d'un rendez-vous téméraire; je l'ai lue avec une émotion qui m'était inconnue : on n'y voit pas l'état permanent d'une âme attendrie, mais le dernier délire d'un cœur brûlant d'amour et ivre de volupté; vous jugeâtes vous-même qu'on n'éprouvait point de pareils transports deux fois en la vie, et qu'il fallait mourir après les avoir sentis. Mon ami, ce fut là le comble; et quoi que la fortune et l'amour eussent fait pour vous, vos feux et votre bonheur ne pouvaient plus que décliner. Cet instant fut aussi le commencement de vos disgrâces, et votre amante vous fut ôtée au moment que vous n'aviez plus de sentimens nouveaux à goûter auprès d'elle : comme si le sort eût voulu garantir votre cœur d'un épuisement inévitable, et vous laisser dans le souvenir de vos plaisirs passés un plaisir plus doux que tous ceux dont vous pourriez jouir encore.

Consolez-vous donc de la perte d'un bien qui vous eût toujours échappé, et vous eût ravi de plus celui qui vous reste. Le bonheur et l'amour se seraient évanouis à la fois; vous avez au moins conservé le sentiment : on n'est point sans plaisirs quand on aime encore. L'image de l'amour éteint effraye plus un cœur tendre que celle de l'amour malheureux; et le dégout de ce qu'on possède est un état cent fois pire que le regret de ce qu'on a perdu.

Si les reproches que ma désolée cousine se fait sur la mort de sa mère étaient fondés, ce cruel souvenir empoisonnerait, je l'avoue, celui de vos amours, et une si funeste idée devrait à jamais les éteindre; mais n'en croyez pas à ses douleurs, elles la trompent, ou plutôt le chimérique motif dont elle aime à les aggraver n'est qu'un prétexte pour en justifier l'excès. Cette âme tendre craint toujours de ne pas s'affliger assez, et c'est une sorte de plaisir pour elle d'ajouter au sentiment de ses peines tout ce qui peut les aigrir. Elle s'en impose, soyez-en sûr; elle n'est pas sincère avec elle-même. Ah! si elle croyait bien sincèrement avoir abrégé les jours de sa mère, son cœur en pourrait-il supporter l'affreux remords? Non, non, mon ami, elle ne la pleurerait pas, elle l'aurait suivie. La maladie de madame d'Étange est bien connue : c'était une hydropisie de poitrine dont elle ne pouvait revenir, et l'on desespérait de sa vie avant même qu'elle eût découvert votre correspondance. Ce fut un violent chagrin pour elle, mais que de plaisirs réparèrent le mal qu'il pouvait lui faire ! Qu'il fut consolant pour cette tendre mère de voir, en gémissant des fautes de sa fille, par combien de vertus elles étaient rachetées, et d'être forcée d'admirer son âme en pleurant sa faiblesse ! Qu'il lui fut doux de sentir combien elle en était chérie ! Quel zèle infatigable ! quels soins continuels ! quelle assiduité sans relâche ! quel désespoir de l'avoir affligée ! que de regrets ! que de larmes ! que de touchantes caresses ! quelle inépuisable sensibilité ! C'était dans les yeux de la fille qu'on lisait tout ce que souffrait la mère ; c'était elle qui la servait les jours, qui la veillait les nuits ; c'était de sa main qu'elle recevait tous les secours. Vous eussiez cru voir une autre Julie ; sa délicatesse naturelle avait disparu, elle était forte et robuste, les soins les plus pénibles ne lui coûtaient rien, et son âme semblait lui donner un nouveau corps. Elle faisait tout, et paraissait ne rien faire ; elle était partout, et ne bougeait d'auprès d'elle : on la trouvait sans cesse à genoux devant son lit, la bouche collée sur sa main, gémissant ou de sa faute ou du mal de sa mère, et confondant ces deux sentiments pour s'en affliger davantage. Je n'ai vu personne entrer les derniers jours dans la chambre de ma tante sans être ému jusqu'aux larmes du plus attendrissant de tous les spectacles. On voyait l'effort que faisaient ces deux cœurs pour se réunir plus étroitement au moment d'une funeste séparation ; on voyait que le seul regret de se quitter occupait la mère et la fille, et que vivre ou mourir n'eût été rien pour elles, si elles avaient pu rester ou partir ensemble.

Bien loin d'adopter les noires idées de Julie, soyez sûr que tout ce qu'on peut espérer des secours humains et des consolations du cœur a concouru de sa part à retarder le progrès de la maladie de sa mère, et qu'infailliblement sa tendresse et ses soins nous l'ont conservée plus longtemps que nous n'eussions pu faire sans elle. Ma tante elle-même m'a dit cent fois que ses derniers jours étaient les plus doux moments de sa vie, et que le bonheur de sa fille était la seule chose qui manquait au sien.

S'il faut attribuer sa perte au chagrin, ce chagrin vient de plus loin, et c'est à son époux seul qu'il faut s'en prendre. Longtemps inconstant et volage, il prodigua les feux de sa jeunesse à mille objets moins dignes de plaire que sa vertueuse compagne ; et quand l'âge le lui eut ramené, il conserva près d'elle cette rudesse inflexible dont les maris infidèles ont accoutumé d'aggraver leurs torts.

Ma pauvre cousine s'en est ressentie; un vain entêtement de noblesse, et cette roideur de caractère que rien n'amollit, ont fait vos malheurs et les siens. Sa mère, qui eut toujours du penchant pour vous, et qui pénétra son amour quand il était trop tard pour l'éteindre, porta longtemps en secret la douleur de ne pouvoir vaincre le goût de sa fille ni l'obstination de son époux, et d'être la première cause d'un mal qu'elle ne pouvait plus guérir. Quand vos lettres surprises lui eurent appris jusqu'où vous aviez abusé de sa confiance, elle craignit de tout perdre en voulant tout sauver, et d'exposer les jours de sa fille pour rétablir son honneur. Elle sonda plusieurs fois son mari sans succès; elle voulut plusieurs fois hasarder une confidence entière, et lui montrer toute l'étendue de son devoir : la frayeur et sa timidité la retinrent toujours. Elle hésita tant qu'elle put parler; lorsqu'elle le voulut, il n'était plus temps, les forces lui manquèrent; elle mourut avec le fatal secret : et moi qui connais l'humeur de cet homme sévère, sans savoir jusqu'où les sentiments de la nature auraient pu la tempérer, je respire en voyant au moins les jours de Julie en sûreté.

Elle n'ignore rien de tout cela; mais vous dirai-je ce que je pense de ses remords apparents? L'amour est plus ingénieux qu'elle. Pénétrée du regret de sa mère, elle voudrait vous oublier; et, malgré qu'elle en ait, il trouble sa conscience pour la forcer de penser à vous. Il veut que ses pleurs aient du rapport à ce qu'elle aime. Elle n'oserait plus s'en occuper directement; il la force de s'en occuper encore, au moins par son repentir. Il l'abuse avec tant d'art, qu'elle aime mieux souffrir davantage, et que vous entriez dans le sujet de ses peines. Votre cœur n'entend pas peut-être ces détours du sien; mais ils n'en sont pas moins naturels : car votre amour a tous deux, quoique égal en force, n'est pas semblable en effets; le vôtre est bouillant et vif, le sien est doux et tendre; vos sentiments s'exhalent au dehors avec véhémence, les siens retournent sur elle-même, et, pénétrant la substance de son âme, l'altèrent et la changent insensiblement. L'amour anime et soutient votre cœur, il affaisse et abat le sien; tous les ressorts en sont relâchés, sa force est nulle, son courage est éteint, sa vertu n'est plus rien. Tant d'héroïques facultés ne sont pas anéanties, mais suspendues; un moment de crise peut leur rendre toute leur vigueur, ou les effacer sans retour. Si elle fait encore un pas vers le découragement, elle est perdue; mais si cette âme excellente se relève un instant, elle sera plus grande, plus forte, plus vertueuse que jamais, et il ne sera plus question de rechute. Croyez-moi, mon aimable ami, dans cet état périlleux sachez respecter ce que vous aimâtes. Tout ce qui lui vient de vous, fût-ce contre vous-même, ne lui peut être que mortel. Si vous vous obstinez auprès d'elle, vous pourrez triompher aisément ; mais vous croirez en vain posséder la même Julie, vous ne la retrouverez plus.

VIII. — DE MYLORD EDOUARD A L'AMANT DE JULIE.

J'avais acquis des droits sur ton cœur ; tu m'étais nécessaire, et j'étais prêt à t'aller joindre. Que t'importent mes droits, mes besoins, mon empressement ? Je suis oublié de toi ; tu ne daignes plus m'écrire. J'apprends ta vie solitaire et farouche ; je pénètre tes desseins secrets. Tu t'ennuies de vivre.

Meurs donc, jeune insensé ; meurs, homme à la fois féroce et lâche ; mais sache en mourant que tu laisses dans l'âme d'un honnête homme à qui tu fus cher la douleur de n'avoir servi qu'un ingrat.

IX. — RÉPONSE.

Venez, mylord : je croyais ne pouvoir plus goûter de plaisir sur la terre ; mais nous nous reverrons. Il n'est pas vrai que vous puissiez me confondre avec les ingrats ; votre cœur n'est pas fait pour en trouver, ni le mien pour l'être.

BILLET DE JULIE.

Il est temps de renoncer aux erreurs de la jeunesse, et d'abandonner un trompeur espoir : je ne serai jamais à vous. Rendez-moi donc la liberté que je vous ai engagée, et dont mon père veut disposer ; ou mettez le comble à mes malheurs par un refus qui nous perdra tous deux, sans vous être d'aucun usage.

JULIE D'ÉTANGE.

X. — DU BARON D'ÉTANGE,

Dans laquelle était le précédent billet.

S'il peut rester dans l'âme d'un suborneur quelques sentiments d'honneur et d'humanité, répondez à ce billet d'une malheureuse dont vous avez corrompu le cœur, et qui ne serait plus, si j'osais soupçonner qu'elle eût porté plus loin l'oubli d'elle-même. Je m'étonnerai peu que la même philosophie qui lui apprit à se jeter à la tête du premier venu lui apprenne encore à désobéir à son père. Pensez-y cependant. J'aime à prendre en toute occasion les voies de la douceur et de l'honnêteté quand j'espère qu'elles peuvent suffire; mais si j'en veux bien user avec vous, ne croyez pas que j'ignore comment se venge l'honneur d'un gentilhomme offensé par un homme qui ne l'est pas.

XI. — RÉPONSE.

Épargnez-vous, monsieur, des menaces vaines qui ne m'effrayent point, et d'injustes reproches qui ne peuvent m'humilier. Sachez qu'entre deux personnes de même âge il n'y a d'autre suborneur que l'amour, et qu'il ne vous appartiendra jamais d'avilir un homme que votre fille honora de son estime.

Quel sacrifice osez-vous m'imposer, et à quel titre l'exigez-vous? Est-ce à l'auteur de tous mes maux qu'il faut immoler mon dernier espoir? Je veux respecter le père de Julie; mais qu'il daigne être le mien, s'il faut que j'apprenne à lui obéir. Non, non, monsieur, quelque opinion que vous ayez de vos procédés, ils ne m'obligent point à renoncer pour vous à des droits si chers, et si bien mérités de mon cœur. Vous faites le malheur de ma vie. Je ne vous dois que de la haine, et vous n'avez rien à prétendre de moi. Julie a parlé; voilà mon consentement. Ah! qu'elle soit toujours obéie! Un autre la possédera; mais j'en serai plus digne d'elle.

Si votre fille eût daigné me consulter sur les bornes de votre autorité, ne doutez pas que je ne lui eusse appris à résister à vos prétentions injustes. Quel que soit l'empire dont vous abusez, mes droits sont plus sacés que les vôtres; la chaîne qui nous lie est la borne du pouvoir paternel, même devant les tribunaux humains;

et quand vous osez réclamer la nature, c'est vous seul qui bravez ses lois.

N'alléguez pas non plus cet honneur si bizarre et si délicat que vous parlez de venger ; nul ne l'offense que vous-même. Respectez le choix de Julie, et votre honneur est en sûreté ; car mon cœur vous honore malgré vos outrages, et, malgré les maximes gothiques, l'alliance d'un honnête homme n'en déshonora jamais un autre. Si ma présomption vous offense, attaquez ma vie, je ne la défendrai jamais contre vous. Au surplus, je me soucie fort peu de savoir en quoi consiste l'honneur d'un gentilhomme ; mais quant à celui d'un homme de bien, il m'appartient, je sais le défendre, et le conserverai pur et sans tache jusqu'au dernier soupir.

Allez, père barbare et peu digne d'un nom si doux, méditez d'affreux parricides, tandis qu'une fille tendre et soumise immole son bonheur à vos préjugés. Vos regrets me vengeront un jour des maux que vous me faites, et vous sentirez trop tard que votre haine aveugle et dénaturée ne vous fut pas moins funeste qu'à moi. Je serai malheureux, sans doute ; mais si jamais la voix du sang s'élève au fond de votre cœur, combien vous le serez plus encore d'avoir sacrifié à des chimères l'unique fruit de vos entrailles, unique au monde en beauté, en mérite, en vertus, et pour qui le ciel, prodigue de ses dons, n'oublia rien qu'un meilleur père !

BILLET INCLUS DANS LA PRÉCÉDENTE LETTRE.

Je rends à Julie d'Étange le droit de disposer d'elle-même, et de donner sa main sans consulter son cœur.

S. P.

XII. — DE JULIE.

Je voulais vous décrire la scène qui vient de se passer, et qui a produit le billet que vous avez dû recevoir ; mais mon père a pris ses mesures si justes, qu'elle n'a fini qu'un moment avant le départ du courrier. Sa lettre est sans doute arrivée à temps à la poste ; il n'en peut être de même de celle-ci : votre résolution sera prise et votre réponse partie avant qu'elle vous parvienne ; ainsi tout détail serait désormais inutile. J'ai fait mon devoir ; vous ferez le vôtre : mais le sort nous accable, l'honneur nous trahit ; nous serons séparés à jamais, et, pour comble d'horreur, je vais passer dans les... Hélas ! j'ai pu vivre dans les tiens ! O devoir ! à quoi sers-tu ? O Providence !... il faut gémir et se taire.

La plume échappe de ma main. J'étais incommodée depuis quelques jours ; l'entretien de ce matin m'a prodigieusement agitée... la tête et le cœur me font mal... je me sens défaillir... Le ciel aurait-il pitié de mes peines ?.... Je ne puis me soutenir.... je suis forcée à me mettre au lit, et me console dans l'espoir de n'en point relever. Adieu, mes uniques amours. Adieu pour la dernière fois, cher et tendre ami de Julie. Ah ! si je ne dois plus vivre pour toi, n'ai-je pas déjà cessé de vivre ?

XIII. — DE JULIE A MADAME D'ORBE.

Il est donc vrai, chere et cruelle amie, que tu me rappelles à la vie et à mes douleurs ? J'ai vu l'instant heureux où j'allais rejoindre la plus tendre des meres ; tes soins inhumains m'ont enchaînée pour la pleurer plus longtemps ; et quand le désir de la suivre m'arrache a la terre, le regret de te quitter m'y retient. Si je me console de vivre, c'est par l'espoir de n'avoir pas échappé tout entière a la mort. Ils ne sont plus, ces agréments de mon visage que mon cœur a payés si cher, la maladie dont je sors m'en a délivrée. Cette heureuse perte ralentira l'ardeur grossière d'un homme assez dépourvu de délicatesse pour m'oser épouser sans mon aveu. Ne trouvant plus en moi ce qui lui plut, il se souciera peu du reste. Sans manquer de parole a mon père, sans offenser l'ami dont il tient la vie, je saurai rebuter cet importun : ma bouche gardera le silence, mais mon aspect parlera pour moi. Son dégoût me garantira de sa tyrannie, et il me trouvera trop laide pour daigner me rendre malheureuse.

Ah ! chere cousine, tu connus un cœur plus constant et plus tendre qui ne se fût pas ainsi rebuté. Son goût ne se bornait pas aux traits et a la figure ; c'était moi qu'il aimait, et non pas mon visage ; c'était par tout notre etre que nous étions unis l'un à l'autre ; et tant que Julie eût été la même, la beauté pouvait fuir, l'amour fût toujours demeuré. Cependant il a pu consentir... l'ingrat !... Il l'a dû, puisque j'ai pu l'exiger. Qui est-ce qui retient par leur parole ceux qui veulent retirer leur cœur ? Ai-je donc voulu retirer le mien ?... l'ai-je fait ? O Dieu ! faut-il que tout me rappelle incessamment un temps qui n'est plus, et des feux qui ne doivent plus être ! J'ai beau vouloir arracher de mon cœur cette image chérie, je l'y sens trop fortement attachée : je le déchire sans le dégager, et mes efforts pour en effacer un si doux souvenir ne font que l'y graver davantage.

Oserai-je te dire un délire de ma fièvre, qui, loin de s'éteindre avec elle, me tourmente encore plus depuis ma guérison ? Oui, connais et plains l'égarement d'esprit de ta malheureuse amie, et rends grâces au ciel d'avoir préservé ton cœur de l'horrible passion qui le donne. Dans un des moments où j'étais le plus mal, je crus, durant l'ardeur du redoublement, voir à côté de mon lit cet infortuné ; non tel qu'il charmait jadis mes regards durant le court bonheur de ma vie, mais pâle, défait, mal en ordre, et le désespoir dans les yeux. Il était à genoux ; il prit une de mes mains, et, sans se dégoûter de l'état où elle était, sans craindre la communication d'un venin si terrible, il la couvrait de baisers et de larmes. A son aspect j'éprouvai cette vive et délicieuse émotion que me donnait quelquefois sa présence inattendue. Je voulus m'élancer vers lui ; on me retint ; tu l'arrachas de ma présence ; et ce qui me toucha le plus vivement, ce furent ses gémissements que je crus entendre à mesure qu'il s'éloignait.

Je ne puis te représenter l'effet étonnant que ce rêve a produit sur moi. Ma fièvre a été longue et violente ; j'ai perdu la connaissance durant plusieurs jours ; j'ai souvent rêvé à lui dans mes transports, mais aucun de ces rêves n'a laissé dans mon imagination des impressions aussi profondes que celle de ce dernier. Elle est telle, qu'il m'est impossible de l'effacer de ma mémoire et de mes sens. A chaque minute, à chaque instant, il me semble le voir dans la même attitude ; son air, son habillement, son geste, son triste regard, frappent encore mes yeux : je crois sentir ses lèvres se presser sur ma main, je la sens mouiller de ses larmes ; les sons de sa voix plaintive me font tressaillir ; je le vois entraîner loin de moi, je fais effort pour le retenir encore : tout me retrace une scène imaginaire avec plus de force que les événements qui me sont réellement arrivés.

J'ai longtemps hésité à te faire cette confidence ; la honte m'empêche de te la faire de bouche ; mais mon agitation, loin de se calmer, ne fait qu'augmenter de jour en jour, et je ne puis plus résister au besoin de t'avouer ma folie. Ah! qu'elle s'empare de moi tout entière! Que ne puis-je achever de perdre ainsi la raison, puisque le peu qui m'en reste ne sert plus qu'à me tourmenter!

Je reviens a mon rêve. Ma cousine, raille-moi, si tu veux, de ma simplicité; mais il y a dans cette vision je ne sais quoi de mystérieux qui la distingue du délire ordinaire. Est-ce un pressentiment de la mort du meilleur des hommes? est-ce un avertissement qu'il n'est déjà plus? Le ciel daigne-t-il me guider au moins une fois, et m'invite-t-il a suivre celui qu'il me fit aimer? Hélas! l'ordre de mourir sera pour moi le premier de ses bienfaits.

J'ai beau me rappeler tous ces vains discours dont la philosophie amuse les gens qui ne sentent rien; ils ne m'en imposent plus, et je sens que je les méprise. On ne voit point les esprits, je le veux croire; mais deux âmes si étroitement unies ne sauraient-elles avoir entre elles une communication immédiate, indépendante du corps et des sens? L'impression directe que l'une reçoit de l'autre ne peut-elle pas la transmettre au cerveau, et recevoir de lui par contre coup les sensations qu'elle lui a données?... Pauvre Julie, que d'extravagances! Que les passions nous rendent crédules! et qu'un cœur vivement touché se détache avec peine des erreurs memes qu'il aperçoit!

XIV. — RÉPONSE.

Ah! fille trop malheureuse et trop sensible, n'es-tu donc nee que pour souffrir? Je voudrais en vain t'epargner des douleurs; tu sembles les chercher sans cesse, et ton ascendant est plus fort que tous mes soins. A tant de vrais sujets de peines n'ajoute pas au moins des chimeres; et puisque ma discretion t'est plus nuisible qu'utile, sors d'une erreur qui te tourmente : peut-etre la triste verité te sera t-elle encore moins cruelle. Apprends donc que ton reve n'est point un reve, que ce n'est point l'ombre de ton ami que tu as vue, mais sa personne; et que cette touchante scene, incessamment présente a ton imagination, s'est passée reellement dans ta chambre le surlendemain du jour où tu fus le plus mal.

La veille je t'avais quittée assez tard, et M. d'Orbe, qui voulut me relever auprès de toi cette nuit la, était pret a sortir, quand tout a coup nous vimes entrer brusquement et se précipiter a nos pieds ce pauvre malheureux dans un état à faire pitié. Il avait pris la poste à la réception de ta dernière lettre. Courant jour et nuit, il fit la route en trois jours, et ne s'arrêta qu'à la dernière poste, en attendant la nuit pour entrer en ville. Je te l'avoue à ma honte, je fus moins prompte que M. d'Orbe à lui sauter au cou : sans savoir encore la raison de son voyage, j'en prevoyais la conséquence. Tant de souvenirs amers, ton danger, le sien, le désordre où je le voyais, tout empoisonnait une si douce surprise, et j'étais trop saisie pour lui faire beaucoup de caresses. Je l'embrassai pourtant avec un serrement de cœur qu'il partageait, et qui se fit sentir réciproquement par de muettes étreintes, plus éloquentes que les cris et les pleurs. Son premier mot fut : *Que fait-elle? Ah! que fait-elle? Donnez-moi la vie ou la mort.* Je compris alors qu'il était instruit de ta maladie ; et, croyant qu'il n'en ignorait pas non plus l'espèce, j'en parlai sans autre précaution que d'atténuer le danger. Sitôt qu'il sut que c'était la petite vérole, il fit un cri et se trouva mal. La fatigue et l'insomnie, jointes à l'inquiétude d'esprit, l'avaient jeté dans un tel abattement qu'on fut longtemps à le faire revenir. A peine pouvait-il parler ; on le fit coucher.

Vaincu par la nature, il dormit douze heures de suite, mais avec tant d'agitation, qu'un pareil sommeil devait plus épuiser que réparer ses forces. Le lendemain, nouvel embarras ; il voulait te voir absolument. Je lui opposai le danger de te causer une révolution ; il offrit d'attendre qu'il n'y eût plus de risque, mais son séjour même en était un terrible. J'essayai de le lui faire sentir ; il me coupa durement la parole. Gardez votre barbare éloquence, me dit-il d'un ton d'indignation ; c'est trop l'exercer à ma ruine. N'espérez pas me chasser encore comme vous fîtes à mon exil : je viendrais cent fois du bout du monde pour la voir un seul instant. Mais je jure par l'auteur de mon être, ajouta-t-il impétueusement, que je ne partirai point d'ici sans l'avoir vue. Éprouvons une fois si je vous rendrai pitoyable, ou si vous me rendrez parjure.

Son parti était pris. M. d'Orbe fut d'avis de chercher les moyens de le satisfaire, pour le pouvoir renvoyer avant que son retour fût découvert : car il n'était connu dans la maison que du seul Hanz, dont j'étais sûre, et nous l'avions appelé devant nos gens d'un autre nom que le sien [1]. Je lui promis qu'il te verrait la nuit suivante,

---

[1] On voit dans la quatrième partie que ce nom substitué était celui de Saint-Preux.

à condition qu'il ne resterait qu'un instant, qu'il ne te parlerait point, et qu'il repartirait le lendemain avant le jour : j'en exigeai sa parole. Alors je fus tranquille ; je laissai mon mari avec lui, et je retournai près de toi.

Je te trouvai sensiblement mieux, l'éruption était achevée : le médecin me rendit le courage et l'espoir. Je me concertai d'avance avec Babi ; et le redoublement, quoique moindre, t'ayant encore embarrassé la tête, je pris ce temps pour écarter tout le monde et faire dire à mon mari d'amener son hôte, jugeant qu'avant la fin de l'accès tu serais moins en état de le reconnaître. Nous eûmes toutes les peines du monde à renvoyer ton désolé père, qui chaque nuit s'obstinait à vouloir rester. Enfin je lui dis en colere qu'il n'épargnerait la peine de personne, que j'étais également résolue à veiller, et qu'il savait bien, tout père qu'il était, que sa tendresse n'était pas plus vigilante que la mienne. Il partit a regret, nous restâmes seules. M. d'Orbe arriva sur les onze heures, et me dit qu'il avait laissé ton ami dans la rue : je l'allai chercher ; je le pris par la main : il tremblait comme la feuille. En passant dans l'antichambre les forces lui manquèrent ; il respirait avec peine, et fut contraint de s'asseoir.

Alors démêlant quelques objets à la faible lueur d'une lumière éloignée : Oui, dit-il avec un profond soupir, je reconnais les mêmes lieux. Une fois en ma vie je les ai traversés... à la même heure.., avec le même mystere... j'étais tremblant comme aujourd'hui... le cœur me palpitait de même... O téméraire ! j'étais mortel, et j'osais goûter... Que vais-je voir maintenant dans ce même asile où tout respirait la volupté dont mon âme était enivrée, dans ce même objet qui faisait et partageait mes transports ? l'image du trépas, un appareil de douleur, la vertu malheureuse, et la beauté mourante !

Chere cousine, j'épargne à ton pauvre cœur le détail de cette attendrissante scene. Il te vit, et se tut ; il l'avait promis : mais quel silence ! Il se jeta à genoux ; il baisait tes rideaux en sanglottant ; il élevait les mains et les yeux ; il poussait de sourds gémissements ; il avait peine à contenir sa douleur et ses cris. Sans le voir, tu sortis machinalement une de tes mains ; il s'en saisit avec une espece de fureur ; les baisers de feu qu'il appliquait sur cette main malade t'éveillèrent mieux que le bruit et la voix de tout ce qui t'environnait. Je vis que tu l'avais reconnu ; et, malgré sa résistance et ses plaintes, je l'arrachai de la chambre à l'instant, espérant éluder l'idée d'une si courte apparition par le prétexte du délire. Mais voyant ensuite que tu ne m'en disais rien, je crus que tu l'avais oubliée ; je défendis à Babi de t'en parler, et je sais qu'elle m'a tenu parole. Vaine prudence que l'amour a déconcertée, et qui n'a fait que laisser fermenter un souvenir qu'il n'est plus temps d'effacer !

Il partit comme il l'avait promis, et je lui fis jurer qu'il ne s'arrêterait pas au voisinage. Mais, ma chère, ce n'est pas tout ; il faut achever de te dire ce qu'aussi bien tu ne pourrais ignorer longtemps. Mylord Édouard passa deux jours après ; il se pressa pour l'attendre ; il le joignit à Dijon, et le trouva malade. L'infortuné avait gagné la petite vérole : il m'avait caché qu'il ne l'avait point eue, et je te l'avais mené sans précaution. Ne pouvant guérir ton mal, il le voulut partager. En me rappelant la manière dont il baisait ta main, je ne puis douter qu'il ne se soit inoculé volontairement. On ne pouvait être plus mal préparé ; mais c'était l'inoculation de l'amour, elle fut heureuse. Ce père de la vie l'a conservée au plus tendre amant qui fut jamais : il est guéri ; et, suivant la dernière lettre de mylord Édouard, ils doivent être actuellement repartis pour Paris.

Voilà, trop aimable cousine, de quoi bannir les terreurs funèbres qui t'alarmaient sans sujet. Depuis longtemps tu as renoncé à la personne de ton ami, et sa vie est en sûreté. Ne songe donc qu'à conserver la tienne, et à t'acquitter de bonne grâce du sacrifice que ton cœur a promis à l'amour paternel. Cesse enfin d'être le jouet d'un vain espoir, et de te repaître de chimères. Tu te presses beaucoup d'être fière de ta laideur : sois plus humble, crois-moi, tu n'as encore que trop sujet de l'être. Tu as essuyé une cruelle atteinte, mais ton visage a été épargné. Ce que tu prends pour des cicatrices ne sont que des rougeurs qui seront bientôt effacées. Je fus plus maltraitée que cela, et cependant tu vois que je ne suis pas trop mal encore. Mon ange, tu resteras jolie en dépit de toi ; et l'indifférent Wolmar, que trois ans d'absence n'ont pu guérir d'un amour conçu dans huit jours, s'en guérira-t-il en te voyant à toute heure ? Oh ! si ta seule ressource est de déplaire, que ton sort est désespéré !

XV. — DE JULIE.

C'en est trop, c'en est trop. Ami, tu as vaincu. Je ne suis point à l'épreuve de tant d'amour ; ma résistance est épuisée. J'ai fait usage de toutes mes forces ; ma conscience m'en rend le consolant témoignage. Que le ciel ne me demande point compte de plus qu'il ne m'a donné Ce triste cœur que tu achetas tant de fois, et qui coûta si cher au tien, t'appartient sans réserve ; il fut à toi du premier moment où mes yeux te virent ; il te restera jusqu'à mon dernier soupir Tu l'as trop bien mérité pour le perdre, et je suis lasse de servir aux dépens de la justice une chimérique vertu.

Oui, tendre et généreux amant, ta Julie sera toujours tienne, elle t'aimera toujours : il le faut, je le veux, je le dois. Je te rends l'empire que l'amour t'a donné ; il ne te sera plus ôté. C'est en vain qu'une voix mensongère murmure au fond de mon âme, elle ne m'abusera plus. Que sont les vains devoirs qu'elle m'oppose contre ceux d'aimer à jamais ce que le ciel m'a fait aimer ? Le plus sacré de tous n'est-il pas envers toi ? n'est-ce pas à toi seul que j'ai tout promis ? le premier vœu de mon cœur ne fut-il pas de ne t'oublier jamais ? et ton inviolable fidélité n'est-elle pas un nouveau lien pour la mienne ? Ah ! dans le transport d'amour qui me rend à toi, mon seul regret est d'avoir combattu des sentiments si chers et si légitimes. Nature, ô douce nature, reprends tous tes droits ; j'abjure les barbares vertus qui t'anéantissent. Les penchants que tu m'as donnés seront-ils plus trompeurs qu'une raison qui m'égara tant de fois ?

Respecte ces tendres penchants, mon aimable ami ; tu leur dois trop pour les haïr : mais souffres-en le cher et doux partage ; souffre que les droits du sang et de l'amitié ne soient pas éteints par ceux de l'amour. Ne pense point que pour te suivre j'abandonne jamais la maison paternelle ; n'espère point que je me refuse aux liens que m'impose une autorité sacrée : la cruelle perte de l'un des auteurs de mes jours m'a trop appris à craindre d'affliger l'autre. Non, celle dont il attend désormais toute sa consolation ne contristera point son âme accablée d'ennuis ; je n'aurai point donné la mort à tout ce qui me donna la vie. Non, non ; je connais mon crime, et ne puis le haïr. Devoir, honneur, vertu, tout cela ne me dit plus rien : mais pourtant je ne suis point un monstre, je suis faible, et non dénaturée. Mon parti est pris, je ne veux désoler aucun de ceux que j'aime. Qu'un père esclave de sa parole et jaloux d'un vain titre dispose de ma main qu'il a promise ; que l'amour seul dispose de mon cœur ; que mes pleurs ne cessent de couler dans le sein d'une tendre amie. Que je sois vile et malheureuse ; mais que tout ce qui m'est cher soit heureux et content, s'il est possible. Formez tous trois ma seule existence, et que votre bonheur me fasse oublier ma misère et mon désespoir.

XVI. — RÉPONSE.

Nous renaissons, ma Julie ; tous les vrais sentiments de nos âmes reprennent leur cours. La nature nous a conservé l'être, et l'amour nous rend à la vie. En doutais-tu ? L'osas-tu croire, de pouvoir m'ôter ton cœur ? Va, je le connais mieux que toi, ce cœur que le ciel a fait pour le mien. Je les sens joints par une existence commune, qu'ils ne peuvent perdre qu'à la mort. Dépend-il de nous de les séparer, ni même de le vouloir ? tiennent-ils l'un à l'autre par des nœuds que les hommes aient formés et qu'ils puissent rompre ? Non, non, Julie : si le sort cruel nous refuse le doux nom d'époux, rien ne peut nous ôter celui d'amants fidèles ; il fera la consolation de nos tristes jours, et nous l'emporterons au tombeau.

Ainsi nous recommençons de vivre pour recommencer de souffrir, et le sentiment de notre existence n'est pour nous qu'un sentiment de douleur. Infortunés ! que sommes-nous devenus ? Comment avons-nous cessé d'être ce que nous fûmes ? Où est cet enchantement de bonheur suprême ? Où sont ces ravissements exquis dont les vertus animaient nos feux ? Il ne reste de nous que notre amour ; l'amour seul reste, et ses charmes se sont éclipsés. Fille trop soumise, amante sans courage, tous nos maux nous viennent de tes erreurs. Hélas ! un cœur moins pur t'aurait bien moins égarée ! Oui, c'est l'honnêteté du tien qui nous perd ; les sentiments droits qui le remplissent en ont chassé la sagesse. Tu as voulu concilier la tendresse filiale avec l'indomptable amour ; en te livrant à la fois à tous tes penchants, tu les confonds au lieu de les accorder, et deviens coupable à force de vertus. O Julie, quel est ton inconcevable empire ! Par quel étrange pouvoir tu fascines ma raison ! même en me faisant rougir de nos feux, tu te fais encore estimer par tes fautes ; tu me forces de t'admirer en partageant tes remords... Des remords!... était-ce à toi d'en sentir?... toi que j'aimai... toi que je ne puis cesser d'adorer... Le crime pourrait-il approcher de ton cœur?... Cruelle! en me le rendant ce cœur qui m'appartient, rends-le-moi tel qu'il me fut donné.

Que m'as-tu dit?... qu'oses-tu me faire entendre?... Toi, passer dans les bras d'un autre!... un autre te posséder!... N'être plus à moi!... ou, pour comble d'horreur, n'être pas à moi seul! Moi, j'éprouverais cet affreux supplice!... je te verrais survivre à toi-même!... Non; j'aime mieux te perdre que te partager... Que le ciel ne me donna-t-il un courage digne des transports qui m'agitent!.. avant que ta main se fût avilie dans ce nœud funeste abhorré par l'amour et réprouvé par l'honneur, j'irais de la mienne te plonger un poignard dans le sein; j'épuiserais ton chaste cœur d'un sang que n'aurait point souillé l'infidélité. A ce pur sang je mêlerais celui qui brûle dans mes veines d'un feu que rien ne peut éteindre; je tomberais dans tes bras; je rendrais sur tes lèvres mon dernier soupir... je recevrais le tien... Julie expirante!... ces yeux si doux éteints par les horreurs de la mort!... ce sein, ce trône de l'amour, déchiré par ma main, versant à gros bouillons le sang et la vie!... Non; vis et souffre, porte la peine de ma lâcheté Non, je voudrais que tu ne fusses plus; mais je ne puis t'aimer assez pour te poignarder.

O si tu connaissais l'état de ce cœur serré de détresse! jamais il ne brûla d'un feu si sacré; jamais ton innocence et ta vertu ne lui furent si chères. Je suis amant, je sais aimer, je le sens; mais je ne suis qu'un homme, et il est au-dessus de la force humaine de renoncer à la suprême félicité. Une nuit, une seule nuit a changé pour jamais toute mon âme. Ote-moi ce dangereux souvenir, et je suis vertueux. Mais cette nuit fatale règne au fond de mon cœur, et va couvrir de son ombre le reste de ma vie. Ah, Julie! objet adoré! s'il faut être à jamais misérables, encore une heure de bonheur, et des regrets éternels!

Écoute celui qui t'aime. Pourquoi voudrions-nous être plus sages nous seuls que tout le reste des hommes, et suivre avec une simplicité d'enfants de chimériques vertus dont tout le monde parle et que personne ne pratique? Quoi! serons-nous meilleurs moralistes que ces foules de savants dont Londres et Paris sont peuplés, qui tous se raillent de la fidélité conjugale, et regardent l'adultère comme un jeu? Les exemples n'en sont point scandaleux,

26.

il n'est pas même permis d'y trouver à redire ; et tous les honnêtes gens se riraient ici de celui qui, par respect pour le mariage, résisterait au penchant de son cœur. En effet, disent-ils, un tort qui n'est que dans l'opinion n'est-il pas nul quand il est secret? Quel mal reçoit un mari d'une infidélité qu'il ignore? De quelle complaisance une femme ne rachete-t-elle pas ses fautes[1]? quelle douceur n'emploie-t-elle pas à prevenir ou guérir ses soupçons? Privé d'un bien imaginaire, il vit réellement plus heureux; et ce pretendu crime dont on fait tant de bruit n'est qu'un lien de plus dans la société.

A Dieu ne plaise, o chere amie de mon cœur, que je veuille rassurer le tien par ces honteuses maximes! je les abhorre sans savoir les combattre, et ma conscience y répond mieux que ma raison. Non que je me fasse fort d'un courage que je hais, ni que je voulusse d'une vertu si coûteuse : mais je me crois moins coupable en me reprochant mes fautes qu'en m'efforçant de les justifier; et je regarde comme le comble du crime d'en vouloir oter les remords.

Je ne sais ce que j'écris : je me sens l'âme dans un état affreux, pire que celui même ou j'étais avant d'avoir reçu ta lettre. L'espoir que tu me rends est triste et sombre; il éteint cette lueur si pure qui nous guida tant de fois; tes attraits s'en ternissent, et ne deviennent que plus touchants; je te vois tendre et malheureuse; mon cœur est inondé des pleurs qui coulent de tes yeux, et je me reproche avec amertume un bonheur que je ne puis plus goûter qu'aux dépens du tien.

Je sens pourtant qu'une ardeur secrete m'anime encore, et me rend le courage que veulent m'ôter les remords. Chere amie, ah! sais-tu de combien de pertes un amour pareil au mien peut te dédommager? Sais-tu jusqu'a quel point un amant qui ne respire que pour toi peut te faire aimer la vie? Conçois-tu bien que c'est pour toi seule que je veux vivre, agir, penser, sentir désormais? Non, source délicieuse de mon être, je n'aurai plus d'âme que

---

[1] Et ou le bon Suisse avait-il vu cela? Il y a longtemps que les femmes galantes l'ont pris sur un plus haut ton. Elles commencent par etablir fièrement leurs amants dans la maison; et si l'on daigne y souffrir le mari, c'est autant qu'il se comporte envers eux avec le respect qu'il leur doit. Une femme qui se cacherait d'un mauvais commerce ferait croire qu'elle en a honte, et serait deshonorée, pas une honnête femme ne voudrait la voir.

ton âme, je ne serai plus rien qu'une partie de toi-même; et tu trouveras au fond de mon cœur une si douce existence, que tu ne sentiras point ce que la tienne aura perdu de ses charmes. Hé bien! nous serons coupables, mais nous ne serons point méchants; nous serons coupables, mais nous aimerons toujours la vertu : loin d'oser excuser nos fautes, nous en gémirons, nous les pleurerons ensemble, nous les racheterons, s'il est possible, a force d'être bienfaisants et bons. Julie! ô Julie! que ferais-tu, que peux-tu faire? Tu ne peux échapper a mon cœur; n'a-t-il pas épousé le tien?

Ces vains projets de fortune qui m'ont si grossièrement abusé sont oubliés depuis longtemps. Je vais m'occuper uniquement des soins que je dois à mylord Édouard : il veut m'entraîner en Angleterre; il prétend que je puis l'y servir. Hé bien! je l'y suivrai : mais je me déroberai tous les ans; je me rendrai secrètement pres de toi. Si je ne puis te parler, au moins je t'aurai vue; j'aurai du moins baisé tes pas; un regard de tes yeux m'aura donné dix mois de vie. Forcé de repartir, en m'éloignant de celle que j'aime je compterai pour me consoler les pas qui doivent m'en rapprocher. Ces fréquents voyages donneront le change a ton malheureux amant; il croira déjà jouir de ta vue en partant pour t'aller voir; le souvenir de ses transports l'enchantera durant son retour; malgré le sort cruel, ses tristes ans ne seront pas tout a fait perdus; il n'y en aura point qui ne soient marqués par des plaisirs, et les courts moments qu'il passera pres de toi se multiplieront sur sa vie entière.

XVII. — DE MADAME D'ORBE A L'AMANT DE JULIE.

Votre amante n'est plus; mais j'ai retrouvé mon amie, et vous en avez acquis une dont le cœur peut vous rendre beaucoup plus que vous n'avez perdu. Julie est mariée, et digne de rendre heureux l'honnête homme qui vient d'unir son sort au sien. Apres tant d'imprudences, rendez grâces au ciel qui vous a sauvés tous deux, elle de l'ignominie, et vous du regret de l'avoir déshonorée. Respectez son nouvel état; ne lui écrivez point, elle vous en prie. Attendez qu'elle vous écrive; c'est ce qu'elle fera dans peu Voici le temps où je vais connaître si vous méritez l'estime que j'eus pour vous, et si votre cœur est sensible à une amitié pure et sans intérêt.

XVIII. — DE JULIE A SON AMI.

Vous êtes depuis si longtemps le dépositaire de tous les secrets de mon cœur, qu'il ne saurait plus perdre une si douce habitude. Dans la plus importante occasion de ma vie, il veut s'épancher avec vous : ouvrez-lui le vôtre, mon aimable ami ; recueillez dans votre sein les longs discours de l'amitié : si quelquefois elle rend diffus l'ami qui parle, elle rend toujours patient l'ami qui écoute.

Liée au sort d'un époux, ou plutôt aux volontés d'un père, par une chaîne indissoluble, j'entre dans une nouvelle carrière qui ne doit finir qu'à la mort. En la commençant, jetons un moment les yeux sur celle que je quitte ; il ne nous sera pas pénible de rappeler un temps si cher ; peut-être y trouverai-je des leçons pour bien user de celui qui me reste ; peut-être y trouverez-vous des lumières pour expliquer ce que ma conduite eut toujours d'obscur à vos yeux. Au moins, en considérant ce que nous fûmes l'un à l'autre, nos cœurs n'en sentiront que mieux ce qu'ils se doivent jusqu'à la fin de nos jours.

Il y a six ans à peu près que je vous vis pour la première fois : vous étiez jeune, bien fait, aimable : d'autres jeunes gens m'ont paru plus beaux et mieux faits que vous ; aucun ne m'a donné la moindre émotion, et mon cœur fut à vous dès la première vue [1]. Je crus voir sur votre visage les traits de l'âme qu'il fallait à la mienne. Il me sembla que mes sens ne servaient que d'organe à des sentiments plus nobles : et j'aimai dans vous moins ce que j'y voyais que ce que je croyais sentir en moi-même. Il n'y a pas deux mois que je pensais encore ne m'être pas trompée : l'aveugle Amour, me disais-je, avait raison ; nous étions faits l'un pour l'autre ; je serais à lui, si l'ordre humain n'eût troublé les rapports de la nature ; et s'il était permis à quelqu'un d'être heureux, nous aurions dû l'être ensemble.

[1] M. Richardson se moque beaucoup de ces attachements nés de la première vue, et fondés sur des conformités indéfinissables C'est fort bien fait de s'en moquer ; mais comme il n'en existe pourtant que trop de cette espèce, au lieu de s'amuser à les nier, ne ferait-on pas mieux de nous apprendre à les vaincre ?

Mes sentiments nous furent communs ; ils m'auraient abusée si je les eusse éprouvés seule. L'amour que j'ai connu ne peut naître que d'une convenance réciproque et d'un accord des âmes. On n'aime point si l'on n'est aimé ; du moins on n'aime pas longtemps. Ces passions sans retour qui font, dit-on, tant de malheureux, ne sont fondées que sur les sens : si quelques-unes pénètrent jusqu'à l'âme, c'est par des rapports faux dont on est bientôt détrompé. L'amour sensuel ne peut se passer de la possession, et s'éteint par elle. Le véritable amour ne peut se passer du cœur, et dure autant que les rapports qui l'ont fait naître [1]. Tel fut le nôtre en commençant ; tel il sera, j'espère, jusqu'à la fin de nos jours, quand nous l'aurons mieux ordonné. Je vis, je sentis que j'étais aimée, et que je devais l'être : la bouche était muette, le regard était contraint, mais le cœur se faisait entendre. Nous éprouvâmes bientôt entre nous ce je ne sais quoi qui rend le silence éloquent, qui fait parler des yeux baissés, qui donne une timidité téméraire, qui montre les désirs par la crainte, et dit tout ce qu'il n'ose exprimer.

Je sentis mon cœur, et me jugeai perdue à votre premier mot. J'aperçus la gêne de votre réserve ; j'approuvai ce respect, je vous en aimai davantage : je cherchais à vous dédommager d'un silence pénible et nécessaire, sans qu'il en coûtât à mon innocence ; je forçai mon naturel ; j'imitai ma cousine, je devins badine et folâtre comme elle, pour prévenir des explications trop graves, et faire passer mille tendres caresses à la faveur de ce feint enjouement. Je voulais vous rendre si doux votre état présent, que la crainte d'en changer augmentât votre retenue. Tout cela me réussit mal : on ne sort pas de son naturel impunément. Insensée que j'étais [1] j'accélérai ma perte au lieu de la prévenir, j'employai du poison pour palliatif ; et ce qui devait vous faire taire fut précisément ce qui vous fit parler. J'eus beau, par une froideur affectée, vous tenir éloigné dans le tête-à-tête, cette contrainte même me trahit : vous écrivîtes ; au lieu de jeter au feu votre première lettre ou de la porter à ma mère, j'osai l'ouvrir : ce fut là mon crime, et tout le reste fut forcé. Je voulus m'empêcher de répondre à ces lettres funestes que je ne pouvais m'empêcher de lire. Cet affreux combat altéra ma santé ; je vis l'abîme où j'allais me

[1] Quand ces rapports sont chimériques, il dure autant que l'illusion qui nous les fait imaginer.

précipiter ; j'eus horreur de moi-même, et ne pus me résoudre à vous laisser partir. Je tombai dans une sorte de désespoir ; j'aurais mieux aimé que vous ne fussiez plus, que de n'être point à moi : j'en vins jusqu'à souhaiter votre mort, jusqu'à vous la demander. Le ciel a vu mon cœur ; cet effort doit racheter quelques fautes.

Vous voyant prêt à m'obéir, il fallut parler. J'avais reçu de la Chaillot des leçons qui ne me firent que mieux connaître les dangers de cet aveu. L'amour qui me l'arrachait m'apprit à en éluder l'effet. Vous fûtes mon dernier refuge ; j'eus assez de confiance en vous pour vous armer contre ma faiblesse ; je vous crus digne de me sauver de moi-même, et je vous rendis justice. En vous voyant respecter un dépôt si cher, je connus que ma passion ne m'aveuglait point sur les vertus qu'elle me faisait trouver en vous. Je m'y livrais avec d'autant plus de sécurité, qu'il me sembla que nos cœurs se suffisaient l'un à l'autre. Sûre de ne trouver au fond du mien que des sentiments honnêtes, je goûtais sans précaution les charmes d'une douce familiarité. Hélas ! je ne voyais pas que le mal s'invétérait par ma négligence, et que l'habitude était plus dangereuse que l'amour. Touchée de votre retenue, je crus pouvoir sans risque modérer la mienne ; dans l'innocence de mes désirs, je pensais encourager en vous la vertu même par les tendres caresses de l'amitié. J'appris dans le bosquet de Clarens que j'avais trop compté sur moi, et qu'il ne faut rien accorder aux sens quand on veut leur refuser quelque chose. Un instant, un seul instant embrasa les miens d'un feu que rien ne put éteindre ; et si ma volonté résistait encore, dès lors mon cœur fut corrompu.

Vous partagiez mon égarement : votre lettre me fit trembler. Le péril était double : pour me garantir de vous et de moi, il fallut vous éloigner. Ce fut le dernier effort d'une vertu mourante. En fuyant, vous achevâtes de vaincre ; et sitôt que je ne vous vis plus, ma langueur m'ôta le peu de force qui me restait pour vous résister.

Mon père en quittant le service avait amené chez lui M. de Wolmar : la vie qu'il lui devait, et une liaison de vingt ans, lui rendaient cet ami si cher, qu'il ne pouvait se séparer de lui. M. de Wolmar avançait en âge, et, quoique riche et de grande naissance, ne trouvait point de femme qui lui convînt. Mon père lui avait parlé de sa fille en homme qui souhaitait de se faire un gendre de son ami : il fut question de la voir, et c'est dans ce dessein qu'ils firent le voyage ensemble. Mon destin voulut que je plusse a M. de Wolmar, qui n'avait jamais rien aimé. Ils se donnerent secrètement leur parole ; et M. de Wolmar ayant beaucoup d'affaires a régler dans une cour du Nord ou etaient sa famille et sa fortune, il en demanda le temps, et partit sur cet engagement mutuel. Apres son départ, mon pere nous déclara a ma mere et a moi qu'il me l'avait destine pour époux, et m'ordonna, d'un ton qui ne laissait point de réplique à ma timidité, de me disposer à recevoir sa main. Ma mere, qui n'avait que trop remarqué le penchant de mon cœur, et qui se sentait pour vous une inclination naturelle, essaya plusieurs fois d'ebranler cette résolution : sans oser vous proposer, elle parlait de maniere a donner a mon pere de la considération pour vous et le desir de vous connaitre ; mais la qualité qui vous manquait le rendit insensible a toutes celles que vous possédiez ; et s'il convenait que la naissance ne les pouvait remplacer, il prétendait qu'elle seule pouvait les faire valoir.

L'impossibilité d'être heureuse irrita des feux qu'elle eût dû éteindre. Une flatteuse illusion me soutenait dans mes peines ; je perdis avec elle la force de les supporter. Tant qu'il me fût resté quelque espoir d'etre a vous, peut-être aurais-je triomphé de moi ; il m'en eût moins coûté de vous résister toute ma vie que de renoncer a vous pour jamais ; et la seule idee d'un combat éternel m'ota le courage de vaincre.

La tristesse et l'amour consumaient mon cœur ; je tombai dans un abattement dont mes lettres se sentirent. Celle que vous m'ecrivites de Meillerie y mit le comble ; a mes propres douleurs se joignit le sentiment de votre desespoir. Helas ! c'est toujours l'âme la plus faible qui porte les peines de toutes deux. Le parti que vous m'osiez proposer mit le comble a mes perplexités. L'infortune de mes jours etait assurée, l'inévitable choix qui me restait a faire était d'y joindre celle de mes parents ou la votre. Je ne pus supporter cette horrible alternative : les forces de la nature ont un terme ; tant d'agitations épuiserent les miennes. Je souhaitai d'etre delivree de la vie. Le ciel parut avoir pitié de moi : mais la cruelle mort m'épargna pour me perdre. Je vous vis, je fus guérie, et je péris.

Si je ne trouvai point le bonheur dans mes fautes, je n'avais jamais espéré l'y trouver. Je sentais que mon cœur était fait pour la vertu, et qu'il ne pouvait être heureux sans elle; je succombai par faiblesse, et non par erreur; je n'eus pas même l'excuse de l'aveuglement. Il ne me restait aucun espoir; je ne pouvais plus qu'être infortunée. L'innocence et l'amour m'étaient également nécessaires; ne pouvant les conserver ensemble, et voyant votre égarement, je ne consultai que vous dans mon choix, et me perdis pour vous sauver.

Mais il n'est pas si facile qu'on pense de renoncer à la vertu elle tourmente longtemps ceux qui l'abandonnent; et ses charmes, qui font les délices des âmes pures, font le premier supplice du méchant, qui les aime encore et n'en saurait plus jouir. Coupable et non dépravée, je ne pus échapper aux remords qui m'attendaient; l'honnêteté me fut chère, même après l'avoir perdue; ma honte, pour être secrete, ne m'en fut pas moins amere; et quand tout l'univers en eût été témoin, je ne l'aurais pas mieux sentie. Je me consolais dans ma douleur comme un blessé qui craint la gangrene, et en qui le sentiment de son mal soutient l'espoir d'en guérir.

Cependant cet etat d'opprobre m'était odieux. A force de vouloir étouffer le reproche sans renoncer au crime, il m'arriva ce qu'il arrive à toute âme honnête qui s'égare et qui se plait dans son égarement. Une illusion nouvelle vint adoucir l'amertume du repentir; j'espérai tirer de ma faute un moyen de la réparer, et j'osai former le projet de contraindre mon pere a nous unir. Le premier fruit de notre amour devait serrer ce doux lien : je le demandais au ciel comme le gage de mon retour à la vertu et de notre bonheur commun; je le désirais comme une autre à ma place aurait pu le craindre : le tendre amour, tempérant par son prestige le murmure de la conscience, me consolait de ma faiblesse par l'effet que j'en attendais, et faisait d'une si chère attente le charme et l'espoir de ma vie.

Sitot que j'aurais porte des marques sensibles de mon etat, j'avais résolu d'en faire, en présence de toute ma famille, une declaration publique à M Perret [1]. Je suis timide, il est vrai; je sentais tout ce qu'il m'en devait coûter : mais l'honneur meme animait mon courage, et j'aimais mieux supporter une fois la confusion que j'avais méritée, que de nourrir une honte éternelle au fond de mon cœur. Je savais que mon pere me donnerait la mort ou mon amant : cette alternative n'avait rien d'effrayant pour moi; et, de

[1] Pasteur du lieu

maniere ou d'autre, j'envisagais dans cette démarche la fin de tous mes malheurs.

Tel était, mon bon ami, le mystère que je voulus vous dérober, et que vous cherchiez à pénétrer avec une si curieuse inquiétude. Mille raisons me forçaient à cette réserve avec un homme aussi emporté que vous, sans compter qu'il ne fallait pas armer d'un nouveau prétexte votre indiscrete importunité. Il était à propos surtout de vous éloigner durant une si périlleuse scène, et je savais bien que vous n'auriez jamais consenti à m'abandonner dans un danger pareil, s'il vous eût été connu.

Hélas! je fus encore abusée par une si douce espérance. Le ciel rejeta des projets conçus dans le crime : je ne méritais pas l'honneur d'être mère; mon attente resta toujours vaine, et il me fut refusé d'expier ma faute aux dépens de ma réputation. Dans le désespoir que j'en conçus, l'imprudent rendez-vous qui mettait votre vie en danger fut une témérité que mon fol amour me voilait d'une si douce excuse : je m'en prenais a moi du mauvais succes de mes vœux; et mon cœur, abusé par ses désirs, ne voyait dans l'ardeur de les contenter que le soin de les rendre un jour legitimes.

Je les crus un instant accomplis : cette erreur fut la source du plus cuisant de mes regrets; et l'amour exaucé par la nature n'en fut que plus cruellement trahi par la destinée. Vous avez su [1] quel accident détruisit, avec le germe que je portais dans mon sein, le dernier fondement de mes espérances. Ce malheur m'arriva précisément dans le temps de notre séparation; comme si le ciel eût voulu m'accabler alors de tous les maux que j'avais mérités, et couper à la fois tous les liens qui pouvaient nous unir.

Votre départ fut la fin de mes erreurs ainsi que de mes plaisirs : je reconnus, mais trop tard, les chimeres qui m'avaient abusée. Je me vis aussi méprisable que je l'étais devenue, et aussi malheureuse que je devais toujours l'etre avec un amour sans innocence, et des désirs sans espoir qu'il m'était impossible d'éteindre. Tourmentée de mille vains regrets, je renonçai à des réflexions aussi douloureuses qu'inutiles : je ne valais plus la peine que je songeasse a moi-meme, je consacrai ma vie a m'occuper de vous. Je n'avais plus d'honneur que le votre, plus d'espérance qu'en

---

[1] Ceci suppose d'autres lettres que nous n'avons pas.

votre bonheur; et les sentiments qui me venaient de vous étaient les seuls dont je crusse pouvoir être encore émue.

L'amour ne m'aveuglait point sur vos défauts, mais il me les rendait chers; et telle était son illusion, que je vous aurais moins aimé si vous aviez été plus parfait. Je connaissais votre cœur, vos emportements; je savais qu'avec plus de courage que moi vous aviez moins de patience, et que les maux dont mon âme était accablée mettraient la vôtre au désespoir: c'est par cette raison que je vous cachai toujours avec soin les engagements de mon père; et a notre séparation, voulant profiter du zele de mylord Édouard pour votre fortune, et vous en inspirer un pareil à vous-même, je vous flattai d'un espoir que je n'avais pas. Je fis plus: connaissant le danger qui nous menaçait, je pris la seule précaution qui pouvait nous en garantir; et, vous engageant avec ma parole ma liberté autant qu'il m'était possible, je tâchai d'inspirer à vous de la confiance, à moi de la fermeté, par une promesse que je n'osasse enfreindre et qui pût vous tranquilliser. C'était un devoir puéril, j'en conviens, et cependant je ne m'en serais jamais départie. La vertu est si nécessaire à nos cœurs, que quand on a une fois abandonné la véritable, on s'en fait ensuite une à sa mode, et l'on y tient plus fortement peut-etre, parce qu'elle est de notre choix.

Je ne vous dirai point combien j'éprouvai d'agitations depuis votre éloignement: la pire de toutes était la crainte d'être oubliée. Le séjour ou vous étiez me faisait trembler; votre maniere d'y vivre augmentait mon effroi; je croyais déjà vous voir avilir jusqu'à n'etre plus qu'un homme à bonnes fortunes. Cette ignominie m'était plus cruelle que tous mes maux; j'aurais mieux aimé vous savoir malheureux que méprisable; apres tant de peines auxquelles j'étais accoutumée, votre déshonneur était la seule que je ne pouvais supporter.

Je fus rassurée sur des craintes que le ton de vos lettres commençait à confirmer; et je le fus par un moyen qui eût pu mettre le comble aux alarmes d'une autre. Je parle du désordre où vous vous laissâtes entraîner, et dont le prompt et libre aveu fut de toutes les preuves de votre franchise celle qui m'a le plus touchée. Je vous connaissais trop pour ignorer ce qu'un pareil aveu devait vous coûter, quand même j'aurais cessé de vous être chere, je vis que l'amour, vainqueur de la honte, avait pu seul vous l'arracher.

Je jugeai qu'un cœur si sincère était incapable d'une infidélité cachée ; je trouvai moins de tort dans votre faute que de mérite à la confesser, et, me rappelant vos anciens engagements, je me guéris pour jamais de la jalousie.

Mon ami, je n'en fus pas plus heureuse ; pour un tourment de moins, sans cesse il en renaissait mille autres, et je ne connus jamais mieux combien il est insensé de chercher dans l'égarement de son cœur un repos qu'on ne trouve que dans la sagesse. Depuis longtemps je pleurais en secret la meilleure des mères, qu'une langueur mortelle consumait insensiblement. Babi, à qui le fatal effet de ma chute m'avait forcée a me confier, me trahit, et lui découvrit nos amours et mes fautes. A peine eus-je retiré vos lettres de chez ma cousine, qu'elles furent surprises. Le témoignage était convaincant ; la tristesse acheva d'oter a ma mere le peu de forces que son mal lui avait laissées. Je faillis expirer de regret à ses pieds. Loin de m'exposer a la mort que je méritais, elle voila ma honte, et se contenta d'en gémir : vous-même, qui l'aviez si cruellement abusée, ne pûtes lui devenir odieux. Je fus témoin de l'effet que produisit votre lettre sur son cœur tendre et compatissant. Hélas ! elle désirait votre bonheur et le mien. Elle tenta plus d'une fois... Que sert de rappeler une espérance a jamais éteinte ? Le ciel en avait autrement ordonné. Elle finit ses tristes jours dans la douleur de n'avoir pu fléchir un époux sévere, et de laisser une fille si peu digne d'elle.

Accablée d'une si cruelle perte, mon âme n'eut plus de force que pour la sentir ; la voix de la nature gémissante étouffa les murmures de l'amour. Je pris dans une espece d'horreur la cause de tant de maux ; je voulus étouffer enfin l'odieuse passion qui me les avait attirés, et renoncer à vous pour jamais. Il le fallait sans doute : n'avais-je pas assez de quoi pleurer le reste de ma vie, sans chercher incessamment de nouveaux sujets de larmes ? Tout semblait favoriser ma résolution. Si la tristesse attendrit l'âme, une profonde affliction l'endurcit. Le souvenir de ma mere mourante effaçait le vôtre ; nous étions éloignés ; l'espoir m'avait abandonnée. Jamais mon incomparable amie ne fut si sublime, ni si digne d'occuper seule tout mon cœur ; sa vertu, sa raison, son amitié, ses tendres caresses, semblaient l'avoir purifié : je vous crus oublié, je me crus guérie. Il était trop tard ; ce que j'avais pris pour la froideur d'un amour éteint n'était que l'abattement du désespoir.

Comme un malade qui cesse de souffrir en tombant en faiblesse se ranime à de plus vives douleurs, je sentis bientôt renaître toutes les miennes quand mon père m'eut annoncé le prochain retour de M. de Wolmar. Ce fut alors que l'invincible amour me rendit des forces que je croyais n'avoir plus. Pour la première fois de ma vie j'osai résister en face à mon père ; je lui protestai nettement que jamais M. de Wolmar ne me serait rien, que j'étais déterminée à mourir fille, qu'il était maître de ma vie, mais non pas de mon cœur, et que rien ne me ferait changer de volonté. Je ne vous parlerai ni de sa colère, ni des traitements que j'eus à souffrir. Je fus inébranlable : ma timidité surmontée m'avait portée à l'autre extrémité ; et si j'avais le ton moins impérieux que mon père, je l'avais tout aussi résolu.

Il vit que j'avais pris mon parti, et qu'il ne gagnerait rien sur moi par autorité. Un instant je me crus délivrée de ses persécutions ; mais que devins-je quand tout à coup je vis à mes pieds le plus sévère des pères attendri et fondant en larmes ? Sans me permettre de me lever il me serrait les genoux, et, fixant ses yeux mouillés sur les miens, il me dit d'une voix touchante que j'entends encore au-dedans de moi : Ma fille, respecte les cheveux blancs de ton malheureux père ; ne le fais pas descendre avec douleur au tombeau, comme celle qui te porta dans son sein : ah ! veux-tu donner la mort à toute ta famille ?

Concevez mon saisissement. Cette attitude, ce ton, ce geste, ce discours, cette affreuse idée, me bouleversèrent au point que je me laissai aller demi-morte entre ses bras ; et ce ne fut qu'après bien des sanglots dont j'étais oppressée que je pus lui répondre d'une voix altérée et faible : O mon père, j'avais des armes contre vos menaces, je n'en ai point contre vos pleurs ; c'est vous qui ferez mourir votre fille.

Nous étions tous deux tellement agités que nous ne pûmes de longtemps nous remettre. Cependant, en repassant en moi-même ses derniers mots, je conçus qu'il était plus instruit que je n'avais cru ; et, résolue de me prévaloir contre lui de ses propres connaissances, je me préparais à lui faire au péril de ma vie un aveu trop longtemps différé, quand m'arrêtant avec vivacité, comme s'il eût prévu et craint ce que j'allais lui dire, il me parla ainsi :

« Je sais quelle fantaisie indigne d'une fille bien née vous nour-
« rissez au fond de votre cœur · il est temps de sacrifier au devoir

« et à l'honnêteté une passion honteuse qui vous déshonore, et que
« vous ne satisferez jamais qu'aux dépens de ma vie. Écoutez une
« fois ce que l'honneur d'un père et le vôtre exigent de vous, et
« jugez-vous vous-même.

« M. de Wolmar est un homme d'une grande naissance, distin-
« gué par toutes les qualités qui peuvent la soutenir, qui jouit de
« la considération publique, et qui la mérite. Je lui dois la vie ;
« vous savez les engagements que j'ai pris avec lui. Ce qu'il faut
« vous apprendre encore, c'est qu'étant allé dans son pays pour
« mettre ordre à ses affaires, il s'est trouvé enveloppé dans la
« dernière révolution, qu'il y a perdu ses biens, qu'il n'a lui-même
« échappé à l'exil en Sibérie que par un bonheur singulier, et qu'il
« revient avec le triste débris de sa fortune, sur la parole de son
« ami, qui n'en manqua jamais à personne. Prescrivez-moi main-
« tenant la réception qu'il faut lui faire à son retour. Lui dirai-je :
« Monsieur, je vous promis ma fille tandis que vous étiez riche ;
« mais à présent que vous n'avez plus rien je me rétracte, et ma
« fille ne veut point de vous ? Si ce n'est pas ainsi que j'énonce
« mon refus, c'est ainsi qu'on l'interprétera : vos amours allégués
« seront pris pour un prétexte, ou ne seront pour moi qu'un
« affront de plus ; et nous passerons, vous pour une fille perdue,
« moi pour un malhonnête homme qui sacrifie son devoir et sa
« foi à un vil intérêt, et joint l'ingratitude à l'infidélité. Ma fille,
« il est trop tard pour finir dans l'opprobre une vie sans tâche ; et
« soixante ans d'honneur ne s'abandonnent pas en un quart d'heure.

« Voyez donc, continua-t-il, combien tout ce que vous pou-
« vez me dire est à présent hors de propos ; voyez si des préfé-
« rences que la pudeur désavoue, et quelque feu passager de jeu-
« nesse, peuvent jamais être mis en balance avec le devoir d'une
« fille et l'honneur compromis d'un père. S'il n'était question
« pour l'un des deux que d'immoler son bonheur à l'autre, ma
« tendresse vous disputerait un si doux sacrifice ; mais, mon en-
« fant, l'honneur a parlé, et, dans le sang dont tu sors, c'est tou-
« jours lui qui décide. »

Je ne manquais pas de bonnes réponses à ce discours ; mais les
préjugés de mon père lui donnent des principes si différents des
miens, que des raisons qui me semblaient sans réplique ne l'auraient pas même ébranlé. D'ailleurs, ne sachant ni d'où lui venaient les lumières qu'il paraissait avoir acquises sur ma conduite,

ni jusqu'où elles pouvaient aller; craignant, à son affectation de m'interrompre, qu'il n'eût déjà pris son parti sur ce que j'avais à lui dire; et, plus que tout cela, retenue par une honte que je n'ai jamais pu vaincre, j'aimai mieux employer une excuse qui me parut plus sûre, parce qu'elle était plus selon sa manière de penser. Je lui déclarai sans détour l'engagement que j'avais pris avec vous; je protestai que je ne vous manquerais point de parole, et que, quoi qu'il pût arriver, je ne me marierais jamais sans votre consentement.

En effet, je m'aperçus avec joie que mon scrupule ne lui déplaisait pas: il me fit de vifs reproches sur ma promesse, mais il n'y objecta rien; tant un gentilhomme plein d'honneur a naturellement une haute idée de la foi des engagements, et regarde la parole comme une chose toujours sacrée. Au lieu donc de s'amuser à disputer sur la nullité de cette promesse, dont je ne serais jamais convenue, il m'obligea d'écrire un billet, auquel il joignit une lettre qu'il fit partir sur-le-champ. Avec quelle agitation n'attendis-je point votre réponse! combien je fis de vœux pour vous trouver moins de délicatesse que vous ne deviez en avoir! Mais je vous connaissais trop pour douter de votre obéissance, et je savais que plus le sacrifice exigé vous serait pénible, plus vous seriez prompt à vous l'imposer. La réponse vint; elle me fut cachée durant ma maladie: après mon rétablissement mes craintes furent confirmées, et il ne me resta plus d'excuses. Au moins mon père me déclara qu'il n'en recevrait plus; et, avec l'ascendant que le terrible mot qu'il m'avait dit lui donnait sur mes volontés, il me fit jurer que je ne dirais rien à M. de Wolmar qui pût le détourner de m'épouser: car, ajouta-t-il, cela lui paraîtrait un jeu concerté entre nous; et, à quelque prix que ce soit, il faut que ce mariage s'achève, ou que je meure de douleur.

Vous le savez, mon ami, ma santé, si robuste contre la fatigue et les injures de l'air, ne peut résister aux intempéries des passions, et c'est dans mon trop sensible cœur qu'est la source de tous les maux et de mon corps et de mon âme. Soit que de longs chagrins eussent corrompu mon sang, soit que la nature eût pris ce temps pour l'épurer d'un levain funeste, je me sentis fort incommodée à la fin de cet entretien. En sortant de la chambre de mon père je m'efforçai pour vous écrire un mot, et me trouvai si mal qu'en me mettant au lit j'espérai ne m'en plus relever.

Tout le reste vous est trop connu ; mon imprudence attira la vôtre. Vous vîntes ; je vous vis, et crus n'avoir fait qu'un de ces rêves qui vous offraient si souvent a moi durant mon délire. Mais quand j'appris que vous étiez venu, que je vous avais vu réellement, et que, voulant partager le mal dont vous ne pouviez me guérir, vous l'aviez pris a dessein, je ne pus supporter cette derniere épreuve ; et voyant un si tendre amour survivre a l'espérance, le mien, que j'avais pris tant de peine à contenir, ne connut plus de frein, et se ranima bientot avec plus d'ardeur que jamais. Je vis qu'il fallait aimer malgré moi ; je sentis qu'il fallait etre coupable ; que je ne pouvais résister ni à mon pere ni à mon amant, et que je n'accorderais jamais les droits de l'amour et du sang qu'aux depens de l'honneteté. Ainsi tous mes bons sentiments acheverent de s'éteindre, toutes mes facultés s'altérerent, le crime perdit son horreur à mes yeux, je me sentis tout autre au dedans de moi ; enfin, les transports effrenés d'une passion rendue furieuse par les obstacles me jeterent dans le plus affreux désespoir qui puisse accabler une âme ; j'osai désespérer de la vertu. Votre lettre, plus propre à réveiller les remords qu'à les prévenir, acheva de m'égarer. Mon cœur était si corrompu, que ma raison ne put résister aux discours de vos philosophes ; des horreurs dont l'idée n'avait jamais souillé mon esprit oserent s'y présenter. La volonté les combattait encore, mais l'imagination s'accoutumait à les voir ; et si je ne portais pas d'avance le crime au fond de mon cœur, je n'y portais plus ces résolutions généreuses qui seules peuvent lui résister.

J'ai peine à poursuivre : arrêtons un moment. Rappelez-vous ces temps de bonheur et d'innocence ou ce feu si vif et si doux dont nous étions animés épurait tous nos sentiments, ou sa sainte ardeur[1] nous rendait la pudeur plus chere et l'honnêteté plus aimable, ou les désirs memes ne semblaient naitre que pour nous donner l'honneur de les vaincre, et d'en etre plus dignes l'un de l'autre. Relisez nos premieres lettres, songez a ces moments si courts et trop peu goûtés, ou l'amour se parait a nos yeux de tous les charmes de la vertu, et ou nous nous aimions trop pour former entre nous des liens désavoués par elle.

Qu'etions-nous, et que sommes-nous devenus ? Deux tendres

[1] Sainte ardeur ! Julie, ah ! Julie, quel mot pour une femme aussi bien guérie que vous croyez l'être !

amants passèrent ensemble une année entiere dans le plus rigoureux silence : leurs soupirs n'osaient s'exhaler, mais leurs cœurs s'entendaient ; ils croyaient souffrir, et ils étaient heureux. A force de s'entendre ils se parlerent ; mais, contents de savoir triompher d'eux-mêmes et de s'en rendre mutuellement l'honorable témoignage, ils passerent une autre année dans une réserve non moins sévere ; ils se disaient leurs peines, et ils étaient heureux. Ces longs combats furent mal soutenus ; un instant de faiblesse les égara ; ils s'oublierent dans les plaisirs : mais s'ils cesserent d'etre chastes, au moins ils étaient fideles, au moins le ciel et la nature autorisaient les nœuds qu'ils avaient formés, au moins la vertu leur était toujours chere, ils l'aimaient encore et la savaient encore honorer ; ils s'étaient moins corrompus qu'avilis. Moins dignes d'etre heureux, ils l'étaient pourtant encore.

Que font maintenant ces amants si tendres, qui brûlaient d'une flamme si pure, qui sentaient si bien le prix de l'honnêteté ? Qui l'apprendra sans gémir sur eux ? Les voila livrés au crime ; l'idée même de souiller le lit conjugal ne leur fait plus d'horreur... ils méditent des adulteres ! Quoi ! sont-ils bien les mêmes ? leurs âmes n'ont-elles point changé ? Comment cette ravissante image que le méchant n'aperçut jamais peut-elle s'effacer des cœurs ou elle a brillé ? comment l'attrait de la vertu ne degoûte-t-il pas pour toujours du vice ceux qui l'ont une fois connue ? Combien de siecles ont pu produire ce changement etrange ? quelle longueur de temps put détruire un si charmant souvenir, et faire perdre le vrai sentiment du bonheur a qui l'a pu savourer une fois ? Ah ! si le premier désordre est penible et lent, que tous les autres sont prompts et faciles ! Prestige des passions, tu fascines ainsi la raison, tu trompes la sagesse et changes la nature avant qu'on s'en aperçoive : on s'egare un seul moment de la vie, on se détourne d'un seul pas de la droite route ; aussitôt une pente inévitable nous entraine et nous perd ; on tombe enfin dans le gouffre, et l'on se reveille épouvanté de se trouver couvert de crimes avec un cœur né pour la vertu. Mon bon ami, laissons retomber ce voile : avons-nous besoin de voir le précipice affreux qu'il nous cache, pour éviter d'en approcher ? Je reprends mon recit.

M. de Wolmar arriva, et ne se rebuta pas du changement de mon visage. Mon pere ne me laissa pas respirer. Le deuil de ma mere allait finir, et ma douleur etait a l'épreuve du temps. Je ne pouvais alléguer ni l'un ni l'autre pour éluder ma promesse ; il fallut l'accomplir. Le jour qui devait m'oter pour jamais à vous et a moi me parut le dernier de ma vie. J'aurais vu les apprêts de ma sépulture avec moins d'effroi que ceux de mon mariage. Plus j'approchais du moment fatal, moins je pouvais déraciner de mon cœur mes premières affections ; elles s'irritaient par mes efforts pour les éteindre. Enfin, je me lassai de combattre inutilement. Dans l'instant meme ou j'étais prêt a jurer a un autre une éternelle fidélité, mon cœur vous jurait encore un amour éternel ; et je fus menée au temple comme une victime impure qui souille le sacrifice ou l'on va l'immoler.

Arrivée a l'église, je sentis en entrant une sorte d'emotion que je n'avais jamais éprouvée. Je ne sais quelle terreur vint saisir mon âme dans ce lieu simple et auguste, tout rempli de la majesté de celui qu'on y sert. Une frayeur soudaine me fit frissonner ; tremblante et prete a tomber en défaillance, j'eus peine a me trainer jusqu'au pied de la chaire. Loin de me remettre, je sentis mon trouble augmenter durant la cérémonie ; et s'il me laissait apercevoir les objets, c'était pour en etre épouvantée. Le jour sombre de l'édifice, le profond silence des spectateurs, leur maintien modeste et recueilli, le cortége de tous mes parents, l'imposant aspect de mon vénéré pere, tout donnait a ce qui s'allait passer un air de solennité qui m'excitait a l'attention et au respect, et qui m'eût fait frémir a la seule idée d'un parjure. Je crus voir l'organe de la Providence et entendre la voix de Dieu dans le ministre prononçant gravement la sainte liturgie. La pureté, la dignité, la sainteté du mariage si vivement exposées dans les paroles de l'Écriture, ses chastes et sublimes devoirs si importants au bonheur, a l'ordre, a la paix, a la durée du genre humain, si doux à remplir pour eux-mêmes ; tout cela me fit une telle impression, que je crus sentir intérieurement une revolution subite Une puissance inconnue sembla corriger tout a coup le désordre de mes affections, et les retablir selon la loi du devoir et de la nature. L'œil éternel qui voit tout, disais-je en moi-meme, lit maintenant au fond de mon cœur ; il compare ma volonté cachée a la réponse de ma bouche : le ciel et la terre sont temoins de l'engagement sacré que je prends ; ils le seront encore de ma fidélité a l'observer. Quel droit peut respecter parmi les hommes quiconque ose violer le-premier de tous ?

Un coup d'œil jete par hasard sur monsieur et madame d'Orbe, que je vis a coté l'un de l'autre et fixant sur moi des yeux attendris, m'émut plus puissamment encore que n'avaient fait tous les autres objets. Aimable et vertueux couple, pour moins connaître l'amour en êtes-vous moins unis ? Le devoir et l'honnêteté vous lient : tendres amis, époux fideles, sans brûler de ce feu dévorant qui consume l'âme, vous vous aimez d'un sentiment pur et doux qui la nourrit, que la sagesse autorise et que la raison dirige ; vous n'en êtes que plus solidement heureux. Ah ! puissé-je dans un lien pareil recouvrer la même innocence, et jouir du meme bonheur ! Si je ne l'ai pas mérité comme vous, je m'en rendrai digne a votre exemple. Ces sentiments réveillerent mon espérance et mon courage. J'envisageai le saint nœud que j'allais former comme un nouvel état qui devait purifier mon âme et la rendre a tous ses devoirs. Quand le pasteur me demanda si je promettais obéissance et fidélité parfaite à celui que j'acceptais pour époux, ma bouche et mon cœur le promirent. Je le tiendrai jusqu'a la mort.

De retour au logis, je soupirais apres une heure de solitude et de recueillement. Je l'obtins, non sans peine ; et, quelque empressement que j'eusse d'en profiter, je ne m'examinai d'abord qu'avec répugnance, craignant de n'avoir éprouvé qu'une fermentation passagère en changeant de condition, et de me retrouver aussi peu digne épouse que j'avais été fille peu sage. L'épreuve était sûre, mais dangereuse : je commençai par songer à vous. Je me rendais le témoignage que nul tendre souvenir n'avait profané l'engagement solennel que je venais de prendre. Je ne pouvais concevoir par quel prodige votre opiniâtre image m'avait pu laisser si longtemps en paix, avec tant de sujets de me la rappeler : je me serais défiée de l'indifférence et de l'oubli, comme d'un état trompeur qui m'était trop peu naturel pour être durable. Cette illusion n'était guère à craindre : je sentis que je vous aimais autant et plus peut-être que je n'avais jamais fait ; mais je le sentis sans rougir. Je vis que je n'avais pas besoin, pour penser à vous, d'oublier que j'étais la femme d'un autre. En me disant combien vous m'étiez cher, mon cœur était ému, mais ma conscience et mes sens étaient tranquilles ; et je connus des ce moment que j'étais réellement changée. Quel torrent de pure joie vint alors inonder mon âme ! Quel sentiment de paix, effacé depuis si longtemps, vint ranimer ce cœur flétri par l'ignominie, et répandre dans tout mon être une sérénité nouvelle ! Je crus me sentir renaitre ; je crus recommencer une autre vie. Douce et consolante vertu, je la recommence pour toi ; c'est toi qui me la rendras chère ; c'est à toi que je la veux consacrer. Ah ! j'ai trop appris ce qu'il en coûte à te perdre, pour t'abandonner une seconde fois !

Dans le ravissement d'un changement si grand, si prompt, si inespéré, j'osai considérer l'état où j'étais la veille : je frémis de l'indigne abaissement où m'avait réduite l'oubli de moi-même, et de tous les dangers que j'avais courus depuis mon premier égarement. Quelle heureuse révolution venait de me montrer l'horreur du crime qui m'avait tentée, et réveillait en moi le goût de la sagesse ! Par quel rare bonheur avais-je été plus fidèle à l'amour qu'à l'honneur, qui me fut si cher ? Par quelle faveur du sort votre inconstance ou la mienne ne m'avait-elle point livrée à de nouvelles inclinations ? Comment eussé-je opposé à un autre amant une résistance que le premier avait déjà vaincue, et une honte accoutumée à céder aux désirs ? Aurais-je plus respecté les droits d'un amour éteint que je n'avais respecté ceux de la vertu, jouissant encore de tout leur empire ? Quelle sûreté avais-je eue de n'aimer que vous seul au monde, si ce n'est un sentiment intérieur que croient avoir tous les amants, qui se jurent une constance éternelle, et se parjurent innocemment toutes les fois qu'il plait au ciel de changer leur cœur ? Chaque défaite eût ainsi préparé la suivante ; l'habitude du vice en eût effacé l'horreur à mes yeux. Entraînée du déshonneur à l'infamie sans trouver de prise pour m'arrêter, d'une amante abusée je devenais une fille perdue, l'opprobre de mon sexe et le désespoir de ma famille. Qui m'a garantie d'un effet si naturel de ma première faute ? qui m'a retenue après le premier pas ? qui m'a conservé ma réputation et l'estime de ceux qui me sont chers ? qui m'a mise sous la sauvegarde d'un époux vertueux, sage, aimable par son caractère et même par sa personne, et rempli pour moi d'un respect et d'un attachement si peu mérités ? qui me permet enfin d'aspirer encore au titre d'honnête femme, et me rend le courage d'en être digne ? Je le vois, je le sens : la main secourable qui m'a conduite à travers les ténèbres est celle qui lève à mes yeux le voile de l'erreur, et me rend à moi malgré moi-même. La voix secrète qui ne cessait de murmurer au fond de mon cœur s'élève et tonne avec plus de force au moment où j'étais prête à périr. L'auteur de toute vérité n'a point souffert que je sortisse de sa présence, coupable d'un vil parjure; et, prévenant mon crime par mes remords, il m'a montré l'abîme où j'allais me précipiter. Providence éternelle, qui fais ramper l'insecte et rouler les cieux, tu veilles sur la moindre de tes œuvres; tu me rappelles au bien que tu m'as fait aimer! Daigne accepter d'un cœur épuré par tes soins l'hommage que toi seule rends digne de t'être offert.

A l'instant, pénétrée d'un vif sentiment du danger dont j'étais délivrée, et de l'état d'honneur et de sûreté où je me sentais rétablie, je me prosternai contre terre, j'élevai vers le ciel mes mains suppliantes, j'invoquai l'être dont il est le trone, et qui soutient ou détruit quand il lui plait par nos propres forces la liberté qu'il nous donne. Je veux, lui dis-je, le bien que tu veux, et dont toi seul es la source. Je veux aimer l'époux que tu m'as donné. Je veux être fidèle, parce que c'est le premier devoir qui lie la famille et toute la société. Je veux être chaste, parce que c'est la première vertu qui nourrit toutes les autres. Je veux tout ce qui se rapporte à l'ordre de la nature que tu as établi, et aux règles de la raison que je tiens de toi. Je remets mon cœur sous ta garde et mes désirs en ta main. Rends toutes mes actions conformes à ma volonté constante, qui est la tienne; et ne permets plus que l'erreur d'un moment l'emporte sur le choix de toute ma vie.

Après cette courte prière, la première que j'eusse faite avec un vrai zele, je me sentis tellement affermie dans mes résolutions, il me parut si facile et si doux de les suivre, que je vis clairement où je devais chercher désormais la force dont j'avais besoin pour résister à mon propre cœur, et que je ne pouvais trouver en moi-même. Je tirai de cette seule découverte une confiance nouvelle, et je déplorai le triste aveuglement qui me l'avait fait manquer si longtemps. Je n'avais jamais été tout à fait sans religion : mais peut-être vaudrait-il mieux n'en point avoir du tout que d'en avoir une extérieure et maniérée, qui sans toucher le cœur rassure la conscience; de se borner à des formules, et de croire exactement en Dieu à certaines heures, pour n'y plus penser le reste du temps. Scrupuleusement attachée au culte public, je n'en savais rien tirer pour la pratique de ma vie. Je me sentais bien née, et me livrais à mes penchants; j'aimais a réfléchir, et me fiais a ma raison : ne pouvant accorder l'esprit de l'Évangile avec celui du monde, ni la foi avec les œuvres, j'avais pris un milieu qui contentait ma vaine sagesse; j'avais des maximes pour croire et d'autres pour agir; j'oubliais dans un lieu ce que j'avais pensé dans l'autre; j'étais dévote à l'église et philosophe au logis. Hélas ! je n'étais rien nulle part; mes prières n'étaient que des mots, mes raisonnements des sophismes, et je suivais pour toute lumière la fausse lueur des feux errants qui me guidaient pour me perdre.

Je ne puis vous dire combien ce principe intérieur qui m'avait manqué jusqu'ici m'a donné de mépris pour ceux qui m'ont si mal conduite. Quelle était, je vous prie, leur raison première ? et sur quelle base étaient-ils fondés ? Un heureux instinct me porte au bien; une violente passion s'élève; elle a sa racine dans le même instinct : que ferai-je pour la détruire ? De la considération de l'ordre je tire la beauté de la vertu, et sa bonté de l'utilité commune. Mais que fait tout cela contre mon intérêt particulier ? et lequel au fond m'importe le plus, de mon bonheur aux dépens du reste des hommes, ou du bonheur des autres aux dépens du mien ? Si la crainte de la honte ou du châtiment m'empêche de mal faire pour mon profit, je n'ai qu'à mal faire en secret, la vertu n'a plus rien a me dire; et si je suis surprise en faute, on punira comme à Sparte, non le délit, mais la maladresse. Enfin, que le caractère et l'amour du beau soient empreints par la nature au fond de mon âme, j'aurai ma règle aussi longtemps qu'ils ne seront point défigurés. Mais comment m'assurer de conserver toujours dans sa pureté cette effigie intérieure qui n'a point parmi les êtres sensibles de modèle auquel on puisse la comparer ? Ne sait-on pas que les affections désordonnées corrompent le jugement ainsi que la volonté, et que la conscience s'altère et se modifie insensiblement dans chaque siècle, dans chaque peuple, dans chaque individu, selon l'inconstance et la variété des préjugés ?

Adorez l'Être éternel, mon digne et sage ami; d'un souffle vous détruirez ces fantômes de raison qui n'ont qu'une vaine apparence, et fuient comme une ombre devant l'immuable vérité. Rien n'existe que par celui qui est; c'est lui qui donne un but à la justice, une base à la vertu, un prix à cette courte vie employée à lui plaire; c'est lui qui ne cesse de crier aux coupables que leurs crimes secrets ont été vus, et qui sait dire au juste oublié, Tes vertus ont un témoin; c'est lui, c'est sa substance inaltérable qui est le vrai modèle des perfections dont nous portons tous une image en nous-mêmes. Nos passions ont beau la défigurer, tous ses traits, liés à l'essence infinie, se représentent toujours à la raison, et lui servent à rétablir ce que l'imposture et l'erreur en ont altéré. Ces distinctions me semblent faciles, le sens commun suffit pour les faire. Tout ce qu'on ne peut séparer de l'idée de cette essence est Dieu; tout le reste est l'ouvrage des hommes. C'est à la contemplation de ce divin modèle que l'âme s'épure et s'élève, qu'elle apprend à mépriser ses inclinations basses et à surmonter ses vils penchants. Un cœur pénétré de ces sublimes vérités se refuse aux petites passions des hommes; cette grandeur infinie le dégoûte de leur orgueil; le charme de la méditation l'arrache aux désirs terrestres; et quand l'être immense dont il s'occupe n'existerait pas, il serait encore bon qu'il s'en occupât sans cesse, pour être plus maître de lui-même, plus fort, plus heureux, et plus sage.

Cherchez-vous un exemple sensible des vains sophismes d'une raison qui ne s'appuie que sur elle-même? Considérons de sang-froid les discours de vos philosophes, dignes apologistes du crime, qui ne séduisirent jamais que des cœurs déjà corrompus. Ne dirait-on pas qu'en s'attaquant directement au plus saint et au plus solennel des engagements, ces dangereux raisonneurs ont résolu d'anéantir d'un seul coup toute la société humaine, qui n'est fondée que sur la foi des conventions? Mais voyez, je vous prie, comment ils disculpent un adultère secret. C'est, disent-ils, qu'il n'en résulte aucun mal, pas même pour l'époux qui l'ignore : comme s'ils pouvaient être sûrs qu'il l'ignorera toujours! comme s'il suffisait, pour autoriser le parjure et l'infidélité, qu'ils ne nuisissent pas à autrui! comme si ce n'était pas assez, pour abhorrer le crime, du mal qu'il fait à ceux qui le commettent! Quoi donc! ce n'est pas un mal de manquer de foi, d'anéantir autant qu'il est en soi la force du serment et des contrats les plus inviolables? Ce n'est pas un mal de se forcer soi-même à devenir fourbe et menteur? Ce n'est pas un mal de former des liens qui vous font désirer le mal et la mort d'autrui, la mort de celui même qu'on doit le plus aimer, et avec qui l'on a juré de vivre? Ce n'est pas un mal qu'un état dont mille autres crimes sont toujours le fruit? Un bien qui produirait tant de maux serait par cela seul un mal lui-même.

L'un des deux penserait-il être innocent, parce qu'il est libre peut-être de son côté et ne manque de foi à personne? Il se trompe grossièrement. Ce n'est pas seulement l'intérêt des époux, mais la cause commune de tous les hommes, que la pureté du mariage ne soit point altérée. Chaque fois que deux époux s'unissent par un nœud solennel, il intervient un engagement tacite de tout le genre humain de respecter ce lien sacré, d'honorer en eux l'union conjugale; et c'est, ce me semble, une raison très-forte contre les mariages clandestins, qui, n'offrant nul signe de cette union, exposent des cœurs innocents à brûler d'une flamme adultère. Le public est en quelque sorte garant d'une convention passée en sa présence; et l'on peut dire que l'honneur d'une femme pudique est sous la protection spéciale de tous les gens de bien. Ainsi quiconque ose la corrompre pèche, premièrement parce qu'il la fait pécher, et qu'on partage toujours les crimes qu'on fait commettre; il pèche encore directement lui-même, parce qu'il viole la foi publique et sacrée du mariage, sans lequel rien ne peut subsister dans l'ordre légitime des choses humaines.

Le crime est secret, disent-ils, et il n'en résulte aucun mal pour personne. Si ces philosophes croient l'existence de Dieu et l'immortalité de l'âme, peuvent-ils appeler un crime secret celui qui a pour témoin le premier offensé et le seul vrai juge? Étrange secret que celui qu'on dérobe à tous les yeux, hors ceux à qui l'on a le plus d'intérêt à le cacher! Quand même ils ne reconnaîtraient pas la présence de la Divinité, comment osent-ils soutenir qu'ils ne font de mal à personne? comment prouvent-ils qu'il est indifférent à un père d'avoir des héritiers qui ne soient pas de son sang, d'être chargé peut-être de plus d'enfants qu'il n'en aurait eu, et forcé de partager ses biens aux gages de son deshonneur, sans sentir pour eux des entrailles de père? Supposons ces raisonneurs matérialistes; on n'en est que mieux fondé à leur opposer la douce voix de la nature, qui réclame au fond de tous les cœurs contre une orgueilleuse philosophie, et qu'on n'attaqua jamais par de bonnes raisons. En effet, si le corps seul produit la pensée, et que le sentiment dépende uniquement des organes, deux êtres formés d'un même sang ne doivent-ils pas avoir entre eux une plus étroite analogie, un attachement plus fort l'un pour l'autre, et se ressembler d'âme comme de visage? ce qui est une grande raison de s'aimer.

N'est-ce donc faire aucun mal, à votre avis, que d'anéantir ou troubler par un sang étranger cette union naturelle, et d'altérer dans son principe l'affection mutuelle qui doit lier entre eux tous les membres d'une famille? Y a-t-il au monde un honnête homme qui n'eût horreur de changer l'enfant d'un autre en nourrice ? et le crime est-il moindre de le changer dans le sein de la mère ?

Si je considère mon sexe en particulier, que de maux j'aperçois dans ce désordre qu'ils prétendent ne faire aucun mal! ne fût-ce que l'avilissement d'une femme coupable a qui la perte de l'honneur ôte bientôt toutes les autres vertus. Que d'indices trop sûrs pour un tendre époux d'une intelligence qu'ils pensent justifier par le secret, ne fût-ce que de n'être plus aimé de sa femme ! Que fera-t-elle avec ses soins artificieux ? que mieux prouver son indifférence. Est-ce l'œil de l'amour qu'on abuse par de feintes caresses ? Et quel supplice, auprès d'un objet chéri, de sentir que la main nous embrasse et que le cœur nous repousse ! Je veux que la fortune seconde une prudence qu'elle a si souvent trompée ; je compte un moment pour rien la témérité de confier sa prétendue innocence et le repos d'autrui a des précautions que le ciel se plaît à confondre : que de faussetés, que de mensonges, que de fourberies pour couvrir un mauvais commerce, pour tromper un mari, pour corrompre des domestiques, pour en imposer au public ! Quel scandale pour des complices ! quel exemple pour des enfants ! Que devient leur éducation parmi tant de soins pour satisfaire impunément de coupables feux ? que devient la paix de la maison et l'union des chefs ? Quoi ! dans tout cela l'époux n'est point lésé ? Mais qui le dédommagera donc d'un cœur qui lui était dû ? qui lui pourra rendre une femme estimable ? qui lui donnera le repos et la sûreté ? qui le guérira de ses justes soupçons ? qui fera confier un père au sentiment de la nature, en embrassant son propre enfant ?

A l'égard des liaisons prétendues que l'adultère et l'infidélité peuvent former entre les familles, c'est moins une raison sérieuse qu'une plaisanterie absurde et brutale, qui ne mérite pour toute réponse que le mépris et l'indignation. Les trahisons, les querelles, les combats, les meurtres, les empoisonnements dont ce désordre a couvert la terre dans tous les temps, montrent assez ce qu'on doit attendre, pour le repos et l'union des hommes, d'un attachement formé par le crime. S'il résulte quelque sorte de société de ce vil et méprisable commerce, elle est semblable à celle des brigands, qu'il faut détruire et anéantir pour assurer les sociétés légitimes.

J'ai tâché de suspendre l'indignation que m'inspirent ces maximes, pour les discuter paisiblement avec vous. Plus je les trouve insensées, moins je dois dédaigner de les réfuter, pour me faire honte a moi-même de les avoir peut-être écoutées avec trop peu d'éloignement. Vous voyez combien elles supportent mal l'examen de la saine raison. Mais où chercher la saine raison, sinon dans celui qui en est la source? et que penser de ceux qui consacrent à perdre les hommes ce flambeau divin qu'il leur donna pour les guider? Défions-nous d'une philosophie en paroles; défions-nous d'une fausse vertu qui sape toutes les vertus, et s'applique a justifier tous les vices pour s'autoriser a les avoir tous. Le meilleur moyen de trouver ce qui est bien est de le chercher sincèrement; et l'on ne peut longtemps le chercher ainsi, sans remonter a l'auteur de tout bien. C'est ce qu'il me semble avoir fait depuis que je m'occupe a rectifier mes sentiments et ma raison; c'est ce que vous ferez mieux que moi quand vous voudrez suivre la même route. Il m'est consolant de songer que vous avez souvent nourri mon esprit des grandes idées de la religion; et vous, dont le cœur n'eut rien de caché pour moi, ne m'en eussiez pas ainsi parlé si vous aviez eu d'autres sentiments. Il me semble même que ces conversations avaient pour nous des charmes. La présence de l'Être suprême ne nous fut jamais importune; elle nous donnait plus d'espoir que d'épouvante; elle n'effraya jamais que l'ame du méchant; nous aimions a l'avoir pour temoin de nos entretiens, a nous elever conjointement jusqu'a lui. Si quelquefois nous etions humiliés par la honte, nous nous disions, en déplorant nos faiblesses : Au moins il voit le fond de nos cœurs, et nous en étions plus tranquilles.

Si cette sécurité nous égara, c'est au principe sur lequel elle était fondée a nous ramener. N'est-il pas bien indigne d'un homme de ne pouvoir jamais s'accorder avec lui-même, d'avoir une regle pour ses actions, une autre pour ses sentiments, de penser comme s'il était sans corps, d'agir comme s'il était sans âme, et de ne jamais approprier a soi tout entier rien de ce qu'il fait en toute sa vie? Pour moi, je trouve qu'on est bien fort avec nos anciennes maximes, quand on ne les borne pas a de vaines speculations. La faiblesse est de l'homme, et le Dieu clement qui le fit la lui pardonnera sans doute, mais le crime est du méchant, et ne restera point impuni devant l'auteur de toute justice. Un incredule, d'ailleurs heureusement né, se livre aux vertus qu'il aime; il fait le bien par goût et non par choix. Si tous ses désirs sont droits, il les suit sans contrainte ; il les suivrait de même s'ils ne l'étaient pas : car pourquoi se gênerait-il ? Mais celui qui reconnaît et sert le père commun des hommes se croit une plus haute destination ; l'ardeur de la remplir anime son zèle ; et, suivant une règle plus sûre que ses penchants, il sait faire le bien qui lui coûte, et sacrifier les désirs de son cœur à la loi du devoir. Tel est, mon ami, le sacrifice héroïque auquel nous sommes tous deux appelés. L'amour qui nous unissait eût fait le charme de notre vie. Il survécut à l'espérance ; il brava le temps et l'éloignement ; il supporta toutes les épreuves. Un sentiment si parfait ne devait point périr de lui-même ; il était digne de n'être immolé qu'à la vertu.

Je vous dirai plus : tout est changé entre nous ; il faut nécessairement que votre cœur change. Julie de Wolmar n'est plus votre ancienne Julie ; la révolution de vos sentiments pour elle est inévitable, et il ne vous reste que le choix de faire honneur de ce changement au vice ou à la vertu. J'ai dans la mémoire un passage d'un auteur que vous ne récuserez pas : « L'amour, « dit-il, est privé de son plus grand charme quand l'honnêteté « l'abandonne. Pour en sentir tout le prix, il faut que le cœur s'y « complaise, et qu'il nous élève en élevant l'objet aimé. Otez l'i- « dée de la perfection, vous otez l'enthousiasme ; ôtez l'estime, et « l'amour n'est plus rien. Comment une femme honorera-t-elle un « homme qu'elle doit mépriser ? comment pourra-t-il honorer « lui-même celle qui n'a pas craint de s'abandonner à un vil cor- « rupteur ? Ainsi bientôt ils se mépriseront mutuellement. L'amour, « ce sentiment céleste, ne sera plus pour eux qu'un honteux com- « merce. Ils auront perdu l'honneur, et n'auront point trouvé la « félicité [1]. » Voilà notre leçon, mon ami ; c'est vous qui l'avez dictée. Jamais nos cœurs s'aimèrent-ils plus délicieusement, et jamais l'honnêteté leur fut-elle aussi chère que dans le temps heureux où cette lettre fut écrite ? Voyez donc à quoi nous mèneraient aujourd'hui de coupables feux nourris aux dépens des plus doux transports qui ravissent l'âme ! L'horreur du vice, qui nous est si naturelle à tous deux, s'étendrait bientôt sur le complice de nos fautes ; nous nous haïrions pour nous être trop aimés, et l'amour s'éteindrait dans les remords. Ne vaut-il pas mieux épurer un sentiment si cher, pour le rendre durable ? Ne vaut-il pas mieux

[1] Voyez la première partie, lettre XXIV.

en conserver au moins ce qui peut s'accorder avec l'innocence ? N'est-ce pas conserver tout ce qu'il eut de plus charmant? Oui, mon bon et digne ami, pour nous aimer toujours il faut renoncer l'un à l'autre. Oublions tout le reste, et soyez l'amant de mon âme. Cette idée est si douce, qu'elle console de tout.

Voilà le fidele tableau de ma vie, et l'histoire naïve de tout ce qui s'est passé dans mon cœur. Je vous aime toujours, n'en doutez pas. Le sentiment qui m'attache à vous est si tendre et si vif encore, qu'une autre en serait peut-être alarmée; pour moi, j'en connus un trop différent pour me défier de celui-ci. Je sens qu'il a changé de nature; et du moins en cela mes fautes passées fondent ma sécurité présente. Je sais que l'exacte bienséance et la vertu de parade exigeraient davantage encore, et ne seraient pas contentes que vous ne fussiez tout à fait oublié. Je crois avoir une règle plus sûre, et je m'y tiens. J'écoute en secret ma conscience; elle ne me reproche rien, et jamais elle ne trompe une âme qui la consulte sincèrement. Si cela ne suffit pas pour me justifier dans le monde, cela suffit pour ma propre tranquillité. Comment c'est fait cet heureux changement ? Je l'ignore. Ce que je sais, s'est que je l'ai vivement désiré. Dieu seul a fait le reste. Je penserais qu'une âme une fois corrompue l'est pour toujours, et ne revient plus au bien d'elle-même, à moins que quelque révolution subite, quelque brusque changement de fortune et de situation ne change tout à coup ses rapports, et par un violent ébranlement ne l'aide à retrouver une bonne assiette. Toutes ses habitudes étant rompues et toutes ses passions modifiées, dans ce bouleversement général, on reprend quelquefois son caractere primitif, et l'on devient comme un nouvel être sorti récemment des mains de la nature. Alors le souvenir de sa précédente bassesse peut servir de préservatif contre une rechute. Hier on était abject et faible; aujourd'hui l'on est fort et magnanime. En se contemplant de si près dans deux états si différents, on en sent mieux le prix de celui où l'on est remonté, et l'on en devient plus attentif a s'y soutenir. Mon mariage m'a fait éprouver quelque chose de semblable à ce que je tâche de vous expliquer. Ce lien si redouté me délivre d'une servitude beaucoup plus redoutable, et mon époux m'en devient plus cher pour m'avoir rendue à moi-même.

Nous étions trop unis vous et moi, pour qu'en changeant d'espece notre union se détruise. Si vous perdez une tendre amante, vous gagnez une fidele amie ; et, quoi que nous en ayons pu dire durant nos illusions, je doute que ce changement vous soit désavantageux. Tirez-en le même parti que moi, je vous en conjure, pour devenir meilleur et plus sage, et pour épurer par des mœurs chrétiennes les leçons de la philosophie. Je ne serai jamais heureuse que vous ne soyez heureux aussi, et je sens plus que jamais qu'il n'y a point de bonheur sans la vertu. Si vous m'aimez véritablement, donnez-moi la douce consolation de voir que nos cœurs ne s'accordent pas moins dans leur retour au bien qu'ils s'accorderent dans leur egarement.

Je ne crois pas avoir besoin d'apologie pour cette longue lettre. Si vous m'étiez moins cher, elle serait plus courte. Avant de la finir, il me reste une grâce a vous demander. Un cruel fardeau me pese sur le cœur. Ma conduite passée est ignorée de M. de Wolmar, mais une sincérité sans réserve fait partie de la fidélité que je lui dois. J'aurais déja cent fois tout avoué ; vous seul m'avez retenue. Quoique je connaisse la sagesse et la moderation de M. de Wolmar, c'est toujours vous compromettre que de vous nommer ; et je n'ai point voulu le faire sans votre consentement. Serait-ce vous déplaire que de vous le demander ? aurais-je trop présumé de vous ou de moi en me flattant de l'obtenir ? Songez, je vous supplie, que cette réserve ne saurait etre innocente, qu'elle m'est chaque jour plus cruelle, et que, jusqu'a la réception de votre réponse, je n'aurai pas un instant de tranquillité.

XIX. — RÉPONSE.

Et vous ne seriez plus ma Julie ? Ah ! ne dites pas cela, digne et respectable femme ; vous l'etes plus que jamais. Vous êtes celle qui méritez les hommages de tout l'univers ; vous êtes celle que j'adorai en commençant d'etre sensible a la véritable beauté ; vous etes celle que je ne cesserai d'adorer, même apres ma mort, s'il reste encore en mon âme quelque souvenir des attraits vraiment célestes qui l'enchanterent durant ma vie. Cet effort de courage qui vous ramene a toute votre vertu ne vous rend que plus semblable a vous-meme. Non, non, quelque supplice que j'éprouve a le sentir et le dire, jamais vous ne futes mieux ma Julie qu'au moment que vous renoncez a moi Hélas ! c'est en vous perdant que je vous ai retrouvee Mais moi dont le cœur fremit au seul projet de vous imiter, moi tourmenté d'une passion criminelle que je ne puis ni supporter ni vaincre, suis-je celui que je pensais être ? Étais-je digne de vous plaire ? Quel droit avais-je de vous importuner de mes plaintes et de mon désespoir ? C'était bien a moi d'oser soupirer pour vous ! Et qu'étais-je pour vous aimer ?

Insensé ! comme si je n'éprouvais pas assez d'humiliations, sans en rechercher de nouvelles ! Pourquoi compter des différences que l'amour fit disparaître ? Il m'élevait, il m'égalait a vous; sa flamme me soutenait; nos cœurs s'étaient confondus; tous leurs sentiments nous étaient communs, et les miens partageaient la grandeur des vôtres. Me voilà donc retombé dans toute ma bassesse ! Doux espoir qui nourrissais mon âme et m'abusas si longtemps, te voilà donc éteint sans retour ! Elle ne sera point a moi ! Je la perds pour toujours ! Elle fait le bonheur d'un autre !... O rage ! o tourment de l'enfer !... Infidèle ! ah ! devais-tu jamais .. Pardon, pardon, madame; ayez pitié de mes fureurs. O Dieu ! vous l'avez trop bien dit, elle n'est plus... elle n'est plus, cette tendre Julie a qui je pouvais montrer tous les mouvements de mon cœur ! Quoi ! je me trouvais malheureux, et je pouvais me plaindre !... elle pouvait m'écouter ! J'étais malheureux !... que suis-je donc aujourd'hui ?... Non, je ne vous ferai plus rougir de vous ni de moi. C'en est fait, il faut renoncer l'un a l'autre, il faut nous quitter : la vertu même en a dicté l'arrêt; votre main l'a pu tracer. Oublions-nous... oubliez-moi du moins. Je l'ai résolu, je le jure; je ne vous parlerai plus de moi.

Oserai-je vous parler de vous encore, et conserver le seul intérêt qui me reste au monde, celui de votre bonheur ? En m'exposant l'état de votre âme, vous ne m'avez rien dit de votre sort Ah ! pour prix d'un sacrifice qui doit être senti de vous, daignez me tirer de ce doute insupportable. Julie, êtes-vous heureuse ? Si vous l'êtes, donnez-moi dans mon désespoir la seule consolation dont je sois susceptible; si vous ne l'êtes pas, par pitié daignez me le dire, j'en serai moins longtemps malheureux.

Plus je réfléchis sur l'aveu que vous méditez, moins j'y puis consentir; et le même motif qui m'ôta toujours le courage de vous faire un refus me doit rendre inexorable sur celui-ci. Le sujet est de la dernière importance, et je vous exhorte a bien peser mes raisons. Premièrement, il me semble que votre extrême délicatesse vous jette a cet égard dans l'erreur; et je ne vois point sur quel fondement la plus austère vertu pourrait exiger une pareille confession. Nul engagement au monde ne peut avoir un effet rétroactif. On ne saurait s'obliger pour le passé, ni promettre ce qu'on n'a plus le pouvoir de tenir : pourquoi devrait-on compte à celui à qui l'on s'engage de l'usage antérieur qu'on a fait de sa liberté, et d'une fidélité qu'on ne lui a point promise ? Ne vous y trompez pas, Julie ; ce n'est pas à votre époux, c'est à votre ami que vous avez manqué de foi. Avant la tyrannie de votre père, le ciel et la nature nous avaient unis l'un à l'autre. Vous avez fait, en formant d'autres nœuds, un crime que l'amour ni l'honneur peut-être ne pardonnent point ; et c'est à moi seul de réclamer le bien que M. de Wolmar m'a ravi.

S'il est des cas où le devoir puisse exiger un pareil aveu, c'est quand le danger d'une rechute oblige une femme prudente à prendre des précautions pour s'en garantir. Mais votre lettre m'a plus éclairé que vous ne pensez sur vos vrais sentiments. En la lisant, j'ai senti dans mon propre cœur combien le vôtre eût abhorré de près, même au sein de l'amour, un engagement criminel, dont l'éloignement nous ôtait l'horreur.

Dès là que le devoir et l'honnêteté n'exigent pas cette confidence, la sagesse et la raison la défendent ; car c'est risquer sans nécessité ce qu'il y a de plus précieux dans le mariage, l'attachement d'un époux, la mutuelle confiance, la paix de la maison. Avez-vous assez réfléchi sur une pareille démarche ? Connaissez-vous assez votre mari pour être sûre de l'effet qu'elle produira sur lui ? Savez-vous combien il y a d'hommes au monde auxquels il n'en faudrait pas davantage pour concevoir une jalousie effrénée, un mépris invincible, et peut-être attenter aux jours d'une femme ? Il faut pour ce délicat examen avoir égard aux temps, aux lieux, aux caractères. Dans le pays où je suis, de pareilles confidences sont sans aucun danger ; et ceux qui traitent si légèrement la foi conjugale ne sont pas gens à faire une si grande affaire des fautes qui précédèrent l'engagement. Sans parler des raisons qui rendent quelquefois ces aveux indispensables, et qui n'ont pas eu lieu pour vous, je connais des femmes assez médiocrement estimables qui se sont fait à peu de risques un mérite de cette sincérité, peut-être pour obtenir à ce prix une confiance dont elles pussent abuser au besoin. Mais dans des lieux où la sainteté du mariage est plus respectée, dans des lieux où ce lien sacré forme une union solide, et où les maris ont un véritable attachement pour leurs femmes, ils leur demandent un compte plus sévère d'elles-mêmes ; ils veulent que leurs cœurs n'aient connu que pour eux un sentiment tendre ; usurpant un droit qu'ils n'ont pas, ils exigent qu'elles soient à eux seuls avant de leur appartenir, et ne pardonnent pas plus l'abus de la liberté qu'une infidélité réelle.

Croyez-moi, vertueuse Julie, défiez-vous d'un zèle sans fruit et sans nécessité. Gardez un secret dangereux que rien ne vous oblige à révéler, dont la communication peut vous perdre, et n'est d'aucun usage à votre époux. S'il est digne de cet aveu, son âme en sera contristée, et vous l'aurez affligé sans raison. S'il n'en est pas digne, pourquoi voulez-vous donner un prétexte à ses torts envers vous ? Que savez-vous si votre vertu, qui vous a soutenue contre les attaques de votre cœur, vous soutiendrait encore contre des chagrins domestiques toujours renaissants ? N'empirez point volontairement vos maux, de peur qu'ils ne deviennent plus forts que votre courage, et que vous ne retombiez, à force de scrupules, dans un état pire que celui dont vous avez eu peine à sortir. La sagesse est la base de toute vertu : consultez-la, je vous en conjure, dans la plus importante occasion de votre vie ; et si ce fatal secret vous pèse si cruellement, attendez du moins pour vous en décharger que le temps, les années, vous donnent une connaissance plus parfaite de votre époux, et ajoutent dans son cœur, à l'effet de votre beauté, l'effet plus sûr encore des charmes de votre caractère, et la douce habitude de les sentir. Enfin quand ces raisons, toutes solides qu'elles sont, ne vous persuaderaient pas, ne fermez point l'oreille à la voix qui vous les expose. O Julie ! écoutez un homme capable de quelque vertu, et qui mérite au moins de vous quelque sacrifice, par celui qu'il vous fait aujourd'hui.

Il faut finir cette lettre. Je ne pourrais, je le sens, m'empêcher d'y reprendre un ton que vous ne devez plus entendre. Julie, il faut vous quitter ! si jeune encore, il faut déjà renoncer au bonheur ! O temps qui ne dois plus revenir ! temps passé pour toujours, source de regrets éternels ! plaisirs, transports, douces extases, moments délicieux, ravissements célestes ! mes amours, mes uniques amours, honneur et charme de ma vie ! adieu pour jamais.

XX. — DE JULIE.

Vous me demandez si je suis heureuse. Cette question me touche, et en la faisant vous m'aidez a y répondre ; car, bien loin de chercher l'oubli dont vous parlez, j'avoue que je ne saurais être heureuse si vous cessiez de m'aimer : mais je le suis a tous égards, et rien ne manque a mon bonheur que le vôtre. Si j'ai évité dans ma lettre précédente de parler de M. de Wolmar, je l'ai fait par ménagement pour vous. Je connaissais trop votre sensibilité, pour ne pas craindre d'aigrir vos peines ; mais votre inquiétude sur mon sort m'obligeant a vous parler de celui dont il dépend, je ne puis vous en parler que d'une manière digne de lui, comme il convient a son épouse et a une amie de la vérité.

M. de Wolmar a près de cinquante ans ; sa vie unie, réglée, et le calme des passions, lui ont conservé une constitution si saine et un air si frais, qu'il parait a peine en avoir quarante ; et il n'a rien d'un âge avancé que l'expérience et la sagesse. Sa physionomie est noble et prévenante, son abord simple et ouvert ; ses manières sont plus honnêtes qu'empressées ; il parle peu et d'un grand sens, mais sans affecter ni précision ni sentences. Il est le même pour tout le monde, ne cherche et ne fuit personne, et n'a jamais d'autres préférences que celles de la raison.

Malgré sa froideur naturelle, son cœur, secondant les intentions de mon père, crut sentir que je lui convenais, et pour la première fois de sa vie il prit un attachement. Ce goût modéré, mais durable, s'est si bien réglé sur les bienséances, et s'est maintenu dans une telle égalité, qu'il n'a pas eu besoin de changer de ton en changeant d'état, et que, sans blesser la gravité conjugale, il conserve avec moi depuis son mariage les mêmes manières qu'il avait auparavant. Je ne l'ai jamais vu ni gai ni triste, mais toujours content ; jamais il ne me parle de lui, rarement de moi ; il ne me cherche pas, mais il n'est pas fâché que je le cherche, et me quitte peu volontiers. Il ne rit point, il est sérieux sans donner envie de l'être ; au contraire, son abord serein semble m'inviter a l'enjouement ; et comme les plaisirs que je goûte sont les seuls auxquels il paraît sensible, une des attentions que je lui dois est de chercher a m'a muser. En un mot, il veut que je sois heureuse : il ne me le dit pas, mais je le vois ; et vouloir le bonheur de sa femme n'est-ce pas l'avoir obtenu ?

Avec quelque soin que j'aie pu l'observer, je n'ai su lui trouver de passion d'aucune espèce que celle qu'il a pour moi. Encore cette passion est-elle si égale et si tempérée, qu'on dirait qu'il n'aime qu'autant qu'il veut aimer, et qu'il ne le veut qu'autant que la raison le permet. Il est réellement ce que mylord Édouard croit être : en quoi je le trouve bien supérieur à tous nous autres gens à sentiment que nous admirons tant nous-mêmes ; car le cœur nous trompe en mille manières, et n'agit que par un principe toujours suspect : mais la raison n'a d'autre fin que ce qui est bien ; ses règles sont sûres, claires, faciles dans la conduite de la vie ; et jamais elle ne s'égare que dans d'inutiles spéculations qui ne sont pas faites pour elle.

Le plus grand goût de M. de Wolmar est d'observer. Il aime à juger des caractères des hommes et des actions qu'il voit faire. Il en juge avec une profonde sagesse et la plus parfaite impartialité. Si un ennemi lui faisait du mal, il en discuterait les motifs et les moyens aussi paisiblement que s'il s'agissait d'une chose indifférente. Je ne sais comment il a entendu parler de vous, mais il m'en a parlé plusieurs fois lui-même avec beaucoup d'estime, et je le connais incapable de déguisement. J'ai cru remarquer quelquefois qu'il m'observait durant ces entretiens ; mais il y a grande apparence que cette prétendue remarque n'est que le secret reproche d'une conscience alarmée. Quoi qu'il en soit, j'ai fait en cela mon devoir ; la crainte ni la honte ne m'ont point inspiré de réserve injuste, et je vous ai rendu justice auprès de lui, comme je la lui rends auprès de vous.

J'oubliais de vous parler de nos revenus et de leur administration. Le debris des biens de M. de Wolmar, joint à celui de mon père, qui ne s'est réservé qu'une pension, lui fait une fortune honnête et modérée, dont il use noblement et sagement, en maintenant chez lui non l'incommode et vain appareil du luxe, mais l'abondance, les véritables commodités de la vie [1], et le nécessaire

---

[1] Il n'y a pas d'association plus commune que celle du faste et de la lésine. On prend sur la nature, sur les vrais plaisirs, sur le besoin même, tout ce qu'on donne à l'opinion. Tel homme orne son palais aux dépens de sa cuisine, tel autre aime mieux une belle vaisselle qu'un bon dîner ; tel autre fait un repas d'appareil, et meurt de faim tout le reste de l'année. Quand je vois un buffet de vermeil, je m'attends à du vin qui m'empoisonne. Combien de fois, dans des maisons de campagne, en respirant le frais au matin, l'aspect d'un beau jardin vous tente ! On se lève de bonne heure, on se promène, on gagne de l'appétit, on veut déjeuner, l'officier est sorti, ou les provisions manquent,

chez ses voisins indigents. L'ordre qu'il a mis dans sa maison est l'image de celui qui regne au fond de son âme, et semble imiter dans un petit ménage l'ordre établi dans le gouvernement du monde. On n'y voit ni cette inflexible régularité qui donne plus de gene que d'avantage, et n'est supportable qu'a celui qui l'impose, ni cette confusion mal entendue qui, pour trop avoir, ote l'usage de tout. On y reconnait toujours la main du maitre, et l'on ne la sent jamais; il a si bien ordonné le premier arrangement, qu'a présent tout va tout seul, et qu'on jouit à la fois de la regle et de la liberté.

Voila, mon bon ami, une idée abrégée mais fidele du caractere de M. de Wolmar, autant que je l'ai pu connaitre depuis que je vis avec lui. Tel il m'a paru le premier jour, tel il me parait le dernier sans aucune altération ; ce qui me fait espérer que je l'ai bien vu, et qu'il ne me reste plus rien à découvrir; car je n'imagine pas qu'il pût se montrer autrement sans y perdre.

Sur ce tableau vous pouvez d'avance vous répondre à vous-même; et il faudrait me mépriser beaucoup, pour ne pas me croire heureuse avec tant de sujets de l'être [1]. Ce qui m'a longtemps abusee, et qui peut-etre vous abuse encore, c'est la pensée que l'amour est nécessaire pour former un heureux mariage. Mon ami, c'est une erreur : l'honneteté, la vertu, de certaines convenances, moins de conditions et d'âges que de caracteres et d'humeurs, suffisent entre deux époux; ce qui n'empêche point qu'il ne résulte de cette union un attachement très-tendre, qui, pour n'etre pas précisément de l'amour, n'en est pas moins doux, et n'en est que plus durable. L'amour est accompagné d'une inquiétude continuelle de jalousie ou de privation, peu convenable au mariage, qui est un état de jouissance et de paix. On ne s'épouse

ou madame n'a pas donné ses ordres, ou l'on vous fait ennuyer d'attendre. Quelquefois on vous prévient, on vient magnifiquement vous offrir de tout, à condition que vous n'accepterez rien. Il faut rester à jeun jusqu'a trois heures, ou dejeuner avec des tulipes. Je me souviens de m'être promené dans un très-beau parc, dont on disait que la maitresse aimait beaucoup le café et n'en prenait jamais, attendu qu'il coûtait quatre sous la tasse ; mais elle donnait de grand cœur mille ecus à son jardinier. Je crois que j'aimerais mieux avoir des charmilles moins bien taillées, et prendre du café plus souvent.

[1] Apparemment qu'elle n'avait pas découvert encore le fatal secret qui la tourmenta si fort dans la suite, ou qu'elle ne voulait pas alors le confier à son ami.

point pour penser uniquement l'un a l'autre, mais pour remplir conjointement les devoirs de la vie civile, gouverner prudemment la maison, bien élever ses enfants. Les amants ne voient jamais qu'eux, ne s'occupent incessamment que d'eux ; et la seule chose qu'ils sachent faire est de s'aimer. Ce n'est pas assez pour des époux, qui ont tant d'autres soins a remplir. Il n'y a point de passion qui nous fasse une si forte illusion que l'amour : on prend sa violence pour un signe de sa durée ; le cœur, surchargé d'un sentiment si doux, l'étend pour ainsi dire sur l'avenir ; et tant que cet amour dure, on croit qu'il ne finira point. Mais, au contraire, c'est son ardeur même qui le consume ; il s'use avec la jeunesse, il s'efface avec la beauté, il s'éteint sous les glaces de l'âge ; et depuis que le monde existe on n'a jamais vu deux amants en cheveux blancs soupirer l'un pour l'autre. On doit donc compter qu'on cessera de s'adorer tôt ou tard ; alors, l'idole qu'on servait détruite, on se voit réciproquement tels qu'on est. On cherche avec étonnement l'objet qu'on aima ; ne le trouvant plus, on se dépite contre celui qui reste, et souvent l'imagination le défigure autant qu'elle l'avait paré. Il y a peu de gens, dit la Rochefoucauld, qui ne soient honteux de s'être aimés, quand ils ne s'aiment plus[1]. Combien alors il est a craindre que l'ennui ne succède a des sentiments trop vifs ; que leur déclin, sans s'arrêter a l'indifférence, ne passe jusqu'au dégoût ; qu'on ne se trouve enfin tout a fait rassasiés l'un de l'autre ; et que pour s'être trop aimés amants, on n'en vienne à se haïr époux ! Mon cher ami, vous m'avez toujours paru bien aimable, beaucoup trop pour mon innocence et pour mon repos ; mais je ne vous ai jamais vu qu'amoureux : que sais-je ce que vous seriez devenu, cessant de l'être ? L'amour éteint vous eût toujours laissé la vertu, je l'avoue ; mais en est-ce assez pour être heureux dans un lien que le cœur doit serrer ? et combien d'hommes vertueux ne laissent pas d'être des maris insupportables ! Sur tout cela vous en pouvez dire autant de moi.

Pour M. de Wolmar, nulle illusion ne nous prévient l'un pour l'autre : nous nous voyons tels que nous sommes ; le sentiment qui nous joint n'est point l'aveugle transport des cœurs passionnés, mais l'immuable et constant attachement de deux personnes hon-

---

[1] Je serais bien surpris que Julie eût lu et cité la Rochefoucauld en toute autre occasion : jamais son triste livre ne sera goûté des bonnes gens.

nêtes et raisonnables, qui, destinées à passer ensemble le reste de leurs jours, sont contentes de leur sort, et tâchent de se le rendre doux l'une à l'autre. Il semble que quand on nous eût formés exprès pous nous unir, on n'aurait pu réussir mieux. S'il avait le cœur aussi tendre que moi, il serait impossible que tant de sensibilité de part et d'autre ne se heurtât quelquefois, et qu'il n'en résultât des querelles. Si j'étais aussi tranquille que lui, trop de froideur régnerait entre nous, et rendrait la société moins agréable et moins douce. S'il ne m'aimait point, nous vivrions mal ensemble : s'il m'eût trop aimée, il m'eût été importun. Chacun des deux est précisément ce qu'il faut à l'autre; il m'éclaire, et je l'anime; nous en valons mieux réunis, et il semble que nous soyons destinés à ne faire entre nous qu'une seule âme, dont il est l'entendement et moi la volonté. Il n'y a pas jusqu'à son âge un peu avancé qui ne tourne au commun avantage : car, avec la passion dont j'étais tourmentée, il est certain que s'il eût été plus jeune je l'aurais épousé avec plus de peine encore, et cet excès de répugnance eût peut-être empêché l'heureuse révolution qui s'est faite en moi.

Mon ami, le ciel éclaire la bonne intention des pères, et récompense la docilité des enfants. A Dieu ne plaise que je veuille insulter à vos déplaisirs ! Le seul désir de vous rassurer pleinement sur mon sort me fait ajouter ce que je vais vous dire. Quand, avec les sentiments que j'eus ci-devant pour vous, et les connaissances que j'ai maintenant, je serais libre encore et maîtresse de me choisir un mari, je prends à témoin de ma sincérité ce Dieu qui daigne m'éclairer et qui lit au fond de mon cœur, ce n'est pas vous que je choisirais, c'est M. de Wolmar.

Il importe peut-être à votre entière guérison que j'achève de vous dire ce qui me reste sur le cœur. M. de Wolmar est plus âgé que moi. Si pour me punir de mes fautes le ciel m'ôtait le digne époux que j'ai si peu mérité, ma ferme résolution est de n'en prendre jamais un autre. S'il n'a pas eu le bonheur de trouver une fille chaste, il laissera du moins une chaste veuve. Vous me connaissez trop bien pour croire qu'après vous avoir fait cette déclaration, je sois femme à m'en rétracter jamais [1].

[1] Nos situations diverses déterminent et changent malgré nous les affections de nos cœurs : nous serons vicieux et méchants tant que nous aurons intérêt a l'être, et malheureusement les chaînes dont nous som-

Ce que j'ai dit pour lever vos doutes peut servir encore à résoudre en partie vos objections contre l'aveu que je crois devoir faire à mon mari. Il est trop sage pour me punir d'une démarche humiliante que le repentir seul peut m'arracher, et je ne suis pas plus capable d'user de la ruse des dames dont vous parlez, qu'il l'est de m'en soupçonner. Quant à la raison sur laquelle vous prétendez que cet aveu n'est pas nécessaire, elle est certainement un sophisme : car quoiqu'on ne soit tenu à rien envers un époux qu'on n'a pas encore, cela n'autorise point à se donner à lui pour autre chose que ce qu'on est. Je l'avais senti, même avant de me marier; et si le serment extorqué par mon père m'empêcha de faire à cet égard mon devoir, je n'en fus que plus coupable, puisque c'est un crime de faire un serment injuste, et un second de le tenir. Mais j'avais une autre raison que mon cœur n'osait s'avouer, et qui me rendait beaucoup plus coupable encore. Graces au ciel, elle ne subsiste plus.

Une considération plus légitime et d'un plus grand poids est le danger de troubler inutilement le repos d'un honnête homme qui tire son bonheur de l'estime qu'il a pour sa femme. Il est sûr qu'il ne dépend plus de lui de rompre le nœud qui nous unit, ni de moi d'en avoir été plus digne. Ainsi je risque par une confidence indiscrete de l'affliger à pure perte, sans tirer d'autre avantage de ma sincérité que de décharger mon cœur d'un secret funeste qui me pèse cruellement. J'en serai plus tranquille, je le sens, après le lui

---

mes charges multiplient cet intérêt autour de nous. L'effort de corriger le desordre de nos desirs est presque toujours vain, et rarement il est vrai. Ce qu'il faut changer, c'est moins nos desirs que les situations qui les produisent. Si nous voulons devenir bons, ôtons les rapports qui nous empêchent de l'être, il n'y a point d'autre moyen. Je ne voudrais pas pour tout au monde avoir droit à la succession d'autrui, surtout de personnes qui devraient m'être chères, car que sais-je quel horrible vœu l'indigence pourrait m'arracher? Sur ce principe, examinez bien la resolution de Julie, et la declaration qu'elle en fait à son ami, pesez cette resolution dans toutes ses circonstances, et vous verrez comment un cœur droit, en doute de lui-même, sait s'ôter au besoin tout intérêt contraire au devoir. Des ce moment, Julie, malgré l'amour qui lui reste, met ses sens du parti de sa vertu, elle se force, pour ainsi dire, d'aimer Wolmar comme son unique époux, comme le seul homme avec lequel elle habitera de sa vie, elle change l'intérêt secret qu'elle avait à sa perte en interet à le conserver. Ou je ne connais rien au cœur humain, ou c'est à cette seule resolution si critiquée que tient le triomphe de la vertu dans tout le reste de la vie de Julie, et l'attachement sincère et constant qu'elle a jusqu'à la fin pour son mari.

avoir déclaré; mais lui, peut-être, le sera-t-il moins; et ce serait bien mal réparer mes torts que de préférer mon repos au sien.

Que ferai-je donc, dans le doute où je suis? En attendant que le ciel m'éclaire mieux sur mes devoirs, je suivrai le conseil de votre amitié; je garderai le silence, je tairai mes fautes à mon époux, et je tâcherai de les effacer par une conduite qui puisse un jour en mériter le pardon.

Pour commencer une réforme aussi nécessaire, trouvez bon, mon ami, que nous cessions désormais tout commerce entre nous. Si M. de Wolmar avait reçu ma confession, il déciderait jusqu'à quel point nous pouvons nourrir les sentiments de l'amitié qui nous lie, et nous en donner les innocents témoignages, mais puisque je n'ose le consulter là-dessus, j'ai trop appris à mes dépens combien nous peuvent égarer les habitudes les plus légitimes en apparence. Il est temps de devenir sage. Malgré la sécurité de mon cœur, je ne veux plus être juge en ma propre cause, ni me livrer, étant femme, à la même présomption qui me perdit étant fille. Voici la dernière lettre que vous recevrez de moi : je vous supplie aussi de ne plus m'écrire. Cependant comme je ne cesserai jamais de prendre à vous le plus tendre intérêt, et que ce sentiment est aussi pur que le jour qui m'éclaire, je serai bien aise de savoir quelquefois de vos nouvelles, et de vous voir parvenir au bonheur que vous méritez. Vous pourrez de temps à autre écrire à madame d'Orbe, dans les occasions où vous aurez quelque événement intéressant à nous apprendre. J'espère que l'honnêteté de votre âme se peindra toujours dans vos lettres. D'ailleurs ma cousine est vertueuse, et assez sage pour ne me communiquer que ce qu'il me conviendra de voir, et pour supprimer cette correspondance si vous étiez capable d'en abuser.

Adieu, mon cher et bon ami : si je croyais que la fortune pût vous rendre heureux, je vous dirais, Courez à la fortune; mais peut-être avez-vous raison de la dédaigner, avec tant de trésors pour vous passer d'elle : j'aime mieux vous dire, Courez à la félicité, c'est la fortune du sage. Nous avons toujours senti qu'il n'y en avait point sans la vertu; mais prenez garde que ce mot de vertu trop abstrait n'ait plus d'éclat que de solidité, et ne soit un nom de parade qui sert plus à éblouir les autres qu'à nous contenter nous-mêmes. Je frémis quand je songe que des gens qui portaient l'adultère au fond de leur cœur osaient parler de vertu. Savez-vous bien ce que signifiait pour nous un terme si respectable et si profané, tandis que nous étions engagés dans un commerce criminel? c'était cet amour forcené dont nous étions embrasés l'un et l'autre qui déguisait ses transports sous ce saint enthousiasme, pour nous les rendre encore plus chers et nous abuser plus longtemps. Nous étions faits, j'ose le croire pour suivre et chérir la véritable vertu; mais nous nous trompions en la cherchant, et ne suivions qu'un vain fantôme. Il est temps que l'illusion cesse, il est temps de revenir d'un trop long égarement. Mon ami, ce retour ne vous sera pas difficile : vous avez votre guide en vous-même; vous l'avez pu négliger, mais vous ne l'avez jamais rebuté. Votre âme est saine, elle s'attache à tout ce qui est bien; et si quelquefois il lui échappe, c'est qu'elle n'a pas usé de toute sa force pour s'y tenir. Rentrez au fond de votre conscience, et cherchez si vous n'y retrouveriez point quelque principe oublié qui servirait à mieux ordonner toutes vos actions, à les lier plus solidement entre elles et avec un objet commun. Ce n'est pas assez, croyez-moi, que la vertu soit la base de votre conduite, si vous n'établissez cette base même sur un fondement inébranlable. Souvenez-vous de ces Indiens qui font porter le monde sur un grand éléphant, et puis l'éléphant sur une tortue; et quand on leur demande sur quoi porte la tortue, ils ne savent plus que dire.

Je vous conjure de faire quelque attention aux discours de votre amie, et de choisir pour aller au bonheur une route plus sûre que celle qui nous a si longtemps égarés. Je ne cesserai de demander au ciel pour vous et pour moi cette félicité pure, et ne serai contente qu'après l'avoir obtenue pour tous les deux. Ah! si jamais nos cœurs se rappellent malgré nous les erreurs de notre jeunesse, faisons au moins que le retour qu'elles auront produit en autorise le souvenir, et que nous puissions dire avec cet ancien; Hélas! nous périssions, si nous n'eussions péri!

Ici finissent les sermons de la prêcheuse : elle aura désormais assez à faire à se prêcher elle-même. Adieu, mon aimable ami, adieu pour toujours; ainsi l'ordonne l'inflexible devoir : mais croyez que le cœur de Julie ne sait point oublier ce qui lui fut cher... Mon Dieu! que fais-je?... Vous le verrez trop à l'état de ce papier. Ah! n'est-il pas permis de s'attendrir, en disant à son ami le dernier adieu?

XXI.—DE L'AMANT DE JULIE A MYLORD ÉDOUARD.

Oui, mylord, il est vrai, mon ame est oppressée du poids de la vie ; depuis longtemps elle m'est a charge : j'ai perdu tout ce qui pouvait me la rendre chere, il ne m'en reste que les ennuis. Mais on dit qu'il ne m'est pas permis d'en disposer sans l'ordre de celui qui me l'a donnée. Je sais aussi qu'elle vous appartient à plus d'un titre ; vos soins me l'ont sauvée deux fois, et vos bienfaits me la conservent sans cesse : je n'en disposerai jamais que je ne sois sur de le pouvoir faire sans crime, ni tant qu'il me restera la moindre espérance de la pouvoir employer pour vous.

Vous disiez que je vous etais nécessaire : pourquoi me trompiez-vous ? Depuis que nous sommes à Londres, loin que vous songiez à m'occuper de vous, vous ne vous occupez que de moi. Que vous prenez de soins superflus ! Mylord, vous le savez, je hais le crime encore plus que la vie ; j'adore l'Être éternel. Je vous dois tout, je vous aime, je ne tiens qu'à vous sur la terre : l'amitié, le devoir, y peuvent enchaîner un infortuné ; des pretextes et des sophismes ne l'y retiendront point. Éclairez ma raison, parlez à mon cœur ; je suis pret à vous entendre, mais souvenez-vous que ce n'est point le desespoir qu'on abuse.

Vous voulez qu'on raisonne : hé bien ! raisonnons. Vous voulez qu'on proportionne la deliberation à l'importance de la question qu'on agite, j'y consens. Cherchons la verité paisiblement, tranquillement ; discutons la proposition générale comme s'il s'agissait d'un autre. Robeck fit l'apologie de la mort volontaire avant de se la donner. Je ne veux pas faire un livre à son exemple, et je ne suis pas fort content du sien ; mais j'espere imiter son sang-froid dans cette discussion.

J'ai longtemps medité sur ce grave sujet ; vous devez le savoir, car vous connaissez mon sort, et je vis encore. Plus j'y reflechis, plus je trouve que la question se reduit à cette proposition fondamentale : Chercher son bien et fuir son mal en ce qui n'offense point autrui, c'est le droit de la nature. Quand notre vie est un mal pour nous et n'est un bien pour personne, il est donc permis de s'en delivrer. S'il y a dans le monde une maxime évidente et certaine, je pense que c'est celle la ; et si l'on venait à bout de la renverser, il n'y a point d'action humaine dont on ne pût faire un crime.

Que disent la-dessus nos sophistes? Premierement ils regardent la vie comme une chose qui n'est pas à nous, parce qu'elle nous a été donnée : mais c'est précisément parce qu'elle nous a été donnée qu'elle est a nous. Dieu ne leur a-t-il pas donné deux bras? cependant quand ils craignent la gangrene ils s'en font couper un, et tous les deux, s'il le faut. La parité est exacte pour qui croit à l'immortalité de l'ame ; car si je sacrifie mon bras a la conservation d'une chose plus précieuse, qui est mon corps, je sacrifie mon corps a la conservation d'une chose plus précieuse, qui est mon bien-etre. Si tous les dons que le ciel nous a faits sont naturellement des biens pour nous, ils ne sont que trop sujets a changer de nature, et il y ajouta la raison pour nous apprendre a les discerner. Si cette regle ne nous autorisait pas a choisir les uns et rejeter les autres, quel serait son usage parmi les hommes?

Cette objection si peu solide, ils la retournent de mille manieres. Ils regardent l'homme vivant sur la terre comme un soldat mis en faction. Dieu, disent-ils, t'a placé dans ce monde : pourquoi en sors-tu sans son congé? Mais toi-meme, il t'a placé dans ta ville : pourquoi en sors-tu sans son conge? Le congé n'est-il pas dans le mal-etre? En quelque lieu qu'il me place, soit dans un corps, soit sur la terre, c'est pour y rester autant que j'y suis bien, et pour en sortir des que j'y suis mal. Voila la voix de la nature et la voix de Dieu. Il faut attendre l'ordre, j'en conviens ; mais quand je meurs naturellement, Dieu ne m'ordonne pas de quitter la vie, il me l'ote : c'est en me la rendant insupportable qu'il m'ordonne de la quitter. Dans le premier cas, je resiste de toute ma force ; dans le second, j'ai le mérite d'obéir.

Concevez-vous qu'il y ait des gens assez injustes pour taxer la mort volontaire de rébellion contre la Providence, comme si l'on voulait se soustraire a ses lois? Ce n'est point pour s'y soustraire qu'on cesse de vivre, c'est pour les executer. Quoi! Dieu n'a-t-il de pouvoir que sur mon corps? est-il quelque lieu dans l'univers ou quelque etre existant ne soit pas sous sa main? et agira-t il moins immédiatement sur moi quand ma substance epurée sera plus une, et plus semblable a la sienne? Non, sa justice et sa bonte font mon espoir, et si je croyais que la mort pût me soustraire a sa puissance, je ne voudrais plus mourir.

C'est un des sophismes du Phédon, rempli d'ailleurs de vérités sublimes. Si ton esclave se tuait, dit Socrate a Cebes, ne le punirais-tu pas, s'il t'était possible, pour t'avoir injustement privé de ton bien ? Bon Socrate, que nous dites-vous ? N'appartient-on plus à Dieu quand on est mort ? Ce n'est point cela du tout ; mais il fallait dire : Si tu charges ton esclave d'un vêtement qui le gene dans le service qu'il te doit, le puniras-tu d'avoir quitté cet habit pour mieux faire son service ? La grande erreur est de donner trop d'importance à la vie, comme si notre être en dépendait, et qu'apres la mort on ne fût plus rien. Notre vie n'est rien aux yeux de Dieu, elle n'est rien aux yeux de la raison, elle ne doit rien être aux nôtres ; et quand nous laissons notre corps, nous ne faisons que poser un vêtement incommode. Est-ce la peine d'en faire un si grand bruit ? Mylord, ces déclamateurs ne sont point de bonne foi ; absurdes et cruels dans leurs raisonnements, ils aggravent le prétendu crime, comme si l'on s'otait l'existence, et le punissent, comme si l'on existait toujours.

Quant au Phédon qui leur a fourni le seul argument spécieux qu'ils aient jamais employé, cette question n'y est traitée que très-légèrement, et comme en passant. Socrate, condamné par un jugement inique à perdre la vie dans quelques heures, n'avait pas besoin d'examiner bien attentivement s'il lui était permis d'en disposer. En supposant qu'il ait tenu réellement les discours que Platon lui fait tenir, croyez-moi, mylord, il les eût médités avec plus de soin dans l'occasion de les mettre en pratique ; et la preuve qu'on ne peut tirer de cet immortel ouvrage aucune bonne objection contre le droit de disposer de sa propre vie, c'est que Caton le lut par deux fois tout entier la nuit même qu'il quitta la terre.

Ces mêmes sophistes demandent si jamais la vie peut etre un mal. En considérant cette foule d'erreurs, de tourments et de vices dont elle est remplie, on serait bien plus tenté de demander si jamais elle fut un bien. Le crime assiége sans cesse l'homme le plus vertueux ; chaque instant qu'il vit, il est prêt à devenir la proie du méchant, ou méchant lui-même. Combattre et souffrir, voilà son sort dans ce monde ; mal faire et souffrir, voilà celui du malhonnête homme. Dans tout le reste ils different entre eux, ils n'ont rien en commun que les miseres de la vie. S'il vous fallait des autorités et des faits, je vous citerais des oracles, des réponses de sages, des actes de vertu récompensés par la mort. Laissons tout cela, mylord : c'est à vous que je parle, et je vous demande quelle est ici-bas la principale occupation du sage, si ce n'est de se concentrer, pour ainsi dire, au fond de son âme, et de s'efforcer d'etre mort durant sa vie. Le seul moyen qu'ait trouvé la raison pour nous soustraire aux maux de l'humanité n'est-il pas de nous détacher des objets terrestres et de tout ce qu'il y a de mortel en nous, de nous recueillir au dedans de nous-mêmes, de nous élever aux sublimes contemplations? et si nos passions et nos erreurs font nos infortunes, avec quelle ardeur devons-nous soupirer apres un état qui nous délivre des unes et des autres! Que font ces hommes sensuels qui multiplient si indiscrètement leurs douleurs par leurs voluptés? ils anéantissent pour ainsi dire leur existence, a force de l'étendre sur la terre; ils aggravent le poids de leurs chaines par le nombre de leurs attachements; ils n'ont point de jouissances qui ne leur préparent mille ameres privations : plus ils sentent, et plus ils souffrent; plus ils s'enfoncent dans la vie, et plus ils sont malheureux.

Mais qu'en général ce soit, si l'on veut, un bien pour l'homme de ramper tristement sur la terre, j'y consens : je ne prétends pas que tout le genre humain doive s'immoler d'un commun accord, ni faire un vaste tombeau du monde. Il est, il est des infortunés trop privilégiés pour suivre la route commune, et pour qui le désespoir et les ameres douleurs sont le passe-port de la nature : c'est à ceux-la qu'il serait aussi insensé de croire que leur vie est un bien, qu'il l'était au sophiste Possidonius, tourmenté de la goutte, de nier qu'elle fût un mal. Tant qu'il nous est bon de vivre, nous le désirons fortement, et il n'y a que le sentiment des maux extremes qui puisse vaincre en nous ce désir : car nous avons tous reçu de la nature une tres-grande horreur de la mort, et cette horreur déguise a nos yeux les miseres de la condition humaine. On supporte longtemps une vie pénible et douloureuse, avant de se résoudre a la quitter; mais quand une fois l'ennui de vivre l'emporte sur l'horreur de mourir, alors la vie est évidemment un grand mal, et l'on ne peut s'en délivrer trop tot. Ainsi, quoiqu'on ne puisse exactement assigner le point ou elle cesse d'etre un bien, on sait tres-certainement au moins qu'elle est un mal longtemps avant de nous le paraitre; et chez tout homme sensé le droit d'y renoncer en précede toujours de beaucoup la tentation.

Ce n'est pas tout : apres avoir nié que la vie puisse être un mal pour nous oter le droit de nous en défaire, ils disent ensuite qu'elle est un mal pour nous reprocher de ne la pouvoir endurer. Selon eux, c'est une lâcheté de se soustraire à ses douleurs et à ses peines, et il n'y a jamais que des poltrons qui se donnent la mort. O Rome, conquérante du monde, quelle troupe de poltrons t'en donna l'empire ! Qu'Arrie, Éponine, Lucrèce, soient dans le nombre, elles étaient femmes ; mais Brutus, mais Cassius, et toi qui partageais avec les dieux les respects de la terre étonnée, grand et divin Caton, toi dont l'image auguste et sacrée animait les Romains d'un saint zèle et faisait frémir les tyrans, tes fiers admirateurs ne pensaient pas qu'un jour, dans le coin poudreux d'un collège, de vils rhéteurs prouveraient que tu ne fus qu'un lâche, pour avoir refusé au crime heureux l'hommage de la vertu dans les fers. Force et grandeur des écrivains modernes, que vous êtes sublimes, et qu'ils sont intrépides la plume à la main ! Mais dites-moi, brave et vaillant héros qui vous sauvez si courageusement d'un combat pour supporter plus longtemps la peine de vivre, quand un tison brûlant vient à tomber sur cette éloquente main, pourquoi la retirez-vous si vite ? Quoi ! vous avez la lâcheté de n'oser soutenir l'ardeur du feu ! Rien, dites-vous, ne m'oblige à supporter le tison : et moi, qui m'oblige à supporter la vie ? La génération d'un homme a-t-elle coûté plus à la Providence que celle d'un fétu ? et l'une et l'autre n'est-elle pas également son ouvrage ?

Sans doute il y a du courage à souffrir avec constance les maux qu'on ne peut éviter ; mais il n'y a qu'un insensé qui souffre volontairement ceux dont il peut s'exempter sans mal faire, et c'est souvent un très-grand mal d'endurer un mal sans nécessité. Celui qui ne sait pas se délivrer d'une vie douloureuse par une prompte mort ressemble à celui qui aime mieux laisser envenimer une plaie que de la livrer au fer salutaire d'un chirurgien. Viens, respectable Parisot[1], coupe-moi cette jambe qui me ferait périr : je te verrai faire sans sourciller, et me laisserai traiter de lâche par le brave qui voit tomber la sienne en pourriture, faute d'oser soutenir la même opération.

J'avoue qu'il est des devoirs envers autrui qui ne permettent pas à tout homme de disposer de lui-même ; mais en revanche combien en est-il qui l'ordonnent ! Qu'un magistrat à qui tient le salut de la patrie, qu'un père de famille qui doit la subsistance

---

[1] Chirurgien de Lyon, homme d'honneur, bon citoyen, ami tendre et généreux, négligé mais non pas oublié de tel qui fut honoré de ses bienfaits.

a ses enfants, qu'un débiteur insolvable qui ruinerait ses créanciers, se dévouent à leur devoir, quoi qu'il arrive ; que mille autres relations civiles et domestiques forcent un honnête homme infortuné de supporter le malheur de vivre pour éviter le malheur plus grand d'être injuste ; est-il permis pour cela, dans des cas tout différents, de conserver aux dépens d'une foule de misérables une vie qui n'est utile qu'à celui qui n'ose mourir? Tue-moi, mon enfant, dit le sauvage décrépit à son fils qui le porte et fléchit sous le poids ; les ennemis sont là ; va combattre avec tes frères, va sauver tes enfants, et n'expose pas ton père à tomber vif entre les mains de ceux dont il mangea les parents. Quand la faim, les maux, la misère, ennemis domestiques pires que les sauvages, permettraient à un malheureux estropié de consommer dans son lit le pain d'une famille qui peut à peine en gagner pour elle ; celui qui ne tient à rien, celui que le ciel réduit à vivre seul sur la terre, celui dont la malheureuse existence ne peut produire aucun bien, pourquoi n'aurait-il pas au moins le droit de quitter un séjour où ses plaintes sont importunes et ses maux sans utilité ?

Pesez ces considérations, mylord, rassemblez toutes ces raisons, et vous trouverez qu'elles se réduisent au plus simple des droits de la nature, qu'un homme sensé ne mit jamais en question. En effet, pourquoi serait-il permis de se guérir de la goutte et non de la vie? L'une et l'autre ne nous vient-elle pas de la même main? S'il est pénible de mourir, qu'est-ce à dire? Les drogues font-elles plaisir à prendre? Combien de gens préfèrent la mort à la médecine ! Preuve que la nature répugne à l'une et à l'autre. Qu'on me montre donc comment il est plus permis de se délivrer d'un mal passager en faisant des remèdes, que d'un mal incurable en s'ôtant la vie ; et comment on est moins coupable d'user de quinquina pour la fièvre que d'opium pour la pierre. Si nous regardons à l'objet, l'un et l'autre est de nous délivrer du mal-être, si nous regardons au moyen, l'un et l'autre est également naturel ; si nous regardons à la répugnance, il y en a également des deux côtés ; si nous regardons à la volonté du maître, quel mal veut-on combattre qu'il ne nous ait pas envoyé? A quelle douleur veut-on se soustraire qui ne nous vienne pas de sa main? Quelle est la borne où finit sa puissance, et où l'on peut légitimement résister? Ne nous est-il donc permis de changer l'état d'aucune chose, parce que tout ce qui est est comme il l'a voulu? Faut-il ne rien faire en ce monde, de peur d'enfreindre ses lois? et, quoi que nous fassions, pouvons-nous jamais les enfreindre? Non, mylord, la vocation de l'homme est plus grande et plus noble; Dieu ne l'a point animé pour rester immobile dans un quiétisme éternel; mais il lui a donné la liberté pour faire le bien, la conscience pour le vouloir, et la raison pour le choisir; il l'a constitué seul juge de ses propres actions; il a écrit dans son cœur, Fais ce qui t'est salutaire et n'est nuisible à personne. Si je sens qu'il m'est bon de mourir, je résiste à son ordre en m'opiniatrant à vivre; car, en me rendant la mort désirable, il me prescrit de la chercher.

Bomston, j'en appelle a votre sagesse et a votre candeur, quelles maximes plus certaines la raison peut-elle déduire de la religion sur la mort volontaire? Si les chrétiens en ont établi d'opposées, ils ne les ont tirées ni des principes de leur religion, ni de sa regle unique, qui est l'Écriture, mais seulement des philosophes païens. Lactance et Augustin, qui les premiers avancèrent cette nouvelle doctrine, dont Jesus-Christ ni les apotres n'avaient pas dit un mot, ne s'appuyerent que sur le raisonnement du Phédon, que j'ai deja combattu; de sorte que les fideles, qui croient suivre en cela l'autorité de l'Évangile, ne suivent que celle de Platon. En effet, ou verra-t-on dans la Bible entière une loi contre le suicide, ou meme une simple improbation? et n'est-il pas bien étrange que, dans les exemples de gens qui se sont donné la mort, on n'y trouve pas un seul mot de blâme contre aucun de ces exemples? Il y a plus; celui de Samson est autorisé par un prodige qui le venge de ses ennemis. Ce miracle se serait-il fait pour justifier un crime? et cet homme, qui perdit sa force pour s'etre laisse séduire par une femme, l'eût-il recouvrée pour commettre un forfait authentique? comme si Dieu lui-meme eût voulu tromper les hommes!

Tu ne tueras point, dit le Décalogue. Que s'ensuit-il de la? Si ce commandement doit etre pris a la lettre, il ne faut tuer ni les malfaiteurs ni les ennemis; et Moïse, qui fit tant mourir de gens, entendait fort mal son propre précepte. S'il y a quelques exceptions, la premiere est certainement en faveur de la mort volontaire, parce qu'elle est exempte de violence et d'injustice, les deux seules considérations qui puissent rendre l'homicide criminel, et que la nature y a mis d'ailleurs un suffisant obstacle.

Mais, disent-ils encore, souffrez patiemment les maux que Dieu vous envoie; faites-vous un mérite de vos peines. Appliquer ainsi les maximes du christianisme, que c'est mal en saisir l'esprit! L'homme est sujet à mille maux, sa vie est un tissu de misères, et il ne semble naître que pour souffrir. De ces maux, ceux qu'il peut éviter la raison veut qu'il les évite; et la religion, qui n'est jamais contraire à la raison, l'approuve. Mais que leur somme est petite auprès de ceux qu'il est forcé de souffrir malgré lui! C'est de ceux-ci qu'un Dieu clément permet aux hommes de se faire un mérite; il accepte en hommage volontaire le tribut forcé qu'il nous impose, et marque au profit de l'autre vie la résignation dans celle-ci. La véritable pénitence de l'homme lui est imposée par la nature : s'il endure patiemment tout ce qu'il est contraint d'endurer, il a fait à cet égard tout ce que Dieu lui demande; et si quelqu'un montre assez d'orgueil pour vouloir faire davantage, c'est un fou qu'il faut enfermer, ou un fourbe qu'il faut punir. Fuyons donc sans scrupule tous les maux que nous pouvons fuir, il ne nous en restera que trop à souffrir encore. Délivrons nous sans remords de la vie même, aussitôt qu'elle est un mal pour nous, puisqu'il dépend de nous de le faire, et qu'en cela nous n'offensons ni Dieu ni les hommes. S'il faut un sacrifice à l'Être suprême, n'est-ce rien que de mourir? Offrons à Dieu la mort qu'il nous impose par la voix de la raison, et versons paisiblement dans son sein notre âme qu'il redemande.

Tels sont les préceptes généraux que le bon sens dicte à tous les hommes, et que la religion autorise [1]. Revenons à nous. Vous avez daigné m'ouvrir votre cœur; je connais vos peines, vous ne souf-

[1] L'étrange lettre pour la délibération dont il s'agit! Raisonne-t-on si paisiblement sur une question pareille quand on l'examine pour soi? La lettre est-elle fabriquée, ou l'auteur ne veut-il qu'être réfuté? Ce qui peut tenir en doute, c'est l'exemple de Robeck qu'il cite, et qui semble autoriser le sien. Robeck délibéra si posément, qu'il eut la patience de faire un livre, un gros livre, bien long, bien pesant, bien froid, et quand il eut établi, selon lui, qu'il était permis de se donner la mort, il se la donna avec la même tranquillité. Défions-nous des préjugés de siècle et de nation. Quand ce n'est pas la mode de se tuer, on n'imagine que des enragés qui se tuent, tous les actes de courage sont autant de chimères pour les âmes faibles, chacun ne juge des autres que par soi: cependant combien n'avons-nous pas d'exemples attestés d'hommes sages en tout autre point, qui, sans remords, sans fureur, sans désespoir, renoncent à la vie uniquement parce qu'elle leur est à charge, et meurent plus tranquillement qu'ils n'ont vécu!

frez pas moins que moi ; vos maux sont sans remede ainsi que les miens ; et d'autant plus sans remede que les lois de l'honneur sont plus immuables que celles de la fortune. Vous les supportez, je l'avoue, avec fermeté. La vertu vous soutient ; un pas de plus, elle vous dégage. Vous me pressez de souffrir ; mylord, j'ose vous presser de terminer vos souffrances, et je vous laisse à juger qui de nous est le plus cher à l'autre.

Que tardons-nous a faire un pas qu'il faut toujours faire ? Attendrons-nous que la vieillesse et les ans nous attachent bassement à la vie après nous en avoir ôté les charmes, et que nous trainions avec effort, ignominie et douleur, un corps infirme et cassé ? Nous sommes dans l'âge où la vigueur de l'âme la dégage aisément de ses entraves, et où l'homme sait encore mourir ; plus tard, il se laisse en gémissant arracher la vie. Profitons d'un temps ou l'ennui de vivre nous rend la mort désirable ; craignons qu'elle ne vienne avec ses horreurs au moment où nous n'en voudrons plus. Je m'en souviens, il fut un instant où je ne demandais qu'une heure au ciel, et où je serais mort désespéré si je ne l'eusse obtenue. Ah ! qu'on a de peine a briser les nœuds qui lient nos cœurs à la terre ! et qu'il est sage de la quitter aussitôt qu'ils sont rompus ! Je le sens, mylord, nous sommes dignes tous deux d'une habitation plus pure : la vertu nous la montre, et le sort nous invite a la chercher. Que l'amitié qui nous joint nous unisse encore à notre dernière heure. Oh ! quelle volupté pour deux vrais amis de finir leurs jours volontairement dans les bras l'un de l'autre, de confondre leurs derniers soupirs, d'exhaler a la fois les deux moitiés de leur âme ! Quelle douleur, quel regret peut empoisonner leurs derniers instants ? Que quittent-ils en sortant du monde ? Ils s'en vont ensemble ; ils ne quittent rien.

XXII. — RÉPONSE.

Jeune homme, un aveugle transport t'égare : sois plus discret, ne conseille point en demandant conseil : j'ai connu d'autres maux que les tiens. J'ai l'âme ferme ; je suis Anglais. Je sais mourir, car je sais vivre, souffrir en homme. J'ai vu la mort de pres, et la regarde avec trop d'indifférence pour l'aller chercher. Parlons de toi.

Il est vrai, tu m'etais nécessaire ; mon âme avait besoin de la tienne; tes soins pouvaient m'être utiles; ta raison pouvait m'éclairer dans la plus importante affaire de ma vie; si je ne m'en sers point, à qui t'en prends-tu? Ou est-elle? qu'est-elle devenue? que peux-tu faire? à quoi es-tu bon dans l'état où te voilà? quels services puis-je espérer de toi? Une douleur insensée te rend stupide et impitoyable : tu n'es pas un homme, tu n'es rien; et si je ne regardais à ce que tu peux être, tel que tu es, je ne vois rien dans le monde au-dessous de toi.

Je n'en veux pour preuve que ta lettre même. Autrefois je trouvais en toi du sens, de la vérité; tes sentiments étaient droits, tu pensais juste : et je ne t'aimais pas seulement par goût, mais par choix, comme un moyen de plus pour moi de cultiver la sagesse. Qu'ai-je trouvé maintenant dans les raisonnements de cette lettre dont tu parais si content? Un misérable et perpétuel sophisme, qui, dans l'égarement de ta raison, marque celui de ton cœur, et que je ne daignerais pas même relever si je n'avais pitié de ton délire.

Pour renverser tout cela d'un mot, je ne veux te demander qu'une seule chose : Toi qui crois Dieu existant, l'âme immortelle, et la liberté de l'homme, tu ne penses pas, sans doute, qu'un être intelligent reçoive un corps et soit placé sur la terre au hasard seulement, pour vivre, souffrir, et mourir? Il y a bien peut-être à la vie humaine un but, une fin, un objet moral? Je te prie de me répondre clairement sur ce point; après quoi nous reprendrons pied à pied ta lettre, et tu rougiras de l'avoir écrite.

Mais laissons les maximes générales, dont on fait souvent beaucoup de bruit sans jamais en suivre aucune; car il se trouve toujours dans l'application quelque condition particulière qui change tellement l'état des choses, que chacun se croit dispensé d'obéir à la règle qu'il prescrit aux autres; et l'on sait bien que tout homme qui pose des maximes générales entend qu'elles obligent tout le monde, excepté lui. Encore un coup, parlons de toi.

Il t'est donc permis, selon toi, de cesser de vivre? La preuve en est singulière, c'est que tu as envie de mourir. Voilà certes un argument fort commode pour les scélérats; ils doivent t'être bien obligés des armes que tu leur fournis; il n'y aura plus de forfaits qu'ils ne justifient par la tentation de les commettre, et dès que la violence de la passion l'emportera sur l'horreur du crime, dans le désir de mal faire ils en trouveront aussi le droit.

Il t'est donc permis de cesser de vivre? Je voudrais bien savoir si tu as commencé. Quoi! fus-tu placé sur la terre pour n'y rien faire? Le ciel ne t'imposa-t-il point avec la vie une tâche pour la remplir? Si tu as fait ta journée avant le soir, repose-toi le reste du jour, tu le peux ; mais voyons ton ouvrage. Quelle réponse tiens-tu prête au juge suprême qui te demandera compte de ton temps? Parle, que lui diras-tu? J'ai séduit une fille honnête ; j'abandonne un ami dans ses chagrins. Malheureux! trouve-moi ce juste qui se vante d'avoir assez vécu ; que j'apprenne de lui comment il faut avoir porté la vie pour être en droit de la quitter.

Tu comptes les maux de l'humanité ; tu ne rougis pas d'épuiser des lieux communs cent fois rebattus, et tu dis : La vie est un mal. Mais regarde, cherche dans l'ordre des choses si tu y trouves quelques biens qui ne soient point mêlés de maux. Est-ce donc à dire qu'il n'y ait aucun bien dans l'univers? et peux-tu confondre ce qui est mal par sa nature, avec ce qui ne souffre le mal que par accident? Tu l'as dit toi-même, la vie passive de l'homme n'est rien, et ne regarde qu'un corps dont il sera bientôt délivré ; mais sa vie active et morale, qui doit influer sur tout son être, consiste dans l'exercice de sa volonté. La vie est un mal pour le méchant qui prospère, et un bien pour l'honnête homme infortuné ; car ce n'est pas une modification passagère, mais son rapport avec son objet, qui la rend bonne ou mauvaise. Quelles sont enfin ces douleurs si cruelles qui te forcent de la quitter? Penses-tu que je n'aie pas démêlé, sous ta feinte impartialité dans le dénombrement des maux de cette vie, la honte de parler des tiens? Crois-moi, n'abandonne pas à la fois toutes tes vertus ; garde au moins ton ancienne franchise, et dis ouvertement à ton ami : J'ai perdu l'espoir de corrompre une honnête femme, me voilà forcé d'être homme de bien ; j'aime mieux mourir.

Tu t'ennuies de vivre, et tu dis : La vie est un mal. Tôt ou tard tu seras consolé, et tu diras : La vie est un bien. Tu diras plus vrai sans mieux raisonner ; car rien n'aura changé que toi. Change donc dès aujourd'hui ; et puisque c'est dans la mauvaise disposition de ton âme qu'est tout le mal, corrige tes affections déréglées, et ne brûle pas ta maison pour n'avoir pas la peine de la ranger.

Je souffre, me dis-tu ; dépend-il de moi de ne pas souffrir? D'abord c'est changer l'état de la question ; car il ne s'agit pas de savoir si tu souffres, mais si c'est un mal pour toi de vivre. Passons. Tu souffres, tu dois chercher à ne plus souffrir. Voyons s'il est besoin de mourir pour cela.

Considère un moment le progrès naturel des maux de l'âme directement opposé au progrès des maux du corps, comme les deux substances sont opposées par leur nature. Ceux-ci s'invétèrent, s'empirent en vieillissant, et détruisent enfin cette machine mortelle. Les autres, au contraire, altérations externes et passagères d'un être immortel et simple, s'effacent insensiblement, et le laissent dans sa forme originelle, que rien ne saurait changer. La tristesse, l'ennui, les regrets, le désespoir, sont des douleurs peu durables qui ne s'enracinent jamais dans l'âme ; et l'expérience dément toujours ce sentiment d'amertume qui nous fait regarder nos peines comme éternelles. Je dirai plus : je ne puis croire que les vices qui nous corrompent nous soient plus inhérents que nos chagrins ; non-seulement je pense qu'ils périssent avec le corps qui les occasionne, mais je ne doute pas qu'une plus longue vie ne pût suffire pour corriger les hommes, et que plusieurs siècles de jeunesse ne nous apprissent qu'il n'y a rien de meilleur que la vertu.

Quoi qu'il en soit, puisque la plupart de nos maux physiques ne font qu'augmenter sans cesse, de violentes douleurs du corps, quand elles sont incurables, peuvent autoriser un homme à disposer de lui ; car toutes ses facultés étant aliénées par la douleur, et le mal étant sans remède, il n'a plus l'usage ni de sa volonté ni de sa raison : il cesse d'être homme avant de mourir, et ne fait, en s'ôtant la vie, qu'achever de quitter un corps qui l'embarrasse et où son âme n'est déjà plus.

Mais il n'en est pas ainsi des douleurs de l'âme, qui, pour vives qu'elles soient, portent toujours leur remède avec elles. En effet, qu'est-ce qui rend un mal quelconque intolérable ? c'est sa durée. Les opérations de la chirurgie sont communément beaucoup plus cruelles que les souffrances qu'elles guérissent ; mais la douleur du mal est permanente, celle de l'opération passagère, et l'on préfère celle-ci. Qu'est-il donc besoin d'opération pour des douleurs qu'éteint leur propre durée, qui seule les rendrait insupportables ? Est-il raisonnable d'appliquer d'aussi violents remèdes aux maux qui s'effacent d'eux-mêmes ? Pour qui fait cas de la constance et n'estime les ans que le peu qu'ils valent, de deux moyens de se délivrer des mêmes souffrances, lequel doit être préféré de la mort ou du temps? Attends, et tu seras guéri. Que demandes-tu davantage?

Ah! c'est ce qui redouble mes peines de songer qu'elles finiront[1] Vain sophisme de la douleur; bon mot sans raison, sans justesse, et peut-être sans bonne foi. Quel absurde motif de désespoir que l'espoir de terminer sa misere [1]. Même en supposant ce bizarre sentiment, qui n'aimerait mieux aigrir un moment la douleur présente par l'assurance de la voir finir, comme on sacrifie une plaie pour la faire cicatriser? Et quand la douleur aurait un charme qui nous ferait aimer à souffrir, s'en priver en s'ôtant la vie, n'est-ce pas faire à l'instant même tout ce qu'on craint de l'avenir?

Penses-y bien, jeune homme; que sont dix, vingt, trente ans, pour un être immortel? La peine et le plaisir passent comme une ombre; la vie s'écoule en un instant; elle n'est rien par elle-même, son prix dépend de son emploi. Le bien seul qu'on a fait demeure, et c'est par lui qu'elle est quelque chose.

Ne dis donc plus que c'est un mal pour toi de vivre, puisqu'il dépend de toi seul que ce soit un bien; et que si c'est un mal d'avoir vécu, c'est une raison de plus pour vivre encore. Ne dis pas non plus qu'il t'est permis de mourir; car autant vaudrait dire qu'il t'est permis de n'être pas homme, qu'il t'est permis de te révolter contre l'auteur de ton être, et de tromper ta destination. Mais, en ajoutant que ta mort ne fait de mal à personne, songes-tu que c'est à ton ami que tu l'oses dire?

Ta mort ne fait de mal à personne! J'entends; mourir à nos dépens ne t'importe guère, tu comptes pour rien nos regrets. Je ne te parle plus des droits de l'amitié que tu méprises : n'en est-il point de plus chers encore [2] qui t'obligent à te conserver? S'il est une personne au monde qui t'ait assez aimé pour ne vouloir pas te survivre, et à qui ton bonheur manque pour être heureuse, penses-tu ne lui rien devoir? Tes funestes projets exécutés ne troubleront-ils point la paix d'une âme rendue avec tant de peine à sa

---

[1] Non, mylord, on ne termine pas ainsi sa misère, on y met le comble; on rompt les derniers nœuds qui nous attachaient au bonheur. En regrettant ce qui nous fut cher, on tient encore à l'objet de sa douleur par sa douleur même, et cet état est moins affreux que de ne tenir plus a rien.

[2] Des droits plus chers que ceux de l'amitié! et c'est un sage qui le dit! Mais ce prétendu sage était amoureux lui-même

première innocence? Ne crains-tu point de rouvrir dans ce cœur trop tendre des blessures mal refermées? Ne crains-tu point que ta perte n'en entraîne une autre encore plus cruelle, en ôtant au monde et à la vertu leur plus digne ornement? Et si elle te survit, ne crains-tu point d'exciter dans son sein le remords, plus pesant à supporter que la vie? Ingrat ami, amant sans délicatesse, seras-tu toujours occupé de toi-même? Ne songeras-tu jamais qu'à tes peines? N'es-tu point sensible au bonheur de ce qui te fut cher? et ne saurais-tu vivre pour celle qui voulut mourir avec toi?

Tu parles des devoirs du magistrat et du père de famille, et parce qu'ils ne te sont pas imposés, tu te crois affranchi de tout. Et la société à qui tu dois ta conservation, tes talents, tes lumières; la patrie à qui tu appartiens, les malheureux qui ont besoin de toi, ne leur dois-tu rien? O l'exact dénombrement que tu fais! parmi les devoirs que tu comptes, tu n'oublies que ceux d'homme et de citoyen. Où est ce vertueux patriote qui refuse de vendre son sang à un prince étranger parce qu'il ne doit le verser que pour son pays, et qui veut maintenant le répandre en désespéré, contre l'expresse défense des lois? Les lois, les lois, jeune homme! le sage les méprise-t-il? Socrate innocent, par respect pour elles, ne voulut pas sortir de prison : tu ne balances point à les violer pour sortir injustement de la vie, et tu demandes : Quel mal fais-je?

Tu veux t'autoriser par des exemples; tu m'oses nommer des Romains! Toi, des Romains! il t'appartient bien d'oser prononcer ces noms illustres! Dis-moi, Brutus mourut-il en amant desespéré? et Caton déchira-t-il ses entrailles pour sa maîtresse? Homme petit et faible, qu'y a-t-il entre Caton et toi? Montre-moi la mesure commune de cette âme sublime et de la tienne. Téméraire, ah! tais-toi. Je crains de profaner son nom par son apologie. A ce nom saint et auguste, tout ami de la vertu doit mettre le front dans la poussière, et honorer en silence la mémoire du plus grand des hommes.

Que tes exemples sont mal choisis! et que tu juges bassement des Romains, si tu penses qu'ils se crussent en droit de s'ôter la vie aussitôt qu'elle leur était à charge! Regarde les beaux temps de la république, et cherche si tu y verras un seul citoyen vertueux se délivrer ainsi du poids de ses devoirs, même après les plus cruelles infortunes. Regulus retournant à Carthage prévint-il par sa mort les tourments qui l'attendaient? Que n'eût point donné Posthumius pour que cette ressource lui fût permise aux Fourches Caudines? Quel effort de courage le sénat même n'admira-t-il pas dans le consul Varron, pour avoir pu survivre à sa défaite! Par quelle raison tant de généraux se laissèrent-ils volontairement livrer aux ennemis, eux à qui l'ignominie était si cruelle, et à qui il en coûtait si peu de mourir? C'est qu'ils devaient à la patrie leur sang, leur vie et leurs derniers soupirs, et que la honte ni les revers ne les pouvaient détourner de ce devoir sacré. Mais quand les lois furent anéanties, et que l'État fut en proie à des tyrans, les citoyens reprirent leur liberté naturelle et leurs droits sur eux-mêmes. Quand Rome ne fut plus, il fut permis à des Romains de cesser d'être : ils avaient rempli leurs fonctions sur la terre; ils n'avaient plus de patrie; ils étaient en droit de disposer d'eux, et de se rendre à eux-mêmes la liberté qu'ils ne pouvaient plus rendre à leur pays. Après avoir employé leur vie à servir Rome expirante et à combattre pour les lois, ils moururent vertueux et grands comme ils avaient vécu; et leur mort fut encore un tribut à la gloire du nom romain, afin qu'on ne vît dans aucun d'eux le spectacle indigne de vrais citoyens servant un usurpateur.

Mais toi, qui es-tu? qu'as-tu fait? Crois-tu t'excuser sur ton obscurité? ta faiblesse t'exempte-t-elle de tes devoirs? et, pour n'avoir ni nom ni rang dans ta patrie, en es-tu moins soumis à ses lois? Il te sied bien d'oser parler de mourir, tandis que tu dois l'usage de ta vie à tes semblables! Apprends qu'une mort telle que tu la médites est honteuse et furtive; c'est un vol fait au genre humain. Avant de le quitter, rends-lui ce qu'il a fait pour toi. Mais je ne tiens à rien... je suis inutile au monde... Philosophe d'un jour! ignores-tu que tu ne saurais faire un pas sur la terre sans y trouver quelque devoir à remplir, et que tout homme est utile à l'humanité par cela seul qu'il existe?

Écoute-moi, jeune insensé : tu m'es cher, j'ai pitié de tes erreurs. S'il te reste au fond du cœur le moindre sentiment de vertu, viens, que je t'apprenne à aimer la vie. Chaque fois que tu seras tenté d'en sortir, dis en toi-même : « Que je fasse encore une bonne « action avant que de mourir. » Puis va chercher quelque indigent à secourir, quelque infortuné à consoler, quelque opprimé à défendre. Rapproche de moi les malheureux que mon abord intimide : ne crains d'abuser ni de ma bourse ni de mon crédit;

prends, épuise mes biens, fais-moi riche. Si cette considération te retient aujourd'hui, elle te retiendra encore demain, apres-demain, toute ta vie. Si elle ne te retient pas, meurs : tu n'es qu'un méchant.

XXIII. — DE MYLORD ÉDOUARD A L'AMANT DE JULIE.

Je ne pourrai, mon cher, vous embrasser aujourd'hui comme je l'avais espéré, et l'on me retient encore pour deux jours à Kinsington. Le train de la cour est qu'on y travaille beaucoup sans rien faire, et que toutes les affaires s'y succedent sans s'achever. Celle qui m'arrête ici depuis huit jours ne demandait pas deux heures : mais comme la plus importante affaire des ministres est d'avoir toujours l'air affairé, ils perdent plus de temps à me remettre qu'ils n'en auraient mis a m'expédier. Mon impatience, un peu trop visible, n'abrège pas ces délais. Vous savez que la cour ne me convient guère; elle m'est encore plus insupportable depuis que nous vivons ensemble; et j'aime cent fois mieux partager votre mélancolie, que l'ennui des valets qui peuplent ce pays.

Cependant, en causant avec ces empressés fainéants, il m'est venu une idée qui vous regarde, et sur laquelle je n'attends que votre aveu pour disposer de vous. Je vois qu'en combattant vos peines vous souffrez à la fois du mal et de la résistance. Si vous voulez vivre et guérir, c'est moins parce que l'honneur et la raison l'exigent, que pour complaire a vos amis. Mon cher, ce n'est pas assez : il faut reprendre le goût de la vie pour en bien remplir les devoirs; et, avec tant d'indifférence pour toute chose, on ne réussit jamais à rien. Nous avons beau faire l'un et l'autre, la raison seule ne vous rendra pas la raison. Il faut qu'une multitude d'objets nouveaux et frappants vous arrachent une partie de l'attention que votre cœur ne donne qu'à celui qui l'occupe. Il faut, pour vous rendre à vous même, que vous sortiez d'au dedans de vous; et ce n'est que dans l'agitation d'une vie active que vous pouvez retrouver le repos.

Il se présente pour cette épreuve une occasion qui n'est pas à dédaigner : il est question d'une entreprise grande, belle, et telle que bien des âges n'en voient pas de semblables. Il dépend de vous d'en être témoin et d'y concourir. Vous verrez le plus grand spectacle qui puisse frapper les yeux des hommes ; votre goût pour l'observation trouvera de quoi se contenter. Vos fonctions seront honorables ; elles n'exigeront, avec les talents que vous possedez, que du courage et de la santé. Vous y trouverez plus de péril que de gene ; elles ne vous en conviendront que mieux. Enfin votre engagement ne sera pas fort long. Je ne puis vous en dire aujourd'hui davantage, parce que ce projet sur le point d'éclore est pourtant encore un secret dont je ne suis pas le maître. J'ajouterai seulement que si vous negligez cette heureuse et rare occasion, vous ne la retrouverez probablement jamais, et la regretterez peut-être toute votre vie.

J'ai donné ordre à mon coureur, qui vous porte cette lettre, de vous chercher où que vous soyez, et de ne point revenir sans votre réponse ; car elle presse, et je dois donner la mienne avant de partir d'ici.

XXIV. — REPONSE.

Faites, mylord ; ordonnez de moi ; vous ne serez désavoué sur rien. En attendant que je mérite de vous servir, au moins que je vous obéisse.

XXV. — DE MYLORD ÉDOUARD A L'AMANT DE JULIE.

Puisque vous approuvez l'idée qui m'est venue, je ne veux pas tarder un moment a vous marquer que tout vient d'etre conclu, et a vous expliquer de quoi il s'agit, selon la permission que j'en ai reçue en repondant de vous.

Vous savez qu'on vient d'armer a Plymouth une escadre de cinq vaisseaux de guerre, et qu'elle est prete a mettre a la voile. Celui qui doit la commander est M. George Anson, habile et vaillant officier, mon ancien ami. Elle est destinée pour la mer du Sud, ou elle doit se rendre par le détroit de le Maire, et en revenir par les Indes orientales. Ainsi vous voyez qu'il n'est pas question de moins que du tour du monde ; expédition qu'on estime devoir durer environ trois ans. J'aurais pu vous faire inscrire comme volontaire ; mais, pour vous donner plus de considération dans l'equipage, j'y ai fait ajouter un titre, et vous etes couché sur l'etat en qualité d'ingenieur des troupes de débarquement : ce qui vous convient d'autant mieux que le génie étant votre première destination, je sais que vous l'avez appris dès votre enfance.

Je compte retourner demain à Londres[1], et vous présenter à M. Anson dans deux jours. En attendant, songez à votre équipage, et à vous pourvoir d'instruments et de livres; car l'embarquement est prêt, et l'on n'attend plus que l'ordre du départ. Mon cher ami, j'espère que Dieu vous ramènera sain de corps et de cœur de ce long voyage, et qu'à votre retour nous nous rejoindrons, pour ne nous séparer jamais.

XXVI. — DE L'AMANT DE JULIE A MADAME D'ORBE.

Je pars, chère et charmante cousine, pour faire le tour du globe; je vais chercher dans un autre hémisphère la paix dont je n'ai pu jouir dans celui-ci. Insensé que je suis[1] je vais errer dans l'univers sans trouver un lieu pour y reposer mon cœur; je vais chercher un asile au monde où je puisse être loin de vous ! Mais il faut respecter les volontés d'un ami, d'un bienfaiteur, d'un père. Sans espérer de guérir, il faut au moins le vouloir, puisque Julie et la vertu l'ordonnent. Dans trois heures je vais être à la merci des flots; dans trois jours je ne verrai plus l'Europe; dans trois mois je serai dans des mers inconnues, où règnent d'éternels orages; dans trois ans peut-être.. Qu'il serait affreux de ne vous plus voir ! Hélas ! le plus grand péril est au fond de mon cœur : car, quoi qu'il en soit de mon sort, je l'ai résolu, je le jure, vous me verrez digne de paraître à vos yeux, ou vous ne me reverrez jamais.

Mylord Édouard, qui retourne à Rome, vous remettra cette lettre en passant, et vous fera le détail de ce qui me regarde. Vous connaissez son âme, et vous devinerez aisément ce qu'il ne vous dira pas. Vous connûtes la mienne, jugez aussi de ce que je ne vous dis pas moi-même. Ah mylord ! vos yeux les reverront !

Votre amie a donc ainsi que vous le bonheur d'être mère ! Elle devait donc l'être?... Ciel inexorable !... O ma mère ! pourquoi vous donna-t-il un fils dans sa colère ?

Il faut finir, je le sens. Adieu, charmantes cousines. Adieu, beau-

---

[1] Je n'entends pas trop bien ceci Kensington n'étant qu'à un quart de lieue de Londres, les seigneurs qui vont à la cour n'y couchent pas, cependant voilà mylord Édouard forcé d'y passer je ne sais combien de jours

tés incomparables Adieu, pures et célestes âmes. Adieu, tendres et inséparables amies, femmes uniques sur la terre. Chacune de vous est le seul objet digne du cœur de l'autre. Faites mutuellement votre bonheur. Daignez vous rappeler quelquefois la mémoire d'un infortuné qui n'existait que pour partager entre vous tous les sentiments de son âme, et qui cessa de vivre au moment qu'il s'éloigna de vous. Si jamais... J'entends le signal et les cris des matelots ; je vois fraichir le vent et déployer les voiles : il faut monter a bord, il faut partir. Mer vaste, mer immense, qui dois peut-être m'engloutir dans ton sein, puissé-je retrouver sur tes flots le calme qui fuit mon cœur agité !

QUATRIÈME PARTIE.

LETTRE PREMIERE.

DE MADAME DE WOLMAR A MADAME D'ORBE.

Que tu tardes longtemps à revenir! Toutes ces allées et venues ne m'accommodent point. Que d heures se perdent a te rendre ou tu devrais toujours être, et, qui pis est, à t'en éloigner! L'idée de se voir pour si peu de temps gate tout le plaisir d'être ensemble. Ne sens-tu pas qu'etre ainsi alternativement chez toi et chez moi, c'est n'etre bien nulle part? et n'imagines-tu point quelque moyen de faire que tu sois en meme temps chez l'une et chez l'autre?

Que faisons-nous, chere cousine? Que d'instants précieux nous laissons perdre, quand il ne nous en reste plus a prodiguer! Les années se multiplient, la jeunesse commence a fuir, la vie s'écoule; le bonheur passager qu'elle offre est entre nos mains, et nous négligeons d'en jouir! Te souvient-il du temps où nous étions encore filles, de ces premiers temps si charmants et si doux qu'on ne retrouve plus dans un autre âge, et que le cœur oublie avec tant de peine? Combien de fois, forcées de nous séparer pour peu de jours et meme pour peu d'heures, nous disions en nous embrassant tristement. Ah! si jamais nous disposons de nous, on ne nous verra plus séparées! Nous en disposons maintenant, et nous passons la moitié de l'année eloignées l'une de l'autre. Quoi! nous aimerions-nous moins? Chere et tendre amie, nous le sentons toutes deux, combien le temps, l'habitude et tes bienfaits, ont rendu notre attachement plus fort et plus indissoluble. Pour moi, ton absence me parait de jour en jour plus insupportable, et je ne puis plus vivre un instant sans toi. Ce progres de notre amitie est plus naturel qu'il ne semble; il a sa raison dans notre situation ainsi que dans nos caracteres. A mesure qu'on avance en age, tous les sentiments se concentrent; on perd tous les jours quelque chose de ce qui nous fut cher, et l'on ne le remplace plus. On meurt ainsi par degres, jusqu'a ce que, n'aimant enfin que soi-même, on ait cessé de sentir et de vivre avant de cesser d'exister. Mais un cœur sensible se defend de toute sa force contre cette mort anticipée; quand le froid commence aux extrémités, il rassemble autour de lui toute sa chaleur naturelle ; plus il perd, plus il s'attache a ce qui lui reste, et il tient pour ainsi dire au dernier objet par les liens de tous les autres.

Voilà ce qu'il me semble éprouver déjà, quoique jeune encore. Ah! ma chere, mon pauvre cœur a tant aimé ! il s'est épuisé de si bonne heure, qu'il vieillit avant le temps ; et tant d'affections diverses l'ont tellement absorbé, qu'il n'y reste plus de place pour des attachements nouveaux. Tu m'as vue successivement fille, amie, amante, épouse, et mere. Tu sais si tous ces titres m'ont été chers! Quelques-uns de ces liens sont détruits, d'autres sont relâchés. Ma mere, ma tendre mere n'est plus ; il ne me reste que des pleurs a donner à sa mémoire, et je ne goûte qu'a moitié le plus doux sentiment de la nature. L'amour est éteint, il l'est pour jamais, et c'est encore une place qui ne sera point remplie. Nous avons perdu ton digne et bon mari, que j'aimais comme la chere moitié de toi-meme, et qui meritait si bien ta tendresse et mon amitié. Si mes fils étaient plus grands, l'amour maternel remplirait tous ces vides : mais cet amour, ainsi que tous les autres, a besoin de communication ; et quel retour peut attendre une mere d'un enfant de quatre ou cinq ans? Nos enfants nous sont chers longtemps avant qu'ils puissent le sentir et nous aimer a leur tour ; et cependant on a si grand besoin de dire combien on les aime a quelqu'un qui nous entende! Mon mari m'entend, mais il ne me répond pas assez à ma fantaisie ; la tête ne lui en tourne pas comme a moi : sa tendresse pour eux est trop raisonnable ; j'en veux une plus vive, et qui ressemble mieux a la mienne. Il me faut une amie, une mere qui soit aussi folle que moi de mes enfants et des siens. En un mot, la maternité me rend l'amitié plus nécessaire encore, par le plaisir de parler sans cesse de mes enfants sans donner de l'ennui. Je sens que je jouis doublement des caresses de mon petit Marcellin quand je te les vois partager. Quand j'embrasse ta fille, je crois te presser contre mon sein. Nous l'avons dit cent fois : en voyant tous nos petits bambins jouer ensemble, nos cœurs unis les confondent, et nous ne savons plus a laquelle appartient chacun des trois.

Ce n'est pas tout : j'ai de fortes raisons pour te souhaiter sans cesse auprès de moi, et ton absence m'est cruelle a plus d'un égard. Songe a mon éloignement pour toute dissimulation, et à cette continuelle réserve où je vis depuis près de six ans avec l'homme du monde qui m'est le plus cher. Mon odieux secret me pèse de plus en plus, et semble chaque jour devenir plus indispensable. Plus l'honnêteté veut que je le revèle, plus la prudence m'oblige à le garder. Conçois-tu quel état affreux c'est pour une femme de porter la défiance, le mensonge et la crainte, jusque dans les bras d'un époux; de n'oser ouvrir son cœur à celui qui le possède, et de lui cacher la moitié de sa vie pour assurer le repos de l'autre? A qui, grand Dieu, faut-il déguiser mes plus secrètes pensées, et celer l'intérieur d'une ame dont il aurait lieu d'être si content? A M. de Wolmar, à mon mari, au plus digne époux dont le ciel eût pu récompenser la vertu d'une fille chaste. Pour l'avoir trompé une fois, il faut le tromper tous les jours, et me sentir sans cesse indigne de toutes ses bontés pour moi. Mon cœur n'ose accepter aucun témoignage de son estime, ses plus tendres caresses me font rougir, et toutes les marques de respect et de considération qu'il me donne se changent dans ma conscience en opprobres et en signes de mépris. Il est bien dur d'avoir à se dire sans cesse : C'est une autre que moi qu'il honore. Ah! s'il me connaissait, il ne me traiterait pas ainsi. Non, je ne puis supporter cet état affreux; je ne suis jamais seule avec cet homme respectable, que je ne sois prête à tomber à genoux devant lui, à lui confesser ma faute, et à mourir de douleur et de honte à ses pieds.

Cependant les raisons qui m'ont retenue dès le commencement prennent chaque jour de nouvelles forces, et je n'ai pas un motif de parler qui ne soit une raison de me taire. En considérant l'état paisible et doux de ma famille, je ne pense point sans effroi qu'un seul mot y peut causer un désordre irréparable. Après six ans passés dans une si parfaite union, irai-je troubler le repos d'un mari si sage et si bon, qui n'a d'autre volonté que celle de son heureuse épouse, ni d'autre plaisir que de voir régner dans sa maison l'ordre et la paix? Contristerai-je par des troubles domestiques les vieux jours d'un père que je vois si content, si charmé du bonheur de sa fille et de son ami? Exposerai-je ces chers enfants, ces enfants aimables et qui promettent tant, à n'avoir qu'une éducation négligée ou scandaleuse, à se voir les tristes victimes de la discorde de leurs parents, entre un père enflammé d'une juste indignation, agité par la jalousie, et une mère infortunée et coupable, toujours noyée dans les pleurs? Je connais M. de Wolmar estimant sa femme ; que sais-je ce qu'il sera ne l'estimant plus ? Peut-être n'est-il si modéré que parce que la passion qui dominerait dans son caractere n'a pas encore eu lieu de se développer. Peut-etre sera-t-il aussi violent dans l'emportement de la colere qu'il est doux et tranquille tant qu'il n'a nul sujet de s'irriter.

Si je dois tant d'égards a tout ce qui m'environne, ne m'en dois-je point aussi quelques-uns à moi-même ? Six ans d'une vie honnete et réguliere n'effacent-ils rien des erreurs de la jeunesse ? et faut-il m'exposer encore a la peine d'une faute que je pleure depuis si longtemps ? Je te l'avoue, ma cousine, je ne tourne point sans répugnance les yeux sur le passé ; il m'humilie jusqu'au découragement, et je suis trop sensible à la honte pour en supporter l'idée sans retomber dans une sorte de désespoir. Le temps qui s'est écoulé depuis mon mariage est celui qu'il faut que j'envisage pour me rassurer. Mon état présent m'inspire une confiance que d'importuns souvenirs voudraient m'oter. J'aime a nourrir mon cœur des sentiments d'honneur que je crois retrouver en moi. Le rang d'épouse et de mere m'eleve l'âme, et me soutient contre les remords d'un autre état. Quand je vois mes enfants et leur pere autour de moi, il me semble que tout y respire la vertu ; ils chassent de mon esprit l'idee même de mes anciennes fautes. Leur innocence est la sauvegarde de la mienne ; ils m'en deviennent plus chers en me rendant meilleure ; et j'ai tant d'horreur pour tout ce qui blesse l'honneteté, que j'ai peine a me croire la meme qui put l'oublier autrefois. Je me sens si loin de ce que j'étais, si sure de ce que je suis, qu'il s'en faut peu que je ne regarde ce que j'aurais a dire comme un aveu qui m'est étranger, et que je ne suis plus obligée de faire.

Voila l'état d'incertitude et d'anxieté dans lequel je flotte sans cesse en ton absence. Sais-tu ce qui arrivera de tout cela quelque jour ? Mon pere va bientot partir pour Berne, résolu de n'en revenir qu'apres avoir vu la fin de ce long proces dont il ne veut pas nous laisser l'embarras, et ne se fiant pas trop non plus, je pense, a notre zele a le poursuivre. Dans l'intervalle de son départ a son retour, je resterai seule avec mon mari, et je sens qu'il sera presque impossible que mon fatal secret ne m'échappe. Quand nous avons du monde, tu sais que M. de Wolmar quitte souvent la compagnie, et fait volontiers seul des promenades aux environs il cause avec les paysans ; il s'informe de leur situation ; il examine l'état de leurs terres ; il les aide au besoin de sa bourse et de ses conseils. Mais quand nous sommes seuls, il ne se promene qu'avec moi; il quitte peu sa femme et ses enfants, et se prete à leurs petits jeux avec une simplicité si charmante, qu'alors je sens pour lui quelque chose de plus tendre encore qu'à l'ordinaire. Ces moments d'attendrissement sont d'autant plus périlleux pour la réserve, qu'il me fournit lui-même les occasions d'en manquer, et qu'il m'a cent fois tenu des propos qui semblaient m'exciter à la confiance. Tot ou tard il faudra que je lui ouvre mon cœur, je le sens ; mais puisque tu veux que ce soit de concert entre nous, et avec toutes les précautions que la prudence autorise, reviens, et fais de moins longues absences, ou je ne réponds plus de rien.

Ma douce amie, il faut achever ; et ce qui reste importe assez pour me coûter le plus à dire. Tu ne m'es pas seulement nécessaire quand je suis avec mes enfants ou avec mon mari, mais surtout quand je suis seule avec ta pauvre Julie ; et la solitude m'est dangereuse précisément parce qu'elle m'est douce, et que souvent je la cherche sans y songer. Ce n'est pas, tu le sais, que mon cœur se ressente encore de ses anciennes blessures ; non, il est guéri, je le sens, j'en suis tres-sûre ; j'ose me croire vertueuse. Ce n'est point le présent que je crains, c'est le passé qui me tourmente. Il est des souvenirs aussi redoutables que le sentiment actuel ; on s'attendrit par réminiscence, on a honte de se sentir pleurer, et l'on n'en pleure que davantage. Ces larmes sont de pitié, de regret, de repentir ; l'amour n'y a plus de part, il ne m'est plus rien : mais je pleure les maux qu'il a causés, je pleure le sort d'un homme estimable que des feux indiscretement nourris ont privé du repos, et peut-etre de la vie. Hélas ! sans doute il a peri dans ce long et perilleux voyage que le desespoir lui a fait entreprendre. S'il vivait, du bout du monde il nous eût donné de ses nouvelles ; pres de quatre ans se sont écoulés depuis son depart. On dit que l'escadre sur laquelle il est a souffert mille désastres, qu'elle a perdu les trois quarts de ses équipages, que plusieurs vaisseaux sont submerges, qu'on ne sait ce qu'est devenu le reste. Il n'est plus, il n'est plus ; un secret pressentiment me l'annonce. L'infortuné n'aura pas été plus epargné que tant d'autres. La mer, les maladies, la tristesse bien plus cruelle, auront abrégé ses jours. Ainsi s'éteint tout ce qui brille un moment sur la terre. Il manquait aux tourments de ma conscience d'avoir à me reprocher la mort d'un honnête homme. Ah !

ma chere, quelle âme c'était que la sienne !.. comme il savait aimer !... Il méritait de vivre... Il aura presente devant le souverain juge une âme faible, mais saine et aimant la vertu. Je m'efforce en vain de chasser ces tristes idées ; a chaque instant elles reviennent malgre moi. Pour les bannir, ou pour les regler, ton amie a besoin de tes soins, et puisque je ne puis oublier cet infortuné, j'aime mieux en causer avec toi que d'y penser toute seule

Regarde, que de raisons augmentent le besoin continuel que j'ai de t'avoir avec moi ! Plus sage et plus heureuse, si les memes raisons te manquent, ton cœur sent il moins le meme besoin ? S'il est bien vrai que tu ne veuilles point te remarier, ayant si peu de contentement de ta famille, quelle maison te peut mieux convenir que celle-ci ? Pour moi, je souffre a te savoir dans la tienne ; car, malgré ta dissimulation, je connais ta maniere d'y vivre, et ne suis point dupe de l'air folâtre que tu viens nous étaler a Clarens. Tu m'as bien reproché des défauts en ma vie ; mais j'en ai un tres-grand a te reprocher à ton tour : c'est que ta douleur est toujours concentrée et solitaire. Tu te caches pour t'affliger, comme si tu rougissais de pleurer devant ton amie. Claire, je n'aime pas cela. Je ne suis point injuste comme toi ; je ne blâme point tes regrets ; je ne veux pas qu'au bout de deux ans, de dix, ni de toute ta vie, tu cesses d'honorer la mémoire d'un si tendre époux : mais je te blame, apres avoir passe tes plus beaux jours a pleurer avec ta Julie, de lui derober la douceur de pleurer à son tour avec toi, et de laver par de plus dignes larmes la honte de celles qu'elle versa dans ton sein. Si tu es fachée de t'affliger, ah ! tu ne connais pas la véritable affliction. Si tu y prends une sorte de plaisir, pourquoi ne veux-tu pas que je le partage ? Ignores-tu que la communication des cœurs imprime a la tristesse je ne sais quoi de doux et de touchant que n'a pas le contentement ? et l'amitie n'a-t-elle pas été spécialement donnée aux malheureux pour le soulagement de leurs maux et la consolation de leurs peines ?

Voila, ma chere, des considérations que tu devrais faire, et auxquelles il faut ajouter qu'en te proposant de venir demeurer avec moi, je ne te parle pas moins au nom de mon mari qu'au mien. Il m'a paru plusieurs fois surpris, presque scandalisé, que deux amies telles que nous n'habitassent pas ensemble ; il assure te l'avoir dit a toi-meme, et il n'est pas homme a parler inconsidéré-

ment. Je ne sais quel parti tu prendras sur mes représentations ;
j'ai lieu d'espérer qu'il sera tel que je le désire. Quoi qu'il en soit,
le mien est pris, et je n'en changerai pas. Je n'ai point oublié le
temps ou tu voulais me suivre en Angleterre. Amie incomparable,
c'est a présent mon tour. Tu connais mon aversion pour la ville,
mon goût pour la campagne, pour les travaux rustiques, et l'attachement que trois ans de séjour m'ont donné pour ma maison
de Clarens. Tu n'ignores pas non plus quel embarras c'est de déménager avec toute une famille, et combien ce serait abuser de la
complaisance de mon pere de le transplanter si souvent. He bien !
si tu ne veux pas quitter ton ménage et venir gouverner le mien,
je suis resolue a prendre une maison a Lausanne, ou nous irons
tous demeurer avec toi. Arrange toi la-dessus ; tout le veut, mon
cœur, mon devoir, mon bonheur, mon honneur conserve, ma raison recouvrée, mon etat, mon mari, mes enfants, moi-même ; je
te dois tout; tout ce que j'ai de bien me vient de toi, je ne vois rien
qui ne m'y rappelle, et sans toi je ne suis rien. Viens donc, ma bienaimee, mon ange tutélaire, viens conserver ton ouvrage, viens
jouir de tes bienfaits. N'ayons plus qu'une famille, comme nous
n'avons qu'une âme pour la chérir ; tu veilleras sur l'education de
mes fils, je veillerai sur celle de ta fille : nous nous partagerons les
devoirs de mere, et nous en doublerons les plaisirs. Nous éleverons nos cœurs ensemble a celui qui purifia le mien par les soins ;
et, n'ayant plus rien a désirer en ce monde, nous attendrons en
paix l'autre vie dans le sein de l'innocence et de l'amitie.

II — RÉPONSE DE MADAME D'ORBE A MADAME DE WOLMAR.

Mon Dieu ! cousine, que ta lettre m'a donné de plaisir ! Charmante precheuse[1]... charmante, en verite, mais precheuse pourtant... perorant a ravir. Des œuvres, peu de nouvelles. L'architecte athenien... ce beau diseur... tu sais bien... dans ton vieux
Plutarque... Pompeuses descriptions, superbe temple !.. Quand
il a tout dit, l'autre revient ; un homme uni, l'air simple, grave et
pose... comme qui dirait ta cousine Claire... D'une voix creuse,
lente, et meme un peu nasale... *Ce qu'il a dit, je le ferai.* Il se tait,
et les mains de battre. Adieu, l'homme aux phrases[1]. Mon enfant,

[1] Montaigne rapporte aussi le trait raconte par Plutarque « Les
« Atheniens estoient a choisir de deux architectes a conduire une grande

nous sommes ces deux architectes ; le temple dont il s'agit est celui de l'Amitié.

Résumons un peu les belles choses que tu m'as dites. Premierement, que nous nous aimions ; et puis, que je t'étais nécessaire ; et puis, que tu me l'étais aussi ; et puis, qu'étant libres de passer nos jours ensemble, il les y fallait passer. Et tu as trouvé tout cela toute seule ! Sans mentir, tu es une éloquente personne ! Oh bien ! que je t'apprenne a quoi je m'occupais de mon coté, tandis que tu méditais cette sublime lettre. Apres cela tu jugeras toi-même lequel vaut le mieux de ce que tu dis ou de ce que je fais.

A peine eus-je perdu mon mari, que tu remplis le vide qu'il avait laissé dans mon cœur. De son vivant il en partageait avec toi les affections, des qu'il ne fut plus, je ne fus qu'a toi seule ; et, selon ta remarque sur l'accord de la tendresse maternelle et de l'amitié, ma fille meme n'était pour nous qu'un lien de plus. Non-seulement je résolus des lors de passer le reste de ma vie avec toi, mais je formai un projet plus étendu. Pour que nos deux familles n'en fissent qu'une, je me proposai supposant tous les rapports convenables, d'unir un jour ma fille a ton ainé ; et ce nom de mari, trouvé par plaisanterie, me parut d'heureux augure pour le lui donner un jour tout de bon.

Dans ce dessein, je cherchai d'abord à lever les embarras d'une succession embrouillée ; et, me trouvant assez de bien pour sacrifier quelque chose a la liquidation du reste, je ne songeai qu'a mettre le partage de ma fille en effets assurés, et a l'abri de tous proces. Tu sais que j'ai des fantaisies sur bien des choses ; ma folie dans celle-ci était de te surprendre. Je m'étais mis en tête d'entrer un beau matin dans ta chambre, tenant d'une main mon enfant, de l'autre un portefeuille, et de te présenter l'un et l'autre avec un beau compliment, pour déposer en tes mains la mere, la fille, et leur bien, c'est-à-dire la dot de celle-ci. Gouverne-la, voulais-je te dire, comme il convient aux intérêts de ton fils ; car c'est désormais son affaire et la tienne : pour moi, je ne m'en mele plus.

Remplie de cette charmante idée, il fallut m'en ouvrir à quel-

« fabrique : le premier, plus affeté, se présenta avec un beau discours
« prémédité sur le subject de cette besoigne, et tiroit le jugement du
« peuple à sa faveur ; mais l'autre en trois mots : *Seigneurs Athéniens,*
« *ce que celluy a dict, je le feray.* » Liv. I, c. 25. (L'ÉDITEUR.)

qu'un qui m'aidât a l'exécuter. Or, devine qui je choisis pour cette confidence. Un certain M. de Wolmar : ne le connaîtrais-tu point? — Mon mari, cousine? — Oui, ton mari, cousine. Ce même homme, à qui tu as tant de peine à cacher un secret qu'il lui importe de ne pas savoir, est celui qui t'en a su taire un qu'il t'eût été si doux d'apprendre. C'était là le sujet de tous ces entretiens mystérieux dont tu nous faisais si comiquement la guerre. Tu vois comme ils sont dissimulés ces maris. N'est-il pas bien plaisant que ce soient eux qui nous accusent de dissimulation? J'exigeais du tien davantage encore. Je voyais fort bien que tu méditais le même projet que moi, mais plus en dedans, et comme celle qui n'exhale ses sentiments qu'à mesure qu'on s'y livre. Cherchant donc à te ménager une surprise plus agréable, je voulais que, quand tu lui proposerais notre réunion, il ne parût pas fort approuver cet empressement, et se montrât un peu froid à consentir. Il me fit là-dessus une réponse que j'ai retenue et que tu dois bien retenir; car je doute que depuis qu'il y a des maris au monde aucun d'eux en ait fait une pareille. La voici : « Petite cousine, je « connais Julie... je la connais bien... mieux qu'elle ne croit peut-« être. Son cœur est trop honnête pour qu'on doive résister à rien « de ce qu'elle désire, et trop sensible pour qu'on le puisse sans « l'affliger. Depuis cinq ans que nous sommes unis, je ne crois pas « qu'elle ait reçu de moi le moindre chagrin; j'espère mourir sans « lui en avoir jamais fait aucun. » Cousine, songes-y bien : voilà quel est le mari dont tu médites sans cesse de troubler indiscrètement le repos.

Pour moi, j'eus moins de délicatesse, ou plus de confiance en ta douceur; et j'éloignai si naturellement les discours auxquels ton cœur te ramenait souvent, que, ne pouvant taxer le mien de s'attiédir pour toi, tu t'allas mettre dans la tête que j'attendais de secondes noces, et que je t'aimais mieux que toute autre chose, hormis un mari. Car, vois-tu, ma pauvre enfant, tu n'as pas un secret mouvement qui m'échappe. Je te devine, je te pénètre, je perce jusqu'au plus profond de ton âme; et c'est pour cela que je t'ai toujours adorée. Ce soupçon, qui te faisait si heureusement prendre le change, m'a paru excellent à nourrir. Je me suis mise a faire la veuve coquette assez bien pour t'y tromper toi-même : c'est un rôle pour lequel le talent me manque moins que l'inclination. J'ai adroitement employé cet air agaçant que je ne sais pas mal prendre, et avec lequel je me suis quelquefois amusée à persifler plus d'un jeune fat. Tu en as été tout à fait la dupe, et m'as crue prête à chercher un successeur à l'homme du monde auquel il était le moins aisé d'en trouver. Mais je suis trop franche pour pouvoir me contrefaire longtemps, et tu t'es bientôt rassurée. Cependant je veux te rassurer encore mieux, en t'expliquant mes vrais sentiments sur ce point.

Je te l'ai dit cent fois étant fille, je n'étais point faite pour être femme. S'il eut dépendu de moi, je ne me serais point mariée, mais dans notre sexe on n'achete la liberté que par l'esclavage, et il faut commencer par être servante pour devenir sa maitresse un jour. Quoique mon père ne me genât pas, j'avais des chagrins dans ma famille. Pour m'en délivrer, j'epousai donc M. d'Orbe Il était si honnete homme et m'aimait si tendrement, que je l'aimai sincerement à mon tour. L'experience me donna du mariage une idée plus avantageuse que celle que j'en avais conçue, et detruisit les impressions qua m'en avait laissées la Chaillot. M. d'Orbe me rendit heureuse, et ne s'en repentit pas. Avec un autre j'aurais toujours rempli mes devoirs, mais je l'aurais désolé ; et je sens qu'il fallait un aussi bon mari pour faire de moi une bonne femme. Imaginerais-tu que c'est de cela même que j'avais à me plaindre ? Mon enfant, nous nous aimions trop, nous n'étions point gais. Une amitié plus légere eût été plus folatre ; je l'aurais préferée, et je crois que j'aurais mieux aimé vivre moins contente, et pouvoir rire plus souvent.

A cela se joignirent les sujets particuliers d'inquietude que me donnait ta situation. Je n'ai pas besoin de te rappeler les dangers que t'a fait courir une passion mal reglée : je les vis en fremissant. Si tu n'avais risqué que ta vie, peut-etre un reste de gaieté ne m'eût-il pas tout à fait abandonnée : mais la tristesse et l'effroi pénétrerent mon âme ; et jusqu'à ce que je t'aie vue mariée, je n'ai pas eu un moment de pure joie. Tu connus ma douleur, tu la sentis : elle a beaucoup fait sur ton bon cœur ; et je ne cesserai de bénir ces heureuses larmes qui sont peut-etre la cause de ton retour au bien.

Voila comment s'est passé tout le temps que j'ai vecu avec mon mari. Juge si, depuis que Dieu me l'a oté, je pourrais esperer d'en retrouver un autre qui fût autant selon mon cœur, et si je suis tentée de le chercher. Non, cousine, le mariage est un état trop grave; sa dignité ne va point avec mon humeur, elle m'attriste et me sied mal, sans compter que toute gêne m'est insupportable. Pense, toi qui me connais, ce que peut être à mes yeux un lien dans lequel je n'ai pas ri, durant sept ans, sept petites fois à mon aise. Je ne veux pas faire comme toi la matrone à vingt-huit ans. Je me trouve une petite veuve assez piquante, assez mariable encore; et je crois que, si j'étais homme, je m'accommoderais assez de moi. Mais me remarier, cousine! Ecoute; je pleure bien sincèrement mon pauvre mari; j'aurais donné la moitié de ma vie pour passer l'autre avec lui; et pourtant, s'il pouvait revenir, je ne le reprendrais, je crois, lui-même, que parce que je l'avais déjà pris.

Je viens de t'exposer mes véritables intentions. Si je n'ai pu les exécuter encore malgré les soins de M. de Wolmar, c'est que les difficultés semblent croître avec mon zèle à les surmonter. Mais mon zèle sera le plus fort, et avant que l'été se passe j'espère me réunir à toi pour le reste de nos jours.

Il reste à me justifier du reproche de te cacher mes peines et d'aimer à pleurer loin de toi. Je ne le nie pas, c'est à quoi j'emploie ici le meilleur temps que j'y passe. Je n'entre jamais dans ma maison sans y retrouver des vestiges de celui qui me la rendait chère. Je n'y fais pas un pas, je n'y fixe pas un objet, sans apercevoir quelque signe de sa tendresse et de la bonté de son cœur : voudrais-tu que le mien n'en fût pas ému? Quand je suis ici, je ne sens que la perte que j'ai faite; quand je suis près de toi, je ne vois que ce qui m'est resté. Peux-tu me faire un crime de ton pouvoir sur mon humeur? Si je pleure en ton absence et si je ris près de toi, d'où vient cette différence? Petite ingrate! c'est que tu me consoles de tout, et que je ne sais plus m'affliger de rien quand je te possède.

Tu as dit bien des choses en faveur de notre ancienne amitié : mais je ne te pardonne pas d'oublier celle qui me fait le plus d'honneur; c'est de te chérir, quoique tu m'éclipses. Ma Julie, tu es faite pour régner. Ton empire est le plus absolu que je connaisse : il s'étend jusque sur les volontés, et je l'éprouve plus que personne. Comment cela se fait-il, cousine? Nous aimons toutes deux la vertu; l'honnêteté nous est également chère; nos talents sont les mêmes; j'ai presque autant d'esprit que toi, et ne suis guère moins jolie. Je sais fort bien tout cela; et malgré tout cela tu

32

m'en imposes, tu me subjugues, tu m'atterres, ton génie écrase le mien, et je ne suis rien devant toi. Lors même que tu vivais dans des liaisons que tu te reprochais, et que, n'ayant point imité ta faute, j'aurais dû prendre l'ascendant à mon tour, il ne te demeurait pas moins. Ta faiblesse, que je blâmais, me semblait presque une vertu; je ne pouvais m'empêcher d'admirer en toi ce que j'aurais repris dans une autre. Enfin, dans ce temps-là même, je ne t'abordais point sans un certain mouvement de respect involontaire; et il est sûr que toute ta douceur, toute la familiarité de ton commerce était nécessaire pour me rendre ton amie : naturellement je devais être ta servante. Explique si tu peux cette énigme; quant à moi, je n'y entends rien.

Mais si fait pourtant, je l'entends un peu, et je crois même l'avoir autrefois expliquée : c'est que ton cœur vivifie tous ceux qui l'environnent, et leur donne pour ainsi dire un nouvel être dont ils sont forcés de lui faire hommage, puisqu'ils ne l'auraient point eu sans lui. Je t'ai rendu d'importants services, j'en conviens : tu m'en fais souvenir si souvent, qu'il n'y a pas moyen de l'oublier. Je ne le nie point, sans moi tu étais perdue. Mais qu'ai-je fait que te rendre ce que j'avais reçu de toi? Est-il possible de te voir longtemps sans se sentir pénétrer l'âme des charmes de la vertu et des douceurs de l'amitié? Ne sais-tu pas que tout ce qui t'approche est par toi-même armé pour ta défense, et que je n'ai par-dessus les autres que l'avantage des gardes de Sésostris, d'être de ton âge et de ton sexe, et d'avoir été élevée avec toi? Quoi qu'il en soit, Claire se console de valoir moins que Julie, en ce que sans Julie elle vaudrait bien moins encore : et puis, a te dire la vérité, je crois que nous avions grand besoin l'une de l'autre, et que chacune des deux y perdrait beaucoup, si le sort nous eût séparées.

Ce qui me fâche le plus dans les affaires qui me retiennent encore ici, c'est le risque de ton secret toujours prêt à s'échapper de ta bouche. Considère, je t'en conjure, que ce qui te porte à le garder est une raison forte et solide, et que ce qui te porte à le révéler n'est qu'un sentiment aveugle. Nos soupçons même que ce secret n'en est plus un pour celui qu'il intéresse nous sont une raison de plus pour ne le lui déclarer qu'avec la plus grande circonspection. Peut-être la réserve de ton mari est-elle un exemple et une leçon pour nous; car en de pareilles matières il y a souvent une grande différence entre ce qu'on feint d'ignorer et ce qu'on est forcé de savoir. Attends donc, je l'exige, que nous en délibérions encore une fois. Si tes pressentiments étaient fondés et que ton déplorable ami ne fût plus, le meilleur parti qui resterait a prendre serait de laisser son histoire et tes malheurs ensevelis avec lui. S'il vit, comme je l'espere, le cas peut devenir différent; mais encore faut-il que ce cas se présente. En tout état de cause, crois-tu ne devoir aucun égard aux derniers conseils d'un infortuné dont tous les maux sont ton ouvrage?

A l'égard des dangers de la solitude, je conçois et j'approuve tes alarmes, quoique je les sache tres-mal fondées. Tes fautes passées te rendent craintive; j'en augure d'autant mieux du présent, et tu le serais bien moins s'il te restait plus de sujet de l'etre : mais je ne puis te passer ton effroi sur le sort de notre pauvre ami. A présent que tes affections ont changé d'espece, crois qu'il ne m'est pas moins cher qu'à toi. Cependant j'ai des pressentiments tout contraires aux tiens, et mieux d'accord avec la raison. Mylord Édouard a reçu deux fois de ses nouvelles, et m'a écrit a la seconde qu'il était dans la mer du Sud, ayant déja passé les dangers dont tu parles. Tu sais cela aussi bien que moi, et tu t'affliges comme si tu n'en savais rien. Mais ce que tu ne sais pas et qu'il faut t'apprendre, c'est que le vaisseau sur lequel il est a été vu il y a deux mois à la hauteur des Canaries, faisant voile en Europe. Voilà ce qu'on écrit de Hollande a mon pere, et dont il n'a pas manqué de me faire part, selon sa coutume de m'instruire des affaires publiques beaucoup plus exactement que des siennes. Le cœur me dit a moi que nous ne serons pas longtemps sans recevoir des nouvelles de notre philosophe, et que tu en seras pour tes larmes, a moins qu'apres l'avoir pleuré mort, tu ne pleures de ce qu'il est en vie. Mais, Dieu merci, tu n'en es plus là.

> Deh! fosse or qui quel miser pur un poco,
> Ch' è già di plangere e di viver lasso [1] !

Voilà ce que j'avais a te répondre. Celle qui t'aime t'offre et partage la douce espérance d'une éternelle réunion. Tu vois que tu n'en as formé le projet ni seule ni la premiere, et que l'exécution en est plus avancée que tu ne pensais. Prends donc patience en-

---

[1] Eh! que n'est-il un moment ici ce pauvre malheureux, déjà las de souffrir et de vivre! PÉTR.

core cet été, ma douce amie : il vaut mieux tarder a se rejoindre que d'avoir encore a se séparer.

Hé bien ! belle madame, ai-je tenu parole, et mon triomphe est-il complet ? Allons, qu'on se mette a genoux, qu'on baise avec respect cette lettre, et qu'on reconnaisse humblement qu'au moins une fois en la vie Julie de Wolmar a été vaincue en amitié [1].

III. — DE L'AMANT DE JULIE A MADAME D'ORBE.

Ma cousine, ma bienfaitrice, mon amie, j'arrive des extrémités de la terre, et j'en rapporte un cœur tout plein de vous. J'ai passé quatre fois la ligne; j'ai parcouru les deux hémisphères; j'ai vu les quatre parties du monde; j'en ai mis le diametre entre nous; j'ai fait le tour entier du globe, et n'ai pu vous échapper un moment On a beau fuir ce qui nous est cher, son image, plus vite que la mer et les vents, nous suit au bout de l'univers; et partout ou l'on se porte, avec soi l'on y porte ce qui nous fait vivre J'ai beaucoup souffert; j'ai vu souffrir davantage. Que d'infortunés j'ai vus mourir ! Helas ! ils mettaient un si grand prix a la vie ! et moi je leur ai survécu [1].. Peut-etre étais-je en effet moins a plaindre; les miseres de mes compagnons m'etaient plus sensibles que les miennes; je les voyais tout entiers a leurs peines : ils devaient souffrir plus que moi. Je me disais : Je suis mal ici, mais il est un coin sur la terre ou je suis heureux et paisible, et je me dedommageais au bord du lac de Geneve de ce que j'endurais sur l'Ocean J'ai le bonheur en arrivant de voir confirmer mes espérances; mylord Edouard m'apprend que vous jouissez toutes deux de la paix et de la santé, et que si vous en particulier avez perdu le doux titre d'epouse, il vous reste ceux d'amie et de mere, qui doivent suffire a votre bonheur.

Je suis trop pressé de vous envoyer cette lettre, pour vous faire a present un detail de mon voyage; j'ose espérer d'en avoir bientot une occasion plus commode. Je me contente ici de vous en donner une légere idée, plus pour exciter que pour satisfaire votre

---

[1] Que cette bonne Suissesse est heureuse d'être gaie, quand elle est gaie sans esprit, sans naïveté, sans finesse ! Elle ne se doute pas des apprets qu'il faut parmi nous pour faire passer la bonne humeur Elle ne sait pas qu'on n'a point cette bonne humeur pour soi, mais pour les autres, et qu'on ne rit pas pour rire, mais pour être applaudi

curiosité. J'ai mis près de quatre ans au trajet immense dont je viens de vous parler, et suis revenu dans le même vaisseau sur lequel j'étais parti, le seul que le commandant ait ramené de son escadre.

J'ai vu d'abord l'Amérique méridionale, ce vaste continent que le manque de fer a soumis aux Européens, et dont ils ont fait un désert pour s'en assurer l'empire. J'ai vu les cotes du Brésil, où Lisbonne et Londres puisent leurs trésors, et dont les peuples misérables foulent aux pieds l'or et les diamants sans oser y porter la main. J'ai traversé paisiblement les mers orageuses qui sont sous le cercle antarctique; j'ai trouvé dans la mer Pacifique les plus effroyables tempêtes;

E in mar dubbioso sotto ignoto polo
Proval l onde fallaci, e'l vento infido [1]

J'ai vu de loin le séjour de ces prétendus géants [2] qui ne sont grands qu'en courage, et dont l'indépendance est plus assurée par une vie simple et frugale que par une haute stature. J'ai séjourné trois mois dans une île déserte et délicieuse, douce et touchante image de l'antique beauté de la nature, et qui semble être confinée au bout du monde pour y servir d'asile a l'innocence et a l'amour persécutés : mais l'avide Européen suit son humeur farouche en empêchant l'Indien paisible de l'habiter, et se rend justice en ne l'habitant pas lui-même.

J'ai vu sur les rives du Mexique et du Pérou le même spectacle que dans le Brésil : j'en ai vu les rares et infortunés habitants, tristes restes de deux puissants peuples, accablés de fers, d'opprobre et de misère, au milieu de leurs riches métaux, reprocher au ciel, en pleurant; les trésors qu'il leur a prodigués. J'ai vu l'incendie affreux d'une ville entière sans résistance et sans défenseurs. Tel est le droit de la guerre parmi les peuples savants, humains et polis de l'Europe : on ne se borne pas a faire à son ennemi tout le mal dont on peut tirer du profit, mais on compte pour un profit tout le mal qu'on peut lui faire à pure perte. J'ai cotoyé presque toute la partie occidentale de l'Amérique, non sans être frappé d'admiration en voyant quinze cents lieues de cote et la plus grande mer du monde sous l'empire

---

[1] Et sur des mers suspectes, sous un pole inconnu, j'éprouvai la trahison de l'onde et l'infidélité des vents

[2] Les Patagons.

d'une seule puissance qui tient pour ainsi dire en sa main les clefs d'un hémisphere du globe.

Apres avoir traversé la grande mer, j'ai trouvé dans l'autre continent un nouveau spectacle. J'ai vu la plus nombreuse et la plus illustre nation de l'univers soumise a une poignée de brigands; j'ai vu de pres ce peuple célebre, et n'ai plus été surpris de le trouver esclave. Autant de fois conquis qu'attaqué, il fut toujours en proie au premier venu, et le sera jusqu'a la fin des siecles. Je l'ai trouvé digne de son sort, n'ayant pas meme le courage d'en gémir. Lettré, lâche, hypocrite et charlatan; parlant beaucoup sans rien dire, plein d'esprit sans aucun genie, abondant en signes et stérile en idees; poli, complimenteur, adroit, fourbe et fripon; qui met tous les devoirs en étiquettes, toute la morale en simagrées, et ne connait d'autre humanité que les salutations et les révérences. J'ai surgi dans une seconde ile, déserte, plus inconnue, plus charmante encore que la premiere, et ou le plus cruel accident faillit a nous confiner pour jamais. Je fus le seul peut-être qu'un exil si doux n'épouvanta point. Ne suis-je pas désormais partout en exil? J'ai vu dans ce lieu de délices et d'effroi ce que peut tenter l'industrie humaine pour tirer l'homme civilisé d'une solitude ou rien ne lui manque, et le replonger dans un gouffre de nouveaux besoins.

J'ai vu dans le vaste Ocean, où il devrait etre si doux a des hommes d'en rencontrer d'autres, deux grands vaisseaux se chercher, se trouver, s'attaquer, se battre avec fureur, comme si cet espace immense eût été trop petit pour chacun d'eux. Je les ai vus vomir l'un contre l'autre le fer et les flammes. Dans un combat assez court, j'ai vu l'image de l'enfer; j'ai entendu les cris de joie des vainqueurs couvrir les plaintes des blessés et les gémissements des mourants. J'ai reçu en rougissant ma part d'un immense butin; je l'ai reçu, mais en dépot; et s'il fut pris sur des malheureux, c'est a des malheureux qu'il sera rendu.

J'ai vu l'Europe transportée a l'extrémité de l'Afrique par les soins de ce peuple avare, patient et laborieux, qui a vaincu par le temps et la constance des difficultés que tout l'héroïsme des autres peuples n'a jamais pu surmonter. J'ai vu ces vastes et malheureuses contrées qui ne semblent destinées qu'a couvrir la terre de troupeaux d'esclaves. A leur vil aspect j'ai détourné les yeux de dédain, d'horreur et de pitié; et, voyant la quatrieme partie de mes semblables changée en bêtes pour le service des autres, j'ai gémi d'être homme.

Enfin j'ai vu dans mes compagnons de voyage un peuple intrépide et fier, dont l'exemple et la liberté rétablissaient à mes yeux l'honneur de mon espece, pour lequel la douleur et la mort ne sont rien, et qui ne craint au monde que la faim et l'ennui. J'ai vu dans leur chef un capitaine, un soldat, un pilote, un sage, un grand homme, et, pour dire encore plus peut-etre, le digne ami d'Édouard Bomston : mais ce que je n'ai point vu dans le monde entier, c'est quelqu'un qui ressemble à Claire d'Orbe, a Julie d'Étange, et qui puisse consoler de leur perte un cœur qui sut les aimer.

Comment vous parler de ma guérison? C'est de vous que je dois apprendre à la connaitre. Reviens-je plus libre et plus sage que je ne suis parti? J'ose le croire et ne puis l'affirmer. La même image regne toujours dans mon cœur; vous savez s'il est possible qu'elle s'en efface : mais son empire est plus digne d'elle; et si je ne me fais pas illusion, elle regne dans ce cœur infortuné comme dans le votre. Oui, ma cousine, il me semble que sa vertu m'a subjugué, que je ne suis pour elle que le meilleur et le plus tendre ami qui fut jamais, que je ne fais plus que l'adorer comme vous l'adorez vous-meme; ou plutot il me semble que mes sentiments ne se sont pas affaiblis, mais rectifiés; et, avec quelque soin que je m'examine, je les trouve aussi purs que l'objet qui les inspire. Que puis-je vous dire de plus, jusqu'a l'épreuve qui peut m'apprendre a juger de moi? Je suis sincere et vrai; je veux etre ce que je dois etre : mais comment repondre de mon cœur avec tant de raisons de m'en défier? Suis-je le maitre du passé? Peux-je empecher que mille feux ne m'aient autrefois devoré? Comment distinguerai-je par la seule imagination ce qui est de ce qui fut? et comment me représenterai-je amie celle que je ne vis jamais qu'amante? Quoi que vous pensiez peut-être du motif secret de mon empressement, il est honnete et raisonnable; il mérite que vous l'approuviez. Je réponds d'avance au moins de mes intentions. Souffrez que je vous voie, et m'examinez vous-meme, ou laissez-moi voir Julie, et je saurai ce que je suis.

Je dois accompagner mylord Édouard en Italie. Je passerai pres de vous; et je ne vous verrais point! Pensez-vous que cela se puisse? Eh! si vous aviez la barbarie de l'exiger, vous mériteriez de n'être pas obéie. Mais pourquoi l'exigeriez-vous ? N'êtes-vous pas cette même Claire, aussi bonne et compatissante que vertueuse et sage, qui daigna m'aimer dès sa plus tendre jeunesse, et qui doit m'aimer bien plus encore aujourd'hui que je lui dois tout [1] ? Non, non, chère et charmante amie, un si cruel refus ne serait ni de vous ni fait pour moi ; il ne mettra point le comble à ma misère. Encore une fois, encore une fois en ma vie, je déposerai mon cœur à vos pieds. Je vous verrai, vous y consentirez. Je la verrai, elle y consentira. Vous connaissez trop bien toutes deux mon respect pour elle. Vous savez si je suis homme à m'offrir à ses yeux en me sentant indigne d'y paraître. Elle a déploré si longtemps l'ouvrage de ses charmes ! ah ! qu'elle voie une fois l'ouvrage de sa vertu !

P. S. Mylord Édouard est retenu pour quelque temps encore ici par des affaires : s'il m'est permis de vous voir, pourquoi ne prendrais-je pas les devants, pour être plus tôt auprès de vous ?

IV. — DE M. DE WOLMAR A L'AMANT DE JULIE.

Quoique nous ne nous connaissions pas encore, je suis chargé de vous écrire. La plus sage et la plus chérie des femmes vient d'ouvrir son cœur à son heureux époux. Il vous croit digne d'avoir été aimé d'elle, et il vous offre sa maison. L'innocence et la paix y règnent ; vous y trouverez l'amitié, l'hospitalité, l'estime, la confiance. Consultez votre cœur ; et s'il n'y a rien là qui vous effraye, venez sans crainte. Vous ne partirez point d'ici sans y laisser un ami.

WOLMAR.

P. S. Venez, mon ami ; nous vous attendons avec empressement. Je n'aurai pas la douleur que vous nous deviez un refus

JULIE.

V. — DE MADAME D'ORBE A L'AMANT DE JULIE.

Dans cette lettre était incluse la précédente

Bien arrivé ! cent fois le bien arrivé, cher Saint-Preux ! car je prétends que ce nom [2] vous demeure, au moins dans notre so-

---

[1] Que lui doit il donc tant, à elle qui a fait les malheurs de sa vie ? Malheureux questionneur ! il lui doit l'honneur, la vertu, le repos de celle qu'il aime il lui doit tout

[2] C'est celui qu'elle lui avait donné devant ses gens à son précédent voyage. Voy troisième part., lett XIV

ciété. C'est, je crois, vous dire assez qu'on n'entend pas vous en exclure, a moins que cette exclusion ne vienne de vous. En voyant par la lettre ci-jointe que j'ai fait plus que vous ne me demandiez, apprenez a prendre un peu plus de confiance en vos amis, et à ne plus reprocher a leur cœur des chagrins qu'ils partagent quand la raison les force a vous en donner M. de Wolmar veut vous voir; il vous offre sa maison, son amitié, ses conseils il n'en fallait pas tant pour calmer toutes mes craintes sur votre voyage; et je m'offenserais moi-meme si je pouvais un moment me défier de vous. Il fait plus, il pretend vous guérir, et dit que ni Julie, ni lui, ni vous, ni moi, ne pouvons etre parfaitement heureux sans cela Quoique j'attende beaucoup de sa sagesse, et plus de votre vertu, j'ignore quel sera le succes de cette entreprise. Ce que je sais bien, c'est qu'avec la femme qu'il a, le soin qu'il veut prendre est une pure generosite pour vous.

Venez donc, mon aimable ami, dans la sécurité d'un cœur honnete, satisfaire l'empressement que nous avons tous de vous embrasser, et de vous voir paisible et content; venez dans votre pays et parmi vos amis vous delasser de vos voyages, et oublier tous les maux que vous avez soufferts. La derniere fois que vous me vites j'etais une grave matrone, et mon amie etait a l'extremité; mais a present qu'elle se porte bien, et que je suis redevenue fille, me voila tout aussi folle et presque aussi jolie qu'avant mon mariage. Ce qu'il y a du moins de bien sur, c'est que je n'ai point changé pour vous, et que vous feriez bien des fois le tour du monde avant d'y trouver quelqu'un qui vous aimât comme moi.

VI. — DE SAINT-PREUX A MYLORD EDOUARD.

Je me leve au milieu de la nuit pour vous écrire. Je ne saurais trouver un moment de repos. Mon cœur agite, transporte, ne peut se contenir au dedans de moi; il a besoin de s'epancher. Vous qui l'avez si souvent garanti du desespoir, soyez le cher dépositaire des premiers plaisirs qu'il ait goûtés depuis si longtemps.

Je l'ai vue, mylord ! mes yeux l'ont vue ! J'ai entendu sa voix; ses mains ont touche les miennes, elle m'a reconnu; elle a marqué de la joie a me voir, elle m'a appele son ami, son cher ami, elle m'a reçu dans sa maison : plus heureux que je ne fus de ma vie, je loge avec elle sous un meme toit ; et maintenant que je vous écris, je suis à trente pas d'elle.

Mes idées sont trop vives pour se succéder ; elles se présentent toutes ensemble ; elles se nuisent mutuellement. Je vais m'arrêter et reprendre haleine, pour tâcher de mettre quelque ordre dans mon récit.

A peine après une si longue absence m'étais-je livré pres de vous aux premiers transports de mon cœur en embrassant mon ami, mon libérateur et mon pere, que vous songeâtes au voyage d'Italie. Vous me le fîtes désirer, dans l'espoir de m'y soulager enfin du fardeau de mon inutilité pour vous. Ne pouvant terminer sitôt les affaires qui vous retenaient à Londres, vous me proposâtes de partir le premier, pour avoir plus de temps à vous attendre ici. Je demandai la permission d'y venir ; je l'obtins, je partis ; et quoique Julie s'offrît d'avance à mes regards, en songeant que j'allais m'approcher d'elle je sentis du regret à m'éloigner de vous. Mylord, nous sommes quittes, ce seul sentiment vous a tout payé.

Il ne faut pas vous dire que durant toute la route je n'étais occupé que de l'objet de mon voyage ; mais une chose à remarquer, c'est que je commençai de voir sous un autre point de vue ce même objet qui n'était jamais sorti de mon cœur. Jusque-là je m'étais toujours rappelé Julie brillante comme autrefois des charmes de sa premiere jeunesse ; j'avais toujours vu ses beaux yeux animés du feu qu'elle m'inspirait ; ses traits chéris n'offraient à mes regards que des garants de mon bonheur ; son amour et le mien se mêlaient tellement avec sa figure, que je ne pouvais les en séparer. Maintenant j'allais voir Julie mariée, Julie mere, Julie indifférente. Je m'inquietais des changements que huit ans d'intervalle avaient pu faire à sa beauté. Elle avait eu la petite vérole ; elle s'en trouvait changée : à quel point le pouvait-elle etre ? Mon imagination me refusait opiniâtrément des taches sur ce charmant visage ; et sitôt que j'en voyais un marqué de petite vérole, ce n'était plus celui de Julie. Je pensais encore à l'entrevue que nous allions avoir, à la réception qu'elle m'allait faire. Ce premier abord se présentait à mon esprit sous mille tableaux différents, et ce moment qui devait passer si vite revenait pour moi mille fois le jour.

Quand j'aperçus la cime des monts, le cœur me battit fortement, en me disant, Elle est là. La même chose venait de m'arriver en mer, à la vue des côtés de l'Europe. La même chose m'était arrivée autrefois a Meillerie, en découvrant la maison du baron d'Étange. Le monde n'est jamais divisé pour moi qu'en deux régions : celle où elle est, et celle où elle n'est pas. La première s'étend quand je m'éloigne, et se resserre à mesure que j'approche, comme un lieu où je ne dois jamais arriver : elle est a présent bornée aux murs de sa chambre. Hélas! ce lieu seul est habité; tout le reste de l'univers est vide.

Plus j'approchais de la Suisse, plus je me sentais ému. L'instant où des hauteurs du Jura je découvris le lac de Geneve fut un instant d'extase et de ravissement. La vue de mon pays, de ce pays si chéri, où des torrents de plaisirs avaient inondé mon cœur; l'air des Alpes, si salutaire et si pur; le doux air de la patrie, plus suave que les parfums de l'Orient; cette terre riche et fertile, ce paysage unique, le plus beau dont l'œil humain fut jamais frappé, ce séjour charmant, auquel je n'avais rien trouvé d'égal dans le tour du monde; l'aspect d'un peuple heureux et libre, la douceur de la saison, la sérénité du climat, mille souvenirs délicieux qui réveillaient tous les sentiments que j'avais goûtés; tout cela me jetait dans des transports que je ne puis décrire, et semblait me rendre à la fois la jouissance de ma vie entière.

En descendant vers la côte, je sentis une impression nouvelle dont je n'avais aucune idée; c'était un certain mouvement d'effroi qui me resserrait le cœur et me troublait malgré moi. Cet effroi, dont je ne pouvais démêler la cause, croissait à mesure que j'approchais de la ville : il ralentissait mon empressement d'arriver, et fit enfin de tels progrès, que je m'inquiétais autant de ma diligence que j'avais fait jusque-là de ma lenteur. En entrant à Vevay, la sensation que j'éprouvai ne fut rien moins qu'agréable : je fus saisi d'une violente palpitation qui m'empêchait de respirer; je parlais d'une voix altérée et tremblante. J'eus peine à me faire entendre en demandant M. de Wolmar; car je n'osai jamais nommer sa femme. On me dit qu'il demeurait à Clarens. Cette nouvelle m'ôta de dessus la poitrine un poids de cinq cents livres; et, prenant les deux lieues qui me restaient à faire pour un répit, je me réjouis de ce qui m'eût désolé dans un autre temps; mais j'appris avec un vrai chagrin que madame d'Orbe était à Lausanne. J'entrai dans une auberge pour reprendre les forces qui me manquaient : il me fut impossible d'avaler un seul morceau ; je suffoquais en buvant, et ne pouvais vider un verre qu'a plusieurs reprises. Ma terreur redoubla quand je vis mettre les chevaux pour repartir. Je crois que j'aurais donné tout au monde pour voir briser une roue en chemin. Je ne voyais plus Julie, mon imagination troublée ne me présentait que des objets confus ; mon âme était dans un tumulte universel. Je connaissais la douleur et le désespoir ; je les aurais préférés a cet horrible état. Enfin je puis dire n'avoir de ma vie éprouvé d'agitation plus cruelle que celle ou je me trouvai durant ce court trajet ; et je suis convaincu que je ne l'aurais pu supporter une journée entière.

En arrivant je fis arrêter a la grille ; et, me sentant hors d'état de faire un pas, j'envoyai le postillon dire qu'un étranger demandait a parler a M de Wolmar. Il était a la promenade avec sa femme. On les avertit, et ils vinrent par un autre coté, tandis que, les yeux fichés sur l'avenue, j'attendais dans des transes mortelles d'y voir paraitre quelqu'un.

A peine Julie m'eut-elle aperçu, qu'elle me reconnut. A l'instant me voir, s'écrier, courir, s'élancer dans mes bras, ne fut pour elle qu'une même chose. A ce son de voix je me sens tressaillir ; je me retourne, je la vois, je la sens O mylord ! o mon ami !... je ne puis parler.. Adieu, crainte ; adieu, terreur, effroi, respect humain. Son regard, son cri, son geste, me rendent en un moment la confiance, le courage, et les forces. Je puise dans ses bras la chaleur et la vie ; je petille de joie en la serrant dans les miens. Un transport sacré nous tient dans un long silence étroitement embrassés ; et ce n'est qu'apres un si doux saisissement que nos voix commencent à se confondre, et nos yeux a meler leurs pleurs. M. de Wolmar était là ; je le savais, je le voyais : mais qu'aurais-je pu voir ? Non, quand l'univers entier se fût reuni contre moi, quand l'appareil des tourments m'eût environné, je n'aurais pas dérobé mon cœur à la moindre de ces caresses, tendres premices d'une amitié pure et sainte que nous emporterons dans le ciel !

Cette premiere impétuosité suspendue, madame de Wolmar me prit par la main, et, se retournant vers son mari, lui dit, avec une certaine grace d'innocence et de candeur dont je me sentis pénétré: Quoiqu'il soit mon ancien ami, je ne vous le présente pas, je le reçois de vous ; et ce n'est qu'honoré de votre amitié qu'il aura désormais la mienne. Si les nouveaux amis ont moins d'ardeur que les anciens, me dit-il en m'embrassant, ils seront anciens à leur tour, et ne céderont point aux autres. Je reçus ses embrassements ; mais mon cœur venait de s'épuiser, et je ne fis que les recevoir.

Après cette courte scène j'observais du coin de l'œil qu'on avait détaché ma malle et remisé ma chaise. Julie me prit sous le bras, et je m'avançai avec eux vers la maison, presque oppressé d'aise de voir qu'on y prenait possession de moi.

Ce fut alors qu'en contemplant plus paisiblement ce visage adoré que j'avais cru trouver enlaidi, je vis avec une surprise amère et douce qu'elle était reellement plus belle et plus brillante que jamais. Ses traits charmants se sont mieux formés encore ; elle a pris un peu plus d'embonpoint, qui ne fait qu'ajouter à son éblouissante blancheur. La petite vérole n'a laissé sur ses joues que quelques légères traces presque imperceptibles. Au lieu de cette pudeur souffrante qui lui faisait autrefois sans cesse baisser les yeux, on voit la sécurité de la vertu s'allier dans son chaste regard à la douceur et à la sensibilité ; sa contenance, non moins modeste, est moins timide ; un air plus libre et des grâces plus franches ont succédé à ces manières contraintes, mêlées de tendresse et de honte ; et si le sentiment de sa faute la rendait alors plus touchante, celui de sa pureté la rend aujourd'hui plus céleste.

A peine étions-nous dans le salon qu'elle disparut, et rentra le moment d'après. Elle n'était pas seule. Qui pensez-vous qu'elle amenait avec elle ? Mylord, c'étaient ses enfants ! ses deux enfants plus beaux que le jour, et portant déjà sur leur physionomie enfantine le charme et l'attrait de leur mère ! Que devins-je à cet aspect ? Cela ne peut ni se dire ni se comprendre ; il faut le sentir. Mille mouvements contraires m'assaillirent à la fois, mille cruels et délicieux souvenirs vinrent partager mon cœur. O spectacle ! o regrets ! Je me sentais déchirer de douleur et transporter de joie. Je voyais, pour ainsi dire, multiplier celle qui me fut si chère. Hélas ! je voyais au même instant la trop vive preuve qu'elle ne m'était plus rien, et mes pertes semblaient se multiplier avec elle.

Elle me les amena par la main. Tenez, me dit-elle d'un ton qui me perça l'âme, voilà les enfants de votre amie : ils seront vos amis un jour ; soyez le leur dès aujourd'hui. Aussitôt ces deux petites créatures s'empressèrent autour de moi, me prirent les mains, et, m'accablant de leurs innocentes caresses, tournèrent vers l'atten drissement toute mon émotion. Je les pris dans mes bras l'un et l'autre ; et les pressant contre ce cœur agité : Chers et aimables enfants, dis-je avec un soupir, vous avez à remplir une grande tâche. Puissiez-vous ressembler a ceux de qui vous tenez la vie ! puissiez-vous imiter leurs vertus, et faire un jour par les vôtres la consolation de leurs amis infortunés ! Madame de Wolmar enchantée me sauta au cou une seconde fois, et semblait me vouloir payer par ses caresses de celles que je faisais à ses deux fils. Mais quelle différence du premier embrassement a celui-la ; je l'éprouvai avec surprise. C'était une mère de famille que j'embrassais ; je la voyais environnée de son époux et de ses enfants ; ce cortége m'en imposait. Je trouvais sur son visage un air de dignité qui ne m'avait pas frappé d'abord ; je me sentais forcé de lui porter une nouvelle sorte de respect ; sa familiarité m'était presque à charge ; quelque belle qu'elle me parût, j'aurais baisé le bord de sa robe de meilleur cœur que sa joue : dès cet instant, en un mot, je connus qu'elle ou moi n'étions plus les mêmes, et je commençai tout de bon à bien augurer de moi.

M. de Wolmar, me prenant par la main, me conduisit ensuite au logement qui m'était destiné. Voilà, me dit-il en y entrant, votre appartement : il n'est point celui d'un étranger ; il ne sera plus celui d'un autre ; et désormais il restera vide, ou occupé par vous. Jugez si ce compliment me fut agréable ; mais je ne le méritais pas encore assez pour l'écouter sans confusion. M. de Wolmar me sauva l'embarras d'une réponse. Il m'invita a faire un tour de jardin. Là il fit si bien, que je me trouvai plus à mon aise ; et, prenant le ton d'un homme instruit de mes anciennes erreurs, mais plein de confiance dans ma droiture, il me parla comme un père à son enfant, et me mit à force d'estime dans l'impossibilité de la démentir. Non, mylord, il ne s'est pas trompé ; je n'oublierai point que j'ai la sienne et la vôtre à justifier. Mais pourquoi faut-il que mon cœur se resserre à ses bienfaits ? pourquoi faut-il qu'un homme que je dois aimer soit le mari de Julie ?

Cette journée semblait destinée à tous les genres d'épreuves que je pouvais subir. Revenus auprès de madame de Wolmar, son mari fut appelé pour quelque ordre a donner ; et je restai seul avec elle.

Je me trouvai alors dans un nouvel embarras, le plus pénible et le moins prévu de tous. Que lui dire ? comment debuter ? Oserais-je rappeler nos anciennes liaisons et des temps si présents à ma mémoire? Laisserais-je penser que je les eusse oubliés, ou que je ne m'en souciasse plus? Quel supplice de traiter en étrangere celle qu'on porte au fond de son cœur! Quelle infamie d'abuser de l'hospitalité, pour lui tenir des discours qu'elle ne doit plus entendre! Dans ces perplexités je perdais toute contenance; le feu me montait au visage; je n'osais ni parler, ni lever les yeux; ni faire le moindre geste; et je crois que je serais resté dans cet état violent jusqu'au retour de son mari, si elle ne m'en eût tiré. Pour elle, il ne parut pas que ce tête-à-tete l'eût génée en rien. Elle conserva le même maintien et les mêmes manieres qu'elle avait auparavant, elle continua de me parler sur le meme ton; seulement je crus voir qu'elle essayait d'y mettre encore plus de gaieté et de liberté, jointe à un regard non timide ni tendre, mais doux et affectueux, comme pour m'encourager a me rassurer, et à sortir d'une contrainte qu'elle ne pouvait manquer d'apercevoir.

Elle me parla de mes longs voyages : elle voulait en savoir les détails, ceux surtout des dangers que j'avais courus, des maux que j'avais endurés; car elle n'ignorait pas, disait-elle, que son amitié m'en devait le dedommagement. Ah! Julie, lui dis-je avec tristesse, il n'y a qu'un moment que je suis avec vous; voulez-vous déja me renvoyer aux Indes? Non pas, dit-elle en riant; mais j'y veux aller à mon tour.

Je lui dis que je vous avais donné une relation de mon voyage, dont je lui apportais une copie. Alors elle me demanda de vos nouvelles avec empressement. Je lui parlai de vous, et ne pus le faire sans lui retracer les peines que j'avais souffertes et celles que je vous avais données. Elle en fut touchée : elle commença d'un ton plus sérieux a entrer dans sa propre justification, et a me montrer qu'elle avait dû faire toute ce qu'elle avait fait. M. de Wolmar rentra au milieu de son discours; et ce qui me confondit, c'est qu'elle le continua en sa présence exactement comme s'il n'y eut pas été. Il ne put s'empecher de sourire en demelant mon étonnement. Apres qu'elle eut fini, il me dit : Vous voyez un exemple de la franchise qui regne ici. Si vous voulez sincerement être vertueux, apprenez a l'imiter : c'est la seule priere et la seule leçon que j'aie a vous faire. Le premier pas vers le vice est de mettre du mystere aux actions innocentes; et quiconque aime a se cacher a tot ou tard raison de se cacher. Un seul précepte de morale peut tenir lieu de tous les autres, c'est celui-ci : Ne fais ni ne dis jamais rien que tu ne veuilles que tout le monde voie et entende; et, pour moi, j'ai toujours regardé comme le plus estimable des hommes ce Romain qui voulait que sa maison fût construite de manière qu'on vît tout ce qui s'y faisait.

J'ai, continua-t-il, deux partis à vous proposer : choisissez librement celui qui vous conviendra le mieux, mais choisissez l'un ou l'autre. Alors, prenant la main de sa femme et la mienne, il me dit en la serrant : Notre amitié commence, en voici le cher lien, qu'elle soit indissoluble. Embrassez votre sœur et votre amie; traitez-la toujours comme telle; plus vous serez familier avec elle, mieux je penserai de vous. Mais vivez dans le tête-à-tête comme si j'étais présent, ou devant moi comme si je n'y étais pas; voilà tout ce que je vous demande. Si vous préférez le dernier parti, vous le pouvez sans inquiétude; comme je me réserve le droit de vous avertir de tout ce qui me déplaira, tant que je ne dirai rien vous serez sûr de ne m'avoir point déplu.

Il y avait deux heures que ce discours m'aurait fort embarrassé; mais M. de Wolmar commençait à prendre une si grande autorité sur moi, que j'y étais déjà presque accoutumé. Nous recommençâmes à causer paisiblement tous trois; et chaque fois que je parlais à Julie, je ne manquais point de l'appeler *madame*. Parlez-moi franchement, dit enfin son mari en m'interrompant; dans l'entretien de tout à l'heure disiez-vous *madame*? Non, dis-je un peu déconcerté; mais la bienséance... La bienséance, reprit-il, n'est que le masque du vice; où la vertu règne elle est inutile; je n'en veux point. Appelez ma femme *Julie* en ma présence, ou *madame* en particulier, cela m'est indifférent. Je commençai de connaître alors à quel homme j'avais affaire, et je résolus bien de tenir toujours mon cœur en état d'être vu de lui.

Mon corps, épuisé de fatigue, avait grand besoin de nourriture, et mon esprit de repos; je trouvai l'un et l'autre à table. Après tant d'années d'absence et de douleurs, après de si longues courses, je me disais, dans une sorte de ravissement : Je suis avec Julie, je la vois, je lui parle; je suis à table avec elle, elle me voit sans inquiétude, elle me reçoit sans crainte, rien ne trouble le plaisir que nous avons d'être ensemble. Douce et précieuse innocence, je n'avais point goûté tes charmes, et ce n'est que d'aujourd'hui que je commence d'exister sans souffrir!

Le soir en me retirant je passai devant la chambre des maitres de la maison : je les y vis entrer ensemble : je gagnai tristement la mienne, et ce moment ne fut pas pour moi le plus agréable de la journée.

Voila, mylord, comment s'est passée cette premiere entrevue, désirée si passionnément et si cruellement redoutée. J'ai tâché de me recueillir depuis que je suis seul, je me suis efforcé de sonder mon cœur ; mais l'agitation de la journée précédente s'y prolonge encore, et il m'est impossible de juger sitot de mon véritable état. Tout ce que je sais tres-certainement, c'est que si mes sentiments pour elle n'ont pas changé d'espece, ils ont au moins bien change de forme, que j'aspire toujours a voir un tiers entre nous, et que je crains autant le tete-a-tete que je le désirais autrefois.

Je compte aller dans deux ou trois jours a Lausanne. Je n'ai vu Julie encore qu'a demi quand je n'ai pas vu sa cousine, cette aimable et chere amie à qui je dois tant, qui partagera sans cesse avec vous mon amitié, mes soins, ma reconnaissance, et tous les sentiments dont mon cœur est resté le maitre. A mon retour je ne tarderai pas a vous en dire davantage. J'ai besoin de vos avis, et je veux m'observer de pres. Je sais mon devoir et le remplirai. Quelque doux qu'il me soit d'habiter cette maison, je l'ai résolu, je le jure, si je m'aperçois jamais que je m'y plais trop, j'en sortirai dans l'instant.

VII. — DE MADAME DE WOLMAR A MADAME D'ORBE

Si tu nous avais accorde le délai que nous te demandions, tu aurais eu le plaisir avant ton départ d'embrasser ton protégé. Il arriva avant-hier, et voulait t'aller voir aujourd'hui ; mais une espece de courbature, fruit de la fatigue et du voyage, le retient dans sa chambre, et il a été saigné [1] ce matin. D'ailleurs j'avais bien resolu, pour te punir, de ne le pas laisser partir sitot ; et tu n'as qu'a le venir voir ici, ou je te promets que tu ne le verras de longtemps. Vraiment cela serait bien imaginé qu'il vit séparément les inseparables !

En verité, ma cousine, je ne sais quelles vaines terreurs m'avaient fasciné l'esprit sur ce voyage, et j'ai honte de m'y être opposée avec tant d'obstination. Plus je craignais de le revoir, plus

[1] Pourquoi saigné ? est-ce aussi la mode en Suisse ?

je serais fâchée aujourd'hui de ne l'avoir pas vu ; car sa présence a détruit des craintes qui m'inquiétaient encore, et qui pouvaient devenir légitimes à force de m'occuper de lui. Loin que l'attachement que je sens pour lui m'effraye, je crois que s'il m'était moins cher je me défierais plus de moi ; mais je l'aime aussi tendrement que jamais, sans l'aimer de la même manière. C'est de la comparaison de ce que j'éprouve à sa vue, et de ce que j'éprouvais jadis, que je tire la sécurité de mon état présent ; et dans des sentiments si divers la différence se fait sentir à proportion de leur vivacité.

Quant à lui, quoique je l'aie reconnu du premier instant, je l'ai trouvé fort changé ; et, ce qu'autrefois je n'aurais guère imaginé possible, à bien des égards il me paraît changé en mieux. Le premier jour il donna quelques signes d'embarras, et j'eus moi-même bien de la peine à lui cacher le mien ; mais il ne tarda pas à prendre le ton ferme et l'air ouvert qui convient à son caractère. Je l'avais toujours vu timide et craintif ; la frayeur de me déplaire, et peut-être la secrète honte d'un rôle peu digne d'un honnête homme, lui donnaient devant moi je ne sais quelle contenance servile et basse dont tu t'es plus d'une fois moquée avec raison. Au lieu de la soumission d'un esclave, il a maintenant le respect d'un ami qui sait honorer ce qu'il estime ; il tient avec assurance des propos honnêtes ; il n'a pas peur que ses maximes de vertu contrarient ses intérêts ; il ne craint ni de se faire tort, ni de me faire affront, en louant les choses louables ; et l'on sent dans tout ce qu'il dit la confiance d'un homme droit et sûr de lui-même, qui tire de son propre cœur l'approbation qu'il ne cherchait autrefois que dans mes regards. Je trouve aussi que l'usage du monde et l'expérience lui ont ôté ce ton dogmatique et tranchant qu'on prend dans le cabinet ; qu'il est moins prompt à juger les hommes depuis qu'il en a beaucoup observé, moins pressé d'établir des propositions universelles depuis qu'il a tant vu d'exceptions, et qu'en général l'amour de la vérité l'a guéri de l'esprit de système : de sorte qu'il est devenu moins brillant et plus raisonnable, et qu'on s'instruit beaucoup mieux avec lui depuis qu'il n'est plus si savant.

Sa figure est changée aussi, et n'est pas moins bien ; sa démarche est plus assurée ; sa contenance est plus libre, son port est plus fier : il a rapporté de ses campagnes un certain air martial qui lui sied d'autant mieux, que son geste, vif et prompt quand il s'anime, est d'ailleurs plus grave et plus posé qu'autrefois. C'est un marin dont l'attitude est flegmatique et froide, et le parler bouillant et impétueux. A trente ans passés son visage est celui de l'homme dans sa perfection, et joint au feu de la jeunesse la majesté de l'âge mûr. Son teint n'est pas reconnaissable ; il est noir comme un More, et de plus fort marqué de la petite vérole. Ma chere, il te faut tout dire : ces marques me font quelque peine à regarder, et je me surprends souvent à les regarder malgré moi.

Je crois m'apercevoir que si je l'examine, il n'est pas moins attentif à m'examiner. Apres une si longue absence, il est naturel de se considérer mutuellement avec une sorte de curiosité ; mais si cette curiosité semble tenir de l'ancien empressement, quelle différence dans la maniere aussi bien que dans le motif! Si nos regards se rencontrent moins souvent, nous nous regardons avec plus de liberté. Il semble que nous ayons une convention tacite pour nous considérer alternativement. Chacun sent, pour ainsi dire, quand c'est le tour de l'autre, et détourne les yeux à son tour. Peut-on revoir sans plaisir, quoique l'émotion n'y soit plus, ce qu'on aima si tendrement autrefois, et qu'on aime si purement aujourd'hui ? Qui sait si l'amour-propre ne cherche point à justifier les erreurs passées? Qui sait si chacun des deux, quand la passion cesse de l'aveugler, n'aime point encore à se dire, Je n'avais pas trop mal choisi? Quoi qu'il en soit, je te le répete sans honte, je conserve pour lui des sentiments tres-doux, qui dureront autant que ma vie. Loin de me reprocher ces sentiments, je m'en applaudis ; je rougirais de ne les avoir pas, comme d'un vice de caractere et de la marque d'un mauvais cœur. Quant a lui, j'ose croire qu'apres la vertu je suis ce qu'il aime le mieux au monde. Je sens qu'il s'honore de mon estime ; je m'honore à mon tour de la sienne, et mériterai de la conserver. Ah ! si tu voyais avec quelle tendresse il caresse mes enfants, si tu savais quel plaisir il prend à parler de toi, cousine, tu connaitrais que je lui suis encore chere.

Ce qui redouble ma confiance dans l'opinion que nous avons toutes deux de lui, c'est que M. de Wolmar la partage, et qu'il en pense par lui-même, depuis qu'il l'a vu, tout le bien que nous lui en avions dit. Il m'en a beaucoup parlé ces deux soirs, en se félicitant du parti qu'il a pris, et me faisant la guerre de ma resistance. Non, me disait-il hier, nous ne laisserons point un si honnete homme en doute sur lui-meme ; nous lui apprendrons à mieux compter sur sa vertu ; et peut-etre un jour jouirons-nous avec plus d'avantage que vous ne pensez du fruit des soins que nous allons prendre Quant a present, je commence deja par vous dire que son caractere me plait, et que je l'estime surtout par un cote dont il ne se doute guere, savoir, la froideur qu'il a vis-a-vis de moi Moins il me temoigne d'amitié, plus il m'en inspire ; je ne saurais vous dire combien je craignais d'en etre caressé. C'etait la premiere épreuve que je lui destinais. Il doit s'en presenter une seconde[1] sur laquelle je l'observerai ; apres quoi je ne l'observerai plus. Pour celle-ci, lui dis-je, elle ne prouve autre chose que la franchise de son caractere ; car jamais il ne put se resoudre autrefois a prendre un air soumis et complaisant avec mon pere, quoiqu'il y eût un si grand intéret et que je l'en eusse instamment prié. Je vis avec douleur qu'il s'otait cette unique ressource, et ne pus lui savoir mauvais gre de ne pouvoir etre faux en rien. Le cas est bien different, reprit mon mari ; il y a entre votre pere et lui une antipathie naturelle, fondée sur l'opposition de leurs maximes. Quant a moi, qui n'ai ni systeme ni préjugés, je suis sûr qu'il ne me hait point naturellement. Aucun homme ne me hait ; un homme sans passion ne peut inspirer d'aversion a personne. mais je lui ai ravi son bien, il ne me le pardonnera pas sitot. Il ne m'en aimera que plus tendrement quand il sera parfaitement convaincu que le mal que je lui ai fait ne m'empeche pas de le voir de bon œil. S'il me caressait a présent, il serait un fourbe ; s'il ne me caressait jamais, il serait un monstre.

Voila, ma Claire, a quoi nous en sommes ; et je commence a croire que le ciel bénira la droiture de nos cœurs et les intentions bienfaisantes de mon mari. Mais je suis bien bonne d'entrer dans tous ces details : tu ne merites pas que j'aie tant de plaisir a m'entretenir avec toi. j'ai resolu de ne te plus rien dire, et si tu veux en savoir davantage, viens l'apprendre.

P. S. Il faut pourtant que je te dise encore ce qui vient de se passer au sujet de cette lettre. Tu sais avec quelle indulgence M de Wolmar reçut l'aveu tardif que ce retour imprévu me força de lui faire Tu vis avec quelle douceur il sut essuyer mes pleurs et dissiper ma honte Soit que je ne lui eusse rien appris, comme tu l'as assez raisonnablement conjecturé, soit qu'en effet il fut touche

[1] La lettre ou il etait question de cette seconde épreuve a ete supprimee, mais j'aurai soin d'en parler dans l'occasion.

d'une démarche qui ne pouvait être dictée que par le repentir, non-seulement il a continué de vivre avec moi comme auparavant, mais il semble avoir redoublé de soins, de confiance, d'estime, et vouloir me dédommager à force d'égards de la confusion que cet aveu m'a coûté. Ma cousine, tu connais mon cœur ; juge de l'impression qu'y fait une pareille conduite [1]

Sitôt que je le vis résolu à laisser venir notre ancien maître, je résolus de mon coté de prendre contre moi la meilleure précaution que je pusse employer : ce fut de choisir mon mari même pour mon confident, de n'avoir aucun entretien particulier qui ne lui fût rapporté, et de n'écrire aucune lettre qui ne lui fût montrée. Je m'imposai même d'écrire chaque lettre comme s'il ne la devait point voir, et de la lui montrer ensuite Tu trouveras un article dans celle-ci qui m'est venu de cette manière ; et si je n'ai pu m'empêcher en l'écrivant de songer qu'il le verrait, je me rends le témoignage que cela ne m'y a pas fait changer un mot : mais quand j'ai voulu lui porter ma lettre, il s'est moqué de moi, et n'a pas eu la complaisance de la lire.

Je t'avoue que j'ai été un peu piquée de ce refus, comme s'il s'était défié de ma bonne foi. Ce mouvement ne lui a pas échappé : le plus franc et le plus généreux des hommes m'a bientôt rassurée. Avouez, m'a-t-il dit, que dans cette lettre vous avez moins parlé de moi qu'à l'ordinaire. J'en suis convenue. Etait-il séant d'en beaucoup parler pour lui montrer ce que j'en aurais dit ? Eh bien ! a-t-il repris en souriant, j'aime mieux que vous parliez de moi davantage, et ne point savoir ce que vous en direz. Puis il a poursuivi d'un ton plus sérieux · Le mariage est un état trop austère et trop grave pour supporter toutes les petites ouvertures de cœur qu'admet la tendre amitié. Ce dernier lien tempère quelquefois à propos l'extrême sévérité de l'autre, et il est bon qu'une femme honnête et sage puisse chercher auprès d'une fidèle amie les consolations, les lumières et les conseils qu'elle n'oserait demander à son mari sur certaines matières. Quoique vous ne disiez jamais rien entre vous dont vous n'aimassiez à m'instruire, gardez-vous de vous en faire une loi, de peur que ce devoir ne devienne une gêne, et que vos confidences n'en soient moins douces en devenant plus étendues. Croyez-moi, les épanchements de l'amitié se retiennent devant un témoin, quel qu'il soit. Il y a mille secrets que trois amis doivent savoir, et qu'ils ne peuvent se dire que deux à deux. Vous communiquez bien les mêmes choses à votre amie et à votre époux, mais non pas de la même maniere ; et si vous voulez tout confondre, il arrivera que vos lettres seront écrites plus à moi qu'à elle, et que vous ne serez a votre aise ni avec l'un ni avec l'autre. C'est pour mon intérêt autant que pour le vôtre que je vous parle ainsi. Ne voyez-vous pas que vous craignez déja la juste honte de me louer en ma présence? Pourquoi voulez-vous nous oter, à vous le plaisir de dire à votre amie combien votre mari vous est cher, à moi, celui de penser que dans vos plus secrets entretiens vous aimez à parler bien de lui? Julie! Julie! a-t-il ajouté en me serrant la main et me regardant avec bonté, vous abaisserez-vous à des précautions si peu dignes de ce que vous êtes, et n'apprendrez-vous jamais à vous estimer votre prix?

Ma chere amie, j'aurais peine à dire comment s'y prend cet homme incomparable, mais je ne sais plus rougir de moi devant lui. Malgré que j'en aie, il m'élève au-dessus de moi-même, et je sens qu'à force de confiance il m'apprend à la mériter.

VIII. — RÉPONSE DE MADAME D'ORBE A MADAME DE WOLMAR.

Comment! cousine, notre voyageur est arrivé, et je ne l'ai pas vu encore à mes pieds chargé des dépouilles de l'Amérique! Ce n'est pas lui, je t'en avertis, que j'accuse de ce délai, car je sais qu'il lui dure autant qu'a moi ; mais je vois qu'il n'a pas aussi bien oublié que tu dis son ancien métier d'esclave, et je me plains moins de sa négligence que de ta tyrannie. Je te trouve aussi fort bonne de vouloir qu'une prude grave et formaliste comme moi fasse les avances, et que, toute affaire cessante, je coure baiser un visage noir et crotu [1], qui a passé quatre fois sous le soleil et vu le pays des épices! Mais tu me fais rire surtout quand tu te presses de gronder, de peur que je ne gronde la première. Je voudrais bien savoir de quoi tu te mêles. C'est mon métier de quereller, j'y prends plaisir, je m'en acquitte à merveille, et cela me va tres-bien; mais toi, tu y es gauche on ne peut davantage, et ce n'est point du tout ton fait. En revanche, si tu savais combien tu as de grâce a avoir tort, combien ton air confus et ton œil suppliant te rendent charmante, au lieu de gronder tu passerais ta vie à demander pardon, sinon par devoir, au moins par coquetterie.

[1] Marqué de petite vérole. Terme du pays.

Quant à present, demande-moi pardon de toutes manières. Le beau projet que celui de prendre son mari pour son confident, et l'obligeante précaution pour une aussi sainte amitié que la nôtre ! Amie injuste et femme pusillanime ! a qui te fieras-tu de ta vertu sur la terre, si tu te défies de tes sentiments et des miens ? Peux-tu, sans nous offenser toutes deux, craindre ton cœur et mon indulgence dans les nœuds sacrés où tu vis ? J'ai peine à comprendre comment la seule idée d'admettre un tiers dans les secrets caquetages de deux femmes ne t'a pas révoltée. Pour moi, j'aime fort à babiller à mon aise avec toi ; mais si je savais que l'œil d'un homme eût jamais fureté mes lettres, je n'aurais plus de plaisir à t'écrire ; insensiblement la froideur s'introduirait entre nous avec la réserve, et nous ne nous aimerions plus que comme deux autres femmes. Regarde à quoi nous exposait ta sotte défiance, si ton mari n'eût été plus sage que toi.

Il a tres-prudemment fait de ne vouloir point lire ta lettre. Il en eût peut-être été moins content que tu n'espérais, et moins que je ne suis moi-même, à qui l'état où je t'ai vue apprend à mieux juger de celui où je te vois. Tous ces sages contemplatifs qui ont passé leur vie à l'étude du cœur humain en savent moins sur les vrais signes de l'amour que la plus bornée des femmes sensibles. M. de Wolmar aurait d'abord remarqué que ta lettre entiere est employée à parler de notre ami, et n'aurait point vu l'apostille où tu n'en dis pas un mot. Si tu avais écrit cette apostille il y a dix ans, mon enfant, je ne sais comment tu aurais fait, mais l'ami y serait toujours rentré par quelque coin, d'autant plus que le mari ne la devait point voir.

M. de Wolmar aurait encore observé l'attention que tu as mise à examiner son hote, et le plaisir que tu prends a le décrire ; mais il mangerait Aristote et Platon avant de savoir qu'on regarde son amant et qu'on ne l'examine pas. Tout examen exige un sang-froid qu'on n'a jamais en voyant ce qu'on aime.

Enfin il s'imaginerait que tous ces changements que tu as observés seraient échappés à une autre ; et moi j'ai bien peur au contraire d'en trouver qui te seront échappés. Quelque différent que ton hote soit de ce qu'il était, il changerait davantage encore, que, si ton cœur n'avait point changé, tu le verrais toujours le meme. Quoi qu'il en soit, tu detournes les yeux quand il te regarde : c'est encore un fort bon signe. Tu les détournes, cousine ! Tu ne les baisses donc plus ? car sûrement tu n'as pas pris un mot pour l'autre. Crois-tu que notre sage eût aussi remarqué cela ?

Une autre chose très-capable d'inquiéter un mari, c'est je ne sais quoi de touchant et d'affectueux qui reste dans ton langage au sujet de ce qui te fut cher. En te lisant, en t'entendant parler, on a besoin de te bien connaître pour ne pas se tromper à tes sentiments ; on a besoin de savoir que c'est seulement d'un ami que tu parles, ou que tu parles ainsi de tous tes amis : mais quant à cela, c'est un effet naturel de ton caractère, que ton mari connaît trop bien pour s'en alarmer. Le moyen que dans un cœur si tendre la pure amitié n'ait pas encore un peu l'air de l'amour ? Écoute, cousine ; tout ce que je te dis la doit bien te donner du courage, mais non pas de la témérité. Tes progrès sont sensibles, et c'est beaucoup. Je ne comptais que sur ta vertu, et je commence à compter aussi sur ta raison : je regarde à présent ta guérison sinon comme parfaite, au moins comme facile, et tu en as précisément assez fait pour te rendre inexcusable si tu n'achèves pas.

Avant d'être à ton apostille, j'avais déjà remarqué le petit article que tu as eu la franchise de ne pas supprimer ou modifier en songeant qu'il serait vu de ton mari. Je suis sûre qu'en le lisant il eût, s'il se pouvait, redoublé pour toi d'estime ; mais il n'en eût pas été plus content de l'article. En général, ta lettre était très-propre à lui donner beaucoup de confiance en ta conduite et beaucoup d'inquiétude sur ton penchant. Je t'avoue que ces marques de petite vérole, que tu regardes tant, me font peur ; et jamais l'amour ne s'avisa d'un plus dangereux fard. Je sais que ceci ne serait rien pour une autre ; mais, cousine, souviens-t'en toujours, celle que la jeunesse et la figure d'un amant n'avaient pu séduire se perdit en pensant aux maux qu'il avait soufferts pour elle. Sans doute le ciel a voulu qu'il lui restât des marques de cette maladie pour exercer ta vertu, et qu'il ne t'en restât pas pour exercer la sienne.

Je reviens au principal sujet de ta lettre : tu sais qu'à celle de notre ami j'ai volé ; le cas était grave. Mais à présent si tu savais dans quel embarras m'a mise cette courte absence et combien j'ai d'affaires à la fois, tu sentirais l'impossibilité où je suis de quitter derechef ma maison sans m'y donner de nouvelles entraves et me mettre dans la nécessité d'y passer encore cet hiver ; ce qui n'est pas mon compte ni le tien. Ne vaut-il pas mieux nous priver de nous voir deux ou trois jours à la hâte, et nous rejoindre six mois plus tôt? Je pense aussi qu'il ne sera pas inutile que je cause en particulier et un peu à loisir avec notre philosophe, soit pour sonder et raffermir son cœur, soit pour lui donner quelques avis utiles sur la manière dont il doit se conduire avec ton mari, et même avec toi; car je n'imagine pas que tu puisses lui parler bien librement là-dessus, et je vois par ta lettre même qu'il a besoin de conseil. Nous avons pris une si grande habitude de le gouverner, que nous sommes un peu responsables de lui à notre propre conscience; et jusqu'à ce que sa raison soit entièrement libre, nous y devons suppléer. Pour moi, c'est un soin que je prendrai toujours avec plaisir; car il a eu pour mes avis des déférences coûteuses que je n'oublierai jamais, et il n'y a point d'homme au monde, depuis que le mien n'est plus, que j'estime et que j'aime autant que lui. Je lui réserve aussi pour son compte le plaisir de me rendre ici quelques services. J'ai beaucoup de papiers mal en ordre qu'il m'aidera à débrouiller, et quelques affaires épineuses où j'aurai besoin à mon tour de ses lumières et de ses soins. Au reste, je compte ne le garder que cinq ou six jours tout au plus, et peut-être te le renverrai-je dès le lendemain; car j'ai trop de vanité pour attendre que l'impatience de s'en retourner le prenne, et l'œil trop bon pour m'y tromper.

Ne manque donc pas, sitôt qu'il sera remis, de me l'envoyer, c'est-à-dire de le laisser venir; ou je n'entendrai pas raillerie. Tu sais bien que si je ris quand je pleure et n'en suis pas moins affligée, je ris aussi quand je gronde et n'en suis pas moins en colère. Si tu es bien sage et que tu fasses les choses de bonne grâce, je te promets de t'envoyer avec lui un joli petit présent qui te fera plaisir, et très-grand plaisir; mais si tu me fais languir, je t'avertis que tu n'auras rien.

P. S. A propos, dis-moi; notre marin fume-t-il? jure-t-il? boit-il de l'eau-de-vie? porte-t-il un grand sabre? a-t-il bien la mine d'un flibustier? Mon Dieu, que je suis curieuse de voir l'air qu'on a quand on revient des antipodes!

IX. — DE MADAME D'ORBE A MADAME DE WOLMAR.

Tiens, cousine, voilà ton esclave que je te renvoie. J'en ai fait le mien durant ces huit jours, et il a porté ses fers de si bon cœur, qu'on voit qu'il est tout fait pour servir. Rends-moi grâce de ne l'avoir pas gardé huit autres jours encore ; car, ne t'en déplaise, si j'avais attendu qu'il fût prêt à s'ennuyer avec moi , j'aurais pu ne pas le renvoyer sitôt. Je l'ai donc gardé sans scrupule ; mais j'ai eu celui de n'oser le loger dans ma maison. Je me suis senti quelquefois cette fierté d'âme qui dédaigne les serviles bienséances, et sied si bien à la vertu. J'ai été plus timide en cette occasion, sans savoir pourquoi ; et tout ce qu'il y a de sûr, c'est que je serais plus portée à me reprocher cette réserve qu'à m'en applaudir.

Mais toi, sais-tu bien pourquoi notre ami s'endurait si paisiblement ici ? Premièrement, il était avec moi, et je prétends que c'est déjà beaucoup pour prendre patience. Il m'épargnait des tracas et me rendait service dans mes affaires ; un ami ne s'ennuie point à cela. Une troisième chose que tu as déjà devinée, quoique tu n'en fasses pas semblant, c'est qu'il me parlait de toi ; et si nous ôtions le temps qu'a duré cette causerie de celui qu'il a passé ici, tu verrais qu'il m'en est fort peu resté pour mon compte. Mais quelle bizarre fantaisie de s'éloigner de toi pour avoir le plaisir d'en parler ? Pas si bizarre qu'on dirait bien. Il est contraint en ta présence, il faut qu'il s'observe incessamment ; la moindre indiscrétion deviendrait un crime, et dans ces moments dangereux le seul devoir se laisse entendre aux cœurs honnêtes ; mais loin de ce qui nous fut cher on se permet d'y songer encore. Si l'on étouffe un sentiment devenu coupable, pourquoi se reprocherait-on de l'avoir eu tandis qu'il ne l'était point ? Le doux souvenir d'un bonheur qui fut légitime peut-il jamais être criminel ? Voilà, je pense, un raisonnement qui t'irait mal, mais qu'après tout il peut se permettre. Il a recommencé pour ainsi dire la carrière de ses anciennes amours ; sa première jeunesse s'est écoulée une seconde fois dans nos entretiens ; il me renouvelait toutes ses confidences ; il rappelait ces temps heureux où il lui était permis de t'aimer ; il peignait à mon cœur les charmes d'une flamme innocente... Sans doute il les embellissait.

Il m'a peu parlé de son état présent par rapport à toi, et ce qu'il m'en a dit tient plus du respect et de l'admiration que de l'amour ; en sorte que je le vois retourner beaucoup plus rassuré sur son cœur que quand il est arrivé. Ce n'est pas qu'aussitôt qu'il est question de toi l'on n'aperçoive au fond de ce cœur trop sensible un certain attendrissement que l'amitié seule, non moins touchante, marque pourtant d'un autre ton : mais j'ai remarqué depuis longtemps que personne ne peut ni te voir ni penser à toi de sangfroid ; et si l'on joint au sentiment universel que ta vue inspire le sentiment plus doux qu'un souvenir ineffaçable a dû lui laisser, on trouvera qu'il est difficile et peut-être impossible qu'avec la vertu la plus austere il soit autre chose que ce qu'il est. Je l'ai bien questionné, bien observé, bien suivi ; je l'ai examiné autant qu'il m'a éte possible : je ne puis bien lire dans son âme, il n'y lit pas mieux lui-même ; mais je puis te répondre au moins qu'il est pénétré de la force de ses devoirs et des tiens, et que l'idée de Julie méprisable et corrompue lui ferait plus d'horreur à concevoir que celle de son propre anéantissement. Cousine, je n'ai qu'un conseil à te donner, et je te prie d'y faire attention : évite les détails sur le passé, et je te reponds de l'avenir.

Quant à la restitution dont tu me parles, il n'y faut plus songer. Apres avoir épuisé toutes les raisons imaginables, je l'ai prié, pressé, conjuré, boudé, baisé ; je lui ai pris les deux mains, je me serais mise a genoux s'il m'eût laissée faire : il ne m'a pas meme écoutée ; il a poussé l'humeur et l'opiniatreté jusqu'a jurer qu'il consentirait plutot a ne te plus voir qu'a se dessaisir de ton portrait. Enfin, dans un transport d'indignation, me le faisant toucher attaché sur son cœur : Le voila, m'a-t il dit d'un ton si ému qu'il en respirait à peine, le voila ce portrait, le seul bien qui me reste, et qu'on m'envie encore ! soyez sûre qu'il ne me sera jamais arraché qu'avec la vie. Crois-moi, cousine, soyons sages, et laissons-lui le portrait. Que t'importe au fond qu'il lui demeure ? tant pis pour lui s'il s'obstine a le garder.

Apres avoir bien épanché et soulagé son cœur, il m'a paru assez tranquille pour que je pusse lui parler de ses affaires. J'ai trouve que le temps et la raison ne l'avaient point fait changer de systeme, et qu'il bornait toute son ambition a passer sa vie attaché a mylord Édouard. Je n'ai pu qu'approuver un projet si honnete, si convenable a son caractere, et si digne de la reconnaissance qu'il doit a des bienfaits sans exemple. Il m'a dit que tu avais ete du meme avis, mais que M. de Wolmar avait gardé le silence. Il me vient dans la tete une idee : a la conduite assez singuliere de ton mari et a d'autres indices, je soupçonne qu'il a sur notre ami quelque vue secrète qu'il ne dit pas. Laissons-le faire, et fions-nous a sa sagesse : la maniere dont il s'y prend prouve assez que, si ma conjecture est juste, il ne medite rien que d'avantageux a celui pour lequel il prend tant de soins.

Tu n'as pas mal decrit sa figure et ses manieres, et c'est un signe assez favorable que tu l'aies observé plus exactement que je n'aurais cru ; mais ne trouves-tu pas que ses longues peines et l'habitude de les sentir ont rendu sa physionomie encore plus intéressante qu'elle n'était autrefois? Malgré ce que tu m'en avais ecrit, je craignais de lui voir cette politesse manierée, ces façons singeresses, qu'on ne manque jamais de contracter a Paris, et qui, dans la foule des riens dont on y remplit une journée oisive, se piquent d'avoir une forme plutot qu'une autre. Soit que ce vernis ne prenne pas sur certaines âmes, soit que l'air de la mer l'ait entierement effacé, je n'en ai pas aperçu la moindre trace, et, dans tout l'empressement qu'il m'a temoigné, je n'ai vu que le désir de contenter son cœur. Il m'a parlé de mon pauvre mari ; mais il aimait mieux le pleurer avec moi que me consoler, et ne m'a point debité la-dessus de maximes galantes. Il a caresse ma fille ; mais, au lieu de partager mon admiration pour elle, il m'a reproché comme toi ses défauts, et s'est plaint que je la gâtais. Il s'est livré avec zele a mes affaires, et n'a presque été de mon avis sur rien. Au surplus, le grand air m'aurait arraché les yeux, qu'il ne se serait pas avisé d'aller fermer un rideau ; je me serais fatiguée a passer d'une chambre a l'autre, qu'un pan de son habit galamment etendu sur sa main ne serait pas venu a mon secours. Mon eventail resta hier une grande seconde a terre, sans qu'il s'elançât du bout de la chambre comme pour le retirer du feu. Les matins, avant de venir me voir, il n'a pas envoye une seule fois savoir de mes nouvelles. A la promenade, il n'affecte point d'avoir son chapeau cloué sur sa tete, pour montrer qu'il sait les bons airs [1]. A table, je lui ai demande souvent sa tabatiere, qu'il n'appelle pas sa boite ; toujours il me l'a presentée avec la main, jamais sur une assiette, comme un laquais : il n'a pas manqué de boire a ma sante deux fois au moins par repas ; et je parie que s'il

[1] A Paris, on se pique surtout de rendre la société commode et facile, et c'est dans une foule de regles de cette importance qu'on y fait consister cette facilité. Tout est usages et lois dans la bonne compagnie. Tous ces usages naissent et passent comme un eclair. Le savoir-vivre consiste a se tenir toujours au guet, a les saisir au passage, à les affecter, à montrer qu'on sait celui du jour, le tout pour être simple.

nous restait cet hiver, nous le verrions assis avec nous autour du feu se chauffer en vieux bourgeois. Tu ris, cousine ; mais montre-moi un des nôtres fraichement venu de Paris, qui ait conservé cette bonhomie. Au reste, il me semble que tu dois trouver notre philosophe empiré dans un seul point : c'est qu'il s'occupe un peu plus des gens qui lui parlent, ce qui ne peut se faire qu'à ton préjudice, sans aller pourtant, je pense, jusqu'à le raccommoder avec madame Belon. Pour moi, je le trouve mieux en ce qu'il est plus grave et plus sérieux que jamais. Ma mignonne, garde-le-moi bien soigneusement jusqu'à mon arrivée : il est précisément comme il me le faut pour avoir le plaisir de le désoler tout le long du jour.

Admire ma discrétion ; je ne t'ai rien dit encore du présent que je t'envoie, et qui t'en promet bientôt un autre : mais tu l'as reçu avant que d'ouvrir ma lettre ; et toi qui sais combien j'en suis idolâtre et combien j'ai raison de l'être, toi dont l'avarice était si en peine de ce présent, tu conviendras que je tiens plus que je n'avais promis. Ah ! la pauvre petite ! au moment où tu lis ceci, elle est déjà dans tes bras : elle est plus heureuse que sa mere ; mais dans deux mois je serai plus heureuse qu'elle, car je sentirai mieux mon bonheur. Hélas ! chere cousine, ne m'as-tu pas deja tout entiere ? Ou tu es, où est ma fille, que manque-t-il encore de moi ? La voila cette aimable enfant, reçois-la comme tienne ; je te la cede, je te la donne ; je résigne en tes mains le pouvoir maternel ; corrige mes fautes, charge-toi des soins dont je m'acquitte si mal à ton gre ; sois des aujourd'hui la mère de celle qui doit être ta bru, et, pour me la rendre plus chere encore, fais-en, s'il se peut, une autre Julie. Elle te ressemble déjà de visage ; à son humeur j'augure qu'elle sera grave et precheuse : quand tu auras corrigé les caprices qu'on m'accuse d'avoir fomentés, tu verras que ma fille se donnera les airs d'etre ma cousine ; mais, plus heureuse, elle aura moins de pleurs à verser et moins de combats à rendre. Si le ciel lui eût conservé le meilleur des peres, qu'il eût été loin de gener ses inclinations ! et que nous serons loin de les gener nous-memes ! Avec quel charme je les vois déja s'accorder avec nos projets ! Sais-tu bien qu'elle ne peut deja plus se passer de son petit mali, et que c'est en partie pour cela que je te la renvoie ? J'eus hier avec elle une conversation dont notre ami se mourait de rire. Premierement, elle n'a pas le moindre regret de me quitter, moi qui suis toute la journée sa très-humble servante, et ne puis résister à rien de ce qu'elle veut; et toi qu'elle craint, et qui lui dis Non, vingt fois le jour, tu es la petite maman par excellence, qu'on va chercher avec joie, et dont on aime mieux les refus que tous mes bonbons. Quand je lui annonçai que j'allais te l'envoyer, elle eut les transports que tu peux penser : mais, pour l'embarrasser, j'ajoutai que tu m'enverrais à sa place le petit mali, et ce ne fut plus son compte. Elle me demanda tout interdite ce que j'en voulais faire : je répondis que je voulais le prendre pour moi ; elle fit la mine. Henriette, ne veux-tu pas bien me le céder, ton petit mali? Non, dit-elle assez sèchement. Non? Mais si je ne veux pas te le céder non plus, qui nous accordera? Maman, ce sera la petite maman. J'aurai donc la préférence, car tu sais qu'elle veut tout ce que je veux. Oh! la petite maman ne veut jamais que la raison. Comment, mademoiselle, n'est-ce pas la même chose? La rusée se mit à sourire. Mais encore, continuai-je, par quelle raison ne me donnerait-elle pas le petit mali? Parce qu'il ne vous convient pas. Et pourquoi ne me conviendrait-il pas? Autre sourire aussi malin que le premier. Parle franchement, est-ce que tu me trouves trop vieille pour lui? Non, maman, mais il est trop jeune pour vous.... Cousine, un enfant de sept ans!... En vérité, si la tête ne m'en tournait pas, il faudrait qu'elle m'eût déjà tourné.

Je m'amusai à la provoquer encore. Ma chère Henriette, lui dis-je en prenant mon sérieux, je t'assure qu'il ne te convient pas non plus. Pourquoi donc? s'écria-t-elle d'un air alarmé. C'est qu'il est trop étourdi pour toi. Oh! maman, n'est-ce que cela? je le rendrai sage. Et si par malheur il te rendait folle? Ah! ma bonne maman, que j'aimerais à vous ressembler! Me ressembler, impertinente? Oui, maman : vous dites toute la journée que vous êtes folle de moi; eh bien! moi, je serai folle de lui : voilà tout.

Je sais que tu n'approuves pas ce joli caquet, et que tu sauras bientôt le modérer : je ne veux pas non plus le justifier, quoiqu'il m'enchante, mais te montrer seulement que ta fille aime déjà bien son petit mali, et que s'il a deux ans de moins qu'elle, elle ne sera pas indigne de l'autorité que lui donne le droit d'aînesse. Aussi bien je vois, par l'opposition de ton exemple et du mien à celui de ta pauvre mère, que, quand la femme gouverne, la maison n'en va pas plus mal. Adieu, ma bien-aimée; adieu, ma chère inséparable : compte que le temps approche, et que les vendanges ne se feront pas sans moi.

X. — DE SAINT-PREUX A MYLORD ÉDOUARD.

Que de plaisirs trop tard connus je goûte depuis trois semaines ! La douce chose de couler ses jours dans le sein d'une tranquille amitié, à l'abri de l'orage des passions impétueuses ! Mylord, que c'est un spectacle agréable et touchant que celui d'une maison simple et bien réglée, où règnent l'ordre, la paix, l'innocence; où l'on voit réuni sans appareil, sans éclat, tout ce qui répond à la véritable destination de l'homme! La campagne, la retraite, le repos, la saison, la vaste plaine d'eau qui s'offre à mes yeux, le sauvage aspect des montagnes, tout me rappelle ici ma délicieuse île de Tinian. Je crois voir accomplir les vœux ardents que j'y formai tant de fois. J'y mène une vie de mon goût, j'y trouve une société selon mon cœur. Il ne manque en ce lieu que deux personnes pour que tout mon bonheur y soit rassemblé, et j'ai l'espoir de les y voir bientôt.

En attendant que vous et madame d'Orbe veniez mettre le comble aux plaisirs si doux et si purs que j'apprends à goûter où je suis, je veux vous en donner une idée par le détail d'une économie domestique qui annonce la félicité des maîtres de la maison, et la fait partager à ceux qui l'habitent. J'espère, sur le projet qui vous occupe, que mes réflexions pourront un jour avoir leur usage, et cet espoir sert encore à les exciter.

Je ne vous décrirai point la maison de Clarens : vous la connaissez; vous savez si elle est charmante, si elle m'offre des souvenirs intéressants, si elle doit m'être chère et par ce qu'elle me montre et par ce qu'elle me rappelle. Madame de Wolmar en préfère avec raison le séjour à celui d'Étange, château magnifique et grand, mais vieux, triste, incommode, et qui n'offre dans ses environs rien de comparable à ce qu'on voit autour de Clarens

Depuis que les maîtres de cette maison y ont fixé leur demeure, ils en ont mis à leur usage tout ce qui ne servait qu'à l'ornement ce n'est plus une maison faite pour être vue, mais pour être habitée. Ils ont bouché de longues enfilades pour changer des portes mal situées ; ils ont coupé de trop grandes pieces pour avoir des logements mieux distribués ; a des meubles anciens et riches, ils en ont substitué de simples et de commodes. Tout y est agréable et riant, tout y respire l'abondance et la propreté, rien n'y sent la richesse et le luxe ; il n'y a pas une chambre ou l'on ne se reconnaisse a la campagne, et où l'on ne retrouve toutes les commodités de la ville. Les mêmes changements se font remarquer au dehors : la basse-cour a été agrandie aux dépens des remises. A la place d'un vieux billard délabré l'on a fait un beau pressoir, et une laiterie ou logeaient des paons criards dont on s'est defait. Le potager était trop petit pour la cuisine ; on en a fait du parterre un second, mais si propre et si bien entendu, que ce parterre ainsi travesti plait a l'œil plus qu'auparavant. Aux tristes ifs qui couvraient les murs ont été substitués de bons espaliers. Au lieu de l'inutile marronnier d'Inde, de jeunes mûriers noirs commencent a ombrager la cour, et l'on a planté deux rangs de noyers jusqu'au chemin, à la place des vieux tilleuls qui bordaient l'avenue. Partout on a substitué l'utile a l'agréable, et l'agréable y a presque toujours gagné. Quant a moi du moins, je trouve que le bruit de la basse-cour, le chant des coqs, le mugissement du bétail, l'attelage des chariots, les repas des champs, le retour des ouvriers, et tout l'appareil de l'économie rustique, donnent a cette maison un air plus champetre, plus vivant, plus animé, plus gai, je ne sais quoi qui sent la joie et le bien-etre, qu'elle n'avait pas dans sa morne dignité.

Leurs terres ne sont pas affermées, mais cultivées par leurs soins ; et cette culture fait une grande partie de leurs occupations, de leurs biens, et de leurs plaisirs. La baronnie d'Etange n'a que des prés, des champs, et du bois ; mais le produit de Clarens est en vignes, qui font un objet considérable ; et comme la différence de la culture y produit un effet plus sensible que dans les blés, c'est encore une raison d'économie pour avoir préféré ce dernier séjour. Cependant ils vont presque tous les ans faire les moissons à leur terre, et M. de Wolmar y va seul assez fréquemment. Ils ont pour maxime de tirer de la culture tout ce qu'elle peut donner, non pour faire un plus grand gain, mais pour nourrir plus d'hommes. M. de Wolmar prétend que la terre produit a proportion du nombre des bras qui la cultivent. mieux cultivée, elle rend davantage ; cette surabondance de production donne de quoi la cultiver mieux encore ; plus on y met d'hommes et de bétail, plus elle fournit d'excédent a leur entretien. On ne sait, dit-il, où peut s'arreter cette augmentation continuelle et réciproque de produit et de cultivateurs. Au contraire, les terrains négligés perdent leur fertilité : moins un pays produit d'hommes, moins il produit de denrées ; c'est le défaut d'habitants qui l'empeche de nourrir le peu qu'il en a, et dans toute contrée qui se dépeuple on doit tôt ou tard mourir de faim.

Ayant donc beaucoup de terres et les cultivant toutes avec beaucoup de soin, il leur faut, outre les domestiques de la basse-cour, un grand nombre d'ouvriers à la journée ; ce qui leur procure le plaisir de faire subsister beaucoup de gens sans s'incommoder. Dans le choix de ces journaliers, ils preferent toujours ceux du pays, et les voisins aux étrangers et aux inconnus. Si l'on perd quelque chose a ne pas prendre toujours les plus robustes, on le regagne bien par l'affection que cette preference inspire a ceux qu'on choisit, par l'avantage de les avoir sans cesse autour de soi, et de pouvoir compter sur eux dans tous les temps, quoiqu'on ne les paye qu'une partie de l'année.

Avec tous ces ouvriers on fait toujours deux prix : l'un est le prix de rigueur et de droit, le prix courant du pays, qu'on s'oblige a leur payer pour les avoir employes, l'autre, un peu plus fort, est un prix de beneficence, qu'on ne leur paye qu'autant qu'on est content d'eux ; et il arrive presque toujours que ce qu'ils font pour qu'on le soit vaut mieux que le surplus qu'on leur donne : car M. de Wolmar est integre et severe, et ne laisse jamais degénérer en coutume et en abus les institutions de faveur et de grace Ces ouvriers ont des surveillants qui les animent et les observent. Ces surveillants sont les gens de la basse-cour, qui travaillent eux-memes, et sont interesses au travail des autres par un petit denier qu'on leur accorde, outre leurs gages, sur tout ce qu'on recueille par leurs soins. De plus, M. de Wolmar les visite lui-meme presque tous les jours, souvent plusieurs fois le jour ; et sa femme aime a etre de ces promenades. Enfin, dans le temps des grands travaux, Julie donne toutes les semaines vingt batz [1] de gratification a celui de tous les travailleurs, journaliers ou valets indifféremment, qui, durant ces huit jours, a été le plus diligent au jugement du maitre. Tous ces moyens d'émulation qui

[1] Petite monnaie du pays

paraissent dispendieux, employés avec prudence et justice, rendent insensiblement tout le monde laborieux, diligent, et rapportent enfin plus qu'ils ne coûtent : mais comme on n'en voit le profit qu'avec de la constance et du temps, peu de gens savent et veulent s'en servir.

Cependant un moyen plus efficace encore, le seul auquel des vues économiques ne font point songer, et qui est plus propre a madame de Wolmar, c'est de gagner l'affection de ces bonnes gens en leur accordant la sienne. Elle ne croit point s'acquitter avec de l'argent des peines que l'on prend pour elle, et pense devoir des services a quiconque lui en a rendu : ouvriers, domestiques, tous ceux qui l'ont servie, ne fut-ce que pour un seul jour, deviennent tous ses enfants ; elle prend part a leurs plaisirs, à leurs chagrins, a leur sort ; elle s'informe de leurs affaires, leurs intérets sont les siens ; elle se charge de mille soins pour eux ; elle leur donne des conseils, elle accommode leurs différends, et ne leur marque pas l'affabilité de son caractere par des paroles emmiellées et sans effet, mais par des services veritables et par de continuels actes de bonté. Eux, de leur côté, quittent tout a son moindre signe ; ils volent quand elle parle ; son seul regard anime leur zele ; en sa presence ils sont contents, en son absence ils parlent d'elle et s'animent a la servir. Ses charmes et ses discours font beaucoup ; sa douceur, ses vertus, font davantage. Ah ! mylord, l'adorable et puissant empire que celui de la beauté bienfaisante !

Quant au service personnel des maitres, ils ont dans la maison huit domestiques, trois femmes et cinq hommes, sans compter le valet de chambre du baron ni les gens de la basse-cour. Il n'arrive guère qu'on soit mal servi par peu de domestiques ; mais on dirait, au zele de ceux-ci, que chacun, outre son service, se croit chargé de celui des sept autres, et, a leur accord, que tout se fait par un seul. On ne les voit jamais, oisifs et désœuvrés, jouer dans une antichambre ou polissonner dans la cour, mais toujours occupés a quelque travail utile : ils aident a la basse-cour, au cellier, à la cuisine ; le jardinier n'a point d'autres garçons qu'eux ; et ce qu'il y a de plus agréable, c'est qu'on leur voit faire tout cela gaiement et avec plaisir.

On s'y prend de bonne heure pour les avoir tels qu'on les veut : on n'a point ici la maxime que j'ai vue régner à Paris et a Lon-

dres, de choisir des domestiques tout formés, c'est-a-dire des
coquins déja tout faits, de ces coureurs de conditions, qui, dans
chaque maison qu'ils parcourent, prennent a la fois les défauts
des valets et des maitres, et se font un métier de servir tout le
monde sans jamais s'attacher a personne Il ne peut régner ni honneteté, ni fidélité, ni zele, au milieu de pareilles gens; et ce ramassis
de canaille ruine le maitre et corrompt les enfants dans toutes les
maisons opulentes. Ici c'est une affaire importante que le choix
des domestiques : on ne les regarde point seulement comme des
mercenaires dont on n'exige qu'un service exact, mais comme
des membres de la famille, dont le mauvais choix est capable de
la désoler. La premiere chose qu'on leur demande est d'etre
honnetes gens, la seconde d'aimer leur maitre, la troisieme de le
servir a son gré; mais pour peu qu'un maitre soit raisonnable
et un domestique intelligent, la troisieme suit toujours les deux
autres. On ne les tire donc point de la ville, mais de la campagne.
C'est ici leur premier service, et ce sera surement le dernier pour
tous ceux qui vaudront quelque chose. On les prend dans quelque
famille nombreuse et surchargee d'enfants, dont les peres et meres
viennent les offrir eux-mêmes On les choisit jeunes, bien faits,
de bonne sante, et d'une physionomie agreable. M. de Wolmar
les interroge, les examine, puis les présente a sa femme. S'ils
agréent a tous deux, ils sont reçus, d'abord a l'épreuve, ensuite
au nombre des gens, c'est-a-dire des enfants de la maison; et l'on
passe quelques jours a leur apprendre avec beaucoup de patience
et de soin ce qu'ils ont à faire. Le service est si simple, si égal,
si uniforme, les maitres ont si peu de fantaisie et d'humeur, et
leurs domestiques les affectionnent si promptement, que cela est
bientot appris. Leur condition est douce ; ils sentent un bien-etre
qu'ils n'avaient pas chez eux ; mais on ne les laisse point amollir
par l'oisivete, mere des vices. On ne souffre point qu'ils deviennent des messieurs et s'enorgueillissent de la servitude; ils continuent de travailler comme ils faisaient dans la maison paternelle :
ils n'ont fait, pour ainsi dire, que changer de pere et de mere, et
en gagner de plus opulents. De cette sorte ils ne prennent point
en dedain leur ancienne vie rustique. Si jamais ils sortaient d'ici,
il n'y en a pas un qui ne reprit plus volontiers son état de paysan
que de supporter une autre condition. Enfin je n'ai jamais vu de
maison ou chacun fit mieux son service et s'imaginat moins de
servir

C'est ainsi qu'en formant et dressant ses propres domestiques on n'a point à se faire cette objection si commune et si peu sensée : Je les aurai formés pour d'autres! Formez-les comme il faut, pourrait-on répondre, et jamais ils ne serviront à d'autres. Si vous ne songez qu'à vous en les formant, en vous quittant ils font fort bien de ne songer qu'à eux; mais occupez-vous d'eux un peu davantage, et ils vous demeureront attachés. Il n'y a que l'intention qui oblige ; et celui qui profite d'un bien que je ne veux faire qu'à moi ne me doit aucune reconnaissance.

Pour prévenir doublement le même inconvénient, M. et madame de Wolmar emploient encore un autre moyen qui me parait fort bien entendu. En commençant leur établissement, ils ont cherché quel nombre de domestiques ils pouvaient entretenir dans une maison montée à peu près selon leur état, et ils ont trouvé que ce nombre allait à quinze ou seize : pour être mieux servis, ils l'ont réduit à la moitié ; de sorte qu'avec moins d'appareil leur service est beaucoup plus exact. Pour être mieux servis encore, ils ont intéressé les mêmes gens à les servir longtemps. Un domestique en entrant chez eux reçoit le gage ordinaire; mais ce gage augmente tous les ans d'un vingtième; au bout de vingt ans il serait ainsi plus que doublé, et l'entretien des domestiques serait à peu près alors en raison du moyen des maîtres : mais il ne faut pas être un grand algébriste pour voir que les frais de cette augmentation sont plus apparents que réels, qu'ils auront peu de doubles gages à payer, et que, quand ils les payeraient à tous, l'avantage d'avoir été bien servis durant vingt ans compenserait et au delà ce surcroît de dépense. Vous sentez bien, mylord, que c'est un expédient sûr pour augmenter incessamment le soin des domestiques, et se les attacher à mesure qu'on s'attache à eux. Il n'y a pas seulement de la prudence, il y a même de l'équité dans un pareil établissement. Est-il juste qu'un nouveau venu, sans affection, et qui n'est peut-être qu'un mauvais sujet, reçoive en entrant le même salaire qu'on donne à un ancien serviteur, dont le zèle et la fidélité sont éprouvés par de longs services, et qui d'ailleurs approche en vieillissant du temps où il sera hors d'état de gagner sa vie ? Au reste, cette dernière raison n'est pas ici de mise, et vous pouvez bien croire que des maîtres aussi humains ne négligent pas des devoirs que remplissent par ostentation beaucoup de maîtres sans charité, et n'abandonnent pas ceux de leurs gens à qui les infirmités ou la vieillesse ôtent les moyens de servir.

J'ai dans l'instant même un exemple assez frappant de cette attention. Le baron d'Étange, voulant récompenser les longs services de son valet de chambre par une retraite honorable, a eu le crédit d'obtenir pour lui de LL. EE. un emploi lucratif et sans peine. Julie vient de recevoir là-dessus de ce vieux domestique une lettre à tirer des larmes, dans laquelle il la supplie de le faire dispenser d'accepter cet emploi. « Je suis âgé, lui dit-il ; j'ai perdu toute
« ma famille, je n'ai plus d'autres parents que mes maîtres : tout
« mon espoir est de finir paisiblement mes jours dans la maison où
« je les ai passés... Madame, en vous tenant dans mes bras à vo-
« tre naissance, je demandais à Dieu de tenir de même un jour vos
« enfants : il m'en a fait la grâce ; ne me refusez pas celle de les
« voir croître et prospérer comme vous... Moi qui suis accoutumé
« à vivre dans une maison de paix, où en retrouverai-je une sem-
« blable pour y reposer ma vieillesse ?... Ayez la charité d'écrire
« en ma faveur à monsieur le baron. S'il est mécontent de moi,
« qu'il me chasse, et ne me donne point d'emploi ; mais si je l'ai
« fidèlement servi durant quarante ans, qu'il me laisse achever
« mes jours à son service et au vôtre ; il ne saurait mieux me ré-
« compenser. » Il ne faut pas demander si Julie a écrit. Je vois qu'elle serait aussi fâchée de perdre ce bon homme qu'il le serait de la quitter. Ai-je tort, mylord, de comparer des maîtres si chéris à des pères, et leurs domestiques à leurs enfants ? Vous voyez que c'est ainsi qu'ils se regardent eux-mêmes.

Il n'y a pas d'exemple dans cette maison qu'un domestique ait demandé son congé ; il est même rare qu'on menace quelqu'un de le lui donner. Cette menace effraye à proportion de ce que le service est agréable et doux ; les meilleurs sujets en sont toujours les plus alarmés, et l'on n'a jamais besoin d'en venir à l'exécution qu'avec ceux qui sont peu regrettables. Il y a encore une règle à cela. Quand M. de Wolmar a dit *je vous chasse*, on peut implorer l'intercession de madame, l'obtenir quelquefois, et rentrer en grâce à sa prière ; mais un congé qu'elle donne est irrévocable, et il n'y a plus de grâce à espérer. Cet accord est très-bien entendu pour tempérer à la fois l'excès de confiance qu'on pourrait prendre en la douceur de la femme, et la crainte extrême que causerait l'inflexibilité du mari. Ce mot ne laisse pas pourtant d'être extrêmement redouté de la part d'un maître équitable et sans colère ; car, outre qu'on n'est pas sûr d'obtenir grâce et qu'elle n'est jamais accordée deux fois au même, on perd par ce mot seul son droit d'ancienneté, et l'on recommence, en rentrant, un nouveau service ; ce qui prévient l'insolence des vieux domestiques, et augmente leur circonspection à mesure qu'ils ont plus à perdre.

Les trois femmes sont, la femme de chambre, la gouvernante des enfants, et la cuisinière. Celle-ci est une paysanne fort propre et fort entendue, à qui madame de Wolmar a appris la cuisine ; car dans ce pays, simple encore[1], les jeunes personnes de tout état apprennent à faire elles-mêmes tous les travaux que feront un jour dans leur maison les femmes qui seront à leur service, afin de savoir les conduire au besoin, et de ne s'en pas laisser imposer par elles. La femme de chambre n'est plus Babi : on l'a renvoyée à Étange où elle est née : on lui a remis le soin du château, et une inspection sur la recette, qui la rend en quelque manière le contrôleur de l'économe. Il y avait longtemps que M. de Wolmar pressait sa femme de faire cet arrangement, sans pouvoir la résoudre à éloigner d'elle un ancien domestique de sa mère, quoiqu'elle eût plus d'un sujet de s'en plaindre. Enfin, depuis les dernières explications, elle y a consenti, et Babi est partie. Cette femme est intelligente et fidèle, mais indiscrète et babillarde. Je soupçonne qu'elle a trahi plus d'une fois les secrets de sa maîtresse, que M. de Wolmar ne l'ignore pas, et que, pour prévenir la même indiscrétion vis-à-vis de quelque étranger, cet homme sage a su l'employer de manière à profiter de ses bonnes qualités sans s'exposer aux mauvaises. Celle qui l'a remplacée est cette même Fanchon Regard, dont vous m'entendiez parler autrefois avec tant de plaisir. Malgré l'augure de Julie, ses bienfaits, ceux de son père et les vôtres, cette jeune femme si honnête et si sage n'a pas été heureuse dans son établissement. Claude Anet, qui avait si bien supporté sa misère, n'a pu soutenir un état plus doux. En se voyant dans l'aisance, il a négligé son métier ; et s'étant tout à fait dérangé, il s'est enfui du pays, laissant sa femme avec un enfant qu'elle a perdu depuis ce temps-là. Julie, après l'avoir retirée chez elle, lui a appris tous les petits ouvrages d'une femme de chambre ; et je ne fus jamais plus agréablement surpris que de la trouver en fonction le jour de mon arrivée. M. de Wolmar en fait un très-grand cas, et tous deux lui ont confié le soin de veiller tant sur leurs enfants que sur celle qui les gouverne. Celle-

[1] Simple ! Il a donc beaucoup changé ?

ci est aussi une villageoise simple et crédule, mais attentive, patiente et docile; de sorte qu'on n'a rien oublié pour que les vices des villes ne pénétrassent point dans une maison dont les maitres ne les ont ni ne les souffrent.

Quoique tous les domestiques n'aient qu'une même table, il y a d'ailleurs peu de communication entre les deux sexes; on regarde ici cet article comme tres-important. On n'y est point de l'avis de ces maitres indifférents a tout, hors a leur intérêt, qui ne veulent qu'etre bien servis, sans s'embarrasser au surplus de ce que font leurs gens : on pense au contraire que ceux qui ne veulent qu'etre bien servis ne sauraient l'etre longtemps. Les liaisons trop intimes entre les deux sexes ne produisent jamais que du mal. C'est des conciliabules qui se tiennent chez les femmes de chambre que sortent la plupart des désordres d'un ménage. S'il s'en trouve une qui plaise au maitre-d'hotel, il ne manque pas de la séduire aux dépens du maitre. L'accord des hommes entre eux ni des femmes entre elles n'est pas assez sûr pour tirer a consequence. Mais c'est toujours entre hommes et femmes que s'etablissent ces secrets monopoles qui ruinent a la longue les familles les plus opulentes. On veille donc a la sagesse et a la modestie des femmes, non-seulement par des raisons de bonnes mœurs et d'honnêteté, mais encore par un intérêt tres-bien entendu ; car, quoi qu'on en dise, nul ne remplit bien son devoir s'il ne l'aime ; et il n'y eut jamais que des gens d'honneur qui sussent aimer leur devoir.

Pour prévenir entre les deux sexes une familiarité dangereuse, on ne les gene point ici par des lois positives qu'ils seraient tentés d'enfreindre en secret; mais, sans paraitre y songer, on établit des usages plus puissants que l'autorite meme. On ne leur defend pas de se voir, mais on fait en sorte qu'ils n'en aient ni l'occasion ni la volonte. On y parvient en leur donnant des occupations, des habitudes, des goûts, des plaisirs, entierement differents. Sur l'ordre admirable qui regne ici, ils sentent que dans une maison bien réglée les hommes et les femmes doivent avoir peu de commerce entre eux. Tel qui taxerait en cela de caprice les volontés d'un maître, se soumet sans repugnance a une maniere de vivre qu'on ne lui prescrit pas formellement, mais qu'il juge lui-meme etre la meilleure et la plus naturelle. Julie pretend qu'elle l'est en effet; elle soutient que de l'amour ni de l'union conjugale ne résulte point le commerce continuel des deux sexes. Selon elle, la femme et le mari sont bien destinés à vivre ensemble, mais non pas de la même manière; ils doivent agir de concert, sans faire les mêmes choses. La vie qui charmerait l'un serait, dit-elle, insupportable à l'autre; les inclinations que leur donne la nature sont aussi diverses que les fonctions qu'elle leur impose; leurs amusements ne different pas moins que leurs devoirs; en un mot, tous deux concourent au bonheur commun par des chemins différents; et ce partage de travaux et de soins est le plus fort lien de leur union.

Pour moi, j'avoue que mes propres observations sont assez favorables à cette maxime. En effet, n'est-ce pas un usage constant de tous les peuples du monde, hors le Français et ceux qui l'imitent, que les hommes vivent entre eux, les femmes entre elles? S'ils se voient les uns les autres, c'est plutot par entrevue et presque à la dérobée, comme les époux de Lacédémone, que par un mélange indiscret et perpétuel, capable de confondre et défigurer, en eux les plus sages distinctions de la nature. On ne voit point les sauvages mêmes indistinctement melés, hommes et femmes. Le soir la famille se rassemble, chacun passe la nuit auprès de sa femme : la separation recommence avec le jour, et les deux sexes n'ont plus rien de commun que les repas tout au plus. Tel est l'ordre que son universalité montre etre le plus naturel; et, dans les pays meme où il est perverti, l'on en voit encore des vestiges. En France, où les hommes se sont soumis à vivre à la manière des femmes, et à rester sans cesse enfermés dans la chambre avec elles, l'involontaire agitation qu'ils y conservent montre que ce n'est point à cela qu'ils étaient destinés. Tandis que les femmes restent tranquillement assises ou couchées sur leur chaise longue, vous voyez les hommes se lever, aller, venir, se rasseoir, avec une inquietude continuelle, un instinct machinal combattant sans cesse la contrainte où ils se mettent, et les poussant malgré eux à cette vie active et laborieuse que leur imposa la nature. C'est le seul peuple du monde où les hommes se tiennent debout au spectacle, comme s'ils allaient se délasser au parterre d'avoir resté tout le jour assis au salon. Enfin ils sentent si bien l'ennui de cette indolence efféminée et casanière, que, pour y meler au moins quelque sorte d'activité, ils cedent chez eux la place aux étrangers, et vont auprès des femmes d'autrui chercher à tempérer ce degoût.

La maxime de madame de Wolmar se soutient tres-bien par

l'exemple de sa maison ; chacun étant pour ainsi dire tout a son sexe, les femmes y vivent tres-séparées des hommes. Pour prévenir entre eux des liaisons suspectes, son grand secret est d'occuper incessamment les uns et les autres ; car leurs travaux sont si différents, qu'il n'y a que l'oisiveté qui les rassemble. Le matin chacun vaque à ses fonctions, et il ne reste du loisir à personne pour aller troubler celles d'un autre. L'apres-dinée les hommes ont pour département le jardin, la basse-cour, ou d'autres soins de la campagne ; les femmes s'occupent dans la chambre des enfants jusqu'a l'heure de la promenade, qu'elles font avec eux, souvent meme avec leur maitresse, et qui leur est agréable comme le seul moment où elles prennent l'air. Les hommes, assez exercés par le travail de la journée, n'ont guere envie de s'aller promener, et se reposent en gardant la maison.

Tous les dimanches, apres le prêche du soir, les femmes se rassemblent encore dans la chambre des enfants avec quelque parente ou amie, qu'elles invitent tour a tour du consentement de madame. La, en attendant un petit régal donné par elle, on cause, on chante, on joue au volant, aux onchets, ou a quelque autre jeu d'adresse propre a plaire aux yeux des enfants, jusqu'a ce qu'ils s'en puissent amuser eux-memes. La collation vient, composée de quelques laitages, de gaufres, d'échaudés, de merveilles [1], ou d'autres mets du goût des enfants et des femmes. Le vin en est toujours exclu ; et les hommes, qui dans tous les temps entrent peu dans ce petit gynécée [2], ne sont jamais de cette collation, ou Julie manque assez rarement. J'ai été jusqu'ici le seul privilégié. Dimanche dernier j'obtins, a force d'importunités, de l'y accompagner. Elle eut grand soin de me faire valoir cette faveur. Elle me dit tout haut qu'elle me l'accordait pour cette seule fois, et qu'elle l'avait refusée a M. de Wolmar lui-même. Imaginez si la petite vanité féminine était flattée, et si un laquais eût été bien venu à vouloir etre admis a l'exclusion du maitre.

Je fis un goûter délicieux. Est-il quelques mets au monde comparables aux laitages de ce pays ? Pensez ce que doivent etre ceux d'une laiterie ou Julie preside, et mangés a coté d'elle. La Fanchon me servit des grus, de la céracée [3], des gaufres, des écrelets. Tout

---

[1] Sorte de gâteaux du pays
[2] Appartemment des femmes.
[3] Laitages excellents qui se font sur la montagne de Salève Je

disparaissait à l'instant. Julie riait de mon appétit. Je vois, dit-elle en me donnant encore une assiette de crème, que votre estomac se fait honneur partout, et que vous ne vous tirez pas moins bien de l'écot des femmes que de celui des Valaisans. Pas plus impunément, repris-je ; on s'enivre quelquefois à l'un comme a l'autre ; et la raison peut s'égarer dans un chalet tout aussi bien que dans un cellier. Elle baissa les yeux sans répondre, rougit, et se mit à caresser ses enfants. C'en fut assez pour éveiller mes remords. Mylord, ce fut là ma première indiscrétion, et j'espère que ce sera la dernière.

Il régnait dans cette petite assemblée un certain air d'antique simplicité qui me touchait le cœur ; je voyais sur tous les visages la même gaieté, et plus de franchise peut-être que s'il s'y fût trouvé des hommes. Fondée sur la confiance et l'attachement, la familiarité qui régnait entre les servantes et la maitresse ne faisait qu'affermir le respect et l'autorité ; et les services rendus et reçus ne semblaient être que des témoignages d'amitié réciproque. Il n'y avait pas jusqu'au choix du régal qui ne contribuât à le rendre intéressant. Le laitage et le sucre sont un des goûts naturels du sexe, et comme le symbole de l'innocence et de la douceur qui font son plus aimable ornement. Les hommes, au contraire, recherchent en général les saveurs fortes et les liqueurs spiritueuses, aliments plus convenables à la vie active et laborieuse que la nature leur demande ; et quand ces divers goûts viennent à s'altérer et se confondre, c'est une marque presque infaillible du mélange désordonné des sexes. En effet, j'ai remarqué qu'en France, ou les femmes vivent sans cesse avec les hommes, elles ont tout à fait perdu le goût du laitage, les hommes beaucoup celui du vin ; et qu'en Angleterre, ou les deux sexes sont moins confondus, leur goût propre s'est mieux conservé. En général, je pense qu'on pourrait souvent trouver quelque indice du caractère des gens dans le choix des aliments qu'ils préférent. Les Italiens, qui vivent beaucoup d'herbages, sont efféminés et mous. Vous autres Anglais, grands mangeurs de viande, avez dans vos inflexibles vertus quelque chose de dur, et qui tient de la barbarie. Le Suisse, naturellement froid, paisible et simple, mais violent et emporté dans la colère, aime a la fois l'un et l'autre aliment, et boit du laitage et du vin. Le Français, souple

doute qu'ils soient connus sous ce nom au Jura, surtout vers l'autre extrémité du lac

et changeant, vit de tous les mets et se plie à tous les caracteres. Julie elle-même pourrait me servir d'exemple ; car, quoique sensuelle et gourmande dans ses repas, elle n'aime ni la viande, ni les ragoûts, ni le sel, et n'a jamais goûté de vin pur ; d'excellents légumes, les œufs, la creme, les fruits, voilà sa nourriture ordinaire ; et, sans le poisson qu'elle aime aussi beaucoup, elle serait une véritable pythagoricienne.

Ce n'est rien de contenir les femmes, si l'on ne contient aussi les hommes ; et cette partie de la regle, non moins importante que l'autre, est plus difficile encore ; car l'attaque est en général plus vive que la défense : c'est l'intention du conservateur de la nature. Dans la république, on retient les citoyens par des mœurs, des principes, de la vertu : mais comment contenir des domestiques, des mercenaires, autrement que par la contrainte et la gene? Tout l'art du maître est de cacher cette gêne sous le voile du plaisir ou de l'interêt, en sorte qu'ils pensent vouloir tout ce qu'on les oblige de faire. L'oisiveté du dimanche, le droit qu'on ne peut guere leur oter d'aller ou bon leur semble quand leurs fonctions ne les retiennent point au logis, détruisent souvent en un seul jour l'exemple et les leçons des six autres. L'habitude du cabaret, le commerce et les maximes de leurs camarades, la fréquentation des femmes débauchées, les perdant bientôt pour leurs maîtres et pour eux-mêmes, les rendent par mille défauts incapables du service et indignes de la liberté.

On remédie à cet inconvénient en les retenant par les memes motifs qui les portaient a sortir. Qu'allaient-ils faire ailleurs? boire et jouer au cabaret. Ils boivent et jouent au logis. Toute la différence est que le vin ne leur coûte rien, qu'ils ne s'enivrent pas, et qu'il y a des gagnants au jeu sans que jamais personne perde. Voici comment on s'y prend pour cela.

Derriere la maison est une allée couvertes dans laquelle on a établi la lice des jeux : c'est là que les gens de livree et ceux de la basse-cour se rassemblent en été, le dimanche, apres le preche, pour y jouer en plusieurs parties liées, non de l'argent (on ne le souffre pas), ni du vin (on leur en donne), mais une mise fournie par la liberalité des maitres. Cette mise est toujours quelque petit meuble ou quelque nippe a leur usage. Le nombre des jeux est proportionné a la valeur de la mise ; en sorte que quand cette mise est un peu considerable, comme des boucles d'argent, un porte col, des bas de soie, un chapeau fin, ou autre chose semblable, on emploie ordinairement plusieurs séances à la disputer. On ne s'en tient point à une seule espèce de jeu; on les varie, afin que le plus habile dans un n'emporte pas toutes les mises, et pour les rendre tous plus adroits et plus forts par des exercices multipliés. Tantôt c'est à qui enlèvera à la course un but placé à l'autre bout de l'avenue; tantôt à qui lancera le plus loin la même pierre; tantôt à qui portera le plus longtemps le même fardeau; tantôt on dispute un prix en tirant au blanc. On joint à la plupart de ces jeux un petit appareil qui les prolonge et les rend amusants. Le maitre et la maitresse les honorent souvent de leur présence; on y amène quelquefois les enfants; les étrangers même y viennent, attirés par la curiosité, et plusieurs ne demanderaient pas mieux que d'y concourir; mais nul n'est jamais admis qu'avec l'agrément des maîtres et du consentement des joueurs, qui ne trouveraient pas leur compte à l'accorder aisément. Insensiblement il s'est fait de cet usage une espèce de spectacle, où les acteurs, animés par les regards du public, préferent la gloire des applaudissements à l'intérêt du prix. Devenus plus vigoureux et plus agiles, ils s'en estiment davantage; et, s'accoutumant à tirer leur valeur d'eux-mêmes plutôt que de ce qu'ils possèdent, tout valets qu'ils sont, l'honneur leur devient plus cher que l'argent.

Il serait long de vous détailler tous les biens qu'on retire ici d'un soin si puéril en apparence, et toujours dédaigné des esprits vulgaires; tandis que c'est le propre du vrai génie de produire de grands effets par de petits moyens. M. de Wolmar m'a dit qu'il lui en coûtait à peine cinquante écus par an pour ces petits établissements, que sa femme a la première imaginés. Mais, dit-il, combien de fois croyez-vous que je regagne cette somme dans mon ménage et dans mes affaires, par la vigilance et l'attention que donnent à leur service des domestiques attachés, qui tiennent tous leurs plaisirs de leurs maîtres, par l'intérêt qu'ils prennent à celui d'une maison qu'ils regardent comme la leur, par l'avantage de profiter dans leurs travaux de la vigueur qu'ils acquièrent dans leurs jeux, par celui de les conserver toujours sains en les garantissant des excès ordinaires à leurs pareils et des maladies qui sont la suite ordinaire de ces excès, par celui de prévenir en eux les friponneries que le désordre amène infailliblement, et de les conserver toujours honnêtes gens; enfin par le plaisir d'avoir chez nous a peu de frais des récréations agreables pour nous-memes ? Que s'il se trouve parmi nos gens quelqu'un, soit homme, soit femme, qui ne s'accommode pas de nos regles et leur préfere la liberté d'aller sous divers prétextes courir ou bon lui semble, on ne lui en refuse jamais la permission ; mais nous regardons ce goût de licence comme un indice tres-suspect, et nous ne tardons pas à nous défaire de ceux qui l'ont. Ainsi ces mêmes amusements qui nous conservent de bons sujets nous servent encore d'épreuve pour les choisir. Mylord, j'avoue que je n'ai jamais vu qu'ici des maitres former a la fois dans les memes hommes de bons domestiques pour le service de leurs personnes, de bons paysans pour cultiver leurs terres, de bons soldats pour la défense de la patrie, et des gens de bien pour tous les etats ou la fortune peut les appeler.

L'hiver, les plaisirs changent d'espece, ainsi que les travaux. Les dimanches, tous les gens de la maison, et meme les voisins, hommes et femmes indifferemment, se rassemblent apres le service dans une salle basse, ou ils trouvent du feu, du vin, des fruits, des gateaux, et un violon qui les fait danser. Madame de Wolmar ne manque jamais de s'y rendre, au moins pour quelques instants, afin d'y maintenir par sa presence l'ordre et la modestie ; et il n'est pas rare qu'elle y danse elle-meme, fut-ce avec ses propres gens. Cette regle, quand je l'appris, me parut d'abord moins conforme a la sévérité des mœurs protestantes. Je le dis a Julie ; et voici a peu pres ce qu'elle me repondit.

La pure morale est si chargee de devoirs severes, que si on la surcharge encore de formes indifferentes, c'est presque toujours aux depens de l'essentiel. On dit que c'est le cas de la plupart des moines, qui, soumis a mille regles inutiles, ne savent ce que c'est qu'honneur et vertu. Ce defaut regne moins parmi nous, mais nous n'en sommes pas tout a fait exempts. Nos gens d'Église, aussi superieurs en sagesse a toutes les sortes de pretres que notre religion est superieure a toutes les autres en saintete, ont pourtant encore quelques maximes qui paraissent plus fondées sur le préjugé que sur la raison. Telle est celle qui blame la danse et les assemblees ; comme s'il y avait plus de mal a danser qu'a chanter, que chacun de ces amusements ne fût pas également une inspiration de la nature, et que ce fût un crime de s'egayer en commun par une recréation innocente et honnete ! Pour moi, je pense au contraire que, toutes les fois qu'il y a concours des deux sexes, tout divertissement public devient innocent, par cela même qu'il est public ; au lieu que l'occupation la plus louable est suspecte dans le tête-à-tête [1]. L'homme et la femme sont destinés l'un pour l'autre ; la fin de la nature est qu'ils soient unis par le mariage. Toute fausse religion combat la nature : la nôtre seule, qui la suit et la rectifie, annonce une institution divine, et convenable à l'homme. Elle ne doit donc point ajouter sur le mariage aux embarras de l'ordre civil des difficultés que l'Évangile ne prescrit pas, et qui sont contraires à l'esprit du christianisme. Mais qu'on me dise où de jeunes personnes à marier auront occasion de prendre du goût l'une pour l'autre, et de se voir avec plus de décence et de circonspection que dans une assemblée où les yeux du public, incessamment tournés sur elles, les forcent à s'observer avec le plus grand soin. En quoi Dieu est-il offensé par un exercice agréable et salutaire, convenable à la vivacité de la jeunesse, qui consiste à se présenter l'un à l'autre avec grâce et bienséance, et auquel le spectateur impose une gravité dont personne n'oserait sortir ? Peut-on imaginer un moyen plus honnête de ne tromper personne, au moins quant à la figure, et de se montrer avec les agréments et les défauts qu'on peut avoir aux gens qui ont intérêt de nous bien connaître avant de s'obliger à nous aimer ? Le devoir de se chérir réciproquement n'emporte-t-il pas celui de se plaire ? et n'est-ce pas un soin digne de deux personnes vertueuses et chrétiennes qui songent à s'unir, de préparer ainsi leurs cœurs à l'amour mutuel que Dieu leur impose ?

Qu'arrive-t-il dans ces lieux où règne une éternelle contrainte, où l'on punit comme un crime la plus innocente gaieté, où les jeunes gens des deux sexes n'osent jamais s'assembler en public, et où l'indiscrète sévérité d'un pasteur ne sait prêcher au nom de Dieu qu'une gêne servile, et la tristesse, et l'ennui ? On élude une tyrannie insupportable que la nature et la raison désavouent ; aux plaisirs permis dont on prive une jeunesse enjouée et folâtre elle en substitue de plus dangereux ; les tête-à-tête adroitement

---

[1] Dans ma Lettre à M. d'Alembert sur les spectacles, j'ai transcrit de celle-ci le morceau suivant, et quelques autres : mais comme alors je ne faisais que préparer cette édition, j'ai cru devoir attendre qu'elle parût pour citer ce que j'en avais tiré.

concertés prennent la place des assemblées publiques ; à force de
se cacher comme si l'on etait coupable, on est tente de le devenir.
L'innocente joie aime a s'evaporer au grand jour ; mais le vice est
ami des ténebres ; et jamais l'innocence et le mystere n'habiterent
longtemps ensemble. Mon cher ami, me dit-elle en me serrant la
main comme pour me communiquer son repentir et faire passer
dans mon cœur la pureté du sien, qui doit mieux sentir que nous
toute l'importance de cette maxime ? Que de douleurs et de peines,
que de remords et de pleurs nous nous serions epargnés durant
tant d'annees, si tous deux, aimant la vertu comme nous avons
toujours fait, nous avions su prevoir de plus loin les dangers
qu'elle court dans le tete a-tete !

Encore un coup, continua madame de Wolmar d'un ton plus
tranquille, ce n'est point dans les assemblées nombreuses, ou tout
le monde nous voit et nous ecoute, mais dans des entretiens particuliers, ou regnent le secret et la liberté, que les mœurs peuvent
courir des risques. C'est sur ce principe que, quand mes domestiques des deux sexes se rassemblent, je suis bien aise qu'ils y
soient tous. J'approuve meme qu'ils invitent parmi les jeunes gens
du voisinage ceux dont le commerce n'est point capable de leur
nuire ; et j'apprends avec grand plaisir que, pour louer les mœurs
de quelqu'un de nos jeunes voisins, on dit, Il est reçu chez M. de
Wolmar. En ceci nous avons encore une autre vue. Les hommes
qui nous servent sont tous garçons, et parmi les femmes la gouvernante des enfants est encore a marier. Il n'est pas juste que la
réserve ou vivent ici les uns et les autres leur ote l'occasion d'un
honnete etablissement. Nous tachons dans ces petites assemblées
de leur procurer cette occasion sous nos yeux, pour les aider a
mieux choisir, et en travaillant ainsi a former d'heureux menages,
nous augmentons le bonheur du notre.

Il resterait a me justifier moi-meme de danser avec ces bonnes
gens ; mais j'aime mieux passer condamnation sur ce point, et j'avoue franchement que mon plus grand motif en cela est le plaisir
que j'y trouve. Vous savez que j'ai toujours partagé la passion
que ma cousine a pour la danse ; mais apres la perte de ma mere
je renonçai pour ma vie au bal et a toute assemblee publique j'ai
tenu parole, meme a mon mariage, et la tiendrai, sans croire y
deroger, en dansant quelquefois chez moi avec mes hotes et mes
domestiques. C'est un exercice utile a ma santé, durant la vie se-

dentaire qu'on est forcé de mener ici l'hiver. Il m'amuse innocemment ; car, quand j'ai bien dansé, mon cœur ne me reproche rien. Il amuse aussi M. de Wolmar ; toute ma coquetterie en cela se borne à lui plaire. Je suis cause qu'il vient au lieu où l'on danse : ses gens en sont plus contents d'être honorés des regards de leur maître ; ils témoignent aussi de la joie à me voir parmi eux. Enfin, je trouve que cette familiarité modérée forme entre nous un lien de douceur et d'attachement qui ramene un peu l'humanité naturelle, en tempérant la bassesse de la servitude et la rigueur de l'autorité.

Voilà, mylord, ce que me dit Julie au sujet de la danse ; et j'admirai comment avec tant d'affabilité pouvait régner tant de subordination, et comment elle et son mari pouvaient descendre et s'égaler si souvent à leurs domestiques, sans que ceux-ci fussent tentés de les prendre au mot et de s'égaler à eux à leur tour. Je ne crois pas qu'il y ait des souverains en Asie servis dans leurs palais avec plus de respect que ces bons maîtres le sont dans leur maison. Je ne connais rien de moins impérieux que leurs ordres, et rien de si promptement exécuté : ils prient, et l'on vole ; ils excusent, et l'on sent son tort. Je n'ai jamais mieux compris combien la force des choses qu'on dit dépend peu des mots qu'on emploie.

Ceci m'a fait faire une autre réflexion sur la vaine gravité des maîtres : c'est que ce sont moins leurs familiarités que leurs défauts qui les font mépriser chez eux, et que l'insolence des domestiques annonce plutôt un maître vicieux que faible ; car rien ne leur donne autant d'audace que la connaissance de ses vices, et tous ceux qu'ils découvrent en lui sont à leurs yeux autant de dispenses d'obéir à un homme qu'ils ne sauraient plus respecter.

Les valets imitent les maîtres, et les imitant grossièrement, ils rendent sensibles dans leur conduite les défauts que le vernis de l'éducation cache mieux dans les autres. A Paris, je jugeais des mœurs des femmes de ma connaissance par l'air et le ton de leurs femmes de chambre ; et cette règle ne m'a jamais trompé. Outre que la femme de chambre, une fois dépositaire du secret de sa maîtresse, lui fait payer cher sa discrétion, elle agit comme l'autre pense, et décèle toutes ses maximes en les pratiquant maladroitement. En toute chose l'exemple des maîtres est plus fort que leur autorité, et il n'est pas naturel que leurs domestiques veuillent etre plus honnêtes gens qu'eux. On a beau crier, jurer, maltraiter, chasser, faire maison nouvelle ; tout cela ne produit point le bon service. Quand celui qui ne s'embarrasse pas d'etre méprisé et haï de ses gens s'en croit pourtant bien servi, c'est qu'il se contente de ce qu'il voit et d'une exactitude apparente, sans tenir compte de mille maux secrets qu'on lui fait incessamment, et dont il n'aperçoit jamais la source. Mais ou est l'homme assez depourvu d'honneur pour pouvoir supporter les dédains de tout ce qui l'environne ? Ou est la femme assez perdue pour n'etre plus sensible aux outrages ? Combien dans Paris et dans Londres de dames se croient fort honorées, qui fondraient en larmes si elles entendaient ce qu'on dit d'elles dans leur antichambre ! Heureusement pour leur repos elles se rassurent en prenant ces Argus pour des imbéciles, et se flattant qu'ils ne voient rien de ce qu'elles ne daignent pas leur cacher. Aussi, dans leur mutine obeissance, ne leur cachent-ils guere a leur tour le mépris qu'ils ont pour elles. Maitres et valets sentent mutuellement que ce n'est pas la peine de se faire estimer les uns des autres.

Le jugement des domestiques me parait etre l'epreuve la plus sûre et la plus difficile de la vertu des maitres ; et je me souviens, mylord, d'avoir bien pensé de la votre en Valais sans vous connaitre, simplement sur ce que, parlant assez rudement a vos gens, ils ne vous en étaient pas moins attachés, et qu'ils témoignaient entre eux autant de respect pour vous en votre absence que si vous les eussiez entendus. On a dit qu'il n'y avait point de heros pour son valet de chambre : cela peut être ; mais l'homme juste a l'estime de son valet . ce qui montre assez que l'héroïsme n'a qu'une vaine apparence, et qu'il n'y a rien de solide que la vertu C'est surtout dans cette maison qu'on reconnait la force de son empire dans le suffrage des domestiques ; suffrage d'autant plus sûr, qu'il ne consiste point en de vains eloges, mais dans l'expression naturelle de ce qu'ils sentent. N'entendant jamais rien ici qui leur fasse croire que les autres maitres ne ressemblent pas aux leurs, ils ne les louent point des vertus qu'ils estiment communes a tous, mais ils louent Dieu dans leur simplicite d'avoir mis les riches sur la terre pour le bonheur de ceux qui les servent, et pour le soulagement des pauvres.

La servitude est si peu naturelle a l'homme, qu'elle ne saurait exister sans quelque mecontentement. Cependant on respecte le maître, et l'on n'en dit rien. Que s'il échappe quelques murmures contre la maîtresse, ils valent mieux que des éloges. Nul ne se plaint qu'elle manque pour lui de bienveillance, mais qu'elle en accorde autant aux autres; nul ne peut souffrir qu'elle fasse comparaison de son zèle avec celui de ses camarades, et chacun voudrait être le premier en faveur comme il croit l'être en attachement c'est la leur unique plainte et leur plus grande injustice.

A la subordination des inférieurs se joint la concorde entre les égaux; et cette partie de l'administration domestique n'est pas la moins difficile. Dans les concurrences de jalousie et d'intérêt qui divisent sans cesse les gens d'une maison, même aussi peu nombreuse que celle-ci, ils ne demeurent presque jamais unis qu'aux dépens du maître. S'ils s'accordent, c'est pour voler de concert; s'ils sont fidèles, chacun se fait valoir aux dépens des autres : il faut qu'ils soient ennemis ou complices, et l'on voit à peine le moyen d'éviter à la fois leur friponnerie et leurs dissensions. La plupart des pères de famille ne connaissent que l'alternative entre ces deux inconvénients. Les uns, préférant l'intérêt à l'honnêteté, fomentent cette disposition des valets aux secrets rapports, et croient faire un chef-d'œuvre de prudence en les rendant espions et surveillants les uns des autres. Les autres, plus indolents, aiment mieux qu'on les vole, et qu'on vive en paix; ils se font une sorte d'honneur de recevoir toujours mal des avis qu'un pur zèle arrache quelquefois à un serviteur fidèle Tous s'abusent également Les premiers, en excitant chez eux des troubles continuels, incompatibles avec la règle et le bon ordre, n'assemblent qu'un tas de fourbes et de délateurs, qui s'exercent, en trahissant leurs camarades, à trahir peut-être un jour leurs maîtres. Les seconds, en refusant d'apprendre ce qui se fait dans leur maison, autorisent les ligues contre eux-mêmes, encouragent les méchants, rebutent les bons, et n'entretiennent à grands frais que des fripons arrogants et paresseux, qui, s'accordant aux dépens du maître, regardent leurs services comme des grâces, et leurs vols comme des droits [1].

[1] J'ai examiné d'assez près la police des grandes maisons, et j'ai vu clairement qu'il est impossible à un maître qui a vingt domestiques de venir jamais à bout de savoir s'il y a parmi eux un honnête homme, et de ne pas prendre pour tel le plus méchant fripon de tous. Cela seul me dégoûterait d'être au nombre des riches. Un des plus doux plaisirs

C'est une grande erreur, dans l'économie domestique ainsi que dans la civile, de vouloir combattre un vice par un autre, ou former entre eux une sorte d'équilibre; comme si ce qui sape les fondements de l'ordre pouvait jamais servir à l'établir. On ne fait, par cette mauvaise police, que réunir enfin tous les inconvénients. Les vices tolérés dans une maison n'y regnent pas seuls; laissez-en germer un, mille viendront à sa suite. Bientôt ils perdent les valets qui les ont, ruinent le maître qui les souffre, corrompent ou scandalisent les enfants, attentifs à les observer. Quel indigne pere oserait mettre quelque avantage en balance avec ce dernier mal? Quel honnête homme voudrait être chef de famille, s'il lui était impossible de réunir dans sa maison la paix et la fidelité, et qu'il fallut acheter le zele de ses domestiques aux dépens de leur bienveillance mutuelle?

Qui n'aurait vu que cette maison n'imaginerait pas même qu'une pareille difficulté put exister, tant l'union des membres y parait venir de leur attachement aux chefs. C'est ici qu'on trouve le sensible exemple qu'on ne saurait aimer sincerement le maitre sans aimer tout ce qui lui appartient; vérité qui sert de fondement à la charite chretienne. N'est-il pas bien simple que les enfants du même pere se traitent en freres entre eux? C'est ce qu'on nous dit tous les jours au temple, sans nous le faire sentir; c'est ce que les habitants de cette maison sentent, sans qu'on le leur dise.

Cette disposition a la concorde commence par le choix des sujets. M. de Wolmar n'examine pas seulement en les recevant s'ils conviennent à sa femme et à lui, mais s'ils se conviennent l'un à l'autre, et l'antipathie bien reconnue entre deux excellents domestiques suffirait pour faire à l'instant congedier l'un des deux : car, dit Julie, une maison si peu nombreuse, une maison dont ils ne sortent jamais, et ou ils sont toujours vis-à-vis les uns des autres, doit leur convenir egalement à tous, et serait un enfer pour eux, si elle n'etait une maison de paix. Ils doivent la regarder comme leur maison paternelle, ou tout n'est qu'une meme famille. Un seul qui deplairait aux autres pourrait la leur rendre odieuse; et cet objet desagreable y frappant incessamment leurs regards, ils ne seraient bien ici ni pour eux ni pour nous.

de la vie, le plaisir de la confiance et de l'estime, est perdu pour ces malheureux Ils achetent bien cher tout leur or

Après les avoir assortis le mieux qu'il est possible, on les unit pour ainsi dire malgré eux par les services qu'on les force en quelque sorte à se rendre, et l'on fait que chacun ait un sensible intérêt d'être aimé de tous ses camarades. Nul n'est si bien venu à demander des grâces pour lui-même que pour un autre : ainsi celui qui désire en obtenir tâche d'engager un autre à parler pour lui ; et cela est d'autant plus facile, que, soit qu'on accorde ou qu'on refuse une faveur ainsi demandée, on en fait toujours un mérite à celui qui s'en est rendu l'intercesseur ; au contraire, on rebute ceux qui ne sont bons que pour eux. Pourquoi, leur dit-on, accorderais-je ce qu'on me demande pour vous, qui n'avez jamais rien demandé pour personne ? Est-il juste que vous soyez plus heureux que vos camarades, parce qu'ils sont plus obligeants que vous ? On fait plus, on les engage à se servir mutuellement en secret, sans ostentation, sans se faire valoir ; ce qui est d'autant moins difficile à obtenir, qu'ils savent fort bien que le maître, témoin de cette discrétion, les en estime davantage : ainsi l'intérêt y gagne, et l'amour-propre n'y perd rien. Ils sont si convaincus de cette disposition générale, et il règne une telle confiance entre eux, que quand quelqu'un a quelque grâce à demander, il en parle à leur table par forme de conversation ; souvent, sans avoir rien fait de plus, il trouve la chose demandée et obtenue ; et, ne sachant qui remercier, il en a l'obligation à tous.

C'est par ce moyen et d'autres semblables qu'on fait régner entre eux un attachement né de celui qu'ils ont tous pour leur maître, et qui lui est subordonné. Ainsi, loin de se liguer à son préjudice, ils ne sont tous unis que pour le mieux servir. Quelque intérêt qu'ils aient à s'aimer, ils en ont encore un plus grand à lui plaire ; le zèle pour son service l'emporte sur leur bienveillance mutuelle ; et tous, se regardant comme lésés par des pertes qui le laisseraient moins en état de récompenser un bon serviteur, sont également incapables de souffrir en silence le tort que l'un d'eux voudrait lui faire. Cette partie de la police établie dans cette maison me paraît avoir quelque chose de sublime ; et je ne puis assez admirer comment monsieur et madame de Wolmar ont su transformer le vil métier d'accusateur en une fonction de zèle, d'intégrité, de courage, aussi noble ou du moins aussi louable qu'elle l'était chez les Romains.

On a commencé par détruire ou prévenir clairement, simplement, et par des exemples sensibles, cette morale criminelle et servile, cette mutuelle tolérance aux dépens du maître, qu'un méchant valet ne manque point de prêcher aux bons, sous l'air d'une maxime de charité. On leur a fait bien comprendre que le précepte de couvrir les fautes de son prochain ne se rapporte qu'à celles qui ne font de tort à personne; qu'une injustice qu'on voit, qu'on tait, et qui blesse un tiers, on la commet soi-même; et que comme ce n'est que le sentiment de nos propres défauts qui nous oblige à pardonner ceux d'autrui, nul n'aime à tolérer les fripons s'il n'est un fripon comme eux. Sur ces principes, vrais en général d'homme à homme, et bien plus rigoureux encore dans la relation plus étroite du serviteur au maître, on tient ici pour incontestable que qui voit faire un tort à ses maîtres sans le dénoncer est plus coupable encore que celui qui l'a commis; car celui-ci se laisse abuser dans son action par le profit qu'il envisage; mais l'autre de sang-froid et sans intérêt, n'a pour motif de son silence qu'une profonde indifférence pour la justice, pour le bien de la maison qu'il sert, et un désir secret d'imiter l'exemple qu'il cache · de sorte que, quand la faute est considérable, celui qui l'a commise peut encore quelquefois espérer son pardon; mais le témoin qui l'a tue est infailliblement congédié comme un homme enclin au mal.

En revanche on ne souffre aucune accusation qui puisse être suspecte d'injustice et de calomnie : c'est-à-dire qu'on n'en reçoit aucune en l'absence de l'accusé. Si quelqu'un vient en particulier faire quelque rapport contre son camarade, ou se plaindre personnellement de lui, on lui demande s'il est suffisamment instruit, c'est-à-dire s'il a commencé par s'éclaircir avec celui dont il vient se plaindre. S'il dit que non, on lui demande encore comment il peut juger une action dont il ne connaît pas assez les motifs. Cette action, lui dit-on, tient peut-être à quelque autre qui vous est inconnue; elle a peut-être quelque circonstance qui sert à la justifier ou à l'excuser, et que vous ignorez. Comment osez-vous condamner cette conduite avant de savoir les raisons de celui qui l'a tenue? Un mot d'explication l'eût peut-être justifiée à vos yeux. Pourquoi risquer de la blâmer injustement, et m'exposer à partager votre injustice? S'il assure s'être éclairci auparavant avec l'accusé, Pourquoi donc, lui réplique-t-on, venez-vous sans lui, comme si vous aviez peur qu'il ne démentît ce que vous avez à dire? De quel droit négligez-vous pour moi la précaution que vous avez cru devoir prendre pour vous-même? Est-il bien de vouloir que je juge sur votre rapport d'une action dont vous n'avez pas voulu juger sur le témoignage de vos yeux? et ne seriez-vous pas responsable du jugement partial que j'en pourrais porter, si je me contentais de votre seule déposition? Ensuite on lui propose de faire venir celui qu'il accuse : s'il y consent, c'est une affaire bientôt réglée ; s'il s'y oppose, on le renvoie après une forte réprimande ; mais on lui garde le secret, et l'on observe si bien l'un et l'autre, qu'on ne tarde pas à savoir lequel des deux avait tort.

Cette règle est si connue et si bien établie, qu'on n'entend jamais un domestique de cette maison parler mal d'un de ses camarades absent ; car ils savent tous que c'est le moyen de passer pour lâche ou menteur. Lorsqu'un d'entre eux en accuse un autre, c'est ouvertement, franchement, et non-seulement en sa présence, mais en celle de tous leurs camarades, afin d'avoir dans les témoins de ses discours des garants de sa bonne foi. Quand il est question de querelles personnelles, elles s'accommodent presque toujours par médiateurs, sans importuner monsieur ni madame : mais quand il s'agit de l'intérêt sacré du maître, l'affaire ne saurait demeurer secrète ; il faut que le coupable s'accuse, ou qu'il ait un accusateur. Ces petits plaidoyers sont très-rares, et ne se font qu'à table, dans les tournées que Julie va faire journellement au dîner et au souper de ses gens, et que M. de Wolmar appelle en riant ses grands jours. Alors, après avoir écouté paisiblement la plainte et la réponse, si l'affaire intéresse son service, elle remercie l'accusateur de son zèle. Je sais, lui dit-elle, que vous aimez votre camarade ; vous m'en avez toujours dit du bien, et je vous loue de ce que l'amour du devoir et de la justice l'emporte en vous sur les affections particulières ; c'est ainsi qu'en use un serviteur fidèle et un honnête homme. Ensuite, si l'accusé n'a pas tort, elle ajoute toujours quelque éloge à sa justification. Mais s'il est réellement coupable, elle lui épargne devant les autres une partie de la honte. Elle suppose qu'il a quelque chose à dire pour sa défense qu'il ne veut pas déclarer devant tant de monde ; elle lui assigne une heure pour l'entendre en particulier, et c'est là qu'elle ou son mari lui parlent comme il convient. Ce qu'il y a de singulier en ceci, c'est que le plus sévère des deux n'est pas le plus redouté, et qu'on craint moins les graves réprimandes de M. de Wolmar que les reproches touchants de Julie. L'un, faisant parler la justice et la vérité, humilie et confond les coupables; l'autre leur donne un regret mortel de l'etre, en leur montrant celui qu'elle a d'etre forcée a leur oter sa bienveillance. Souvent elle leur arrache des larmes de douleur et de honte, et il ne lui est pas rare de s'attendrir elle-meme en voyant leur repentir, dans l'espoir de n'etre pas obligee a tenir parole.

Tel qui jugerait de tous ces soins sur ce qui se passe chez lui ou chez ses voisins, les estimerait peut-être inutiles ou pénibles. Mais vous, mylord, qui avez de si grandes idées des devoirs et des plaisirs du pere de famille, et qui connaissez l'empire naturel que le genie et la vertu ont sur le cœur humain, vous voyez l'importance de ces détails, et vous sentez a quoi tient leur succes. Richesse ne fait pas riche, dit le roman de la Rose. Les biens d'un homme ne sont pas dans ses coffres, mais dans l'usage de ce qu'il en tire; car on ne s'approprie les choses qu'on possede que par leur emploi, et les abus sont toujours plus inepuisables que les richesses, ce qui fait qu'on ne jouit pas a proportion de sa depense, mais a proportion qu'on la sait mieux ordonner. Un fou peut jeter des lingots dans la mer, et dire qu'il en a joui : mais quelle comparaison entre cette extravagante jouissance et celle qu'un homme sage eût su tirer d'une moindre somme? L'ordre et la regle, qui multiplient et perpetuent l'usage des biens, peuvent seuls transformer le plaisir en bonheur. Que si c'est du rapport des choses a nous que nait la véritable propriété; si c'est plutot l'emploi des richesses que leur acquisition qui nous les donne, quels soins importent plus au pere de famille que l'economie domestique et le bon regime de sa maison, ou les rapports les plus parfaits vont le plus directement a lui, et ou le bien de chaque membre ajoute alors a celui du chef?

Les plus riches sont-ils les plus heureux? Que sert donc l'opulence a la felicité? Mais toute maison bien ordonnée est l'image de l'ame du maitre. Les lambris dores, le luxe et la magnificence, n'annoncent que la vanité de celui qui les etale; au lieu que partout ou vous verrez regner la regle sans tristesse, la paix sans esclavage, l'abondance sans profusion, dites avec confiance : c'est un etre heureux qui commande ici.

Pour moi, je pense que le signe le plus assuré du vrai contentement d'esprit est la vie retiree et domestique, et que ceux qui vont sans cesse chercher leur bonheur chez autrui ne l'ont point chez eux-memes. Un pere de famille qui se plait dans sa maison a, pour prix des soins continuels qu'il s'y donne, la continuelle jouissance des plus doux sentiments de la nature. Seul entre tous les mortels, il est maître de sa propre félicité, parce qu'il est heureux comme Dieu même, sans rien désirer de plus que ce dont il jouit. Comme cet être immense, il ne songe pas à amplifier ses possessions, mais à les rendre véritablement siennes par les relations les plus parfaites et la direction la mieux entendue : s'il ne s'enrichit pas par de nouvelles acquisitions, il s'enrichit en possédant mieux ce qu'il a. Il ne jouissait que du revenu de ses terres ; il jouit encore de ses terres mêmes, en présidant à leur culture et les parcourant sans cesse. Son domestique lui était étranger ; il en fait son bien, son enfant ; il se l'approprie. Il n'avait droit que sur les actions ; il s'en donne encore sur les volontés. Il n'était maître qu'à prix d'argent ; il le devient par l'empire sacré de l'estime et des bienfaits. Que la fortune le dépouille de ses richesses, elle ne saurait lui ôter les cœurs qu'il s'est attachés ; elle n'ôtera point des enfants à leur père : toute la différence est qu'il les nourrissait hier, et qu'il sera demain nourri par eux. C'est ainsi qu'on apprend à jouir véritablement de ses biens, de sa famille et de soi-même, c'est ainsi que les détails d'une maison deviennent délicieux pour l'honnête homme qui sait en connaître le prix ; c'est ainsi que, loin de regarder ses devoirs comme une charge, il en fait son bonheur, et qu'il tire de ses touchantes et nobles fonctions la gloire et le plaisir d'être homme.

Que si ces précieux avantages sont méprisés ou peu connus, et si le petit nombre même qui les recherche les obtient si rarement, tout cela vient de la même cause. Il est des devoirs simples et sublimes qu'il n'appartient qu'à peu de gens d'aimer et de remplir : tels sont ceux du père de famille, pour lesquels l'air et le bruit du monde n'inspirent que du dégoût, et dont on s'acquitte mal encore quand on n'y est porté que par des raisons d'avarice et d'intérêt. Tel croit être un bon père de famille, et n'est qu'un vigilant économe ; le bien peut prospérer, et la maison aller fort mal. Il faut des vues plus élevées pour éclairer, diriger cette importante administration, et lui donner un heureux succès. Le premier soin par lequel doit commencer l'ordre d'une maison, c'est de n'y souffrir que d'honnêtes gens qui n'y portent pas le désir secret de troubler cet ordre. Mais la servitude et l'honnêteté sont-elles si compatibles qu'on doive espérer de trouver des domestiques honnêtes gens ?

Non, mylord, pour les avoir il ne faut pas les chercher, il faut les faire; et il n'y a qu'un homme de bien qui sache l'art d'en former d'autres. Un hypocrite a beau vouloir prendre le ton de la vertu, il n'en peut inspirer le goût a personne; et s'il savait la rendre aimable, il l'aimerait lui-même. Que servent de froides leçons démenties par un exemple continuel, si ce n'est a faire penser que celui qui les donne se joue de la crédulité d'autrui? Que ceux qui nous exhortent à faire ce qu'ils disent, et non ce qu'ils font, disent une grande absurdité! Qui ne fait pas ce qu'il dit ne le dit jamais bien; car le langage du cœur, qui touche et persuade, y manque. J'ai quelquefois entendu de ces conversations grossierement appretees qu'on tient devant les domestiques comme devant des enfants, pour leur faire des leçons indirectes. Loin de juger qu'ils en fussent un instant les dupes, je les ai toujours vus sourire en secret de l'ineptie du maitre qui les prenait pour des sots, en debitant lourdement devant eux des maximes qu'ils savaient bien n'etre pas les siennes.

Toutes ces vaines subtilites sont ignorees dans cette maison, et le grand art des maitres pour rendre leurs domestiques tels qu'ils les veulent est de se montrer a eux tels qu'ils sont. Leur conduite est toujours franche et ouverte, parce qu'ils n'ont pas peur que leurs actions dementent leurs discours. Comme ils n'ont point pour eux-memes une morale differente de celle qu'ils veulent donner aux autres, ils n'ont pas besoin de circonspection dans leurs propos; un mot etourdiment echappe ne renverse point les principes qu'ils se sont efforces d'établir. Ils ne disent point indiscretement toutes leurs affaires, mais ils disent librement toutes leurs maximes. A table, a la promenade, tete à tete, ou devant tout le monde, on tient toujours le meme langage; on dit naïvement ce qu'on pense sur chaque chose; et, sans qu'on songe à personne, chacun y trouve toujours quelque instruction. Comme les domestiques ne voient jamais rien faire a leur maitre qui ne soit droit, juste, equitable, ils ne regardent point la justice comme le tribut du pauvre, comme le joug du malheureux, comme une des miseres de leur etat. L'attention qu'on a de ne pas faire courir en vain les ouvriers, et perdre des journees pour venir solliciter le payement de leurs journees, les accoutume a sentir le prix du temps. En voyant le soin des maitres a menager celui d'autrui, chacun en conclut que le sien leur est precieux, et se fait un plus grand crime de l'oisiveté. La confiance qu'on a dans leur intégrité donne à leurs institutions une force qui les fait valoir et prévient les abus. On n'a pas peur que, dans la gratification de chaque semaine, la maitresse trouve toujours que c'est le plus jeune ou le mieux fait qui a été le plus diligent. Un ancien domestique ne craint pas qu'on lui cherche quelque chicane pour épargner l'augmentation de gage qu'on lui donne. On n'espere pas profiter de leur discorde pour se faire valoir, et obtenir de l'un ce qu'aura refusé l'autre. Ceux qui sont à marier ne craignent pas qu'on nuise à leur etablissement pour les garder plus longtemps, et qu'ainsi leur bon service leur fasse tort. Si quelque valet étranger venait dire aux gens de cette maison qu'un maitre et ses domestiques sont entre eux dans un véritable état de guerre; que ceux-ci, faisant au premier tout du pis qu'ils peuvent, usent en cela d'une juste réprésaille; que les maitres étant usurpateurs, menteurs et fripons, il n'y a pas de mal à les traiter comme ils traitent le prince, ou le peuple, ou les particuliers, et à leur rendre adroitement le mal qu'ils font à force ouverte; celui qui parlerait ainsi ne serait entendu de personne : on ne s'avise pas même ici de combattre ou prévenir de pareils discours, il n'appartient qu'à ceux qui les font naitre d'être obligés de les réfuter.

Il n'y a jamais ni mauvaise humeur ni mutinerie dans l'obéissance, parce qu'il n'y a ni hauteur ni caprice dans le commandement, qu'on n'exige rien qui ne soit raisonnable et utile, et qu'on respecte assez la dignité de l'homme, quoique dans la servitude, pour ne l'occuper qu'à des choses qui ne l'avilissent point. Au surplus, rien n'est bas ici que le vice; et tout ce qui est utile et juste est honnete et bienséant.

Si l'on ne souffre aucune intrigue au dehors, personne n'est tenté d'en avoir. Ils savent bien que leur fortune la plus assurée est attachée à celle du maitre, et qu'ils ne manqueront jamais de rien tant qu'on verra prospérer la maison. En la servant ils soignent donc leur patrimoine, et l'augmentent en rendant leur service agréable; c'est là leur plus grand intérêt. Mais ce mot n'est guere à sa place en cette occasion ; car je n'ai jamais vu de police ou l'intéret fut si sagement dirigé, et ou pourtant il influât moins que dans celle-ci. Tout se fait par attachement : l'on dirait que ces ames venales se purifient en entrant dans ce sejour de sagesse et d'union. L'on dirait qu'une partie des lumieres du maitre et des sentiments de la maitresse ont passé dans chacun de leurs gens, tant on les trouve judicieux, bienfaisants, honnêtes, et supérieurs a leur état. Se faire estimer, considérer, bien vouloir, est leur plus grande ambition ; et ils comptent les mots obligeants qu'on leur dit, comme ailleurs les étrennes qu'on leur donne.

Voilà, mylord, mes principales observations sur la partie de l'économie de cette maison qui regarde les domestiques et mercenaires. Quant à la manière de vivre des maîtres et au gouvernement des enfants, chacun de ces articles mérite bien une lettre à part. Vous savez à quelle intention j'ai commencé ces remarques ; mais en vérité tout cela forme un tableau si ravissant, qu'il ne faut, pour aimer à le contempler, d'autre intérêt que le plaisir qu'on y trouve.

XI — DE SAINT PREUX A MYLORD ÉDOUARD.

Non, mylord, je ne m'en dédis point, on ne voit rien dans cette maison qui n'associe l'agréable à l'utile ; mais les occupations utiles ne se bornent pas aux soins qui donnent du profit, elles comprennent encore tout amusement innocent et simple qui nourrit le goût de la retraite, du travail, de la modération, et conserve à celui qui s'y livre une âme saine, un cœur libre du trouble des passions. Si l'indolente oisiveté n'engendre que la tristesse et l'ennui, le charme des doux loisirs est le fruit d'une vie laborieuse. On ne travaille que pour jouir ; cette alternative de peine et de jouissance est notre véritable vocation. Le repos qui sert de délassement aux travaux passés et d'encouragement à d'autres n'est pas moins nécessaire à l'homme que le travail même.

Après avoir admiré l'effet de la vigilance et des soins de la plus respectable mère de famille dans l'ordre de sa maison, j'ai vu celui de ses récréations dans un lieu retiré dont elle fait sa promenade favorite, et qu'elle appelle son Élysée.

Il y avait plusieurs jours que j'entendais parler de cet Élysée, dont on me faisait une espèce de mystère. Enfin hier après dîner, l'extrême chaleur rendant le dehors et le dedans de la maison presque également insupportables, M. de Wolmar proposa à sa femme de se donner congé cette après-midi ; et, au lieu de se retirer comme à l'ordinaire dans la chambre de ses enfants jusque vers le soir, de venir avec nous respirer dans le verger. Elle y consentit, et nous nous y rendîmes ensemble.

Ce lieu, quoique tout proche de la maison, est tellement caché par l'allée couverte qui l'en sépare, qu'on ne l'aperçoit de nulle part. L'épais feuillage qui l'environne ne permet point à l'œil d'y pénétrer, et il est toujours soigneusement fermé à la clef. A peine fus-je au dedans, que, la porte étant masquée par des aunes et des coudriers qui ne laissent que deux étroits passages sur les côtés, je ne vis plus, en me retournant, par où j'étais entré; et, n'apercevant point de porte, je me trouvai là comme tombé des nues.

En entrant dans ce prétendu verger, je fus frappé d'une agréable sensation de fraîcheur que d'obscurs ombrages, une verdure animée et vive, des fleurs éparses de tous côtés, un gazouillement d'eau courante, et le chant de mille oiseaux, portèrent à mon imagination du moins autant qu'à mes sens; mais en même temps je crus voir le lieu le plus sauvage, le plus solitaire de la nature, et il me semblait être le premier mortel qui jamais eût pénétré dans ce désert. Surpris, saisi, transporté d'un spectacle si peu prévu, je restai un moment immobile, et m'écriai, dans un enthousiasme involontaire : O Tinian ! ô Juan Fernandez [1] ! Julie, le bout du monde est à votre porte ! Beaucoup de gens le trouvent ici comme vous, dit-elle avec un sourire; mais vingt pas de plus les ramènent bien vite à Clarens : voyons si le charme tiendra plus longtemps chez vous. C'est ici le même verger où vous vous êtes promené autrefois, et où vous vous battiez avec ma cousine à coups de pêches. Vous savez que l'herbe y était assez aride, les arbres assez clair-semés, donnant assez peu d'ombre, et qu'il n'y avait point d'eau. Le voilà maintenant frais, vert, habillé, paré, fleuri, arrosé. Que pensez-vous qu'il m'en a coûté pour le mettre dans l'état où il est? car il est bon de vous dire que j'en suis la surintendante, et que mon mari m'en laisse l'entière disposition. Ma foi, lui dis-je, il ne vous en a coûté que de la négligence. Ce lieu est charmant, il est vrai, mais agreste et abandonné; je n'y vois point de travail humain. Vous avez fermé la porte; l'eau est venue je ne sais comment; la nature seule a fait tout le reste; et vous-même n'eussiez jamais su faire aussi bien qu'elle. Il est vrai, dit-elle, que la nature a tout fait, mais sous ma direction, et il n'y a rien là que je n'aie ordonné. Encore un coup, devinez.

[1] Iles désertes de la mer du Sud, célèbres dans le Voyage de l'amiral Anson

Premierement, repris-je, je ne comprends point comment avec de la peine et de l'argent on a pu suppléer au temps. Les arbres... Quant à cela, dit M. de Wolmar, vous remarquerez qu'il n'y en a pas beaucoup de fort grands, et ceux-là y étaient déjà. De plus, Julie a commencé ceci longtemps avant son mariage, et presque d'abord après la mort de sa mère, qu'elle vint avec son pere chercher ici la solitude. Hé bien ! dis-je, puisque vous voulez que tous ces massifs, ces grands berceaux, ces touffes pendantes, ces bosquets si bien ombragés, soient venus en sept ou huit ans, et que l'art s'en soit mêlé, j'estime que si dans une enceinte aussi vaste vous avez fait tout cela pour deux mille écus, vous avez bien économisé. Vous ne surfaites que de deux mille écus, dit-elle; il ne m'en a rien coûté. Comment, rien? Non, rien; à moins que vous ne comptiez une douzaine de journées par an de mon jardinier, autant de deux ou trois de mes gens, et quelques-unes de M. de Wolmar lui-meme, qui n'a pas dedaigné d'être quelquefois mon garçon jardinier. Je ne comprenais rien à cette enigme : mais Julie, qui jusque-là m'avait retenu, me dit en me laissant aller · Avancez, et vous comprendrez. Adieu Tinian, adieu Juan Fernandez, adieu tout l'enchantement ! Dans un moment vous allez être de retour du bout du monde.

Je me mis à parcourir avec extase ce verger ainsi métamorphosé ; et si je ne trouvai point de plantes exotiques et de productions des Indes, je trouvai celles du pays disposées et réunies de maniere à produire un effet plus riant et plus agréable. Le gazon verdoyant, épais, mais court et serré, était mêlé de serpolet, de baume, de thym, de marjolaine, et d'autres herbes odorantes. On y voyait briller mille fleurs des champs, parmi lesquelles l'œil en demelait avec surprise quelques-unes de jardin, qui semblaient croître naturellement avec les autres. Je rencontrais de temps en temps des touffes obscures, impenétrables aux rayons du soleil, comme dans la plus épaisse foret; ces touffes étaient formées des arbres du bois le plus flexible, dont on avait fait recourber les branches, pendre en terre, et prendre racine, par un art semblable à ce que font naturellement les mangles en Amérique. Dans les lieux plus decouverts je voyais çà et là, sans ordre et sans symetrie, des broussailles de roses, de framboisiers, de groseilliers, des fourres de lilas, de noisetier, de sureau, de seringat, de genet, de trifolium, qui paraient la terre en lui donnant l'air d'être en friche. Je suivais des allées tortueuses et irrégulières bordées de ces bocages fleuris, et couvertes de mille guirlandes de vigne de Judée, de vigne-vierge, de houblon, de liseron, de couleuvrée, de clématite, et d'autres plantes de cette espèce, parmi lesquelles le chèvrefeuille et le jasmin daignaient se confondre. Ces guirlandes semblaient jetées négligemment d'un arbre à l'autre, comme j'en avais remarqué quelquefois dans les forêts, et formaient sur nous des espèces de draperies qui nous garantissaient du soleil, tandis que nous avions sous nos pieds un marcher doux, commode et sec, sur une mousse fine, sans sable, sans herbe, et sans rejetons raboteux. Alors seulement je découvris, non sans surprise, que ces ombrages verts et touffus, qui m'en avaient tant imposé de loin, n'étaient formés que de ces plantes rampantes et parasites, qui, guidées le long des arbres, environnaient leur tête du plus épais feuillage, et leur pied d'ombre et de fraîcheur. J'observai même qu'au moyen d'une industrie assez simple on avait fait prendre racine sur les troncs des arbres à plusieurs de ces plantes, de sorte qu'elles s'étendaient davantage en faisant moins de chemin. Vous concevez bien que les fruits ne s'en trouvent pas mieux de toutes ces additions; mais dans ce lieu seul on a sacrifié l'utile à l'agréable, et dans le reste des terres on a pris un tel soin des plants et des arbres, qu'avec ce verger de moins la récolte en fruits ne laisse pas d'être plus forte qu'auparavant. Si vous songez combien au fond d'un bois on est charmé quelquefois de voir un fruit sauvage et même de s'en rafraîchir, vous comprendrez le plaisir qu'on a de trouver dans ce désert artificiel des fruits excellents et mûrs, quoique clair-semés et de mauvaise mine; ce qui donne encore le plaisir de la recherche et du choix.

Toutes ces petites routes étaient bordées et traversées d'une eau limpide et claire, tantôt circulant parmi l'herbe et les fleurs en filets presque imperceptibles, tantôt en plus grands ruisseaux courant sur un gravier pur et marqueté, qui rendait l'eau plus brillante. On voyait des sources bouillonner et sortir de la terre, et quelquefois des canaux plus profonds dans lesquels l'eau calme et paisible réfléchissait à l'œil les objets. Je comprends à présent tout le reste, dis-je à Julie: mais ces eaux que je vois de toutes parts... Elles viennent de là, reprit-elle en me montrant le côté où était la terrasse de son jardin. C'est ce même ruisseau qui fournit a grands frais dans le parterre un jet d'eau dont personne ne se soucie. M. de Wolmar ne veut pas le détruire, par respect pour mon père qui l'a fait faire : mais avec quel plaisir nous venons tous les jours voir courir dans ce verger cette eau dont nous n'approchons guère au jardin ! le jet d'eau joue pour les étrangers, le ruisseau coule ici pour nous. Il est vrai que j'y ai réuni l'eau de la fontaine publique, qui se rendait dans le lac par le grand chemin, qu'elle dégradait au préjudice des passants et à pure perte pour tout le monde. Elle faisait un coude au pied du verger entre deux rangs de saules, je les ai renfermés dans mon enceinte, et j'y conduis la même eau par d'autres routes.

Je vis alors qu'il n'avait été question que de faire serpenter ces eaux avec économie en les divisant et réunissant à propos, en épargnant la pente le plus qu'il était possible, pour prolonger le circuit et se ménager le murmure de quelques petites chutes. Une couche de glaise couverte d'un pouce de gravier du lac et parsemée de coquillages formait le lit des ruisseaux. Ces mêmes ruisseaux, courant par intervalles sous quelques larges tuiles recouvertes de terre et de gazon au niveau du sol, formaient à leur issue autant de sources artificielles. Quelques filets s'en élevaient par des siphons sur des lieux raboteux, et bouillonnaient en retombant. Enfin la terre ainsi rafraîchie et humectée donnait sans cesse de nouvelles fleurs, et entretenait l'herbe toujours verdoyante et belle.

Plus je parcourais cet agréable asile, plus je sentais augmenter la sensation délicieuse que j'avais éprouvée en y entrant. cependant la curiosité me tenait en haleine. J'étais plus empressé de voir les objets que d'examiner leurs impressions, et j'aimais à me livrer à cette charmante contemplation sans prendre la peine de penser. Mais madame de Wolmar, me tirant de ma rêverie, me dit en me prenant sous le bras : Tout ce que vous voyez n'est que la nature végétale et inanimée ; et, quoi qu'on puisse faire, elle laisse toujours une idée de solitude qui attriste. Venez la voir animée et sensible ; c'est là qu'à chaque instant du jour vous lui trouverez un attrait nouveau. Vous me prévenez, lui dis-je, j'entends un ramage bruyant et confus, et j'aperçois assez peu d'oiseaux je comprends que vous avez une volière. Il est vrai, dit-elle ; approchons-en. Je n'osais dire encore ce que je pensais de la volière, mais cette idée avait quelque chose qui me déplaisait, et ne me semblait point assortie au reste.

Nous descendîmes par mille détours au bas du verger, où je trouvai toute l'eau réunie en un joli ruisseau, coulant doucement entre deux rangs de vieux saules qu'on avait souvent ébranchés. Leurs têtes creuses et demi-chauves formaient des espèces de vases d'où sortaient, par l'adresse dont j'ai parlé, des touffes de chevrefeuille, dont une partie s'entrelaçait autour des branches, et l'autre tombait avec grâce le long du ruisseau. Presque à l'extrémité de l'enceinte était un petit bassin bordé d'herbes, de joncs, de roseaux, servant d'abreuvoir à la volière, et dernière station de cette eau si précieuse et si bien ménagée.

Au delà de ce bassin était un terre-plain terminé dans l'angle de l'enclos par un monticule garni d'une multitude d'arbrisseaux de toute espèce; les plus petits vers le haut, et toujours croissant en grandeur à mesure que le sol s'abaissait; ce qui rendait le plan des têtes presque horizontal, ou montrait au moins qu'un jour il le devait être. Sur le devant étaient une douzaine d'arbres jeunes encore, mais faits pour devenir fort grands, tels que le hêtre, l'orme, le frêne, l'acacia. C'étaient les bocages de ce coteau qui servaient d'asile à cette multitude d'oiseaux dont j'avais entendu de loin le ramage; et c'était à l'ombre de ce feuillage comme sous un grand parasol qu'on les voyait voltiger, courir, chanter, s'agacer, se battre, comme s'ils ne nous avaient pas aperçus. Ils s'enfuirent si peu à notre approche, que, selon l'idée dont j'étais prévenu, je les crus d'abord enfermés par un grillage; mais comme nous fûmes arrivés au bord du bassin, j'en vis plusieurs descendre et s'approcher de nous sur une espèce de courte allée qui séparait en deux le terre-plain, et communiquait du bassin à la volière. Alors M. de Wolmar, faisant le tour du bassin, sema sur l'allée deux ou trois poignées de grains mélangés qu'il avait dans sa poche, et quand il se fut retiré, les oiseaux accoururent, et se mirent à manger comme des poules, d'un air si familier que je vis bien qu'ils étaient faits à ce manége. Cela est charmant! m'écriai-je. Ce mot de volière m'avait surpris de votre part; mais je l'entends maintenant : je vois que vous voulez des hôtes, et non pas des prisonniers. Qu'appelez-vous des hôtes? répondit Julie : c'est nous qui sommes les leurs [1]; ils sont ici les maîtres, et nous leur payons tribut pour en être soufferts quelquefois. Fort bien, re-

---

[1] Cette réponse n'est pas exacte, puisque le mot d'hôte est corrélatif de lui-même. Sans vouloir relever toutes les fautes de langue, je dois avertir de celles qui peuvent induire en erreur.

pris je ; mais comment ces maîtres-là se sont-ils emparés de ce lieu? le moyen d'y rassembler tant d'habitants volontaires? Je n'ai pas ouï dire qu'on ait jamais rien tenté de pareil ; et je n'aurais point cru qu'on y pût réussir, si je n'en avais la preuve sous mes yeux.

La patience et le temps, dit M. de Wolmar, ont fait ce miracle. Ce sont des expédients dont les gens riches ne s'avisent guere dans leurs plaisirs. Toujours pressés de jouir, la force et l'argent sont les seuls moyens qu'ils connaissent : ils ont des oiseaux dans des cages, et des amis à tant par mois. Si jamais des valets approchaient de ce lieu, vous en verriez bientôt les oiseaux disparaître ; et s'ils y sont à présent en grand nombre, c'est qu'il y en a toujours eu. On ne les fait pas venir quand il n'y en a point, mais il est aisé, quand il y en a, d'en attirer davantage en prevenant tous leurs besoins, en ne les effrayant jamais, en leur laissant faire leur couvée en sûreté et ne dénichant point les petits ; car alors ceux qui s'y trouvent restent, et ceux qui surviennent restent encore. Ce bocage existait, quoiqu'il fût séparé du verger ; Julie n'a fait que l'y renfermer par une haie vive, ôter celle qui l'en séparait, l'agrandir, et l'orner de nouveaux plants. Vous voyez, à droite et à gauche de l'allée qui y conduit, deux espaces remplis d'un mélange confus d'herbes, de pailles et de toutes sortes de plantes. Elle y fait semer chaque année du blé, du mil, du tournesol, du chenevis, des pesettes [1], généralement de tous les grains que les oiseaux aiment, et l'on n'en moissonne rien. Outre cela, presque tous les jours, été et hiver, elle ou moi leur apportons à manger ; et quand nous y manquons, la Fanchon y supplée d'ordinaire. Ils ont l'eau à quatre pas, comme vous voyez. Madame de Wolmar pousse l'attention jusqu'à les pourvoir tous les printemps de petits tas de crin, de paille, de laine, de mousse, et d'autres matieres propres à faire des nids. Avec le voisinage des matériaux, l'abondance des vivres et le grand soin qu'on prend d'écarter tous les ennemis [2], l'éternelle tranquillité dont ils jouissent les porte à pondre en un lieu commode, où rien ne leur manque, où personne ne les trouble. Voilà comment la patrie des pères est encore celle des enfants, et comment la peuplade se soutient et se multiplie.

[1] De la vesce.
[2] Les loirs, les souris, les chouettes, et surtout les enfants.

Ah! dit Julie, vous ne voyez plus rien! chacun ne songe plus qu'à soi : mais des époux inséparables, le zele des soins domestiques, la tendresse paternelle et maternelle, vous avez perdu tout cela. Il y a deux mois qu'il fallait etre ici pour livrer ses yeux au plus charmant spectacle, et son cœur au plus doux sentiment de la nature. Madame, repris-je assez tristement, vous etes épouse et mere ; ce sont des plaisirs qu'il vous appartient de connaitre. Aussitôt M. de Wolmar me prenant par la main me dit en la serrant : Vous avez des amis, et ces amis ont des enfants : comment l'affection paternelle vous serait-elle étrangere? Je le regardai, je regardai Julie ; tous deux se regarderent, et me rendirent un regard si touchant, que, les embrassant l'un après l'autre, je leur dis avec attendrissement : Ils me sont aussi chers qu'à vous. Je ne sais par quel bizarre effet un mot peut ainsi changer une âme; mais depuis ce moment M. de Wolmar me parait un autre homme, et je vois moins en lui le mari de celle que j'ai tant aimée, que le père de deux enfants pour lesquels je donnerais ma vie.

Je voulus faire le tour du bassin, pour aller voir de plus pres ce charmant asile et ses petits habitants ; mais madame de Wolmar me retint. Personne, me dit-elle, ne va les troubler dans leur domicile, et vous êtes même le premier de nos hotes que j'aie amené jusqu'ici. Il y a quatre clefs de ce verger, dont mon pere et nous avons chacun une ; Fanchon a la quatrième, comme inspectrice, et pour y mener quelquefois mes enfants ; faveur dont on augmente le prix par l'extrême circonspection qu'on exige d'eux tandis qu'ils y sont. Gustin lui-même n'y entre jamais qu'avec un des quatre ; encore, passé deux mois de printemps ou ses travaux sont utiles, n'y entre-t-il presque plus, et tout le reste se fait entre nous. Ainsi, lui dis-je, de peur que vos oiseaux ne soient vos esclaves vous vous etes rendus les leurs. Voila bien, reprit-elle, le propos d'un tyran, qui ne croit jouir de sa liberté qu'autant qu'il trouble celle des autres.

Comme nous partions pour nous en retourner, M. de Wolmar jeta une poignée d'orge dans le bassin, et en y regardant j'aperçus quelques petits poissons. Ah! ah! dis-je aussitôt, voici pourtant des prisonniers! Oui, dit-il, ce sont des prisonniers de guerre auxquels on a fait grâce de la vie. Sans doute, ajouta sa femme. Il y a quelque temps que Fanchon vola dans la cuisine des perchettes qu'elle apporta ici a mon insu. Je les y laisse, de peur de la mortifier si je les renvoyais au lac ; car il vaut encore mieux loger du poisson un peu a l'etroit, que de facher une honnete personne. Vous avez raison, repondis-je; et celui-ci n'est pas trop a plaindre d'etre echappe de la poele a ce prix.

Eh bien ! que vous en semble ? me dit-elle en nous en retournant. Êtes-vous encore au bout du monde ? Non, dis-je, m'en voici tout a fait dehors, et vous m'avez en effet transporté dans l'Élysée. Le nom pompeux qu'elle a donné a ce verger, dit M. de Wolmar, mérite bien cette raillerie. Louez modestement des jeux d'enfants, et songez qu'ils n'ont jamais rien pris sur les soins de la mere de famille. Je le sais, repris-je, j'en suis tres-sûr ; et les jeux d'enfants me plaisent plus en ce genre que les travaux des hommes.

Il y a pourtant ici, continuai-je, une chose que je ne puis comprendre ; c'est qu'un lieu si different de ce qu'il était ne peut etre devenu ce qu'il est qu'avec de la culture et du soin : cependant je ne vois nulle part la moindre trace de culture ; tout est verdoyant, frais, vigoureux, et la main du jardinier ne se montre point ; rien ne dement l'idee d'une ile deserte qui m'est venue en entrant, et je n'aperçois aucun pas d'hommes. Ah ! dit M. de Wolmar, c'est qu'on a pris grand soin de les effacer. J'ai ete souvent temoin, quelquefois complice de la friponnerie. On fait semer du foin sur tous les endroits laboures, et l'herbe cache bientot les vestiges du travail ; on fait couvrir l'hiver de quelques couches d'engrais les lieux maigres et arides, l'engrais mange la mousse, ranime l'herbe et les plantes ; les arbres eux-memes ne s'en trouvent pas plus mal, et l'ete il n'y paraît plus. A l'egard de la mousse qui couvre quelques allées, c'est mylord Edouard qui nous a envoyé d'Angleterre le secret pour la faire naitre. Ces deux cotes, continua-t-il, étaient fermés par des murs ; les murs ont ete masques, non par des espaliers, mais par d'epais arbrisseaux qui font prendre les bornes du lieu pour le commencement d'un bois. Des deux autres regnent de fortes haies vives, bien garnies d'erable, d'aube-épine, de houx, de troene, et d'autres arbrisseaux melanges qui leur otent l'apparence de haies et leur donnent celle d'un taillis. Vous ne voyez rien d'aligne, rien de nivele ; jamais le cordeau n'entra dans ce lieu ; la nature ne plante rien au cordeau, les sinuosites dans leur feinte irrégularité sont ménagées avec art pour prolonger la promenade, cacher les bords de l'île, et en agrandir l'étendue apparente sans faire des détours incommodes et trop fréquents [1].

En considérant tout cela, je trouvais assez bizarre qu'on prît tant de peine pour se cacher celle qu'on avait prise : n'aurait-il pas mieux valu n'en point prendre? Malgré tout ce qu'on vous a dit, me répondit Julie, vous jugez du travail par l'effet, et vous vous trompez. Tout ce que vous voyez sont des plantes sauvages ou robustes qu'il suffit de mettre en terre, et qui viennent ensuite d'elles-mêmes. D'ailleurs, la nature semble vouloir dérober aux yeux des hommes ses vrais attraits, auxquels ils sont trop peu sensibles, et qu'ils défigurent quand ils sont à leur portée : elle fuit les lieux fréquentés; c'est au sommet des montagnes, au fond des forêts, dans les îles désertes, qu'elle étale ses charmes les plus touchants. Ceux qui l'aiment et ne peuvent l'aller chercher si loin sont réduits à lui faire violence, à la forcer en quelque sorte à venir habiter avec eux, et tout cela ne peut se faire sans un peu d'illusion.

A ces mots il me vint une imagination qui les fit rire. Je me figure, leur dis-je, un homme riche de Paris ou de Londres, maître de cette maison et amenant avec lui un architecte chèrement payé pour gâter la nature. Avec quel dédain il entrerait dans ce lieu simple et mesquin! avec quel mépris il ferait arracher toutes ces guenilles! les beaux alignements qu'il prendrait! les belles allées qu'il ferait percer! les belles pattes-d'oie, les beaux arbres en parasol, en éventail! les beaux treillages bien sculptés! les belles charmilles bien dessinées, bien équarries, bien contournées! les beaux boulingrins de fin gazon d'Angleterre, ronds, carrés, échancrés, ovales! les beaux ifs taillés en dragons, en pagodes, en marmouzets, en toutes sortes de monstres! les beaux vases de bronze, les beaux fruits de pierre dont il ornera son jardin [2] !... Quand tout cela sera exécuté, dit M. de Wolmar,

---

[1] Ainsi ce ne sont pas de ces petits bosquets à la mode, si ridiculement contournés qu'on n'y marche qu'en zigzag, et qu'à chaque pas il faut faire une pirouette.

[2] Je suis persuadé que le temps approche où l'on ne voudra plus dans les jardins rien de ce qui se trouve dans la campagne : on n'y souffrira plus ni plantes ni arbrisseaux; on n'y voudra que des fleurs de porcelaine, des magots, des treillages, du sable de toutes couleurs, et de beaux vases pleins de rien.

il aura fait un très-beau lieu, dans lequel on n'ira guere, et dont on sortira toujours avec empressement pour aller chercher la campagne ; un lieu triste, ou l'on ne se promenera point, mais par ou l'on passera pour s'aller promener ; au lieu que dans mes courses champetres je me hâte souvent de rentrer pour venir me promener ici.

Je ne vois dans ces terrains si vastes et si richement ornés que la vanité du proprietaire et de l'artiste, qui, toujours empressés d'etaler, l'un sa richesse et l'autre son talent, préparent a grands frais de l'ennui a quiconque voudra jouir de leur ouvrage. Un faux goût de grandeur qui n'est point fait pour l'homme empoisonne ses plaisirs. L'air grand est toujours triste ; il fait songer aux miseres de celui qui l'affecte. Au milieu de ses parterres et de ses grandes allees, son petit individu ne s'agrandit point ; un arbre de vingt pieds le couvre comme un de soixante [1] ; il n'occupe jamais que ses trois pieds d'espace, et se perd comme un ciron dans ses immenses possessions.

Il y a un autre gout directement opposé a celui la, et plus ridicule encore, en ce qu'il ne laisse pas meme jouir de la promenade pour laquelle les jardins sont faits. J'entends, lui dis-je ; c'est celui de ces petits curieux, de ces petits fleuristes qui se pament a l'aspect d'une renoncule, et se prosternent devant des tulipes La-dessus, je leur racontai, mylord, ce qui m'etait arrivé autrefois a Londres dans ce jardin de fleurs ou nous fûmes introduits avec tant d'appareil, et ou nous vimes briller si pompeusement tous les tresors de la Hollande sur quatre couches de fumier. Je n'oubliai pas la cerémonie du parasol et de la petite baguette dont on m'honora, moi indigne, ainsi que les autres spectateurs. Je leur confessai humblement comment, ayant voulu m'evertuer a mon tour, et hasarder de m'extasier a la vue d'une tulipe dont la couleur me parut vive et la forme elegante, je fus moqué, hué,

---

[1] Il devait bien s'etendre un peu sur le mauvais gout d'elaguer ridiculement les arbres, pour les elancer dans les nues en leur otant leurs belles têtes, leurs ombrages, en epuisant leur seve, et les empechant de profiter. Cette methode, il est vrai, donne du bois aux jardiniers, mais elle en ote au pays, qui n'en a pas deja trop On croirait que la nature est faite en France autrement que dans tout le reste du monde, tant on y prend soin de la defigurer Les parcs n'y sont plantes que de longues perches, ce sont des forets de mats ou de mais, et l'on s'y promene au milieu des bois sans trouver d'ombre

siffle de tous les savants, et comment le professeur du jardin, passant du mépris de la fleur à celui du panégyriste, ne daigna plus me regarder de toute la séance. Je pense, ajoutai-je, qu'il eut bien du regret à sa baguette et à son parasol profanés.

Ce goût, dit M. de Wolmar, quand il dégénère en manie, a quelque chose de petit et de vain qui le rend puéril et ridiculement coûteux. L'autre, au moins, a de la noblesse, de la grandeur, et quelque sorte de vérité; mais qu'est ce que la valeur d'une patte ou d'un oignon qu'un insecte ronge ou détruit peut-être au moment qu'on le marchande, ou d'une fleur précieuse à midi et flétrie avant que le soleil soit couché? Qu'est-ce qu'une beauté conventionnelle qui n'est sensible qu'aux yeux des curieux, et qui n'est beauté que parce qu'il leur plaît qu'elle le soit? Le temps peut venir qu'on cherchera dans les fleurs tout le contraire de ce qu'on y cherche aujourd'hui, et avec autant de raison ; alors vous serez le docte à votre tour, et votre curieux l'ignorant. Toutes ces petites observations qui dégénèrent en étude ne conviennent point à l'homme raisonnable qui veut donner à son corps un exercice modéré, ou délasser son esprit à la promenade en s'entretenant avec ses amis. Les fleurs sont faites pour amuser nos regards en passant, et non pour être si curieusement anatomisées [1]. Voyez leur reine briller de toutes parts dans ce verger : elle parfume l'air, elle enchante les yeux, et ne coûte presque ni soin ni culture. C'est pour cela que les fleuristes la dédaignent : la nature l'a faite si belle qu'ils ne lui sauraient ajouter des beautés de convention ; et, ne pouvant se tourmenter à la cultiver, ils n'y trouvent rien qui les flatte. L'erreur des prétendus gens de goût est de vouloir de l'art partout, et de n'être jamais contents que l'art ne paraisse ; au lieu que c'est à le cacher que consiste le véritable goût, surtout quand il est question des ouvrages de la nature. Que signifient ces allées si droites, si sablées, qu'on trouve sans cesse? et ces étoiles, par lesquelles, bien loin d'étendre aux yeux la grandeur d'un parc, comme on l'imagine, on ne fait qu'en montrer maladroitement les bornes? Voit-on dans les bois du sable de rivière? où le pied se repose-t-il plus doucement sur ce

[1] Le sage Wolmar n'y avait pas bien regardé. Lui qui savait si bien observer les hommes, observait-il si mal la nature? Ignorait-il que si son auteur est grand dans les grandes choses, il est très-grand dans les petites?

sable que sur la mousse ou la pelouse? La nature emploie-t-elle sans cesse l'equerre et la regle? Ont ils peur qu'on ne la reconnaisse en quelque chose, malgré leurs soins pour la defigurer? Enfin n'est-il pas plaisant que, comme s'ils étaient déja las de la promenade en la commençant, ils affectent de la faire en ligne droite, pour arriver plus vite au terme? Ne dirait-on pas que, prenant le plus court chemin, ils font un voyage plutot qu'une promenade, et se hatent de sortir aussitot qu'ils sont entrés?

Que fera donc l'homme de goût qui vit pour vivre, qui sait jouir de lui-meme, qui cherche les plaisirs vrais et simples, et qui veut se faire une promenade a la porte de sa maison? Il la fera si commode et si agréable qu'il s'y puisse plaire a toutes les heures de la journée, et pourtant si simple et si naturelle qu'il semble n'avoir rien fait. Il rassemblera l'eau, la verdure, l'ombre et la fraicheur; car la nature aussi rassemble toutes ces choses Il ne donnera a rien de la symétrie; elle est ennemie de la nature et de la variéte; et toutes les allées d'un jardin ordinaire se ressemblent si fort, qu'on croit etre toujours dans la meme · il élaguera le terrain pour s'y promener commodément; mais les deux cotés de ses allées ne seront point toujours exactement paralleles; la direction n'en sera pas toujours en ligne droite, elle aura je ne sais quoi de vague comme la démarche d'un homme oisif qui erre en se promenant. Il ne s'inquietera point de se percer au loin de belles perspectives : le goût des points de vue et des lointains vient du penchant qu'ont la plupart des hommes a ne se plaire qu'ou ils ne sont pas : ils sont toujours avides de ce qui est loin d'eux ; et l'artiste qui ne sait pas les rendre assez contents de ce qui les entoure se donne cette ressource pour les amuser : mais l'homme dont je parle n'a pas cette inquietude, et quand il est bien ou il est, il ne se soucie point d'etre ailleurs. Ici, par exemple, on n'a pas de vue hors du lieu, et l'on est tres-content de n'en pas avoir. On penserait volontiers que tous les charmes de la nature y sont renfermés, et je craindrais fort que la moindre echappee de vue au dehors n'otat beaucoup d'agrement a cette promenade [1]. Certainement tout

---

[1] Je ne sais si l'on a jamais essayé de donner aux longues allees d'une etoile une courbure legere, en sorte que l'œil ne put suivre chaque allee tout a fait jusqu'au bout, et que l'extremite opposee en fut cachee au spectateur On perdrait, il est vrai, l'agrement des points de vue; mais on gagnerait l'avantage si cher aux proprietaires d'agrandir a l'imagination le lieu ou l'on est, et, dans le milieu d'une etoile assez bornee,

homme qui n'aimera pas à passer les beaux jours dans un lieu si simple et si agréable n'a pas le goût pur ni l'âme saine. J'avoue qu'il n'y faut pas amener en pompe les étrangers; mais en revanche on s'y peut plaire soi-même, sans le montrer a personne.

Monsieur, lui dis-je, ces gens si riches qui font de si beaux jardins ont de fort bonnes raisons pour n'aimer guere a se promener tout seuls, ni a se trouver vis-à-vis d'eux-mêmes; ainsi ils font tres-bien de ne songer en cela qu'aux autres. Au reste, j'ai vu a la Chine des jardins tels que vous les demandez, et faits avec tant d'art que l'art n'y paraissait point, mais d'une maniere si dispendieuse et entretenus à si grands frais, que cette idée m'ôtait tout le plaisir que j'aurais pu goûter à les voir. C'étaient des roches, des grottes, des cascades artificielles, dans des lieux plains et sablonneux ou l'on n'a que de l'eau de puits; c'étaient des fleurs et des plantes rares de tous les climats de la Chine et de la Tartarie, rassemblées et cultivées en un même sol. On n'y voyait à la vérité ni belles allées ni compartiments réguliers; mais on y voyait entassées avec profusion des merveilles qu'on ne trouve qu'éparses et séparées; la nature s'y présentait sous mille aspects divers, et le tout ensemble n'était point naturel. Ici l'on n'a transporté ni terres ni pierres, on n'a fait ni pompes ni réservoirs, on n'a besoin ni de serres, ni de fourneaux, ni de cloches, ni de paillassons. Un terrain presque uni a reçu des ornements très-simples; des herbes communes, des arbrisseaux communs, quelques filets d'eau coulant sans apprêt, sans contrainte, ont suffi pour l'embellir. C'est un jeu sans effort, dont la facilité donne au spectateur un nouveau plaisir. Je sens que ce séjour pourrait être encore plus agréable et me plaire infiniment moins. Tel est, par exemple, le parc célebre de mylord Cobham à Staw. C'est un composé de lieux très beaux et très-pittoresques dont les aspects ont été choisis en différents pays, et dont tout parait naturel excepté l'assemblage, comme dans les jardins de la Chine dont je viens de vous parler. Le maitre et le

---

on se croirait perdu dans un parc immense Je suis persuadé que la promenade en serait aussi moins ennuyeuse, quoique plus solitaire; car tout ce qui donne prise à l'imagination excite les idées et nourrit l'esprit. Mais les faiseurs de jardins ne sont pas gens à sentir ces choses-là Combien de fois, dans un lieu rustique, le crayon leur tomberait des mains, comme à le Nostre dans le parc de Saint-James, s'ils connaissaient comme lui ce qui donne de la vie à la nature, et de l'intérêt à son spectacle!

créateur de cette superbe solitude y a même fait construire des ruines, des temples, d'anciens édifices ; et les temps ainsi que les lieux y sont rassemblés avec une magnificence plus qu'humaine. Voilà précisément de quoi je me plains. Je voudrais que les amusements des hommes eussent toujours un air facile qui ne fit point songer à leur faiblesse, et qu'en admirant ces merveilles on n'eût point l'imagination fatiguée des sommes et des travaux qu'elles ont coûté. Le sort ne nous donne-t-il pas assez de peines sans en mettre jusque dans nos jeux ?

Je n'ai qu'un seul reproche à faire à votre Élysée, ajoutai-je en regardant Julie, mais qui vous paraîtra grave ; c'est d'être un amusement superflu. A quoi bon vous faire une nouvelle promenade, ayant de l'autre coté de la maison des bosquets si charmants et si négligés ? Il est vrai, dit-elle un peu embarrassée, mais j'aime mieux ceci. Si vous aviez bien songé à votre question avant que de la faire, interrompit M. de Wolmar, elle serait plus qu'indiscrete. Jamais ma femme depuis son mariage n'a mis les pieds dans les bosquets dont vous parlez. J'en sais la raison, quoiqu'elle me l'ait toujours tue. Vous qui ne l'ignorez pas, apprenez a respecter les lieux ou vous êtes ; ils sont plantés par les mains de la vertu.

A peine avais-je reçu cette juste réprimande, que la petite famille, menée par Fanchon, entra comme nous sortions. Ces trois aimables enfants se jetèrent au cou de M. et de madame de Wolmar. J'eus ma part de leurs petites caresses. Nous rentrâmes Julie et moi dans l'Élysée en faisant quelques pas avec eux, puis nous allâmes rejoindre M. de Wolmar, qui parlait à des ouvriers. Chemin faisant, elle me dit qu'après être devenue mère, il lui était venu sur cette promenade une idée qui avait augmenté son zele pour l'embellir. J'ai pensé, me dit-elle, a l'amusement de mes enfants et a leur santé quand ils seront plus âges. L'entretien de ce lieu demande plus de soin que de peine : il s'agit plutôt de donner un certain contour aux rameaux des plantes que de bêcher et labourer la terre j'en veux faire un jour mes petits jardiniers ; ils auront autant d'exercice qu'il leur en faut pour renforcer leur tempérament, et pas assez pour le fatiguer ; d'ailleurs ils feront faire ce qui sera trop fort pour leur age, et se borneront au travail qui les amusera. Je ne saurais vous dire, ajouta-t-elle, quelle douceur je goûte a me représenter mes enfants occupés a me rendre les petits soins que je prends avec tant de plaisir pour eux, et la joie de leurs tendres cœurs en voyant leur mere se promener avec délices sous des ombrages cultivés de leurs mains. En vérité, mon ami, me dit-elle d'une voix émue, des jours ainsi passés tiennent du bonheur de l'autre vie ; et ce n'est pas sans raison qu'en y pensant j'ai donné d'avance a ce lieu le nom d'Elysée. Mylord, cette incomparable femme est mere comme elle est épouse, comme elle est amie, comme elle est fille ; et, pour l'éternel supplice de mon cœur, c'est encore ainsi qu'elle fut amante.

Enthousiasmé d'un séjour si charmant, je les priai le soir de trouver bon que durant mon séjour chez eux la Fanchon me confiât sa clef et le soin de nourrir les oiseaux. Aussitôt Julie envoya le sac au grain dans ma chambre, et me donna sa propre clef. Je ne sais pourquoi je la reçus avec une sorte de peine : il me sembla que j'aurais mieux aimé celle de M. de Wolmar.

Ce matin je me suis levé de bonne heure, et avec l'empressement d'un enfant je suis allé m'enfermer dans l'île déserte. Que d'agréables pensées j'espérais porter dans ce lieu solitaire où le doux aspect de la seule nature devait chasser de mon souvenir tout cet ordre social et factice qui m'a rendu si malheureux ! Tout ce qui va m'environner est l'ouvrage de celle qui me fut si chère. Je la contemplerai tout autour de moi ; je ne verrai rien que sa main n'ait touché ; je baiserai des fleurs que ses pieds auront foulées ; je respirerai avec la rosée un air qu'elle a respiré ; son goût dans ses amusements me rendra présents tous ses charmes, et je la trouverai par tout comme elle est au fond de mon cœur.

En entrant dans l'Élysée avec ces dispositions, je me suis subitement rappelé le dernier mot que me dit hier M. de Wolmar à peu pres dans la meme place. Le souvenir de ce seul mot a changé sur-le-champ tout l'état de mon âme. J'ai cru voir l'image de la vertu ou je cherchais celle du plaisir ; cette image s'est confondue dans mon esprit avec les traits de madame de Wolmar ; et, pour la premiere fois depuis mon retour, j'ai vu Julie en son absence, non telle qu'elle fut pour moi et que j'aime encore a me la représenter, mais telle qu'elle se montre à mes yeux tous les jours. Mylord, j'ai cru voir cette femme si charmante, si chaste et si vertueuse, au milieu de ce meme cortége qui l'entourait hier. Je voyais autour d'elle ses trois aimables enfants, honorable et précieux gage de l'union conjugale et de la tendre amitié, lui faire et recevoir d'elle mille touchantes caresses. Je voyais a ses cotés le grave Wolmar, cet époux si cheri, si heureux, si digne de l'être. Je croyais voir son œil pénétrant et judicieux percer au fond de mon cœur, et m'en faire rougir encore ; je croyais entendre sortir de sa bouche des reproches trop mérités et des leçons trop mal écoutées. Je voyais a sa suite cette meme Fanchon Regard, vivante preuve du triomphe des vertus et de l'humanité sur le plus ardent amour. Ah ! quel sentiment coupable eût pénétré jusqu'a elle a travers cette inviolable escorte ? Avec quelle indignation j'eusse étouffé les vils transports d'une passion criminelle et mal éteinte ! et que je me serais méprisé, de souiller d'un seul soupir un aussi ravissant tableau d'innocence et d'honneteté ! Je repassais dans ma mémoire les discours qu'elle m'avait tenus en sortant ; puis, remontant avec elle dans un avenir qu'elle contemple avec tant de charmes, je voyais cette tendre mere essuyer la sueur du front de ses enfants, baiser leurs joues enflammées, et livrer ce cœur fait pour aimer au plus doux sentiment de la nature. Il n'y avait pas jusqu'a ce nom d'Élysée qui ne rectifiât en moi les écarts de l'imagination, et ne portat dans mon ame un calme preferable au trouble des passions les plus seduisantes. Il me peignait en quelque sorte l'intérieur de celle qui l'avait trouve ; je pensais qu'avec une conscience agitee on n'aurait jamais choisi ce nom-la. Je me disais · La paix regne au fond de son cœur comme dans l'asile qu'elle a nomme

Je m'etais promis une reverie agreable, j'ai revé plus agréablement que je ne m'y etais attendu. J'ai passe dans l'Élysee deux heures auxquelles je ne prefere aucun temps de ma vie. En voyant avec quel charme et quelle rapidite elles s'étaient écoulees, j'ai trouvé qu'il y a dans la meditation des pensées honnetes une sorte de bien etre que les mechants n'ont jamais connu, c'est celui de se plaire avec soi-meme. Si l'on y songeait sans prévention, je ne sais quel autre plaisir on pourrait egaler a celui-la Je sens au moins que quiconque aime autant que moi la solitude doit craindre de s'y préparer des tourments. Peut etre tirerait-on des memes principes la clef des faux jugements des hommes sur les avantages du vice et sur ceux de la vertu, car la jouissance de la vertu est tout interieure, et ne s'aperçoit que par celui qui la sent . mais tous les avantages du vice frappent les yeux d'autrui, et il n'y a que celui qui les a qui sache ce qu'ils lui coutent.

> Se a ciascun l'interno affanno
> Si leggesse in fronte scritto,
> Quanti mai, che invidia fanno,
> Ci farebbero pietà [1].

Comme il se faisait tard sans que j'y songeasse, M. de Wolmar est venu me joindre, et m'avertir que Julie et le thé m'attendaient. C'est vous, leur ai-je dit en m'excusant, qui m'empêchiez d'être avec vous : je fus si charmé de ma soirée d'hier que j'en suis retourné jouir ce matin : heureusement il n'y a point de mal; et puisque vous m'avez attendu, ma matinée n'est pas perdue.

C'est fort bien dit, a répondu madame de Wolmar; il vaudrait mieux s'attendre jusqu'à midi que de perdre le plaisir de déjeûner ensemble. Les étrangers ne sont jamais admis le matin dans ma chambre, et déjeunent dans la leur. Le déjeuner est le repas des amis; les valets en sont exclus, les importuns ne s'y montrent point; on dit tout ce qu'on pense, on y révèle tous ses secrets, on n'y contraint aucun de ses sentiments; on peut s'y livrer sans imprudence aux douceurs de la confiance et de la familiarité. C'est presque le seul moment où il soit permis d'être ce qu'on est : que ne dure t-il toute la journée ! Ah Julie ! ai-je été prêt à dire, voilà un vœu bien intéressé ! mais je me suis tu. La première chose que j'ai retranchée avec l'amour a été la louange. Louer quelqu'un en face, à moins que ce ne soit sa maîtresse, qu'est-ce faire autre chose, sinon le taxer de vanité? Vous savez, mylord, si c'est à madame de Wolmar qu'on peut faire ce reproche. Non, non; je l'honore trop pour ne pas l'honorer en silence. La voir, l'entendre, observer sa conduite, n'est-ce pas assez la louer?

---

[1] « Oh! si les tourments secrets qui rongent les cœurs se lisaient sur
« les visages, combien de gens qui font envie feraient pitié ! »

Il aurait pu ajouter la suite, qui est très-belle, et ne convient pas moins au sujet.

> Si vedria che i lor nemici
> Hanno in seno, e si riduce
> Nel parere a noi felici
> Ogni lor felicità

« On verrait que l'ennemi qui les dévore est caché dans leur pro-
« pre sein, et que tout leur prétendu bonheur se réduit à paraître heu-
« reux. »

XII. DE MADAME DE WOLMAR A MADAME D'ORBE.

Il est écrit, chere amie, que tu dois être dans tous les temps ma sauvegarde contre moi-meme, et qu'apres m'avoir délivree avec tant de peine des piéges de mon cœur, tu me garantiras encore de ceux de ma raison. Apres tant d'épreuves cruelles, j'apprends a me défier des erreurs comme des passions dont elles sont si souvent l'ouvrage. Que n'ai-je eu toujours la même precaution ! Si dans les temps passés j'avais moins compté sur mes lumieres, j'aurais eu moins a rougir de mes sentiments.

Que ce preambule ne t'alarme pas. Je serais indigne de ton amitie, si j'avais encore a la consulter sur des sujets graves Le crime fut toujours etranger a mon cœur, et j'ose l'en croire plus éloigne que jamais Ecoute-moi donc paisiblement, ma cousine, et crois que je n'aurai jamais besoin de conseil sur des doutes que la seule honneteté peut résoudre.

Depuis six ans que je vis avec M. de Wolmar dans la plus parfaite union qui puisse régner entre deux époux, tu sais qu'il ne m'a jamais parle ni de sa famille ni de sa personne, et que, l'ayant reçu d'un pere aussi jaloux du bonheur de sa fille que de l'honneur de sa maison, je n'ai point marque d'empressement pour en savoir sur son compte plus qu'il ne jugeait a propos de m'en dire. Contente de lui devoir, avec la vie de celui qui me l'a donnee, mon honneur, mon repos, ma raison, mes enfants, et tout ce qui peut me rendre quelque prix a mes propres yeux, j'etais bien assuree que ce que j'ignorais de lui ne dementait point ce qui m'etait connu ; et je n'avais pas besoin d'en savoir davantage pour l'aimer, l'estimer, l'honorer autant qu'il était possible.

Ce matin, en dejeunant, il nous a proposé un tour de promenade avant la chaleur; puis, sous prétexte de ne pas courir, disait-il, la campagne en robe de chambre, il nous a menes dans les bosquets, et precisement, ma chere, dans ce même bosquet ou commencerent tous les malheurs de ma vie. En approchant de ce lieu fatal, je me suis senti un affreux battement de cœur ; et j'aurais refusé d'entrer si la honte ne m'eût retenue, et si le souvenir d'un mot qui fut dit l'autre jour dans l'Élysée ne m'eût fait craindre les interpretations Je ne sais si le philosophe était plus tranquille, mais quelque temps apres, ayant par hasard tourne les yeux sur lui, je l'ai trouvé pale, changé, et je ne puis te dire quelle peine tout cela m'a fait.

En entrant dans le bosquet j'ai vu mon mari me jeter un coup d'œil et sourire. Il s'est assis entre nous ; et, apres un moment de silence, nous prenant tous deux par la main : Mes enfants, nous a-t-il dit, je commence a voir que mes projets ne seront point vains, et que nous pouvons etre unis tous trois d'un attachement durable, propre a faire notre bonheur commun et ma consolation dans les ennuis d'une vieillesse qui s'approche : mais je vous connais tous deux mieux que vous ne me connaissez. il est juste de rendre les choses égales ; et quoique je n'aie rien de fort interessant a vous apprendre, puisque vous n'avez plus de secret pour moi, je n'en veux plus avoir pour vous.

Alors il nous a révélé le mystere de sa naissance, qui jusqu'ici n'avait eté connue que de mon pere. Quand tu le sauras, tu concevras jusqu'ou vont le sang-froid et la modération d'un homme capable de taire six ans un pareil secret à sa femme : mais ce secret n'est rien pour lui, et il y pense trop peu pour se faire un grand effort de n'en pas parler.

Je ne vous arreterai point, nous a-t-il dit, sur les événements de ma vie : ce qui peut vous importer est moins de connaître mes aventures que mon caractere. Elles sont simples comme lui ; et, sachant bien ce que je suis, vous comprendrez aisément ce que j'ai pu faire. J'ai naturellement l'âme tranquille et le cœur froid. Je suis de ces hommes qu'on croit bien injurier en disant qu'ils ne sentent rien, c'est-a-dire qu'ils n'ont point de passion qui les détourne de suivre le vrai guide de l'homme. Peu sensible au plaisir et à la douleur, je n'éprouve même que tres-faiblement ce sentiment d'intérét et d'humanité qui nous approprie les affections d'autrui. Si j'ai de la peine a voir souffrir les gens de bien, la pitié n'y entre pour rien ; car je n'en ai point a voir souffrir les méchants. Mon seul principe actif est le goût naturel de l'ordre ; et le concours bien combiné du jeu de la fortune et des actions des hommes me plait exactement comme une belle symetrie dans un tableau, ou comme une piece bien conduite au theâtre. Si j'ai quelque passion dominante, c'est celle de l'observation. J'aime a lire dans les cœurs des hommes : comme le mien me fait peu d'illusion, que j'observe de sang-froid et sans intéret, et qu'une longue experience m'a donne de la sagacite, je ne me trompe guere dans mes jugements; aussi c'est là toute la récompense de l'amour-propre dans mes études continuelles; car je n'aime point à faire un rôle, mais seulement à voir jouer les autres : la société m'est agréable pour la contempler, non pour en faire partie. Si je pouvais changer la nature de mon être et devenir un œil vivant, je ferais volontiers cet échange. Ainsi mon indifférence pour les hommes ne me rend point indépendant d'eux; sans me soucier d'en être vu j'ai besoin de les voir, et sans m'être chers ils me sont nécessaires.

Les deux premiers états de la société que j'eus occasion d'observer furent les courtisans et les valets, deux ordres d'hommes moins différents en effet qu'en apparence, et si peu dignes d'être étudiés, si faciles à connaître, que je m'ennuyai d'eux au premier regard. En quittant la cour, où tout est sitôt vu, je me dérobai sans le savoir au péril qui m'y menaçait, et dont je n'aurais point échappé. Je changeai de nom; et voulant connaître les militaires, j'allai chercher du service chez un prince étranger : c'est là que j'eus le bonheur d'être utile à votre père, que le désespoir d'avoir tué son ami forçait à s'exposer témérairement et contre son devoir. Le cœur sensible et reconnaissant de ce brave officier commença dès lors à me donner meilleure opinion de l'humanité. Il s'unit à moi d'une amitié à laquelle il m'était impossible de refuser la mienne; et nous ne cessames d'entretenir depuis ce temps-là des liaisons qui devinrent plus étroites de jour en jour. J'appris dans ma nouvelle condition que l'intérêt n'est pas, comme je l'avais cru, le seul mobile des actions humaines, et que parmi les foules de préjugés qui combattent la vertu il en est aussi qui la favorisent. Je conçus que le caractère général de l'homme est un amour-propre indifférent par lui-même, bon ou mauvais par les accidents qui le modifient, et qui dépendent des coutumes, des lois, des rangs, de la fortune, et de toute notre police humaine. Je me livrai donc à mon penchant; et, méprisant la vaine opinion des conditions, je me jetai successivement dans les divers états qui pouvaient m'aider à les comparer tous et à connaître les uns par les autres. Je sentis, comme vous l'avez remarqué dans quelque lettre, dit-il à Saint Preux, qu'on ne voit rien quand on se contente de regarder, qu'il faut agir soi-même pour voir agir les hommes, et je me fis acteur pour être spectateur. Il est toujours aisé de descendre : j'essayai d'une multitude de conditions dont jamais homme de la mienne ne s'etait avise. Je devins meme paysan; et quand Julie m'a fait garçon jardinier, elle ne m'a point trouvé si novice au metier qu'elle aurait pu croire.

Avec la veritable connaissance des hommes, dont l'oisive philosophie ne donne que l'apparence, je trouvai un autre avantage auquel je ne m'etais point attendu; ce fut d'aiguiser par une vie active cet amour de l'ordre que j'ai reçu de la nature, et de prendre un nouveau gout pour le bien par le plaisir d'y contribuer. Ce sentiment me rendit un peu moins contemplatif, m'unit un peu plus a moi-meme; et, par une suite assez naturelle de ce progres, je m'aperçus que j'étais seul. La solitude, qui m'ennuya toujours, me devenait affreuse, et je ne pouvais plus esperer de l'eviter longtemps. Sans avoir perdu ma froideur, j'avais besoin d'un attachement; l'image de la caducite sans consolation m'affligeait avant le temps: et pour la premiere fois de ma vie je connus l'inquietude et la tristesse. Je parlai de ma peine au baron d'Étange. Il ne faut point, me dit-il, vieillir garçon. Moi-meme, apres avoir vecu presque independant dans les liens du mariage, je sens que j'ai besoin de redevenir epoux et pere, et je vais me retirer dans le sein de ma famille. Il ne tiendra qu'a vous d'en faire la votre, et de me rendre le fils que j'ai perdu. J'ai une fille unique a marier : elle n'est pas sans mérite; elle a le cœur sensible, et l'amour de son devoir lui fait aimer tout ce qui s'y rapporte. Ce n'est ni une beauté ni un prodige d'esprit, mais venez la voir, et croyez que si vous ne sentez rien pour elle, vous ne sentirez jamais rien pour personne au monde. Je vins, je vous vis, Julie, et je trouvai que votre pere m'avait parle modestement de vous. Vos transports, vos larmes de joie en l'embrassant, me donnerent la premiere ou plutot la seule émotion que j'aie éprouvee de ma vie. Si cette impression fut legere, elle etait unique; et les sentiments n'ont besoin de force pour agir qu'en proportion de ceux qui leur resistent. Trois ans d'absence ne changerent point l'etat de mon cœur. L'etat du votre ne m'echappa pas a mon retour; et c'est ici qu'il faut que je vous venge d'un aveu qui vous a tant coûté. Juge, ma chere, avec quelle étrange surprise j'appris alors que tous mes secrets lui avaient ete révélés avant mon mariage, et qu'il m'avait epousée sans ignorer que j'appartenais a un autre.

Cette conduite etait inexcusable, a continué M. de Wolmar. J'offensais la delicatesse, je pechais contre la prudence, j'exposais votre honneur et le mien ; je devais craindre de nous précipiter tous deux dans des malheurs sans ressource : mais je vous aimais, et n'aimais que vous ; tout le reste m'était indifférent. Comment réprimer la passion même la plus faible quand elle est sans contrepoids ? Voilà l'inconvénient des caractères froids et tranquilles : tout va bien tant que leur froideur les garantit des tentations ; mais s'il en survient une qui les atteigne, ils sont aussitôt vaincus qu'attaqués ; et la raison, qui gouverne tandis qu'elle est seule, n'a jamais de force pour résister au moindre effort. Je n'ai été tenté qu'une fois, et j'ai succombé : si l'ivresse de quelque autre passion m'eût fait vaciller encore, j'aurais fait autant de chutes que de faux pas. Il n'y a que des âmes de feu qui sachent combattre et vaincre ; tous les grands efforts, toutes les actions sublimes, sont leur ouvrage : la froide raison n'a jamais rien fait d'illustre, et l'on ne triomphe des passions qu'en les opposant l'une à l'autre. Quand celle de la vertu vient à s'élever, elle domine seule, et tient tout en équilibre. Voilà comment se forme le vrai sage, qui n'est pas plus qu'un autre à l'abri des passions, mais qui seul sait les vaincre par elles-mêmes, comme un pilote fait route par les mauvais vents.

Vous voyez que je ne prétends pas exténuer ma faute : si c'en eut été une, je l'aurais faite infailliblement ; mais, Julie, je vous connaissais, et n'en fis point en vous épousant. Je sentis que de vous seule dépendait tout le bonheur dont je pouvais jouir, et que si quelqu'un était capable de vous rendre heureuse, c'était moi. Je savais que l'innocence et la paix étaient nécessaires à votre cœur, que l'amour dont il était préoccupé ne les lui donnerait jamais, et qu'il n'y avait que l'horreur du crime qui put en chasser l'amour. Je vis que votre âme était dans un accablement dont elle ne sortirait que par un nouveau combat, et que ce serait en sentant combien vous pouviez encore être estimable que vous apprendriez à le devenir.

Votre cœur était usé pour l'amour : je comptai donc pour rien une disproportion d'âge qui m'ôtait le droit de prétendre à un sentiment dont celui qui en était l'objet ne pouvait jouir, et impossible à obtenir pour tout autre. Au contraire, voyant dans une vie plus d'à moitié écoulée qu'un seul goût s'était fait sentir à moi, je jugeai qu'il serait durable, et je me plus à lui conserver le reste de mes jours. Dans mes longues recherches je n'avais rien trouvé qui vous valût; je pensai que ce que vous ne feriez pas, nulle autre au monde ne pourrait le faire; j'osai croire à la vertu, et vous épousai. Le mystère que vous me faisiez ne me surprit point; j'en savais les raisons, et je vis dans votre sage conduite celle de sa durée. Par égard pour vous j'imitai votre réserve, et ne voulus point vous ôter l'honneur de me faire un jour de vous-même un aveu que je voyais à chaque instant sur le bord de vos lèvres. Je ne me suis trompé en rien; vous avez tenu tout ce que je m'étais promis de vous. Quand je voulus me choisir une épouse, je désirai d'avoir en elle une compagne aimable, sage, heureuse. Les deux premières conditions sont remplies : mon enfant, j'espère que la troisième ne nous manquera pas.

A ces mots, malgré tous mes efforts pour ne l'interrompre que par mes pleurs, je n'ai pu m'empêcher de lui sauter au cou en m'écriant : Mon cher mari, ô le meilleur et le plus aimé des hommes, apprenez-moi ce qui manque à mon bonheur, si ce n'est le vôtre, et d'être mieux mérité... Vous êtes heureuse autant qu'il se peut, a-t-il dit en m'interrompant; vous méritez de l'être; mais il est temps de jouir en paix d'un bonheur qui vous a jusqu'ici coûté bien des soins. Si votre fidélité m'eût suffi, tout était fait du moment que vous me la promites; j'ai voulu de plus qu'elle vous fût facile et douce, et c'est à la rendre telle que nous nous sommes tous deux occupés de concert, sans nous en parler. Julie, nous avons réussi mieux que vous ne pensez peut-être. Le seul tort que je vous trouve est de n'avoir pu reprendre en vous la confiance que vous vous devez, et de vous estimer moins que votre prix. La modestie extrême a ses dangers ainsi que l'orgueil Comme une témérité qui nous porte au delà de nos forces les rend impuissantes, un effroi qui nous empêche d'y compter les rend inutiles. La véritable prudence consiste à les bien connaître et à s'y tenir. Vous en avez acquis de nouvelles en changeant d'état. Vous n'êtes plus cette fille infortunée qui déplorait sa faiblesse en s'y livrant; vous êtes la plus vertueuse des femmes, qui ne connaît d'autres lois que celles du devoir et de l'honneur, et à qui le trop vif souvenir de ses fautes est la seule faute qui reste à reprocher. Loin de prendre encore contre vous-même des précautions injurieuses, apprenez donc à compter sur vous pour pouvoir y compter davantage. Écartez d'injustes défiances, capables de réveiller quelquefois les sentiments qui les ont produites. Félicitez-vous plutôt d'avoir su choisir un honnête homme dans un âge où il est si facile de s'y tromper, et d'avoir pris autrefois un amant que vous pouvez avoir aujourd'hui pour ami sous les yeux de votre mari même. A peine vos liaisons me furent-elles connues, que je vous estimai l'un par l'autre. Je vis quel trompeur enthousiasme vous avait tous deux égarés : il n'agit que sur les belles âmes ; il les perd quelquefois, mais c'est par un attrait qui ne séduit qu'elles. Je jugeai que le même goût qui avait formé votre union la relâcherait sitôt qu'elle deviendrait criminelle, et que le vice pouvait entrer dans des cœurs comme les vôtres, mais non pas y prendre racine.

Dès lors je compris qu'il régnait entre vous des liens qu'il ne fallait point rompre ; que votre mutuel attachement tenait à tant de choses louables, qu'il fallait plutôt le régler que l'anéantir, et qu'aucun des deux ne pouvait oublier l'autre sans perdre beaucoup de son prix. Je savais que les grands combats ne font qu'irriter les grandes passions, et que si les violents efforts exercent l'âme, ils lui coûtent des tourments dont la durée est capable de l'abattre. J'employai la douceur de Julie pour tempérer sa sévérité. Je nourris son amitié pour vous, dit-il à Saint-Preux ; j'en ôtai ce qui pouvait y rester de trop ; et je crois vous avoir conservé de son propre cœur plus peut-être qu'elle ne vous en eût laissé si je l'eusse abandonné à lui-même.

Mes succès m'encouragèrent, et je voulus tenter votre guérison comme j'avais obtenu la sienne : car je vous estimais ; et, malgré les préjugés du vice, j'ai toujours reconnu qu'il n'y avait rien de bien qu'on n'obtînt des belles âmes avec de la confiance et de la franchise. Je vous ai vu, vous ne m'avez point trompé, vous ne me tromperez point ; et quoique vous ne soyez pas encore ce que vous devez être, je vous vois mieux que vous ne pensez, et suis plus content de vous que vous ne l'êtes vous-même. Je sais bien que ma conduite a l'air bizarre, et choque toutes les maximes communes, mais les maximes deviennent moins générales à mesure qu'on lit mieux dans les cœurs ; et le mari de Julie ne doit pas se conduire comme un autre homme. Mes enfants, nous dit-il d'un ton d'autant plus touchant qu'il partait d'un homme tranquille, soyez ce que vous êtes, et nous serons tous contents. Le danger n'est que dans l'opinion : n'ayez pas peur de vous, et vous n'aurez rien à craindre ; ne songez qu'au présent, et je vous réponds de l'avenir.

Je ne puis vous en dire aujourd'hui davantage ; mais si mes projets s'accomplissent, et que mon espoir ne m'abuse pas, nos destinées seront mieux remplies, et vous serez tous deux plus heureux que si vous aviez été l'un a l'autre.

En se levant il nous embrassa, et voulut que nous nous embrassassions aussi, dans ce lieu .. dans ce lieu meme ou jadis.. Claire, o bonne Claire, combien tu m'as toujours aimée ! Je n'en fis aucune difficulté : helas ! que j'aurais eu tort d'en faire ! ce baiser n'eut rien de celui qui m'avait rendu le bosquet redoutable : je m'en felicitai tristement, et je connus que mon cœur était plus changé que jusque-la je n'avais osé le croire

Comme nous reprenions le chemin du logis, mon mari m'arreta par la main, et, me montrant ce bosquet dont nous sortions, il me dit en riant, Julie, ne craignez plus cet asile, il vient d'etre profané Tu ne veux pas me croire, cousine, mais je te jure qu'il a quelque don surnaturel pour lire au fond des cœurs : que le ciel le lui laisse toujours ! Avec tant de sujet de me mepriser, c'est sans doute a cet art que je dois son indulgence.

Tu ne vois point encore ici de conseil a donner . patience, mon ange, nous y voici ; mais la conversation que je viens de te rendre etait necessaire a l'eclaircissement du reste.

En nous en retournant, mon mari, qui depuis longtemps est attendu a Étange, m'a dit qu'il comptait partir demain pour s'y rendre, qu'il te verrait en passant, et qu'il y resterait cinq ou six jours. Sans dire tout ce que je pensais d'un départ aussi déplacé, j'ai representé qu'il ne me paraissait pas assez indispensable pour obliger M. de Wolmar a quitter un hote qu'il avait lui-meme appele dans sa maison. Voulez-vous, a-t-il repliqué, que je lui fasse mes honneurs pour l'avertir qu'il n'est pas chez lui ? Je suis pour l'hospitalite des Valaisans J'espere qu'il trouve ici leur franchise, et qu'il nous laisse leur liberte. Voyant qu'il ne voulait pas m'entendre, j'ai pris un autre tour, et taché d'engager notre hote à faire ce voyage avec lui. Vous trouverez, lui ai-je dit, un séjour qui a ses beautés, et meme de celles que vous aimez ; vous visiterez le patrimoine de mes peres et le mien : l'intéret que vous prenez a moi ne me permet pas de croire que cette vue vous soit indifferente. J'avais la bouche ouverte pour ajouter que ce château ressemblait a celui de mylord Edouard, qui... mais heureusement j'ai eu le temps de me mordre la langue. Il m'a répondu tout simplement que j'avais raison, et qu'il ferait ce qu'il me plairait. Mais M. de Wolmar, qui semblait vouloir me pousser a bout, a répliqué qu'il devait faire ce qui lui plaisait a lui-même. Lequel aimez-vous mieux, venir ou rester ? Rester, a-t-il dit sans balancer. Hé bien! restez, a repris mon mari en lui serrant la main. Homme honnête et vrai, je suis tres-content de ce mot-là. Il n'y avait pas moyen d'alterquer beaucoup là-dessus devant le tiers qui nous écoutait. J'ai gardé le silence, et n'ai pu cacher si bien mon chagrin que mon mari ne s'en soit aperçu. Quoi donc! a-t-il repris d'un air mécontent dans un moment où Saint-Preux était loin de nous, aurais-je inutilement plaidé votre cause contre vous-même? et madame de Wolmar se contenterait-elle d'une vertu qui eût besoin de choisir ses occasions ? Pour moi, je suis plus difficile ; je veux devoir la fidélité de ma femme à son cœur, et non pas au hasard ; et il ne me suffit pas qu'elle garde sa foi, je suis offensé qu'elle en doute.

Ensuite il nous a menés dans son cabinet, ou j'ai failli tomber de mon haut en lui voyant sortir d'un tiroir, avec les copies de quelques relations de notre ami que je lui avais données, les originaux mêmes de toutes les lettres que je croyais avoir vu brûler autrefois par Babi dans la chambre de ma mère. Voilà, m'a-t-il dit en nous les montrant, les fondements de ma sécurité : s'ils me trompaient, ce serait une folie de compter sur rien de ce que respectent les hommes Je remets ma femme et mon honneur en dépot a celle qui, fille et séduite, préférait un acte de bienfaisance a un rendez-vous unique et sûr je confie Julie épouse et mère a celui qui, maitre de contenter ses désirs, sut respecter Julie amante et fille Que celui de vous deux qui se méprise assez pour penser que j'ai tort le dise, et je me rétracte à l'instant. Cousine, crois-tu qu'il fut aisé d'oser répondre a ce langage?

J'ai pourtant cherché un moment dans l'après-midi pour prendre en particulier mon mari, et, sans entrer dans des raisonnements qu'il ne m'était pas permis de pousser fort loin, je me suis bornée a lui demander deux jours de délai : ils m'ont été accordés sur-le-champ. Je les emploie a t'envoyer cet exprès et a attendre ta réponse, pour savoir ce que je dois faire

Je sais bien que je n'ai qu'à prier mon mari de ne point partir du tout, et celui qui ne me refusa jamais rien ne me refusera pas une si légère grâce. Mais, ma chère je vois qu'il prend plaisir a la confiance qu'il me témoigne ; et je crains de perdre une partie de son estime, s'il croit que j'aie besoin de plus de réserve qu'il ne m'en permet. Je sais bien encore que je n'ai qu'à dire un mot à Saint-Preux, et qu'il n'hésitera pas à l'accompagner ; mais mon mari prendra-t-il ainsi le change ? et puis-je faire cette démarche sans conserver sur Saint-Preux un air d'autorité qui semblerait lui laisser à son tour quelque sorte de droits ? Je crains d'ailleurs qu'il n'infère de cette précaution que je la sens nécessaire ; et ce moyen, qui semble d'abord le plus facile, est peut-être au fond le plus dangereux. Enfin je n'ignore pas que nulle considération ne peut être mise en balance avec un danger réel ; mais ce danger existe-t-il en effet ? Voilà précisément le doute que tu dois résoudre.

Plus je veux sonder l'état présent de mon âme, plus j'y trouve de quoi me rassurer. Mon cœur est pur, ma conscience est tranquille, je ne sens ni trouble ni crainte ; et, dans tout ce qui se passe en moi, ma sincérité vis-à-vis de mon mari ne me coûte aucun effort. Ce n'est pas que certains souvenirs involontaires ne me donnent quelquefois un attendrissement dont il vaudrait mieux être exempte ; mais, bien loin que ces souvenirs soient produits par la vue de celui qui les a causés, ils me semblent plus rares depuis son retour, et, quelque doux qu'il me soit de le voir, je ne sais par quelle bizarrerie il m'est plus doux de penser à lui : en un mot, je trouve que je n'ai pas même besoin du secours de la vertu pour être paisible en sa présence, et que, quand l'horreur du crime n'existerait pas, les sentiments qu'elle a détruits auraient bien de la peine à renaître.

Mais, mon ange, est-ce assez que mon cœur me rassure quand la raison doit m'alarmer ? J'ai perdu le droit de compter sur moi. Qui me répondra que ma confiance n'est pas encore une illusion du vice ? Comment me fier à des sentiments qui m'ont tant de fois abusée ? Le crime ne commence-t-il pas toujours par l'orgueil qui fait mépriser la tentation ? Et braver des périls où l'on a succombé, n'est-ce pas vouloir succomber encore ?

Pèse toutes ces considérations, ma cousine ; tu verras que quand elles seraient vaines par elles-mêmes, elles sont assez graves par leur objet pour mériter qu'on y songe. Tire-moi donc de l'incertitude où elles m'ont mise. Marque-moi comment je dois me comporter dans cette occasion délicate ; car mes erreurs passées ont altéré mon jugement, et me rendent timide à me déterminer sur toutes choses. Quoi que tu penses de toi-même, ton âme est calme et tranquille, j'en suis sûre; les objets s'y peignent tels qu'ils sont : mais la mienne, toujours émue comme une onde agitée, les confond et les défigure. Je n'ose plus me fier a rien de ce que je vois ni de ce que je sens; et, malgré de si longs repentirs, j'éprouve avec douleur que le poids d'une ancienne faute est un fardeau qu'il faut porter toute sa vie.

XIII. — RÉPONSE DE MADAME D'ORBE A MADAME DE WOLMAR.

Pauvre cousine, que de tourments tu te donnes sans cesse, avec tant de sujets de vivre en paix ! Tout ton mal vient de toi, o Israël ! Si tu suivais tes propres règles, que dans les choses de sentiment tu n'écoutasses que la voix intérieure, et que ton cœur fît taire ta raison, tu te livrerais sans scrupule a la sécurité qu'il t'inspire, et tu ne t'efforcerais point, contre son témoignage, de craindre un péril qui ne peut venir que de lui.

Je t'entends, je t'entends bien, ma Julie : plus sûre de toi que tu ne feins de l'être, tu veux l'humilier de tes fautes passées, sous prétexte d'en prévenir de nouvelles; et tes scrupules sont bien moins des précautions pour l'avenir qu'une peine imposée a la témérité qui t'a perdue autrefois. Tu compares les temps ! y penses-tu ? Compare aussi les conditions, et souviens-toi que je te reprochais alors ta confiance comme je te reproche aujourd'hui ta frayeur.

Tu t'abuses, ma chère enfant : on ne se donne point ainsi le change à soi-même; si l'on peut s'étourdir sur son état en n'y pensant point, on le voit tel qu'il est sitôt qu'on veut s'en occuper, et l'on ne se déguise pas plus ses vertus que ses vices. Ta douceur, ta dévotion, t'ont donné du penchant a l'humilité. Défie-toi de cette dangereuse vertu qui ne fait qu'animer l'amour-propre en le concentrant, et crois que la noble franchise d'une âme droite est préférable à l'orgueil des humbles. S'il faut de la tempérance dans la sagesse, il en faut aussi dans les précautions qu'elle inspire, de peur que des soins ignominieux a la vertu n'avilissent l'âme, et n'y réalisent un danger chimérique a force de nous en alarmer. Ne vois-tu pas qu'après s'être relevé d'une chute il faut se tenir debout, et que s'incliner du coté opposé a celui ou l'on est tombé, c'est le moyen de tomber encore? Cousine, tu fus amante comme Héloise; te voila devote comme elle: plaise a Dieu que ce soit avec plus de succes ! En vérité, si je connaissais moins la timidité naturelle, tes terreurs seraient capables de m'effrayer a mon tour; et si j'etais aussi scrupuleuse, a force de craindre pour toi tu me ferais trembler pour moi-meme.

Penses-y mieux, mon aimable amie : toi dont la morale est aussi facile et douce qu'elle est honnete et pure, ne mets-tu point une aprete trop rude, et qui sort de ton caractere, dans tes maximes sur la separation des sexes ! Je conviens avec toi qu'ils ne doivent pas vivre ensemble ni d'une meme maniere · mais regarde si cette importante regle n'aurait pas besoin de plusieurs distinctions dans la pratique, s'il faut l'appliquer indifféremment et sans exception aux femmes et aux filles, a la societe generale et aux entretiens particuliers, aux affaires et aux amusements, et si la décence et l'honneteté qui l'inspirent ne la doivent pas quelquefois tempérer. Tu veux qu'en un pays de bonnes mœurs, ou l'on cherche dans le mariage des convenances naturelles, il y ait des assemblées ou les jeunes gens des deux sexes puissent se voir, se connaitre, et s'assortir, mais tu leur interdis avec grande raison toute entrevue particuliere. Ne serait-ce pas tout le contraire pour les femmes et les meres de famille, qui ne peuvent avoir aucun interet legitime a se montrer en public, que les soins domestiques retiennent dans l'interieur de leur maison, et qui ne doivent s'y refuser a rien de convenable a la maitresse du logis ? Je n'aimerais pas a te voir dans tes caves aller faire goûter les vins aux marchands, ni quitter tes enfants pour aller régler des comptes avec un banquier; mais s'il survient un honnete homme qui vienne voir ton mari, ou traiter avec lui de quelque affaire, refuseras-tu de recevoir son hote en son absence et de lui faire les honneurs de ta maison, de peur de te trouver tete a tete avec lui ? Remonte au principe, et toutes les regles s'expliqueront. Pourquoi pensons-nous que les femmes doivent vivre retirées et separées des hommes ? Ferons-nous cette injure a notre sexe, de croire que ce soit par des raisons tirées de sa faiblesse, et seulement pour eviter le danger des tentations? Non, ma chere, ces indignes craintes ne conviennent point a une femme de bien, a une mere de famille sans cesse environnée d'objets qui nourrissent en elle des sentiments d'honneur, et livrée aux plus respectables devoirs de la nature. Ce qui nous separe des hommes c'est la nature elle-meme, qui nous prescrit des occupations différentes ; c'est cette douce et timide modestie qui, sans songer précisément à la chasteté, en est la plus sûre gardienne ; c'est cette réserve attentive et piquante qui, nourrissant à la fois dans les cœurs des hommes et les désirs et le respect, sert pour ainsi dire de coquetterie à la vertu. Voilà pourquoi les époux mêmes ne sont pas exceptés de la règle ; voilà pourquoi les femmes les plus honnêtes conservent en général le plus d'ascendant sur leurs maris, parce qu'à l'aide de cette sage et discrète réserve, sans caprice et sans refus, elles savent, au sein de l'union la plus tendre, les maintenir à une certaine distance, et les empêchent de jamais se rassasier d'elles. Tu conviendras avec moi que ton précepte est trop général pour ne pas comporter des exceptions ; et que, n'étant point fondé sur un devoir rigoureux, la même bienséance qui l'établit peut quelquefois en dispenser.

La circonspection que tu fondes sur tes fautes passées est injurieuse à ton état présent · je ne la pardonnerais jamais à ton cœur, et j'ai bien de la peine à la pardonner à ta raison. Comment le rempart qui défend ta personne n'a-t-il pu te garantir d'une crainte ignominieuse ? Comment se peut-il que ma cousine, ma sœur, mon amie, ma Julie, confonde les faiblesses d'une fille trop sensible avec les infidélités d'une femme coupable ? Regarde tout autour de toi, tu n'y verras rien qui ne doive élever et soutenir ton âme. Ton mari, qui en présume tant, et dont tu as l'estime à justifier ; tes enfants, que tu veux former au bien, et qui s'honoreront un jour de t'avoir eue pour mère ; ton vénérable père, qui t'est si cher, qui jouit de ton bonheur, et s'illustre de sa fille plus même que de ses aïeux ; ton amie, dont le sort dépend du tien, et à qui tu dois compte d'un retour auquel elle a contribué, sa fille, à qui tu dois l'exemple des vertus que tu lui veux inspirer ; ton ami, cent fois plus idolâtre des tiennes que de ta personne, et qui te respecte encore plus que tu ne le redoutes ; toi-même enfin, qui trouves dans ta sagesse le prix des efforts qu'elle t'a coûtés, et qui ne voudras jamais perdre en un moment le fruit de tant de peines ; combien de motifs capables d'animer ton courage te font honte de t'oser défier de toi ! Mais, pour répondre de ma Julie, qu'ai-je besoin de considérer ce qu'elle est ? Il me suffit de savoir ce qu'elle fut durant les erreurs qu'elle déplore. Ah ! si jamais ton cœur eût été capable d'infidélité, je te permettrais de la craindre toujours; mais, dans l'instant meme ou tu croyais l'envisager dans l'eloignement, conçois l'horreur qu'elle t'eût faite présente, par celle qu'elle t'inspira des qu'y penser eût été la commettre.

Je me souviens de l'etonnement avec lequel nous apprenions autrefois qu'il y a des pays ou la faiblesse d'une jeune amante est un crime irremissible, quoique l'adultère d'une femme y porte le doux nom de galanterie, et ou l'on se dédommage ouvertement, étant mariée, de la courte gene où l'on vivait étant fille. Je sais quelles maximes regnent la-dessus dans le grand monde, ou la vertu n'est rien, ou tout n'est que vaine apparence, ou les crimes s'effacent par la difficulté de les prouver, ou la preuve meme en est ridicule contre l'usage qui les autorise. Mais toi, Julie, o toi qui, brûlant d'une flamme pure et fidele, n'étais coupable qu'aux yeux des hommes, et n'avais rien à te reprocher entre le ciel et toi, toi qui te faisais respecter au milieu de tes fautes, toi qui, livrée à d'impuissants regrets, nous forçais d'adorer encore les vertus que tu n'avais plus, toi qui t'indignais de supporter ton propre mépris quand tout semblait te rendre excusable; oses-tu redouter le crime apres avoir payé si cher ta faiblesse? oses tu craindre de valoir moins aujourd'hui que dans les temps qui t'ont tant coute de larmes? Non, ma chere; loin que tes anciens égarements doivent t'alarmer, ils doivent animer ton courage, un repentir si cuisant ne mene point au remords; et quiconque est si sensible a la honte ne sait point braver l'infamie.

Si jamais une ame faible eut des soutiens contre sa faiblesse, ce sont ceux qui s'offrent a toi; si jamais une âme forte a pu se soutenir elle même, la tienne a-t-elle besoin d'appui? Dis-moi donc quels sont les raisonnables motifs de crainte. Toute ta vie n'a été qu'un combat continuel, ou, meme apres ta défaite, l'honneur, le devoir, n'ont cessé de resister, et ont fini par vaincre. Ah! Julie, croirai-je qu'apres tant de tourments et de peines, douze ans de pleurs et six ans de gloire te laissent redouter une épreuve de huit jours? En deux mots, sois sincere avec toi-meme : si le péril existe, sauve ta personne et rougis de ton cœur; s'il n'existe pas, c'est outrager ta raison, c'est fletrir ta vertu, que de craindre un danger qui ne peut l'atteindre. Ignores-tu qu'il est des tentations déshonorantes qui n'approchèrent jamais d'une âme honnête, qu'il est même honteux de les vaincre, et que se précautionner contre elles est moins s'humilier que s'avilir?

Je ne prétends pas te donner mes raisons pour invincibles, mais te montrer seulement qu'il y en a qui combattent les tiennes; et cela suffit pour autoriser mon avis. Ne t'en rapporte ni a toi qui ne sais pas te rendre justice, ni à moi qui dans tes defauts n'ai jamais su voir que ton cœur, et t'ai toujours adorée; mais a ton mari, qui te voit telle que tu es, et te juge exactement selon ton mérite. Prompte comme tous les gens sensibles à mal juger de ceux qui ne le sont pas, je me défiais de sa pénétration dans les secrets des cœurs tendres; mais, depuis l'arrivée de notre voyageur, je vois par ce qu'il m'écrit qu'il lit très-bien dans les vôtres, et que pas un des mouvements qui s'y passent n'échappe à ses observations : je les trouve si fines et si justes, que j'ai rebroussé presque à l'autre extrémité de mon premier sentiment; et je croirais volontiers que les hommes froids, qui consultent plus leurs yeux que leur cœur, jugent mieux des passions d'autrui que les gens turbulents et vifs, ou vains comme moi, qui commencent toujours par se mettre a la place des autres, et ne savent jamais voir que ce qu'ils sentent. Quoi qu'il en soit, M. de Wolmar te connait bien; il t'estime, il t'aime, et son sort est lié au tien : que lui manque-t-il pour que tu lui laisses l'entiere direction, de ta conduite sur laquelle tu crains de l'abuser? Peut-être, sentant approcher la vieillesse, veut-il, par des épreuves propres a le rassurer prevenir les inquietudes jalouses qu'une jeune femme inspire ordinairement a un vieux mari ; peut-etre le dessein qu'il a demande-t-il que tu puisses vivre familierement avec ton ami sans alarmer ni ton époux ni toi-même; peut-être veut-il seulement te donner un temoignage de confiance et d'estime digne de celle qu'il a pour toi. Il ne faut jamais se refuser a de pareils sentiments, comme si l'on n'en pouvait soutenir le poids; et pour moi, je pense en un mot que tu ne peux mieux satisfaire a la prudence et a la modestie qu'en te rapportant de tout a sa tendresse et a ses lumieres.

Veux-tu, sans désobliger M. de Wolmar, te punir d'un orgueil que tu n'eus jamais, et prévenir un danger qui n'existe plus? Restee seule avec le philosophe, prends contre lui toutes les précautions superflues qui t'auraient été jadis si nécessaires; impose-toi la même réserve que si avec ta vertu tu pouvais te défier encore de ton cœur et du sien : évite les conversations trop affectueuses, les tendres souvenirs du passé; interromps ou préviens les trop longs tête-à-tête; entoure-toi sans cesse de tes enfants; reste peu seule avec lui dans la chambre, dans l'Élysée, dans le bosquet, malgré la profanation. Surtout prends ces mesures d'une manière si naturelle qu'elles semblent un effet du hasard, et qu'il ne puisse imaginer un moment que tu le redoutes. Tu aimes les promenades en bateau; tu t'en prives pour ton mari qui craint l'eau, pour tes enfants que tu ne veux pas exposer : prends le temps de cette absence pour te donner cet amusement en laissant tes enfants sous la garde de la Fanchon. C'est le moyen de te livrer sans risque aux doux épanchements de l'amitié, et de jouir paisiblement d'un long tête-à-tête sous la protection des bateliers, qui voient sans entendre, et dont on ne peut s'éloigner avant de penser à ce qu'on fait.

Il me vient encore une idée qui ferait rire beaucoup de gens, mais qui te plaira, j'en suis sûre : c'est de faire en l'absence de ton mari un journal fidèle pour lui être montré à son retour, et de songer au journal dans tous les entretiens qui doivent y entrer. A la vérité je ne crois pas qu'un pareil expédient fût utile à beaucoup de femmes; mais une âme franche et incapable de mauvaise foi a contre le vice bien des ressources qui manqueront toujours aux autres. Rien n'est méprisable de ce qui tend à garder la pureté; et ce sont les petites précautions qui conservent les grandes vertus.

Au reste, puisque ton mari doit me voir en passant, il me dira, j'espère, les véritables raisons de son voyage; et si je ne les trouve pas solides, ou je le détournerai de l'achever, ou, quoi qu'il arrive, je ferai ce qu'il n'aura pas voulu faire; c'est sur quoi tu peux compter. En attendant, en voilà, je pense, plus qu'il n'en faut pour te rassurer contre une épreuve de huit jours. Va, ma Julie, je te connais trop bien pour ne pas répondre de toi autant et plus que de moi-même. Tu seras toujours ce que tu dois et que tu veux être. Quand tu te livrerais à la seule honnêteté de ton âme, tu ne risquerais rien encore; car je n'ai point de foi aux défaites imprévues : on a beau couvrir du vain nom de faiblesses des fautes toujours volontaires, jamais femme ne succombe qu'elle n'ait voulu succomber; et si je pensais qu'un pareil sort pût t'attendre, crois-moi, crois-en ma tendre amitié, crois-en tous les sentiments qui peuvent naître dans le cœur de ta pauvre Claire, j'aurais un interet trop sensible à t'en garantir pour t'abandonner a toi seule.

Ce que M. de Wolmar t'a déclaré des connaissances qu'il avait avant ton mariage me surprend peu : tu sais que je m'en suis toujours douté ; et je te dirai de plus que mes soupçons ne se sont pas bornés aux indiscretions de Babi Je n'ai jamais pu croire qu'un homme droit et vrai comme ton pere, et qui avait tout au moins des soupçons lui-meme, put se résoudre a tromper son gendre et son ami ; que s'il t'engageait si fortement au secret, c'est que la manière de le reveler devenait fort différente de sa part ou de la tienne, et qu'il voulait sans doute y donner un tour moins propre à rebuter M. de Wolmar que celui qu'il savait bien que tu ne manquerais pas d'y donner toi-meme Mais il faut te renvoyer ton expres ; nous causerons de tout cela plus a loisir dans un mois d'ici.

Adieu, petite cousine ; c'est assez prêcher la prêcheuse : reprends ton ancien métier, et pour cause. Je me sens tout inquiete de n'etre pas encore avec toi. Je brouille toutes mes affaires en me hatant de les finir, et ne sais guere ce que je fais. Ah ! Chaillot, Chaillot !... si j'etais moins folle !... mais j'espere de l'etre toujours.

P. S. A propos, j'oubliais de faire compliment a ton altesse Dis-moi, je t'en prie, monseigneur ton mari est-il atteman, knes, ou boyard ? Pour moi, je croirai jurer s'il faut t'appeler madame la boyarde '. O pauvre enfant ! toi qui as tant gémi d'etre nee demoiselle, te voila bien chanceuse d'etre la femme d'un prince ! Entre nous cependant, pour une dame de si grande qualite, je te trouve des frayeurs un peu roturieres Ne sais-tu pas que les petits scrupules ne conviennent qu'aux petites gens, et qu'on rit d'un enfant de bonne maison qui pretend etre fils de son pere ?

XIV — DE M. DE WOLMAR A MADAME D'ORBE

Je pars pour Étange, petite cousine · je m'etais propose de vous voir en allant ; mais un retard dont vous etes cause me force a plus

---

[1] Madame d'Orbe ignorait apparemment que les deux premiers noms sont en effet des titres distingues, mais qu'un boyard n'est qu'un simple gentilhomme

de diligence, et j'aime mieux coucher à Lausanne en revenant, pour y passer quelques heures de plus avec vous. Aussi bien j'ai à vous consulter sur plusieurs choses dont il est bon de vous parler d'avance, afin que vous ayez le temps d'y réfléchir avant de m'en dire votre avis.

Je n'ai point voulu vous expliquer mon projet au sujet du jeune homme, avant que sa présence eût confirmé la bonne opinion que j'en avais conçue. Je crois déjà m'être assez assuré de lui pour vous confier entre nous que ce projet est de le charger de l'éducation de mes enfants. Je n'ignore pas que ces soins importants sont le principal devoir d'un père : mais quand il sera temps de les prendre, je serai trop âgé pour les remplir ; et, tranquille et contemplatif par tempérament, j'eus toujours trop peu d'activité pour pouvoir régler celle de la jeunesse. D'ailleurs, par la raison qui vous est connue[1], Julie ne me verrait point sans inquiétude prendre une fonction dont j'aurais peine à m'acquitter à son gré. Comme par mille autres raisons votre sexe n'est pas propre à ces mêmes soins, leur mère s'occupera tout entière à bien élever son Henriette : je vous destine pour votre part le gouvernement du ménage sur le plan que vous trouverez établi et que vous avez approuvé ; la mienne sera de voir trois honnêtes gens concourir au bonheur de la maison, et de goûter dans ma vieillesse un repos qui sera leur ouvrage.

J'ai toujours vu que ma femme aurait une extrême répugnance à confier ses enfants à des mains mercenaires, et je n'ai pu blâmer ses scrupules. Le respectable état de précepteur exige tant de talents qu'on ne saurait payer, tant de vertus qui ne sont point à prix, qu'il est inutile d'en chercher un avec de l'argent. Il n'y a qu'un homme de génie en qui l'on puisse espérer de trouver les lumières d'un maître ; il n'y a qu'un ami très-tendre à qui son cœur puisse inspirer le zèle d'un père ; et le génie n'est guère à vendre, encore moins l'attachement.

Votre ami m'a paru réunir en lui toutes les qualités convenables ; et, si j'ai bien connu son âme, je n'imagine pas pour lui de plus grande félicité que de faire dans ces enfants chéris celle de leur mère. Le seul obstacle que je puisse prévoir est dans son affection pour mylord Édouard, qui lui permettra difficilement de se déta-

---

[1] Cette raison n'est pas connue encore du lecteur, mais il est prié de ne pas s'impatienter

cher d'un ami si cher et auquel il a de si grandes obligations, a moins qu'Édouard ne l'exige lui-même. Nous attendons bientôt cet homme extraordinaire; et comme vous avez beaucoup d'empire sur son esprit, s'il ne dément pas l'idée que vous m'en avez donnée, je pourrais bien vous charger de cette négociation près de lui.

Vous avez à présent, petite cousine, la clef de toute ma conduite, qui ne peut que paraître fort bizarre sans cette explication, et qui, j'espère, aura désormais l'approbation de Julie et la vôtre. L'avantage d'avoir une femme comme la mienne m'a fait tenter des moyens qui seraient impraticables avec une autre. Si je la laisse en toute confiance avec son ancien amant sous la seule garde de sa vertu, je serais insensé d'établir dans ma maison cet amant avant de m'assurer qu'il eût pour jamais cessé de l'être : et comment pouvoir m'en assurer, si j'avais une épouse sur laquelle je comptasse moins?

Je vous ai vue quelquefois sourire à mes observations sur l'amour : mais pour le coup je tiens de quoi vous humilier. J'ai fait une découverte que ni vous ni femme au monde, avec toute la subtilité qu'on prête à votre sexe, n'eussiez jamais faite, dont pourtant vous sentirez peut-être l'évidence au premier instant, et que vous tiendrez au moins pour démontrée quand j'aurai pu vous expliquer sur quoi je la fonde. De vous dire que mes jeunes gens sont plus amoureux que jamais, ce n'est pas sans doute une merveille à vous apprendre. De vous assurer au contraire qu'ils sont parfaitement guéris, vous savez ce que peuvent la raison, la vertu; ce n'est pas là non plus leur plus grand miracle. Mais que ces deux opposés soient vrais en même temps; qu'ils brûlent plus ardemment que jamais l'un pour l'autre, et qu'il ne règne plus entre eux qu'un honnête attachement; qu'ils soient toujours amants et ne soient plus qu'amis : c'est, je pense, à quoi vous vous attendez moins, ce que vous aurez plus de peine à comprendre, et ce qui est pourtant selon l'exacte vérité.

Telle est l'énigme que forment les contradictions fréquentes que vous avez dû remarquer en eux, soit dans leurs discours, soit dans leurs lettres. Ce que vous avez écrit à Julie au sujet du portrait a servi plus que tout le reste à m'en éclaircir le mystère; et je vois qu'ils sont toujours de bonne foi, même en se démentant sans cesse. Quand je dis eux, c'est surtout le jeune homme que j'en-

tends, car pour votre amie, on n'en peut parler que par conjecture.
un voile de sagesse et d'honnêteté fait tant de replis autour de son
cœur, qu'il n'est plus possible à l'œil humain d'y pénétrer, pas
même au sien propre. La seule chose qui me fait soupçonner qu'il
lui reste quelque défiance à vaincre, est qu'elle ne cesse de chercher
en elle-même ce qu'elle ferait si elle était tout à fait guérie, et le
fait avec tant d'exactitude, que si elle était réellement guérie elle
ne le ferait pas si bien.

Pour votre ami, qui bien que vertueux s'effraye moins des sentiments qui lui restent, je lui vois encore tous ceux qu'il eut dans sa première jeunesse; mais je les vois sans avoir droit de m'en offenser. Ce n'est pas de Julie de Wolmar qu'il est amoureux, c'est de Julie d'Étange; il ne me hait point comme le possesseur de la personne qu'il aime, mais comme le ravisseur de celle qu'il a aimée. La femme d'un autre n'est point sa maîtresse, la mère de deux enfants n'est plus son ancienne écolière. Il est vrai qu'elle lui ressemble beaucoup, et qu'elle lui en rappelle souvent le souvenir. Il l'aime dans le temps passé; voilà le vrai mot de l'énigme : ôtez-lui la mémoire, il n'aura plus d'amour.

Ceci n'est point une vaine subtilité, petite cousine ; c'est une observation très-solide, qui, étendue à d'autres amours, aurait peut-être une application bien plus générale qu'il ne paraît. Je pense même qu'elle ne serait pas difficile à expliquer en cette occasion par vos propres idées. Le temps où vous séparates ces deux amants fut celui où leur passion était à son plus haut point de véhémence. Peut-être s'ils fussent restés plus longtemps ensemble se seraient-ils peu à peu refroidis, mais leur imagination vivement émue les a sans cesse offerts l'un à l'autre tels qu'ils étaient à l'instant de leur séparation. Le jeune homme, ne voyant point dans sa maîtresse les changements qu'y faisait le progrès du temps, l'aimait telle qu'il l'avait vue, et non plus telle qu'elle était.[1] Pour le rendre

---

[1] Vous êtes bien folles, vous autres femmes, de vouloir donner de la consistance à un sentiment aussi frivole et aussi passager que l'amour. Tout change dans la nature, tout est dans un flux continuel, et vous voulez inspirer des feux constants ! Et de quel droit prétendez-vous être aimées aujourd'hui, parce que vous l'étiez hier ? Gardez donc le même visage, le même âge, la même humeur, soyez toujours la même, et l'on vous aimera toujours, si l'on peut. Mais changer sans cesse, et vouloir toujours qu'on vous aime, c'est vouloir qu'à chaque instant on cesse de vous aimer, ce n'est pas chercher des cœurs constants, c'est en chercher d'aussi changeants que vous.

heureux il n'était pas question seulement de la lui donner, mais de la lui rendre au même âge et dans les mêmes circonstances où elle s'était trouvée au temps de leurs premières amours ; la moindre altération à tout cela était autant d'ôté du bonheur qu'il s'était promis. Elle est devenue plus belle, mais elle a changé, ce qu'elle a gagné tourne en ce sens à son préjudice; car c'est de l'ancienne et non pas d'une autre qu'il est amoureux.

L'erreur qui l'abuse et le trouble est de confondre les temps, et de se reprocher souvent comme un sentiment actuel ce qui n'est que l'effet d'un souvenir trop tendre : mais je ne sais s'il ne vaut pas mieux achever de le guérir que le désabuser. On tirera peut-etre meilleur parti pour cela de son erreur que de ses lumières. Lui découvrir le véritable état de son cœur serait lui apprendre la mort de ce qu'il aime ; ce serait lui donner une affliction dangereuse, en ce que l'état de tristesse est toujours favorable à l'amour.

Délivré des scrupules qui le gênent, il nourrirait peut-etre avec plus de complaisance des souvenirs qui doivent s'éteindre ; il en parlerait avec moins de réserve ; et les traits de sa Julie ne sont pas tellement effacés en madame de Wolmar, qu'à force de les y chercher il ne les y pût retrouver encore. J'ai pensé qu'au lieu de lui ôter l'opinion des progrès qu'il croit avoir faits, et qui sert d'encouragement pour achever, il fallait lui faire perdre la mémoire des temps qu'il doit oublier, en substituant adroitement d'autres idées à celles qui lui sont si chères. Vous, qui contribuâtes à les faire naître, pouvez contribuer plus que personne à les effacer : mais c'est seulement quand vous serez tout à fait avec nous que je veux vous dire à l'oreille ce qu'il faut faire pour cela ; charge qui, si je ne me trompe, ne vous sera pas fort onéreuse. En attendant, je cherche à le familiariser avec les objets qui l'effarouchent, en les lui présentant de manière qu'ils ne soient plus dangereux pour lui. Il est ardent, mais faible et facile à subjuguer. Je profite de cet avantage en donnant le change à son imagination. A la place de sa maîtresse, je le force de voir toujours l'épouse d'un honnête homme et la mère de mes enfants : j'efface un tableau par un autre, et couvre le passé du présent. On mène un coursier ombrageux à l'objet qui l'effraye, afin qu'il n'en soit plus effrayé. C'est ainsi qu'il en faut user avec ces jeunes gens dont l'imagination brûle encore quand leur cœur est déjà refroidi, et leur offre dans l'éloignement des monstres qui disparaissent à leur approche.

Je crois bien connaître les forces de l'un et de l'autre, je ne les expose qu'à des épreuves qu'ils peuvent soutenir : car la sagesse ne consiste pas à prendre indifféremment toutes sortes de précautions, mais à choisir celles qui sont utiles, et à négliger les superflues. Les huit jours pendant lesquels je les vais laisser ensemble suffiront peut-être pour leur apprendre à démêler leurs vrais sentiments, et connaître ce qu'ils sont réellement l'un à l'autre. Plus ils se verront seul à seul, plus ils comprendront aisément leur erreur, en comparant ce qu'ils sentiront avec ce qu'ils auraient autrefois senti dans une situation pareille. Ajoutez qu'il leur importe de s'accoutumer sans risque à la familiarité dans laquelle ils vivront nécessairement si mes vues sont remplies. Je vois par la conduite de Julie qu'elle a reçu de vous des conseils qu'elle ne pouvait refuser de suivre sans se faire tort. Quel plaisir je prendrais à lui donner cette preuve que je sens tout ce qu'elle vaut, si c'était une femme auprès de laquelle un mari pût se faire un mérite de sa confiance! Mais quand elle n'aurait rien gagné sur son cœur, sa vertu resterait la même : elle lui coûterait davantage, et ne triompherait pas moins. Au lieu que s'il lui reste aujourd'hui quelque peine intérieure à souffrir, ce ne peut être que dans l'attendrissement d'une conversation de réminiscence, qu'elle ne saura que trop pressentir, et qu'elle évitera toujours. Ainsi, vous voyez qu'il ne faut point juger ici de ma conduite par les règles ordinaires, mais par les vues qui me l'inspirent, et par le caractère unique de celle envers qui je la tiens.

Adieu, petite cousine, jusqu'à mon retour. Quoique je n'aie pas donné toutes ces explications à Julie, je n'exige pas que vous lui en fassiez un mystère. J'ai pour maxime de ne point interposer de secrets entre les amis : ainsi je remets ceux-ci à votre discrétion; faites-en l'usage que la prudence et l'amitié vous inspireront : je sais que vous ne ferez rien que pour le mieux et le plus honnête.

XV. — DE SAINT-PREUX A MYLORD ÉDOUARD.

M. de Wolmar partit hier pour Étange, et j'ai peine à concevoir l'état de tristesse où m'a laissé son départ. Je crois que l'éloignement de sa femme m'affligerait moins que le sien. Je me sens plus contraint qu'en sa présence même ; un morne silence règne au fond de mon cœur ; un effroi secret en étouffe le murmure ; et, moins troublé de désirs que de craintes, j'éprouve les terreurs du crime sans en avoir les tentations.

Savez-vous, mylord, où mon âme se rassure et perd ces indignes frayeurs? auprès de madame de Wolmar. Sitôt que j'approche d'elle, sa vue apaise mon trouble, ses regards épurent mon cœur. Tel est l'ascendant du sien, qu'il semble toujours inspirer aux autres le sentiment de son innocence et le repos qui en est l'effet. Malheureusement pour moi sa règle de vie ne la livre pas toute la journée à la société de ses amis, et, dans les moments que je suis forcé de passer sans la voir, je souffrirais moins d'être plus loin d'elle.

Ce qui contribue encore à nourrir la mélancolie dont je me sens accablé, c'est un mot qu'elle me dit hier après le départ de son mari. Quoique jusqu'à cet instant elle eût fait assez bonne contenance, elle le suivit longtemps des yeux avec un air attendri, que j'attribuai d'abord au seul éloignement de cet heureux époux ; mais je conçus à son discours que cet attendrissement avait encore une autre cause qui ne m'était pas connue. Vous voyez comme nous vivons, me dit-elle, et vous savez s'il m'est cher. Ne croyez pas pourtant que le sentiment qui m'unit à lui, aussi tendre et plus puissant que l'amour, en ait aussi les faiblesses. S'il nous en coûte quand la douce habitude de vivre ensemble est interrompue, l'espoir assuré de la reprendre bientôt nous console. Un état aussi permanent laisse peu de vicissitudes à craindre ; et dans une absence de quelques jours nous sentons moins la peine d'un si court intervalle que le plaisir d'en envisager la fin. L'affliction que vous lisez dans mes yeux vient d'un sujet plus grave ; et quoiqu'elle soit relative à M. de Wolmar, ce n'est point son éloignement qui la cause.

Mon cher ami, ajouta-t-elle d'un ton pénétré, il n'y a point de vrai bonheur sur la terre. J'ai pour mari le plus honnête et le plus doux des hommes, un penchant mutuel se joint au devoir qui nous lie, il n'a point d'autres désirs que les miens ; j'ai des enfants qui ne donnent et promettent que des plaisirs à leur mère ; il n'y eut jamais d'amie plus tendre, plus vertueuse, plus aimable que celle dont mon cœur est idolâtre, et je vais passer mes jours avec elle; vous-même contribuez a me les rendre chers en justifiant si bien mon estime et mes sentiments pour vous; un long et fâcheux proces pret à finir va ramener dans nos bras le meilleur des peres : tout nous prospere; l'ordre et la paix regnent dans notre maison; nos domestiques sont zélés et fideles; nos voisins nous marquent toutes sortes d'attachement, nous jouissons de la bienveillance publique. Favorisée en toutes choses du ciel, de la fortune et des hommes, je vois tout concourir a mon bonheur. Un chagrin secret, un seul chagrin l'empoisonne, et je ne suis pas heureuse. Elle dit ces derniers mots avec un soupir qui me perça l'âme, et auquel je vis trop que je n'avais aucune part. Elle n'est pas heureuse, me dis-je en soupirant à mon tour, et ce n'est plus moi qui l'empêche de l'etre[1]

Cette funeste idée bouleversa dans un instant toutes les miennes, et troubla le repos dont je commençais à jouir. Impatient du doute insupportable où ce discours m'avait jeté, je la pressai tellement d'achever de m'ouvrir son cœur, qu'enfin elle versa dans le mien ce fatal secret, et me permit de vous le révéler. Mais voici l'heure de la promenade. Madame de Wolmar sort actuellement du gynécée pour aller se promener avec ses enfants; elle vient de me le faire dire. J'y cours, mylord : je vous quitte pour cette fois, et remets à reprendre dans une autre lettre le sujet interrompu dans celle-ci.

XVI. — DE MADAME DE WOLMAR A SON MARI.

Je vous attends mardi, comme vous me le marquez, et vous trouverez tout arrangé selon vos intentions. Voyez en revenant madame d'Orbe; elle vous dira ce qui s'est passé durant votre absence : j'aime mieux que vous l'appreniez d'elle que de moi.

Wolmar, il est vrai, je crois mériter votre estime; mais votre conduite n'en est pas plus convenable, et vous jouissez durement de la vertu de votre femme.

XVII. — DE SAINT-PREUX A MYLORD ÉDOUARD.

Je veux, mylord, vous rendre compte d'un danger que nous courûmes ces jours passés, et dont heureusement nous avons été quittes pour la peur et un peu de fatigue. Ceci vaut bien une lettre a part : en la lisant vous sentirez ce qui m'engage à vous l'écrire.

Vous savez que la maison de madame de Wolmar n'est pas loin du lac, et qu'elle aime les promenades sur l'eau. Il y a trois jours que le désœuvrement ou l'absence de son mari nous laisse, et la beauté de la soirée, nous firent projeter une de ces promenades pour le lendemain. Au lever du soleil nous nous rendîmes au rivage ; nous prîmes un bateau avec des filets pour pêcher, trois rameurs, un domestique, et nous nous embarquâmes avec quelques provisions pour le dîner. J'avais pris un fusil pour tirer des besolets[1] ; mais elle me fit honte de tuer des oiseaux à pure perte, et pour le seul plaisir de faire du mal. Je m'amusais donc à rappeler de temps en temps des gros sifflets, des tiou-tiou, des crepets, des sifflassons[2], et je ne tirai qu'un seul coup de fort loin sur une grebe que je manquai.

Nous passâmes une heure ou deux à pêcher à cinq cents pas du rivage. La pêche fut bonne ; mais, à l'exception d'une truite qui avait reçu un coup d'aviron, Julie fit tout rejeter à l'eau. Ce sont, dit-elle, des animaux qui souffrent ; délivrons-les ; jouissons du plaisir qu'ils auront d'être echappés au péril. Cette opération se fit lentement, à contre cœur, non sans quelques representations ; et je vis aisément que nos gens auraient mieux goûté le poisson qu'ils avaient pris que la morale qui lui sauvait la vie.

Nous avançâmes ensuite en pleine eau ; puis, par une vivacité de jeune homme dont il serait temps de guérir, m'etant mis à *nager*[3], je dirigeai tellement au milieu du lac, que nous nous trouvâmes bientot à plus d'une heue du rivage[4]. La j'expliquais à Julie toutes les parties du superbe horizon qui nous entourait. Je lui montrais de loin les embouchures du Rhone, dont l'impetueux cours s'arrete tout à coup au bout d'un quart de lieue, et semble craindre de souiller de ses eaux bourbeuses le cristal azuré du lac. Je lui faisais observer les redents des mon-

---

[1] Oiseau de passage sur le lac de Geneve. Le besolet n'est pas bon à manger.

[2] Diverses sortes d'oiseaux du lac de Genève, tous tres-bons à manger.

[3] Terme des bateliers du lac de Genève, c'est tenir la rame qui gouverne les autres

[4] Comment cela ? Il s'en faut bien que vis-a-vis de Clarens le lac ait deux heues de large.

tagnes, dont les angles correspondants et parallèles forment, dans l'espace qui les sépare, un lit digne du fleuve qui le remplit. En l'écartant de nos côtes j'aimais à lui faire admirer les riches et charmantes rives du pays de Vaud, où la quantité des villes, l'innombrable foule du peuple, les coteaux verdoyants et parés de toutes parts, forment un tableau ravissant; où la terre, partout cultivée et partout féconde, offre au laboureur, au pâtre, au vigneron, le fruit assuré de leurs peines, que ne dévore point l'avide publicain. Puis lui montrant le Chablais sur la côte opposée, pays non moins favorisé de la nature, et qui n'offre pourtant qu'un spectacle de misère, je lui faisais sensiblement distinguer les différents effets des deux gouvernements pour la richesse, le nombre et le bonheur des hommes. C'est ainsi, lui disais-je, que la terre ouvre son sein fertile et prodigue ses trésors aux heureux peuples qui la cultivent pour eux-mêmes : elle semble sourire et s'animer au doux spectacle de la liberté; elle aime à nourrir des hommes. Au contraire, les tristes masures, la bruyère, et les ronces, qui couvrent une terre à demi déserte, annoncent de loin qu'un maître absent y domine, et qu'elle donne à regret à des esclaves quelques maigres productions dont ils ne profitent pas.

Tandis que nous nous amusions agréablement à parcourir ainsi des yeux les côtes voisines, un séchard, qui nous poussait de biais vers la rive opposée, s'éleva, fraîchit considérablement; et quand nous songeâmes à revirer, la résistance se trouva si forte qu'il ne fut plus possible à notre frêle bateau de la vaincre. Bientôt les ondes devinrent terribles : il fallut regagner la rive de Savoie, et tâcher d'y prendre terre au village de Meillerie qui était vis-à-vis de nous, et qui est presque le seul lieu de cette côte où la grève offre un abord commode. Mais le vent ayant changé se renforçait, rendait inutiles les efforts de nos bateliers, et nous faisait dériver plus bas le long, d'une file de rochers escarpés où l'on ne trouve plus d'asile.

Nous nous mîmes tous aux rames; et presque au même instant j'eus la douleur de voir Julie saisie du mal de cœur, faible et défaillante au bord du bateau. Heureusement elle était faite à l'eau, et cet état ne dura pas. Cependant nos efforts croissaient avec le danger; le soleil, la fatigue et la sueur, nous mirent tous hors d'haleine et dans un épuisement excessif. C'est alors que, retrouvant tout son courage, Julie animait le notre par ses caresses compatissantes ; elle nous essuyait indistinctement a tous le visage, et melant dans un vase du vin avec de l'eau, de peur d'ivresse, elle en offrait alternativement aux plus épuisés. Non, jamais votre adorable amie ne brilla d'un si vif eclat que dans ce moment ou la chaleur et l'agitation avaient animé son teint d'un plus grand feu ; et ce qui ajoutait le plus à ses charmes était qu'on voyait si bien a son air attendri que tous ses soins venaient moins de frayeur pour elle que de compassion pour nous. Un instant seulement deux planches s'étant entr'ouvertes, dans un choc qui nous inonda tous, elle crut le bateau brisé ; et dans une exclamation de cette tendre mere j'entendis distinctement ces mots : O mes enfants ! faut-il ne vous voir plus ? Pour moi, dont l'imagination va toujours plus loin que le mal, quoique je connusse au vrai l'etat du peril, je croyais voir de moment en moment le bateau englouti, cette beaute si touchante se débattre au milieu des flots, et la pâleur de la mort ternir les roses de son visage.

Enfin a force de travail nous remontâmes à Meillerie, et, apres avoir lutte plus d'une heure a dix pas du rivage, nous parvinmes a prendre terre. En abordant, toutes les fatigues furent oubliées. Julie prit sur soi la reconnaissance de tous les soins que chacun s'etait donnes ; et comme au fort du danger elle n'avait songé qu'à nous, a terre il lui semblait qu'on n'avait sauvé qu'elle.

Nous dinâmes avec l'appétit qu'on gagne dans un violent travail. La truite fut apprêtée. Julie qui l'aime extremement en mangea peu ; et je compris que, pour oter aux bateliers le regret de leur sacrifice, elle ne se souciait pas que j'en mangeasse beaucoup moi-meme. Mylord, vous l'avez dit mille fois, dans les plus petites choses comme dans les grandes, cette âme aimante se peint toujours.

Apres le diner, l'eau continuant d'être forte et le bateau ayant besoin d'etre raccommodé, je proposai un tour de promenade. Julie m'opposa le vent, le soleil, et songeait a ma lassitude. J'avais mes vues ; ainsi je répondis a tout. Je suis, lui dis-je, accoutume des l'enfance aux exercices pénibles ; loin de nuire a ma sante ils l'affermissent, et mon dernier voyage m'a rendu bien plus robuste encore. A l'egard du soleil et du vent, vous avez votre chapeau de paille ; nous gagnerons des abris et des bois ; il n'est question que de monter entre quelques rochers; et vous qui n'aimez pas la plaine en supporterez volontiers la fatigue. Elle fit ce que je voulais, et nous partîmes pendant le dîner de nos gens.

Vous savez qu'après mon exil du Valais je revins il y a dix ans à Meillerie attendre la permission de mon retour. C'est là que je passai des jours si tristes et si délicieux, uniquement occupé d'elle; et c'est de là que je lui écrivis une lettre dont elle fut si touchée. J'avais toujours désiré de revoir la retraite isolée qui me servit d'asile au milieu des glaces, et où mon cœur se plaisait à converser en lui-même avec ce qu'il eut de plus cher au monde. L'occasion de visiter ce lieu si chéri dans une saison plus agréable, et avec celle dont l'image l'habitait jadis avec moi, fut le motif secret de ma promenade. Je me faisais un plaisir de lui montrer d'anciens monuments d'une passion si constante et si malheureuse.

Nous y parvînmes après une heure de marche par des sentiers tortueux et frais, qui, montant insensiblement entre les arbres et les rochers, n'avaient rien de plus incommode que la longueur du chemin. En approchant et reconnaissant mes anciens renseignements, je fus prêt à me trouver mal, mais je me surmontai, je cachai mon trouble, et nous arrivâmes. Ce lieu solitaire formait un réduit sauvage et désert, mais plein de ces sortes de beautés qui ne plaisent qu'aux âmes sensibles, et paraissent horribles aux autres. Un torrent formé par la fonte des neiges roulait à vingt pas de nous une eau bourbeuse, et charriait avec bruit du limon, du sable, et des pierres. Derrière nous une chaîne de roches inaccessibles séparait l'esplanade où nous étions de cette partie des Alpes qu'on nomme les Glacières, parce que d'énormes sommets de glaces qui s'accroissent incessamment les couvrent depuis le commencement du monde [1]. Des forêts de noirs sapins nous ombrageaient tristement à droite. Un grand bois de chênes était à gauche au delà du torrent; et au-dessous de nous cette immense plaine d'eau que le lac forme au sein des Alpes nous séparait des riches côtes du pays de Vaud, dont la cime du majestueux Jura couronnait le tableau.

Au milieu de ces grands et superbes objets, le petit terrain où

---

[1] Ces montagnes sont si hautes, qu'une demi-heure après le soleil couché leurs sommets sont encore éclairés de ses rayons, dont le rouge forme sur ces cimes blanches une belle couleur de rose qu'on aperçoit de fort loin.

nous étions étalait les charmes d'un séjour riant et champêtre ; quelques ruisseaux filtraient à travers les rochers, et roulaient sur la verdure en filets de cristal ; quelques arbres fruitiers sauvages penchaient leurs tetes sur les notres ; la terre humide et fraiche était couverte d'herbe et de fleurs. En comparant un si doux séjour aux objets qui l'environnaient, il semblait que ce lieu desert dût etre l'asile de deux amants échappés seuls au bouleversement de la nature.

Quand nous eûmes atteint ce réduit et que je l'eus quelque temps contemplé : Quoi ! dis-je a Julie en la regardant avec un œil humide, votre cœur ne vous dit-il rien ici, et ne sentez-vous point quelque emotion secrete à l'aspect d'un lieu si plein de vous ? Alors, sans attendre sa réponse, je la conduisis vers le rocher, et lui montrai son chiffre grave dans mille endroits, et plusieurs vers de Petrarque et du Tasse relatifs a la situation ou j'étais en les traçant. En les revoyant moi-meme apres si longtemps, j'eprouvai combien la présence des objets peut ranimer puissamment les sentiments violents dont on fut agité pres d'eux. Je lui dis avec un peu de véhemence. O Julie, éternel charme de mon cœur, voici les lieux ou soupira jadis pour toi le plus fidele amant du monde ; voici le séjour ou ta chere image faisait son bonheur, et préparait celui qu'il reçut enfin de toi-meme. On n'y voyait alors ni ces fruits ni ces ombrages, la verdure et les fleurs ne tapissaient point ces compartiments, le cours de ces ruisseaux n'en formait point les divisions, ces oiseaux n'y faisaient point entendre leurs ramages ; le vorace épervier, le corbeau funebre, et l'aigle terrible des Alpes, faisaient seuls retentir de leurs cris ces cavernes, d'immenses glaces pendaient a tous ces rochers, des festons de neige etaient le seul ornement de ces arbres : tout respirait ici les rigueurs de l'hiver et l'horreur des frimas, les feux seuls de mon cœur me rendaient ce lieu supportable, et les jours entiers s'y passaient a penser a toi. Voila la pierre ou je m'asseyais pour contempler au loin ton heureux séjour ; sur celle-ci fut écrite la lettre qui toucha ton cœur ; ces cailloux tranchants me servaient de burin pour graver ton chiffre ; ici je passai le torrent glacé, pour reprendre une de tes lettres qu'emportait un tourbillon ; la je vins relire et baiser mille fois la derniere que tu m'ecrivis ; voila le bord ou d'un œil avide et sombre je mesurais la profondeur de ces abimes ; enfin ce fut ici qu'avant mon triste depart je vins te pleurer mourante, et jurer de ne te pas survivre. Fille trop constamment aimée, ô toi pour qui j'étais né, faut-il me retrouver avec toi dans les memes lieux, et regretter le temps que j'y passais à gémir de ton absence [1]!... J'allais continuer ; mais Julie, qui, me voyant approcher du bord, s'était effrayée et m'avait saisi la main, la serra sans mot dire en me regardant avec tendresse, et retenant avec peine un soupir ; puis tout à coup détournant la vue et me tirant par le bras : Allons-nousen, mon ami, me dit-elle d'une voix émue : l'air de ce lieu n'est pas bon pour moi. Je partis avec elle en gémissant, mais sans lui répondre, et je quittai pour jamais ce triste réduit comme j'aurais quitté Julie elle-meme.

Revenus lentement au port après quelques détours, nous nous séparâmes. Elle voulut rester seule, et je continuai de me promener sans trop savoir ou j'allais. A mon retour, le bateau n'étant pas encore pret ni l'eau tranquille, nous soupâmes tristement, les yeux baissés, l'air rêveur, mangeant peu et parlant encore moins. Apres le souper nous fûmes nous asseoir sur la greve, en attendant le moment du départ. Insensiblement la lune se leva, l'eau devint plus calme, et Julie me proposa de partir. Je lui donnai la main pour entrer dans le bateau, et en m'asseyant a côté d'elle je ne songeai plus a quitter sa main. Nous gardions un profond silence. Le bruit égal et mesuré des rames m'excitait a rêver. Le chant assez gai des bécassines [1], me retraçant les plaisirs d'un autre âge, au lieu de m'egayer m'attristait. Peu à peu je sentis augmenter la mélancolie dont j'étais accablé. Un ciel serein, la fraîcheur de l'air, les doux rayons de la lune, le frémissement argenté dont l'eau brillait autour de nous, le concours des plus agréables sensations, la présence même de cet objet chéri, rien ne put détourner de mon cœur mille réflexions douloureuses.

Je commençai par me rappeler une promenade semblable faite autrefois avec elle durant le charme de nos premieres amours. Tous les sentiments délicieux qui remplissaient alors mon âme s'y retracèrent pour l'affliger ; tous les événements de notre jeunesse, nos études, nos entretiens, nos lettres, nos rendez-vous, nos plaisirs,

[1] La bécassine du lac de Genève n'est point l'oiseau qu'on appelle en France du même nom. Le chant plus vif et plus animé de la nôtre donne au lac, durant les nuits d'été, un air de vie et de fraîcheur qui rend ses rives encore plus charmantes

> F tanta fede, e si dolce memorie,
> E si lungo costume ¹ !

ces foules de petits objets qui m'offraient l'image de mon bonheur passé ; tout revenait, pour augmenter ma misere présente, prendre place en mon souvenir. C'en est fait, disais-je en moi-meme ; ces temps, ces temps heureux ne sont plus, ils ont disparu pour jamais. Hélas ! ils ne reviendront plus ; et nous vivons, et nous sommes ensemble, et nos cœurs sont toujours unis ! Il me semblait que j'aurais porté plus patiemment sa mort ou son absence, et que j'avais moins souffert tout le temps que j'avais passé loin d'elle. Quand je gémissais dans l'éloignement, l'espoir de la revoir soulageait mon cœur ; je me flattais qu'un instant de sa presence effacerait toutes mes peines ; j'envisageais au moins dans les possibles un etat moins cruel que le mien : mais se trouver aupres d'elle, mais la voir, la toucher, lui parler, l'aimer, l'adorer, et, presque en la possédant encore, la sentir perdue a jamais pour moi ; voila ce qui me jetait dans des acces de fureur et de rage qui m'agiterent par degres jusqu'au désespoir. Bientot je commençai de rouler dans mon esprit des projets funestes, et, dans un transport dont je fremis en y pensant, je fus violemment tenté de la précipiter avec moi dans les flots, et d'y finir dans ses bras ma vie et mes longs tourments. Cette horrible tentation devint a la fin si forte, que je fus obligé de quitter brusquement sa main pour passer a la pointe du bateau.

La mes vives agitations commencerent a prendre un autre cours ; un sentiment plus doux s'insinua peu a peu dans mon ame, l'attendrissement surmonta le desespoir, je me mis a verser des torrents de larmes ; et cet etat comparé a celui dont je sortais n'etait pas sans quelque plaisir. Je pleurai fortement, longtemps, et fus soulagé. Quand je me trouvai bien remis, je revins aupres de Julie ; je repris sa main. Elle tenait son mouchoir ; je le sentis fort mouillé. Ah ! lui dis-je tout bas, je vois que nos cœurs n'ont jamais cesse de s'entendre ! Il est vrai, dit-elle d'une voix alteree ; mais que ce soit la derniere fois qu'ils auront parlé sur ce ton ! Nous recommençames alors a causer tranquillement, et au bout d'une heure de navigation nous arrivames sans autre accident. Quand nous fumes rentres, j'aperçus a la lumiere qu'elle avait les

---

¹ Et cette foi si pure, et ces doux souvenirs, et cette longue familiarité ! METAST.

yeux rouges et fort gonflés : elle ne dut pas trouver les miens en meilleur état. Après les fatigues de cette journée, elle avait grand besoin de repos; elle se retira, et je fus me coucher.

Voilà, mon ami, le détail du jour de ma vie où, sans exception, j'ai senti les émotions les plus vives. J'espere qu'elles seront la crise qui me rendra tout à fait à moi. Au reste, je vous dirai que cette aventure m'a plus convaincu que tous les arguments de la liberté de l'homme et du mérite de la vertu. Combien de gens sont faiblement tentés et succombent! Pour Julie, mes yeux le virent et mon cœur le sentit, elle soutint ce jour-là le plus grand combat qu'âme humaine ait pu soutenir; elle vainquit pourtant. Mais qu'ai-je fait pour rester si loin d'elle? O Édouard ! quand, séduit par ta maitresse, tu sus triompher à la fois de tes desirs et des siens, n'étais-tu qu'un homme? Sans toi j'étais perdu peut-être. Cent fois, dans ce jour périlleux, le souvenir de ta vertu m'a rendu la mienne.

CINQUIÈME PARTIE.

LETTRE PREMIERE.

DE MYLORD ÉDOUARD A SAINT-PREUX [1].

Sors de l'enfance, ami, réveille-toi. Ne livre point ta vie entière au long sommeil de la raison. L'age s'écoule, il ne t'en reste plus que pour etre sage. A trente ans passés il est temps de songer a soi ; commence donc a rentrer en toi-meme, et sois homme une fois avant la mort.

Mon cher, votre cœur vous en a longtemps imposé sur vos lumieres. Vous avez voulu philosopher avant d'en etre capable ; vous avez pris le sentiment pour de la raison, et, content d'estimer les choses par l'impression qu'elles vous ont faite, vous avez toujours ignoré leur veritable prix. Un cœur droit est, je l'avoue, le premier organe de la vérité ; celui qui n'a rien senti ne sait rien apprendre ; il ne fait que flotter d'erreurs en erreurs ; il n'acquiert qu'un vain savoir et de steriles connaissances, parce que le vrai rapport des choses a l'homme, qui est sa principale science, lui demeure toujours caché. Mais c'est se borner a la premiere moitié de cette science, que de ne pas étudier encore les rapports qu'ont les choses entre elles, pour mieux juger de ceux qu'elles ont avec nous. C'est peu de connaître les passions humaines, si l'on n'en sait apprécier les objets ; et cette seconde étude ne peut se faire que dans le calme de la méditation.

La jeunesse du sage est le temps de ses expériences ; ses passions en sont les instruments : mais apres avoir appliqué son âme aux objets extérieurs pour les sentir, il la retire au dedans de lui pour les considerer, les comparer, les connaître. Voila le cas ou vous devez etre plus que personne au monde. Tout ce qu'un cœur sensible peut éprouver de plaisirs et de peines a rempli le vôtre ; tout ce qu'un homme peut voir, vos yeux l'ont vu. Dans un espace de douze ans vous avez epuisé tous les sentiments qui peuvent etre épars dans une longue vie, et vous avez acquis, jeune encore, l'expérience d'un vieillard. Vos premieres observations

---

[1] Cette lettre parait avoir eté écrite avant la reception de la précédente.

se sont portées sur des gens simples et sortant presque des mains de la nature, comme pour vous servir de piece de comparaison. Exilé dans la capitale du plus celebre peuple de l'univers, vous etes sauté pour ainsi dire a l'autre extrémité le genie supplée aux intermediaires. Passé chez la seule nation d'hommes qui reste parmi les troupeaux divers dont la terre est couverte, si vous n'avez pas vu regner les lois, vous les avez vues du moins exister encore ; vous avez appris a quels signes on reconnait cet organe sacré de la volonté d'un peuple, et comment l'empire de la raison publique est le vrai fondement de la liberté. Vous avez parcouru tous les climats, vous avez vu toutes les regions que le soleil éclaire. Un spectacle plus rare et plus digne de l'œil du sage, le spectacle d'une ame sublime et pure, triomphant de ses passions et regnant sur elle-meme, est celui dont vous jouissez. Le premier objet qui frappa vos regards est celui qui les frappe encore, et votre admiration pour lui n'est que mieux fondée apres en avoir contemplé tant d'autres. Vous n'avez plus rien a sentir ni a voir qui mérite de vous occuper. Il ne vous reste plus d'objet a regarder que vous-meme, ni de jouissance a gouter que celle de la sagesse. Vous avez vecu de cette courte vie ; songez a vivre pour celle qui doit durer.

Vos passions, dont vous fûtes longtemps l'esclave, vous ont laissé vertueux. Voila toute votre gloire : elle est grande, sans doute ; mais soyez-en moins fier : votre force meme est l'ouvrage de votre faiblesse. Savez-vous ce qui vous a fait aimer toujours la vertu ? Elle a pris a vos yeux la figure de cette femme adorable qui la represente si bien, et il serait difficile qu'une si chere image vous en laissat perdre le goût. Mais ne l'aimerez-vous jamais pour elle seule, et n'irez-vous point au bien par vos propres forces, comme Julie a fait par les siennes ? Enthousiaste oisif de ses vertus, vous bornerez vous sans cesse a les admirer, sans les imiter jamais ? Vous parlez avec chaleur de la maniere dont elle remplit ses devoirs d'epouse et de mere ; mais vous, quand remplirez-vous vos devoirs d'homme et d'ami a son exemple ? Une femme a triomphé d'elle meme, et un philosophe a peine a se vaincre ! Voulez-vous donc n'etre toujours qu'un discoureur comme les autres, et vous borner a faire de bons livres, au lieu de bonnes actions[1] ? Prenez-y garde, mon cher ; il regne encore dans vos

---

[1] Non, ce siecle de la philosophie ne passera point sans avoir produit un vrai philosophe. J'en connais un, un seul, j'en conviens, mais c'est

lettres un ton de mollesse et de langueur qui me deplait, et qui est bien plus un reste de votre passion qu'un effet de votre caractere. Je hais partout la faiblesse, et n'en veux point dans mon ami. Il n'y a point de vertu sans force, et le chemin du vice est la lâcheté. Osez-vous bien compter sur vous avec un cœur sans courage ? Malheureux ! si Julie était faible, tu succomberais demain, et ne serais qu'un vil adultere. Mais te voila resté seul avec elle : apprends a la connaitre, et rougis de toi.

J'espere pouvoir bientot vous aller joindre. Vous savez à quoi ce voyage est destiné. Douze ans d'erreurs et de troubles me rendent suspect a moi-même : pour résister j'ai pu me suffire, pour choisir il me faut les yeux d'un ami ; et je me fais un plaisir de rendre tout commun entre nous, la reconnaissance aussi bien que l'attachement. Cependant, ne vous y trompez pas, avant de vous accorder ma confiance j'examinerai si vous en etes digne, et si vous méritez de me rendre les soins que j'ai pris de vous. Je connais votre cœur, j'en suis content : ce n'est pas assez ; c'est de votre jugement que j'ai besoin dans un choix ou doit présider la raison seule, et ou la mienne peut m'abuser. Je ne crains pas les passions qui, nous faisant une guerre ouverte, nous avertissent de nous mettre en defense, nous laissent, quoi qu'elles fassent, la conscience de toutes nos fautes, et auxquelles on ne cede qu'autant qu'on leur veut ceder. Je crains leur illusion qui trompe au lieu de contraindre, et nous fait faire sans le savoir autre chose que ce que nous voulons. On n'a besoin que de soi pour reprimer ses penchants, on a quelquefois besoin d'autrui pour discerner

beaucoup encore ; et, pour comble de bonheur, c'est dans mon pays qu'il existe. L'oserai-je nommer ici, lui dont la veritable gloire est d'avoir su rester peu connu ? Savant et modeste Abauzit, que votre sublime simplicite pardonne a mon cœur un zele qui n'a point votre nom pour objet Non, ce n'est pas vous que je veux faire connaitre a ce siecle indigne de vous admirer, c'est Geneve que je veux illustrer de votre sejour, ce sont mes concitoyens que je veux honorer de l'honneur qu'ils vous rendent Heureux le pays ou le merite qui se cache en est d'autant plus estimé ! Heureux le peuple ou la jeunesse altiere vient abaisser son ton dogmatique et rougir de son vain savoir devant la docte ignorance du sage ! Venérable et vertueux vieillard, vous n'aurez point ete prone par les beaux esprits, leurs bruyantes academies n'auront point retenti de vos eloges, au lieu de deposer comme eux votre sagesse dans des livres, vous l'aurez mise dans votre vie, pour l'exemple de la patrie que vous avez daigné vous choisir, que vous aimez, et qui vous respecte. Vous avez vecu comme Socrate mais il mourut par la main de ses concitoyens, et vous êtes cheri des votres

ceux qu'il est permis de suivre ; et c'est a quoi sert l'amitié d'un homme sage, qui voit pour nous sous un autre point de vue les objets que nous ayons interet a bien connaitre. Songez donc a vous examiner, et dites-vous si, toujours en proie a de vains regrets, vous serez a jamais inutile a vous et aux autres, ou si, reprenant enfin l'empire de vous-meme, vous voulez mettre une fois votre ame en etat d'eclairer celle de votre ami.

Mes affaires ne me retiennent plus a Londres que pour une quinzaine de jours : je passerai par notre armée de Flandre, ou je compte rester encore autant, de sorte que vous ne devez guere m'attendre avant la fin du mois prochain ou le commencement d'octobre. Ne m'ecrivez plus a Londres, mais a l'armée, sous l'adresse ci-jointe. Continuez vos descriptions : malgre le mauvais ton de vos lettres, elles me touchent et m'instruisent ; elles m'inspirent des projets de retraite et de repos convenables a mes maximes et a mon age. Calmez surtout l'inquietude que vous m'avez donnee sur madame de Wolmar : si son sort n'est pas heureux, qui doit oser aspirer a l'etre ? Apres le detail qu'elle vous a fait, je ne puis concevoir ce qui manque a son bonheur [1].

II. — DE SAINT PREUX A MYLORD ÉDOUARD.

Oui, mylord, je vous le confirme avec des transports de joie, la scene de Meillerie a été la crise de ma folie et de mes maux. Les explications de M. de Wolmar m'ont entierement rassure sur le véritable état de mon cœur. Ce cœur trop faible est gueri tout autant qu'il peut l'etre ; et je prefere la tristesse d'un regret imaginaire a l'effroi d'etre sans cesse assiegé par le crime. Depuis le retour de ce digne ami, je ne balance plus a lui donner un nom si cher, et dont vous m'avez si bien fait sentir tout le prix. C'est le moindre titre que je doive a quiconque aide a me rendre a la vertu. La paix est au fond de mon ame comme dans le sejour que j'habite. Je commence a m'y voir sans inquiétude, a y vivre comme chez moi, et si je n'y prends pas tout a fait l'autorité d'un maitre, je sens plus de plaisir encore a me regarder comme l'enfant de la maison. La

---

[1] Le galimatias de cette lettre me plait, en ce qu'il est tout à fait dans le caractere du bon Édouard, qui n'est jamais si philosophe que quand il fait des sottises, et ne raisonne jamais tant que quand il ne sait ce qu'il dit.

simplicité, l'égalité que j'y vois régner, ont un attrait qui me touche et me porte au respect. Je passe des jours sereins entre la raison vivante et la vertu sensible. En fréquentant ces heureux époux, leur ascendant me gagne et me touche insensiblement, et mon cœur se met par degrés à l'unisson des leurs, comme la voix prend, sans qu'on y songe, le ton des gens avec qui l'on parle.

Quelle retraite délicieuse! quelle charmante habitation! que la douce habitude d'y vivre en augmente le prix! et que, si l'aspect en paraît d'abord peu brillant, il est difficile de ne pas l'aimer aussitôt qu'on la connaît! Le goût que prend madame de Wolmar à remplir ses nobles devoirs, à rendre heureux et bons ceux qui l'approchent, se communique à tout ce qui en est l'objet, à son mari, à ses enfants, à ses hôtes, à ses domestiques. Le tumulte, les jeux bruyants, les longs éclats de rire, ne retentissent point dans ce paisible séjour; mais on y trouve partout des cœurs contents et des visages gais. Si quelquefois on y verse des larmes, elles sont d'attendrissement et de joie. Les noirs soucis, l'ennui, la tristesse, n'approchent pas plus d'ici que le vice et les remords dont ils sont le fruit.

Pour elle, il est certain qu'excepté la peine secrète qui la tourmente, et dont je vous ai dit la cause dans ma précédente lettre[1], tout concourt à la rendre heureuse. Cependant, avec tant de raisons de l'être, mille autres se désoleraient à sa place : sa vie uniforme et retirée leur serait insupportable; elles s'impatienteraient du tracas des enfants; elles s'ennuieraient des soins domestiques; elles ne pourraient souffrir la campagne; la sagesse et l'estime d'un mari peu caressant ne les dédommageraient ni de sa froideur ni de son âge; sa présence et son attachement même leur seraient à charge. Ou elles trouveraient l'art de l'écarter de chez lui pour y vivre à leur liberté, ou, s'en éloignant elles-mêmes, elles mépriseraient les plaisirs de leur état; elles en chercheraient au loin de plus dangereux, et ne seraient à leur aise dans leur propre maison que quand elles y seraient étrangères. Il faut une âme saine pour sentir les charmes de la retraite : on ne voit guère que des gens de bien se plaire au sein de leur famille et s'y renfermer volontairement; s'il est au monde une vie heureuse, c'est sans doute celle

[1] Cette précédente lettre ne se trouve point. On en verra ci-après la raison.

qu'ils y passent. Mais les instruments du bonheur ne sont rien pour qui ne sait pas les mettre en œuvre, et l'on ne sent en quoi le vrai bonheur consiste qu'autant qu'on est propre à le goûter.

S'il fallait dire avec précision ce qu'on fait dans cette maison pour être heureux, je croirais avoir bien répondu en disant, *On y sait vivre;* non dans le sens qu'on donne en France à ce mot, qui est d'avoir avec autrui certaines manières établies par la mode; mais de la vie de l'homme, et pour laquelle il est né; de cette vie dont vous me parlez, dont vous m'avez donné l'exemple, qui dure au dela d'elle-même, et qu'on ne tient pas pour perdue au jour de la mort.

Julie a un pere qui s'inquiète du bien-être de sa famille : elle a des enfants a la subsistance desquels il faut pourvoir convenablement. Ce doit être le principal soin de l'homme sociable, et c'est aussi le premier dont elle et son mari se sont conjointement occupés. En entrant en menage ils ont examiné l'état de leurs biens : ils n'ont pas tant regardé s'ils etaient proportionnés a leur condition qu'a leurs besoins; et, voyant qu'il n'y avait point de famille honnete qui ne dût s'en contenter, ils n'ont pas eu assez mauvaise opinion de leurs enfants pour craindre que le patrimoine qu'ils ont a leur laisser ne leur pût suffire. Ils se sont donc appliqués à l'améliorer plutot qu'a l'étendre; ils ont placé leur argent plus sûrement qu avantageusement; au lieu d'acheter de nouvelles terres, ils ont donne un nouveau prix a celles qu'ils avaient déja, et l'exemple de leur conduite est le seul trésor dont ils veuillent accroître leur héritage.

Il est vrai qu'un bien qui n'augmente point est sujet à diminuer par mille accidents; mais si cette raison est un motif pour l'augmenter une fois, quand cessera-t-elle d'etre un pretexte pour l'augmenter toujours? Il faudra le partager à plusieurs enfants. Mais doivent-ils rester oisifs? le travail de chacun n'est-il pas un supplément a son partage? et son industrie ne doit-elle pas entrer dans le calcul de son bien? L'insatiable avidité fait aussi son chemin sous le masque de la prudence, et mene au vice a force de chercher la sûreté. C'est en vain, dit M. de Wolmar, qu'on pretend donner aux choses humaines une solidité qui n'est pas dans leur nature : la raison meme veut que nous laissions beaucoup de choses au hasard, et si notre vie et notre fortune en dépendent toujours malgré nous, quelle folie de se donner sans cesse un tourment réel, pour prévenir des maux douteux et des dangers inévitables ! La seule précaution qu'il ait prise a ce sujet a été de vivre un an sur son capital, pour se laisser autant d'avance sur son revenu ; de sorte que le produit anticipe toujours d'une année sur la dépense. Il a mieux aimé diminuer un peu son fonds que d'avoir sans cesse à courir après ses rentes. L'avantage de n'être point réduit à des expédients ruineux au moindre accident imprévu l'a déjà remboursé bien des fois de cette avance. Ainsi l'ordre et la règle lui tiennent lieu d'épargne, et il s'enrichit de ce qu'il a dépensé.

Les maîtres de cette maison jouissent d'un bien médiocre, selon les idées de fortune qu'on a dans le monde ; mais au fond je ne connais personne de plus opulent qu'eux. Il n'y a point de richesse absolue. Ce mot ne signifie qu'un rapport de surabondance entre les désirs et les facultés de l'homme riche. Tel est riche avec un arpent de terre ; tel est gueux au milieu de ses monceaux d'or. Le désordre et les fantaisies n'ont point de bornes, et font plus de pauvres que les vrais besoins. Ici la proportion est établie sur un fondement qui la rend inébranlable, savoir, le parfait accord des deux époux. Le mari s'est chargé du recouvrement des rentes, la femme en dirige l'emploi, et c'est dans l'harmonie qui règne entre eux qu'est la source de leur richesse.

Ce qui m'a d'abord le plus frappé dans cette maison, c'est d'y trouver l'aisance, la liberté, la gaieté, au milieu de l'ordre et de l'exactitude. Le grand défaut des maisons bien réglées est d'avoir un air triste et contraint. L'extrême sollicitude des chefs sent toujours un peu l'avarice ; tout respire la gêne autour d'eux : la rigueur de l'ordre a quelque chose de servile qu'on ne supporte point sans peine. Les domestiques font leur devoir, mais ils le font d'un air mécontent et craintif. Les hôtes sont bien reçus, mais ils n'usent qu'avec défiance de la liberté qu'on leur donne ; et comme on s'y voit toujours hors de la règle, on n'y fait rien qu'en tremblant de se rendre indiscret. On sent que ces pères esclaves ne vivent point pour eux, mais pour leurs enfants, sans songer qu'ils ne sont pas seulement pères, mais hommes, et qu'ils doivent à leurs enfants l'exemple de la vie de l'homme, et du bonheur attaché à la sagesse. On suit ici des règles plus judicieuses : on y pense qu'un des principaux devoirs d'un bon père de famille n'est pas seulement de rendre son séjour riant afin que ses enfants s'y plaisent, mais d'y mener lui même une vie agréable et douce, afin qu'ils sentent qu'on est heureux en vivant comme lui, et ne soient jamais tentés de prendre pour l'être une conduite opposée à la sienne. Une des maximes que M. de Wolmar répète le plus souvent au sujet des amusements des deux cousines, est que la vie triste et mesquine des pères et mères est presque toujours la première source du désordre des enfants.

Pour Julie, qui n'eut jamais d'autre règle que son cœur, et n'en saurait avoir de plus sûre, elle s'y livre sans scrupule, et, pour bien faire, elle fait tout ce qu'il lui demande. Il ne laisse pas de lui demander beaucoup, et personne ne sait mieux qu'elle mettre un prix aux douceurs de la vie. Comment cette âme si sensible serait-elle insensible aux plaisirs? Au contraire, elle les aime, elle les recherche, elle ne s'en refuse aucun de ceux qui la flattent; on voit qu'elle sait les goûter : mais ces plaisirs sont les plaisirs de Julie. Elle ne néglige ni ses propres commodités ni celles des gens qui lui sont chers, c'est-à-dire de tous ceux qui l'environnent. Elle ne compte pour superflu rien de ce qui peut contribuer au bien-être d'une personne sensée; mais elle appelle ainsi tout ce qui ne sert qu'à briller aux yeux d'autrui; de sorte qu'on trouve dans sa maison le luxe de plaisir et de sensualité, sans raffinement ni mollesse. Quant au luxe de magnificence et de vanité, on n'y en voit que ce qu'elle n'a pu refuser au goût de son père ; encore y reconnait-on toujours le sien, qui consiste à donner moins de lustre et d'éclat que d'élégance et de grâce aux choses. Quand je lui parle des moyens qu'on invente journellement à Paris ou à Londres pour suspendre plus doucement les carrosses, elle approuve assez cela; mais quand je lui dis jusqu'à quel prix on a poussé les vernis, elle ne me comprend plus, et me demande toujours si ces beaux vernis rendent les carrosses plus commodes. Elle ne doute pas que je n'exagère beaucoup sur les peintures scandaleuses dont on orne à grands frais ces voitures, au lieu des armes qu'on y mettait autrefois; comme s'il était plus beau de s'annoncer aux passants pour un homme de mauvaises mœurs que pour un homme de qualité! Ce qui l'a surtout révoltée a été d'apprendre que les femmes avaient introduit ou soutenu cet usage, et que leurs carrosses ne se distinguaient de ceux des hommes que par des tableaux un peu plus lascifs. J'ai été forcé de lui citer là-dessus un mot de votre illustre ami, qu'elle a bien de la peine à digérer. J'étais chez lui un jour qu'on lui montrait un vis-à-vis de cette espèce À peine eut-il jeté les yeux sur les panneaux, qu'il partit en disant au maître : Montrez ce carrosse a des femmes de la cour : un honnête homme n'oserait s'en servir.

Comme le premier pas vers le bien est de ne point faire de mal, le premier pas vers le bonheur est de ne point souffrir. Ces deux maximes, qui bien entendues épargneraient beaucoup de préceptes de morale, sont chères à madame de Wolmar. Le mal-être lui est extrêmement sensible et pour elle et pour les autres ; et il ne lui serait pas plus aisé d'être heureuse en voyant des misérables, qu'à l'homme droit de conserver sa vertu toujours pure en vivant sans cesse au milieu des méchants. Elle n'a point cette pitié barbare qui se contente de détourner les yeux des maux qu'elle pourrait soulager ; elle les va chercher pour les guérir : c'est l'existence et non la vue des malheureux qui la tourmente ; il ne lui suffit pas de ne point savoir qu'il y en a, il faut pour son repos qu'elle sache qu'il n'y en a pas, du moins autour d'elle ; car ce serait sortir des termes de la raison que de faire dépendre son bonheur de celui de tous les hommes. Elle s'informe des besoins de son voisinage avec la chaleur qu'on met à son propre intérêt ; elle en connaît tous les habitants ; elle y étend pour ainsi dire l'enceinte de sa famille, et n'épargne aucun soin pour en écarter tous les sentiments de douleur et de peine auxquels la vie humaine est assujettie.

Mylord, je veux profiter de vos leçons : mais pardonnez-moi un enthousiasme que je ne me reproche plus et que vous partagez. Il n'y aura jamais qu'une Julie au monde. La Providence a veillé sur elle, et rien de ce qui la regarde n'est un effet du hasard. Le ciel semble l'avoir donnée à la terre pour y montrer à la fois l'excellence dont une âme humaine est susceptible, et le bonheur dont elle peut jouir dans l'obscurité de la vie privée, sans le secours des vertus éclatantes qui peuvent l'élever au-dessus d'elle-même, ni de la gloire qui les peut honorer. Sa faute, si c'en fut une, n'a servi qu'à déployer sa force et son courage. Ses parents, ses amis, ses domestiques, tous heureusement nés, étaient faits pour l'aimer et pour en être aimés. Son pays était le seul où il lui convînt de naître, la simplicité qui la rend sublime devait régner autour d'elle, il lui fallait, pour être heureuse, vivre parmi des gens heureux. Si pour son malheur elle fût née chez des peuples infortunés qui gémissent sous le poids de l'oppression, et luttent sans espoir et sans fruit contre la misère qui les consume, chaque plainte des opprimés eût empoisonné sa vie ; la désolation commune l'eût accablée ; et son cœur bienfaisant, épuisé de peine et d'ennuis, lui eût fait éprouver sans cesse les maux qu'elle n'eût pu soulager.

Au lieu de cela, tout anime et soutient ici sa bonté naturelle. Elle n'a point à pleurer les calamités publiques ; elle n'a point sous les yeux l'image affreuse de la misère et du désespoir. Le villageois à son aise [1] a plus besoin de ses avis que de ses dons. S'il se trouve quelque orphelin trop jeune pour gagner sa vie, quelque veuve oubliée qui souffre en secret, quelque vieillard sans enfants, dont les bras affaiblis par l'âge ne fournissent plus à son entretien, elle ne craint pas que ses bienfaits leur deviennent onéreux, et fassent aggraver sur eux les charges publiques pour en exempter des coquins accrédités. Elle jouit du bien qu'elle fait, et le voit profiter. Le bonheur qu'elle goûte se multiplie et s'étend autour d'elle. Toutes les maisons où elle entre offrent bientôt un tableau de la sienne ; l'aisance et le bien-être y sont une de ses moindres influences ; la concorde et les mœurs la suivent de ménage en ménage. En sortant de chez elle, ses yeux ne sont frappés que d'objets agréables ; en y rentrant, elle en retrouve de plus doux encore ; elle voit partout ce qui plaît à son cœur ; et cette âme si peu sensible à l'amour-propre apprend à s'aimer dans ses bienfaits. Non, mylord, je le répète, rien de ce qui touche à Julie n'est indifférent pour la vertu. Ses charmes, ses talents, ses goûts, ses combats, ses fautes, ses regrets, son séjour, ses amis, sa famille, ses peines, ses plaisirs, et toute sa destinée, font de sa vie un exemple unique, que peu de femmes voudront imiter, mais qu'elles aimeront en dépit d'elles.

Ce qui me plaît le plus dans les soins qu'on prend ici du bonheur d'autrui, c'est qu'ils sont tous dirigés par la sagesse, et qu'il n'en résulte jamais d'abus. N'est pas toujours bienfaisant qui veut ; et souvent tel croit rendre de grands services, qui fait de grands maux qu'il ne voit pas, pour un petit bien qu'il aperçoit.

---

[1] Il y a près de Clarens un village appelé Moutru, dont la commune seule est assez riche pour entretenir tous les communiers, n'eussent-ils pas un pouce de terre en propre Aussi la bourgeoisie de ce village est-elle presque aussi difficile à acquérir que celle de Berne. Quel dommage qu'il n'y ait pas là quelque honnête homme de subdélégué, pour rendre messieurs de Moutru plus sociables, et leur bourgeoisie un peu moins chère !

CINQUIÈME PARTIE.

Une qualité rare dans les femmes du meilleur caractère, et qui brille éminemment dans celui de madame de Wolmar, c'est un discernement exquis dans la distribution de ses bienfaits, soit par le choix des moyens de les rendre utiles, soit par le choix des gens sur qui elle les répand. Elle s'est fait des règles dont elle ne se départ point. Elle sait accorder et refuser ce qu'on lui demande, sans qu'il y ait ni faiblesse dans sa bonté, ni caprice dans son refus. Quiconque a commis en sa vie une méchante action n'a rien à espérer d'elle que justice, et pardon s'il l'a offensée ; jamais faveur ni protection qu'elle puisse placer sur un meilleur sujet. Je l'ai vue refuser assez séchement à un homme de cette espèce une grâce qui dépendait d'elle seule « Je vous souhaite du bonheur, « lui dit-elle, mais je n'y veux pas contribuer, de peur de faire du « mal à d'autres en vous mettant en état d'en faire. Le monde n'est « pas assez épuisé de gens de bien qui souffrent, pour qu'on soit « réduit à songer à vous. » Il est vrai que cette dureté lui coûte extrêmement, et qu'il lui est rare de l'exercer. Sa maxime est de compter pour bons tous ceux dont la méchanceté ne lui est pas prouvée ; et il y a bien peu de méchants qui n'aient l'adresse de se mettre à l'abri des preuves. Elle n'a point cette charité paresseuse des riches qui payent en argent aux malheureux le droit de rejeter leurs prières, et pour un bienfait imploré ne savent jamais donner que l'aumône. Sa bourse n'est pas inépuisable, et depuis qu'elle est mère de famille, elle en sait mieux régler l'usage. De tous les secours dont on peut soulager les malheureux, l'aumône est à la vérité celui qui coûte le moins de peine, mais il est aussi le plus passager et le moins solide ; et Julie ne cherche pas à se délivrer d'eux, mais à leur être utile.

Elle n'accorde pas non plus indistinctement des recommandations et des services sans bien savoir si l'usage qu'on en veut faire est raisonnable et juste. Sa protection n'est jamais refusée à quiconque en a un véritable besoin et mérite de l'obtenir ; mais pour ceux que l'inquiétude ou l'ambition porte à vouloir s'élever et quitter un état où ils sont bien, rarement peuvent-ils l'engager à se mêler de leurs affaires La condition naturelle à l'homme est de cultiver la terre et de vivre de ses fruits. Le paisible habitant des champs n'a besoin pour sentir son bonheur que de le connaître Tous les vrais plaisirs de l'homme sont à sa portée ; il n'a que les peines inséparables de l'humanité, des peines que celui qui croit s'en délivrer ne fait qu'échanger contre d'autres plus cruelles[1]. Cet etat est le seul nécessaire et le plus utile : il n'est malheureux que quand les autres le tyrannisent par leur violence, ou le seduisent par l'exemple de leurs vices. C'est en lui que consiste la veritable prospérite d'un pays, la force et la grandeur qu'un peuple tire de lui-meme, qui ne depend en rien des autres nations, qui ne contraint jamais d'attaquer pour se soutenir, et donne les plus surs moyens de se defendre. Quand il est question d'estimer la puissance publique, le bel esprit visite les palais du prince, ses ports, ses troupes, ses arsenaux, ses villes : le vrai politique parcourt les terres et va dans la chaumiere du laboureur. Le premier voit ce qu'on a fait, et le second ce qu'on peut faire.

Sur ce principe on s'attache ici, et plus encore a Étange, a contribuer autant qu'on peut a rendre aux paysans leur condition douce, sans jamais leur aider a en sortir. Les plus aises et les plus pauvres ont egalement la fureur d'envoyer leurs enfants dans les villes, les uns pour étudier et devenir un jour des messieurs, les autres pour entrer en condition et decharger leurs parents de leur entretien. Les jeunes gens de leur coté aiment souvent a courir ; les filles aspirent a la parure bourgeoise : les garçons s'engagent dans un service étranger ; ils croient valoir mieux en rapportant dans leur village, au lieu de l'amour de la patrie et de la liberté, l'air à la fois rogue et rampant des soldats mercenaires, et le ridicule mepris de leur ancien etat. On leur montre a tous l'erreur de ces prejuges, la corruption des enfants, l'abandon des peres, et les risques continuels de la vie, de la fortune et des mœurs, ou cent perissent pour un qui réussit. S'ils s'obstinent, on ne favorise point leur fantaisie insensee, on les laisse courir au vice et a la misere, et l'on s'applique a dedommager ceux qu'on a persuades des sacrifices qu'ils font à la raison. On leur apprend a honorer leur condition naturelle en l'honorant soi-meme ; on n'a point avec les paysans les façons des villes, mais on use avec eux d'une honnete et grave familiarité, qui, maintenant chacun dans son etat, leur apprend pourtant a faire cas du leur. Il n'y a point de bon paysan qu'on ne porte a se considerer lui-meme, en lui montrant la différence qu'on fait de lui a ces petits parvenus qui viennent

---

[1] L'homme sorti de sa premiere simplicite devient si stupide, qu'il ne sait pas même desirer. Ses souhaits exauces le meneraient tous a la fortune, jamais a la felicite.

briller un moment dans leur village ; et ternir leurs parents de leur éclat. M. de Wolmar, et le baron, quand il est ici, manquent rarement d'assister aux exercices, aux prix, aux revues du village et des environs. Cette jeunesse déjà naturellement ardente et guerriere, voyant de vieux officiers se plaire a ses assemblées, s'en estime davantage, et prend plus de confiance en elle-même. On lui en donne encore plus en lui montrant des soldats retires du service etranger en savoir moins qu'elle a tous égards ; car, quoi qu'on fasse, jamais cinq sous de paye et la peur des coups de canne ne produiront une émulation pareille à celle que donne à un homme libre et sous les armes la présence de ses parents, de ses voisins, de ses amis, de sa maitresse, et la gloire de son pays.

La grande maxime de madame de Wolmar est donc de ne point favoriser les changements de condition, mais de contribuer a rendre heureux chacun dans la sienne, et surtout d'empêcher que la plus heureuse de toutes, qui est celle du villageois dans un Etat libre, ne se depeuple en faveur des autres.

Je lui faisais la dessus l'objection des talents divers que la nature semble avoir partagés aux hommes pour leur donner a chacun leur emploi, sans égard a la condition dans laquelle ils sont nés. A cela elle me repondit qu'il y avait deux choses a considerer avant le talent, savoir, les mœurs et la felicité. L'homme, dit-elle, est un etre trop noble pour devoir servir simplement d'instrument a d'autres, et l'on ne doit point l'employer a ce qui leur convient sans consulter aussi ce qui lui convient a lui-même ; car les hommes ne sont pas faits pour les places, mais les places sont faites pour eux ; et, pour distribuer convenablement les choses, il ne faut pas tant chercher dans leur partage l'emploi auquel chaque homme est le plus propre, que celui qui est le plus propre a chaque homme pour le rendre bon et heureux autant qu'il est possible. Il n'est jamais permis de deteriorer une âme humaine pour l'avantage des autres, ni de faire un scélerat pour le service des honnetes gens.

Or, de mille sujets qui sortent du village, il n'y en a pas dix qui n'aillent se perdre a la ville, ou qui n'en portent les vices plus loin que les gens dont ils les ont appris. Ceux qui reussissent et font fortune la font presque tous par les voies déshonnêtes qui y menent. Les malheureux qu'elle n'a point favorises ne reprennent plus leur ancien état, et se font mendiants ou voleurs plutot que de redevenir paysans. De ces mille s'il s'en trouve un seul qui résiste à l'exemple et se conserve honnete homme, pensez-vous qu'a tout prendre celui-la passe une vie aussi heureuse qu'il l'eut passee à l'abri des passions violentes, dans la tranquille obscurité de sa premiere condition?

Pour suivre son talent il le faut connaitre. Est-ce une chose aisee de discerner toujours les talents des hommes? et a l'âge ou l'on prend un parti, si l'on a tant de peine a bien connaitre ceux des enfants qu'on a le mieux observes, comment un petit paysan saura-t-il de lui-meme distinguer les siens? Rien n'est plus equivoque que les signes d'inclination qu'on donne des l'enfance; l'esprit imitateur y a souvent plus de part que le talent : ils dependront plutot d'une rencontre fortuite que d'un penchant decide, et le penchant meme n'annonce pas toujours la disposition. Le vrai talent, le vrai génie a une certaine simplicité qui le rend moins inquiet, moins remuant, moins prompt a se montrer, qu'un apparent et faux talent, qu'on prend pour veritable, et qui n'est qu'une vaine ardeur de briller, sans moyens pour y réussir. Tel entend un tambour et veut etre general, un autre voit batir et se croit architecte. Gustin, mon jardinier, prit le goût du dessin pour m'avoir vue dessiner : je l'envoyai apprendre a Lausanne; il se croyait deja peintre, et n'est qu'un jardinier. L'occasion, le desir de s'avancer, décident de l'etat qu'on choisit. Ce n'est pas assez de sentir son génie, il faut aussi vouloir s'y livrer. Un prince ira-t il se faire cocher parce qu'il mene bien son carrosse? un duc se fera-t-il cuisinier parce qu'il invente de bons ragouts? On n'a des talents que pour s'élever, personne n'en a pour descendre : pensez-vous que ce soit la l'ordre de la nature? Quand chacun connaitrait son talent et voudrait le suivre, combien le pourraient? combien surmonteraient d'injustes obstacles? combien vaincraient d'indignes concurrents? Celui qui sent sa faiblesse appelle a son secours le manége et la brigue, que l'autre, plus sur de lui, dedaigne. Ne m'avez-vous pas cent fois dit vous-meme que tant d'etablissements en faveur des arts ne font que leur nuire? En multipliant indiscretement les sujets on les confond; le vrai merite reste etouffé dans la foule, et les honneurs dus au plus habile sont tous pour le plus intrigant. S'il existait une societe ou les emplois et les rangs fussent exactement mesures sur les talents et le merite personnel, chacun pourrait aspirer a la place qu'il saurait le mieux remplir; mais il faut se conduire par des regles plus sûres, et renoncer au prix des talents, quand le plus vil de tous est le seul qui mene a la fortune.

Je vous dirai plus, continua t-elle : j'ai peine a croire que tant de talents divers doivent etre tous developpes ; car il faudrait pour cela que le nombre de ceux qui les possedent fut exactement proportionné au besoin de la société; et si l'on ne laissait au travail de la terre que ceux qui ont eminemment le talent de l'agriculture, ou qu'on enlevât a ce travail tous ceux qui sont plus propres a un autre, il ne resterait pas assez de laboureurs pour la cultiver et nous faire vivre. Je penserais que les talents des hommes sont comme les vertus des drogues, que la nature nous donne pour guérir nos maux, quoique son intention soit que nous n'en ayons pas besoin. Il y a des plantes qui nous empoisonnent, des animaux qui nous devorent, des talents qui nous sont pernicieux. S'il fallait toujours employer chaque chose selon ses principales proprietes, peut-etre ferait-on moins de bien que de mal aux hommes. Les peuples bons et simples n'ont pas besoin de tant de talents, ils se soutiennent mieux par leur seule simplicité que les autres par toute leur industrie : mais a mesure qu'ils se corrompent, leurs talents se developpent comme pour servir de supplement aux vertus qu'ils perdent, et pour forcer les méchants eux-mêmes d'etre utiles en depit d'eux.

Une autre chose sur laquelle j'avais peine a tomber d'accord avec elle etait l'assistance des mendiants. Comme c'est ici une grande route, il en passe beaucoup, et l'on ne refuse l'aumone a aucun. Je lui representai que ce n'etait pas seulement un bien jete a pure perte, et dont on privait ainsi le vrai pauvre, mais que cet usage contribuait a multiplier les gueux et les vagabonds qui se plaisent a ce lache metier, et, se rendant a charge a la societe, la privent encore du travail qu'ils y pourraient faire.

Je vois bien, me dit-elle, que vous avez pris dans les grandes villes les maximes dont de complaisants raisonneurs aiment a flatter la dureté des riches ; vous en avez meme pris les termes. Croyez-vous degrader un pauvre de sa qualite d'homme en lui donnant le nom méprisant de gueux? Compatissant comme vous l'etes, comment avez-vous pu vous résoudre a l'employer? Renoncez-y, mon ami, ce mot ne va point dans votre bouche; il est plus deshonorant pour l'homme dur qui s'en sert que pour le malheureux qui le porte. Je ne déciderai point si ces détracteurs de l'aumône ont tort ou raison ; ce que je sais, c'est que mon mari, qui ne cede point en bon sens a vos philosophes, et qui m'a souvent rapporté tout ce qu'ils disent là-dessus pour étouffer dans le cœur la pitié naturelle et l'exercer a l'insensibilité, m'a toujours paru mépriser ces discours, et n'a point désapprouvé ma conduite. Son raisonnement est simple : On souffre, dit-il, et l'on entretient a grands frais des multitudes de professions inutiles, dont plusieurs ne servent qu'a corrompre et gâter les mœurs. A ne regarder l'état de mendiant que comme un métier, loin qu'on en ait rien de pareil a craindre, on n'y trouve que de quoi nourrir en nous les sentiments d'intérêt et d'humanité qui devraient unir tous les hommes. Si l'on veut le considérer par le talent, pourquoi ne récompenserais-je pas l'éloquence de ce mendiant qui me remue le cœur et me porte a le secourir, comme je paye un comédien qui me fait verser quelques larmes stériles? Si l'on me fait aimer les bonnes actions d'autrui, l'autre me porte à en faire moi-même : tout ce qu'on sent a la tragédie s'oublie a l'instant qu'on en sort ; mais la mémoire des malheureux qu'on à soulagés donne un plaisir qui renait sans cesse. Si le grand nombre des mendiants est onéreux a l'Etat, de combien d'autres professions qu'on encourage et qu'on tolere n'en peut-on pas dire autant? C'est au souverain de faire en sorte qu'il n'y ait point de mendiants : mais, pour les rebuter de leur profession [1], faut-il rendre les citoyens inhumains et dénaturés? Pour moi, continua Julie, sans savoir ce que les pauvres sont à l'Etat, je sais qu'ils sont tous mes frères, et que je ne puis, sans

[1] Nourrir les mendiants, c'est, disent-ils, former des pépinières de voleurs, et, tout au contraire, c'est empêcher qu'ils ne le deviennent. Je conviens qu'il ne faut pas encourager les pauvres a se faire mendiants ; mais quand une fois ils le sont, il faut les nourrir, de peur qu'ils ne se fassent voleurs. Rien n'engage tant a changer de profession que de ne pouvoir vivre dans la sienne : or tous ceux qui ont une fois gouté de ce métier oiseux prennent tellement le travail en aversion, qu'ils aiment mieux voler et se faire pendre, que de reprendre l'usage de leurs bras. Un liard est bientôt demandé et refusé ; mais vingt liards auraient payé le souper d'un pauvre que vingt refus peuvent impatienter. Qui est ce qui voudrait jamais refuser une si legere aumône, s'il songeait qu'elle peut sauver deux hommes, l'un du crime, et l'autre de la mort? J'ai lu quelque part que les mendiants sont une vermine qui s'attache aux riches. Il est naturel que les enfants s'attachent aux pères ; mais ces peres opulents et durs les méconnaissent, et laissent aux pauvres le soin de les nourrir.

une inexcusable dureté, leur refuser le faible secours qu'ils me demandent. La plupart sont des vagabonds, j'en conviens ; mais je connais trop les peines de la vie pour ignorer par combien de malheurs un honnête homme peut se trouver reduit a leur sort : et comment puis-je être sûre que l'inconnu qui vient implorer au nom de Dieu mon assistance, et mendier un pauvre morceau de pain, n'est pas peut-être cet honnête homme pret a périr de misere, et que mon refus va réduire au désespoir? L'aumône que je fais donner a la porte est légere : un demi-crutz[1] et un morceau de pain sont ce qu'on ne refuse a personne ; on donne une ration double a ceux qui sont évidemment estropiés : s'ils en trouvent autant sur leur route dans chaque maison aisée, cela suffit pour les faire vivre en chemin ; et c'est tout ce qu'on doit au mendiant étranger qui passe. Quand ce ne serait pas pour eux un secours réel, c'est au moins un témoignage qu'on prend part a leur peine, un adoucissement à la dureté du refus, une sorte de salutation qu'on leur rend. Un demi-crutz et un morceau de pain ne coûtent guère plus à donner et sont une réponse plus honnete qu'un *Dieu vous assiste!* comme si les dons de Dieu n'étaient pas dans la main des hommes, et qu'il eût d'autres greniers sur la terre que les magasins des riches! Enfin, quoi qu'on puisse penser de ces infortunés, si l'on ne doit rien au gueux qui mendie, au moins se doit-on à soi-même de rendre honneur a l'humanité souffrante ou à son image, et de ne point s'endurcir le cœur a l'aspect de ses misères.

Voilà comment j'en use avec ceux qui mendient pour ainsi dire sans prétexte et de bonne foi : a l'égard de ceux qui se disent ouvriers et se plaignent de manquer d'ouvrage, il y a toujours ici pour eux des outils et du travail qui les attendent. Par cette méthode on les aide, on met leur bonne volonté à l'épreuve ; et les menteurs le savent si bien qu'il ne s'en présente plus chez nous.

C'est ainsi, mylord, que cette âme angélique trouve toujours dans ses vertus de quoi combattre les vaines subtilités dont les gens cruels pallient leurs vices. Tous ces soins et d'autres semblables sont mis par elle au rang de ses plaisirs, et remplissent une partie du temps que lui laissent ses devoirs les plus chéris. Quand, apres s'être acquittée de tout ce qu'elle doit aux autres, elle songe ensuite a elle-même, ce qu'elle fait pour se rendre la vie agréable

[1] Petite monnaie du pays

peut encore etre compte parmi ses vertus, tant son motif est toujours louable et honnete, et tant il y a de temperance et de raison dans tout ce qu'elle accorde a ses desirs ! Elle veut plaire a son mari, qui aime a la voir contente et gaie ; elle veut inspirer a ses enfants le goût des innocents plaisirs que la moderation, l'ordre et la simplicite font valoir, et qui détournent le cœur des passions impetueuses. Elle s'amuse pour les amuser, comme la colombe amollit dans son estomac le grain dont elle veut nourrir ses petits.

Julie a l'âme et le corps egalement sensibles. La même delicatesse regne dans ses sentiments et dans ses organes. Elle etait faite pour connaitre et gouter tous les plaisirs ; et longtemps elle n'aima si cherement la vertu meme que comme la plus douce des voluptes. Aujourd'hui qu'elle sent en paix cette volupté supreme, elle ne se refuse aucune de celles qui peuvent s'associer avec celle-la : mais sa maniere de les goûter ressemble a l'austérite de ceux qui s'y refusent, et l'art de jouir est pour elle celui des privations, non de ces privations penibles et douloureuses qui blessent la nature et dont son auteur dedaigne l'hommage insense, mais des privations passageres et moderees, qui conservent a la raison son empire, et, servant d'assaisonnement au plaisir, en préviennent le dégoût et l'abus Elle pretend que tout ce qui tient aux sens et n'est pas nécessaire a la vie change de nature aussitot qu'il tourne en habitude, qu'il cesse d'etre un plaisir en devenant un besoin, que c'est a la fois une chaine qu'on se donne et une jouissance dont on se prive, et que prevenir toujours les desirs n'est pas l'art de les contenter, mais de les eteindre. Tout celui qu'elle emploie a donner du prix aux moindres choses est de se les refuser vingt fois pour en jouir une Cette ame simple se conserve ainsi son premier ressort : son goût ne s'use point ; elle n'a jamais besoin de le ranimer par des exces, et je la vois souvent savourer avec delices un plaisir d'enfant qui serait insipide a tout autre.

Un objet plus noble qu'elle se propose encore en cela est de rester maitresse d'elle-même, d'accoutumer ses passions a l'obéissance, et de plier tous ses desirs a la regle. C'est un nouveau moyen d'etre heureuse ; car on ne jouit sans inquiétude que de ce qu'on peut perdre sans peine ; et si le vrai bonheur appartient au sage, c'est parce qu'il est de tous les hommes celui a qui la fortune peut le moins oter

Ce qui me paraît le plus singulier dans sa tempérance, c'est qu'elle la suit sur les mêmes raisons qui jettent les voluptueux dans l'excès. La vie est courte, il est vrai, dit-elle ; c'est une raison d'en user jusqu'au bout, et de dispenser avec art sa durée, afin d'en tirer le meilleur parti qu'il est possible. Si un jour de satiété nous ôte un an de jouissance, c'est une mauvaise philosophie d'aller toujours jusqu'où le désir nous mène, sans considérer si nous ne serons point plus tôt au bout de nos facultés que de notre carrière, et si notre cœur épuisé ne mourra point avant nous. Je vois que ces vulgaires épicuriens, pour ne vouloir jamais perdre une occasion, les perdent toutes, et, toujours ennuyés au sein des plaisirs, n'en savent jamais trouver aucun. Ils prodiguent le temps qu'ils pensent économiser, et se ruinent comme les avares, pour ne savoir rien perdre à propos. Je me trouve bien de la maxime opposée, et je crois que j'aimerais encore mieux sur ce point trop de sévérité que de relâchement. Il m'arrive quelquefois de rompre une partie de plaisir, par la seule raison qu'elle m'en fait trop ; en la renouant j'en jouis deux fois. Cependant je m'exerce à conserver sur moi l'empire de ma volonté, et j'aime mieux être taxée de caprice que de me laisser dominer par mes fantaisies.

Voilà sur quel principe on fonde ici les douceurs de la vie et les choses de pur agrément. Julie a du penchant à la gourmandise ; et dans les soins qu'elle donne à toutes les parties du ménage, la cuisine surtout n'est pas négligée. La table se sent de l'abondance générale ; mais cette abondance n'est point ruineuse ; il y règne une sensualité sans raffinement ; tous les mets sont communs, mais excellents dans leurs espèces ; l'apprêt en est simple et pourtant exquis. Tout ce qui n'est que d'appareil, tout ce qui tient à l'opinion, tous les plats fins et recherchés, dont la rareté fait tout le prix, et qu'il faut nommer pour les trouver bons, en sont bannis à jamais ; et même, dans la délicatesse et le choix de ceux qu'on se permet, on s'abstient journellement de certaines choses qu'on réserve, pour donner à quelque repas un air de fête qui les rend plus agréables sans être plus dispendieux. Que croiriez-vous que sont ces mets si sobrement ménagés ? du gibier rare ? du poisson de mer ? des productions étrangères ? Mieux que tout cela ; quelque excellent légume du pays, quelqu'un des savoureux herbages qui croissent dans nos jardins, certains poissons du lac apprêtés d'une certaine manière, certains laitages de nos montagnes, quelque pâtisserie à l'allemande, à quoi l'on joint quelque piece de la chasse des gens de la maison : voila tout l'extraordinaire qu'on y remarque ; voilà ce qui couvre et orne la table, ce qui excite et contente notre appétit les jours de réjouissance. Le service est modeste et champetre, mais propre et riant ; la grâce et le plaisir y sont, la joie et l'appétit l'assaisonnent. Des surtouts dorés autour desquels on meurt de faim, des cristaux pompeux chargés de fleurs pour tout dessert, ne remplissent point la place des mets ; on n'y sait point l'art de nourrir l'estomac par les yeux, mais on y sait celui d'ajouter du charme à la bonne chere, de manger beaucoup sans s'incommoder, de s'égayer à boire sans altérer sa raison, de tenir table longtemps sans ennui, et d'en sortir toujours sans dégoût.

Il y a au premier étage une petite salle a manger différente de celle où l'on mange ordinairement, laquelle est au rez-de-chaussée : cette salle particulière est à l'angle de la maison, et éclairée de deux cotés ; elle donne par l'un sur le jardin, au delà duquel on voit le lac à travers les arbres ; par l'autre on aperçoit ce grand coteau de vignes qui commencent d'étaler aux yeux les richesses qu'on y recueillera dans deux mois. Cette piece est petite, mais ornée de tout ce qui peut la rendre agréable et riante. C'est là que Julie donne ses petits festins à son pere, à son mari, à sa cousine, à moi, a elle-même, et quelquefois a ses enfants. Quand elle ordonne d'y mettre le couvert, on sait d'avance ce que cela veut dire ; et M. de Wolmar l'appelle en riant le salon d'Apollon : mais ce salon ne differe pas moins de celui de Lucullus par le choix des convives que par celui des mets. Les simples hotes n'y sont point admis, jamais on n'y mange quand on a des étrangers ; c'est l'asile inviolable de la confiance, de l'amitié, de la liberté ; c'est la société des cœurs qui lie en ce lieu celle de la table ; elle est une sorte d'initiation à l'intimité, et jamais il ne s'y rassemble que des gens qui voudraient n'être plus séparés. Mylord, la fete vous attend, et c'est dans cette salle que vous ferez ici votre premier repas.

Je n'eus pas d'abord le même honneur ; ce ne fut qu'a mon retour de chez madame d'Orbe que je fus traité dans le salon d'Apollon. Je n'imaginais pas qu'on pût rien ajouter d'obligeant à la réception qu'on m'avait faite : mais ce souper me donna d'autres idées ; j'y trouvai je ne sais quel délicieux mélange de familiarité, de plaisir, d'union, d'aisance, que je n'avais point encore éprouvé.

Je me sentais plus libre sans qu'on m'eût averti de l'être ; il me semblait que nous nous entendions mieux qu'auparavant. L'eloignement des domestiques m'invitait a n'avoir plus de réserve au fond de mon cœur ; et c'est là qu'à l'instance de Julie je repris l'usage, quitté depuis tant d'années, de boire avec mes hotes du vin pur a la fin du repas.

Ce souper m'enchanta : j'aurais voulu que tous nos repas se fussent passés de même. Je ne connaissais point cette charmante salle, dis-je à madame de Wolmar ; pourquoi n'y mangez-vous pas toujours ? Voyez, dit-elle, elle est si jolie ! ne serait-ce pas dommage de la gâter ? Cette réponse me parut trop loin de son caractere pour n'y pas soupçonner quelque sens caché. Pourquoi du moins, repris-je, ne rassemblez-vous pas toujours autour de vous les mêmes commodités qu'on trouve ici, afin de pouvoir éloigner vos domestiques et causer plus en liberté ? C'est, me répondit-elle encore, que cela me serait trop agréable, et que l'ennui d'etre toujours a son aise est enfin le pire de tous Il ne m'en fallut pas davantage pour concevoir son systeme ; et je jugeai qu'en effet l'art d'assaisonner les plaisirs n'est que celui d'en être avare.

Je trouve qu'elle se met avec plus de soin qu'elle ne faisait autrefois. La seule vanité qu'on lui ait jamais reprochée était de négliger son ajustement. L'orgueilleuse avait ses raisons, et ne me laissait point de prétexte pour méconnaître son empire. Mais elle avait beau faire, l'enchantement était trop fort pour me sembler naturel ; je m'opiniatrais a trouver de l'art dans sa négligence ; elle se serait coiffee d'un sac, que je l'aurais accusée de coquetterie Elle n'aurait pas moins de pouvoir aujourd'hui ; mais elle dedaigne de l'employer ; et je dirais qu'elle affecte une parure plus recherchee pour ne sembler plus qu'une jolie femme, si je n'avais decouvert la cause de ce nouveau soin. J'y fus trompé les premiers jours ; et, sans songer qu'elle n'etait pas mise autrement qu'a mon arrivée ou je n'étais point attendu, j'osai m'attribuer l'honneur de cette recherche. Je me desabusai durant l'absence de M. de Wolmar. Des le lendemain ce n'etait plus cette elegance de la veille dont l'œil ne pouvait se lasser, ni cette simplicité touchante et voluptueuse qui m'enivrait autrefois ; c'était une certaine modestie qui parle au cœur par les yeux, qui n'inspire que du respect, et que la beauté rend plus imposante. La dignité d'épouse et de mere régnait sur tous ses charmes ; ce regard timide et tendre était devenu plus grave ; et l'on eût dit qu'un air plus grand et plus noble avait voilé la douceur de ses traits. Ce n'était pas qu'il y eût la moindre altération dans son maintien ni dans ses manières ; son égalité, sa candeur, ne connurent jamais les simagrées ; elle usait seulement du talent naturel aux femmes de changer quelquefois nos sentiments et nos idées par un ajustement différent, par une coiffure d'une autre forme, par une robe d'une autre couleur, et d'exercer sur les cœurs l'empire du goût, en faisant de rien quelque chose. Le jour qu'elle attendait son mari de retour, elle retrouva l'art d'animer ses grâces naturelles sans les couvrir ; elle était éblouissante en sortant de sa toilette ; je trouvai qu'elle ne savait pas moins effacer la plus brillante parure qu'orner la plus simple ; et je me dis avec dépit, en pénétrant l'objet de ses soins : En fit-elle jamais autant pour l'amour ?

Ce goût de parure s'étend de la maîtresse de la maison à tout ce qui la compose. Le maître, les enfants, les domestiques, les chevaux, les bâtiments, les jardins, les meubles, tout est tenu avec un soin qui marque qu'on n'est pas au-dessous de la magnificence, mais qu'on la dédaigne ; ou plutôt la magnificence y est en effet, s'il est vrai qu'elle consiste moins dans la richesse de certaines choses que dans un bel ordre du tout, qui marque le concert des parties et l'unité d'intention de l'ordonnateur [1]. Pour moi, je trouve au moins que c'est une idée plus grande et plus noble de voir dans une maison simple et modeste un petit nombre de gens heureux d'un bonheur commun, que de voir régner dans un palais la discorde et le trouble, et chacun de ceux qui l'habitent chercher sa fortune et son bonheur dans la ruine d'un autre et dans le désordre général. La maison bien réglée est une, et forme un tout agréable à voir : dans le palais on ne trouve qu'un assemblage confus de divers objets dont la liaison n'est qu'apparente. Au premier coup-d'œil on croit voir une fin commune ; en y regardant mieux, on est bientôt détrompé.

[1] Cela me paraît incontestable. Il y a de la magnificence dans la symétrie d'un grand palais ; il n'y en a point dans une foule de maisons confusément entassées. Il y a de la magnificence dans l'uniforme d'un régiment en bataille ; il n'y en a point dans le peuple qui le regarde, quoiqu'il ne s'y trouve peut-être pas un seul homme dont l'habit en particulier ne vaille mieux que celui d'un soldat. En un mot, la véritable magnificence n'est que l'ordre rendu sensible dans le grand, ce qui fait que, de tous les spectacles imaginables, le plus magnifique est celui de la nature.

A ne consulter que l'impression la plus naturelle, il semblerait que pour dédaigner l'éclat et le luxe on a moins besoin de modération que de goût. La symétrie et la régularité plaisent à tous les yeux. L'image du bien-être et de la félicité touche le cœur humain, qui en est avide : mais un vain appareil qui ne se rapporte ni à l'ordre ni au bonheur, et n'a pour objet que de frapper les yeux, quelle idée favorable a celui qui l'étale peut-il exciter dans l'esprit du spectateur? L'idée du goût? Le goût ne paraît-il pas cent fois mieux dans les choses simples que dans celles qui sont offusquées de richesse? L'idée de la commodité? Y a-t-il rien de plus incommode que le faste ¹? L'idée de la grandeur? C'est précisément le contraire. Quand je vois qu'on a voulu faire un grand palais, je me demande aussitôt : Pourquoi ce palais n'est-il pas plus grand? pourquoi celui qui a cinquante domestiques n'en a-t-il pas cent? cette belle vaisselle d'argent, pourquoi n'est-elle pas d'or? cet homme qui dore son carrosse, pourquoi ne dore-t-il pas ses lambris? si ses lambris sont dorés, pourquoi son toit ne l'est-il pas? Celui qui voulut bâtir une haute tour faisait bien de la vouloir porter jusqu'au ciel; autrement il eût eu beau l'élever, le point où il se fût arrêté n'eût servi qu'à donner de plus loin la preuve de son impuissance. O homme petit et vain! montre-moi ton pouvoir, je te montrerai ta misère.

Au contraire, un ordre de choses où rien n'est donné à l'opinion, où tout a son utilité réelle, et qui se borne aux vrais besoins de la nature, n'offre pas seulement un spectacle approuvé par la raison, mais qui contente les yeux et le cœur, en ce que l'homme ne s'y voit que sous des rapports agréables, comme se suffisant à lui-même, que l'image de sa faiblesse n'y paraît point, et que ce riant tableau n'excite jamais de réflexions attristantes Je défie

---

¹ Le bruit des gens d'une maison trouble incessamment le repos du maître, il ne peut rien cacher à tant d'Argus La foule de ses créanciers lui fait payer cher celle de ses admirateurs. Ses appartements sont si superbes qu'il est forcé de coucher dans un bouge pour être à son aise, et son singe est quelquefois mieux logé que lui S'il veut dîner, il dépend de son cuisinier, et jamais de sa faim, s'il veut sortir, il est à la merci de ses chevaux, mille embarras l'arrêtent dans les rues, il brûle d'arriver, et ne sait plus qu'il a des jambes Chloé l'attend, les boues le retiennent, le poids de l'or de son habit l'accable, et il ne peut faire vingt pas à pied mais s'il perd un rendez-vous avec sa maîtresse, il en est bien dédommagé par les passants, chacun remarque sa livrée, l'admire, et dit tout haut que c'est monsieur un tel

aucun homme sensé de contempler une heure durant le palais d'un prince et le faste qu'on y voit briller, sans tomber dans la mélancolie et déplorer le sort de l'humanité. Mais l'aspect de cette maison, et de la vie uniforme et simple de ses habitants, répand dans l'âme des spectateurs un charme secret qui ne fait qu'augmenter sans cesse. Un petit nombre de gens doux et paisibles, unis par des besoins mutuels et par une réciproque bienveillance, y concourt par divers soins à une fin commune : chacun trouvant dans son état tout ce qu'il faut pour en être content et ne point désirer d'en sortir, on s'y attache comme y devant rester toute la vie ; et la seule ambition qu'on garde est celle d'en bien remplir les devoirs. Il y a tant de modération dans ceux qui commandent et tant de zele dans ceux qui obéissent, que des égaux eussent pu distribuer entre eux les memes emplois sans qu'aucun se fût plaint de son partage. Ainsi nul n'envie celui d'un autre ; nul ne croit pouvoir augmenter sa fortune que par l'augmentation du bien commun ; les maitres même ne jugent de leur bonheur que par celui des gens qui les environnent. On ne saurait qu'ajouter ni que retrancher ici, parce qu'on n'y trouve que des choses utiles et qu'elles y sont toutes ; en sorte qu'on n'y souhaite rien de ce qu'on n'y voit pas, et qu'il n'y a rien de ce qu'on y voit dont on puisse dire, Pourquoi n'y en a-t-il pas davantage? Ajoutez-y du galon, des tableaux, un lustre, de la dorure, à l'instant vous appauvrirez tout. En voyant tant d'abondance dans le nécessaire, et nulle trace de superflu, on est porté à croire que s'il n'y est pas, c'est qu'on n'a pas voulu qu'il y fût, et que si on le voulait il y régnerait avec la même profusion : en voyant continuellement les biens refluer au dehors par l'assistance du pauvre, on est porté à dire : Cette maison ne peut contenir toutes ses richesses. Voila, ce me semble, la véritable magnificence.

Cet air d'opulence m'effraya moi-même, quand je fus instruit de ce qui servait à l'entretenir. Vous vous ruinez, dis-je a monsieur et madame de Wolmar ; il n'est pas possible qu'un si modique revenu suffise à tant de dépenses. Ils se mirent a rire, et me firent voir que, sans rien retrancher dans leur maison, il ne tiendrait qu'a eux d'épargner beaucoup, et d'augmenter leur revenu plutot que de se ruiner. Notre grand secret pour être riches, me dirent-ils, est d'avoir peu d'argent, et d'éviter autant qu'il se peut, dans l'usage de nos biens, les échanges intermédiaires entre le produit et l'emploi. Aucun de ces échanges ne se fait sans perte, et ces pertes multipliées reduisent presque a rien d'assez grands moyens, comme a force d'etre brocantée une belle boite d'or devient un mince colifichet. Le transport de nos revenus s'évite en les employant sur le lieu, l'échange s'en evite encore en les consommant en nature; et dans l'indispensable conversion de ce que nous avons de trop en ce qui nous manque, au lieu des ventes et des achats pécuniaires qui doublent le prejudice, nous cherchons des échanges réels, où la commodité de chaque contractant tienne lieu de profit a tous deux.

Je conçois, leur dis-je, les avantages de cette méthode; mais elle ne me parait pas sans inconvenient. Outre les soins importuns auxquels elle assujettit, le profit doit etre plus apparent que réel; et ce que vous perdez dans le detail de la régie de vos biens l'emporte probablement sur le gain que feraient avec vous vos fermiers; car le travail se fera toujours avec plus d'économie et la récolte avec plus de soin par un paysan que par vous. C'est une erreur, me répondit Wolmar : le paysan se soucie moins d'augmenter le produit que d'epargner sur les frais, parce que les avances lui sont plus pénibles que les profits ne lui sont utiles : comme son objet n'est pas tant de mettre un fonds en valeur que d'y faire peu de dépense, s'il s'assure un gain actuel, c'est bien moins en ameliorant la terre qu'en l'épuisant; et le mieux qui puisse arriver est qu'au lieu de l'épuiser il la néglige. Ainsi, pour peu d'argent comptant recueilli sans embarras, un proprietaire oisif prépare a lui ou à ses enfants de grandes pertes, de grands travaux, et quelquefois la ruine de son patrimoine.

D'ailleurs, poursuivit M. de Wolmar, je ne disconviens pas que je ne fasse la culture de mes terres a plus grands frais que ne ferait un fermier; mais aussi le profit du fermier c'est moi qui le fais, et cette culture etant beaucoup meilleure, le produit est beaucoup plus grand; de sorte qu'en depensant davantage je ne laisse pas de gagner encore. Il y a plus; cet exces de dépense n'est qu'apparent, et produit réellement une tres-grande économie : car si d'autres cultivaient nos terres, nous serions oisifs; il faudrait demeurer a la ville; la vie y serait plus chere; il nous faudrait des amusements qui nous coûteraient beaucoup plus que ceux que nous trouvons ici, et nous seraient moins sensibles. Ces soins que vous appelez importuns font à la fois nos devoirs et nos plaisirs : grâces à la prévoyance avec laquelle on les ordonne, ils ne sont jamais pénibles; ils nous tiennent lieu d'une foule de fantaisies ruineuses dont la vie champêtre prévient ou détruit le goût, et tout ce qui contribue à notre bien-être devient pour nous un amusement.

Jetez les yeux tout autour de vous, ajoutait ce judicieux père de famille, vous n'y verrez que des choses utiles, qui ne nous coûtent presque rien, et nous épargnent mille vaines dépenses. Les seules denrées du cru couvrent notre table, les seules étoffes du pays composent presque nos meubles et nos habits : rien n'est méprisé parce qu'il est commun, rien n'est estimé parce qu'il est rare. Comme tout ce qui vient de loin est sujet à être déguisé ou falsifié, nous nous bornons, par délicatesse autant que par modération, au choix de ce qu'il y a de meilleur auprès de nous, et dont la qualité n'est pas suspecte. Nos mets sont simples, mais choisis. Il ne manque à notre table, pour être somptueuse, que d'être servie loin d'ici; car tout y est bon, tout y serait rare; et tel gourmand trouverait les truites du lac bien meilleures s'il les mangeait à Paris.

La même règle a lieu dans le choix de la parure, qui, comme vous voyez, n'est pas négligée; mais l'élégance y préside seule, la richesse ne s'y montre jamais, encore moins la mode. Il y a une grande différence entre le prix que l'opinion donne aux choses et celui qu'elles ont réellement. C'est à ce dernier seul que Julie s'attache; et quand il est question d'une étoffe, elle ne cherche pas tant si elle est ancienne ou nouvelle que si elle est bonne et si elle lui sied. Souvent même la nouveauté seule est pour elle un motif d'exclusion, quand cette nouveauté donne aux choses un prix qu'elles n'ont pas, ou qu'elles ne sauraient garder.

Considérez encore qu'ici l'effet de chaque chose vient moins d'elle-même que de son usage et de son accord avec le reste; de sorte qu'avec des parties de peu de valeur Julie a fait un tout d'un grand prix. Le goût aime à créer, à donner seul la valeur aux choses. Autant la loi de la mode est inconstante et ruineuse, autant la sienne est économe et durable. Ce que le bon goût approuve une fois est toujours bien; s'il est rarement à la mode, en revanche il n'est jamais ridicule; et, dans sa modeste simplicité, il tire de la convenance des choses des règles inaltérables et sûres, qui restent quand les modes ne sont plus.

Ajoutez enfin que l'abondance du seul nécessaire ne peut dégénérer en abus, parce que le nécessaire a sa mesure naturelle, et que les vrais besoins n'ont jamais d'excès. On peut mettre la dépense de vingt habits en un seul, et manger en un repas le revenu d'une année; mais on ne saurait porter deux habits en même temps, ni dîner deux fois en un jour. Ainsi l'opinion est illimitée, au lieu que la nature nous arrête de tous côtés; et celui qui dans un état médiocre se borne au bien-être ne risque point de se ruiner.

Voilà, mon cher, continuait le sage Wolmar, comment avec de l'économie et des soins on peut se mettre au-dessus de sa fortune. Il ne tiendrait qu'à nous d'augmenter la nôtre sans changer notre manière de vivre; car il ne se fait ici presque aucune avance qui n'ait un produit pour objet, et tout ce que nous dépensons nous rend de quoi dépenser beaucoup plus.

Hé bien ! mylord, rien de tout cela ne paraît au premier coup d'œil : partout un air de profusion couvre l'ordre qui le donne. Il faut du temps pour apercevoir des lois somptuaires qui mènent à l'aisance et au plaisir, et l'on a d'abord peine à comprendre comment on jouit de ce qu'on épargne. En y réfléchissant le contentement augmente, parce qu'on voit que la source en est intarissable, et que l'art de goûter le bonheur de la vie sert encore à le prolonger. Comment se lasserait-on d'un état si conforme à la nature ? Comment épuiserait-on son héritage en l'améliorant tous les jours ? Comment ruinerait-on sa fortune en ne consommant que ses revenus ? Quand chaque année on est sûr de la suivante, qui peut troubler la paix de celle qui court ? Ici le fruit du labeur passé soutient l'abondance présente, et le fruit du labeur présent annonce l'abondance à venir; on jouit à la fois de ce qu'on dépense et de ce qu'on recueille, et les divers temps se rassemblent pour affermir la sécurité du présent.

Je suis entré dans tous les détails du ménage, et j'ai partout vu régner le même esprit. Toute la broderie et la dentelle sortent du gynécée, toute la toile est filée dans la basse-cour, ou par de pauvres femmes que l'on nourrit. La laine s'envoie à des manufactures dont on tire en échange des draps pour habiller les gens; le vin, l'huile, et le pain, se font dans la maison, on a des bois en coupe réglée autant qu'on en peut consommer. le boucher se paye en bétail, l'épicier reçoit du blé pour ses fournitures; le salaire des ouvriers et des domestiques se prend sur le produit des terres qu'ils font valoir ; le loyer des maisons de la ville suffit pour l'ameublement de celles qu'on habite, les rentes sur les fonds publics fournissent a l'entretien des maîtres et au peu de vaisselle qu'on se permet ; la vente des vins et des blés qui restent donne un fonds qu'on laisse en réserve pour les dépenses extraordinaires ; fonds que la prudence de Julie ne laisse jamais tarir, et que sa charité laisse encore moins augmenter. Elle n'accorde aux choses de pur agrément que le profit du travail qui se fait dans sa maison, celui des terres qu'ils ont défrichées, celui des arbres qu'ils ont fait planter, etc. Ainsi le produit et l'emploi se trouvant toujours compensés par la nature des choses, la balance ne peut être rompue, et il est impossible de se déranger.

Bien plus ; les privations qu'elle s'impose par cette volupté temperante dont j'ai parlé sont a la fois de nouveaux moyens de plaisir et de nouvelles ressources d'économie. Par exemple, elle aime beaucoup le café ; chez sa mere elle en prenait tous les jours : elle en a quitté l'habitude pour en augmenter le goût ; elle s'est bornée a n'en prendre que quand elle a des hotes, et dans le salon d'Apollon, afin d'ajouter cet air de fete a tous les autres. C'est une petite sensualité qui la flatte plus, qui lui coûte moins, et par laquelle elle aiguise et regle à la fois sa gourmandise. Au contraire, elle met a deviner et satisfaire les goûts de son pere et de son mari une attention sans relâche, une prodigalité naturelle et pleine de grâces, qui leur fait mieux goûter ce qu'elle leur offre par le plaisir qu'elle trouve a le leur offrir. Ils aiment tous deux à prolonger un peu la fin du repas, à la suisse : elle ne manque jamais après le souper de faire servir une bouteille de vin plus délicat, plus vieux que celui de l'ordinaire. Je fus d'abord la dupe des noms pompeux qu'on donnait a ces vins, qu'en effet je trouve excellents, et les buvant comme étant des lieux dont ils portaient les noms, je fis la guerre a Julie d'une infraction si manifeste a ses maximes : mais elle me rappela en riant un passage de Plutarque, ou Flaminius compare les troupes asiatiques d'Antiochus, sous mille noms barbares, aux ragoûts divers sous lesquels un ami lui avait déguisé la meme viande. Il en est de meme, dit-elle, de ces vins etrangers que vous me reprochez. Le Rancio, le Cherez, le Malaga, le Chassaigne, le Syracuse, dont vous buvez avec tant de plaisir, ne sont en effet que des vins de Lavaux diversement preparés, et vous pouvez voir d'ici le vignoble qui produit toutes ces boissons lointaines. Si elles sont inférieures en qualité aux vins fameux dont elles portent les noms, elles n'en ont pas les inconvénients ; et comme on est sûr de ce qui les compose, on peut au moins les boire sans risque. J'ai lieu de croire, continua-t-elle, que mon père et mon mari les aiment autant que les vins les plus rares. Les siens, me dit alors M. de Wolmar, ont pour nous un goût dont manquent tous les autres c'est le plaisir qu'elle a pris à les préparer. Ah ! reprit-elle, ils seront toujours exquis !

Vous jugez bien qu'au milieu de tant de soins divers le désœuvrement et l'oisiveté qui rendent nécessaires la compagnie, les visites et les sociétés extérieures, ne trouvent guère ici de place. On fréquente les voisins assez pour entretenir un commerce agréable, trop peu pour s'y assujettir. Les hôtes sont toujours bien venus, et ne sont jamais désirés. On ne voit précisément qu'autant de monde qu'il faut pour se conserver le goût de la retraite ; les occupations champêtres tiennent lieu d'amusements ; et pour qui trouve au sein de sa famille une douce société, toutes les autres sont bien insipides. La manière dont on passe ici le temps est trop simple et trop uniforme pour tenter beaucoup de gens [1] ; mais c'est par la disposition du cœur de ceux qui l'ont adoptée qu'elle leur est intéressante. Avec une âme saine peut-on s'ennuyer à remplir les plus chers et les plus charmants devoirs de l'humanité, et à se rendre mutuellement la vie heureuse ? Tous les soirs Julie, contente de sa journée, n'en désire point une différente pour le lendemain, et tous les matins elle demande au ciel un jour semblable à celui de la veille : elle fait toujours les mêmes choses parce qu'elles sont bien, et qu'elle ne connaît rien de mieux à faire. Sans doute elle jouit ainsi de toute la félicité permise à l'homme. Se plaire dans la durée de son état, n'est-ce pas un signe assuré qu'on y vit heureux ?

Si l'on voit rarement ici de ces tas de désœuvrés qu'on appelle bonne compagnie, tout ce qui s'y rassemble intéresse le cœur par

[1] Je crois qu'un de nos beaux esprits voyageant dans ce pays-là, reçu et caressé dans cette maison à son passage, ferait ensuite à ses amis une relation bien plaisante de la vie de manants qu'on y mène. Au reste, je vois par les lettres de mylady Catesby que ce goût n'est pas particulier à la France, et que c'est apparemment aussi l'usage en Angleterre de tourner ses hôtes en ridicule, pour prix de leur hospitalité *.

* Ce n'est point dans les lettres de mylady Catesby, mais dans celle de mylady Montague, que se trouve le fait allégué par Rousseau (L'ÉDITEUR.)

quelque endroit avantageux, et rachète quelques ridicules par mille vertus. De paisibles campagnards sans monde et sans politesse, mais bons, simples, honnêtes, et contents de leur sort; d'anciens officiers retirés du service, des commerçants ennuyés de s'enrichir; de sages mères de famille qui amenent leurs filles à l'école de la modestie et des bonnes mœurs voilà le cortège que Julie aime à rassembler autour d'elle. Son mari n'est pas fâché d'y joindre quelquefois de ces aventuriers corrigés par l'âge et l'expérience, qui, devenus sages à leurs dépens, reviennent sans chagrin cultiver le champ de leur père, qu'ils voudraient n'avoir point quitté. Si quelqu'un récite à table les évènements de sa vie, ce ne sont point les aventures merveilleuses du riche Sindbad, racontant au sein de la mollesse orientale comment il a gagné ses trésors ce sont les relations plus simples de gens sensés que les caprices du sort et les injustices des hommes ont rebutés des faux biens vainement poursuivis, pour leur rendre le goût des véritables.

Croiriez-vous que l'entretien même des paysans a des charmes pour ces âmes élevées avec qui le sage aimerait à s'instruire? Le judicieux Wolmar trouve dans la naïveté villageoise des caractères plus marqués, plus d'hommes pensant par eux-mêmes, que sous le masque uniforme des habitants des villes, où chacun se montre comme sont les autres plutôt que comme il est lui-même. La tendre Julie trouve en eux des cœurs sensibles aux moindres caresses, et qui s'estiment heureux de l'intérêt qu'elle prend à leur bonheur Leur cœur ni leur esprit ne sont point façonnés par l'art; ils n'ont point appris à se former sur nos modèles, et l'on n'a pas peur de trouver en eux l'homme de l'homme, au lieu de celui de la nature

Souvent dans ses tournées M. de Wolmar rencontre quelque bon vieillard dont le sens et la raison le frappent, et qu'il se plaît à faire causer. Il l'amène à sa femme; elle lui fait un accueil charmant, qui marque non la politesse et les airs de son état, mais la bienveillance et l'humanité de son caractère. On retient le bonhomme à dîner : Julie le place à côté d'elle, le sert, le caresse, lui parle avec intérêt, s'informe de sa famille, de ses affaires, ne sourit point de son embarras, ne donne point une attention gênante à ses manières rustiques, mais le met à son aise par la facilité des siennes, et ne sort point avec lui de ce tendre et touchant respect dû à la vieillesse infirme qu'honore une longue vie passée sans reproche.

Le vieillard enchanté se livre à l'épanchement de son cœur, il semble reprendre un moment la vivacité de sa jeunesse. Le vin bu à la santé d'une jeune dame en réchauffe mieux son sang à demi glacé. Il se ranime à parler de son ancien temps, de ses amours, de ses campagnes, des combats où il s'est trouvé, du courage de ses compatriotes, de son retour au pays, de sa femme, de ses enfants, des travaux champêtres, des abus qu'il a remarqués, des remèdes qu'il imagine. Souvent des longs discours de son âge sortent d'excellents préceptes moraux, ou des leçons d'agriculture, et quand il n'y aurait dans les choses qu'il dit que le plaisir qu'il prend à les dire, Julie en prendrait à les écouter.

Elle passe après le dîner dans sa chambre, et en rapporte un petit présent de quelque nippe convenable à la femme ou aux filles du vieux bonhomme. Elle le lui fait offrir par les enfants, et réciproquement il rend aux enfants quelque don simple et de leur goût, dont elle l'a secrètement chargé pour eux. Ainsi se forme de bonne heure l'étroite et douce bienveillance qui fait la liaison des états divers. Les enfants s'accoutument à honorer la vieillesse, à estimer la simplicité, et à distinguer le mérite dans tous les rangs. Les paysans, voyant leurs vieux pères fêtés dans une maison respectable et admis à la table des maîtres, ne se tiennent point offensés d'en être exclus; ils ne s'en prennent point à leur rang, mais à leur âge; ils ne disent point, Nous sommes trop pauvres, mais, Nous sommes trop jeunes pour être ainsi traités; l'honneur qu'on rend à leurs vieillards, et l'espoir de le partager un jour, les consolent d'en être privés, et les excitent à s'en rendre dignes.

Cependant le vieux bonhomme, encore attendri des caresses qu'il a reçues, revient dans sa chaumière, empressé de montrer à sa femme et à ses enfants les dons qu'il leur apporte. Ces bagatelles répandent la joie dans toute une famille, qui voit qu'on a daigné s'occuper d'elle. Il leur raconte avec emphase la réception qu'on lui a faite, les mets dont on l'a servi, les vins dont il a goûté, les discours obligeants qu'on lui a tenus, combien on s'est informé d'eux, l'affabilité des maîtres, l'attention des serviteurs, et généralement ce qui peut donner du prix aux marques d'estime et de bonté qu'il a reçues. En le racontant il en jouit une seconde fois, et toute la maison croit jouir aussi des honneurs rendus à son chef. Tous bénissent de concert cette famille illustre et généreuse qui donne exemple aux grands et refuge aux petits, qui ne dédaigne point le pauvre, et rend honneur aux cheveux blancs. Voila l'encens qui plaît aux âmes bienfaisantes. S'il est des bénédictions humaines que le ciel daigne exaucer, ce ne sont point celles qu'arrachent la flatterie et la bassesse en présence des gens qu'on loue, mais celles que dicte en secret un cœur simple et reconnaissant au coin d'un foyer rustique.

C'est ainsi qu'un sentiment agréable et doux peut couvrir de son charme une vie insipide à des cœurs indifférents; c'est ainsi que les soins, les travaux, la retraite, peuvent devenir des amusements par l'art de les diriger. Une âme saine peut donner du goût à des occupations communes, comme la santé du corps fait trouver bons les aliments les plus simples. Tous ces gens ennuyés qu'on amuse avec tant de peine doivent leur dégoût à leurs vices, et ne perdent le sentiment du plaisir qu'avec celui du devoir. Pour Julie, il lui est arrivé précisément le contraire; et des soins qu'une certaine langueur d'âme lui eût laissé négliger autrefois lui deviennent intéressants par le motif qui les inspire. Il faudrait être insensible pour être toujours sans vivacité. La sienne s'est développée par les mêmes causes qui la réprimaient autrefois. Son cœur cherchait la retraite et la solitude, pour se livrer en paix aux affections dont il était pénétré; maintenant elle a pris une activité nouvelle en formant de nouveaux liens. Elle n'est point de ces indolentes mères de famille, contentes d'étudier quand il faut agir, qui perdent à s'instruire des devoirs d'autrui le temps qu'elles devraient mettre à remplir les leurs. Elle pratique aujourd'hui ce qu'elle apprenait autrefois. Elle n'étudie plus, elle ne lit plus; elle agit. Comme elle se lève une heure plus tard que son mari, elle se couche aussi plus tard d'une heure. Cette heure est le seul temps qu'elle donne encore à l'étude, et la journée ne lui paraît jamais assez longue pour tous les soins dont elle aime à la remplir.

Voila, mylord, ce que j'avais à vous dire sur l'économie de cette maison, et sur la vie privée des maîtres qui la gouvernent. Contents de leur sort, ils en jouissent paisiblement; contents de leur fortune, ils ne travaillent pas à l'augmenter pour leurs enfants, mais à leur laisser, avec l'héritage qu'ils ont reçu, des terres en bon état, des domestiques affectionnés, le goût du travail, de l'ordre, de la modération, et tout ce qui peut rendre douce et charmante à des gens sensés la jouissance d'un bien médiocre, aussi sagement conservé qu'il fut honnêtement acquis

III. — DE SAINT-PREUX A MYLORD ÉDOUARD[1].

Nous avons eu des hotes ces jours derniers : ils sont repartis hier ; et nous recommençons entre nous trois une societe d'autant plus charmante qu'il n'est rien reste dans le fond des cœurs qu'on veuille se cacher l'un a l'autre. Quel plaisir je goûte a reprendre un nouvel etre qui me rend digne de votre confiance ! Je ne reçois pas une marque d'estime de Julie et de son mari, que je ne me dise avec une certaine fierté d'ame : Enfin j'oserai me montrer a lui. C'est par vos soins, c'est sous vos yeux, que j'espere honorer mon etat présent de mes fautes passées. Si l'amour eteint jette l'âme dans l'epuisement, l'amour subjugue lui donne, avec la conscience de sa victoire, une élévation nouvelle, et un attrait plus vif pour tout ce qui est grand et beau. Voudrait-on perdre le fruit d'un sacrifice qui nous a couté si cher ? Non, mylord ; je sens qu'a votre exemple mon cœur va mettre a profit tous les ardents sentiments qu'il a vaincus ; je sens qu'il faut avoir été ce que je fus pour devenir ce que je veux être.

Apres six jours perdus aux entretiens frivoles des gens indifférents, nous avons passé aujourd'hui une matinée a l'anglaise, reunis et dans le silence, goutant a la fois le plaisir d'etre ensemble et la douceur du recueillement. Que les delices de cet état sont connues de peu de gens ! Je n'ai vu personne en France en avoir la moindre idée. La conversation des amis ne tarit jamais, disent-ils. Il est vrai, la langue fournit un babil facile aux attachements mediocres ; mais l'amitié, mylord, l'amitié ! Sentiment vif et céleste, quels discours sont dignes de toi ? quelle langue ose etre ton interprete ? Jamais ce qu'on dit a son ami peut-il valoir ce qu'on sent a ses cotés ? Mon Dieu ! qu'une main serrée, qu'un regard animé, qu'une etreinte contre la poitrine, que le soupir qui la suit, disent de choses ! et que le premier mot qu'on prononce est froid apres tout cela ! O veillées de Besançon ! moments consacrés au silence et recueillis par l'amitié ! O Bomston,

---

[1] Deux lettres ecrites en differents temps roulaient sur le sujet de celle-ci, ce qui occasionnait bien des répétitions inutiles Pour les retrancher, j'ai reuni ces deux lettres en une seule Au reste, sans prétendre justifier l'excessive longueur de plusieurs des lettres dont ce recueil est composé, je remarquerai que les lettres des solitaires sont longues et rares, celles des gens du monde frequentes et courtes. Il ne faut qu'observer cette difference pour en sentir a l'instant la raison.

âme grande, ami sublime! non, je n'ai point avili ce que tu fis pour moi, et ma bouche ne t'en a jamais rien dit.

Il est sûr que cet état de contemplation fait un des grands charmes des hommes sensibles. Mais j'ai toujours trouvé que les importuns empêchaient de le goûter, et que les amis ont besoin d'être sans témoin pour pouvoir ne se rien dire à leur aise. On veut être recueillis, pour ainsi dire, l'un dans l'autre : les moindres distractions sont désolantes, la moindre contrainte est insupportable. Si quelquefois le cœur porte un mot à la bouche, il est si doux de pouvoir le prononcer sans gêne ! Il semble qu'on n'ose penser librement ce qu'on n'ose dire de même : il semble que la présence d'un seul étranger retienne le sentiment, et comprime des âmes qui s'entendraient si bien sans lui.

Deux heures se sont ainsi écoulées entre nous dans cette immobilité d'extase, plus douce mille fois que le froid repos des dieux d'Épicure. Après le déjeuner, les enfants sont entrés comme à l'ordinaire dans la chambre de leur mère; mais, au lieu d'aller ensuite s'enfermer avec eux dans le gynécée selon sa coutume, pour nous dédommager en quelque sorte du temps perdu sans nous voir, elle les a fait rester avec elle, et nous ne nous sommes point quittés jusqu'au dîner. Henriette, qui commence à savoir tenir l'aiguille, travaillait assise devant la Fanchon, qui faisait de la dentelle, et dont l'oreiller posait sur le dossier de sa petite chaise. Les deux garçons feuilletaient sur une table un recueil d'images dont l'aîné expliquait les sujets au cadet. Quand il se trompait, Henriette attentive, et qui sait le recueil par cœur, avait soin de le corriger. Souvent, feignant d'ignorer à quelle estampe ils étaient, elle en tirait un prétexte de se lever, d'aller et venir de sa chaise à la table, et de la table à sa chaise. Ces promenades ne lui déplaisaient pas, et lui attiraient toujours quelque agacerie de la part du petit mali; quelquefois même il s'y joignait un baiser que sa bouche enfantine sait mal appliquer encore, mais dont Henriette, déjà plus savante, lui épargne volontiers la façon. Pendant ces petites leçons, qui se prenaient et se donnaient sans beaucoup de soin, mais aussi sans la moindre gêne, le cadet comptait furtivement des onchets de buis qu'il avait cachés sous le livre.

Madame de Wolmar brodait près de la fenêtre vis-à-vis des enfants; nous étions son mari et moi encore autour de la table à thé, lisant la gazette, à laquelle elle prêtait assez peu d'attention. Mais a l'article de la maladie du roi de France et de l'attachement singulier de son peuple, qui n'eut jamais d'égal que celui des Romains pour Germanicus, elle a fait quelques réflexions sur le bon naturel de cette nation douce et bienveillante, que toutes haïssent et qui n'en hait aucune, ajoutant qu'elle n'enviait du rang suprême que le plaisir de s'y faire aimer. N'enviez rien, lui a dit son mari d'un ton qu'il m'eût dû laisser prendre ; il y a longtemps que nous sommes tous vos sujets. A ce mot, son ouvrage est tombé de ses mains ; elle a tourné la tete, et jeté sur son digne époux un regard si touchant, si tendre, que j'en ai tressailli moi-meme. Elle n'a rien dit : qu'eût elle dit qui valut ce regard ? Nos yeux se sont aussi rencontres. J'ai senti, a la maniere dont son mari m'a serré la main, que la meme émotion nous gagnait tous trois, et que la douce influence de cette âme expansive agissait autour d'elle, et triomphait de l'insensibilite meme.

C'est dans ces dispositions qu'a commencé le silence dont je vous parlais : vous pouvez juger qu'il n'était pas de froideur et d'ennui. Il n'etait interrompu que par le petit manege des enfants, encore, aussitot que nous avons cessé de parler, ont-ils modéré par imitation leur caquet, comme craignant de troubler le recueillement universel. C'est la petite surintendante qui la premiere s'est mise a baisser la voix, a faire signe aux autres, a courir sur la pointe du pied ; et leurs jeux sont devenus d'autant plus amusants que cette légere contrainte y ajoutait un nouvel intéret. Ce spectacle, qui semblait être mis sous nos yeux pour prolonger notre attendrissement, a produit son effet naturel.

Ammutiscon le lingue, e parlan l'alme [1].

Que de choses se sont dites sans ouvrir la bouche ! que d'ardents sentiments se sont communiqués sans la froide entremise de la parole ! Insensiblement Julie s'est laissee absorber a celui qui dominait tous les autres. Ses yeux se sont tout a fait fixés sur ses trois enfants ; et son cœur, ravi dans une si delicieuse extase, animait son charmant visage de tout ce que la tendresse maternelle eut jamais de plus touchant.

Livrés nous-mêmes a cette double contemplation, nous nous laissions entrainer Wolmar et moi a nos reveries, quand les enfants qui les causaient les ont fait finir. L'ainé, qui s'amusait

---

[1] Les langues se taisent, mais les cœurs parlent. MARINI.

aux images, voyant que les onchets empêchaient son frère d'être attentif, a pris le temps qu'il les avait rassemblés, et, lui donnant un coup sur la main, les a fait sauter par la chambre Marcellin s'est mis à pleurer, et, sans s'agiter pour le faire taire, madame de Wolmar a dit à Fanchon d'emporter les onchets. L'enfant s'est tu sur-le-champ, mais les onchets n'ont pas moins été emportés, sans qu'il ait recommencé de pleurer comme je m'y étais attendu. Cette circonstance, qui n'était rien, m'en a rappelé beaucoup d'autres auxquelles je n'avais fait nulle attention, et je ne me souviens pas, en y pensant, d'avoir vu d'enfants à qui l'on parlât si peu et qui fussent moins incommodes. Ils ne quittent presque jamais leur mère, et à peine s'aperçoit-on qu'ils soient là. Ils sont vifs, étourdis, sémillants, comme il convient à leur âge ; jamais importuns ni criards ; et l'on voit qu'ils sont discrets avant de savoir ce que c'est que discrétion. Ce qui m'étonnait le plus dans les réflexions où ce sujet m'a conduit, c'était que cela se fît comme de soi-même, et qu'avec une si vive tendresse pour ses enfants, Julie se tourmentât si peu autour d'eux. En effet, on ne la voit jamais s'empresser à les faire parler ou taire, ni à leur prescrire ou défendre ceci ou cela. Elle ne dispute point avec eux, elle ne les contrarie point dans leurs amusements ; on dirait qu'elle se contente de les voir et de les aimer, et que, quand ils ont passé leur journée avec elle, tout son devoir de mère est rempli.

Quoique cette paisible tranquillité me parût plus douce à considérer que l'inquiète sollicitude des autres mères, je n'en étais pas moins frappé d'une indolence qui s'accordait mal avec mes idées. J'aurais voulu qu'elle n'eût pas encore été contente avec tant de sujets de l'être : une activité superflue sied si bien à l'amour maternel ! Tout ce que je voyais de bon dans ses enfants, j'aurais voulu l'attribuer à ses soins ; j'aurais voulu qu'ils dussent moins à la nature et davantage à leur mère ; je leur aurais presque désiré des défauts, pour la voir plus empressée à les corriger.

Après m'être occupé longtemps de ces réflexions en silence, je l'ai rompu pour les lui communiquer. Je vois, lui ai-je dit, que le ciel récompense la vertu des mères par le bon naturel des enfants, mais ce bon naturel veut être cultivé C'est dès leur naissance que doit commencer leur éducation. Est-il un temps plus propre à les former que celui où ils n'ont encore aucune forme à détruire ? Si vous les livrez à eux-mêmes dès leur enfance, à quel âge attendrezvous d'eux de la docilité? Quand vous n'auriez rien à leur apprendre, il faudrait leur apprendre à vous obeir. Vous apercevez-vous, a-t-elle repondu, qu'ils me desobeissent? Cela serait difficile, ai-je dit, quand vous ne leur commandez rien. Elle s'est mise à sourire en regardant son mari; et, me prenant par la main, elle m'a mené dans le cabinet, où nous pouvions causer tous trois sans etre entendus des enfants.

C'est là que, m'expliquant à loisir ses maximes, elle m'a fait voir sous cet air de negligence la plus vigilante attention qu'ait jamais donnee la tendresse maternelle. Longtemps, m'a-t-elle dit, j'ai pensé comme vous sur les instructions prematurees; et durant ma premiere grossesse, effrayée de tous mes devoirs et des soins que j'aurais bientot à remplir, j'en parlais souvent à M. de Wolmar avec inquiétude. Quel meilleur guide pouvais-je prendre en cela qu'un observateur eclaire qui joignait à l'interet d'un pere le sang-froid d'un philosophe? Il remplit et passa mon attente; il dissipa mes prejuges, et m'apprit à m'assurer avec moins de peine un succes beaucoup plus etendu. Il me fit sentir que la premiere et plus importante éducation, celle precisément que tout le monde oublie [1], est de rendre un enfant propre à etre eleve. Une erreur commune à tous les parents qui se piquent de lumieres est de supposer leurs enfants raisonnables dès leur naissance, et de leur parler comme à des hommes avant meme qu'ils sachent parler. La raison est l'instrument qu'on pense employer à les instruire; au lieu que les autres instruments doivent servir à former celui-là, et que de toutes les instructions propres à l'homme, celle qu'il acquiert le plus tard et le plus difficilement est la raison meme. En leur parlant dès leur bas age une langue qu'ils n'entendent point, on les accoutume à se payer de mots, à en payer les autres, à controler tout ce qu'on leur dit, à se croire aussi sages que leurs maitres, à devenir disputeurs et mutins; et tout ce qu'on pense obtenir d'eux par des motifs raisonnables, on ne l'obtient en effet que par ceux de crainte ou de vanité qu'on est toujours forcé d'y joindre.

Il n'y a point de patience que ne lasse enfin l'enfant qu'on veut elever ainsi; et voila comment, ennuyés, rebutés, excedés de l'eternelle importunité dont ils leur ont donné l'habitude eux-mê-

---

[1] Locke lui-meme, le sage Locke l'a oubliee, il dit bien plus ce qu'on doit exiger des enfants que ce qu'il faut faire pour l'obtenir

mes, les parents, ne pouvant plus supporter le tracas des enfants, sont forcés de les éloigner d'eux en les livrant à des maîtres; comme si l'on pouvait jamais espérer d'un précepteur plus de patience et de douceur que n'en peut avoir un père[1]

La nature, a continué Julie, veut que les enfants soient enfants avant que d'être hommes. Si nous voulons pervertir cet ordre, nous produirons des fruits précoces qui n'auront ni maturité ni saveur, et ne tarderont pas à se corrompre; nous aurons de jeunes docteurs et de vieux enfants. L'enfance a des manières de voir, de penser, de sentir, qui lui sont propres. Rien n'est moins sensé que d'y vouloir substituer les nôtres; et j'aimerais autant exiger qu'un enfant eût cinq pieds de haut que du jugement à dix ans.

La raison ne commence à se former qu'au bout de plusieurs années, et quand le corps a pris une certaine consistance. L'intention de la nature est donc que le corps se fortifie avant que l'esprit s'exerce. Les enfants sont toujours en mouvement; le repos et la réflexion sont l'aversion de leur âge; une vie appliquée et sédentaire les empêche de croître et de profiter; leur esprit ni leur corps ne peuvent supporter la contrainte. Sans cesse enfermés dans une chambre avec des livres, ils perdent toute leur vigueur; ils deviennent délicats, faibles, malsains, plutôt hébétés que raisonnables; et l'âme se sent toute la vie du dépérissement du corps.

Quand toutes ces instructions prématurées profiteraient à leur jugement autant qu'elles y nuisent, encore y aurait-il un très-grand inconvénient à les leur donner indistinctement, et sans égard à celles qui conviennent par préférence au génie de chaque enfant. Outre la constitution commune à l'espèce, chacun apporte en naissant un tempérament particulier qui détermine son génie et son caractère, et qu'il ne s'agit ni de changer ni de contraindre, mais de former et de perfectionner. Tous les caractères sont bons et sains en eux-mêmes, selon M. de Wolmar. Il n'y a point, dit-il, d'erreurs dans la nature[1], tous les vices qu'on impute au naturel sont l'effet des mauvaises formes qu'il a reçues. Il n'y a point de scélérat dont les penchants mieux dirigés n'eussent produit de grandes vertus. Il n'y a point d'esprit faux dont on n'eût tiré des talents utiles en le prenant d'un certain biais, comme ces

---

[1] Cette doctrine si vraie me surprend dans M. de Wolmar, on verra bientôt pourquoi.

figures difformes et monstrueuses qu'on rend belles et bien proportionnées en les mettant a leur point de vue. Tout concourt au bien commun dans le systeme universel. Tout homme a sa place assignee dans le meilleur ordre des choses ; il s'agit de trouver cette place et de ne pas pervertir cet ordre. Qu'arrive-t-il d'une éducation commencée des le berceau et toujours sous une même formule, sans égard a la prodigieuse diversité des esprits ? Qu'on donne a la plupart des instructions nuisibles ou déplacées, qu'on les prive de celles qui leur conviendraient, qu'on gêne de toutes parts la nature, qu'on efface les grandes qualités de l'âme pour en substituer de petites et d'apparentes qui n'ont aucune réalité ; qu'en exerçant indistinctement aux mêmes choses tant de talents divers, on efface les uns par les autres, on les confond tous ; qu'après bien des soins perdus a gâter dans les enfants les vrais dons de la nature, on voit bientot ternir cet eclat passager et frivole qu'on leur prefere, sans que le naturel étouffé revienne jamais ; qu'on perd a la fois ce qu'on a detruit et ce qu'on a fait, qu'enfin, pour le prix de tant de peine indiscretement prise, tous ces petits prodiges deviennent des esprits sans force et des hommes sans mérite, uniquement remarquables par leur faiblesse et par leur inutilité.

J'entends ces maximes, ai-je dit a Julie, mais j'ai peine a les accorder avec vos propres sentiments sur le peu d'avantage qu'il y a de développer le genie et les talents naturels de chaque individu, soit pour son propre bonheur, soit pour le vrai bien de la societé. Ne vaut-il pas infiniment mieux former un parfait modele de l'homme raisonnable et de l'honnete homme, puis rapprocher chaque enfant de ce modele par la force de l'éducation, en excitant l'un, en retenant l'autre, en réprimant les passions, en perfectionnant la raison, en corrigeant la nature ?... Corriger la nature ! a dit Wolmar en m'interrompant ; ce mot est beau, mais avant que de l'employer il fallait repondre a ce que Julie vient de vous dire.

Une reponse tres-péremptoire, à ce qu'il me semblait, était de nier le principe ; c'est ce que j'ai fait. Vous supposez toujours que cette diversité d'esprits et de genies qui distingue les individus est l'ouvrage de la nature ; et cela n'est rien moins qu'évident. Car enfin, si les esprits sont differents, ils sont inégaux ; et si la nature les a rendus inegaux, c'est en douant les uns preferablement aux autres d'un peu plus de finesse de sens, d'etendue de memoire, ou de capacité d'attention Or, quant aux sens et à la mémoire, il est prouvé par l'expérience que leurs divers degrés d'etendue et de perfection ne sont point la mesure de l'esprit des hommes ; et quant à la capacité d'attention, elle dépend uniquement de la force des passions qui nous animent ; et il est encore prouvé que tous les hommes sont par leur nature susceptibles de passions assez fortes pour les douer du degré d'attention auquel est attachée la supériorité de l'esprit.

Que si la diversité des esprits, au lieu de venir de la nature, était un effet de l'éducation, c'est-à-dire des diverses idées, des divers sentiments qu'excitent en nous dès l'enfance les objets qui nous frappent, les circonstances où nous nous trouvons, et toutes les impressions que nous recevons ; bien loin d'attendre pour élever les enfants qu'on connût le caractère de leur esprit, il faudrait au contraire se hater de déterminer convenablement ce caractère par une éducation propre à celui qu'on veut leur donner.

A cela il m'a répondu que ce n'était pas sa méthode de nier ce qu'il voyait, lorsqu'il ne pouvait l'expliquer. Regardez, m'a-t-il dit, ces deux chiens qui sont dans la cour ; ils sont de la même portée, ils ont été nourris et traités de même, ils ne se sont jamais quittés ; cependant l'un des deux est vif, gai, caressant, plein d'intelligence ; l'autre, lourd, pesant, hargneux, et jamais on n'a pu lui rien apprendre. La seule différence des tempéraments a produit en eux celle des caractères, comme la seule différence de l'organisation intérieure produit en nous celle des esprits ; tout le reste a été semblable... Semblable ? ai-je interrompu ; quelle différence ! Combien de petits objets ont agi sur l'un et non pas sur l'autre ! combien de petites circonstances les ont frappés diversement, sans que vous vous en soyez aperçu ! Bon ! a-t-il repris, vous voilà raisonnant comme les astrologues Quand on leur opposait que deux hommes nés sous le même aspect avaient des fortunes si diverses, ils rejetaient bien loin cette identité Ils soutenaient que, vu la rapidité des cieux, il y avait une distance immense du thème de l'un de ces hommes à celui de l'autre, et que, si l'on eut pu marquer les deux instants précis de leur naissance, l'objection se fut tournée en preuve.

Laissons, je vous prie, toutes ces subtilités, et nous en tenons à l'observation Elle nous apprend qu'il y a des caractères qui s'annoncent presque en naissant, et des enfants qu'on peut étudier sur le sein de leur nourrice. Ceux-là font une classe à part, et s'élèvent en commençant de vivre; mais quant aux autres qui se développent moins vite, vouloir former leur esprit avant de le connaître, c'est s'exposer à gâter le bien que la nature a fait, et à faire plus mal à sa place. Platon votre maître ne soutenait-il pas que tout le savoir humain, toute la philosophie ne pouvait tirer d'une ame humaine que ce que la nature y avait mis, comme toutes les opérations chimiques n'ont jamais tiré d'aucun mixte qu'autant d'or qu'il en contenait déjà? Cela n'est vrai ni de nos sentiments ni de nos idees; mais cela est vrai de nos dispositions à les acquérir. Pour changer un esprit, il faudrait changer l'organisation intérieure; pour changer un caractere, il faudrait changer le tempérament dont il dépend. Avez-vous jamais ouï dire qu'un emporté soit devenu flegmatique, et qu'un esprit méthodique et froid ait acquis de l'imagination? Pour moi, je trouve qu'il serait tout aussi aisé de faire un blond d'un brun, et d'un sot un homme d'esprit. C'est donc en vain qu'on prétendrait refondre les divers esprits sur un modèle commun. On peut les contraindre et non les changer; on peut empêcher les hommes de se montrer tels qu'ils sont, mais non les faire devenir autres; et s'ils se deguisent dans le cours ordinaire de la vie, vous les verrez dans toutes les occasions importantes reprendre leur caractere originel, et s'y livrer avec d'autant moins de regle qu'ils n'en connaissent plus en s'y livrant. Encore une fois, il ne s'agit point de changer le caractere et de plier le naturel, mais au contraire de le pousser aussi loin qu'il peut aller, de le cultiver, et d'empêcher qu'il ne dégenere; car c'est ainsi qu'un homme devient tout ce qu'il peut être, et que l'ouvrage de la nature s'achève en lui par l'éducation. Or avant de cultiver le caractere il faut l'étudier, attendre paisiblement qu'il se montre, lui fournir les occasions de se montrer, et toujours s'abstenir de rien faire plutôt que d'agir mal à propos. A tel genie il faut donner des ailes, à d'autres des entraves; l'un veut être pressé, l'autre retenu; l'un veut qu'on le flatte, et l'autre qu'on l'intimide; il faudrait tantôt éclairer, tantôt abrutir. Tel homme est fait pour porter la connaissance humaine jusqu'à son dernier terme, à tel autre il est même funeste de savoir lire. Attendons la première étincelle de la raison; c'est elle qui fait sortir le caractere et lui donne sa veritable forme; c'est par elle aussi qu'on le cultive, et il n'y a point avant la raison de véritable éducation pour l'homme.

Quant aux maximes de Julie que vous mettez en opposition, je ne sais ce que vous y voyez de contradictoire : pour moi, je les trouve parfaitement d'accord ; chaque homme apporte en naissant un caractere, un genie et des talents qui lui sont propres. Ceux qui sont destines a vivre dans la simplicité champetre n'ont pas besoin pour etre heureux du developpement de leurs facultés, et leurs talents enfouis sont comme les mines d'or du Valais, que le bien public ne permet pas qu'on exploite. Mais dans l'etat civil, ou l'on a moins besoin de bras que de tetes, et ou chacun doit compte a soi-meme et aux autres de tout son prix, il importe d'apprendre a tirer des hommes tout ce que la nature leur a donné, a les diriger du cote ou ils peuvent aller le plus loin, et surtout a nourrir leurs inclinations de tout ce qui peut les rendre utiles. Dans le premier cas, on n'a d'egard qu'a l'espece, chacun fait ce que font tous les autres, l'exemple est la seule regle, l'habitude est le seul talent ; et nul n'exerce de son ame que la partie commune a tous. Dans le second, on s'applique a l'individu, a l'homme en general ; on ajoute en lui tout ce qu'il peut avoir de plus qu'un autre, on le suit aussi loin que la nature le mene, et l'on en fera le plus grand des hommes, s'il a ce qu'il faut pour le devenir. Ces maximes se contredisent si peu, que la pratique en est la meme pour le premier âge. N'instruisez point l'enfant du villageois, car il ne lui convient pas d'etre instruit. N'instruisez pas l'enfant du citadin, car vous ne savez encore quelle instruction lui convient. En tout etat de cause, laissez former le corps jusqu'a ce que la raison commence à poindre ; alors c'est le moment de la cultiver.

Tout cela me paraitrait fort bien, ai-je dit, si je n'y voyais un inconvenient qui nuit fort aux avantages que vous attendez de cette methode, c'est de laisser prendre aux enfants mille mauvaises habitudes qu'on ne prévient que par les bonnes. Voyez ceux qu'on abandonne a eux-memes, ils contractent bientot tous les défauts dont l'exemple frappe leurs yeux, parce que cet exemple est commode a suivre, et n'imitent jamais le bien, qui coute plus a pratiquer. Accoutumés a tout obtenir, a faire en toute occasion leur indiscrete volonte, ils deviennent mutins, tetus, indomptables... Mais, a repris M. de Wolmar, il me semble que vous avez remarque le contraire dans les nôtres, et que c'est ce qui a donné lieu à cet entretien. Je l'avoue, ai-je dit, et c'est précisément ce qui m'étonne. Qu'a t-elle fait pour les rendre dociles ? comment s'y est-elle prise ? qu'a t-elle substitué au joug de la discipline ? Un joug bien plus inflexible, a t-il dit à l'instant, celui de la nécessité. Mais, en vous détaillant sa conduite, elle vous fera mieux entendre ses vues. Alors il l'a engagée à m'expliquer sa méthode ; et, après une courte pause, voici à peu près comme elle m'a parlé :

Heureux les enfants bien nés, mon aimable ami ! Je ne présume pas autant de nos soins que M. de Wolmar. Malgré ses maximes, je doute qu'on puisse jamais tirer un bon parti d'un mauvais caractère, et que tout naturel puisse être tourné à bien : mais au surplus, convaincue de la bonté de sa méthode, je tâche d'y conformer en tout ma conduite dans le gouvernement de la famille. Ma première espérance est que des méchants ne seront pas sortis de mon sein ; la seconde est d'élever assez bien les enfants que Dieu m'a donnés, sous la direction de leur père, pour qu'ils aient un jour le bonheur de lui ressembler. J'ai tâché pour cela de m'approprier les regles qu'il m'a prescrites, en leur donnant un principe moins philosophique et plus convenable à l'amour maternel, c'est de voir mes enfants heureux. Ce fut le premier vœu de mon cœur en portant le doux nom de mère, et tous les soins de mes jours sont destinés à l'accomplir. La première fois que je tins mon fils aîné dans mes bras, je songeai que l'enfance est presque un quart des plus longues vies, qu'on parvient rarement aux trois autres quarts, et que c'est une bien cruelle prudence de rendre cette première portion malheureuse pour assurer le bonheur du reste, qui peut-être ne viendra jamais. Je songeai que, durant la faiblesse du premier âge, la nature assujettit les enfants de tant de manières, qu'il est barbare d'ajouter à cet assujettissement l'empire de nos caprices, en leur ôtant une liberté si bornée, et dont ils peuvent si peu abuser. Je résolus d'épargner au mien toute contrainte autant qu'il serait possible, de lui laisser tout l'usage de ses petites forces, et de ne gêner en lui nul des mouvements de la nature. J'ai déjà gagné à cela deux grands avantages ; l'un, d'écarter de son âme naissante le mensonge, la vanité, la colère, l'envie, en un mot tous les vices qui naissent de l'esclavage, et qu'on est contraint de fomenter dans les enfants pour obtenir d'eux ce qu'on en exige, l'autre, de laisser fortifier librement son corps par l'exercice continuel que l'instinct lui demande. Accoutumé tout comme les paysans a courir tete nue au soleil, au froid, a s'essouffler, a se mettre en sueur, il s'endurcit comme eux aux injures de l'air, et se rend plus robuste en vivant plus content. C'est le cas de songer a l'age d'homme et aux accidents de l'humanité. Je vous l'ai déja dit, je crains cette pusillanimité meurtriere qui, a force de delicatesse et de soins, affaiblit, efféminé un enfant, le tourmente par une eternelle contrainte, l'enchaine par mille vaines precautions, enfin l'expose pour toute sa vie aux périls inevitables dont elle veut le préserver un moment, et, pour lui sauver quelques rhumes dans son enfance, lui prépare de loin des fluxions de poitrine, des pleuresies, des coups de soleil, et la mort etant grand.

Ce qui donne aux enfants livrés a eux-mêmes la plupart des défauts dont vous parliez, c'est lorsque, non contents de faire leur propre volonté, ils la font encore faire aux autres, et cela par l'insensée indulgence des meres, a qui l'on ne complait qu'en servant toutes les fantaisies de leurs enfants. Mon ami, je me flatte que vous n'avez rien vu dans les miens qui sentit l'empire et l'autorité, meme avec le dernier domestique, et que vous ne m'avez pas vue non plus applaudir en secret aux fausses complaisances qu'on a pour eux. C'est ici que je crois suivre une route nouvelle et sûre pour rendre a la fois un enfant libre, paisible, caressant, docile, et cela par un moyen fort simple : c'est de le convaincre qu'il n'est qu'un enfant.

A considerer l'enfance en elle-meme, y a-t-il au monde un etre plus faible, plus misérable, plus a la merci de tout ce qui l'environne, qui ait si grand besoin de pitie, d'amour, de protection, qu'un enfant? Ne semble-t-il pas que c'est pour cela que les premieres voix qui lui sont suggerées par la nature sont les cris et les plaintes; qu'elle lui a donné une figure si douce et un air si touchant, afin que tout ce qui l'approche s'intéresse à sa faiblesse et s'empresse a le secourir? Qu'y a-t-il donc de plus choquant, de plus contraire a l'ordre, que de voir un enfant, imperieux et mutin, commander à tout ce qui l'entoure, prendre impudemment un ton de maître avec ceux qui n'ont qu'a l'abandonner pour le faire périr, et d'aveugles parents, approuvant cette audace, l'exercer a devenir le tyran de sa nourrice, en attendant qu'il devienne le leur?

Quant a moi, je n'ai rien épargné pour éloigner de mon fils la dangereuse image de l'empire et de la servitude, et pour ne jamais lui donner lieu de penser qu'il fût plutôt servi par devoir que par pitié. Ce point est peut être le plus difficile et le plus important de toute l'education ; et c'est un detail qui ne finirait point, que celui de toutes les précautions qu'il m'a fallu prendre pour prévenir en lui cet instinct si prompt a distinguer les services mercenaires des domestiques, de la tendresse des soins maternels.

L'un des principaux moyens que j'ai employés a eté, comme je vous l'ai dit, de le bien convaincre de l'impossibilité ou le tient son age de vivre sans notre assistance. Après quoi je n'ai pas eu peine a lui montrer que tous les secours qu'on est force de recevoir d'autrui sont des actes de dépendance ; que les domestiques ont une veritable superiorité sur lui, en ce qu'il ne saurait se passer d'eux, tandis qu'il ne leur est bon a rien ; de sorte que, bien loin de tirer vanité de leurs services, il les reçoit avec une sorte d'humiliation, comme un temoignage de sa faiblesse, et il aspire ardemment au temps ou il sera assez grand et assez fort pour avoir l'honneur de se servir lui-meme.

Ces idées, ai-je dit, seraient difficiles a etablir dans des maisons ou le pere et la mere se font servir comme des enfants ; mais dans celle-ci, ou chacun, a commencer par vous, a ses fonctions a remplir, et ou le rapport des valets aux maitres n'est qu'un echange perpetuel de services et de soins, je ne crois pas cet etablissement impossible. Cependant il me reste a concevoir comment des enfants accoutumés a voir prevenir leurs besoins n'etendent pas ce droit a leurs fantaisies, ou comment ils ne souffrent pas quelquefois de l'humeur d'un domestique qui traitera de fantaisie un veritable besoin.

Mon ami, a repris madame de Wolmar, une mere peu eclairée se fait des monstres de tout. Les vrais besoins sont tres bornés dans les enfants comme dans les hommes, et l'on doit plus regarder a la durée du bien-etre qu'au bien-etre d'un seul moment. Pensez-vous qu'un enfant qui n'est point gene puisse assez souffrir de l'humeur de sa gouvernante, sous les yeux d'une mere, pour en etre incommodé ? Vous supposez des inconvenients qui naissent de vices deja contractés, sans songer que tous mes soins ont éte d'empecher ces vices de naitre. Naturellement les femmes aiment les enfants. La mesintelligence ne s'eleve entre eux que quand l'un veut assujettir l'autre a ses caprices. Or cela ne peut arriver ici, ni sur l'enfant dont on n'exige rien, ni sur la gouvernante a qui l'enfant n'a rien a commander. J'ai suivi en cela tout le contre-pied des autres mères, qui font semblant de vouloir que l'enfant obéisse au domestique, et veulent en effet que le domestique obéisse à l'enfant. Personne ici ne commande ni n'obéit ; mais l'enfant n'obtient jamais de ceux qui l'approchent qu'autant de complaisance qu'il en a pour eux. Par là, sentant qu'il n'a sur tout ce qui l'environne d'autre autorité que celle de la bienveillance, il se rend docile et complaisant ; en cherchant à s'attacher les cœurs des autres, le sien s'attache à eux à son tour ; car on aime en se faisant aimer, c'est l'infaillible effet de l'amour-propre ; et de cette affection réciproque, née de l'égalité, résultent sans effort les bonnes qualités qu'on prêche sans cesse à tous les enfants, sans jamais en obtenir aucune.

J'ai pensé que la partie la plus essentielle de l'éducation d'un enfant, celle dont il n'est jamais question dans les éducations les plus soignées, c'est de lui bien faire sentir sa misère, sa faiblesse, sa dépendance, et, comme vous a dit mon mari, le pesant joug de la nécessité que la nature impose à l'homme ; et cela, non-seulement afin qu'il soit sensible à ce qu'on fait pour lui alléger ce joug, mais surtout afin qu'il connaisse de bonne heure en quel rang l'a placé la Providence, qu'il ne s'élève point au-dessus de sa portée, et que rien d'humain ne lui semble étranger à lui.

Induits dès leur naissance, par la mollesse dans laquelle ils sont nourris, par les égards que tout le monde a pour eux, par la facilité d'obtenir tout ce qu'ils désirent, à penser que tout doit céder à leurs fantaisies, les jeunes gens entrent dans le monde avec cet impertinent préjugé, et souvent ils ne s'en corrigent qu'à force d'humiliations, d'affronts et de déplaisirs. Or, je voudrais bien sauver à mon fils cette seconde et mortifiante éducation, en lui donnant par la première une plus juste opinion des choses. J'avais d'abord résolu de lui accorder tout ce qu'il demanderait, persuadée que les premiers mouvements de la nature sont toujours bons et salutaires. Mais je n'ai pas tardé de connaître qu'en se faisant un droit d'être obéis, les enfants sortaient de l'état de nature presque en naissant, et contractaient nos vices par notre exemple, les leurs par notre indiscrétion. J'ai vu que si je voulais contenter toutes ses fantaisies, elles croîtraient avec ma complaisance ; qu'il y aurait toujours un point où il faudrait s'arrêter, et où le refus lui deviendrait d'autant plus sensible qu'il y serait moins accoutumé.

Ne pouvant donc, en attendant la raison, lui sauver tout chagrin, j'ai préféré le moindre et le plus tot passé. Pour qu'un refus lui fût moins cruel, je l'ai plié d'abord au refus ; et, pour lui épargner de longs déplaisirs, des lamentations, des mutineries, j'ai rendu tout refus irrévocable. Il est vrai que j'en fais le moins que je puis, et que j'y regarde à deux fois avant que d'en venir la. Tout ce qu'on lui accorde est accordé sans condition dès la première demande, et l'on est tres-indulgent là-dessus : mais il n'obtient jamais rien par importunité ; les pleurs et les flatteries sont également inutiles. Il en est si convaincu, qu'il a cessé de les employer ; du premier mot il prend son parti, et ne se tourmente pas plus de voir fermer un cornet de bonbons qu'il voudrait manger, qu'envoler un oiseau qu'il voudrait tenir ; car il sent la meme impossibilité d'avoir l'un et l'autre. Il ne voit rien dans ce qu'on lui ote, sinon qu'il ne l'a pu garder, ni dans ce qu'on lui refuse, sinon qu'il n'a pu l'obtenir ; et, loin de battre la table contre laquelle il se blesse, il ne battrait pas la personne qui lui résiste. Dans tout ce qui le chagrine il sent l'empire de la nécessité, l'effet de sa propre faiblesse, jamais l'ouvrage du mauvais vouloir d'autrui... Un moment ! dit-elle un peu vivement, voyant que j'allais répondre ; je pressens votre objection ; j'y vais venir à l'instant.

Ce qui nourrit les criailleries des enfants, c'est l'attention qu'on y fait, soit pour leur céder, soit pour les contrarier. Il ne leur faut quelquefois pour pleurer tout un jour que s'apercevoir qu'on ne veut pas qu'ils pleurent. Qu'on les flatte ou qu'on les menace, les moyens qu'on prend pour les faire taire sont tous pernicieux et presque toujours sans effet. Tant qu'on s'occupe de leurs pleurs, c'est une raison pour eux de les continuer ; mais ils s'en corrigent bientot quand ils voient qu'on n'y prend pas garde ; car, grands et petits, nul n'aime à prendre une peine inutile. Voila précisément ce qui est arrivé à mon aine. C'était d'abord un petit criard qui étourdissait tout le monde ; et vous etes témoin qu'on ne l'entend pas plus à présent dans la maison que s'il n'y avait point d'enfant. Il pleure quand il souffre ; c'est la voix de la nature qu'il ne faut jamais contraindre ; mais il se tait à l'instant qu'il ne souffre plus. Aussi fais-je une tres-grande attention à ses pleurs, bien sûre qu'il n'en verse jamais en vain. Je gagne à cela de savoir à point nommé quand il sent de la douleur et quand il n'en sent pas, quand il se porte bien et quand il est malade ; avantage qu'on perd avec ceux qui pleurent par fantaisie et seulement pour se faire apaiser. Au reste, j'avoue que ce point n'est pas facile à obtenir des nourrices et des gouvernantes : car comme rien n'est plus ennuyeux que d'entendre toujours lamenter un enfant, et que ces bonnes femmes ne voient jamais que l'instant présent, elles ne songent pas qu'à faire taire l'enfant aujourd'hui, il en pleurera demain davantage. Le pis est que l'obstination qu'il contracte tire à conséquence dans un âge avancé. La même cause qui le rend criard à trois ans le rend mutin à douze, querelleur à vingt, impérieux à trente, et insupportable toute sa vie.

Je viens maintenant à vous, me dit-elle en souriant. Dans tout ce qu'on accorde aux enfants, ils voient aisément le désir de leur complaire ; dans tout ce qu'on en exige ou qu'on leur refuse, ils doivent supposer des raisons sans les demander. C'est un autre avantage qu'on gagne à user avec eux d'autorité plutôt que de persuasion dans les occasions nécessaires : car comme il n'est pas possible qu'ils n'aperçoivent quelquefois la raison, qu'on a d'en user ainsi, il est naturel qu'ils la supposent encore quand ils sont hors d'état de la voir. Au contraire, dès qu'on a soumis quelque chose à leur jugement, ils prétendent juger de tout, ils deviennent sophistes, subtils, de mauvaise foi, féconds en chicanes, cherchant toujours à réduire au silence ceux qui ont la faiblesse de s'exposer à leurs petites lumières. Quand on est contraint de leur rendre compte des choses qu'ils ne sont point en état d'entendre, ils attribuent au caprice la conduite la plus prudente, sitôt qu'elle est au-dessus de leur portée. En un mot, le seul moyen de les rendre dociles à la raison n'est pas de raisonner avec eux, mais de les bien convaincre que la raison est au-dessus de leur âge : car alors ils la supposent du côté où elle doit être, à moins qu'on ne leur donne un juste sujet de penser autrement. Ils savent bien qu'on ne veut pas les tourmenter quand ils sont sûrs qu'on les aime ; et les enfants se trompent rarement là-dessus. Quand donc je refuse quelque chose aux miens, je n'argumente point avec eux, je ne leur dis point pourquoi je ne veux pas ; mais je fais en sorte qu'ils le voient, autant qu'il est possible, et quelquefois après coup. De cette manière ils s'accoutument à comprendre que jamais je ne les refuse sans avoir une bonne raison, quoiqu'ils ne l'aperçoivent pas toujours.

Fondée sur le même principe, je ne souffrirai pas non plus que mes enfants se mêlent dans la conversation des gens raisonnables, et s'imaginent sottement y tenir leur rang comme les autres, quand on y souffre leur babil indiscret. Je veux qu'ils répondent modestement et en peu de mots quand on les interroge, sans jamais parler de leur chef, et surtout sans qu'ils s'ingèrent à questionner hors de propos les gens plus âgés qu'eux, auxquels ils doivent du respect.

En vérité, Julie, dis-je en l'interrompant, voilà bien de la rigueur pour une mere aussi tendre ! Pythagore n'était pas plus sévère à ses disciples que vous l'etes aux vôtres. Non-seulement vous ne les traitez pas en hommes, mais on dirait que vous craignez de les voir cesser trop tôt d'être enfants. Quel moyen plus agréable et plus sûr peuvent-ils avoir de s'instruire, que d'interroger sur les choses qu'ils ignorent les gens plus éclairés qu'eux ? Que penseraient de vos maximes les dames de Paris, qui trouvent que leurs enfants ne jasent jamais assez tôt ni assez longtemps, et qui jugent de l'esprit qu'ils auront étant grands par les sottises qu'ils debitent étant jeunes ? Wolmar me dira que cela peut être bon dans un pays où le premier mérite est de bien babiller, et où l'on est dispensé de penser, pourvu qu'on parle. Mais vous qui voulez faire à vos enfants un sort si doux, comment accorderez-vous tant de bonheur avec tant de contrainte ? et que devient parmi toute cette gêne la liberté que vous pretendez leur laisser ?

Quoi donc ! a-t-elle repris à l'instant, est-ce gêner leur liberté que de les empêcher d'attenter à la nôtre ? et ne sauraient-ils être heureux à moins que toute une compagnie en silence n'admire leurs puérilités ? Empêchons leur vanité de naître, ou du moins arrêtons-en les progrès, c'est la vraiment travailler à leur felicité : car la vanité de l'homme est la source de ses plus grandes peines, et il n'y a personne de si parfait et de si fêté, à qui elle ne donne encore plus de chagrins que de plaisirs [1].

Que peut penser un enfant de lui-même, quand il voit autour de lui tout un cercle de gens sensés l'écouter, l'agacer, l'admirer, attendre avec un lâche empressement les oracles qui sortent de sa bouche, et se récrier avec des retentissements de joie à chaque impertinence qu'il dit ? La tête d'un homme aurait bien de la peine à tenir à tous ces faux applaudissements ; jugez de ce que devien-

---

[1] Si jamais la vanité fit quelque heureux sur la terre, à coup sûr cet heureux-là n'était qu'un sot.

dra la sienne ! Il en est du babil des enfants comme des predictions des almanachs : ce serait un prodige si, sur tant de vaines paroles, le hasard ne fournissait jamais une rencontre heureuse. Imaginez ce que font alors les exclamations de la flatterie sur une pauvre mere déja trop abusée par son propre cœur, et sur un enfant qui ne sait ce qu'il dit, et se voit célébrer ! Ne pensez pas que pour démêler l'erreur je m'en garantisse : non, je vois la faute, et j'y tombe : mais si j'admire les reparties de mon fils, au moins je les admire en secret ; il n'apprend point, en me les voyant applaudir, a devenir babillard et vain ; et les flatteurs, en me les faisant répeter, n'ont pas le plaisir de rire de ma faiblesse.

Un jour qu'il nous était venu du monde, étant allée donner quelques ordres, je vis en rentrant quatre ou cinq grands nigauds occupés à jouer avec lui, et s'appretant à me raconter d'un air d'emphase je ne sais combien de gentillesses qu'ils venaient d'entendre, et dont ils semblaient tout émerveillés. Messieurs, leur dis-je assez froidement, je ne doute pas que vous ne sachiez faire dire a des marionnettes de fort jolies choses ; mais j'espere qu'un jour mes enfants seront hommes, qu'ils agiront et parleront d'eux-memes, et alors j'apprendrai toujours dans la joie de mon cœur tout ce qu'ils auront dit et fait de bien. Depuis qu'on a vu que cette maniere de faire sa cour ne prenait pas, on joue avec mes enfants comme avec des enfants, non comme avec Polichinelle ; il ne leur vient plus de compere, et ils en valent sensiblement mieux depuis qu'on ne les admire plus.

A l'égard des questions, on ne les leur défend pas indistinctement : je suis la premiere a leur dire de demander doucement en particulier à leur pere ou à moi tout ce qu'ils ont besoin de savoir ; mais je ne souffre pas qu'ils coupent un entretien sérieux, pour occuper tout le monde de la premiere impertinence qui leur passe par la tête. L'art d'interroger n'est pas si facile qu'on pense : c'est bien plus l'art des maitres que des disciples ; il faut avoir déja beaucoup appris de choses, pour savoir demander ce qu'on ne sait pas. Le savant sait et s'enquiert, dit un proverbe indien ; mais l'ignorant ne sait pas même de quoi s'enquérir [1]. Faute de cette science préliminaire, les enfants en liberté ne font presque jamais que des questions ineptes qui ne servent a rien, ou profondes et

---

[1] Ce proverbe est tiré de Chardin, tome V, p. 170, in 12.

scabreuses, dont la solution passe leur portée ; et puisqu'il ne faut pas qu'ils sachent tout, il importe qu'ils n'aient pas le droit de tout demander. Voilà pourquoi, généralement parlant, ils s'instruisent mieux par les interrogations qu'on leur fait que par celles qu'ils font eux-mêmes.

Quand cette méthode leur serait aussi utile qu'on croit, la première et la plus importante science qui leur convient n'est-elle pas d'être discrets et modestes ? et y en a-t-il quelque autre qu'ils doivent apprendre au préjudice de celle-là ? Que produit donc dans les enfants cette émancipation de parole avant l'âge de parler, et ce droit de soumettre effrontément les hommes à leur interrogatoire ? De petits questionneurs babillards, qui questionnent moins pour s'instruire que pour importuner, pour occuper d'eux tout le monde, et qui prennent encore plus de goût à ce babil par l'embarras où ils s'aperçoivent que jettent quelquefois leurs questions indiscrètes, en sorte que chacun est inquiet aussitôt qu'ils ouvrent la bouche. Ce n'est pas tant un moyen de les instruire que de les rendre étourdis et vains ; inconvénient plus grand, à mon avis, que l'avantage qu'ils acquièrent par là n'est utile ; car par degrés l'ignorance diminue, mais la vanité ne fait jamais qu'augmenter.

Le pis qui pût arriver de cette réserve trop prolongée serait que mon fils en âge de raison eût la conversation moins légère, le propos moins vif et moins abondant ; et, en considérant combien cette habitude de passer sa vie à dire des riens rétrécit l'esprit, je regarderais plutôt cette heureuse stérilité comme un bien que comme un mal. Les gens oisifs, toujours ennuyés d'eux-mêmes, s'efforcent de donner un grand prix à l'art de les amuser ; et l'on dirait que le savoir-vivre consiste à ne dire que de vaines paroles, comme à ne faire que des dons inutiles : mais la société humaine a un objet plus noble, et ses vrais plaisirs ont plus de solidité. L'organe de la vérité, le plus digne organe de l'homme, le seul dont l'usage le distingue des animaux, ne lui a point été donné pour n'en pas tirer un meilleur parti qu'ils ne font de leurs cris. Il se dégrade au-dessous d'eux quand il parle pour ne rien dire ; et l'homme doit être homme jusque dans ses délassements. S'il y a de la politesse à étourdir tout le monde d'un vain caquet, j'en trouve une bien plus véritable à laisser parler les autres par préférence, à faire plus grand cas de ce qu'ils disent que de ce qu'on dirait soi-même, et à montrer qu'on les estime trop pour croire les amuser par des niaiseries. Le bon usage du monde, celui qui nous y fait le plus rechercher et chérir, n'est pas tant d'y briller que d'y faire briller les autres, et de mettre, à force de modestie, leur orgueil plus en liberté. Ne craignons pas qu'un homme d'esprit qui ne s'abstient de parler que par retenue et discretion puisse jamais passer pour un sot Dans quelque pays que ce puisse etre, il n'est pas possible qu'on juge un homme sur ce qu'il n'a pas dit, et qu'on le méprise pour s'etre tu. Au contraire, on remarque en général que les gens silencieux en imposent, qu'on s'écoute devant eux, et qu'on leur donne beaucoup d'attention quand ils parlent; ce qui, leur laissant le choix des occasions, et faisant qu'on ne perd rien de ce qu'ils disent, met tout l'avantage de leur coté. Il est si difficile a l'homme le plus sage de garder toute sa présence d'esprit dans un long flux de paroles, il est si rare qu'il ne lui échappe des choses dont il se repent a loisir, qu'il aime mieux retenir le bon que risquer le mauvais. Enfin, quand ce n'est pas faute d'esprit qu'il se tait, s'il ne parle pas, quelque discret qu'il puisse être, le tort en est a ceux qui sont avec lui.

Mais il y a bien loin de six ans à vingt : mon fils ne sera pas toujours enfant; et, a mesure que sa raison commencera de naître, l'intention de son pere est bien de la laisser exercer. Quant a moi, ma mission ne va pas jusque-la. Je nourris des enfants, et n'ai pas la présomption de vouloir former des hommes J'espere, dit-elle en regardant son mari, que de plus dignes mains se chargeront de ce noble emploi Je suis femme et mere, je sais me tenir a mon rang. Encore une fois, la fonction dont je suis chargée n'est pas d'elever mes fils, mais de les preparer pour etre élevés.

Je ne fais même en cela que suivre de point en point le systeme de M. de Wolmar; et plus j'avance, plus j'eprouve combien il est excellent et juste, et combien il s'accorde avec le mien. Considerez mes enfants, et surtout l'ainé; en connaissez-vous de plus heureux sur la terre, de plus gais, de moins importuns? Vous les voyez sauter, rire, courir toute la journée, sans jamais incommoder personne De quels plaisirs, de quelle indépendance leur âge est-il susceptible, dont ils ne jouissent pas ou dont ils abusent? Ils se contraignent aussi peu devant moi qu'en mon absence Au contraire, sous les yeux de leur mère ils ont toujours un peu plus de confiance ; et quoique je sois l'auteur de toute la sévérité qu'ils éprouvent, ils me trouvent toujours la moins sévère : car je ne pourrais supporter de n'être pas ce qu'ils aiment le plus au monde

Les seules lois qu'on leur impose auprès de nous sont celles de la liberté même, savoir, de ne pas plus gêner la compagnie qu'elle ne les gêne, de ne pas crier plus haut qu'on ne parle ; et comme on ne les oblige point de s'occuper de nous, je ne veux pas non plus qu'ils prétendent nous occuper d'eux. Quand ils manquent à de si justes lois, toute leur peine est d'être à l'instant renvoyés ; et tout mon art, pour que c'en soit une, de faire qu'ils ne se trouvent nulle part aussi bien qu'ici. A cela près, on ne les assujettit à rien ; on ne les force jamais de rien apprendre ; on ne les ennuie point de vaines corrections ; jamais on ne les reprend ; les seules leçons qu'ils reçoivent sont des leçons de pratique prises dans la simplicité de la nature. Chacun, bien instruit là-dessus, se conforme à mes intentions avec une intelligence et un soin qui ne me laissent rien à désirer ; et si quelque faute est à craindre, mon assiduité la prévient ou la répare aisément.

Hier, par exemple, l'aîné ayant ôté un tambour au cadet, l'avait fait pleurer. Fanchon ne dit rien ; mais une heure après, au moment que le ravisseur du tambour en était le plus occupé, elle le lui reprit : il la suivait en le redemandant, et pleurant à son tour. Elle lui dit : Vous l'avez pris par force à votre frère, je vous le reprends de même qu'avez-vous à dire ? ne suis-je pas la plus forte ? Puis elle se mit à battre la caisse à son imitation, comme si elle y eût pris beaucoup de plaisir. Jusque-là tout était à merveille ; mais quelque temps après elle voulut rendre le tambour au cadet : alors je l'arrêtai : car ce n'était plus la leçon de la nature, et de là pouvait naître un premier germe d'envie entre les deux frères En perdant le tambour, le cadet supporta la dure loi de la nécessité ; l'aîné sentit son injustice ; tous deux connurent leur faiblesse, et furent consolés le moment d'après.

Un plan si nouveau et si contraire aux idées reçues m'avait d'abord effarouché. A force de me l'expliquer, ils m'en rendirent enfin l'admirateur, et je sentis que pour guider l'homme la marche de la nature est toujours la meilleure. Le seul inconvénient que je trouvais à cette méthode, et cet inconvénient me parut fort grand, c'était de négliger dans les enfants la seule faculté qu'ils aient dans toute sa vigueur, et qui ne fait que s'affaiblir en avançant en âge

Il me semblait que, selon leur propre système, plus les opérations de l'entendement étaient faibles, insuffisantes, plus on devait exercer et fortifier la mémoire, si propre alors a soutenir le travail. C'est elle, disais-je, qui doit suppléer a la raison jusqu'à sa naissance, et l'enrichir quand elle est née. Un esprit qu'on n'exerce a rien devient lourd et pesant dans l'inaction. La semence ne prend point dans un champ mal préparé, et c'est une étrange préparation pour apprendre a devenir raisonnable que de commencer par être stupide. Comment, stupide! s'est écriée aussitôt madame de Wolmar. Confondriez-vous deux qualités aussi différentes et presque aussi contraires que la mémoire et le jugement [1]? comme si la quantité des choses mal digérées et sans liaison dont on remplit une tête encore faible n'y faisait pas plus de tort que de profit a la raison. J'avoue que de toutes les facultés de l'homme la mémoire est la première qui se développe et la plus commode a cultiver dans les enfants : mais, a votre avis, lequel est a préférer de ce qu'il leur est le plus aisé d'apprendre, ou de ce qu'il leur importe le plus de savoir?

Regardez a l'usage qu'on fait en eux de cette faculté, a la violence qu'il faut leur faire, a l'éternelle contrainte où il les faut assujettir pour mettre en étalage leur mémoire; et comparez l'utilité qu'ils en retirent au mal qu'on leur fait souffrir pour cela. Quoi! forcer un enfant d'étudier des langues qu'il ne parlera jamais, même avant qu'il ait bien appris la sienne; lui faire incessamment répéter et construire des vers qu'il n'entend point, et dont toute l'harmonie n'est pour lui qu'au bout de ses doigts; embrouiller son esprit de cercles et de sphères dont il n'a pas la moindre idée, l'accabler de mille noms de villes et de rivières qu'il confond sans cesse et qu'il rapprend tous les jours; est-ce cultiver sa mémoire au profit de son jugement? et tout ce frivole acquis vaut-il une seule des larmes qu'il lui coûte?

Si tout cela n'était qu'inutile, je m'en plaindrais moins; mais n'est-ce rien que d'instruire un enfant a se payer de mots, et a croire savoir ce qu'il ne peut comprendre? Se pourrait-il qu'un tel amas ne nuisît point aux premières idées dont on doit meubler une tête humaine? et ne vaudrait-il pas mieux n'avoir point de

---

[1] Cela ne me paraît pas bien vu. Rien n'est si nécessaire au jugement que la mémoire. il est vrai que ce n'est pas la mémoire des mots

mémoire que de la remplir de tout ce fatras, au préjudice des connaissances nécessaires dont il tient la place?

Non, si la nature a donné au cerveau des enfants cette souplesse qui le rend propre a recevoir toutes sortes d'impressions, ce n'est pas pour qu'on y grave des noms de rois, des dates, des termes de blason, de sphere, de géographie, et tous ces mots sans aucun sens pour leur âge, et sans aucune utilité pour quelque âge que ce soit, dont on accable leur triste et stérile enfance; mais c'est pour que toutes les idées relatives a l'état de l'homme, toutes celles qui se rapportent a son bonheur et l'éclairent sur ses devoirs, s'y tracent de bonne heure en caracteres ineffaçables, et lui servent a se conduire pendant sa vie d'une maniere convenable a son être et a ses facultés.

Sans étudier dans les livres, la mémoire d'un enfant ne reste pas pour cela oisive : tout ce qu'il voit, tout ce qu'il entend le frappe, et il s'en souvient; il tient registre en lui-meme des actions, des discours des hommes; et tout ce qui l'environne est le livre dans lequel, sans y songer, il enrichit continuellement sa mémoire, en attendant que son jugement puisse en profiter. C'est dans le choix de ces objets, c'est dans le soin de lui présenter sans cesse ceux qu'il doit connaitre, et de lui cacher ceux qu'il doit ignorer, que consiste le véritable art de cultiver la premiere de ses facultés; et c'est par la qu'il faut tâcher de lui former un magasin de connaissances qui servent a son éducation durant la jeunesse, et à sa conduite dans tous les temps. Cette méthode, il est vrai, ne forme point de petits prodiges, et ne fait pas briller les gouvernantes et les précepteurs; mais elle forme des hommes judicieux, robustes, sains de corps et d'entendement, et qui, sans s'etre fait admirer étant jeunes, se font honorer étant grands.

Ne pensez pas pourtant, continua Julie, qu'on néglige ici tout a fait ces soins dont vous faites un si grand cas. Une mere un peu vigilante tient dans ses mains les passions de ses enfants. Il y a des moyens pour exciter et nourrir en eux le désir d'apprendre ou de faire telle ou telle chose; et autant que ces moyens peuvent se concilier avec la plus entiere liberté de l'enfant, et n'engendrent en lui nulle semence de vice, je les emploie assez volontiers, sans m'opiniatrer quand le succes n'y repond pas; car il aura toujours le temps d'apprendre, mais il n'y a pas un moment a perdre pour lui former un bon naturel; et M. de Wolmar a une telle idée du

premier développement de la raison, qu'il soutient que quand son
fils ne saurait rien à douze ans, il n'en serait pas moins instruit à
quinze, sans compter que rien n'est moins nécessaire que d'être
savant, et rien plus que d'être sage et bon.

Vous savez que notre aîné lit déjà passablement. Voici comment
lui est venu le goût d'apprendre à lire. J'avais dessein de lui lire
de temps en temps quelque fable de la Fontaine pour l'amuser, et
j'avais déjà commencé, quand il me demanda si les corbeaux
parlaient. A l'instant je vis la difficulté de lui faire sentir bien
nettement la différence de l'apologue au mensonge. je me tirai
d'affaire comme je pus, et, convaincue que les fables sont faites
pour les hommes, mais qu'il faut toujours dire la vérité nue aux
enfants, je supprimai la Fontaine. Je lui substituai un recueil de
petites histoires intéressantes et instructives, la plupart tirées de
la Bible; puis voyant que l'enfant prenait goût à mes contes, j'i-
maginai de les lui rendre encore plus utiles, en essayant d'en
composer moi-même d'aussi amusants qu'il me fut possible, et
les appropriant toujours au besoin du moment. Je les écrivais à
mesure dans un beau livre orné d'images, que je tenais bien en-
fermé, et dont je lui lisais de temps en temps quelques contes,
rarement, peu longtemps, et répétant souvent les mêmes avec des
commentaires, avant de passer à de nouveaux. Un enfant oisif est
sujet à l'ennui, les petits contes servaient de ressources : mais
quand je le voyais le plus avidement attentif, je me souvenais
quelquefois d'un ordre à donner, et je le quittais à l'endroit le
plus intéressant, en laissant négligemment le livre. Aussitôt il
allait prier sa bonne, ou Fanchon, ou quelqu'un, d'achever la
lecture : mais comme il n'a rien à commander à personne, et qu'on
était prévenu, l'on n'obéissait pas toujours. L'un refusait, l'autre
avait affaire, l'autre balbutiait lentement et mal, l'autre laissait, à
mon exemple, un conte à moitié. Quand on le vit bien ennuyé de
tant de dépendance, quelqu'un lui suggéra secrètement d'apprendre
à lire, pour s'en délivrer et feuilleter le livre à son aise. Il goûta ce
projet. Il fallut trouver des gens assez complaisants pour vouloir
lui donner leçon : nouvelle difficulté qu'on n'a poussée qu'aussi
loin qu'il fallait. Malgré toutes ces précautions, il s'est lassé trois
ou quatre fois : on l'a laissé faire. Seulement je me suis efforcée
de rendre les contes encore plus amusants; et il est revenu à la
charge avec tant d'ardeur, que, quoiqu'il n'y ait pas six mois qu'il

a tout de bon commence d'apprendre, il sera bientôt en état de lire seul le recueil.

C'est à peu près ainsi que je tâcherai d'exciter son zèle et sa bonne volonté pour acquérir les connaissances qui demandent de la suite et de l'application, et qui peuvent convenir à son âge : mais quoiqu'il apprenne à lire, ce n'est point des livres qu'il tirera ces connaissances ; car elles ne s'y trouvent point, et la lecture ne convient en aucune manière aux enfants. Je veux aussi l'habituer de bonne heure à nourrir sa tête d'idées et non de mots . c'est pourquoi je ne lui fais jamais rien apprendre par cœur.

Jamais[1] interrompis-je · c'est beaucoup dire ; car encore faut-il bien qu'il sache son catéchisme et ses prières. C'est ce qui vous trompe, reprit-elle. A l'égard de la prière, tous les matins et tous les soirs je fais la mienne à haute voix dans la chambre de mes enfants, et c'est assez pour qu'ils l'apprennent sans qu'on les y oblige : quant au catéchisme, ils ne savent ce que c'est Quoi ! Julie, vos enfants n'apprennent pas leur catéchisme ? Non, mon ami, mes enfants n'apprennent pas leur catéchisme. Comment[1] ai-je dit tout étonné, une mère si pieuse !.. Je ne vous comprends point Et pourquoi vos enfants n'apprennent-ils pas leur catéchisme ? Afin qu'ils le croient un jour, dit-elle . j'en veux faire un jour des chrétiens. Ah[1] j'y suis, m'écriai-je ; vous ne voulez pas que leur foi ne soit qu'en paroles, ni qu'ils sachent seulement leur religion, mais qu'ils la croient ; et vous pensez avec raison qu'il est impossible à l'homme de croire ce qu'il n'entend point. Vous êtes bien difficile, me dit en souriant M. de Wolmar : seriez-vous chrétien, par hasard ? Je m'efforce de l'être, lui dis-je avec fermeté. Je crois de la religion tout ce que j'en puis comprendre, et respecte le reste sans le rejeter. Julie me fit un signe d'approbation, et nous reprîmes le sujet de notre entretien.

Après être entrée dans d'autres détails qui m'ont fait concevoir combien le zèle maternel est actif, infatigable et prévoyant, elle a conclu en observant que sa méthode se rapportait exactement aux deux objets qu'elle s'était proposés, savoir, de laisser développer le naturel des enfants, et de l'étudier Les miens ne sont gênés en rien, dit-elle, et ne sauraient abuser de leur liberté ; leur caractère ne peut ni se dépraver ni se contraindre · on laisse en paix renforcer leur corps et germer leur jugement ; l'esclavage n'avilit point leur âme ; les regards d'autrui ne font point fermenter leur amour-propre ; ils ne se croient ni des hommes puissants ni des animaux enchaînés, mais des enfants heureux et libres. Pour les garantir des vices qui ne sont pas en eux, ils ont, ce me semble, un préservatif plus fort que des discours qu'ils n'entendraient point, ou dont ils seraient bientôt ennuyés ; c'est l'exemple des mœurs de tout ce qui les environne ; ce sont les entretiens qu'ils entendent, qui sont ici naturels à tout le monde, et qu'on n'a pas besoin de composer exprès pour eux ; c'est la paix et l'union dont ils sont témoins ; c'est l'accord qu'ils voient régner sans cesse et dans la conduite respective de tous, et dans la conduite et les discours de chacun.

Nourris encore dans leur première simplicité, d'où leur viendraient des vices dont ils n'ont point vu d'exemple, des passions qu'ils n'ont nulle occasion de sentir, des préjugés que rien ne leur inspire? Vous voyez qu'aucune erreur ne les gagne, qu'aucun mauvais penchant ne se montre en eux. Leur ignorance n'est point entêtée, leurs désirs ne sont point obstinés, les inclinations au mal sont prévenues ; la nature est justifiée ; et tout me prouve que les défauts dont nous l'accusons ne sont point son ouvrage, mais le nôtre.

C'est ainsi que, livrés au penchant de leur cœur sans que rien le déguise ou l'altère, nos enfants ne reçoivent point une forme extérieure et artificielle, mais conservent exactement celle de leur caractère originel ; c'est ainsi que ce caractère se développe journellement à nos yeux sans réserve, et que nous pouvons étudier les mouvements de la nature jusque dans leurs principes les plus secrets. Sûrs de n'être jamais ni grondés ni punis, ils ne savent ni mentir ni se cacher, et, dans tout ce qu'ils disent, soit entre eux, soit à nous, ils laissent voir sans contrainte tout ce qu'ils ont au fond de l'âme. Libres de babiller entre eux toute la journée, ils ne songent pas même à se gêner un moment devant moi. Je ne les reprends jamais, ni ne les fais taire, ni ne feins de les écouter, et ils diraient les choses du monde les plus blâmables, que je ne ferais pas semblant d'en rien savoir : mais en effet je les écoute avec la plus grande attention sans qu'ils s'en doutent ; je tiens un registre exact de ce qu'ils font et de ce qu'ils disent ; ce sont les productions naturelles du fonds qu'il faut cultiver. Un propos vicieux dans leur bouche est une herbe étrangère dont le vent apporta la graine : si je la coupe par une réprimande, bientôt elle repoussera; au lieu de cela j'en cherche en secret la racine, et j'ai soin de l'arracher. Je ne suis, m'a-t-elle dit en riant, que la servante du jardinier; je sarcle le jardin, j'en ôte la mauvaise herbe; c'est à lui de cultiver la bonne.

Convenons aussi qu'avec toute la peine que j'aurais pu prendre, il fallait être aussi bien secondée pour espérer de réussir, et que le succès de mes soins dépendait d'un concours de circonstances qui ne s'est peut-être jamais trouvé qu'ici; il fallait les lumières d'un père éclairé, pour démêler à travers les préjugés établis le véritable art de gouverner les enfants dès leur naissance; il fallait toute sa patience pour se prêter à l'exécution, sans jamais démentir ses leçons par sa conduite; il fallait des enfants bien nés, en qui la nature eût assez fait pour qu'on pût aimer son seul ouvrage; il fallait n'avoir autour de soi que des domestiques intelligents et bien intentionnés, qui ne se lassassent point d'entrer dans les vues des maîtres : un seul valet brutal ou flatteur eût suffi pour tout gâter. En vérité, quand on songe combien de causes étrangères peuvent nuire aux meilleurs desseins, et renverser les projets les mieux concertés, on doit remercier la fortune de tout ce qu'on fait de bien dans la vie, et dire que la sagesse dépend beaucoup du bonheur.

Dites, me suis-je écrié, que le bonheur dépend encore plus de la sagesse. Ne voyez-vous pas que ce concours dont vous vous félicitez est votre ouvrage, et que tout ce qui vous approche est contraint de vous ressembler? Mères de famille, quand vous vous plaignez de n'être pas secondées, que vous connaissez mal votre pouvoir? Soyez tout ce que vous devez être, vous surmonterez tous les obstacles; vous forcerez chacun de remplir ses devoirs, si vous remplissez bien tous les vôtres. Vos droits ne sont-ils pas ceux de la nature? Malgré les maximes du vice, ils seront toujours chers au cœur humain. Ah! veuillez être femmes et mères, et le plus doux empire qui soit sur la terre sera aussi le plus respecté.

En achevant cette conversation, Julie a remarqué que tout prenait une nouvelle facilité depuis l'arrivée de Henriette. Il est certain, dit-elle, que j'aurais besoin de beaucoup moins de soins et d'adresse si je voulais introduire l'émulation entre les deux frères, mais ce moyen me paraît trop dangereux; j'aime mieux avoir plus de peine et ne rien risquer. Henriette supplée à cela : comme elle est d'un autre sexe, leur ainée, qu'ils l'aiment tous deux à la folie, et qu'elle a du sens au-dessus de son âge, j'en fais en quelque sorte leur première gouvernante, et avec d'autant plus de succès que ses leçons leur sont moins suspectes.

Quant à elle, son éducation me regarde ; mais les principes en sont si différents, qu'ils méritent un entretien à part. Au moins puis-je bien dire d'avance qu'il sera difficile d'ajouter en elle aux dons de la nature, et qu'elle vaudra sa mère elle-même, si quelqu'un au monde la peut valoir.

Mylord, on vous attend de jour en jour, et ce devrait être ici ma dernière lettre. Mais je comprends ce qui prolonge votre séjour à l'armée, et j'en frémis. Julie n'en est pas moins inquiète : elle vous prie de nous donner plus souvent de vos nouvelles, et vous conjure de songer, en exposant votre personne, combien vous prodiguez le repos de vos amis. Pour moi, je n'ai rien à vous dire. Faites votre devoir; un conseil timide ne peut non plus sortir de mon cœur qu'approcher du vôtre. Cher Bomston, je le sais trop, la seule mort digne de ta vie serait de verser ton sang pour la gloire de ton pays; mais ne dois-tu nul compte de tes jours à celui qui n'a conservé les siens que pour toi?

IV — DE MYLORD ÉDOUARD A SAINT-PREUX.

Je vois par vos deux dernières lettres qu'il m'en manque une antérieure à ces deux-là, apparemment la première que vous m'aviez écrite à l'armée, et dans laquelle était l'explication des chagrins secrets de madame de Wolmar. Je n'ai point reçu cette lettre, et je conjecture qu'elle pouvait être dans la malle d'un courrier qui nous a été enlevé. Répétez-moi donc, mon ami, ce qu'elle contenait : ma raison s'y perd et mon cœur s'en inquiète : car, encore une fois, si le bonheur et la paix ne sont pas dans l'âme de Julie, où sera leur asile ici bas?

Rassurez-la sur les risques auxquels elle me croit exposé. Nous avons affaire à un ennemi trop habile pour nous en laisser courir; avec une poignée de monde il rend toutes nos forces inutiles, et nous ôte partout les moyens de l'attaquer. Cependant, comme nous sommes confiants, nous pourrions bien lever des difficultés insurmontables pour de meilleurs généraux, et forcer à la fin les Français de nous battre. J'augure que nous payerons cher nos premiers succès, et que la bataille gagnée a Dettingue nous en fera perdre une en Flandre. Nous avons en tete un grand capitaine : ce n'est pas tout, il a la confiance de ses troupes; et le soldat français qui compte sur son général est invincible; au contraire, on en a si bon marché quand il est commandé par des courtisans qu'il méprise, et cela arrive si souvent, qu'il ne faut qu'attendre les intrigues de cour et l'occasion pour vaincre à coup sûr la plus brave nation du continent. Ils le savent fort bien eux-mêmes. Mylord Marlborough voyant la bonne mine et l'air guerrier d'un soldat pris à Blenheim[1], lui dit : S'il y eut eu cinquante mille hommes comme toi a l'armée française, elle ne se fut pas ainsi laissée battre. Eh morbleu ! repartit le grenadier, nous avions assez d'hommes comme moi; il ne nous en manquait qu'un comme vous. Or cet homme comme lui commande a présent l'armée de France, et manque a la notre; mais nous ne songeons guere a cela.

Quoi qu'il en soit, je veux voir les manœuvres du reste de cette campagne, et j'ai résolu de rester a l'armée jusqu'a ce qu'elle entre en quartiers. Nous gagnerons tous a ce delai. La saison étant trop avancée pour traverser les monts, nous passerons l'hiver ou vous êtes, et n'irons en Italie qu'au commencement du printemps. Dites a monsieur et madame de Wolmar que je fais ce nouvel arrangement pour jouir a mon aise du touchant spectacle que vous décrivez si bien, et pour voir madame d'Orbe établie avec eux Continuez, mon cher, a m'ecrire avec le meme soin, et vous me ferez plus de plaisir que jamais. Mon equipage a ete pris, et je suis sans livres; mais je lis vos lettres.

V. — DE SAINT-PREUX A MYLORD EDOUARD

Quelle joie vous me donnez en m'annonçant que nous passerons l'hiver a Clarens ! mais que vous me la faites payer cher en prolongeant votre séjour a l'armee ! Ce qui me deplait surtout, c est de voir clairement qu'avant notre separation le parti de faire la campagne etait deja pris, et que vous ne m'en voulûtes rien dire Mylord, je sens la raison de ce mystere, et ne puis vous en savoir bon gré Me mepriseriez-vous assez pour croire qu'il me

[1] C'est le nom que les Anglais donnent a la bataille d'Hochstet

fut bon de vous survivre, ou m'avez-vous connu des attachements si bas que je les préfere a l'honneur de mourir avec mon ami ? Si je ne meritais pas de vous suivre, il fallait me laisser a Londres ; vous m'auriez moins offensé que de m'envoyer ici.

Il est clair par la derniere de vos lettres qu'en effet une des miennes s'est perdue, et cette perte a dû vous rendre les deux lettres suivantes fort obscures a bien des égards ; mais les éclaircissements necessaires pour les bien entendre viendront a loisir. Ce qui presse le plus a présent est de vous tirer de l'inquietude ou vous êtes sur le chagrin secret de madame de Wolmar.

Je ne vous redirai point la suite de la conversation que j'eus avec elle apres le départ de son mari. Il s'est passé depuis bien des choses qui m'en ont fait oublier une partie ; et nous la reprimes tant de fois durant son absence, que je m'en tiens au sommaire pour épargner des répetitions.

Elle m'apprit donc que ce meme époux qui faisait tout pour la rendre heureuse était l'unique auteur de toute sa peine, et que plus leur attachement mutuel était sincere, plus il lui donnait a souffrir. Le diriez-vous, mylord ? cet homme si sage, si raisonnable, si loin de toute espece de vice, si peu soumis aux passions humaines, ne croit rien de ce qui donne un prix aux vertus, et, dans l'innocence d'une vie irreprochable, il porte au fond de son cœur l'affreuse paix des méchants. La réflexion qui naît de ce contraste augmente la douleur de Julie ; et il semble qu'elle lui pardonnerait plutôt de méconnaitre l'auteur de son etre, s'il avait plus de motifs pour le craindre ou plus d'orgueil pour le braver. Qu'un coupable apaise sa conscience aux dépens de sa raison, que l'honneur de penser autrement que le vulgaire anime celui qui dogmatise, cette erreur au moins se conçoit ; mais, poursuit-elle en soupirant, pour un si honnete homme et si peu vain de son savoir, c'etait bien la peine d'etre incrédule !

Il faut etre instruit du caractere des deux époux ; il faut les imaginer concentrés dans le sein de leur famille, et se tenant l'un a l'autre lieu du reste de l'univers ; il faut connaitre l'union qui regne entre eux dans tout le reste, pour concevoir combien leur differend sur ce seul point est capable d'en troubler les charmes. M. de Wolmar, élevé dans le rit grec, n'était pas fait pour supporter l'absurdite d'un culte aussi ridicule. Sa raison, trop superieure a l'imbecile joug qu'on lui voulait imposer, le secoua bientôt avec mépris ; et, rejetant a la fois tout ce qui lui venait d'une autorité si suspecte, force d'etre impie, il se fit athée.

Dans la suite ayant toujours vecu dans des pays catholiques, il n'apprit pas a concevoir une meilleure opinion de la foi chrétienne par celle qu'on y professe. Il n'y vit d'autre religion que l'intérêt de ses ministres. Il vit que tout y consistait encore en vaines simagrées, platrees un peu plus subtilement par des mots qui ne signifiaient rien ; il s'aperçut que tous les *honnêtes gens* y étaient unanimement de son avis, et ne s'en cachaient guère ; que le clergé meme, un peu plus discretement, se moquait en secret de ce qu'il enseignait en public ; et il m'a protesté souvent qu'apres bien du temps et des recherches, il n'avait trouvé de sa vie que trois pretres qui crussent en Dieu [1]. En voulant s'éclaircir de bonne foi sur ces matieres, il s'était enfoncé dans les ténèbres de la métaphysique, ou l'homme n'a d'autre guides que les systemes qu'il y porte ; et ne voyant partout que doutes et contradictions, quand enfin il est venu parmi des chretiens, il y est venu trop tard ; sa foi s'était deja fermee a la verité, sa raison n'etait plus accessible a la certitude ; tout ce qu'on lui prouvait détruisant plus un sentiment qu'il n'en etablissait un autre, il a fini par combattre également les dogmes de toute espece, et n'a cessé d'etre athee que pour devenir sceptique

Voila le mari que le ciel destinait a cette Julie en qui vous connaissez une foi si simple et une pieté si douce Mais il faut avoir vecu aussi familierement avec elle que sa cousine et moi, pour savoir combien cette ame tendre est naturellement portée a la devotion. On dirait que rien de terrestre ne pouvant suffire au besoin d'aimer dont elle est dévorée, cet exces de sensibilité soit forcé de remonter a sa source. Ce n'est point comme sainte Therese un cœur amoureux qui se donne le change et veut se tromper d'objet, c'est un cœur vraiment intarissable que l'amour ni l'amitié n'ont pu épuiser, et qui porte ses affections surabondantes au seul etre

[1] A Dieu ne plaise que je veuille approuver ces assertions dures et temeraires ! j'affirme seulement qu'il y a des gens qui les font, et dont la conduite du clergé de tous les pays et de toutes les sectes n'autorise que trop souvent l'indiscretion Mais, loin que mon dessein dans cette note soit de me mettre lâchement a couvert, voici bien nettement mon propre sentiment sur ce point c'est que nul vrai croyant ne saurait etre intolerant ni persecuteur Si j'étais magistrat, et que la loi portât peine de mort contre les athees, je commencerais par faire bruler comme tel quiconque en viendrait denoncer un autre

digne de les absorber [1]. L'amour de Dieu ne la detache point des créatures, il ne lui donne ni dureté ni aigreur. Tous ces attachements produits par la meme cause, en s'animant l'un par l'autre, en deviennent plus charmants et plus doux ; et, pour moi, je crois qu'elle serait moins dévote si elle aimait moins tendrement son pere, son mari, ses enfants, sa cousine, et moi meme.

Ce qu'il y a de singulier, c'est que plus elle l'est, moins elle croit l'etre, et qu'elle se plaint de sentir en elle-meme une âme aride qui ne sait point aimer Dieu. On a beau faire, dit-elle souvent, le cœur ne s'attache que par l'entremise des sens ou de l'imagination qui les représente et le moyen de voir ou d'imaginer l'immensité du grand Être [2] ? Quand je veux m'élever a lui, je ne sais ou je suis ; n'apercevant aucun rapport entre lui et moi, je ne sais par ou l'atteindre, je ne vois ni ne sens plus rien, je me trouve dans une espece d'anéantissement ; et si j'osais juger d'autrui par moi-meme, je craindrais que les extases des mystiques ne vinssent moins d'un cœur plein que d'un cerveau vide.

Que faire donc, continua-t-elle, pour me derober aux fantomes d'une raison qui s'égare ? Je substitue un culte grossier, mais a ma portée, a ces sublimes contemplations qui passent mes facultés. Je rabaisse a regret la majesté divine, j'interpose entre elle et moi des objets sensibles ; ne la pouvant contempler dans son essence, je la contemple au moins dans ses œuvres, je l'aime dans ses bienfaits ; mais, de quelque maniere que je m'y prenne, au lieu de l'amour pur qu'elle exige, je n'ai qu'une reconnaissance intéressee a lui présenter.

C'est ainsi que tout devient sentiment dans un cœur sensible. Julie ne trouve dans l'univers entier que des sujets d'attendrissement et de gratitude : partout elle aperçoit la bienfaisante main de la

[1] Comment ! Dieu n'aura donc que les restes des creatures ? Au contraire, ce que les creatures peuvent occuper du cœur humain est si peu de chose, que, quand on croit l'avoir rempli d'elles, il est encore vide. Il faut un objet infini pour le remplir.
[2] Il est certain qu'il faut se fatiguer l'âme pour l'élever aux sublimes idees de la Divinité. Un culte plus sensible repose l'esprit du peuple il aime qu'on lui offre des objets de piete qui le dispensent de penser a Dieu. Sur ces maximes, les catholiques ont-ils mal fait de remplir leurs legendes, leurs calendriers, leurs eglises, de petits anges, de beaux garçons, et de jolies saintes ? L'Enfant Jésus entre les bras d'une mere charmante et modeste est en meme temps un des plus touchants et des plus agreables spectacles que la devotion chrétienne puisse offrir aux yeux des fideles

Providence; ses enfants sont le cher depot qu'elle en a reçu, elle recueille ses dons dans les productions de la terre ; elle voit sa table couverte par ses soins; elle s'endort sous sa protection ; son paisible reveil lui vient d'elle, elle sent ses leçons dans les disgraces, et ses faveurs dans les plaisirs ; les biens dont jouit tout ce qui lui est cher sont autant de nouveaux sujets d'hommages ; si le Dieu de l'univers echappe a ses faibles yeux, elle voit partout le pere commun des hommes. Honorer ainsi ses bienfaits supremes, n'est-ce pas servir autant qu'on peut l'Être infini ?

Concevez, mylord, quel tourment c'est de vivre dans la retraite avec celui qui partage notre existence, et ne peut partager l'espoir qui nous la rend chere ; de ne pouvoir avec lui ni benir les œuvres de Dieu, ni parler de l'heureux avenir que nous promet sa bonté, de le voir insensible, en faisant le bien, a tout ce qui le rend agréable a faire, et, par la plus bizarre inconsequence, penser en impie et vivre en chretien ! Imaginez Julie a la promenade avec son mari : l'une, admirant, dans la riche et brillante parure que la terre etale, l'ouvrage et les dons de l'auteur de l'univers ; l'autre, ne voyant en tout cela qu'une combinaison fortuite, ou rien n'est lie que par une force aveugle. Imaginez deux époux sincerement unis, n'osant, de peur de s'importuner mutuellement, se livrer, l'un aux reflexions, l'autre aux sentiments que leur inspirent les objets qui les entourent, et tirer de leur attachement meme le devoir de se contraindre incessamment Nous ne nous promenons presque jamais, Julie et moi, que quelque vue frappante et pittoresque ne lui rappelle ces idees douloureuses. Helas ! dit-elle avec attendrissement, le spectacle de la nature, si vivant, si animé pour nous, est mort aux yeux de l'infortune Wolmar, et, dans cette grande harmonie des etres, ou tout parle de Dieu d'une voix si douce, il n'aperçoit qu'un silence éternel !

Vous qui connaissez Julie, vous qui savez combien cette ame communicative aime a se répandre, concevez ce qu'elle souffrirait de ces reserves, quand elles n'auraient d'autre inconvenient qu'un si triste partage entre ceux a qui tout doit etre commun. Mais des idees plus funestes s'elevent, malgré qu'elle en ait, a la suite de celle-la Elle a beau vouloir rejeter ces terreurs involontaires, elles reviennent la troubler a chaque instant. Quelle horreur pour une tendre epouse d'imaginer l'Être supreme vengeur de sa divinité meconnue, de songer que le bonheur de celui qui fait le sien doit finir avec sa vie, et de ne voir qu'un reprouvé dans le père de ses enfants ! A cette affreuse image, toute sa douceur la garantit à peine du désespoir ; et la religion, qui lui rend amère l'incrédulité de son mari, lui donne seule la force de la supporter. Si le ciel, dit elle souvent, me refuse la conversion de cet honnête homme, je n'ai plus qu'une grâce à lui demander, c'est de mourir la première.

Telle est, mylord, la trop juste cause de ses chagrins secrets, telle est la peine intérieure qui semble charger sa conscience de l'endurcissement d'autrui, et ne lui devient que plus cruelle par le soin qu'elle prend de la dissimuler. L'athéisme, qui marche à visage decouvert chez les papistes, est obligé de se cacher dans tout pays ou, la raison permettant de croire en Dieu, la seule excuse des incrédules leur est otée. Ce système est naturellement desolant : s'il trouve des partisans chez les grands et les riches qu'il favorise, il est partout en horreur au peuple opprimé et misérable qui, voyant délivrer ses tyrans du seul frein propre à les contenir, se voit encore enlever, dans l'espoir d'une autre vie, la seule consolation qu'on lui laisse en celle-ci. Madame de Wolmar sentant donc le mauvais effet que ferait ici le pyrrhonisme de son mari, et voulant surtout garantir ses enfants d'un si dangereux exemple, n'a pas eu de peine à engager au secret un homme sincère et vrai, mais discret, simple, sans vanité, et fort éloigné de vouloir oter aux autres un bien dont il est faché d'etre privé lui-meme. Il ne dogmatise jamais ; il vient au temple avec nous, il se conforme aux usages établis ; sans professer de bouche une foi qu'il n'a pas, il évite le scandale, et fait sur le culte reglé par les lois tout ce que l'Etat peut exiger d'un citoyen.

Depuis près de huit ans qu'ils sont unis, la seule madame d'Orbe est du secret, parce qu'on le lui a confié. Au surplus, les apparences sont si bien sauvées, et avec si peu d'affectation, qu'au bout de six semaines passées ensemble dans la plus grande intimité, je n'avais pas meme conçu le moindre soupçon, et n'aurais peut-etre jamais pénétré la vérité sur ce point, si Julie elle-même ne me l'eût apprise.

Plusieurs motifs l'ont déterminée à cette confidence. Premièrement, quelle réserve est compatible avec l'amitié qui regne entre nous ? N'est-ce pas aggraver ses chagrins à pure perte, que s'oter la douceur de les partager avec un ami ? De plus, elle n'a pas voulu que ma présence fût plus longtemps un obstacle aux entretiens qu'ils ont souvent ensemble sur un sujet qui lui tient si fort au cœur. Enfin, sachant que vous deviez bientôt venir nous joindre, elle a désiré, du consentement de son mari, que vous fussiez d'avance instruit de ses sentiments; car elle attend de votre sagesse un supplément a nos vains efforts, et des effets dignes de vous.

Le temps qu'elle choisit pour me confier sa peine m'a fait soupçonner une autre raison dont elle n'a eu garde de me parler. Son mari nous quittait, nous restions seuls : nos cœurs s'étaient aimés, ils s'en souvenaient encore : s'ils s'étaient un instant oubliés, tout nous livrait a l'opprobre. Je voyais clairement qu'elle avait craint ce tete-a-tete et taché de s'en garantir; et la scene de Meillerie m'a trop appris que celui des deux qui se defiait le moins de lui-meme devait seul s'en defier.

Dans l'injuste crainte que lui inspirait sa timidité naturelle, elle n'imagina point de précaution plus sûre que de se donner incessamment un témoin qu'il fallût respecter, d'appeler en tiers le juge integre et redoutable qui voit les actions secretes et sait lire au fond des cœurs. Elle s'environnait de la majesté supreme; je voyais Dieu sans cesse entre elle et moi. Quel coupable désir eût pu franchir une telle sauvegarde? Mon cœur s'épurait au feu de son zele, et je partageais sa vertu.

Ces graves entretiens remplirent presque tous nos tete-a-tête durant l'absence de son mari; et depuis son retour nous les reprenons frequemment en sa présence. Il s'y prete comme s'il était question d'un autre, et, sans mepriser nos soins, il nous donne souvent de bons conseils sur la maniere dont nous devons raisonner avec lui. C'est cela meme qui me fait désespérer du succes; car s'il avait moins de bonne foi, l'on pourrait attaquer le vice de l'ame qui nourrirait son incrédulité; mais s'il n'est question que de convaincre, ou chercherons-nous des lumieres qu'il n'ait point eues et des raisons qui lui aient échappé? Quand j'ai voulu disputer avec lui, j'ai vu que tout ce que je pouvais employer d'arguments avait été deja vainement épuisé par Julie, et que ma secheresse etait bien loin de cette éloquence du cœur et de cette douce persuasion qui coule de sa bouche. Mylord, nous ne ramenerons jamais cet homme, il est trop froid et n'est point méchant : il ne s'agit pas de le toucher; la preuve interieure ou de sentiment lui manque, et celle-là seule peut rendre invincibles toutes les autres.

Quelque soin que prenne sa femme de lui déguiser sa tristesse, il la sent et la partage : ce n'est pas un œil aussi clairvoyant qu'on abuse. Ce chagrin dévoré ne lui en est que plus sensible. Il m'a dit avoir été tenté plusieurs fois de céder en apparence, et de feindre, pour la tranquilliser, des sentiments qu'il n'avait pas, mais une telle bassesse d'ame est trop loin de lui. Sans en imposer à Julie, cette dissimulation n'eût été qu'un nouveau tourment pour elle. La bonne foi, la franchise, l'union des cœurs, qui console de tant de maux, se fût éclipsée entre eux. Était-ce en se faisant moins estimer de sa femme qu'il pouvait la rassurer sur ses craintes? Au lieu d'user de déguisement avec elle, il lui dit sincèrement ce qu'il pense; mais il le dit d'un ton si simple, avec si peu de mépris des opinions vulgaires, si peu de cette ironique fierté des esprits forts, que ces tristes aveux donnent bien plus d'affliction que de colère à Julie, et que, ne pouvant transmettre à son mari ses sentiments et ses espérances, elle en cherche avec plus de soin à rassembler autour de lui ces douceurs passagères auxquelles il borne sa félicité. Ah! dit-elle avec douleur, si l'infortuné fait son paradis en ce monde, rendons-le-lui du moins aussi doux qu'il est possible [1]!

Le voile de tristesse dont cette opposition de sentiments couvre leur union prouve mieux que toute autre chose l'invincible ascendant de Julie, par les consolations dont cette tristesse est mêlée, et qu'elle seule au monde était peut-être capable d'y joindre. Tous leurs démêlés, toutes leurs disputes sur ce point important, loin de se tourner en aigreur, en mépris, en querelles, finissent toujours par quelque scène attendrissante, qui ne fait que les rendre plus chers l'un à l'autre.

Hier, l'entretien s'étant fixé sur ce texte, qui revient souvent quand nous ne sommes que nous trois, nous tombâmes sur l'origine du mal; et je m'efforçais de montrer que non-seulement il n'y avait point de mal absolu et général dans le système des êtres, mais que même les maux particuliers étaient beaucoup moindres

[1] Combien ce sentiment plein d'humanité n'est-il pas plus naturel que le zèle affreux des persécuteurs, toujours occupés à tourmenter les incrédules, comme pour les damner dès cette vie, et se faire les précurseurs des démons! Je ne cesserai jamais de le redire, c'est que ces persécuteurs là ne sont point des croyants, ce sont des fourbes

qu'ils ne le semblent au premier coup d'œil, et qu'à tout prendre ils étaient surpassés de beaucoup par les biens particuliers et individuels. Je citais à M. de Wolmar son propre exemple ; et, pénétré du bonheur de sa situation, je la peignais avec des traits si vrais qu'il en parut ému lui-même. Voilà, dit-il en m'interrompant, les séductions de Julie. Elle met toujours le sentiment à la place des raisons, et le rend si touchant qu'il faut toujours l'embrasser pour toute réponse : ne serait-ce point de son maître de philosophie, ajouta-t-il en riant, qu'elle aurait appris cette manière d'argumenter ?

Deux mois plus tôt la plaisanterie m'eût déconcerté cruellement ; mais le temps de l'embarras est passé : je n'en fis que rire à mon tour ; et quoique Julie eût un peu rougi, elle ne parut pas plus embarrassée que moi. Nous continuâmes. Sans disputer sur la quantité du mal, Wolmar se contentait de l'aveu qu'il fallut bien faire, que, peu ou beaucoup, enfin le mal existe ; et de cette seule existence il déduisait défaut de puissance, d'intelligence ou de bonté dans la première cause. Moi, de mon côté, je tâchais de montrer l'origine du mal physique dans la nature de la matière, et du mal moral dans la liberté de l'homme. Je lui soutenais que Dieu pouvait tout faire, hors de créer d'autres substances aussi parfaites que la sienne, et qui ne laissassent aucune prise au mal. Nous étions dans la chaleur de la dispute, quand je m'aperçus que Julie avait disparu. Devinez où elle est, me dit son mari, voyant que je la cherchais des yeux. Mais, dis-je, elle est allée donner quelque ordre dans le ménage. Non, dit-il, elle n'aurait point pris pour d'autres affaires le temps de celle-ci : tout se fait sans qu'elle me quitte, et je ne la vois jamais rien faire. Elle est donc dans la chambre des enfants ? Tout aussi peu : ses enfants ne lui sont pas plus chers que mon salut. Hé bien ! repris-je, ce qu'elle fait, je n'en sais rien ; mais je suis très-sûr qu'elle ne s'occupe qu'à des soins utiles. Encore moins, dit-il froidement, venez, venez, vous verrez si j'ai bien deviné.

Il se mit à marcher doucement : je le suivis sur la pointe du pied. Nous arrivâmes à la porte du cabinet : elle était fermée, il l'ouvrit brusquement. Mylord, quel spectacle ! Je vis Julie à genoux, les mains jointes, et tout en larmes. Elle se lève avec précipitation, s'essuyant les yeux, se cachant le visage, et cherchant à s'échapper. On ne vit jamais une honte pareille. Son mari ne lui laissa pas le temps de fuir : il courut a elle dans une espece de transport. Chere épouse, lui dit-il en l'embrassant, l'ardeur meme de tes vœux trahit ta cause : que leur manque-t-il pour être efficaces? Va, s'ils étaient entendus, ils seraient bientot exaucés. Ils le seront, lui dit-elle d'un ton ferme et persuadé ; j'en ignore l'heure et l'occasion. Puissé-je l'acheter aux dépens de ma vie ! mon dernier jour serait le mieux employé.

Venez, mylord, quittez vos malheureux combats, venez remplir un devoir plus noble. Le sage prefere-t-il l'honneur de tuer des hommes aux soins qui peuvent en sauver un¹ ?

VI. — DE SAINT-PREUX A MYLORD ÉDOUARD.

Quoi ! même apres la séparation de l'armée, encore un voyage a Paris ! Oubliez-vous donc tout à fait Clarens et celle qui l'habite ? Nous êtes-vous moins cher qu'a mylord Hyde? etes-vous plus nécessaire à cet ami qu'a ceux qui vous attendent ici ? Vous nous forcez à faire des vœux opposés aux votres, et vous me faites souhaiter d'avoir du crédit a la cour de France pour vous empêcher d'obtenir les passe-ports que vous en attendez. Contentez-vous toutefois; allez voir votre digne compatriote. Malgré lui, malgre vous, nous serons vengés de cette préférence ; et, quelque plaisir que vous goûtiez à vivre avec lui, je sais que, quand vous serez avec nous, vous regretterez le temps que vous ne nous aurez pas donné.

En recevant votre lettre, j'avais d'abord soupçonné qu'une commission secrete... Quel plus digne médiateur de paix !... Mais les rois donnent ils leur confiance a des hommes vertueux ? osent-ils écouter la vérité ? savent-ils même honorer le vrai mérite?... Non, non, cher Édouard, vous n'etes pas fait pour le ministere ; et je pense trop bien de vous pour croire que si vous n'étiez pas né pair d'Angleterre, vous le fussiez jamais devenu.

Viens, ami ; tu seras mieux a Clarens qu'à la cour. Oh ! quel hiver nous allons passer tous ensemble, si l'espoir de notre réunion ne m'abuse pas ! Chaque jour la prépare, en ramenant ici quelqu'une de ces âmes privilégiées qui sont si cheres l'une à l'autre,

---

¹ Il y avait ici une grande lettre de mylord Édouard a Julie. Dans la suite il sera parlé de cette lettre, mais, pour de bonnes raisons, j'ai ete forcé de la supprimer.

qui sont si dignes de s'aimer, et qui semblent n'attendre que vous pour se passer du reste de l'univers. En apprenant quel heureux hasard a fait passer ici la partie adverse du baron d'Etange, vous avez prévu tout ce qui devait arriver de cette rencontre, et ce qui est arrivé réellement [1]. Ce vieux plaideur, quoique inflexible et entier presque autant que son adversaire, n'a pu résister à l'ascendant qui nous a tous subjugués. Après avoir vu Julie, après l'avoir entendue, après avoir conversé avec elle, il a eu honte de plaider contre son pere. Il est parti pour Berne si bien disposé, et l'accommodement est actuellement en si bon train, que, sur la derniere lettre du baron, nous l'attendons de retour dans peu de jours.

Voila ce que vous aurez déja su par M. de Wolmar; mais ce que probablement vous ne savez point encore, c'est que madame d'Orbe, ayant enfin terminé ses affaires, est ici depuis jeudi, et n'aura plus d'autre demeure que celle de son amie. Comme j'étais prévenu du jour de son arrivée, j'allai au-devant d'elle à l'insu de madame de Wolmar qu'elle voulait surprendre, et l'ayant rencontrée au deça de Lutri, je revins sur mes pas avec elle.

Je la trouvai plus vive et plus charmante que jamais, mais inégale, distraite, n'écoutant point, répondant encore moins, parlant sans suite et par saillies, enfin livrée à cette inquietude dont on ne peut se défendre sur le point d'obtenir ce qu'on a fortement désiré. On eût dit à chaque instant qu'elle tremblait de retourner en arriere Ce départ, quoique longtemps différé, s'était fait si à la hâte que la tete en tournait à la maitresse et aux domestiques. Il regnait un désordre risible dans le menu bagage qu'on amenait. A mesure que la femme de chambre craignait d'avoir oublié quelque chose, Claire assurait toujours l'avoir fait mettre dans le coffre du carrosse, et le plaisant quand on y regarda, fut qu'il ne s'y trouva rien du tout

Comme elle ne voulait pas que Julie entendît sa voiture, elle descendit dans l'avenue, traversa la cour en courant comme une folle, et monta si précipitamment qu'il fallut respirer après la premiere rampe avant d'achever de monter M. de Wolmar vint au devant d'elle elle ne put lui dire un seul mot.

[1] On voit qu'il manque ici plusieurs lettres intermediaires, ainsi qu'en beaucoup d'autres endroits. Le lecteur dira qu'on se tire fort commodement d'affaire avec de pareilles omissions, et je suis tout à fait de son avis

En ouvrant la porte de la chambre je vis Julie assise vers la fenêtre, et tenant sur ses genoux la petite Henriette, comme elle faisait souvent. Claire avait médité un beau discours à sa manière, mêlé de sentiment et de gaieté; mais, en mettant le pied sur le seuil de la porte, le discours, la gaieté, tout fut oublié; elle vole à son amie en s'écriant, avec un emportement impossible à peindre : Cousine, toujours, pour toujours, jusqu'à la mort! Henriette, apercevant sa mère, saute et court au devant d'elle en criant aussi *Maman! maman!* de toute sa force, et la rencontre si rudement que la pauvre petite tomba du coup. Cette subite apparition, cette chute, la joie, le trouble, saisirent Julie à tel point, que, s'étant levée en étendant les bras avec un cri très-aigu, elle se laissa retomber et se trouva mal. Claire, voulant relever sa fille, voit pâlir son amie : elle hésite, elle ne sait à laquelle courir. Enfin, me voyant relever Henriette, elle s'élance pour secourir Julie défaillante, et tombe sur elle dans le même état.

Henriette, les apercevant toutes deux sans mouvement, se mit à pleurer et pousser des cris qui firent accourir la Fanchon : l'une court à sa mère, l'autre à sa maîtresse. Pour moi, saisi, transporté, hors de sens, j'errais à grands pas par la chambre sans savoir ce que je faisais, avec des exclamations interrompues, et dans un mouvement convulsif dont je n'étais pas le maître. Wolmar lui-même, le froid Wolmar se sentit ému. O sentiment! sentiment! douce vie de l'âme! quel est le cœur de fer que tu n'as jamais touché? quel est l'infortuné mortel à qui tu n'arrachas jamais de larmes? Au lieu de courir à Julie, cet heureux époux se jeta sur un fauteuil pour contempler avidement ce ravissant spectacle. Ne craignez rien, dit-il en voyant notre empressement; ces scènes de plaisir et de joie n'épuisent un instant la nature que pour la ranimer d'une vigueur nouvelle; elles ne sont jamais dangereuses. Laissez-moi jouir du bonheur que je goûte et que vous partagez. Que doit-il être pour vous! Je n'en connus jamais de semblable, et je suis le moins heureux des six.

Mylord, sur ce premier moment vous pouvez juger du reste. Cette réunion excita dans toute la maison un retentissement d'allégresse, et une fermentation qui n'est pas encore calmée. Julie, hors d'elle-même, était dans une agitation où je ne l'avais jamais vue; il fut impossible de songer à rien de toute la journée qu'à se voir et s'embrasser sans cesse avec de nouveaux transports. On ne s'avisa pas même du salon d'Apollon; le plaisir était partout, on n'avait pas besoin d'y songer. A peine le lendemain eut-on assez de sang-froid pour préparer une fête. Sans Wolmar, tout serait allé de travers Chacun se para de son mieux. Il n'y eut de travail permis que ce qu'il en fallait pour les amusements. La fête fut célébrée, non pas avec pompe, mais avec délire; il y régnait une confusion qui la rendait touchante, et le désordre en faisait le plus bel ornement.

La matinée se passa à mettre madame d'Orbe en possession de son emploi d'intendante ou de maîtresse d'hôtel; et elle se hâtait d'en faire les fonctions avec un empressement d'enfant qui nous fit rire En entrant pour dîner dans le beau salon, les deux cousines virent de tous côtés leurs chiffres unis et formés avec des fleurs. Julie devina dans l'instant d'où venait ce soin . elle m'embrassa dans un saisissement de joie. Claire, contre son ancienne coutume, hésita d'en faire autant. Wolmar lui en fit la guerre; elle prit en rougissant le parti d'imiter sa cousine. Cette rougeur, que je remarquai trop, me fit un effet que je ne saurais dire, mais je ne me sentis pas dans ses bras sans émotion.

L'après-midi il y eut une belle collation dans le gynécée, où pour le coup le maître et moi fûmes admis. Les hommes tirèrent au blanc une mise donnée par madame d'Orbe Le nouveau venu l'emporta, quoique moins exercé que les autres. Claire ne fut pas la dupe de son adresse ; Hanz lui-même ne s'y trompa pas, et refusa d'accepter le prix; mais tous ses camarades l'y forcèrent, et vous pouvez juger que cette honnêteté de leur part ne fut pas perdue

Le soir, toute la maison, augmentée de trois personnes, se rassembla pour danser. Claire semblait parée par la main des Grâces ; elle n'avait jamais été si brillante que ce jour-là. Elle dansait, elle causait, elle riait, elle donnait ses ordres, elle suffisait à tout. Elle avait juré de m'excéder de fatigue; et, après cinq ou six contredanses très-vives tout d'une haleine, elle n'oublia pas le reproche ordinaire que je dansais comme un philosophe. Je lui dis, moi, qu'elle dansait comme un lutin, qu'elle ne faisait pas moins de ravage, et que j'avais peur qu'elle ne me laissât reposer ni jour ni nuit Au contraire, dit elle, voici de quoi vous faire dormir tout d'une pièce ; et à l'instant elle me reprit pour danser.

Elle était infatigable . mais il n'en était pas ainsi de Julie, elle avait peine a se tenir, les genoux lui tremblaient en dansant, elle etait trop touchee pour pouvoir etre gaie souvent on voyait des larmes de joie couler de ses yeux, elle contemplait sa cousine avec une sorte de ravissement; elle aimait a se croire l'etrangere a qui l'on donnait la fete, et a regarder Claire comme la maitresse de la maison qui l'ordonnait. Apres le souper je tirai des fusees que j'avais apportees de la Chine, et qui firent beaucoup d'effet. Nous veillames fort avant dans la nuit. Il fallut enfin se quitter madame d'Orbe etait lasse ou devait l'etre, et Julie voulut qu'on se couchat de bonne heure.

Insensiblement le calme renait, et l'ordre avec lui. Claire, toute folatre qu'elle est, sait prendre quand il lui plait un ton d'autorite qui en impose. Elle a d'ailleurs du sens, un discernement exquis, la penetration de Wolmar, la bonte de Julie, et, quoique extremement liberale, elle ne laisse pas d'avoir aussi beaucoup de prudence; en sorte que restée veuve si jeune, et chargée de la garde-noble de sa fille, les biens de l'une et de l'autre n'ont fait que prospérer dans ses mains : ainsi l'on n'a pas lieu de craindre que sous ses ordres la maison soit moins bien gouvernée qu'auparavant. Cela donne a Julie le plaisir de se livrer tout entiere a l'occupation qui est le plus de son goût, savoir, l'education des enfants; et je ne doute pas qu'Henriette ne profite extremement de tous les soins dont une de ses meres aura soulage l'autre. Je dis ses meres; car, a voir la maniere dont elles vivent avec elle, il est difficile de distinguer la véritable ; et des etrangers qui nous sont venus aujourd'hui sont ou paraissent la-dessus encore en doute. En effet, toutes deux l'appellent Henriette, ou ma fille, indifféremment. Elle appelle *maman* l'une, et l'autre *petite maman;* la meme tendresse regne de part et d'autre; elle obéit également a toutes deux. S'ils demandent aux dames alaquelle elle appartient, chacune répond A moi. S'ils interrogent Henriette, il se trouve qu'elle a deux meres On serait embarrassé a moins. Les plus clairvoyants se decident pourtant a la fin pour Julie. Henriette, dont le pere etait blond, est blonde comme elle, et lui ressemble beaucoup. Une certaine tendresse de mere se peint encore mieux dans ses yeux si doux que dans les regards plus enjoues de Claire. La petite prend aupres de Julie un air plus respectueux, plus attentif sur elle-meme. Machinalement elle se met plus souvent a ses cotes, parce que Julie a plus souvent quelque chose a lui dire. Il faut avouer que toutes les apparences sont en faveur de la petite maman; et je me suis aperçu que cette erreur est si agréable aux deux cousines, qu'elle pourrait bien être quelquefois volontaire, et devenir un moyen de leur faire sa cour.

Mylord, dans quinze jours il ne manquera plus ici que vous. Quand vous y serez, il faudra mal penser de tout homme dont le cœur cherchera sur le reste de la terre des vertus, des plaisirs qu'il n'aura pas trouvés dans cette maison.

VII. — DE SAINT-PREUX A MYLORD ÉDOUARD

Il y a trois jours que j'essaye chaque soir de vous écrire Mais après une journée laborieuse le sommeil me gagne en rentrant : le matin, dès le point du jour il faut retourner à l'ouvrage. Une ivresse plus douce que celle du vin me jette au fond de l'âme un trouble délicieux, et je ne puis dérober un moment à des plaisirs devenus tout nouveaux pour moi.

Je ne conçois pas quel séjour pourrait me déplaire avec la société que je trouve dans celui-ci. Mais savez-vous en quoi Clarens me plaît pour lui-même? c'est que je m'y sens vraiment à la campagne, et que c'est presque la première fois que j'en ai pu dire autant. Les gens de ville ne savent point aimer la campagne; ils ne savent pas même y être. à peine quand ils y sont savent-ils ce qu'on y fait. Ils en dédaignent les travaux, les plaisirs; ils les ignorent : ils sont chez eux comme en pays étranger; je ne m'étonne pas qu'ils s'y déplaisent. Il faut être villageois au village, ou n'y point aller; car qu'y va-t-on faire? Les habitants de Paris qui croient aller à la campagne n'y vont point ; ils portent Paris avec eux. Les chanteurs, les beaux esprits, les auteurs, les parasites, sont le cortège qui les suit. Le jeu, la musique, la comédie, y sont leur seule occupation[1]. Leur table est couverte comme à Paris; ils y mangent aux mêmes heures; on leur y sert les mêmes mets avec le même appareil; ils n'y font que les mêmes choses : autant valait y rester; car, quelque riche qu'on puisse être et quelque soin qu'on ait pris, on sent toujours quelque pri-

---

[1] Il faut y ajouter la chasse; encore la font-ils si commodément, qu'ils n'en ont pas la moitié de la fatigue ni du plaisir. Mais je n'entame point ici cet article de la chasse, il fournit trop pour être traité dans une note J'aurai peut-être occasion d'en parler ailleurs

vation, et l'on ne saurait apporter avec soi Paris tout entier. Ainsi cette variété qui leur est si chère, ils la fuient; ils ne connaissent jamais qu'une manière de vivre, et s'en ennuient toujours.

Le travail de la campagne est agréable à considérer, et n'a rien d'assez pénible en lui-même pour émouvoir à compassion. L'objet de l'utilité publique et privée le rend intéressant; et puis, c'est la première vocation de l'homme; il rappelle à l'esprit une idée agréable, et au cœur tous les charmes de l'âge d'or. L'imagination ne reste point froide à l'aspect du labourage et des moissons. La simplicité de la vie pastorale et champêtre a toujours quelque chose qui touche. Qu'on regarde les prés couverts de gens qui fanent et chantent, et des troupeaux épars dans l'éloignement, insensiblement on se sent attendrir sans savoir pourquoi. Ainsi quelquefois encore la voix de la nature amollit nos cœurs farouches, et, quoiqu'on l'entende avec un regret inutile, elle est si douce qu'on ne l'entend jamais sans plaisir.

J'avoue que la misère qui couvre les champs en certains pays où le publicain dévore les fruits de la terre, l'âpre avidité d'un fermier avare, l'inflexible rigueur d'un maître inhumain, ôtent beaucoup d'attrait à ces tableaux. Des chevaux étiques près d'expirer sous les coups, de malheureux paysans exténués de jeûne, excédés de fatigue et couverts de haillons, des hameaux de masures, offrent un triste spectacle à la vue; on a presque regret d'être homme, quand on songe aux malheureux dont il faut manger le sang. Mais quel charme de voir de bons et sages régisseurs faire de la culture de leurs terres l'instrument de leurs bienfaits, leurs amusements, leurs plaisirs, verser à pleines mains les dons de la Providence, engraisser tout ce qui les entoure, hommes et bestiaux, des biens dont regorgent leurs granges, leurs caves, leurs greniers; accumuler l'abondance et la joie autour d'eux, et faire du travail qui les enrichit une fête continuelle! Comment se dérober à la douce illusion que ces objets font naître? On oublie son siècle et ses contemporains; on se transporte au temps des patriarches; on veut mettre soi-même la main à l'œuvre, partager les travaux rustiques et le bonheur qu'on y voit attaché. O temps de l'amour et de l'innocence, où les femmes étaient tendres et modestes, où les hommes étaient simples et vivaient contents? O Rachel! fille charmante et si constamment aimée, heureux celui qui pour t'obtenir ne regretta pas quatorze ans d'esclavage ! O douce élève de Noémi ! heureux le bon vieillard dont tu réchauffais les pieds et le cœur ! Non, jamais la beauté ne règne avec plus d'empire qu'au milieu des soins champêtres. C'est là que les grâces sont sur leur trône, que la simplicité les pare, que la gaieté les anime, et qu'il faut les adorer malgré soi. Pardon, mylord ; je reviens à nous.

Depuis un mois les chaleurs de l'automne apprêtaient d'heureuses vendanges ; les premières gelées en ont amené l'ouverture [1] ; le pampre grillé, laissant la grappe à découvert, étale aux yeux les dons du père Lyée, et semble inviter les mortels à s'en emparer. Toutes les vignes chargées de ce fruit bienfaisant que le ciel offre aux infortunés pour leur faire oublier leur misère ; le bruit des tonneaux, des cuves, des légrefass [2] qu'on relie de toutes parts, le chant des vendangeuses dont ces coteaux retentissent ; la marche continuelle de ceux qui portent la vendange au pressoir ; le rauque son des instruments rustiques qui les anime au travail ; l'aimable et touchant tableau d'une allégresse générale qui semble en ce moment étendu sur la face de la terre ; enfin le voile de brouillard que le soleil élève au matin comme une toile de théâtre pour découvrir à l'œil un si charmant spectacle : tout conspire à lui donner un air de fête ; et cette fête n'en devient que plus belle à la réflexion, quand on songe qu'elle est la seule où les hommes aient su joindre l'agréable à l'utile.

M. de Wolmar, dont ici le meilleur terrain consiste en vignobles, a fait d'avance tous les préparatifs nécessaires. Les cuves, le pressoir, le cellier, les futailles, n'attendaient que la douce liqueur pour laquelle ils sont destinés. Madame de Wolmar s'est chargée de la récolte, le choix des ouvriers, l'ordre et la distribution du travail, la regardent. Madame d'Orbe préside aux festins de vendange et au salaire des journaliers selon la police établie, dont les lois ne s'enfreignent jamais ici. Mon inspection à moi est de faire observer au pressoir les directions de Julie, dont la tête ne supporte pas la vapeur des cuves ; et Claire n'a pas manqué d'applaudir à cet emploi, comme étant tout à fait du ressort d'un buveur

Les tâches ainsi partagées, le métier commun pour remplir les

---

[1] On vendange fort tard dans le pays de Vaud, parce que la principale récolte est en vins blancs, et que la gelée leur est salutaire

[2] Sorte de foudre ou de grand tonneau du pays

vides est celui de vendangeur. Tout le monde est sur pied de grand matin : on se rassemble pour aller à la vigne. Madame d'Orbe, qui n'est jamais assez occupée au gré de son activité, se charge pour surcroît de faire avertir et tancer les paresseux, et je puis me vanter qu'elle s'acquitte envers moi de ce soin avec une maligne vigilance. Quant au vieux baron, tandis que nous travaillons tous, il se promène avec un fusil, et vient de temps en temps m'ôter aux vendangeuses pour aller avec lui tirer des grives, à quoi l'on ne manque pas de dire que je l'ai secrètement engagé ; si bien que j'en perds peu à peu le nom de philosophe pour gagner celui de fainéant, qui dans le fond n'en diffère pas de beaucoup.

Vous voyez, par ce que je viens de vous marquer du baron, que notre réconciliation est sincère, et que Wolmar a lieu d'être content de sa seconde épreuve [1]. Moi, de la haine pour le père de mon amie ! Non, quand j'aurais été son fils, je ne l'aurais pas plus parfaitement honoré. En vérité, je ne connais point d'homme plus droit, plus franc, plus généreux, plus respectable à tous égards que ce bon gentilhomme. Mais la bizarrerie de ses préjugés est étrange. Depuis qu'il est sûr que je ne saurais lui appartenir, il n'y a sorte d'honneur qu'il ne me fasse ; et pourvu que je ne sois pas son gendre, il se mettrait volontiers au-dessous de moi. La seule chose que je ne puis lui pardonner, c'est, quand nous sommes seuls, de railler quelquefois le prétendu philosophe sur ses anciennes leçons. Ces plaisanteries me sont amères, et je les reçois toujours fort mal : mais il rit de ma colère, et dit : Allons tirer des grives, c'est assez pousser d'arguments. Puis il crie en passant : Claire, Claire, un bon souper à ton maître, car je vais lui faire gagner

---

[1] Ceci s'entendra mieux par l'extrait suivant d'une lettre de Julie qui n'est pas dans ce recueil :

« Voilà, me dit M. de Wolmar en me tirant à part, la seconde épreuve
« que je lui destinais. S'il n'eût pas caressé votre père, je me serais
« défié de lui. Mais, dis-je, comment concilier ces caresses et votre
« épreuve avec l'antipathie que vous avez vous-même trouvée entre eux ?
« Elle n'existe plus, reprit-il ; les préjugés de votre père ont fait à Saint-
« Preux tout le mal qu'ils pouvaient lui faire : il n'en a plus rien à
« craindre, il ne les hait plus, il les plaint. Le baron, de son côté,
« ne le craint plus ; il a le cœur bon ; il sent qu'il lui a fait bien du
« mal, il en a pitié. Je vois qu'ils seront fort bien ensemble, et se
« verront avec plaisir ; aussi, dès cet instant, je compte sur lui tout
« a fait. »

de l'appétit. En effet, à son âge il court les vignes avec son fusil tout aussi vigoureusement que moi, et tire incomparablement mieux. Ce qui me venge un peu de ses railleries, c'est que devant sa fille il n'ose plus souffler; et la petite écoliere n'en impose guere moins à son pere meme qu'à son précepteur. Je reviens a nos vendanges.

Depuis huit jours que cet agréable travail nous occupe, on est à peine a la moitié de l'ouvrage. Outre les vins destinés pour la vente et pour les provisions ordinaires, lesquels n'ont d'autre façon que d'etre recueillis avec soin, la bienfaisante fée en prépare d'autres plus fins pour nos buveurs; et j'aide aux opérations magiques dont je vous ai parlé, pour tirer d'un même vignoble des vins de tous les pays. Pour l'un, elle fait tordre la grappe quand elle est mûre, et la laisse flétrir au soleil sur la souche; pour l'autre, elle fait égrapper le raisin et trier les grains avant de les jeter dans la cuve; pour un autre, elle fait cueillir avant le lever du soleil du raisin rouge, et le porter doucement sur le pressoir couvert encore de sa fleur et de sa rosée, pour en exprimer du vin blanc. Elle prépare un vin de liqueur en melant dans les tonneaux du moût réduit en sirop sur le feu; un vin sec, en l'empêchant de cuver; un vin d'absinthe pour l'estomac [1], un vin muscat avec des simples. Tous ces vins différents ont leur apprêt particulier; toutes ces préparations sont saines et naturelles : c'est ainsi qu'une econome industrie supplée a la diversité des terrains, et rassemble vingt climats en un seul.

Vous ne sauriez concevoir avec quel zele, avec quelle gaieté tout cela se fait. On chante, on rit toute la journee, et le travail n'en va que mieux. Tout vit dans la plus grande familiarité; tout le monde est égal, et personne ne s'oublie. Les dames sont sans airs, les paysannes sont décentes, les hommes badins et non grossiers. C'est a qui trouvera les meilleures chansons, a qui fera les meilleurs contes, à qui dira les meilleurs traits. L'union meme engendre les folatres querelles; et l'on ne s'agace mutuellement que pour montrer combien on est sûr les uns des autres. On ne revient point ensuite faire chez soi les messieurs; on passe aux vignes toute la journée : Julie y a fait faire une loge ou l'on va se

---

[1] En Suisse on boit beaucoup de vin d'absinthe; et en general, comme les herbes des Alpes ont plus de vertus que dans les plaines, on y fait plus d'usage des infusions

chauffer quand on a froid, et dans laquelle on se réfugie en cas de pluie. On dîne avec les paysans et à leur heure, aussi bien qu'on travaille avec eux. On mange avec appetit leur soupe un peu grossière, mais bonne, saine, et chargée d'excellents legumes. On ne ricane point orgueilleusement de leur air gauche et de leurs compliments rustauds ; pour les mettre à leur aise, on s'y prete sans affectation. Ces complaisances ne leur échappent pas, ils y sont sensibles ; et, voyant qu'on veut bien sortir pour eux de sa place, ils s'en tiennent d'autant plus volontiers dans la leur. A dîner, on amene les enfants, et ils passent le reste de la journée à la vigne. Avec quelle joie ces bons villageois les voient arriver ! O bienheureux enfants ! disent-ils en les pressant dans leurs bras robustes, que le bon Dieu prolonge vos jours aux depens des nôtres ! ressemblez à vos peres et meres, et soyez comme eux la benédiction du pays ! Souvent en songeant que la plupart de ces hommes ont porté les armes, et savent manier l'épee et le mousquet aussi bien que la serpette et la houe, en voyant Julie au milieu d'eux si charmante et si respectée recevoir, elle et ses enfants, leurs touchantes acclamations, je me rappelle l'illustre et vertueuse Agrippine montrant son fils aux troupes de Germanicus. Julie ! femme incomparable ! vous exercez dans la simplicité de la vie privée le despotique empire de la sagesse et des bienfaits : vous etes pour tout le pays un depot cher et sacré, que chacun voudrait defendre et conserver au prix de son sang ; et vous vivez plus sûrement, plus honorablement au milieu d'un peuple entier qui vous aime, que les rois entourés de tous leurs soldats.

Le soir, on revient gaiement tous ensemble. On nourrit et loge les ouvriers tout le temps de la vendange ; et meme le dimanche, apres le preche du soir, on se rassemble avec eux et l'on danse jusqu'au souper. Les autres jours on ne se sépare point non plus en rentrant au logis, hors le baron qui ne soupe jamais et se couche de fort bonne heure, et Julie qui monte avec ses enfants chez lui jusqu'à ce qu'il s'aille coucher. A cela pres, depuis le moment qu'on prend le métier de vendangeur jusqu'à celui qu'on le quitte, on ne mele plus la vie citadine à la vie rustique. Ces saturnales sont bien plus agréables et plus sages que celles des Romains. Le renversement qu'ils affectaient était trop vain pour instruire le maitre ni l'esclave : mais la douce egalité qui regne ici retablit l'ordre de la nature, forme une instruction pour les uns, une consolation pour les autres, et un lien d'amitié pour tous [1]

Le lieu d'assemblée est une salle à l'antique, avec une grande cheminée où l'on fait bon feu. La pièce est éclairée de trois lampes, auxquelles M. de Wolmar a seulement fait ajouter des capuchons de fer blanc, pour intercepter la fumée et réfléchir la lumière. Pour prévenir l'envie et les regrets, on tache de ne rien étaler aux yeux de ces bonnes gens qu'ils ne puissent retrouver chez eux, de ne leur montrer d'autre opulence que le choix du bon dans les choses communes, et un peu plus de largesse dans la distribution. Le souper est servi sur deux longues tables. Le luxe et l'appareil des festins n'y sont pas, mais l'abondance et la joie y sont. Tout le monde se met à table, maitres, journaliers, domestiques; chacun se lève indifféremment pour servir, sans exclusion, sans préférence, et le service se fait toujours avec grace et avec plaisir. On boit à discretion, la liberté n'a point d'autres bornes que l'honnêteté La presence de maitres si respectés contient tout le monde, et n'empêche pas qu'on soit à son aise et gai Que s'il arrive à quelqu'un de s'oublier, on ne trouble point la fête par des reprimandes, mais il est congédié sans remission dès le lendemain

Je me prévaux aussi des plaisirs du pays et de la saison Je reprends la liberté de vivre à la valaisanne, et de boire assez souvent du vin pur, mais je n'en bois point qui n'ait été versé de la main d'une des deux cousines Elles se chargent de mesurer ma soif à mes forces, et de ménager ma raison. Qui sait mieux qu'elles comment il la faut gouverner, et l'art de me l'ôter et de me la rendre? Si le travail de la journée, la durée et la gaieté du repas, donnent plus de force au vin versé de ces mains chéries, je laisse exhaler mes transports sans contrainte, ils n'ont plus rien que je doive taire, rien que gêne la presence du sage Wolmar. Je ne crains point que son œil éclairé lise au fond de mon cœur; et quand

---

[1] Si de là nait un commun état de fête, non moins doux à ceux qui descendent qu'à ceux qui montent, ne s'ensuit-il pas que tous les etats sont presque indifférents par eux-mêmes, pourvu qu'on puisse et qu'on veuille en sortir quelquefois? Les gueux sont malheureux parce qu'ils sont toujours gueux, les rois sont malheureux parce qu'ils sont toujours rois Les etats moyens, dont on sort plus aisément, offrent des plaisirs au dessus et au-dessous de soi, ils étendent aussi les lumières de ceux qui les remplissent, en leur donnant plus de préjugés à connaitre, et plus de degrés à comparer Voilà, ce me semble, la principale raison pourquoi c'est généralement dans les conditions médiocres qu'on trouve les hommes les plus heureux et du meilleur sens.

un tendre souvenir y veut renaître, un regard de Claire lui donne le change, un regard de Julie m'en fait rougir.

Après le souper on veille encore une heure ou **deux** en teillant du chanvre : chacun dit sa chanson tour à tour. Quelquefois les vendangeuses chantent en chœur toutes ensemble, ou bien alternativement à voix seule et en refrain. La plupart de ces chansons sont de vieilles romances dont les airs ne sont pas piquants, mais ils ont je ne sais quoi d'antique et de doux qui touche à la longue. Les paroles sont simples, naïves, souvent tristes ; elles plaisent pourtant. Nous ne pouvons nous empêcher, Claire de sourire, Julie de rougir, moi de soupirer, quand nous retrouvons dans ces chansons des tours et des expressions dont nous nous sommes servis autrefois. Alors, en jetant les yeux sur elles et me rappelant les temps éloignés, un tressaillement me prend, un poids insupportable me tombe tout à coup sur le cœur, et me laisse une impression funeste qui ne s'efface qu'avec peine. Cependant je trouve à ces veillées une sorte de charme que je ne puis vous expliquer, et qui m'est pourtant fort sensible. Cette réunion des différents états, la simplicité de cette occupation, l'idée de délassement, d'accord, de tranquillité, le sentiment de paix qu'elle porte à l'âme, a quelque chose d'attendrissant qui dispose à trouver ces chansons plus intéressantes. Ce concert des voix de femmes n'est pas non plus sans douceur. Pour moi, je suis convaincu que de toutes les harmonies il n'y en a point d'aussi agréable que le chant à l'unisson, et que s'il nous faut des accords, c'est parce que nous avons le goût dépravé. En effet, toute l'harmonie ne se trouve-t-elle pas dans un son quelconque? et qu'y pouvons-nous ajouter sans altérer les proportions que la nature a établies dans la force relative des sons harmonieux? En doublant les uns et non pas les autres, en ne les renforçant pas en même rapport, n'ôtons-nous pas à l'instant ces proportions? La nature a tout fait le mieux qu'il était possible; mais nous voulons mieux faire encore, et nous gâtons tout.

Il y a une grande émulation pour ce travail du soir aussi bien que pour celui de la journée ; et la filouterie que j'y voulais employer m'attira hier un petit affront. Comme je ne suis pas des plus adroits à teiller, et que j'ai souvent des distractions, ennuyé d'être toujours noté pour avoir fait le moins d'ouvrage, je tirais doucement avec le pied des chenevottes de mes voisins pour grossir mon tas mais cette impitoyable madame d'Orbe s'en étant aperçue, fit signe a Julie, qui, m'ayant pris sur le fait, me tança sévèrement. Monsieur le fripon, me dit-elle tout haut, point d'injustice, même en plaisantant ; c'est ainsi qu'on s'accoutume a devenir méchant tout de bon, et, qui pis est, à plaisanter encore [1].

Voilà comment se passe la soirée. Quand l'heure de la retraite approche, madame de Wolmar dit : Allons tirer le feu d'artifice. A l'instant chacun prend son paquet de chenevottes, signe honorable de son travail ; on les porte en triomphe au milieu de la cour ; on les rassemble en un tas ; on en fait un trophée ; on y met le feu : mais n'a pas cet honneur qui veut : Julie l'adjuge en présentant le flambeau a celui ou celle qui a fait ce soir-là le plus d'ouvrage ; fût ce elle-même, elle se l'attribue sans façon. L'auguste cérémonie est accompagnée d'acclamations et de battements de mains. Les chenevottes font un feu clair et brillant qui s'élève jus-

[1] L'homme au beurre, il me semble que cet avis vous irait assez bien *.

* Il serait impossible de comprendre cette note, si on n'en trouvait l'explication dans la lettre de Rousseau adressée à M. le comte de Lastic, 20 décembre 1754

« Sans avoir l'honneur, monsieur, d'être connu de vous, j'espère
« qu'ayant à vous offrir des excuses et de l argent, ma lettre ne saurait
« être mal reçue

« J'apprends que Mlle de Clery a envoyé de Blois un panier a une
« bonne vieille femme nommée madame le Vasseur, et si pauvre
« qu'elle demeure chez moi, que ce panier contenait, entre autres
« choses, un pot de vingt livres de beurre ; que le tout est parvenu,
« je ne sais comment, dans votre cuisine, que la bonne vieille, l'ayant
« appris, a eu la simplicité de vous envoyer sa fille, avec la lettre
« d'avis, vous redemander son beurre, ou le prix qu'il a coûté ; et
« qu'après vous être moqué d'elle, selon l'usage, vous et madame votre
« épouse vous avez, pour toute réponse, ordonné à vos gens de la
« chasser.

« J'ai tâché de consoler la bonne femme affligée, en lui expliquant
« les règles du grand monde et de la grande education, je lui ai prouvé
« que ce ne serait pas la peine d'avoir des gens, s'ils ne servaient à chas-
« ser le pauvre quand il vient réclamer son bien ; et en lui montrant
« combien *justice* et *humanité* sont des mots roturiers, je lui ai fait
« comprendre, à la fin, qu'elle est trop honorée qu'un comte ait mangé
« son beurre Elle me charge donc, monsieur, de vous témoigner sa
« reconnaissance de l'honneur que vous lui avez fait, son regret de
« l'importunité qu'elle vous a causée, et le désir qu'elle aurait que
« son beurre vous eut paru bon.

« Que si par hasard il vous en a coûté quelque chose pour le port du
« paquet à elle adressé, elle offre de vous le rembourser, comme il
« est juste Je n'attends là-dessus que vos ordres pour exécuter ses
« intentions, et vous supplie d'agréer les sentiments avec lesquels j'ai
« l'honneur d'être, etc » (L'ÉDITEUR)

qu'aux nues, un vrai feu de joie, autour duquel on saute, on rit. Ensuite on offre à boire à toute l'assemblée : chacun boit à la santé du vainqueur, et va se coucher content d'une journée passée dans le travail, la gaieté, l'innocence, et qu'on ne serait pas fâche de recommencer le lendemain, le surlendemain, et toute sa vie.

VIII. — DE SAINT-PREUX A M. DE WOLMAR.

Jouissez, cher Wolmar, du fruit de vos soins. Recevez les hommages d'un cœur épuré, qu'avec tant de peine vous avez rendu digne de vous être offert. Jamais homme n'entreprit ce que vous avez entrepris ; jamais homme ne tenta ce que vous avez exécuté ; jamais âme reconnaissante et sensible ne sentit ce que vous m'avez inspiré. La mienne avait perdu son ressort, sa vigueur, son être : vous m'avez tout rendu. J'étais mort aux vertus ainsi qu'au bonheur, je vous dois cette vie morale à laquelle je me sens renaître. O mon bienfaiteur ! o mon père ! en me donnant à vous tout entier, je ne puis vous offrir, comme à Dieu même, que les dons que je tiens de vous.

Faut-il vous avouer ma faiblesse et mes craintes ? Jusqu'à présent je me suis toujours défié de moi. Il n'y a pas huit jours que j'ai rougi de mon cœur, et cru toutes vos bontés perdues. Ce moment fut cruel et décourageant pour la vertu ; grâce au ciel, grâce à vous, il est passé pour ne plus revenir. Je ne me crois plus guéri seulement parce que vous me le dites, mais parce que je le sens. Je n'ai plus besoin que vous me répondiez de moi ; vous m'avez mis en état d'en répondre moi-même. Il m'a fallu séparer de vous et d'elle, pour savoir ce que je pouvais être sans votre appui. C'est loin des lieux qu'elle habite que j'apprends à ne plus craindre d'en approcher.

J'écris à madame d'Orbe le détail de notre voyage. Je ne vous le répéterai point ici. Je veux bien que vous connaissiez toutes mes faiblesses, mais je n'ai pas la force de vous les dire. Cher Wolmar, c'est ma dernière faute ; je m'en sens déjà si loin, que je n'y songe point sans fierté ; mais l'instant en est si près encore, que je ne puis l'avouer sans peine. Vous qui sûtes pardonner mes égarements, comment ne pardonneriez-vous pas la honte qu'a produite leur repentir ?

Rien ne manque plus à mon bonheur ; mylord m'a tout dit. Cher ami, je serai donc à vous, j'élèverai donc vos enfants L'aine des trois élèvera les deux autres Avec quelle ardeur je l'ai désiré ! Combien l'espoir d'être trouvé digne d'un si cher emploi redoublait mes soins pour répondre aux vôtres ! Combien de fois j'osai montrer là-dessus mon empressement à Julie ! Qu'avec plaisir j'interprétais souvent en ma faveur vos discours et les siens ! Mais quoiqu'elle fût sensible à mon zèle et qu'elle en parût approuver l'objet, je ne la vis point entrer assez précisément dans mes vues pour oser en parler plus ouvertement. Je sentis qu'il fallait mériter cet honneur, et ne pas le demander. J'attendais de vous et d'elle ce gage de votre confiance et de votre estime. Je n'ai point été trompé dans mon espoir ; mes amis, croyez-moi, vous ne serez point trompés dans le vôtre.

Vous savez qu'à la suite de nos conversations sur l'éducation de vos enfants, j'avais jeté sur le papier quelques idées qu'elles m'avaient fournies, et que vous approuvâtes. Depuis mon départ il m'est venu de nouvelles réflexions sur le même sujet, et j'ai réduit le tout en une espèce de système que je vous communiquerai quand je l'aurai mieux digéré, afin que vous l'examiniez à votre tour. Ce n'est qu'après notre arrivée à Rome que j'espère pouvoir le mettre en état de vous être montré. Ce système commence où finit celui de Julie, ou plutôt il n'en est que la suite et le développement ; car tout consiste à ne pas gâter l'homme de la nature en l'appropriant à la société.

J'ai recouvré ma raison par vos soins : redevenu libre et sain de cœur, je me sens aimé de tout ce qui m'est cher, l'avenir le plus charmant se présente à moi : ma situation devrait être délicieuse, mais il est dit que je n'aurai jamais l'âme en paix. En approchant du terme de notre voyage, j'y vois l'époque du sort de mon illustre ami, c'est moi qui dois pour ainsi dire en décider Saurai-je faire au moins une fois pour lui ce qu'il a fait si souvent pour moi ? Saurai-je remplir dignement le plus grand, le plus important devoir de ma vie ? Cher Wolmar, j'emporte au fond de mon cœur toutes vos leçons, mais, pour savoir les rendre utiles, que ne puis-je de même emporter votre sagesse ! Ah ! si je puis voir un jour Édouard heureux, si, selon son projet et le vôtre, nous nous rassemblons tous pour ne nous plus séparer, quel vœu me restera-t-il à faire ? Un seul, dont l'accomplissement ne dépend ni de vous, ni de moi, ni de personne au monde, mais de celui qui doit un prix aux vertus de votre épouse et compte en secret vos bienfaits.

IX. — DE SAINT-PREUX A MADAME D'ORBE.

Ou êtes-vous, charmante cousine? ou êtes-vous, aimable confidente de ce faible cœur que vous partagez a tant de titres et que vous avez console tant de fois? Venez; qu'il verse aujourd'hui dans le votre l'aveu de sa dernière erreur N'est-ce pas a vous qu'il appartient toujours de le purifier? et sait-il se reprocher encore les torts qu'il vous a confesses? Non, je ne suis plus le même, et ce changement vous est du c'est un nouveau cœur que vous m'avez fait, et qui vous offre ses prémices; mais je ne me croirai délivré de celui que je quitte qu'après l'avoir déposé dans vos mains. O vous qui l'avez vu naitre, recevez ses derniers soupirs!

L'eussiez-vous jamais pensé? le moment de ma vie où je fus le plus content de moi-meme fut celui ou je me separai de vous. Revenu de mes longs egaremens, je fixais a cet instant la tardive époque de mon retour a mes devoirs; je commençais a payer enfin les immenses dettes de l'amitie, en m'arrachant d'un séjour si chéri pour suivre un bienfaiteur, un sage, qui, feignant d'avoir besoin de mes soins, mettait le succes des siens à l'épreuve. Plus ce départ m'était douloureux, plus je m'honorais d'un pareil sacrifice. Apres avoir perdu la moitié de ma vie a nourrir une passion malheureuse, je consacrais l'autre a la justifier, a rendre par mes vertus un plus digne hommage à celle qui reçut si longtemps tous ceux de mon cœur. Je marquais hautement le premier de mes jours ou je ne faisais rougir de moi ni vous, ni elle, ni rien de tout ce qui m'était cher.

Mylord Édouard avait craint l'attendrissement des adieux, et nous voulions partir sans être aperçus mais, tandis que tout dormait encore, nous ne pûmes tromper votre vigilante amitié. En apercevant votre porte entr'ouverte et votre femme de chambre au guet, en vous voyant venir au devant de nous, en entrant et trouvant une table à thé préparée, le rapport des circonstances me fit songer a d'autres temps; et, comparant ce départ a celui dont il me rappelait l'idée, je me sentis si différent de ce que j'étais alors, que, me félicitant d'avoir Edouard pour temoin de ces différences, j'espérai bien lui faire oublier a Milan l'indigne scène de Besançon. Jamais je ne m'étais senti tant de courage : je me faisais une gloire de vous le montrer ; je me parais auprès de vous de cette fermeté que vous ne m'aviez jamais vue, et je me glorifiais en vous quittant de paraître un moment a vos yeux tel que j'allais être. Cette idée ajoutait a mon courage ; je me fortifiais de votre estime ; et peut-être vous eussé-je dit adieu d'un œil sec, si vos larmes coulant sur ma joue n'eussent forcé les miennes de s'y confondre.

Je partis le cœur plein de tous mes devoirs, pénétré surtout de ceux que votre amitié m'impose, et bien résolu d'employer le reste de ma vie a la mériter. Édouard, passant en revue toutes mes fautes, me remit devant les yeux un tableau qui n'était pas flatté, et je connus, par sa juste rigueur a blâmer tant de faiblesses, qu'il craignait peu de les imiter. Cependant il feignait d'avoir cette crainte ; il me parlait avec inquiétude de son voyage de Rome, et des indignes attachements qui l'y rappelaient malgré lui : mais je jugeai facilement qu'il augmentait ses propres dangers pour m'en occuper davantage, et m'éloigner d'autant plus de ceux auxquels j'étais exposé.

Comme nous approchions de Villeneuve, un laquais qui montait un mauvais cheval se laissa tomber, et se fit une légère contusion a la tête. Son maître le fit saigner, et voulut coucher la cette nuit. Ayant dîné de bonne heure, nous prîmes des chevaux pour aller a Bex voir la saline ; et mylord ayant des raisons particulières qui lui rendaient cet examen intéressant, je pris les mesures et le dessin du bâtiment de graduation : nous ne rentrâmes a Villeneuve qu'a la nuit. Après le souper, nous causâmes en buvant du punch, et veillâmes assez tard. Ce fut alors qu'il m'apprit quels soins m'étaient confiés, et ce qui avait été fait pour rendre cet arrangement praticable. Vous pouvez juger de l'effet que fit sur moi cette nouvelle : une telle conversation n'amenait pas le sommeil. Il fallut pourtant enfin se coucher.

En entrant dans la chambre qui m'était destinée, je la reconnus pour la même que j'avais occupée autrefois en allant a Sion. A cet aspect je sentis une impression que j'aurais peine a vous rendre. J'en fus si vivement frappé, que je crus redevenir a l'instant tout ce que j'étais alors ; dix années s'effacèrent de ma vie, et tous mes malheurs furent oubliés Hélas ! cette erreur fut courte, et le second instant me rendit plus accablant le poids de toutes mes anciennes peines. Quelles tristes réflexions succédèrent à ce premier enchantement ! Quelles comparaisons douloureuses s'offrirent à mon esprit ! Charmes de la première jeunesse, délices des premières amours, pourquoi vous retracer encore à ce cœur accablé d'ennuis et surchargé de lui-même ? O temps, temps heureux, tu n'es plus ! J'aimais, j'étais aimé. Je me livrais, dans la paix de l'innocence, aux transports d'un amour partagé, je savourais à longs traits le délicieux sentiment qui me faisait vivre. La douce vapeur de l'espérance enivrait mon cœur, une extase, un ravissement, un délire, absorbait toutes mes facultés. Ah ! sur les rochers de Meillerie, au milieu de l'hiver et des glaces, d'affreux abîmes devant les yeux, quel être au monde jouissait d'un sort comparable au mien ? . Et je pleurais ! et je me trouvais à plaindre ! et la tristesse osait approcher de moi !.. Que ferai-je donc aujourd'hui que j'ai tout possédé, tout perdu ? J'ai bien mérité ma misère, puisque j'ai si peu senti mon bonheur .. Je pleurais alors . Tu pleurais . Infortuné, tu ne pleures plus . tu n'as pas même le droit de pleurer . Que n'est-elle morte ! osai-je m'écrier dans un transport de rage, oui, je serais moins malheureux, j'oserais me livrer à mes douleurs ; j'embrasserais sans remords sa froide tombe, mes regrets seraient dignes d'elle, je dirais Elle entend mes cris, elle voit mes pleurs, mes gémissements la touchent, elle approuve et reçoit mon pur hommage .. J'aurais au moins l'espoir de la rejoindre.. Mais elle vit, elle est heureuse . Elle vit, et sa vie est ma mort, et son bonheur est mon supplice ; et le ciel, après me l'avoir arrachée, m'ôte jusqu'à la douceur de la regretter ! . Elle vit, mais non pas pour moi, elle vit pour mon désespoir. Je suis cent fois plus loin d'elle que si elle n'était plus

Je me couchai dans ces tristes idées, elles me suivirent durant mon sommeil, et le remplirent d'images funèbres. Les amères douleurs, les regrets, la mort, se peignirent dans mes songes, et tous les maux que j'avais soufferts reprenaient à mes yeux cent formes nouvelles, pour me tourmenter une seconde fois. Un rêve surtout, le plus cruel de tous, s'obstinait à me poursuivre, et de fantôme en fantôme toutes leurs apparitions confuses finissaient toujours par celui-là

Je crus voir la digne mère de votre amie dans son lit, expirante, et sa fille à genoux devant elle, fondant en larmes, baisant ses mains et recueillant ses derniers soupirs. Je revis cette scène que vous m'avez autrefois dépeinte, et qui ne sortira jamais de mon souvenir. O ma mère, disait Julie d'un ton a me navrer l'âme, celle qui vous doit le jour vous l'ôte ! Ah ! reprenez votre bienfait; sans vous, il n'est pour moi qu'un don funeste. Mon enfant, répondit sa tendre mère... il faut remplir son sort... Dieu est juste... tu seras mère à ton tour... Elle ne put achever. Je voulus lever les yeux sur elle, je ne la vis plus. Je vis Julie à sa place ; je la vis, je la reconnus, quoique son visage fût couvert d'un voile. Je fais un cri ; je m'élance pour écarter le voile, je ne pus l'atteindre ; j'étendais les bras, je me tourmentais, et ne touchais rien. Ami, calme-toi, me dit-elle d'une voix faible : le voile redoutable me couvre, nulle main ne peut l'écarter. A ce mot je m'agite et fais un nouvel effort ; cet effort me réveille ; je me trouve dans mon lit, accablé de fatigue, et trempé de sueur et de larmes.

Bientôt ma frayeur se dissipe, l'épuisement me rendort ; le même songe me rend les mêmes agitations ; je m'éveille, et me rendors une troisième fois. Toujours ce spectacle lugubre, toujours ce même appareil de mort, toujours ce voile impénétrable échappe à mes mains, et dérobe à mes yeux l'objet expirant qu'il couvre.

A ce dernier réveil ma terreur fut si forte que je ne la pus vaincre étant éveillé. Je me jette à bas de mon lit sans savoir ce que je faisais. Je me mets à errer par la chambre, effrayé comme un enfant des ombres de la nuit, croyant me voir environné de fantômes, et l'oreille encore frappée de cette voix plaintive dont je n'entendis jamais le son sans émotion. Le crépuscule, en commençant d'éclairer les objets, ne fit que les transformer au gré de mon imagination troublée. Mon effroi redouble et m'ôte le jugement après avoir trouvé ma porte avec peine, je m'enfuis de ma chambre, j'entre brusquement dans celle d'Édouard : j'ouvre son rideau, et me laisse tomber sur son lit, en m'écriant hors d'haleine : C'en est fait, je ne la verrai plus ! Il s'éveille en sursaut, il saute à ses armes, se croyant surpris par un voleur. A l'instant il me reconnaît, je me reconnais moi-même ; et pour la seconde fois de ma vie je me vois devant lui dans la confusion que vous pouvez concevoir.

Il me fit asseoir, me remettre, et parler. Sitôt qu'il sut de quoi il s'agissait, il voulut tourner la chose en plaisanterie ; mais voyant que j'en fus vivement frappé, et que cette impression ne serait pas facile à détruire, il changea de ton. Vous ne méritez ni mon amitié ni mon estime, me dit-il assez durement : si j'avais pris pour mon laquais le quart des soins que j'ai pris pour vous, j'en aurais fait un homme; mais vous n'êtes rien. Ah! lui dis-je, il est trop vrai. Tout ce que j'avais de bon me venait d'elle : je ne la reverrai jamais; je ne suis plus rien. Il sourit, et m'embrassa. Tranquillisez-vous aujourd'hui, me dit-il, demain vous serez raisonnable : je me charge de l'événement. Après cela, changeant de conversation, il me proposa de partir. J'y consentis. On fit mettre les chevaux; nous nous habillâmes. En entrant dans la chaise, mylord dit un mot à l'oreille au postillon, et nous partîmes.

Nous marchions sans rien dire. J'étais si occupé de mon funeste rêve, que je n'entendais et ne voyais rien : je ne fis pas même attention que le lac, qui la veille était à ma droite, était maintenant à ma gauche. Il n'y eut qu'un bruit de pavé qui me tira de ma léthargie, et me fit apercevoir, avec un étonnement facile à comprendre, que nous rentrions dans Clarens. A trois cents pas de la grille mylord fit arrêter; et me tirant à l'écart : Vous voyez, me dit-il, mon projet; il n'a pas besoin d'explication. Allez, visionnaire, ajouta-t-il en me serrant la main, allez la revoir. Heureux de ne montrer vos folies qu'à des gens qui vous aiment! Hâtez-vous, je vous attends; mais surtout ne revenez qu'après avoir déchiré ce fatal voile tissu dans votre cerveau.

Qu'aurais-je dit? Je partis sans répondre. Je marchais d'un pas précipité, que la réflexion ralentit en approchant de la maison. Quel personnage allais-je faire? comment oser me montrer? de quel prétexte couvrir ce retour imprévu? avec quel front irais-je alléguer mes ridicules terreurs, et supporter le regard méprisant du généreux Wolmar? Plus j'approchais, plus ma frayeur me paraissait puérile, et mon extravagance me faisait pitié. Cependant un noir pressentiment m'agitait encore, et je ne me sentais point rassuré. J'avançais toujours, quoique lentement, et j'étais déjà près de la cour, quand j'entendis ouvrir et refermer la porte de l'Élysée. N'en voyant sortir personne, je fis le tour en dehors, et j'allai par le rivage côtoyer la volière autant qu'il me fut possible. Je ne tardai pas de juger qu'on en approchait. Alors prêtant l'oreille, je vous entendis parler toutes deux; et, sans qu'il me fut possible de distinguer un seul mot, je trouvai dans le son de votre voix je ne sais quoi de languissant et de tendre qui me donna de l'émotion, et dans la sienne un accent affectueux et doux à son ordinaire, mais paisible et serein, qui me remit à l'instant, et qui fit le vrai réveil de mon rêve.

Sur-le-champ je me sentis tellement changé, que je me moquai de moi-même et de mes vaines alarmes. En songeant que je n'avais qu'une haie et quelques buissons à franchir pour voir pleine de vie et de santé celle que j'avais cru ne revoir jamais, j'abjurai pour toujours mes craintes, mon effroi, mes chimères, et je me déterminai sans peine à repartir, même sans la voir. Claire, je vous le jure, non-seulement je ne la vis point, mais je m'en retournai fier de ne l'avoir point vue, de n'avoir pas été faible et crédule jusqu'au bout, et d'avoir au moins rendu cet honneur à l'ami d'Edouard, de le mettre au-dessus d'un songe.

Voilà, chère cousine, ce que j'avais à vous dire, et le dernier aveu qui me restait à vous faire. Le détail du reste de notre voyage n'a plus rien d'intéressant : il me suffit de vous protester que depuis lors non-seulement mylord est content de moi, mais que je le suis encore plus moi-même, qui sens mon entière guérison bien mieux qu'il ne la peut voir. De peur de lui laisser une défiance inutile, je lui ai caché que je ne vous avais point vues. Quand il me demanda si le voile était levé, je l'affirmai sans balancer, et nous n'en avons plus parlé. Oui, cousine, il est levé pour jamais ce voile dont ma raison fut longtemps offusquée. Tous mes transports inquiets sont éteints : je vois tous mes devoirs, et je les aime. Vous m'êtes toutes deux plus chères que jamais; mais mon cœur ne distingue plus l'une de l'autre, et ne sépare point les inséparables.

Nous arrivâmes avant-hier à Milan : nous en repartons après-demain. Dans huit jours nous comptons être à Rome, et j'espère y trouver de vos nouvelles en arrivant. Qu'il me tarde de voir ces deux étonnantes personnes qui troublent depuis si longtemps le repos du plus grand des hommes ! O Julie ! ô Claire ! il faudrait votre égale pour mériter de le rendre heureux.

X — DE MADAME D'ORBE A SAINT PREUX.

Nous attendions tous de vos nouvelles avec impatience, et je n'ai pas besoin de vous dire combien vos lettres ont fait de plaisir a la petite communauté : mais ce que vous ne devinerez pas de même, c'est que de toute la maison je suis peut-être celle qu'elles ont le moins réjouie. Ils ont tous appris que vous aviez heureusement passé les Alpes; moi j'ai songé que vous étiez au delà.

A l'égard du détail que vous m'avez fait, nous n'en avons rien dit au baron, et j'en ai passé a tout le monde quelques soliloques fort inutiles. M. de Wolmar a eu l'honnêteté de ne faire que se moquer de vous; mais Julie n'a pu se rappeler les derniers moments de sa mère sans de nouveaux regrets et de nouvelles larmes. Elle n'a remarqué de votre rêve que ce qui ranimait ses douleurs.

Quant a moi, je vous dirai, mon cher maître, que je ne suis plus surprise de vous voir en continuelle admiration de vous-même, toujours achevant quelque folie, et toujours commençant d'être sage ; car il y a longtemps que vous passez votre vie a vous reprocher le jour de la veille, et a vous applaudir pour le lendemain.

Je vous avoue aussi que ce grand effort de courage, qui, si près de nous, vous a fait retourner comme vous étiez venu, ne me paraît pas aussi merveilleux qu'a vous. Je le trouve plus vain que sensé, et je crois qu'a tout prendre j'aimerais autant moins de force avec un peu plus de raison. Sur cette manière de vous en aller, pourrait-on vous demander ce que vous êtes venu faire? Vous avez eu honte de vous montrer, et c'était de n'oser vous montrer qu'il fallait avoir honte ; comme si la douceur de voir ses amis n'effaçait pas cent fois le petit chagrin de leur raillerie! N'étiez-vous pas trop heureux de venir nous offrir votre air effaré pour nous faire rire? He bien donc! je ne me suis pas moquée de vous alors, mais je m'en moque tant plus aujourd'hui, quoique, n'ayant pas le plaisir de vous mettre en colère, je ne puisse pas rire de si bon cœur.

Malheureusement il y a pis encore; c'est que j'ai gagné toutes vos terreurs, sans me rassurer comme vous. Ce rêve a quelque chose d'effrayant, qui m'inquiète et m'attriste malgré que j'en aie. En lisant votre lettre je blâmais vos agitations ; en la finissant j'ai blâmé votre sécurité. L'on ne saurait voir a la fois pourquoi vous étiez ému, et pourquoi vous êtes devenu si tranquille. Par quelle bizarrerie avez-vous gardé les plus tristes pressentiments jusqu'au moment ou vous avez pu les détruire, et ne l'avez pas voulu ? Un pas, un geste, un mot, tout était fini. Vous vous étiez alarmé sans raison, vous vous êtes rassuré de même : mais vous m'avez transmis la frayeur que vous n'avez plus ; et il se trouve qu'ayant eu de la force une seule fois en votre vie, vous l'avez eue a mes dépens. Depuis votre fatale lettre un serrement de cœur ne m'a pas quittée : je n'approche point de Julie sans trembler de la perdre ; à chaque instant je crois voir sur son visage la pâleur de la mort ; et ce matin, la pressant dans mes bras, je me suis sentie en pleurs sans savoir pourquoi. Ce voile ! ce voile !... il a je ne sais quoi de sinistre qui me trouble chaque fois que j'y pense. Non, je ne puis vous pardonner d'avoir pu l'écarter sans l'avoir fait, et j'ai bien peur de n'avoir plus désormais un moment de contentement que je ne vous revoie auprès d'elle. Convenez aussi qu'après avoir si longtemps parlé de philosophie, vous vous êtes montré philosophe a la fin bien mal a propos Ah ! revez, et voyez vos amis ; cela vaut mieux que de les fuir et d'être un sage.

Il paraît, par la lettre de mylord a M. de Wolmar, qu'il songe sérieusement a venir s'établir avec nous. Sitôt qu'il aura pris son parti là-bas et que son cœur sera décidé, revenez tous deux heureux et fixes ; c'est le vœu de la petite communauté, et surtout celui de votre amie.

CLAIRE D'ORBE.

P. S. Au reste, s'il est vrai que vous n'avez rien entendu de notre conversation dans l'Élysée, c'est peut-être tant mieux pour vous, car vous me savez assez alerte pour voir les gens sans qu'ils m'aperçoivent, et assez maligne pour persifler les écouteurs.

XI. — DE M. DE WOLMAR A SAINT PREUX.

J'écris a mylord Édouard, et je lui parle de vous si au long, qu'il ne me reste en vous écrivant a vous-même qu'a vous renvoyer a sa lettre. La votre exigerait peut-être de ma part un retour d'honnêtetés mais vous appeler dans ma famille, vous traiter en frère, en ami, faire votre sœur de celle qui fut votre amante, vous remettre l'autorité paternelle sur mes enfants, vous confier mes droits apres avoir usurpé les vôtres ; voilà les compliments dont je vous ai cru digne. De votre part, si vous justifiez ma conduite et mes soins, vous m'aurez assez loué. J'ai tâché de vous honorer par mon estime ; honorez-moi par vos vertus. Tout autre eloge doit etre banni d'entre nous.

Loin d'etre surpris de vous voir frappé d'un songe, je ne vois pas trop pourquoi vous vous reprochez de l'avoir été. Il me semble que pour un homme à systeme ce n'est pas une si grande affaire qu'un rêve de plus.

Mais ce que je vous reprocherais volontiers, c'est moins l'effet de votre songe que son espece, et cela par une raison fort differente de celle que vous pourriez penser. Un tyran fit autrefois mourir un homme qui, dans un songe, avait cru le poignarder [1]. Rappelez-vous la raison qu'il donna de ce meurtre, et faites-vous-en l'application. Quoi ! vous allez décider du sort de votre ami, et vous songez à vos anciennes amours ! Sans les conversations du soir précedent, je ne vous pardonnerais jamais ce reve-là. Pensez le jour a ce que vous allez faire a Rome, vous songerez moins la nuit a ce qui s'est fait a Vevay.

La Fanchon est malade ; cela tient ma femme occupée, et lui ôte le temps de vous écrire. Il y a ici quelqu'un qui supplée volontiers a ce soin. Heureux jeune homme ! tout conspire a votre bonheur ; tous les prix de la vertu vous recherchent, pour vous forcer a les mériter. Quant a celui de mes bienfaits, n'en chargez personne que vous-même ; c'est de vous seul que je l'attends.

XII. — DE SAINT-PREUX A M. DE WOLMAR.

Que cette lettre demeure entre vous et moi ; qu'un profond secret cache à jamais les erreurs du plus vertueux des hommes. Dans quel pas dangereux je me trouve engagé ! O mon sage et bienfaisant ami, que n'ai-je tous vos conseils dans la memoire comme j'ai vos bontés dans le cœur ! Jamais je n'eus si grand besoin de prudence, et jamais la peur d'en manquer ne nuisit tant au peu que j'en ai. Ah ! où sont vos soins paternels ? où sont vos

---

[1] Montesquieu rapporte ainsi ce trait, d'apres Plutarque : « Un Marsyas « songea qu'il coupait la gorge a Denys. Celui-ci le fit mourir, disant « qu'il n'y aurait pas songé la nuit, s'il n'y eut pensé le jour. » (*Esp. des lois*, XII, c. 9) L'ÉDITEUR.

CINQUIÈME PARTIE

leçons, vos lumières ? que deviendrai-je sans vous ? Dans ce moment de crise je donnerais tout l'espoir de ma vie pour vous avoir ici durant huit jours.

Je me suis trompé dans toutes mes conjectures ; je n'ai fait que des fautes jusqu'à ce moment. Je ne redoutais que la marquise : après l'avoir vue, effrayé de sa beauté, de son adresse, je m'efforçais d'en détacher tout à fait l'âme noble de son ancien amant. Charmé de le ramener du côté d'où je ne voyais rien à craindre, je lui parlais de Laure avec l'estime et l'admiration qu'elle m'avait inspirée ; en relâchant son plus fort attachement par l'autre, j'espérais les rompre enfin tous les deux.

Il se prêta d'abord à mon projet, il outra même la complaisance ; et voulant peut-être punir mes importunités par un peu d'alarmes, il affecta pour Laure encore plus d'empressement qu'il ne croyait en avoir. Que vous dirai-je aujourd'hui ? Son empressement est toujours le même, mais il n'affecte plus rien. Son cœur, épuisé par tant de combats, s'est trouvé dans un état de faiblesse dont elle a profité. Il serait difficile à tout autre de feindre longtemps de l'amour auprès d'elle ; jugez pour l'objet même de la passion qui la consume. En vérité, l'on ne peut voir cette infortunée sans être touché de son air et de sa figure ; une impression de langueur et d'abattement qui ne quitte point son charmant visage, en éteignant la vivacité de sa physionomie, la rend plus intéressante ; et, comme les rayons du soleil échappés à travers les nuages, ses yeux ternis par la douleur lancent des feux plus piquants. Son humiliation même a toutes les grâces de la modestie : en la voyant on la plaint, en l'écoutant on l'honore. enfin je dois dire, à la justification de mon ami, que je ne connais que deux hommes au monde qui puissent rester sans risque auprès d'elle.

Il s'égare, ô Wolmar ! je le vois, je le sens ; je vous l'avoue dans l'amertume de mon cœur. Je frémis en songeant jusqu'où son égarement peut lui faire oublier ce qu'il est et ce qu'il se doit. Je tremble que cet intrépide amour de la vertu, qui lui fait mépriser l'opinion publique, ne le porte à l'autre extrémité, et ne lui fasse braver encore les lois sacrées de la décence et de l'honnêteté. Édouard Bomston faire un tel mariage !... vous concevez !.. sous les yeux de son ami !... qui le permet ! .. qui le souffre !. . et qui lui doit tout !. . Il faudra qu'il m'arrache le cœur de sa main, avant de la profaner ainsi.

Cependant que faire ? comment me comporter ? Vous connaissez sa violence ; on ne gagne rien avec lui par les discours, et les siens depuis quelque temps ne sont pas propres à calmer mes craintes. J'ai feint d'abord de ne pas l'entendre ; j'ai fait indirectement parler la raison en maximes générales : à son tour il ne m'entend point. Si j'essaye de le toucher au vif, il repond des sentences, et croit m'avoir refuté ; si j'insiste, il s'emporte, il prend un ton qu'un ami devrait ignorer, et auquel l'amitié ne sait point répondre Croyez que je ne suis en cette occasion ni craintif ni timide ; quand on est dans son devoir, on n'est que trop tenté d'être fier : mais il ne s'agit pas ici de fierté, il s'agit de réussir, et de fausses tentatives peuvent nuire aux meilleurs moyens. Je n'ose presque entrer avec lui dans aucune discussion ; car je sens tous les jours la verité de l'avertissement que vous m'avez donné, qu'il est plus fort que moi de raisonnement, et qu'il ne faut point l'enflammer par la dispute.

Il paraît d'ailleurs un peu refroidi pour moi ; on dirait que je l'inquiète Combien, avec tant de supériorité à tous égards, un homme est rabaissé par un moment de faiblesse ! Le grand, le sublime Édouard a peur de son ami, de sa créature, de son élève ! il semble même, par quelques mots jetés sur le choix de son séjour s'il ne se marie pas, vouloir tenter ma fidélité par mon intérêt. Il sait bien que je ne dois ni ne veux le quitter. O Wolmar ! je ferai mon devoir, et suivrai partout mon bienfaiteur. Si j'étais lâche et vil, que gagnerais-je à ma perfidie ? Julie et son digne époux confieraient-ils leurs enfants à un traître ?

Vous m'avez dit souvent que les petites passions ne prennent jamais le change et vont toujours à leur fin, mais qu'on peut armer les grandes contre elles-mêmes. J'ai cru pouvoir ici faire usage de cette maxime En effet, la compassion, le mépris des préjugés, l'habitude, tout ce qui détermine Édouard en cette occasion échappe à force de petitesse, et devient presque inattaquable ; au lieu que le veritable amour est inseparable de la générosité, et que par elle on a toujours sur lui quelque prise. J'ai tenté cette voie indirecte, et je ne desespere pas du succès. Ce moyen paraît cruel, je ne l'ai pris qu'avec répugnance. Cependant, tout bien pesé, je crois rendre service à Laure elle-même. Que ferait-elle dans l'état auquel elle peut monter, qu'y montrer son ancienne ignominie ? Mais qu'elle peut être grande en demeurant ce qu'elle est ! Si je connais bien cette étrange fille, elle est faite pour jouir de son sacrifice plus que du rang qu'elle doit refuser.

Si cette ressource me manque, il m'en reste une de la part du gouvernement a cause de la religion; mais ce moyen ne doit être employé qu'à la dernière extrémité et au défaut de tout autre : quoi qu'il en soit, je n'en veux épargner aucun pour prévenir une alliance indigne et déshonnête. O respectable Wolmar ! je suis jaloux de votre estime durant tous les moments de ma vie. Quoi que puisse vous écrire Édouard, quoi que vous puissiez entendre dire, souvenez-vous qu'à quelque prix que ce puisse être, tant que mon cœur battra dans ma poitrine, jamais *Lauretta Pisana* ne sera lady Bomston.

Si vous approuvez mes mesures, cette lettre n'a pas besoin de réponse. Si je me trompe, instruisez-moi; mais hâtez-vous, car il n'y a pas un moment à perdre. Je ferai mettre l'adresse par une main étrangère. Faites de même en me répondant. Après avoir examiné ce qu'il faut faire, brûlez ma lettre et oubliez ce qu'elle contient. Voici le premier et le seul secret que j'aurai eu de ma vie à cacher aux deux cousines : si j'osais me fier davantage à mes lumières, vous-même n'en sauriez jamais rien [1].

XIII. — DE MADAME DE WOLMAR A MADAME D'ORBE.

Le courrier d'Italie semblait n'attendre pour arriver que le moment de ton départ, comme pour te punir de ne l'avoir différé qu'à cause de lui. Ce n'est pas moi qui ai fait cette jolie découverte; c'est mon mari, qui a remarqué qu'ayant fait mettre les chevaux à huit heures, tu tardas de partir jusqu'à onze, non pour l'amour de nous, mais après avoir demandé vingt fois s'il en était dix, parce que c'est ordinairement l'heure ou la poste passe.

Tu es prise, pauvre cousine; tu ne peux plus t'en dédire. Malgré l'augure de la Chaillot, cette Claire si folle, ou plutôt si sage, n'a pu l'être jusqu'au bout : te voilà dans les mêmes las[2] dont

---

[1] Pour bien entendre cette lettre et la troisième de la sixième partie, il faudrait savoir les aventures de mylord Édouard, et j'avais d'abord résolu de les ajouter a ce recueil. En y repensant, je n'ai pu me résoudre à gâter la simplicité de l'histoire de deux amants par le romanesque de la sienne. Il vaut mieux laisser quelque chose à deviner au lecteur — (*Voyez* les aventures de mylord Édouard, à la fin de ce volume.)

[2] Je n'ai pas voulu laisser *lacs*, à cause de la prononciation géné-

tu pris tant de peine à me dégager, et tu n'as pu conserver pour toi la liberté que tu m'as rendue. Mon tour de rire est-il donc venu ? Chère amie, il faudrait avoir ton charme et tes grâces pour savoir plaisanter comme toi, et donner à la raillerie elle-même l'accent tendre et touchant des caresses. Et puis quelle différence entre nous ! De quel front pourrais-je me jouer d'un mal dont je suis la cause, et que tu t'es fait pour me l'ôter ? Il n'y a pas un sentiment dans ton cœur qui n'offre au mien quelque sujet de reconnaissance, et tout, jusqu'à ta faiblesse, est en toi l'ouvrage de ta vertu. C'est cela même qui me console et m'égaye. Il fallait me plaindre et pleurer de mes fautes : mais on peut se moquer de la mauvaise honte qui te fait rougir d'un attachement aussi pur que toi.

Revenons au courrier d'Italie, et laissons un moment les moralités. Ce serait trop abuser de mes anciens titres ; car il est permis d'endormir son auditoire, mais non pas de l'impatienter. Hé bien donc ! ce courrier que je fais si lentement arriver, qu'a-t-il apporté ? Rien que de bien sur la santé de nos amis, et de plus une grande lettre pour toi. Ah ! bon ! je te vois déjà sourire et reprendre haleine, la lettre venue te fait attendre plus patiemment ce qu'elle contient.

Elle a pourtant bien son prix encore, même après s'être fait désirer ; car elle respire une si... Mais je ne veux te parler que de nouvelles, et sûrement ce que j'allais dire n'en est pas une.

Avec cette lettre il en est venu une autre de mylord Édouard pour mon mari, et beaucoup d'amitiés pour nous. Celle-ci contient véritablement des nouvelles, et d'autant moins attendues que la première n'en dit rien. Ils devaient le lendemain partir pour Naples, où mylord a quelques affaires, et d'où ils iront voir le Vésuve... Conçois-tu, ma chère, ce que cette vue a de si attrayant ? Revenus à Rome, Claire, pense, imagine... Édouard est sur le point d'épouser... non, grâce au ciel, cette indigne marquise, il marque au contraire qu'elle est fort mal. Qui donc ? Laure, l'aimable Laure, qui. Mais pourtant.. quel mariage ! . Notre ami n'en dit pas un mot. Aussitôt après ils partiront tous trois, et viendront ici prendre leurs derniers arrangements. Mon mari ne m'a pas dit quels ; mais il compte toujours que Saint-Preux nous restera.

Je t'avoue que son silence m'inquiète un peu. J'ai peine à voir

voise remarquée par madame d'Orbe dans la lettre cinquième de la sixième partie

clair dans tout cela ; j'y trouve des situations bizarres, et des jeux du cœur humain qu'on n'entend guere. Comment un homme aussi vertueux a-t-il pu se prendre d'une passion si durable pour une aussi mechante femme que cette marquise ? comment elle-même, avec un caractere violent et cruel, a-t-elle pu concevoir et nourrir un amour aussi vif pour un homme qui lui ressemblait si peu, si tant est cependant qu'on puisse honorer du nom d'amour une fureur capable d'inspirer des crimes ? Comment un jeune cœur aussi genéreux, aussi tendre, aussi desinteressé que celui de Laure, a-t-il pu supporter ses premiers desordres ? comment s'en est-il retiré par ce penchant trompeur fait pour égarer son sexe ? et comment l'amour, qui perd tant d'honnetes femmes, a-t-il pu venir à bout d'en faire une ? Dis-moi, ma Claire ; desunir deux cœurs qui s'aimaient sans se convenir ; joindre ceux qui se convenaient sans s'entendre ; faire triompher l'amour de l'amour meme ; du sein du vice et de l'opprobre tirer le bonheur et la vertu ; delivrer son ami d'un monstre, en lui creant pour ainsi dire une compagne... infortunee, il est vrai, mais aimable, honnete meme, au moins si, comme je l'ose croire, on peut le redevenir : dis ; celui qui aurait fait tout cela serait-il coupable ? celui qui l'aurait souffert serait-il à blamer ?

Lady Bomston viendra donc ici ! ici, mon ange ! Qu'en penses-tu ? Apres tout, quel prodige ne doit pas etre cette étonnante fille que son education perdit, que son cœur a sauvée, et pour qui l'amour fut la route de la vertu ! Qui doit plus l'admirer que moi qui fis tout le contraire, et que mon penchant seul égara quand tout concourait a me bien conduire ? Je m'avilis moins, il est vrai ; mais me suis-je élevee comme elle ? ai je evité tant de pieges et fait tant de sacrifices ? Du dernier degré de la honte elle a su remonter au premier degre de l'honneur : elle est plus respectable cent fois que si jamais elle n'eût ete coupable. Elle est sensible et vertueuse ; que lui faut-il de plus pour nous ressembler ? S'il n'y a point de retour aux fautes de la jeunesse, quel droit ai-je a plus d'indulgence ? devant qui dois-je espérer de trouver grace ? et a quel honneur pourrais-je pretendre en refusant de l'honorer ?

He bien ! cousine, quand ma raison me dit cela, mon cœur en murmure ; et, sans que je puisse expliquer pourquoi, j'ai peine a trouver bon qu'Edouard ait fait ce mariage, et que son ami s'en soit mele. O l'opinion, l'opinion ! qu'on a de peine a secouer son joug ! toujours elle nous porte à l'injustice : le bien passé s'efface par le mal présent, le mal passé ne s'effacera-t-il jamais par aucun bien ?

J'ai laissé voir à mon mari mon inquiétude sur la conduite de Saint-Preux dans cette affaire. Il semble, ai-je dit, avoir honte d'en parler à ma cousine. Il est incapable de lâcheté, mais il est faible... trop d'indulgence pour les fautes d'un ami. Non, m'a-t-il dit, il a fait son devoir, il le fera, je le sais ; je ne puis rien vous dire de plus : mais Saint-Preux est un honnête garçon ; je réponds de lui, vous en serez contente. Claire, il est impossible que Wolmar me trompe et qu'il se trompe. Un discours si positif m'a fait rentrer en moi-même : j'ai compris que tous mes scrupules ne venaient que de fausse délicatesse, et que, si j'étais moins vaine et plus équitable, je trouverais lady Bomston plus digne de son rang.

Mais laissons un peu lady Bomston, et revenons à nous. Ne sens-tu point trop en lisant cette lettre que nos amis reviendront plus tôt qu'ils n'étaient attendus ? Et le cœur ne te dit-il rien ? ne bat-il point à présent plus fort qu'à l'ordinaire, ce cœur trop tendre et trop semblable au mien ? ne songe-t-il point au danger de vivre familièrement avec un objet chéri, de le voir tous les jours, de loger sous le même toit ? Et si mes erreurs ne m'ôterent point ton estime, mon exemple ne te fait-il rien craindre pour toi ? Combien dans nos jeunes ans la raison, l'amitié, l'honneur, t'inspirèrent pour moi de craintes que l'aveugle amour me fit mépriser ! C'est mon tour maintenant, ma douce amie, et j'ai de plus, pour me faire écouter, la triste autorité de l'expérience. Écoute-moi donc tandis qu'il est temps, de peur qu'après avoir passé la moitié de ta vie à déplorer mes fautes, tu ne passes l'autre à déplorer les tiennes. Surtout ne te fie plus à cette gaieté folâtre qui garde celles qui n'ont rien à craindre, et perd celles qui sont en danger. Claire ! Claire ! tu te moquais de l'amour une fois, mais c'est parce que tu ne le connaissais pas ; et pour n'en avoir pas senti les traits, tu te croyais au-dessus de ses atteintes. Il se venge et rit à son tour. Apprends à te défier de sa traîtresse joie, ou crains qu'elle ne te coûte un jour bien des pleurs. Chère amie, il est temps de te montrer à toi-même, car jusqu'ici tu ne t'es pas bien vue : tu t'es trompée sur ton caractère, et n'as pas su t'estimer ce que tu valais. Tu t'es fiée aux discours de la Chaillot : sur ta vivacité badine elle te jugea peu sensible, mais un cœur comme le tien était au-dessus de sa portée. La

Chaillot n'était pas faite pour te connaître ; personne au monde ne t'a bien connue, excepté moi seule. Notre ami même a plutôt senti que vu tout ton prix. Je t'ai laissé ton erreur tant qu'elle a pu t'etre utile ; a present qu'elle te perdrait, il faut te l'oter.

Tu es vive, et te crois peu sensible. Pauvre enfant, que tu t'abuses ! ta vivacité même prouve le contraire : n'est-ce pas toujours sur des choses de sentiment qu'elle s'exerce ? n'est-ce pas de ton cœur que viennent les graces de ton enjouement ? Tes railleries sont des signes d'intéret plus touchants que les compliments d'un autre. tu caresses quand tu folatres ; tu ris, mais ton rire pénetre l'ame ; tu ris, mais tu fais pleurer de tendresse, et je te vois presque toujours serieuse avec les indifferents.

Si tu n'étais que ce que tu prétends etre, dis-moi ce qui nous unirait si fort l'une a l'autre ; ou serait entre nous le lien d'une amitie sans exemple ? par quel prodige un tel attachement serait-il venu chercher par preference un cœur si peu capable d'attachement ? Quoi ! celle qui n'a vecu que pour son amie ne sait pas aimer ! celle qui voulut quitter pere, époux, parents, et son pays, pour la suivre, ne sait preferer l'amitie a rien ! Et qu'ai-je donc fait, moi qui porte un cœur sensible ? Cousine, je me suis laissée aimer ; et j'ai beaucoup fait, avec toute ma sensibilité, de te rendre une amitie qui valût la tienne.

Ces contradictions t'ont donné de ton caractere l'idée la plus bizarre qu'une folle comme toi put jamais concevoir, c'est de te croire a la fois ardente amie et froide amante. Ne pouvant disconvenir du tendre attachement dont tu te sentais penetree, tu crus n'etre capable que de celui-la. Hors ta Julie, tu ne pensais pas que rien put t'emouvoir au monde comme si les cœurs naturellement sensibles pouvaient ne l'etre que pour un objet, et que, ne sachant aimer que moi, tu m'eusses pu bien aimer moi-meme ! Tu demandais plaisamment si l'ame avait un sexe. Non, mon enfant, l'ame n'a point de sexe ; mais ses affections les distinguent, et tu commences trop a le sentir. Parce que le premier amant qui s'offrit ne t'avait pas emue, tu crus aussitôt ne pouvoir l'etre, parce que tu manquais d'amour pour ton soupirant, tu crus n'en pouvoir sentir pour personne. Quand il fut ton mari, tu l'aimas pourtant, et si fort que notre intimite meme en souffrit : cette ame si peu sensible sut trouver a l'amour un supplement encore assez tendre pour satisfaire un honnete homme.

Pauvre cousine, c'est à toi désormais de résoudre tes propres doutes; et s'il est vrai

> ¹ Ch'un freddo amante è mal sicuro amico ²

j'ai grand'peur d'avoir maintenant une raison de trop pour compter sur toi. Mais il faut que j'achève de te dire là-dessus tout ce que je pense.

Je soupçonne que tu as aimé sans le savoir bien plus tôt que tu ne crois, ou du moins que le penchant qui me perdit t'eût séduite si je ne t'avais prévenue. Conçois-tu qu'un sentiment si naturel et si doux puisse tarder si longtemps à naître? conçois-tu qu'à l'âge où nous étions on puisse impunément se familiariser avec un jeune homme aimable, ou qu'avec tant de conformité dans tous nos goûts celui-ci seul ne nous eût pas été commun? Non, mon ange; tu l'aurais aimé, j'en suis sûre, si je ne l'eusse aimé la première. Moins faible et non moins sensible, tu aurais été plus sage que moi, sans être plus heureuse. Mais quel penchant eût pu vaincre dans ton âme honnête l'horreur de la trahison et de l'infidélité? L'amitié te sauva des piéges de l'amour; tu ne vis plus qu'un ami dans l'amant de ton amie, et tu rachetas ainsi ton cœur aux dépens du mien.

Ces conjectures ne sont pas même si conjectures que tu penses; et, si je voulais rappeler des temps qu'il faut oublier, il me serait aisé de trouver, dans l'intérêt que tu croyais ne prendre qu'à moi seule, un intérêt non moins vif pour ce qui m'était cher. N'osant l'aimer, tu voulais que je l'aimasse : tu jugeas chacun de nous nécessaire au bonheur de l'autre; et ce cœur, qui n'a point d'égal au monde, nous en chérit plus tendrement tous les deux. Sois sûre que, sans ta propre faiblesse, tu m'aurais été moins indulgente; mais tu te serais reproché sous le nom de jalousie une juste sévérité. Tu ne te sentais pas en droit de combattre en moi le penchant qu'il eût fallu vaincre; et, craignant d'être perfide plutôt que sage, en immolant ton bonheur au nôtre, tu crus avoir assez fait pour la vertu.

Ma Claire, voilà ton histoire; voilà comment ta tyrannique amitié me force à te savoir gré de ma honte, et à te remercier de mes torts. Ne crois pas pourtant que je veuille t'imiter en cela; je

---

¹ Ce vers est renversé de l'original, et, n'en déplaise aux belles dames, le sens de l'auteur est plus véritable et plus beau.

² Qu'un froid amant est un peu sûr ami. MÉTAST.

ne suis pas plus disposée à suivre ton exemple que toi le mien ; et comme tu n'as pas a craindre mes fautes, je n'ai plus, grace au ciel, tes raisons d'indulgence. Quel plus digne usage ai-je a faire de la vertu que tu m'as rendue, que de t'aider a la conserver?

Il faut donc te dire encore mon avis sur ton état présent. La longue absence de notre maître n'a pas changé tes dispositions pour lui : ta liberté recouvrée et son retour ont produit une nouvelle époque dont l'amour a su profiter. Un nouveau sentiment n'est pas né dans ton cœur ; celui qui s'y cacha si longtemps n'a fait que se mettre plus a l'aise. Fiere d'oser te l'avouer a toi-meme, tu t'es pressée de me le dire. Cet aveu te semblait presque nécessaire pour le rendre tout a fait innocent : en devenant un crime pour ton amie, il cessait d'en etre un pour toi, et peut-etre ne t'es-tu livrée au mal que tu combattais depuis tant d'annees que pour mieux achever de m'en guérir.

J'ai senti tout cela, ma chere ; je me suis peu alarmée d'un penchant qui me servait de sauvegarde, et que tu n'avais point a te reprocher. Cet hiver que nous avons passé tous ensemble au sein de la paix et de l'amitié m'a donné plus de confiance encore, en voyant que, loin de rien perdre de ta gaieté, tu semblais l'avoir augmentée. Je t'ai vue tendre, empressée, attentive, mais franche dans tes caresses, naïve dans tes jeux, sans mystere, sans ruse en toutes choses ; et dans tes plus vives agaceries la joie de l'innocence reparait tout.

Depuis notre entretien de l'Élysée je ne suis plus si contente de toi ; je te trouve triste et reveuse ; tu te plais seule autant qu'avec ton amie : tu n'as pas changé de langage mais d'accent ; tes plaisanteries sont plus timides · tu n'oses plus parler de lui si souvent, on dirait que tu crains toujours qu'il ne t'écoute ; et l'on voit a ton inquietude que tu attends de ses nouvelles plutot que tu n'en demandes.

Je tremble, bonne cousine, que tu ne sentes pas tout ton mal, et que le trait ne soit enfoncé plus avant que tu n'as paru le craindre. Crois-moi, sonde bien ton cœur malade, dis-toi bien, je le repete, si, quelque sage qu'on puisse être, on peut sans risque demeurer longtemps avec ce qu'on aime, et si la confiance qui me perdit est tout a fait sans danger pour toi. Vous êtes libres tous deux ; c'est précisément ce qui rend les occasions plus suspectes. Il n'y a point dans un cœur vertueux de faiblesse qui cede aux remords; et je conviens avec toi qu'on est toujours assez forte contre le crime : mais helas ! qui peut se garantir d'etre faible ? Cependant regarde les suites, songe aux effets de la honte. Il faut s'honorer pour etre honoree. Comment peut-on meriter le respect d'autrui sans en avoir pour soi-meme ? et ou s'arretera dans la route du vice celle qui fait le premier pas sans effroi ? Voila ce que je dirais a ces femmes du monde pour qui la morale et la religion ne sont rien, et qui n'ont de loi que l'opinion d'autrui. Mais toi, femme vertueuse et chretienne, toi qui vois ton devoir et qui l'aimes, toi qui connais et suis d'autres regles que les jugements publics, ton premier honneur est celui que te rend ta conscience, et c'est celui-la qu'il s'agit de conserver.

Veux-tu savoir quel est ton tort en toute cette affaire ? c'est, je te le redis, de rougir d'un sentiment honnete que tu n'as qu'a declarer pour le rendre innocent [1]. Mais, avec toute ton humeur folatre, rien n'est si timide que toi : tu plaisantes pour faire la brave, et je vois ton pauvre cœur tout tremblant; tu fais avec l'amour, dont tu feins de rire, comme ces enfants qui chantent la nuit quand ils ont peur. O chere amie ! souviens-toi de l'avoir dit mille fois, c'est la fausse honte qui mene a la veritable, et la vertu ne sait rougir que de ce qui est mal. L amour en lui meme est-il un crime ? n'est-il pas le plus pur ainsi que le plus doux penchant de la nature ? n'a-t-il pas une fin bonne et louable ? ne dedaigne-t-il pas les ames basses et rampantes ? n'anime-t-il pas les ames grandes et fortes ? n'ennoblit-il pas tous leurs sentiments ? ne double-t-il pas leur etre ? ne les eleve t-il pas au-dessus d'elles-memes ? Ah ! si pour etre honnete et sage il faut etre inaccessibles a ses traits, dis, que reste-t-il pour la vertu sur la terre ? Le rebut de la nature, et les plus vils des mortels.

Qu'as-tu donc fait que tu puisses te reprocher ? N'as tu pas fait choix d'un honnete homme ? N'est-il pas libre ? ne l'es-tu pas ? Ne merite t-il pas toute ton estime ? n'as-tu pas toute la sienne ? Ne seras-tu pas trop heureuse de faire le bonheur d'un ami si digne de ce nom, de payer de ton cœur et de ta personne les anciennes dettes de ton amie, et d'honorer en l'elevant a toi le merite outrage par la fortune ?

[1] Pourquoi l'editeur laisse-t-il les continuelles repetitions dont cette lettre est pleine, ainsi que beaucoup d'autres ? Par une raison fort simple : c'est qu'il ne se soucie point du tout que ces lettres plaisent a ceux qui feront cette question

Je vois les petits scrupules qui t'arretent : démentir une résolution prise et déclarée, donner un successeur au défunt, montrer sa faiblesse au public, épouser un aventurier (car les âmes basses, toujours prodigues de titres flétrissants, sauront bien trouver celui-ci); voila donc les raisons sur lesquelles tu aimes mieux te reprocher ton penchant que le justifier, et couver tes feux au fond de ton cœur que les rendre légitimes ! Mais, je te prie, la honte est-elle d'épouser celui qu'on aime, ou de l'aimer sans l'épouser ? Voila le choix qui te reste a faire. L'honneur que tu dois au defunt est de respecter assez sa veuve pour lui donner un mari plutot qu'un amant; et si ta jeunesse te force à remplir sa place, n'est-ce pas rendre encore hommage à sa mémoire de choisir un homme qui lui fut cher ?

Quant a l'inegalité, je croirais t'offenser de combattre une objection si frivole lorsqu'il s'agit de sagesse et de bonnes mœurs Je ne connais d'inégalite deshonorante que celle qui vient du caractere ou de l'education. A quelque état que parvienne un homme imbu de maximes basses, il est toujours honteux de s'allier a lui : mais un homme elevé dans des sentiments d'honneur est l'egal de tout le monde; il n'y a point de rang ou il ne soit a sa place. Tu sais quel était l'avis de ton pere meme, quand il fut question de moi pour notre ami. Sa famille est honnete, quoique obscure; il jouit de l'estime publique, il la mérite. Avec cela, fût-il le dernier des hommes, encore ne faudrait-il pas balancer; car il vaut mieux deroger a la noblesse qu'a la vertu, et la femme d'un charbonnier est plus respectable que la maitresse d'un prince.

J'entrevois bien encore une autre espece d'embarras dans la nécessité de te déclarer la premiere; car, comme tu dois le sentir, pour qu'il ose aspirer a toi, il faut que tu le lui permettes; et c'est un des justes retours de l'inégalité, qu'elle coûte souvent au plus élevé des avances mortifiantes. Quant a cette difficulté, je te la pardonne; et j'avoue meme qu'elle me paraitrait fort grave si je ne prenais soin de la lever. J'espere que tu comptes assez sur ton amie pour croire que ce sera sans te compromettre . de mon coté, je compte assez sur le succes pour m'en charger avec confiance; car, quoi que vous m'ayez dit autrefois tous deux sur la difficulté de transformer une amie en maitresse, si je connais bien un cœur dans lequel j'ai trop appris a lire, je ne crois pas qu'en cette occasion l'entreprise exige une grande habileté de ma part. Je te propose donc de me laisser charger de cette négociation, afin que tu puisses te livrer au plaisir que te fera son retour, sans mystere, sans regrets, sans danger, sans honte. Ah! cousine, quel charme pour moi de reunir a jamais deux cœurs si bien faits l'un pour l'autre, et qui se confondent depuis si longtemps dans le mien! Qu'ils s'y confondent mieux encore s'il est possible! ne soyez plus qu'un pour vous et pour moi. Oui, ma Claire, tu serviras encore ton amie en couronnant ton amour; et j'en serai plus sure de mes propres sentiments quand je ne pourrai plus les distinguer entre vous

Que si malgre mes raisons ce projet ne te convient pas, mon avis est qu'a quelque prix que ce soit nous ecartions de nous cet homme dangereux, toujours redoutable a l'une ou a l'autre; car, quoi qu'il arrive, l'education de nos enfants nous importe encore moins que la vertu de leurs meres Je te laisse le temps de réflechir sur tout ceci durant ton voyage: nous en parlerons apres ton retour

Je prends le parti de t'envoyer cette lettre en droiture a Geneve, parce que tu n'as du coucher qu'une nuit a Lausanne, et qu'elle ne t'y trouverait plus. Apporte-moi bien des details de la petite republique. Sur tout le bien qu'on dit de cette ville charmante, je t'estimerais heureuse de l'aller voir, si je pouvais faire cas des plaisirs qu'on achete aux depens de ses amis. Je n'ai jamais aimé le luxe, et je le hais maintenant de t'avoir otée a moi pour je ne sais combien d'annees. Mon enfant, nous n'allames ni l'une ni l'autre faire nos emplettes de noce a Geneve; mais, quelque merite que puisse avoir ton frere, je doute que ta belle-sœur soit plus heureuse avec sa dentelle de Flandre et ses etoffes des Indes, que nous dans notre simplicité. Je te charge pourtant, malgre ma rancune, de l'engager a venir faire la noce a Clarens. Mon pere écrit au tien, et mon mari à la mere de l'epouse, pour les en prier. Voila les lettres, donne-les, et soutiens l'invitation de ton credit renaissant : c'est tout ce que je puis faire pour que la fete ne se fasse pas sans moi; car je te déclare qu'a quelque prix que ce soit je ne veux pas quitter ma famille Adieu, cousine. un mot de tes nouvelles, et que je sache au moins quand je dois t'attendre. Voici le deuxieme jour depuis ton depart, et je ne sais plus vivre si longtemps sans toi

P. S Tandis que j'achevais cette lettre interrompue, mademoiselle Henriette se donnait les airs d'écrire aussi de son coté. Comme je veux que les enfants disent toujours ce qu'ils pensent et non ce qu'on leur fait dire, j'ai laissé la petite curieuse écrire tout ce qu'elle a voulu, sans y changer un seul mot. Troisième lettre ajoutée à la mienne. Je me doute bien que ce n'est pas encore celle que tu cherchais du coin de l'œil en furetant ce paquet. Pour celle-là dispense-toi de l'y chercher plus longtemps, car tu ne la trouveras pas. Elle est adressée à Clarens ; c'est à Clarens qu'elle doit etre lue · arrange-toi la-dessus.

XIV. — D'HENRIETTE A SA MÈRE.

Ou êtes-vous donc, maman? On dit que vous etes a Geneve, et que c'est si loin, si loin, qu'il faudrait marcher deux jours tout le jour pour vous atteindre voulez-vous donc faire aussi le tour du monde? Mon petit papa est parti ce matin pour Etange, mon petit grand-papa est à la chasse ; ma petite maman vient de s'enfermer pour écrire ; il ne reste que ma mie Pernette et ma mie Fanchon. Mon Dieu ! je ne sais plus comment tout va, mais, depuis le depart de notre bon ami, tout le monde s'éparpille Maman, vous avez commencé la premiere. On s'ennuyait déja bien quand vous n'aviez plus personne à faire endever. Oh! c'est encore pis depuis que vous etes partie, car la petite maman n'est pas non plus de si bonne humeur que quand vous y etes. Maman, mon petit mali se porte bien ; mais il ne vous aime plus, parce que vous ne l'avez pas fait sauter hier comme a l'ordinaire Moi, je crois que je vous aimerais encore un peu si vous reveniez bien vite, afin qu'on ne s'ennuyat pas tant Si vous voulez m'apaiser tout à fait, apportez à mon petit mali quelque chose qui lui fasse plaisir. Pour l'apaiser, lui, vous aurez bien l'esprit de trouver aussi ce qu'il faut faire Ah ! mon Dieu ! si notre bon ami etait ici, comme il l'aurait deja deviné ! Mon bel éventail est tout brisé, mon ajustement bleu n'est plus qu'un chiffon, ma piece de blonde est en loques ; mes mitaines à jour ne valent plus rien. Bonjour, maman Il faut finir ma lettre, car la petite maman vient de finir la sienne, et sort de son cabinet Je crois qu'elle a les yeux rouges, mais je n'ose le lui dire, mais en lisant ceci elle verra bien que je l'ai vu Ma bonne maman, que vous etes méchante si vous faites pleurer ma petite maman !

P. S. J'embrasse mon grand-papa, j'embrasse mes oncles, j'embrasse ma nouvelle tante et sa maman ; j'embrasse tout le monde, excepté vous. Maman, vous m'entendez bien ; je n'ai pas pour vous de si longs bras.

SIXIEME PARTIE

LETTRE PREMIERE.

DE MADAME D'ORBE A MADAME DE WOLMAR.

Avant de partir de Lausanne il faut t'écrire un petit mot pour t'apprendre que j'y suis arrivée, non pas pourtant aussi joyeuse que j'espérais. Je me faisais une fete de ce petit voyage qui t'a toi-meme si souvent tentée; mais en refusant d'en etre tu me l'as rendu presque importun; car quelle ressource y trouverai-je? S'il est ennuyeux, j'aurai l'ennui pour mon compte; et s'il est agréable, j'aurai le regret de m'amuser sans toi. Si je n'ai rien a dire contre tes raisons, crois-tu pour cela que je m'en contente? Ma foi, cousine, tu te trompes bien fort; et c'est encore ce qui me fâche, de n'etre pas meme en droit de me facher. Dis, mauvaise, n'as-tu pas honte d'avoir toujours raison avec ton amie, et de résister à ce qui lui fait plaisir, sans lui laisser même celui de gronder? Quand tu aurais planté la pour huit jours ton mari, ton menage, et tes marmots, ne dirait-on pas que tout eût été perdu? Tu aurais fait une etourderie, il est vrai, mais tu en vaudrais cent fois mieux; au lieu qu'en te melant d'être parfaite, tu ne seras plus bonne a rien, et tu n'auras qu'a te chercher des amis parmi les anges.

Malgré les mécontentements passés, je n'ai pu sans attendrissement me retrouver au milieu de ma famille : j'y ai ete reçue avec plaisir, ou du moins avec beaucoup de caresses. J'attends pour te parler de mon frere que j'aie fait connaissance avec lui. Avec une assez belle figure, il a l'air empesé du pays d'ou il vient. Il est sérieux et froid; je lui trouve meme un peu de morgue : j'ai grand'peur pour la petite personne qu'au lieu d'etre un aussi bon mari que les notres, il ne tranche un peu du seigneur et maitre.

Mon pere a ete si charmé de me voir, qu'il a quitté pour m'embrasser la relation d'une grande bataille que les Français viennent de gagner en Flandre, comme pour vérifier la prédiction de l'ami de notre ami. Quel bonheur qu'il n'ait pas été la! Imagines-tu le brave Édouard voyant fuir les Anglais, et fuyant lui meme?... Jamais, jamais¹... il se fût fait tuer cent fois.

Mais à propos de nos amis, il y a longtemps qu'ils ne nous ont écrit. N'était-ce pas hier, je crois, jour de courrier ? Si tu reçois de leurs lettres, j'espère que tu n'oublieras pas l'intérêt que j'y prends.

Adieu, cousine ; il faut partir. J'attends de tes nouvelles à Genève, où nous comptons arriver demain pour dîner. Au reste, je t'avertis que de manière ou d'autre la noce ne se fera pas sans toi, et que si tu ne veux pas venir à Lausanne, moi je viens avec tout mon monde mettre Clarens au pillage, et boire les vins de tout l'univers.

II. — DE MADAME D'ORBE A MADAME DE WOLMAR.

A merveille, sœur prêcheuse ! mais tu comptes un peu trop, ce me semble, sur l'effet salutaire de tes sermons. Sans juger s'ils endormaient beaucoup autrefois ton ami, je t'avertis qu'ils n'endorment point aujourd'hui ton amie ; et celui que j'ai reçu hier au soir, loin de m'exciter au sommeil, me l'a ôté durant la nuit entière. Gare la paraphrase de mon Argus s'il voit cette lettre ! mais j'y mettrai bon ordre, et je te jure que tu te brûleras les doigts plutôt que de la lui montrer.

Si j'allais te récapituler point par point, j'empiéterais sur tes droits, il vaut mieux suivre ma tête : et puis, pour avoir l'air plus modeste et ne pas te donner trop beau jeu, je ne veux pas d'abord parler de nos voyageurs et du courrier d'Italie. Le pis aller, si cela m'arrive, sera de récrire ma lettre, et de mettre le commencement à la fin. Parlons de la prétendue lady Bomston.

Je m'indigne à ce seul titre. Je ne pardonnerais pas plus à Saint-Preux de le laisser prendre à cette fille, qu'à Édouard de le lui donner, et à toi de le reconnaître. Julie de Wolmar recevoir *Lauretta Pisana* dans sa maison ! la souffrir auprès d'elle ! eh ! mon enfant, y penses-tu ? Quelle douceur cruelle est-ce là ? Ne sais-tu pas que l'air qui t'entoure est mortel à l'infamie ? La pauvre malheureuse oserait-elle mêler son haleine à la tienne ? oserait-elle respirer près de toi ? Elle y serait plus mal à son aise qu'un possédé touché par des reliques ; ton seul regard la ferait rentrer en terre : ton ombre seule la tuerait.

Je ne méprise point Laure, à Dieu ne plaise ! au contraire, je l'admire et la respecte d'autant plus qu'un pareil retour est héroïque et rare. En est-ce assez pour autoriser les comparaisons basses avec lesquelles tu t'oses profaner toi-même ? comme si, dans ses plus grandes faiblesses, le véritable amour ne gardait pas la personne, et ne rendait pas l'honneur plus jaloux ! Mais je t'entends, et je t'excuse. Les objets éloignés et bas se confondent maintenant à ta vue ; dans ta sublime élévation, tu regardes la terre, et n'en vois plus les inégalités : ta dévote humilité sait mettre à profit jusqu'à ta vertu.

Hé bien ! que sert tout cela ? Les sentiments naturels en reviennent-ils moins ? l'amour-propre en fait-il moins son jeu ? Malgré toi tu sens ta répugnance ; tu la taxes d'orgueil, tu la voudrais combattre, tu l'imputes à l'opinion. Bonne fille ! et depuis quand l'opprobre du vice n'est-il que dans l'opinion ? Quelle société conçois tu possible avec une femme devant qui l'on ne saurait nommer la chasteté, l'honnêteté, la vertu, sans lui faire verser des larmes de honte, sans ranimer ses douleurs, sans insulter presque à son repentir ? Crois-moi, mon ange, il faut respecter Laure, et ne la point voir. La fuir est un égard que lui doivent d'honnêtes femmes ; elle aurait trop à souffrir avec nous.

Écoute. Ton cœur te dit que ce mariage ne se doit point faire : n'est-ce pas te dire qu'il ne se fera point ?... Notre ami, dis-tu, n'en parle pas dans sa lettre : dans la lettre que tu dis qu'il m'écrit ?.. et tu dis que cette lettre est fort longue ?... Et puis vient le discours de ton mari .. Il est mystérieux ton mari !... Vous êtes un couple de fripons qui me jouez d'intelligence, mais . Son sentiment au reste n'était pas ici fort nécessaire : surtout pour toi qui as vu la lettre... ni pour moi qui ne l'ai pas vue.. car je suis plus sûre de ton ami, du mien, que de toute la philosophie.

Ah ça ! ne voilà-t-il pas déjà cet importun qui revient on ne sait comment ! Ma foi, de peur qu'il ne revienne encore, puisque je suis sur son chapitre, il faut que je l'épuise, afin de n'en pas faire à deux fois.

N'allons point nous perdre dans le pays des chimères. Si tu n'avais pas été Julie, si ton ami n'eût pas été ton amant, j'ignore ce qu'il eût été pour moi ; je ne sais ce que j'aurais été moi-même : tout ce que je sais bien, c'est que, si sa mauvaise étoile me l'eût adressé d'abord, c'était fait de sa pauvre tête ; et, que je sois folle ou non, je l'aurais infailliblement rendu fou Mais qu'importe ce que je pouvais être ? parlons de ce que je suis. La première chose que j'ai faite a été de t'aimer. Dès nos premiers ans mon cœur s'absorba dans le tien : toute tendre et sensible que j'eusse été, je ne sus plus aimer ni sentir par moi-meme ; tous mes sentiments me vinrent de toi, toi seule me tins lieu de tout, et je ne vécus que pour être ton amie. Voila ce que vit la Chaillot, voila sur quoi elle me jugea. Réponds, cousine, se trompa-t-elle ?

Je fis mon frere de ton ami, tu le sais. L'amant de mon amie me fut comme le fils de ma mere. Ce ne fut point ma raison, mais mon cœur, qui fit ce choix. J'eusse été plus sensible encore, que je ne l'aurais pas autrement aimé. Je t'embrassais en embrassant la plus chere moitie de toi-meme ; j'avais pour garant de la pureté de mes caresses leur propre vivacité. Une fille traite-t-elle ainsi ce qu'elle aime ? le traitais-tu toi-meme ainsi ? Non, Julie ; l'amour chez nous est craintif et timide ; la reserve et la honte sont ses avances ; il s'annonce par ses refus ; et sitot qu'il transforme en faveurs les caresses, il en sait bien distinguer le prix. L'amitie est prodigue, mais l'amour est avare.

J'avoue que de trop étroites liaisons sont toujours perilleuses a l'age ou nous etions lui et moi, mais, tous deux le cœur plein du meme objet, nous nous accoutumames tellement a le placer entre nous, qu'a moins de t'aneantir nous ne pouvions plus arriver l'un a l'autre ; la familiarite meme dont nous avions pris la douce habitude, cette familiarité, dans tout autre cas si dangereuse, fut alors ma sauvegarde. Nos sentiments dependent de nos idées, et quand elles ont pris un certain cours, elles en changent difficilement. Nous en avions trop dit sur un ton pour recommencer sur un autre, nous étions deja trop loin pour revenir sur nos pas. L'amour veut faire tout son progres lui-meme, il n'aime point que l'amitié lui epargne la moitie du chemin. Enfin, je l'ai dit autrefois, et j'ai lieu de le croire encore, on ne prend guere de baisers coupables sur la meme bouche ou l'on en prit d'innocents.

A l'appui de tout cela vint celui que le ciel destinait a faire le court bonheur de ma vie. Tu le sais, cousine, il etait jeune, bien fait, honnete, attentif, complaisant ; il ne savait pas aimer comme ton ami ; mais c'etait moi qu'il aimait, et quand on a le cœur libre, la passion qui s'adresse a nous a toujours quelque chose de contagieux. Je lui rendis donc du mien tout ce qu'il en restait a prendre ; et sa part fut encore assez bonne pour ne lui pas laisser de regret a son choix. Avec cela qu'avais-je a redouter ? J'avoue même que les droits du sexe, joints à ceux du devoir, portèrent un moment préjudice aux tiens, et que, livrée à mon nouvel état, je fus d'abord plus épouse qu'amie : mais en revenant à toi je te rapportai deux cœurs au lieu d'un ; et je n'ai pas oublié depuis que je suis restée seule chargée de cette double dette.

Que te dirai-je encore, ma douce amie ? Au retour de notre ancien maître, c'était pour ainsi dire une nouvelle connaissance à faire. Je crus le voir avec d'autres yeux ; je crus sentir en l'embrassant un frémissement qui jusque-là m'avait été inconnu. Plus cette émotion me fut délicieuse, plus elle me fit de peur. Je m'alarmai comme d'un crime d'un sentiment qui n'existait peut-être que parce qu'il n'était plus criminel. Je pensai trop que ton amant ne l'était plus, et qu'il ne pouvait plus l'être ; je sentis trop qu'il était libre et que je l'étais aussi. Tu sais le reste, aimable cousine ; mes frayeurs, mes scrupules te furent connus aussitôt qu'à moi. Mon cœur sans expérience s'intimidait tellement d'un état si nouveau pour lui, que je me reprochais mon empressement de te rejoindre, comme s'il n'eût pas précédé le retour de cet ami. Je n'aimais point qu'il fût précisément où je désirais si fort d'être ; et je crois que j'aurais moins souffert de sentir ce désir plus tiède, que d'imaginer qu'il ne fût pas tout pour toi.

Enfin je te rejoignis, et je fus presque rassurée. Je m'étais moins reproché ma faiblesse après t'en avoir fait l'aveu ; près de toi je me la reprochais moins encore : je crus m'être mise à mon tour sous ta garde, et je cessai de craindre pour moi. Je résolus, par ton conseil même, de ne point changer de conduite avec lui. Il est constant qu'une plus grande réserve eût été une espèce de déclaration ; et ce n'était que trop de celles qui pouvaient m'échapper malgré moi, sans en faire une volontaire. Je continuai donc d'être badine par honte, et familière par modestie. Mais peut-être tout cela, se faisant moins naturellement, ne se faisait-il plus avec la même mesure. De folâtre que j'étais, je devins tout à fait folle, et ce qui m'en accrut la confiance fut de sentir que je pouvais l'être impunément. Soit que l'exemple de ton retour à toi-même me donnât plus de force pour t'imiter, soit que ma Julie épure tout ce qui l'approche, je me trouvai tout à fait tranquille ; et il ne me resta de mes premières émotions qu'un sentiment très doux, il est vrai, mais calme et paisible, et qui ne demandait rien de plus à mon cœur que la durée de l'état où j'étais.

Oui, chere amie, je suis tendre et sensible aussi bien que toi, mais je le suis d'une autre maniere : mes affections sont plus vives, les tiennes sont plus pénétrantes. Peut-etre avec des sens plus animes ai-je plus de ressources pour leur donner le change, et cette meme gaiete qui coute l'innocence a tant d'autres me l'a toujours conservee. Ce n'a pas toujours ete sans peine, il faut l'avouer. Le moyen de rester veuve a mon age, et de ne pas sentir quelquefois que les jours ne sont que la moitie de la vie ? Mais comme tu l'as dit et comme tu l'eprouves, la sagesse est un grand moyen d'etre sage ; car, avec toute ta bonne contenance, je ne te crois pas dans un cas fort different du mien. C'est alors que l'enjouement vient a mon secours, et fait plus peut-etre pour la vertu que n'eussent fait les graves leçons de la raison. Combien de fois dans le silence de la nuit, ou l'on ne peut s'echapper a soi-meme, j'ai chassé des idees importunes, en meditant des tours pour le lendemain ! combien de fois j'ai sauvé les dangers d'un tete-a-tete par une saillie extravagante ! Tiens, ma chere, il y a toujours, quand on est faible, un moment ou la gaieté devient serieuse, et ce moment ne viendra point pour moi : voila ce que je crois sentir, et de quoi je t'ose repondre.

Apres cela je te confirme librement tout ce que je t'ai dit dans l'Elysee sur l'attachement que j'ai senti naitre, et sur tout le bonheur dont j'ai joui cet hiver. Je m'en livrais de meilleur cœur au charme de vivre avec ce que j'aime, en sentant que je ne desirais rien de plus. Si ce temps eût duré toujours, je n'en aurais jamais souhaité un autre. Ma gaieté venait de contentement, et non d'artifice. Je tournais en espieglerie le plaisir de m'occuper de lui sans cesse : je sentais qu'en me bornant a rire je ne m'appretais point de pleurs.

Ma foi, cousine, j'ai cru m'apercevoir quelquefois que le jeu ne lui deplaisait pas trop a lui-meme. Le rusé n'etait pas fache d'etre fache, et il ne s'apaisait avec tant de peine que pour se faire apaiser plus longtemps. J'en tirais occasion de lui tenir des propos assez tendres, en paraissant me moquer de lui ; c'etait a qui des deux serait le plus enfant. Un jour qu'en ton absence il jouait aux echecs avec ton mari, et que je jouais au volant avec la Fanchon dans la meme salle, elle avait le mot, et j'observais notre philosophe A son air humblement fier et a la promptitude de ses coups, je vis qu'il avait beau jeu La table etait petite, et l'echiquier débordait. J'attendis le moment ; et, sans paraître y tâcher, d'un revers de raquette je renversai l'échec-et-mat. Tu ne vis de tes jours pareille colere : il était si furieux, que, lui ayant laissé le choix d'un soufflet ou d'un baiser pour ma penitence, il se detourna quand je lui presentai la joue. Je lui demandai pardon ; il fut inflexible. Il m'aurait laissee a genoux si je m'y etais mise. Je finis par lui faire une autre piece qui lui fit oublier la premiere, et nous fumes meilleurs amis que jamais.

Avec une autre methode infailliblement je m'en serais moins bien tirée ; et je m'aperçus une fois que, si le jeu fût devenu serieux, il eut pu trop l'etre. C'etait un soir qu'il nous accompagnait ce duo si simple et si touchant de Leo, *Vado a morir, ben mio*. Tu chantais avec assez de négligence ; je n'en faisais pas de meme, et comme j'avais une main appuyée sur le clavecin, au moment le plus pathetique et ou j'étais moi-meme émue, il appliqua sur cette main un baiser que je sentis sur mon cœur. Je ne connais pas bien les baisers de l'amour ; mais ce que je peux te dire, c'est que jamais l'amitié, pas meme la notre, n'en a donné ni reçu de semblable a celui-la. Hé bien ! mon enfant, apres de pareils moments que devient-on quand on s'en va rever seule, et qu'on emporte avec soi leur souvenir ? Moi je troublai la musique · il fallut danser ; je fis danser le philosophe. On soupa presque en l'air ; on veilla fort avant dans la nuit ; je fus me coucher bien lasse, et je ne fis qu'un sommeil.

J'ai donc de fort bonnes raisons pour ne point gener mon humeur ni changer de manieres. Le moment qui rendra ce changement nécessaire est si pres, que ce n'est pas la peine d'anticiper. Le temps ne viendra que trop d'etre prude et réservee. Tandis que je compte encore par vingt, je me depeche d'user de mes droits ; car, passé la trentaine, on n'est plus folle, mais ridicule Et ton epilogueur d'homme ose bien me dire qu'il ne me reste que six mois encore a retourner la salade avec les doigts. Patience ! pour payer ce sarcasme je prétends la lui retourner dans six ans ; et je te jure qu'il faudra qu'il la mange. Mais revenons.

Si l'on n'est pas maitre de ses sentiments, au moins on l'est de sa conduite. Sans doute je demanderais au ciel un cœur plus tranquille ; mais puissé-je a mon dernier jour offrir au souverain juge une vie aussi peu criminelle que celle que j'ai passee cet hiver ! En verité, je ne me reprochais rien aupres du seul homme qui pouvait me rendre coupable. Ma chère, il n'en est pas de même depuis qu'il est parti en m'accoutumant à penser à lui dans son absence, j'y pense à tous les instants du jour; et je trouve son image plus dangereuse que sa personne. S'il est loin, je suis amoureuse, s'il est près, je ne suis que folle : qu'il revienne, et je ne le crains plus.

Au chagrin de son éloignement s'est jointe l'inquiétude de son rêve. Si tu as tout mis sur le compte de l'amour, tu t'es trompée; l'amitié avait part à ma tristesse. Depuis leur départ, je te voyais pâle et changée à chaque instant je pensais te voir tomber malade. Je ne suis pas crédule, mais craintive. Je sais bien qu'un songe n'amène pas un événement, mais j'ai toujours peur que l'événement n'arrive à sa suite. A peine ce maudit rêve m'a-t-il laissé une nuit tranquille, jusqu'à ce que je t'aie vue bien remise et reprendre tes couleurs. Dussé-je avoir mis sans le savoir un intérêt suspect à cet empressement, il est sûr que j'aurais donné tout au monde pour qu'il se fût montré quand il s'en retourna comme un imbécile. Enfin ma vaine terreur s'en est allée avec ton mauvais visage. Ta santé, ton appétit, ont plus fait que tes plaisanteries; et je t'ai vue si bien argumenter à table contre mes frayeurs, qu'elles se sont tout à fait dissipées. Pour surcroît de bonheur il revient, et j'en suis charmée à tous égards. Son retour ne m'alarme point, il me rassure, et sitôt que nous le verrons, je ne craindrai plus rien pour tes jours ni pour mon repos. Cousine, conserve-moi mon amie, et ne sois pas en peine de la tienne; je réponds d'elle tant qu'elle t'aura.. Mais, mon Dieu, qu'ai-je donc qui m'inquiète encore et me serre le cœur sans savoir pourquoi? Ah! mon enfant, faudra-t-il un jour qu'une des deux survive à l'autre? Malheur à celle sur qui doit tomber un sort si cruel! elle restera peu digne de vivre, ou sera morte avant sa mort.

Pourrais-tu me dire à propos de quoi je m'épuise en sottes lamentations? Foin de ces terreurs paniques qui n'ont pas le sens commun! au lieu de parler de mort, parlons de mariage; cela sera plus amusant. Il y a longtemps que cette idée est venue à ton mari, et s'il ne m'en eût jamais parlé, peut-être ne me fût-elle point venue à moi-même. Depuis lors j'y ai pensé quelquefois, et toujours avec dédain. Fi! cela vieillit une jeune veuve. Si j'avais des enfants d'un second lit, je me croirais la grand'mère de ceux du premier. Je te trouve aussi fort bonne de faire avec légèreté les honneurs de ton amie, et de regarder cet arrangement comme un soin de ta bénigne charité. Oh bien! je t'apprends, moi, que toutes les raisons fondées sur tes soucis obligeants ne valent pas la moindre des miennes contre un second mariage.

Parlons sérieusement. Je n'ai pas l'âme assez basse pour faire entrer dans ces raisons la honte de me rétracter d'un engagement téméraire pris avec moi seule, ni la crainte du blâme en faisant mon devoir, ni l'inégalité des fortunes dans un cas où tout l'honneur est pour celui des deux a qui l'autre veut bien devoir la sienne : mais, sans répéter ce que je t'ai dit tant de fois sur mon humeur indépendante et sur mon éloignement naturel pour le joug du mariage, je me tiens a une seule objection, et je la tire de cette voix si sacrée que personne au monde ne respecte autant que toi. Lève cette objection, cousine, et je me rends. Dans tous ces jeux qui te donnent tant d'effroi, ma conscience est tranquille. Le souvenir de mon mari ne me fait point rougir; j'aime à l'appeler à témoin de mon innocence : et pourquoi craindrais-je de faire devant son image tout ce que je faisais autrefois devant lui? En serait-il de même, ô Julie, si je violais les saints engagements qui nous unirent; que j'osasse jurer à un autre l'amour éternel que je lui jurai tant de fois; que mon cœur, indignement partagé, dérobât à sa mémoire ce qu'il donnerait à son successeur, et ne pût sans offenser l'un des deux remplir ce qu'il doit à l'autre? Cette même image qui m'est si chère ne me donnerait qu'épouvante et qu'effroi; sans cesse elle viendrait empoisonner mon bonheur, et son souvenir, qui fait la douceur de ma vie, en ferait le tourment. Comment oses-tu me parler de donner un successeur à mon mari, après avoir juré de n'en jamais donner au tien? comme si les raisons que tu m'allègues t'étaient moins applicables en pareil cas! Ils s'aimèrent... c'est pis encore. Avec quelle indignation verrait-il un homme qui lui fut cher usurper ses droits et rendre sa femme infidèle! Enfin, quand il serait vrai que je ne lui dois plus rien à lui-même, ne dois-je rien au cher gage de son amour? et puis-je croire qu'il eût jamais voulu de moi, s'il eût prévu que j'eusse un jour exposé sa fille unique à se voir confondue avec les enfants d'un autre?

Encore un mot, et j'ai fini. Qui t'a dit que tous les obstacles viendraient de moi seule? En répondant de celui que cet engagement regarde, n'as-tu point plutôt consulté ton désir que ton pouvoir?

Quand tu serais sûre de son aveu, n'aurais-tu donc aucun scrupule de m'offrir un cœur usé par une autre passion ? Crois-tu que le mien dût s'en contenter, et que je pusse être heureuse avec un homme que je ne rendrais pas heureux ? Cousine, penses-y mieux ; sans exiger plus d'amour que je n'en puis ressentir moi-meme, tous les sentiments que j'accorde je veux qu'ils me soient rendus ; et je suis trop honnete femme pour pouvoir me passer de plaire a mon mari. Quel garant as-tu donc de tes espérances ? Un certain plaisir a se voir, qui peut etre l'effet de la seule amitié ; un transport passager, qui peut naître a notre âge de la seule différence du sexe ; tout cela suffit-il pour les fonder ? Si ce transport eût produit quelque sentiment durable, est-il croyable qu'il s'en fût tu non-seulement a moi, mais à toi, mais a ton mari, de qui ce propos n'eût pu qu'etre favorablement reçu ? En a-t-il jamais dit un mot a personne ? Dans nos tete-a-tete a-t-il jamais eté question que de toi ? a-t-il jamais été question de moi dans les votres ? Puis-je penser que s'il avait eu là-dessus quelque secret pénible à garder, je n'aurais jamais aperçu sa contrainte, ou qu'il ne lui serait jamais échappé d'indiscrétion ? Enfin, même depuis son depart, de laquelle de nous deux parle-t-il le plus dans ses lettres, de laquelle est-il occupé dans ses songes ? Je t'admire de me croire sensible et tendre, et de ne pas imaginer que je me dirai tout cela ! Mais j'aperçois vos ruses, ma mignonne ; c'est pour vous donner droit de represailles que vous m'accusez d'avoir jadis sauvé mon cœur aux depens du votre. Je ne suis par la dupe de ce tour-la.

Voila toute ma confession, cousine : je l'ai faite pour t'éclairer et non pour te contredire. Il me reste a te déclarer ma résolution sur cette affaire. Tu connais à présent mon intérieur aussi bien et peut-être mieux que moi-même : mon honneur, mon bonheur, te sont chers autant qu'à moi ; et dans le calme des passions la raison te fera mieux voir ou je dois trouver l'un et l'autre. Charge-toi donc de ma conduite ; je t'en remets l'entiere direction. Rentrons dans notre état naturel, et changeons entre nous de metier ; nous nous en tirerons mieux toutes deux. Gouverne ; je serai docile : c'est a toi de vouloir ce que je dois faire, à moi de faire ce que tu voudras. Tiens mon âme a couvert dans la tienne : que sert aux inséparables d'en avoir deux ?

Ah ça ! revenons a présent a nos voyageurs. Mais j'ai déjà

tant parlé de l'un que je n'ose plus parler de l'autre, de peur que la différence du style ne se fît un peu trop sentir, et que l'amitié même que j'ai pour l'Anglais ne dît trop en faveur du Suisse. Et puis que dire sur des lettres qu'on n'a pas vues? Tu devais bien au moins m'envoyer celle de mylord Édouard : mais tu n'as osé l'envoyer sans l'autre, et tu as fort bien fait... Tu pouvais pourtant faire mieux encore .. Ah! vivent les duegnes de vingt ans! elles sont plus traitables qu'à trente.

Il faut au moins que je me venge en t'apprenant ce que tu as opéré par cette belle réserve; c'est de me faire imaginer la lettre en question .. cette lettre si... cent fois plus si qu'elle ne l'est réellement. De dépit je me plais à la remplir de choses qui n'y sauraient être. Va, si je n'y suis pas adorée, c'est à toi que je ferai payer tout ce qu'il en faudra rabattre.

En vérité, je ne sais après tout cela comment tu m'oses parler du courrier d'Italie. Tu prouves que mon tort ne fut pas de l'attendre, mais de ne pas l'attendre assez longtemps. Un pauvre petit quart d'heure de plus, j'allais au-devant du paquet, je m'en emparais la première, je lisais le tout à mon aise ; et c'était mon tour de me faire valoir. Les raisins sont trop verts. On me retient, deux lettres ; mais j'en ai deux autres que, quoi que tu puisses croire, je ne changerais sûrement pas contre celle-là, quand tous les si du monde y seraient. Je te jure que si celle d'Henriette ne tient pas sa place à côté de la tienne, c'est qu'elle la passe, et que ni toi ni moi n'écrirons de la vie rien d'aussi joli. Et puis on se donnera les airs de traiter ce prodige de petite impertinente! ah! c'est assurément pure jalousie. En effet, te voit-on jamais à genoux devant elle, lui baiser humblement les deux mains l'une après l'autre? Grâce à toi, la voilà modeste comme une vierge, et grave comme un Caton ; respectant tout le monde, jusqu'à sa mère : il n'y a plus le mot pour rire à ce qu'elle dit; à ce qu'elle écrit, passe encore. Aussi, depuis que j'ai découvert ce nouveau talent, avant que tu gâtes ses lettres comme ses propos, je compte établir de sa chambre à la mienne un courrier d'Italie dont on n'escamotera point les paquets.

Adieu, petite cousine. Voilà des réponses qui t'apprendront à respecter mon crédit renaissant. Je voulais te parler de ce pays et de ses habitants mais il faut mettre fin à ce volume; et puis tu m'as toute brouillée avec tes fantaisies, et le mari m'a presque fait oublier les hôtes. Comme nous avons encore cinq ou six jours à rester ici, et que j'aurai le temps de mieux revoir le peu que j'ai vu, tu ne perdras rien pour attendre, et tu peux compter sur un second tome avant mon départ.

III. — DE MYLORD ÉDOUARD A M. DE WOLMAR.

Non, cher Wolmar, vous ne vous êtes point trompé; le jeune homme est sûr; mais moi je ne le suis guere, et j'ai failli payer cher l'expérience qui m'en a convaincu. Sans lui je succombais moi-même à l'épreuve que je lui avais destinée Vous savez que pour contenter sa reconnaissance, et remplir son cœur de nouveaux objets, j'affectais de donner à ce voyage plus d'importance qu'il n'en avait réellement D'anciens penchants à flatter, une vieille habitude à suivre encore une fois, voilà, avec ce qui se rapportait à Saint-Preux, tout ce qui m'engageait à l'entreprendre. Dire les derniers adieux aux attachements de ma jeunesse, ramener un ami parfaitement gueri, voilà tout le fruit que j'en voulais recueillir.

Je vous ai marqué que le songe de Villeneuve m'avait laissé des inquiétudes ce songe me rendit suspects les transports de joie auxquels il s'était livré quand je lui avais annoncé qu'il était le maître d'élever vos enfants et de passer sa vie avec vous Pour mieux l'observer dans les effusions de son cœur, j'avais d'abord prévenu ses difficultés, en lui déclarant que je m'établirais moi-même avec vous, je ne laissais plus à son amitié d'objections à me faire. mais de nouvelles résolutions me firent changer de langage.

Il n'eut pas vu trois fois la marquise, que nous fûmes d'accord sur son compte. Malheureusement pour elle, elle voulut le gagner, et ne fit que lui montrer ses artifices. L'infortunee! que de grandes qualités sans vertu! que d'amour sans honneur! Cet amour ardent et vrai me touchait, m'attachait, nourrissait le mien; mais il prit la teinte de son âme noire, et finit par me faire horreur. Il ne fut plus question d'elle.

Quand il eut vu Laure, qu'il connut son cœur, sa beauté, son esprit, et cet attachement sans exemple, trop fait pour me rendre heureux, je résolus de me servir d'elle pour bien éclaircir l'état de Saint-Preux Si j'épouse Laure, lui dis-je, mon dessein n'est pas de la mener à Londres, où quelqu'un pourrait la reconnaître, mais dans des lieux où l'on sait honorer la vertu partout où elle est ; vous remplirez votre emploi, et nous ne cesserons point de vivre ensemble. Si je ne l'épouse pas, il est temps de me recueillir. Vous connaissez ma maison d'Oxford-shire, et vous choisirez d'élever les enfants d'un de vos amis, ou d'accompagner l'autre dans sa solitude Il me fit la réponse a laquelle je pouvais m'attendre : mais je voulais l'observer par sa conduite. Car si pour vivre à Clarens il favorisait un mariage qu'il eût dû blâmer, ou si, dans cette occasion délicate, il préférait à son bonheur la gloire de son ami, dans l un et dans l'autre cas l'épreuve était faite, et son cœur était juge

Je le trouvai d'abord tel que je le désirais, ferme contre le projet que je feignais d'avoir, et armé de toutes les raisons qui devaient m'empêcher d'épouser Laure. Je sentais ces raisons mieux que lui ; mais je la voyais sans cesse, et je la voyais affligée et tendre. Mon cœur, tout à fait détaché de la marquise, se fixa par ce commerce assidu. Je trouvai dans les sentiments de Laure de quoi redoubler l'attachement qu'elle m'avait inspiré. J'eus honte de sacrifier à l'opinion, que je méprisais, l'estime que je devais à son mérite ne devais-je rien aussi à l'espérance que je lui avais donnée, sinon par mes discours, au moins par mes soins ? Sans avoir rien promis, ne rien tenir c'était la tromper ; cette tromperie était barbare Enfin, joignant à mon penchant une espèce de devoir, et songeant plus à mon bonheur qu'à ma gloire, j'achevai de l'aimer par raison, je résolus de pousser la feinte aussi loin qu'elle pouvait aller, et jusqu'à la réalité même, si je ne pouvais m'en tirer autrement sans injustice

Cependant je sentis augmenter mon inquiétude sur le compte du jeune homme, voyant qu'il ne remplissait pas dans toute sa force le rôle dont il s'était chargé Il s'opposait à mes vues, il improuvait le nœud que je voulais former ; mais il combattait mal mon inclination naissante, et me parlait de Laure avec tant d'éloges, qu'en paraissant me détourner de l'épouser, il augmentait mon penchant pour elle Ces contradictions m'alarmèrent. Je ne le trouvais point aussi ferme qu'il aurait dû l'être il semblait n'oser heurter de front mon sentiment, il mollissait contre ma résistance, il craignait de me fâcher, il n'avait point à mon gré pour son devoir l'intrépidité qu'il inspire à ceux qui l'aiment.

D'autres observations augmentèrent ma défiance ; je sus qu'il voyait Laure en secret ; je remarquais entre eux des signes d'intelligence. L'espoir de s'unir à celui qu'elle avait tant aimé ne la rendait point gaie. Je lisais bien la même tendresse dans ses regards, mais cette tendresse n'était plus mêlée de joie à mon abord, la tristesse y dominait toujours. Souvent, dans les plus doux épanchements de son cœur, je la voyais jeter sur le jeune homme un coup d'œil à la dérobée, et ce coup d'œil était suivi de quelques larmes qu'on cherchait à me cacher. Enfin le mystère fut poussé au point que j'en fus alarmé. Jugez de ma surprise. Que pouvais-je penser ? N'avais-je réchauffé qu'un serpent dans mon sein ? Jusqu'où n'osais-je point porter mes soupçons et lui rendre son ancienne injustice ! Faibles et malheureux que nous sommes ! c'est nous qui faisons nos propres maux. Pourquoi nous plaindre que les méchants nous tourmentent, si les bons se tourmentent encore entre eux ?

Tout cela ne fit qu'achever de me déterminer. Quoique j'ignorasse le fond de cette intrigue, je voyais que le cœur de Laure était toujours le même ; et cette épreuve ne me la rendait que plus chère. Je me proposais d'avoir une explication avec elle avant la conclusion ; mais je voulais attendre jusqu'au dernier moment, pour prendre auparavant par moi-même tous les éclaircissements possibles. Pour lui, j'étais résolu de me convaincre, de le convaincre, enfin d'aller jusqu'au bout avant que de lui rien dire ni de prendre un parti par rapport à lui, prévoyant une rupture infaillible, et ne voulant pas mettre un bon naturel et vingt ans d'honneur en balance avec des soupçons.

La marquise n'ignorait rien de ce qui se passait entre nous. Elle avait des épies dans le couvent de Laure, et parvint à savoir qu'il était question de mariage. Il n'en fallut pas davantage pour reveiller ses fureurs : elle m'écrivit des lettres menaçantes. Elle fit plus que d'écrire ; mais comme ce n'était pas la première fois, et que nous étions sur nos gardes, ses tentatives furent vaines. J'eus seulement le plaisir de voir dans l'occasion que Saint-Preux savait payer de sa personne, et ne marchandait pas sa vie pour sauver celle d'un ami.

Vaincue par les transports de sa rage, la marquise tomba malade et ne se releva plus. Ce fut là le terme de ses tourments[1] et

[1] Par la lettre de mylord Édouard ci-devant supprimée, on voit qu'il pensait qu'à la mort des méchants leurs âmes étaient anéanties.

de ses crimes. Je ne pus apprendre son état sans en être affligé. Je lui envoyai le docteur Eswin ; Saint-Preux y fut de ma part : elle ne voulut voir ni l'un ni l'autre ; elle ne voulut pas même entendre parler de moi, et m'accabla d'imprécations horribles chaque fois qu'elle entendit prononcer mon nom. Je gémis sur elle, et sentis mes blessures pretes à se rouvrir. La raison vainquit encore ; mais j'eusse été le dernier des hommes de songer au mariage, tandis qu'une femme qui me fut si chere était a l'extremité. Saint-Preux, craignant qu'enfin je ne pusse résister au désir de la voir, me proposa le voyage de Naples, et j'y consentis.

Le surlendemain de notre arrivée, je le vis entrer dans ma chambre avec une contenance ferme et grave, et tenant une lettre à la main. Je m'écriai . La marquise est morte? Plût a Dieu ! reprit-il froidement ; il vaut mieux n'etre plus, que d'exister pour mal faire. Mais ce n'est pas d'elle que je viens vous parler ; écoutez-moi. J'attendis en silence.

Mylord, me dit-il, en me donnant le saint nom d'ami vous m'apprites a le porter. J'ai rempli la fonction dont vous m'avez chargé ; et, vous voyant prêt a vous oublier, j'ai dû vous rappeler a vous-meme. Vous n'avez pu rompre une chaine que par une autre. Toutes deux étaient indignes de vous. S'il n'eût eté question que d'un mariage inégal, je vous aurais dit · Songez que vous etes pair d'Angleterre, et renoncez aux honneurs du monde, ou respectez l'opinion. Mais un mariage abject! ... vous!... Choisissez mieux votre epouse Ce n'est pas assez qu'elle soit vertueuse, elle doit etre sans tache. La femme d'Édouard Bomston n'est pas facile a trouver. Voyez ce que j'ai fait.

Alors il me remit la lettre. Elle etait de Laure. Je ne l'ouvris pas sans emotion. « L'amour a vaincu, me disait-elle : vous avez « voulu m'épouser ; je suis contente. Votre ami m'a dicté mon « devoir ; je le remplis sans regret. En vous deshonorant j'aurais « vecu malheureuse ; en vous laissant votre gloire je crois la par- « tager. Le sacrifice de tout mon bonheur a un devoir si cruel me ‹ fait oublier la honte de ma jeunesse. Adieu ; des cet instant je « cesse d'etre en votre pouvoir et au mien. Adieu pour jamais. O ‹ Edouard ! ne portez pas le désespoir dans ma retraite ; ecoutez mon dernier vœu Ne donnez a nulle autre une place que je n'ai pu remplir. Il fut au monde un cœur fait pour vous, et c'était ‹ celui de Laure »

L'agitation m'empêchait de parler Il profita de mon silence pour me dire qu'après mon départ elle avait pris le voile dans le couvent où elle était pensionnaire ; que la cour de Rome, informée qu'elle devait épouser un luthérien, avait donné des ordres pour m'empêcher de la revoir ; et il m'avoua franchement qu'il avait pris tous ces soins de concert avec elle Je ne m'opposai point à vos projets, continua-t-il, aussi vivement que je l'aurais pu, craignant un retour à la marquise, et voulant donner le change à cette ancienne passion par celle de Laure En vous voyant aller plus loin qu'il ne fallait, je fis d'abord parler la raison ; mais ayant trop acquis par mes propres fautes le droit de me défier d'elle, je sondai le cœur de Laure ; et y trouvant toute la générosité qui est inséparable du véritable amour, je m'en prévalus pour la porter au sacrifice qu'elle vient de faire. L'assurance de n'être plus l'objet de votre mépris lui releva le courage, et la rendit plus digne de votre estime Elle a fait son devoir ; il faut faire le vôtre

Alors s'approchant avec transport, il me dit en me serrant contre sa poitrine. Ami, je lis, dans le sort commun que le ciel nous envoie, la loi commune qu'il nous prescrit. Le règne de l'amour est passé, que celui de l'amitié commence ; mon cœur n'entend plus que sa voix sacrée, il ne connaît plus d'autre chaîne que celle qui me lie à toi. Choisis le séjour que tu veux habiter ; Clarens, Oxford, Londres, Paris, ou Rome ; tout me convient, pourvu que nous y vivions ensemble. Va, viens où tu voudras, cherche un asile en quelque lieu que ce puisse être, je te suivrai partout j'en fais le serment solennel à la face du Dieu vivant, je ne te quitte plus qu'à la mort.

Je fus touché. Le zèle et le feu de cet ardent jeune homme éclataient dans ses yeux. J'oubliai la marquise et Laure. Que peut-on regretter au monde quand on y conserve un ami ? Je vis aussi, par le parti qu'il prit sans hésiter dans cette occasion, qu'il était guéri véritablement, et que vous n'aviez pas perdu vos peines ; enfin j'osai croire, par le vœu qu'il fit de si bon cœur de rester attaché à moi, qu'il l'était plus à la vertu qu'à ses anciens penchants. Je puis donc vous le ramener en toute confiance. Oui, cher Wolmar, il est digne d'élever des hommes, et, qui plus est, d'habiter votre maison

Peu de jours après j'appris la mort de la marquise. Il y avait longtemps pour moi qu'elle était morte, cette perte ne me toucha plus. Jusqu'ici j'avais regardé le mariage comme une dette que chacun contracte à sa naissance envers son espèce, envers son pays, et j'avais résolu de me marier moins par inclination que par devoir. J'ai changé de sentiment. L'obligation de se marier n'est pas commune à tous ; elle dépend pour chaque homme de l'état où le sort l'a placé : c'est pour le peuple, pour l'artisan, pour le villageois, pour les hommes vraiment utiles, que le célibat est illicite ; pour les ordres qui dominent les autres, auxquels tout tend sans cesse, et qui ne sont toujours que trop remplis, il est permis et même convenable. Sans cela l'Etat ne fait que se dépeupler par la multiplication des sujets qui lui sont à charge. Les hommes auront toujours assez de maîtres, et l'Angleterre manquera plutôt de laboureurs que de pairs.

Je me crois donc libre et maître de moi dans la condition où le ciel m'a fait naître. A l'âge où je suis, on ne répare plus les pertes que mon cœur a faites. Je le dévoue à cultiver ce qui me reste, et ne puis mieux le rassembler qu'à Clarens. J'accepte donc toutes vos offres, sous les conditions que ma fortune y doit mettre, afin qu'elle ne me soit pas inutile. Après l'engagement qu'a pris Saint-Preux, je n'ai plus d'autre moyen de le tenir auprès de vous que d'y demeurer moi-même ; et si jamais il y est de trop, il me suffira d'en partir. Le seul embarras qui me reste est pour mes voyages d'Angleterre ; car quoique je n'aie plus aucun crédit dans le parlement, il me suffit d'en être membre pour faire mon devoir jusqu'à la fin. Mais j'ai un collègue et un ami sûr, que je puis charger de ma voix dans les affaires courantes. Dans les occasions où je croirai devoir m'y trouver moi-même, notre élève pourra m'accompagner, même avec les siens quand ils seront un peu plus grands, et que vous voudrez bien nous les confier. Ces voyages ne sauraient que leur être utiles, et ne seront pas assez longs pour affliger beaucoup leur mère.

Je n'ai point montré cette lettre à Saint-Preux ; ne la montrez pas entière à vos dames ; il convient que le projet de cette épreuve ne soit jamais connu que de vous et de moi. Au surplus, ne leur cachez rien de ce qui fait honneur à mon digne ami, même à mes dépens. Adieu, cher Wolmar. Je vous envoie les dessins de mon pavillon. Reformez, changez comme il vous plaira ; mais faites-y travailler dès à présent, s'il se peut. J'en voulais ôter le salon de musique ; car tous mes goûts sont éteints, et je ne me soucie plus de rien Je le laisse, à la prière de Saint-Preux, qui se propose d'exercer dans ce salon vos enfants. Vous recevrez aussi quelques livres pour l'augmentation de votre bibliothèque. Mais que trouverez-vous de nouveau dans des livres ? O Wolmar! il ne vous manque que d'apprendre à lire dans celui de la nature pour être le plus sage des mortels

IX — DE M DE WOLMAR A MYLORD ÉDOUARD.

Je me suis attendu, cher Bomston, au dénoûment de vos longues aventures Il eut paru bien étrange qu'ayant résisté si longtemps a vos penchants, vous eussiez attendu pour vous laisser vaincre qu'un ami vînt vous soutenir, quoiqu'à vrai dire on soit souvent plus faible en s'appuyant sur un autre que quand on ne compte que sur soi J'avoue pourtant que je fus alarmé de votre dernière lettre, où vous m'annonciez votre mariage avec Laure comme une affaire absolument décidée. Je doutai de l'événement malgré votre assurance ; et si mon attente eût été trompée, de mes jours je n'aurais revu Saint-Preux. Vous avez fait tous deux ce que j'avais espéré de l'un et de l'autre, et vous avez trop bien justifié le jugement que j'avais porté de vous, pour que je ne sois pas charmé de vous voir reprendre nos premiers arrangements. Venez, hommes rares, augmenter et partager le bonheur de cette maison. Quoi qu'il en soit de l'espoir des croyants dans l'autre vie, j'aime à passer avec eux celle-ci ; et je sens que vous me convenez tous mieux tels que vous êtes, que si vous aviez le malheur de penser comme moi.

Au reste, vous savez ce que je vous dis sur son sujet à votre départ. Je n'avais pas besoin pour le juger de votre épreuve, car la mienne était faite, et je crois le connaître autant qu'un homme en peut connaître un autre. J'ai d'ailleurs plus d'une raison de compter sur son cœur, et de bien meilleures cautions de lui que lui-même. Quoique dans votre renoncement au mariage il paraisse vouloir vous imiter, peut-être trouverez-vous ici de quoi l'engager à changer de système. Je m'expliquerai mieux après votre retour.

Quant à vous, je trouve vos distinctions sur le célibat toutes nouvelles et fort subtiles. Je les crois même judicieuses pour le politique qui balance les forces respectives de l'État, afin d'en maintenir l'equilibre Mais je ne sais si dans vos principes ces raisons sont assez solides pour dispenser les particuliers de leur devoir envers la nature. Il semblerait que la vie est un bien qu'on ne reçoit qu'à la charge de le transmettre, une sorte de substitution qui doit passer de race en race, et que quiconque eut un pere est obligé de le devenir. C'était votre sentiment jusqu'ici, c'était une des raisons de votre voyage : mais je sais d'ou vous vient cette nouvelle philosophie, et j'ai vu dans le billet de Laure un argument auquel votre cœur n'a point de réplique.

La petite cousine est depuis huit ou dix jours a Geneve avec sa famille, pour des emplettes et d'autres affaires. Nous l'attendons de retour de jour en jour. J'ai dit a ma femme de votre lettre tout ce qu'elle en devait savoir. Nous avions appris par M. Miol que le mariage était rompu ; mais elle ignorait la part qu'avait Saint-Preux a cet événement. Soyez sûr qu'elle n'apprendra jamais qu'avec la plus vive joie tout ce qu'il fera pour mériter vos bienfaits et justifier votre estime. Je lui ai montré les dessins de votre pavillon ; elle les trouve de tres-bon goût : nous y ferons pourtant quelques changements que le local exige, et qui rendront votre logement plus commode : vous les approuverez sûrement. Nous attendons l'avis de Claire avant d'y toucher ; car vous savez qu'on ne peut rien faire sans elle. En attendant j'ai déja mis du monde en œuvre, et j'espere qu'avant l'hiver la maçonnerie sera fort avancée.

Je vous remercie de vos livres : mais je ne lis plus ceux que j'entends, et il est trop tard pour apprendre a lire ceux que je n'entends pas. Je suis pourtant moins ignorant que vous ne m'accusez de l'etre. Le vrai livre de la nature est pour moi le cœur des hommes, et la preuve que j'y sais lire est dans mon amitie pour vous.

V. — DE MADAME D'ORBE A MADAME DE WOLMAR.

J'ai bien des griefs, cousine, a la charge de ce séjour. Le plus grave est qu'il me donne envie d'y rester. La ville est charmante, les habitants sont hospitaliers, les mœurs sont honnetes ; et la liberté, que j'aime sur toutes choses, semble s'y etre refugiee. Plus je contemple ce petit Etat, plus je trouve qu'il est beau d'avoir une patrie, et Dieu garde de mal tous ceux qui pensent en avoir une, et n'ont pourtant qu'un pays! Pour moi, je sens que si j'étais née dans celui-ci, j'aurais l'âme toute romaine. Je n'oserais pourtant pas trop dire à présent,

> Rome n'est plus à Rome, elle est toute où je suis,

car j'aurais peur que dans ta malice tu n'allasses penser le contraire. Mais pourquoi donc Rome, et toujours Rome? Restons à Genève.

Je ne te dirai rien de l'aspect du pays. Il ressemble au notre, excepté qu'il est moins montueux, plus champêtre, et qu'il n'a pas des chalets si voisins[1]. Je ne te dirai rien non plus du gouvernement. Si Dieu ne t'aide, mon père t'en parlera de reste : il passe toute la journée à politiquer avec les magistrats, dans la joie de son cœur; et je le vois déjà très-mal édifié que la gazette parle si peu de Genève. Tu peux juger de leurs conférences par mes lettres. Quand ils m'excèdent, je me dérobe, et je t'ennuie pour me désennuyer.

Tout ce qui m'est resté de leurs longs entretiens, c'est beaucoup d'estime pour le grand sens qui règne en cette ville. A voir l'action et réaction mutuelles de toutes les parties de l'État qui le tiennent en équilibre, on ne peut douter qu'il n'y ait plus d'art et de vrai talent employés au gouvernement de cette petite république qu'à celui des plus vastes empires, où tout se soutient par sa propre masse, et où les rênes de l'État peuvent tomber entre les mains d'un sot sans que les affaires cessent d'aller. Je te réponds qu'il n'en serait pas de même ici. Je n'entends jamais parler à mon père de tous ces grands ministres des grandes cours, sans songer à ce pauvre musicien qui barbouillait si fièrement sur notre grand orgue[2] à Lausanne, et qui se croyait un fort habile homme parce qu'il faisait beaucoup de bruit. Ces gens-ci n'ont qu'une petite épinette; mais ils en savent tirer une bonne harmonie, quoiqu'elle soit souvent assez mal d'accord.

Je ne te dirai rien non plus... Mais à force de ne te rien dire je ne finirais pas. Parlons de quelque chose, pour avoir plus tôt fait. Le Genevois est de tous les peuples du monde celui qui cache le

[1] L'éditeur les croit un peu rapprochés.

[2] Il y avait *grande orgue*. Je remarquerai, pour ceux de nos Suisses et Genevois qui se piquent de parler correctement, que le mot *orgue* est masculin au singulier, féminin au pluriel, et s'emploie également dans les deux nombres, mais le singulier est plus élégant.

moins son caractère et qu'on connait le plus promptement. Ses mœurs, ses vices même, sont mêlés de franchise. Il se sent naturellement bon ; et cela lui suffit pour ne pas craindre de se montrer tel qu'il est. Il a de la générosité, du sens, de la pénétration ; mais il aime trop l'argent : défaut que j'attribue à sa situation, qui le lui rend nécessaire ; car le territoire ne suffirait pas pour nourrir les habitants.

Il arrive de là que les Genevois, épars dans l'Europe pour s'enrichir, imitent les grands airs des étrangers ; et après avoir pris les vices des pays où ils ont vécu[1], les rapportent chez eux en triomphe avec leurs trésors. Ainsi le luxe des autres peuples leur fait mépriser leur antique simplicité : la fière liberté leur parait ignoble ; ils se forgent des fers d'argent, non comme une chaîne, mais comme un ornement.

Hé bien ! ne me voilà-t-il pas encore dans cette maudite politique ? Je m'y perds, je m'y noie, j'en ai par-dessus la tête, je ne sais plus par où m'en tirer. Je n'entends parler ici d'autre chose, si ce n'est quand mon père n'est pas avec nous, ce qui n'arrive qu'aux heures des courriers. C'est nous, mon enfant, qui portons partout notre influence, car d'ailleurs les entretiens du pays sont utiles et variés, et l'on n'apprend rien de bon dans les livres qu'on ne puisse apprendre ici dans la conversation. Comme autrefois les mœurs anglaises ont pénétré jusqu'en ce pays : les hommes, y vivant encore un peu plus séparés des femmes que dans le nôtre, contractent entre eux un ton plus grave, et généralement plus de solidité dans leurs discours. Mais aussi cet avantage a son inconvénient qui se fait bientôt sentir. Des longueurs toujours excédantes, des arguments, des exordes, un peu d'apprêt, quelquefois des phrases, rarement de la légèreté, jamais de cette simplicité naïve qui dit le sentiment avant la pensée, et fait si bien valoir ce qu'elle dit. Au lieu que le Français écrit comme il parle, ceux-ci parlent comme ils écrivent ; ils dissertent, au lieu de causer, on les croirait toujours prêts à soutenir thèse. Ils distinguent, ils divisent, ils traitent la conversation par points ; ils mettent dans leurs propos la même méthode que dans leurs livres ; ils sont auteurs, et toujours auteurs. Ils semblent lire en parlant, tant ils observent bien les étymologies, tant ils font sonner toutes les lettres avec soin. Ils

[1] Maintenant on ne leur donne plus la peine de les aller chercher, on les leur porte.

articulent le *marc* du raisin comme *Marc,* nom d'homme, ils disent exactement du *taba-k* et non pas du *taba,* un *pare-sol* et non pas un *parasol, avan-t-hier* et non pas *avan-hier, secretaire* et non pas *segretaire,* un *lac-d'amour* ou l'on se noie, et non pas où l'on s'etrangle ; partout les *s* finales, partout les *r* des infinitifs ; enfin leur parler est toujours soutenu, leurs discours sont des harangues, et ils jasent comme s'ils prêchaient.

Ce qu'il y a de singulier, c'est qu'avec ce ton dogmatique et froid ils sont vifs, impétueux, et ont les passions tres-ardentes : ils diraient meme assez bien les choses de sentiment s'ils ne disaient pas tout, ou s'ils ne parlaient qu'a des oreilles : mais leurs points, leurs virgules, sont tellement insupportables, ils peignent si posément des émotions si vives, que quand ils ont achevé leur dire, on chercherait volontiers autour d'eux où est l'homme qui sent ce qu'ils ont décrit.

Au reste, il faut t'avouer que je suis un peu payee pour bien penser de leurs cœurs, et croire qu'ils ne sont pas de mauvais gout. Tu sauras en confidence qu'un joli monsieur a marier, et, dit-on, fort riche, m'honore de ses attentions, et qu'avec des propos assez tendres il ne m'a point fait chercher ailleurs l'auteur de ce qu'il me disait. Ah ! s'il était venu il y a dix-huit mois, quel plaisir j'aurais pris à me donner un souverain pour esclave, et a faire tourner la tete à un magnifique seigneur ! Mais a présent la mienne n'est plus assez droite pour que le jeu me soit agréable, et je sens que toutes mes folies s'en vont avec ma raison.

Je reviens a ce goût de lecture qui porte les Genevois a penser. Il s'etend a tous les états, et se fait sentir dans tous avec avantage. Le Français lit beaucoup ; mais il ne lit que les livres nouveaux, ou plutot il les parcourt, moins pour les lire que pour dire qu'il les a lus. Le Genevois ne lit que les bons livres ; il les lit, il les digère : il ne les juge pas, mais il les sait. Le jugement et le choix se font a Paris ; les livres choisis sont presque les seuls qui vont a Geneve. Cela fait que la lecture y est moins mêlée, et s'y fait avec plus de profit. Les femmes dans leur retraite [1] lisent de leur cote ; et leur ton s'en ressent aussi, mais d'une autre maniere. Les belles madames y sont petites maitresses et beaux esprits tout comme chez nous. Les petites citadines elles-memes prennent dans les li-

---

[1] On se souviendra que cette lettre est de vieille date, et je crains bien que cela ne soit trop facile a voir.

vres un babil plus arrangé, et certain choix d'expressions qu'on est étonné d'entendre sortir de leur bouche, comme quelquefois, de celle des enfants. Il faut tout le bon sens des hommes, toute la gaieté des femmes, et tout l'esprit qui leur est commun, pour qu'on ne trouve pas les premiers un peu pédants et les autres un peu précieuses.

Hier, vis-à-vis de ma fenêtre, deux filles d'ouvriers, fort jolies, causaient devant leur boutique d'un air assez enjoué pour me donner de la curiosité. Je prêtai l'oreille, et j'entendis qu'une des deux proposait en riant d'écrire leur journal. Oui, reprit l'autre à l'instant; le journal tous les matins, et tous les soirs le commentaire. Qu'en dis-tu, cousine? Je ne sais si c'est là le ton des filles d'artisans; mais je sais qu'il faut faire un furieux emploi du temps pour ne tirer du cours des journées que le commentaire de son journal. Assurément la petite personne avait lu les aventures des Mille et une Nuits.

Avec ce style un peu guindé, les Genevoises ne laissent pas d'être vives et piquantes, et l'on voit autant de grandes passions ici qu'en ville du monde. Dans la simplicité de leur parure elles ont de la grâce et du goût; elles en ont dans leur entretien, dans leurs manières. Comme les hommes sont moins galants que tendres, les femmes sont moins coquettes que sensibles, et cette sensibilité donne même aux plus honnêtes un tour d'esprit agréable et fin qui va au cœur et qui en tire toute sa finesse. Tant que les Genevoises seront Genevoises, elles seront les plus aimables femmes de l'Europe; mais bientôt elles voudront être Françaises, et alors les Françaises vaudront mieux qu'elles.

Ainsi tout dépérit avec les mœurs. Le meilleur goût tient à la vertu même; il disparaît avec elle, et fait place à un goût factice et guindé qui n'est plus que l'ouvrage de la mode. Le véritable esprit est presque dans le même cas. N'est-ce pas la modestie de notre sexe qui nous oblige d'user d'adresse pour repousser les agaceries des hommes? et s'ils ont besoin d'art pour se faire écouter, nous en faut-il moins pour savoir ne les pas entendre? N'est-ce pas eux qui nous délient l'esprit et la langue, qui nous rendent plus vives à la riposte [1], et nous forcent de nous moquer d'eux? Car enfin, tu as beau dire, une certaine coquetterie maligne et rail-

---

[1] Il fallait *risposte*, de l'italien *risposta*, toutefois *riposte* se dit aussi, et je le laisse. Ce n'est, au pis aller, qu'une faute de plus.

leuse désoriente encore plus les soupirants que le silence ou le mépris. Quel plaisir de voir un beau Céladon, tout déconcerté, se confondre, se troubler, se perdre à chaque repartie; de s'environner contre lui de traits moins brûlants, mais plus aigus que ceux de l'Amour; de le cribler de pointes de glace qui piquent à l'aide du froid! Toi-même, qui ne fais semblant de rien, crois-tu que tes manières naïves et tendres, ton air timide et doux, cachent moins de ruse et d'habileté que toutes mes étourderies? Ma foi, mignonne, s'il fallait compter les galants que chacune de nous a persiflés, je doute fort qu'avec ta mine hypocrite ce fût toi qui serais en reste. Je ne puis m'empêcher de rire encore en songeant à ce pauvre Conflans, qui venait tout en furie me reprocher que tu l'aimais trop. Elle est si caressante, me disait-il, que je ne sais de quoi me plaindre; elle me parle avec tant de raison, que j'ai honte d'en manquer devant elle; et je la trouve si fort mon amie, que je n'ose être son amant.

Je ne crois pas qu'il y ait nulle part au monde des époux plus unis et de meilleurs ménages que dans cette ville. La vie domestique y est agréable et douce: on y voit des maris complaisants, et presque d'autres Julies. Ton système se vérifie très-bien ici. Les deux sexes gagnent de toutes manières à se donner des travaux et des amusements différents qui les empêchent de se rassasier l'un de l'autre, et font qu'ils se retrouvent avec plus de plaisir. Ainsi s'aiguise la volupté du sage: s'abstenir pour jouir, c'est ta philosophie; c'est l'épicuréisme de la raison.

Malheureusement cette antique modestie commence à décliner. On se rapproche, et les cœurs s'éloignent. Ici, comme chez nous, tout est mêlé de bien et de mal, mais à différentes mesures. Le Genevois tire ses vertus de lui-même, ses vices lui viennent d'ailleurs. Non-seulement il voyage beaucoup, mais il adopte aisément les mœurs et les manières des autres peuples, il parle avec facilité toutes les langues; il prend sans peine leurs divers accents, quoi qu'il ait lui-même un accent traînant très-sensible, surtout dans les femmes, qui voyagent moins. Plus humble de sa petitesse que fier de sa liberté, il se fait chez les nations étrangères une honte de sa patrie, il se hâte pour ainsi dire de se naturaliser dans le pays où il vit, comme pour faire oublier le sien. Peut-être la réputation qu'il a d'être âpre au gain contribue-t-elle à cette coupable honte. Il vaudrait mieux sans doute effacer par son désintéressement l'opprobre du nom genevois, que de l'avilir encore en craignant de le porter : mais le Genevois le méprise même en le rendant estimable ; et il a plus de tort encore de ne pas honorer son pays de son propre mérite.

Quelque avide qu'il puisse être, on ne le voit guere aller à la fortune par des moyens serviles et bas ; il n'aime point s'attacher aux grands et ramper dans les cours. L'esclavage personnel ne lui est pas moins odieux que l'esclavage civil. Flexible et liant comme Alcibiade, il supporte aussi peu la servitude : et quand il se plie aux usages des autres, il les imite sans s'y assujettir. Le commerce, étant de tous les moyens de s'enrichir le plus compatible avec la liberté, est aussi celui que les Genevois preferent. Ils sont presque tous marchands ou banquiers ; et ce grand objet de leurs désirs leur fait souvent enfouir de rares talents que leur prodigua la nature. Ceci me ramene au commencement de ma lettre. Ils ont du genie et du courage, ils sont vifs et penétrants ; il n'y a rien d'honnete et de grand au-dessus de leur portée : mais, plus passionnés d'argent que de gloire, pour vivre dans l'abondance ils meurent dans l'obscurité, et laissent à leurs enfants pour tout exemple l'amour des trésors qu'ils leur ont acquis.

Je tiens tout cela des Genevois mêmes ; car ils parlent d'eux fort impartialement. Pour moi, je ne sais comment ils sont chez les autres, mais je les trouve aimables chez eux, et je ne connais qu'un moyen de quitter sans regret Geneve. Quel est ce moyen, cousine? Oh ! ma foi, tu as beau prendre ton air humble ; si tu dis ne l'avoir pas deja devine, tu mens C'est apres-demain que s'embarque la bande joyeuse dans un joli brigantin appareille de fete ; car nous avons choisi l'eau a cause de la saison, et pour demeurer tous rassemblés. Nous comptons coucher le meme soir a Morges, le lendemain a Lausanne[1], pour la cerémonie ; et le surlendemain... tu m'entends. Quand tu verras de loin briller des flammes, flotter des banderoles, quand tu entendras ronfler le canon, cours par toute la maison comme une folle, en criant, Armes ! armes ! voici les ennemis ! voici les ennemis !

P. S. Quoique la distribution des logements entre incontesta-

---

[1] Comment cela? Lausanne n'est pas au bord du lac, il y a du port a la ville une demi-lieue de fort mauvais chemin, et puis il faut supposer que tous ces jolis arrangements ne seront point contrariés par le vent

blement dans les droits de ma charge, je veux bien m'en desister en cette occasion. J'entends seulement que mon père soit logé chez mylord Edouard à cause des cartes de geographie, et qu'on acheve d'en tapisser du haut en bas tout l'appartement.

VI. — DE MADAME DE WOLMAR A SAINT-PREUX.

Quel sentiment delicieux j'éprouve en commençant cette lettre ! Voici la première fois de ma vie ou j'ai pu vous écrire sans crainte et sans honte. Je m'honore de l'amitie qui nous joint comme d'un retour sans exemple. On étouffe de grandes passions, rarement on les épure. Oublier ce qui nous fut cher quand l'honneur le veut, c'est l'effort d'une âme honnete et commune; mais, apres avoir été ce que nous fûmes, etre ce que nous sommes aujourd'hui, voila le vrai triomphe de la vertu. La cause qui fait cesser d'aimer peut etre un vice; celle qui change un tendre amour en une amitié non moins vive ne saurait etre équivoque.

Aurions-nous jamais fait ce progres par nos seules forces? Jamais, jamais, mon bon ami; le tenter même était une témérité. Nous fuir était pour nous la première loi du devoir, que rien ne nous eût permis d'enfreindre. Nous nous serions toujours estimés, sans doute : mais nous aurions cessé de nous voir, de nous écrire; nous nous serions efforcés de ne plus penser l'un à l'autre; et le plus grand honneur que nous pouvions nous rendre mutuellement etait de rompre tout commerce entre nous.

Voyez, au lieu de cela, quelle est notre situation présente. En est-il au monde une plus agréable? et ne goûtons-nous pas mille fois le jour le prix des combats qu'elle nous a coûtés? Se voir, s'aimer, le sentir, s'en féliciter, passer les jours ensemble dans la familiarité fraternelle et dans la paix de l'innocence, s'occuper l'un de l'autre, y penser sans remords, en parler sans rougir, et s'honorer à ses propres yeux du même attachement qu'on s'est si longtemps reproché; voila le point ou nous en sommes. O ami, quelle carrière d'honneur nous avons deja parcourue ! Osons nous en glorifier pour savoir nous y maintenir, et l'achever comme nous l'avons commencee.

A qui devons-nous un bonheur si rare? vous le savez. J'ai vu votre cœur sensible, plein des bienfaits du meilleur des hommes, aimer à s'en penetrer. Et comment nous seraient-ils à charge, a vous et à moi? Ils ne nous imposent point de nouveaux devoirs ; ils ne font que nous rendre plus chers ceux qui nous étaient déjà si sacrés. Le seul moyen de reconnaître ces soins est d'en être digne, et tout leur prix est dans leur succès. Tenons-nous-en donc là, dans l'effusion de notre zèle; payons de nos vertus celles de notre bienfaiteur : voilà tout ce que nous lui devons. Il a fait assez pour nous et pour lui, s'il nous a rendus à nous-mêmes. Absents ou présents, vivants ou morts, nous porterons partout un témoignage qui ne sera perdu pour aucun des trois.

Je faisais ces réflexions en moi-même quand mon mari vous destinait l'éducation de ses enfants. Quand mylord Édouard m'annonça son prochain retour et le vôtre, ces mêmes réflexions revinrent, et d'autres encore, qu'il importe de vous communiquer tandis qu'il est temps de les faire.

Ce n'est point de moi qu'il est question, c'est de vous : je me crois plus en droit de vous donner des conseils depuis qu'ils sont tout à fait désintéressés, et que, n'ayant plus ma sûreté pour objet, ils ne se rapportent qu'à vous-même. Ma tendre amitié ne vous est pas suspecte, et je n'ai que trop acquis de lumières pour faire écouter mes avis.

Permettez-moi de vous offrir le tableau de l'état où vous allez être, afin que vous examiniez vous-même s'il n'a rien qui vous doive effrayer. O bon jeune homme ! si vous aimez la vertu, écoutez d'une oreille chaste les conseils de votre amie. Elle commence en tremblant un discours qu'elle voudrait taire : mais comment le taire sans vous trahir? Sera-t-il temps de voir les objets que vous devez craindre, quand ils vous auront égaré? Non, mon ami; je suis la seule personne au monde assez familière avec vous pour vous les présenter. N'ai-je pas le droit de vous parler, au besoin, comme une sœur, comme une mère? Ah ! si les leçons d'un cœur honnête étaient capables de souiller le vôtre, il y a longtemps que je n'en aurais plus à vous donner.

Votre carrière, dites-vous, est finie. Mais convenez qu'elle est finie avant l'âge. L'amour est éteint; les sens lui survivent; et leur délire est d'autant plus à craindre, que, le seul sentiment qui le bornait n'existant plus, tout est occasion de chûte à qui ne tient plus à rien. Un homme ardent et sensible, jeune et garçon, veut être continent et chaste; il sait, il sent, il l'a dit mille fois, que la force de l'âme qui produit toutes les vertus tient à la pureté qui les nourrit toutes. Si l'amour le préserva des mauvaises mœurs dans sa jeunesse ; il veut que la raison l'en préserve dans tous les temps : il connaît pour les devoirs pénibles un prix qui console de leur rigueur ; et s'il en coûte des combats quand on veut se vaincre, fera-t-il moins aujourd'hui pour le Dieu qu'il adore, qu'il ne fit pour la maîtresse qu'il servit autrefois? Ce sont là, ce me semble, des maximes de votre morale ; ce sont donc aussi des règles de votre conduite ; car vous avez toujours méprisé ceux qui, contents de l'apparence, parlent autrement qu'ils n'agissent, et chargent les autres de lourds fardeaux auxquels ils ne veulent pas toucher eux-mêmes.

Quel genre de vie a choisi cet homme sage, pour suivre les lois qu'il se prescrit? Moins philosophe encore qu'il n'est vertueux et chrétien, sans doute il n'a point pris son orgueil pour guide. Il sait que l'homme est plus libre d'éviter les tentations que de les vaincre, et qu'il n'est pas question de réprimer les passions irritées, mais de les empêcher de naître. Se dérobe-t-il donc aux occasions dangereuses? fuit-il les objets capables de l'émouvoir? fait-il d'une humble défiance de lui-même la sauvegarde de sa vertu? Tout au contraire, il n'hésite pas à s'offrir aux plus téméraires combats. A trente ans il va s'enfermer dans une solitude avec des femmes de son âge, dont une lui fut trop chère pour qu'un si dangereux souvenir se puisse effacer, dont l'autre vit avec lui dans une étroite familiarité, et dont une troisième lui tient encore par les droits qu'ont les bienfaits sur les âmes reconnaissantes. Il va s'exposer à tout ce qui peut réveiller en lui des passions mal éteintes ; il va s'enlacer dans les pièges qu'il devrait le plus redouter. Il n'y a pas un rapport dans sa situation qui ne dût le faire défier de sa force, et pas un qui ne l'avilît à jamais, s'il était faible un moment. Où est-elle donc cette grande force d'âme à laquelle il ose tant se fier? Qu'a-t-elle fait jusqu'ici qui lui réponde de l'avenir? Le tira-t-elle à Paris de la maison du colonel? Est-ce elle qui lui dicta l'été dernier la scène de Meillerie? L'a-t-elle bien sauvé cet hiver des charmes d'un autre objet, et ce printemps des frayeurs d'un rêve? S'est-il vaincu pour elle au moins une fois, pour espérer de se vaincre sans cesse? Il sait, quand le devoir l'exige, combattre les passions d'un ami ; mais les siennes... Hélas! sur la plus belle moitié de sa vie, qu'il doit penser modestement de l'autre!

On supporte un état violent quand il passe. Six mois, un an, ne sont rien; on envisage un terme, et l'on prend courage. Mais quand cet etat doit durer toujours, qui est-ce qui le supporte ? Qui est-ce qui sait triompher de lui-meme jusqu'a la mort ? O mon ami ! si la vie est courte pour le plaisir, qu'elle est longue pour la vertu ! Il faut etre incessamment sur ses gardes. L'instant de jouir passe, et ne revient plus; celui de mal faire passe, et revient sans cesse : on s'oublie un moment, et l'on est perdu. Est-ce dans cet état effrayant qu'on peut couler des jours tranquilles ? et ceux meme qu'on a sauvés du péril n'offrent-ils pas une raison de n'y plus exposer les autres ?

Que d'occasions peuvent renaitre, aussi dangereuses que celles dont vous avez échappé, et, qui pis est, non moins imprévues ! Croyez-vous que les monuments a craindre n'existent qu'a Meillerie ? Ils existent partout ou nous sommes; car nous les portons avec nous. Eh ! vous savez trop qu'une âme attendrie interesse l'univers entier à sa passion, et que, meme apres la guérison, tous les objets de la nature nous rappellent encore ce qu'on sentit autrefois en les voyant. Je crois pourtant, oui, j'ose le croire, que ces périls ne reviendront plus, et mon cœur me répond du votre. Mais, pour etre au-dessus d'une lacheté, ce cœur facile est-il au-dessus d'une faiblesse ? et suis-je la seule ici qu'il lui en coûtera peut-etre de respecter ? Songez, Saint-Preux, que tout ce qui m'est cher doit etre couvert de ce meme respect que vous me devez; songez que vous aurez sans cesse a porter innocemment les jeux innocents d'une femme charmante; songez aux mépris eternels que vous auriez mérités si jamais votre cœur osait s'oublier un moment, et profaner ce qu'il doit honorer a tant de titres.

Je veux que le devoir, la foi, l'ancienne amitie, vous arretent, que l'obstacle oppose par la vertu vous ote un vain espoir, et qu'au moins par raison vous etouffiez des vœux inutiles : serez-vous pour cela délivre de l'empire des sens et des piéges de l'imagination ? Force de nous respecter toutes deux et d'oublier en nous notre sexe, vous le verrez dans celles qui nous servent, et en vous abaissant vous croirez vous justifier : mais serez-vous moins coupable en effet ? et la différence des rangs change t-elle ainsi la nature des fautes ? Au contraire, vous vous avilirez d'autant plus que les moyens de reussir seront moins honnetes. Quels moyens ! Quoi ! vous ! .. Ah ! perisse l'homme indigne qui marchande un cœur et rend l'amour mercenaire ! c'est lui qui couvre la terre des crimes que la débauche y fait commettre. Comment ne serait pas toujours à vendre celle qui se laisse acheter une fois? Et, dans l'opprobre où bientôt elle tombe, lequel est l'auteur de sa misère, du brutal qui la maltraite en un mauvais lieu, ou du séducteur qui l'y traîne en mettant le premier ses faveurs à prix?

Oserai-je ajouter une considération qui vous touchera, si je ne me trompe? Vous avez vu quels soins j'ai pris pour établir ici la règle et les bonnes mœurs; la modestie et la paix y règnent, tout y respire le bonheur et l'innocence. Mon ami, songez à vous, à moi, à ce que nous fûmes, à ce que nous sommes, à ce que nous devons être. Faudra-t-il que je dise un jour, en regrettant mes peines perdues, C'est de lui que vient le désordre de ma maison?

Disons tout, s'il est nécessaire, et sacrifions la modestie elle-même au véritable amour de la vertu. L'homme n'est pas fait pour le célibat, et il est bien difficile qu'un état si contraire à la nature n'amène pas quelque désordre public ou caché. Le moyen d'échapper toujours à l'ennemi qu'on porte sans cesse avec soi? Voyez en d'autres pays ces téméraires qui font vœu de n'être pas hommes. Pour les punir d'avoir tenté Dieu, Dieu les abandonne; ils se disent saints, et sont déshonnêtes; leur feinte continence n'est que souillure; et, pour avoir dédaigné l'humanité, ils s'abaissent au-dessous d'elle. Je comprends qu'il en coûte peu de se rendre difficile sur des lois qu'on n'observe qu'en apparence [1]; mais celui qui veut être sincèrement vertueux se sent assez chargé des devoirs de l'homme, sans s'en imposer de nouveaux. Voilà, cher Saint-Preux, la véritable humilité du chrétien, c'est de trouver toujours sa tâche au-dessus de ses forces, bien loin d'avoir l'orgueil de la doubler. Faites-vous l'application de cette règle, et vous sentirez qu'un état qui devrait seulement alarmer un autre homme doit, par mille raisons, vous faire trembler. Moins vous craignez, plus vous avez à craindre; et si vous n'êtes point effrayé de vos devoirs, n'espérez pas de les remplir.

[1] Quelques hommes sont continents sans mérite, d'autres le sont par vertu, et je ne doute point que plusieurs prêtres catholiques ne soient dans ce dernier cas : mais imposer le célibat à un corps aussi nombreux que le clergé de l'Église romaine, ce n'est pas tant lui défendre de n'avoir point de femmes, que lui ordonner de se contenter de celles d'autrui. Je suis surpris que, dans tout pays où les bonnes mœurs sont encore en estime, les lois et les magistrats tolèrent un vœu si scandaleux

SIXIÈME PARTIE.

Tels sont les dangers qui vous attendent ici. Pensez-y tandis qu'il en est temps. Je sais que jamais de propos délibéré vous ne vous exposerez à mal faire, et le seul mal que je crains de vous est celui que vous n'aurez pas prévu. Je ne vous dis donc pas de vous déterminer sur mes raisons, mais de les peser. Trouvez-y quelque réponse dont vous soyez content, et je m'en contente ; osez compter sur vous, et j'y compte. Dites-moi, Je suis un ange, et je vous reçois à bras ouverts.

Quoi ! toujours des privations et des peines ! toujours des devoirs cruels à remplir ! toujours fuir des gens qui nous sont chers ! Non, mon aimable ami. Heureux qui peut des cette vie offrir un prix à la vertu ! J'en vois un digne d'un homme qui sut combattre et souffrir pour elle. Si je ne présume pas trop de moi, ce prix que j'ose vous destiner acquittera tout ce que mon cœur redoit au vôtre ; et vous aurez plus que vous n'eussiez obtenu si le ciel eût béni nos premières inclinations. Ne pouvant vous faire ange vous-même, je vous en veux donner un qui garde votre âme, qui l'épure, qui la ranime, et sous les auspices duquel vous puissiez vivre avec nous dans la paix du séjour céleste. Vous n'aurez pas, je crois, beaucoup de peine a deviner qui je veux dire ; c'est l'objet qui se trouve à peu près établi d'avance dans le cœur qu'il doit remplir un jour, si mon projet réussit.

Je vois toutes les difficultés de ce projet sans en être rebutée, car il est honnête. Je connais tout l'empire que j'ai sur mon amie, et ne crains point d'en abuser en l'exerçant en votre faveur. Mais ses résolutions vous sont connues, et avant de les ébranler je dois m'assurer de vos dispositions, afin qu'en l'exhortant de vous permettre d'aspirer à elle, je puisse répondre de vous et de vos sentiments ; car si l'inégalité que le sort a mise entre l'un et l'autre vous ote le droit de vous proposer vous-même, elle permet encore moins que ce droit vous soit accordé, sans savoir quel usage vous en pourrez faire.

Je connais toute votre délicatesse ; et si vous avez des objections a m'opposer, je sais qu'elles seront pour elle bien plus que pour vous. Laissez ces vains scrupules. Serez-vous plus jaloux que moi de l'honneur de mon amie ? Non, quelque cher que vous me puissiez être, ne craignez point que je préfère votre intérêt a sa gloire. Mais autant je mets de prix à l'estime des gens sensés, autant je méprise les jugements téméraires de la multitude, qui se laisse éblouir par un faux éclat, et ne voit rien de ce qui est honnête. La différence fût-elle cent fois plus grande, il n'est point de rang auquel les talents et les mœurs n'aient droit d'atteindre : et à quel titre une femme oserait-elle dédaigner pour époux celui qu'elle s'honore d'avoir pour ami ? Vous savez quels sont là-dessus nos principes à toutes deux. La fausse honte et la crainte du blâme inspirent plus de mauvaises actions que de bonnes, et la vertu ne sait rougir que de ce qui est mal.

A votre égard, la fierté que je vous ai quelquefois connue ne saurait être plus déplacée que dans cette occasion ; et ce serait à vous une ingratitude de craindre d'elle un bienfait de plus. Et puis, quelque difficile que vous puissiez être, convenez qu'il est plus doux et mieux séant de devoir sa fortune à son épouse qu'à son ami ; car on devient le protecteur de l'une, et le protégé de l'autre ; et, quoi que l'on puisse dire, un honnête homme n'aura jamais de meilleur ami que sa femme.

Que s'il reste au fond de votre âme quelque répugnance à former de nouveaux engagements, vous ne pouvez trop vous hâter de la détruire pour votre honneur et pour mon repos, car je ne serai jamais contente de vous et de moi que quand vous serez en effet tel que vous devez être, et que vous aimerez les devoirs que vous avez à remplir. Eh ! mon ami, je devrais moins craindre cette répugnance qu'un empressement trop relatif à vos anciens penchants. Que ne fais-je point pour m'acquitter auprès de vous ? Je tiens plus que je n'avais promis. N'est-ce pas aussi Julie que je vous donne ? n'aurez-vous pas la meilleure partie de moi-même, et n'en serez-vous pas plus cher à l'autre ? Avec quel charme alors je me livrerai sans contrainte à tout mon attachement pour vous ! Oui, portez-lui la foi que vous m'avez jurée, que votre cœur remplisse avec elle tous les engagements qu'il prit avec moi, qu'il lui rende, s'il est possible, tout ce que vous redevez au mien. O Saint-Preux ! je lui transmets cette ancienne dette. Souvenez-vous qu'elle n'est pas facile à payer.

Voilà, mon ami, le moyen que j'imagine de nous réunir sans danger, en vous donnant dans notre famille la même place que vous tenez dans nos cœurs. Dans le nœud cher et sacré qui nous unira tous, nous ne serons plus entre nous que des sœurs et des frères ; vous ne serez plus votre propre ennemi ni le nôtre ; les plus doux sentiments, devenus légitimes, ne seront plus dangereux ; quand il ne faudra plus les étouffer, on n'aura plus a les craindre. Loin de résister a des sentiments si charmants, nous en ferons à la fois nos devoirs et nos plaisirs : c'est alors que nous nous aimerons tous plus parfaitement, et que nous goûterons véritablement réunis les charmes de l'amitié, de l'amour, et de l'innocence. Que si, dans l'emploi dont vous vous chargez, le ciel récompense du bonheur d'être père le soin que vous prendrez de nos enfants, alors vous connaîtrez par vous-même le prix de ce que vous aurez fait pour nous. Comblé des vrais biens de l'humanité, vous apprendrez à porter avec plaisir le doux fardeau d'une vie utile a vos proches ; vous sentirez enfin ce que la vaine sagesse des méchants n'a jamais pu croire, qu'il est un bonheur réservé des ce monde aux seuls amis de la vertu

Réfléchissez à loisir sur le parti que je vous propose, non pour savoir s'il vous convient, je n'ai pas besoin là-dessus de votre réponse, mais s'il convient a madame d'Orbe, et si vous pouvez faire son bonheur comme elle doit faire le votre. Vous savez comment elle a rempli ses devoirs dans tous les etats de son sexe. sur ce qu'elle est, jugez de ce qu'elle a droit d'exiger. Elle aime comme Julie, elle doit etre aimée comme elle Si vous sentez pouvoir la mériter, parlez ; mon amitié tentera le reste, et se promet tout de la sienne : mais si j'ai trop espéré de vous, au moins vous etes honnete homme, et vous connaissez sa delicatesse ; vous ne voudriez pas d'un bonheur qui lui coûterait le sien : que votre cœur soit digne d'elle, ou qu'il ne lui soit jamais offert.

Encore une fois, consultez-vous bien pesez votre réponse avant de la faire. Quand il s'agit du sort de la vie, la prudence ne permet pas de se determiner legerement ; mais toute deliberation legere est un crime, quand il s'agit du destin de l'ame et du choix de la vertu Fortifiez la votre, o mon bon ami, de tous les secours de la sagesse La mauvaise honte m'empecherait elle de vous rappeler le plus necessaire ? Vous avez de la religion, mais j'ai peur que vous n'en tiriez pas tout l'avantage qu'elle offre dans la conduite de la vie, et que la hauteur philosophique ne dedaigne la simplicité du chretien. Je vous ai vu, sur la prière, des maximes que je ne saurais goûter Selon vous, cet acte d'humilité ne nous est d'aucun fruit ; et Dieu, nous ayant donné dans la conscience tout ce qui peut nous porter au bien, nous abandonne ensuite a nous-mêmes, et laisse agir notre liberté. Ce n'est pas la, vous le savez, la doctrine de S. Paul, ni celle qu'on professe dans notre Église. Nous sommes libres, il est vrai; mais nous sommes ignorants, faibles, portés au mal Et d'où nous viendraient la lumière et la force, si ce n'est de celui qui en est la source? et pourquoi les obtiendrions-nous, si nous ne daignons pas les demander? Prenez garde, mon ami, qu'aux idées sublimes que vous vous faites du grand Être, l'orgueil humain ne mêle des idées basses qui se rapportent à l'homme, comme si les moyens qui soulagent notre faiblesse convenaient à la puissance divine, et qu'elle eut besoin d'art comme nous pour generaliser les choses afin de les traiter plus facilement ! Il semble, à vous entendre, que ce soit un embarras pour elle de veiller sur chaque individu; vous craignez qu'une attention partagée et continuelle ne la fatigue, et vous trouvez bien plus beau qu'elle fasse tout par des lois générales, sans doute parce qu'elles lui coûtent moins de soin. O grands philosophes ! que Dieu vous est oblige de lui fournir ainsi des methodes commodes, et de lui abreger le travail !

A quoi bon lui rien demander? dites-vous encore : ne connait-il pas tous nos besoins? n'est-il pas notre père pour y pourvoir? savons-nous mieux que lui ce qu'il nous faut? et voulons-nous notre bonheur plus veritablement qu'il ne le veut lui-même? Cher Saint-Preux, que de vains sophismes ! Le plus grand de nos besoins, le seul auquel nous pouvons pourvoir, est celui de sentir nos besoins; et le premier pas pour sortir de notre misère est de la connaitre. Soyons humbles pour etre sages; voyons notre faiblesse, et nous serons forts Ainsi s'accorde la justice avec la clemence; ainsi regnent à la fois la grace et la liberte. Esclaves par notre faiblesse, nous sommes libres par la prière; car il dépend de nous de demander et d'obtenir la force qu'il ne dépend pas de nous d'avoir par nous-mêmes.

Apprenez donc à ne pas prendre toujours conseil de vous seul dans les occasions difficiles, mais de celui qui joint le pouvoir à la prudence, et sait faire le meilleur parti du parti qu'il nous fait préférer. Le grand defaut de la sagesse humaine, meme de celle qui n'a que la vertu pour objet, est un excès de confiance qui nous fait juger de l'avenir par le present, et, par un moment, de la vie entière. On se sent ferme un instant, et l'on compte n'etre jamais ebranlé. Plein d'un orgueil que l'experience confond tous les jours, on croit n'avoir plus à craindre un piege une fois evite. Le modeste langage de la vaillance est, Je fus brave un tel jour ; mais celui qui dit, Je suis brave, ne sait ce qu'il sera demain ; et tenant pour sienne une valeur qu'il ne s'est pas donnée, il mérite de la perdre au moment de s'en servir.

Que tous nos projets doivent être ridicules, que tous nos raisonnements doivent être insensés devant l'Être pour qui les temps n'ont point de succession, ni les lieux de distance ! Nous comptons pour rien ce qui est loin de nous, nous ne voyons que ce qui nous touche : quand nous aurons changé de lieu, nos jugements seront tout contraires, et ne seront pas mieux fondés. Nous réglons l'avenir sur ce qui nous convient aujourd'hui, sans savoir s'il nous conviendra demain ; nous jugeons de nous comme étant toujours les mêmes, et nous changeons tous les jours. Qui sait si nous aimerons ce que nous aimons, si nous voudrons ce que nous voulons, si nous serons ce que nous sommes, si les objets étrangers et les altérations de nos corps n'auront pas autrement modifié nos âmes, et si nous ne trouverons pas notre misère dans ce que nous aurons arrangé pour notre bonheur ? Montrez-moi la règle de la sagesse humaine, et je vais la prendre pour guide. Mais si sa meilleure leçon est de nous apprendre à nous défier d'elle, recourons à celle qui ne trompe point, et faisons ce qu'elle nous inspire. Je lui demande d'éclairer mes conseils ; demandez-lui d'éclairer vos résolutions. Quelque parti que vous preniez, vous ne voudrez que ce qui est bon et honnête, je le sais bien : mais ce n'est pas assez encore ; il faut vouloir ce qui le sera toujours ; et ni vous ni moi n'en sommes les juges.

VII. — DE SAINT-PREUX A MADAME DE WOLMAR.

Julie ! une lettre de vous !... après sept ans de silence !... Oui, c'est elle, je le vois, je le sens : mes yeux méconnaîtraient-ils des traits que mon cœur ne peut oublier ? Quoi ! vous vous souvenez de mon nom ! vous le savez encore écrire !... En formant ce nom[1], votre main n'a-t-elle point tremblé ?... Je m'égare, et c'est votre faute. La forme, le pli, le cachet, l'adresse, tout dans cette lettre m'en rappelle de trop différentes. Le cœur et la main sem-

---

[1] On a dit que *Saint-Preux* était un nom controuvé. Peut-être le véritable était-il sur l'adresse.

blent se contredire. Ah! deviez-vous employer la même écriture pour tracer d'autres sentiments?

Vous trouverez peut-être que songer si fort à vos anciennes lettres c'est trop justifier la dernière. Vous vous trompez. Je me sens bien, je ne suis plus le même, ou vous n'êtes plus la même, et ce qui me le prouve, est qu'excepté les charmes et la bonté, tout ce que je retrouve en vous de ce que j'y trouvais autrefois m'est un nouveau sujet de surprise. Cette observation répond d'avance à vos craintes. Je ne me fie point à mes forces, mais au sentiment qui me dispense d'y recourir. Plein de tout ce qu'il faut que j'honore en celle que j'ai cessé d'adorer, je sais à quels respects doivent s'élever mes anciens hommages. Pénétré de la plus tendre reconnaissance, je vous aime autant que jamais, il est vrai; mais ce qui m'attache le plus à vous est le retour de ma raison. Elle vous montre à moi telle que vous êtes; elle vous sert mieux que l'amour même. Non, si j'étais resté coupable, vous ne me seriez pas aussi chère.

Depuis que j'ai cessé de prendre le change, et que le pénétrant Wolmar m'a éclairé sur mes vrais sentiments, j'ai mieux appris à me connaître, et je m'alarme moins de ma faiblesse. Qu'elle abuse mon imagination, que cette erreur me soit douce encore; il suffit pour mon repos qu'elle ne puisse plus vous offenser, et la chimère qui m'égare à sa poursuite me sauve d'un danger réel.

O Julie! il est des impressions éternelles que le temps ni les soins n'effacent point. La blessure guérit, mais la marque reste; et cette marque est un sceau respecté qui préserve le cœur d'une autre atteinte. L'inconstance et l'amour sont incompatibles: l'amant qui change ne change pas; il commence ou finit d'aimer. Pour moi, j'ai fini, mais, en cessant d'être à vous, je suis resté sous votre garde. Je ne vous crains plus; mais vous m'empêchez d'en craindre une autre. Non, Julie, non, femme respectable, vous ne verrez jamais en moi que l'ami de votre personne et l'amant de vos vertus, mais nos amours, nos premières et uniques amours, ne sortiront jamais de mon cœur. La fleur de mes ans ne se flétrira point dans ma mémoire. Dussé-je vivre des siècles entiers, le doux temps de ma jeunesse ne peut ni renaître pour moi, ni s'effacer de mon souvenir. Nous avons beau n'être plus les mêmes, je ne puis oublier ce que nous avons été. Mais parlons de votre cousine.

Chère amie, il faut l'avouer, depuis que je n'ose plus contempler vos charmes je deviens plus sensible aux siens. Quels yeux peuvent errer toujours de beautés en beautés, sans jamais se fixer sur aucune? Les miens l'ont revue avec trop de plaisir peut-être ; et depuis mon éloignement, ses traits, déjà gravés dans mon cœur, y font une impression plus profonde. Le sanctuaire est fermé, mais son image est dans le temple. Insensiblement je deviens pour elle ce que j'aurais été si je ne vous avais jamais vue ; et il n'appartenait qu'à vous seule de me faire sentir la différence de ce qu'elle m'inspire à l'amour. Les sens, libres de cette passion terrible, se joignent au doux sentiment de l'amitié. Devient-elle amour pour cela? Julie, ah ! quelle différence ! Où est l'enthousiasme? où est l'idolâtrie? où sont ces divins égarements de la raison, plus brillants, plus sublimes, plus forts, meilleurs cent fois que la raison même? Un feu passager m'embrase, un délire d'un moment me saisit, me trouble, et me quitte. Je retrouve entre elle et moi deux amis qui s'aiment tendrement, et qui se le disent. Mais deux amants s'aiment-ils l'un l'autre? Non ; *vous* et *moi* sont des mots proscrits de leur langue ils ne sont plus deux, ils sont un.

Suis-je donc tranquille en effet? Comment puis-je l'être? Elle est charmante, elle est votre amie et la mienne. la reconnaissance m'attache à elle ; elle entre dans mes souvenirs les plus doux. Que de droits sur une âme sensible ! et comment écarter un sentiment plus tendre de tant de sentiments si bien dus? Hélas ! il est dit qu'entre elle et vous je ne serai jamais un moment paisible.

Femmes ! femmes ! objets chers et funestes, que la nature orna pour notre supplice, qui punissez quand on vous brave, qui poursuivez quand on vous craint, dont la haine et l'amour sont également nuisibles, et qu'on ne peut ni rechercher ni fuir impunément !... Beauté, charme, attrait, sympathie, être ou chimère inconcevable, abîme de douleurs et de voluptés ! beauté, plus terrible aux mortels que l'élément où l'on t'a fait naître, malheureux qui se livre à ton calme trompeur ! C'est toi qui produis les tempêtes qui tourmentent le genre humain. O Julie ! o Claire ! que vous me vendez cher cette amitié cruelle dont vous osez vous vanter à moi ! .. J'ai vécu dans l'orage, et c'est toujours vous qui l'avez excité. Mais quelles agitations diverses vous avez fait éprouver à mon cœur ! Celles du lac de Genève ne ressemblent pas plus aux flots du vaste Océan. L'un n'a que des ondes vives et courtes, dont le perpétuel tranchant agite, émeut, submerge quelquefois, sans jamais former de long cours. Mais sur la mer, tranquille en apparence, on se sent élevé, porté doucement et loin par un flot lent et presque insensible ; on croit ne pas sortir de la place, et l'on arrive au bout du monde.

Telle est la différence de l'effet qu'ont produit sur moi vos attraits et les siens. Ce premier, cet unique amour qui fit le destin de ma vie, et que rien n'a pu vaincre que lui-même, était né sans que je m'en fusse aperçu, il m'entraînait, que je l'ignorais encore : je me perdis sans croire m'être égaré. Durant le vent j'étais au ciel ou dans les abîmes ; le calme vient, je ne sais plus où je suis. Au contraire, je vois, je sens mon trouble auprès d'elle, et me le figure plus grand qu'il n'est ; j'éprouve des transports passagers et sans suite, je m'emporte un moment, et suis paisible un moment après. l'onde tourmente en vain le vaisseau, le vent n'enfle point les voiles ; mon cœur, content de ses charmes, ne leur prête point son illusion, je la vois plus belle que je ne l'imagine, et je la redoute plus de près que de loin : c'est presque l'effet contraire à celui qui me vient de vous, et j'éprouvais constamment l'un et l'autre à Clarens.

Depuis mon départ il est vrai qu'elle se présente à moi quelquefois avec plus d'empire. Malheureusement il m'est difficile de la voir seule. Enfin je la vois, et c'est bien assez, elle ne m'a pas laissé de l'amour, mais de l'inquiétude.

Voilà fidèlement ce que je suis pour l'une et pour l'autre. Tout le reste de votre sexe ne m'est plus rien ; mes longues peines me l'ont fait oublier,

E fornito 'l mio tempo à mezzo gli anni [1].

Le malheur m'a tenu lieu de force pour vaincre la nature et triompher des tentations On a peu de désirs quand on souffre ; et vous m'avez appris à les éteindre en leur résistant Une grande passion malheureuse est un grand moyen de sagesse Mon cœur est devenu, pour ainsi dire, l'organe de tous mes besoins, je n'en ai point quand il est tranquille. Laissez-le en paix l'une et l'autre, et désormais il l'est pour toujours

Dans cet état qu'ai-je à craindre de moi-même, et par quelle précaution cruelle voulez-vous m'ôter mon bonheur, pour ne pas

---

[1] Ma carrière est finie au milieu de mes ans

m'exposer a le perdre? Quel caprice de m'avoir fait combattre et vaincre, pour m'enlever le prix apres la victoire ! N'est ce pas vous qui rendez blâmable un danger bravé sans raison? Pourquoi m'avoir appelé pres de vous avec tant de risques? ou pourquoi m'en bannir quand je suis digne d'y rester? Deviez-vous laisser prendre a votre mari tant de peine a pure perte? Que ne le faisiez-vous renoncer a des soins que vous aviez résolu de rendre inutiles? Que ne lui disiez-vous : Laissez-le au bout du monde, puisque aussi bien je l'y veux renvoyer? Hélas! plus vous craignez pour moi, plus il faudrait vous hater de me rappeler. Non, ce n'est pas pres de vous qu'est le danger, c'est en votre absence; et je ne vous crains qu'ou vous n'etes pas. Quand cette redoutable Julie me poursuit, je me refugie aupres de madame de Wolmar, et je suis tranquille : ou fuirai-je, si cet asile m'est oté? Tous les temps, tous les lieux me sont dangereux loin d'elle; partout je trouve Claire ou Julie. Dans le présent, l'une et l'autre m'agite a son tour : ainsi mon imagination toujours troublée ne se calme qu'a votre vue, et ce n'est qu'aupres de vous que je suis en sûreté contre moi. Comment vous expliquer le changement que j'éprouve en vous abordant? Toujours vous exercez le même empire, mais son effet est tout opposé : en reprimant les transports que vous causiez autrefois, cet empire est plus grand, plus sublime encore; la paix, la sérénité succedent au trouble des passions; mon cœur, toujours formé sur le votre, aima comme lui, et devient paisible a son exemple. Mais ce repos passager n'est qu'une treve; et j'ai beau m'elever jusqu'a vous en votre présence, je retombe en moi-meme en vous quittant Julie, en vérité je crois avoir deux ames, dont la bonne est en dépot dans vos mains. Ah! voulez-vous me separer d'elle?

Mais les erreurs de vos sens vous alarment; vous craignez les restes d'une jeunesse eteinte par les ennuis; vous craignez pour les jeunes personnes qui sont sous votre garde; vous craignez de moi ce que le sage Wolmar n'a pas craint! O Dieu! que toutes ces frayeurs m'humilient! Estimez-vous donc votre ami moins que le dernier de vos gens? Je puis vous pardonner de mal penser de moi, jamais de ne vous pas rendre a vous-meme l'honneur que vous vous devez. Non, non; les feux dont j'ai brulé m'ont purifié; je n'ai plus rien d'un homme ordinaire. Apres ce que je fus, si je pouvais etre vil un moment, j'irais me cacher au bout du monde, et ne me croirais jamais assez loin de vous.

Quoi ! je troublerais cet ordre aimable que j'admirais avec tant de plaisir ! je souillerais ce séjour d'innocence et de paix que j'habitais avec tant de respect ! je pourrais être assez lâche... Eh ! comment le plus corrompu des hommes ne serait-il pas touché d'un si charmant tableau ? comment ne reprendrait-il pas dans cet asile l'amour de l'honnêteté ? Loin d'y porter ses mauvaises mœurs, c'est là qu'il irait s'en défaire... Qui ? moi, Julie, moi ?... si tard ?... sous vos yeux ? Chère amie, ouvrez-moi votre maison sans crainte ; elle est pour moi le temple de la vertu ; partout j'y vois son simulacre auguste, et ne puis servir qu'elle auprès de vous. Je ne suis pas un ange, il est vrai ; mais j'habiterai leur demeure, j'imiterai leurs exemples : on les fuit quand on ne leur veut pas ressembler.

Vous le voyez, j'ai peine à venir au point principal de votre lettre, le premier auquel il fallait songer, le seul dont je m'occuperais si j'osais prétendre au bien qu'il m'annonce. O Julie ! âme bienfaisante ! amie incomparable ! en m'offrant la digne moitié de vous-même, et le plus précieux trésor qui soit au monde après vous, vous faites plus, s'il est possible, que vous ne fîtes jamais pour moi. L'amour, l'aveugle amour put vous forcer à vous donner ; mais donner votre amie est une preuve d'estime non suspecte. Dès cet instant je crois vraiment être homme de mérite, car je suis honoré de vous. Mais que le témoignage de cet honneur m'est cruel ! En l'acceptant je le démentirais, et pour le mériter il faut que j'y renonce. Vous me connaissez ; jugez-moi. Ce n'est pas assez que votre adorable cousine soit aimée ; elle doit l'être comme vous, je le sais : le sera-t-elle ? le peut-elle être ? et dépend-il de moi de lui rendre sur ce point ce qui lui est dû ? Ah ! si vous vouliez m'unir avec elle, que ne me laissiez-vous un cœur à lui donner, un cœur auquel elle inspirât des sentiments nouveaux, dont il lui pût offrir les prémices ? En est-il un moins digne d'elle que celui qui sut vous aimer ? Il faudrait avoir l'âme libre et paisible du bon et sage d'Orbe, pour s'occuper d'elle seule à son exemple ; il faudrait le valoir pour lui succéder ; autrement la comparaison de son ancien état lui rendrait le dernier plus insupportable ; et l'amour faible et distrait d'un second époux, loin de la consoler du premier, le lui ferait regretter davantage. D'un ami tendre et reconnaissant elle aurait fait un mari vulgaire. Gagnerait-elle à cet échange ? Elle y perdrait doublement. Son cœur délicat et sensible sentirait trop cette perte ; et moi, comment supporterais-je le spectacle continuel d'une tristesse dont je serais cause, et dont je ne pourrais la guérir? Hélas! j'en mourrais de douleur même avant elle. Non, Julie, je ne ferai point mon bonheur aux dépens du sien. Je l'aime trop pour l'épouser.

Mon bonheur? Non. Serais-je heureux moi-même en ne la rendant pas heureuse? L'un des deux peut-il se faire un sort exclusif dans le mariage? Les biens, les maux n'y sont-ils pas communs, malgré qu'on en ait? et les chagrins qu'on se donne l'un à l'autre ne retombent-ils pas toujours sur celui qui les cause? Je serais malheureux par ses peines, sans être heureux par ses bienfaits. Grâces, beauté, mérite, attachement, fortune, tout concourrait à ma félicité; mon cœur, mon cœur seul empoisonnerait tout cela, et me rendrait misérable au sein du bonheur.

Si mon état présent est plein de charme auprès d'elle, loin que ce charme pût augmenter par une union plus étroite, les plus doux plaisirs que j'y goûte me seraient ôtés. Son humeur badine peut laisser un aimable essor à son amitié, mais c'est quand elle a des témoins de ses caresses. Je puis avoir quelque émotion trop vive auprès d'elle, mais c'est quand votre présence me distrait de vous. Toujours entre elle et moi dans nos tête-à-tête, c'est vous qui nous les rendez délicieux. Plus notre attachement augmente, plus nous songeons aux chaînes qui l'ont formé; le doux lien de notre amitié se resserre, et nous nous aimons pour parler de vous. Ainsi mille souvenirs chers à votre amie, plus chers à votre ami, les réunissent : unis par d'autres nœuds, il y faudra renoncer. Ces souvenirs trop charmants ne seraient-ils pas autant d'infidélités envers elle? Et de quel front prendrai-je une épouse respectée et chérie, pour confidente des outrages que mon cœur lui ferait malgré lui! Ce cœur n'oserait donc plus s'épancher dans le sien, il se fermerait à son abord. N'osant plus lui parler de vous, bientôt je ne lui parlerais plus de moi. Le devoir, l'honneur, en m'imposant pour elle une réserve nouvelle, me rendraient ma femme étrangère, et je n'aurais plus ni guide ni conseil pour éclairer mon âme et corriger mes erreurs. Est-ce là l'hommage qu'elle doit attendre? Est-ce là le tribut de tendresse et de reconnaissance que j'irais lui porter? Est-ce ainsi que je ferais son bonheur et le mien?

Julie, oubliâtes-vous mes serments avec les vôtres? Pour moi, je ne les ai point oubliés. J'ai tout perdu; ma foi seule m'est restée; elle me restera jusqu'au tombeau. Je n'ai pu vivre à vous, je mourrai libre. Si l'engagement en était à prendre, je le prendrais aujourd'hui : car si c'est un devoir de se marier, un devoir plus indispensable encore est de ne faire le malheur de personne, et tout ce qui me reste à sentir en d'autres nœuds, c'est l'éternel regret de ceux auxquels j'osai prétendre. Je porterais dans ce lieu sacré l'idée de ce que j'espérais y trouver une fois : cette idée ferait mon supplice et celui d'une infortunée. Je lui demanderais compte des jours heureux que j'attendis de vous. Quelles comparaisons j'aurais à faire! quelle femme au monde les pourrait soutenir? Ah! comment me consolerais-je à la fois de n'être pas à vous, et d'être à une autre?

Chère amie, n'ébranlez point des résolutions dont dépend le repos de mes jours; ne cherchez point à me tirer de l'anéantissement où je suis tombé, de peur qu'avec le sentiment de mon existence je ne reprenne celui de mes maux, et qu'un état violent ne rouvre toutes mes blessures. Depuis mon retour j'ai senti, sans m'en alarmer, l'intérêt plus vif que je prenais à votre amie; car je savais bien que l'état de mon cœur ne lui permettrait jamais d'aller trop loin; et voyant ce nouveau goût ajouter à l'attachement déjà si tendre que j'eus pour elle dans tous les temps, je me suis félicité d'une émotion qui m'aidait à prendre le change, et me faisait supporter votre image avec moins de peine. Cette émotion a quelque chose des douceurs de l'amour, et n'en a pas les tourments. Le plaisir de la voir n'est point troublé par le désir de la posséder; content de passer ma vie entière comme j'ai passé cet hiver, je trouve entre vous deux cette situation paisible [1] et douce qui tempère l'austérité de la vertu et rend ses leçons aimables. Si quelque vain transport m'agite un moment, tout le réprime et le fait taire : j'en ai trop vaincu de plus dangereux, pour qu'il m'en reste aucun à craindre. J'honore votre amie comme je l'aime, et c'est tout dire. Quand je ne songerais qu'à mon intérêt, tous les droits de la tendre amitié me sont trop chers auprès d'elle pour que je m'expose à les perdre en cherchant à les étendre, et je n'ai pas même eu besoin de songer au respect que je lui dois, pour ne jamais lui dire un seul mot dans le tête-à-tête qu'elle eut

---

[1] Il a dit précisément le contraire quelques pages auparavant Le pauvre philosophe, entre deux jolies femmes, me paraît dans un plaisant embarras on dirait qu'il veut n'aimer ni l'une ni l'autre, afin de les aimer toutes deux

besoin d'interpréter ou de ne pas entendre. Que si peut-être elle a trouvé quelquefois un peu trop d'empressement dans mes manières, sûrement elle n'a point vu dans mon cœur la volonté de le témoigner. Tel que je fus six mois auprès d'elle, tel je serai toute ma vie. Je ne connais rien après vous de si parfait qu'elle ; mais, fut-elle plus parfaite que vous encore, je sens qu'il faudrait n'avoir jamais été votre amant pour pouvoir devenir le sien.

Avant d'achever cette lettre, il faut vous dire ce que je pense de la vôtre. J'y trouve, avec toute la prudence de la vertu, les scrupules d'une âme craintive qui se fait un devoir de s'épouvanter, et croit qu'il faut tout craindre pour se garantir de tout. Cette extrême timidité a son danger, ainsi qu'une confiance excessive. En nous montrant sans cesse des monstres où il n'y en a point, elle nous épuise à combattre des chimères ; et à force de nous effaroucher sans sujet, elle nous tient moins en garde contre les périls véritables, et nous les laisse moins discerner. Relisez quelquefois la lettre que mylord Édouard vous écrivit l'année dernière au sujet de votre mari : vous y trouverez de bons avis à votre usage à plus d'un égard. Je ne blâme point votre dévotion ; elle est touchante, aimable et douce comme vous ; elle doit plaire à votre mari même. Mais prenez garde qu'à force de vous rendre timide et prévoyante, elle ne vous mène au quiétisme par une route opposée, et que, vous montrant partout du risque à courir, elle ne vous empêche enfin d'acquiescer à rien. Chère amie, ne savez-vous pas que la vertu est un état de guerre, et que pour y vivre on a toujours quelque combat à rendre contre soi ? Occupons-nous moins des dangers que de nous, afin de tenir notre âme prête à tout événement. Si chercher les occasions c'est mériter d'y succomber, les fuir avec trop de soin c'est souvent nous refuser à de grands devoirs ; et il n'est pas bon de songer sans cesse aux tentations, même pour les éviter. On ne me verra jamais rechercher des moments dangereux ni des tête-à-tête avec des femmes ; mais dans quelque situation que me place désormais la Providence, j'ai pour sûreté de moi les huit mois que j'ai passés à Clarens, et ne crains plus que personne m'ôte le prix que vous m'avez fait mériter. Je ne serai pas plus faible que je ne l'ai été ; je n'aurai pas de plus grands combats à rendre : j'ai senti l'amertume des remords ; j'ai goûté les douceurs de la victoire. Après de telles comparaisons on n'hésite plus sur le choix ; tout, jusqu'à mes fautes passées, m'est garant de l'avenir.

Sans vouloir entrer avec vous dans de nouvelles discussions sur l'ordre de l'univers et sur la direction des êtres qui le composent, je me contenterai de vous dire que, sur des questions si fort au-dessus de l'homme, il ne peut juger des choses qu'il ne voit pas que par induction sur celles qu'il voit, et que toutes les analogies sont pour ces lois générales que vous semblez rejeter. La raison même, et les plus saines idées que nous pouvons nous former de l'Être suprême, sont très-favorables à cette opinion ; car, bien que sa puissance n'ait pas besoin de méthode pour abréger le travail, il est digne de sa sagesse de préférer pourtant les voies les plus simples, afin qu'il n'y ait rien d'inutile dans les moyens non plus que dans les effets. En créant l'homme, il l'a doué de toutes les facultés nécessaires pour accomplir ce qu'il exigeait de lui, et quand nous lui demandons le pouvoir de bien faire, nous ne lui demandons rien qu'il ne nous ait déjà donné. Il nous a donné la raison pour connaître ce qui est bien, la conscience pour l'aimer [1], et la liberté pour le choisir. C'est dans ces dons sublimes que consiste la grâce divine, et comme nous les avons tous reçus, nous en sommes tous comptables.

J'entends beaucoup raisonner contre la liberté de l'homme, et je méprise tous ces sophismes, parce qu'un raisonneur a beau me prouver que je ne suis pas libre, le sentiment intérieur, plus fort que tous ces arguments, les dément sans cesse ; et, quelque parti que je prenne dans quelque délibération que ce soit, je sens parfaitement qu'il ne tient qu'à moi de prendre le parti contraire. Toutes ces subtilités de l'école sont vaines précisément parce qu'elles prouvent trop, qu'elles combattent tout aussi bien la vérité que le mensonge, et que, soit que la liberté existe ou non, elles peuvent servir également à prouver qu'elle n'existe pas. A entendre ces gens là, Dieu même ne serait pas libre, et ce mot de liberté n'aurait aucun sens. Ils triomphent, non d'avoir résolu la question, mais d'avoir mis à sa place une chimère. Ils commencent par supposer que tout être intelligent est purement passif ; et puis ils déduisent de cette supposition des conséquences pour prouver qu'il n'est pas actif. La commode méthode qu'ils ont trouvée là ! S'ils accusent leurs adversaires de raisonner de même, ils ont tort. Nous ne nous supposons point actifs et libres, nous sentons que nous le sommes.

[1] Saint-Preux fait de la conscience morale un sentiment, et non pas un jugement, ce qui est contre les définitions des philosophes. Je crois pourtant qu'en ceci leur prétendu confrère a raison.

C'est a eux de prouver non-seulement que ce sentiment pourrait nous tromper, mais qu'il nous trompe en effet[1]. L'évêque de Cloyne a démontré que, sans rien changer aux apparences, la matière et les corps pourraient ne pas exister : est-ce assez pour affirmer qu'ils n'existent pas ? En tout ceci la seule apparence coûte plus que la réalité : je m'en tiens a ce qui est plus simple.

Je ne crois donc pas qu'apres avoir pourvu de toute maniere aux besoins de l'homme, Dieu accorde a l'un plutot qu'a l'autre des secours extraordinaires, dont celui qui abuse des secours communs a tous est indigne, et dont celui qui en use bien n'a pas besoin. Cette acception de personnes est injurieuse a la justice divine. Quand cette dure et décourageante doctrine se déduirait de l'Écriture elle-même, mon premier devoir n'est-il pas d'honorer Dieu ? Quelque respect que je doive au texte sacré, j'en dois plus encore a son auteur ; et j'aimerais mieux croire la Bible falsifiée ou inintelligible, que Dieu injuste ou malfaisant. S. Paul ne veut pas que le vase dise au potier, Pourquoi m'as-tu fait ainsi ? Cela est fort bien, si le potier n'exige du vase que des services qu'il l'a mis en etat de lui rendre ; mais s'il s'en prenait au vase de n'etre pas propre a un usage pour lequel il ne l'aurait pas fait, le vase aurait-il tort de lui dire, Pourquoi m'as-tu fait ainsi ?

S'ensuit-il de la que la priere soit inutile ? A Dieu ne plaise que je m'ote cette ressource contre mes faiblesses ! Tous les actes de l'entendement qui nous elevent a Dieu nous portent au-dessus de nous-memes ; en implorant son secours, nous apprenons a le trouver. Ce n'est pas lui qui nous change, c'est nous qui nous changeons en nous élevant a lui [2]. Tout ce qu'on lui demande comme il faut, on se le donne ; et, comme vous l'avez dit, on augmente sa force en reconnaissant sa faiblesse. Mais si l'on abuse de l'oraison et qu'on devienne mystique, on se perd a force de s'élever ; en cherchant la grace, on renonce a la raison ; pour obtenir un don du ciel,

---

[1] Ce n'est pas de tout cela qu'il s'agit. Il s'agit de savoir si la volonte se détermine sans cause, ou quelle est la cause qui determine la volonte.

[2] Notre galant philosophe, apres avoir imité la conduite d'Abelard, semble en vouloir prendre aussi la doctrine. Leurs sentiments sur la priere ont beaucoup de rapport. Bien des gens, relevant cette hérésie, trouveront qu'il eût mieux valu persister dans l'egarement que de tomber dans l'erreur Je ne pense pas ainsi C'est un petit mal de se tromper ; c'en est un grand de se mal conduire Ceci ne contredit point, a mon avis, ce que j'ai dit ci devant sur le danger des fausses maximes de morale. Mais il faut laisser quelque chose a faire au lecteur.

on en foule aux pieds un autre ; en s'obstinant a vouloir qu'il nous éclaire, on s'ôte les lumières qu'il nous a données. Qui sommes-nous pour vouloir forcer Dieu de faire un miracle?

Vous le savez, il n'y a rien de bien qui n'ait un excès blâmable, même la dévotion qui tourne en délire. La vôtre est trop pure pour arriver jamais a ce point; mais l'excès qui produit l'égarement commence avant lui, et c'est de ce premier terme que vous avez a vous défier. Je vous ai souvent entendue blâmer les extases des ascétiques . savez-vous comment elles viennent ? en prolongeant le temps qu'on donne a la prière plus que ne le permet la faiblesse humaine. Alors l'esprit s'epuise, l'imagination s'allume et donne des visions; on devient inspiré, prophète, et il n'y a plus ni sens ni génie qui garantisse du fanatisme. Vous vous enfermez fréquemment dans votre cabinet, vous vous recueillez, vous priez sans cesse; vous ne voyez pas encore les piétistes [1], mais vous lisez leurs livres. Je n'ai jamais blâmé votre goût pour les écrits du bon Fenelon; mais que faites-vous de ceux de sa disciple ? Vous lisez Muralt je le lis aussi; mais je choisis ses lettres, et vous choisissez son instinct divin. Voyez comment il a fini, déplorez les égarements de cet homme sage, et songez a vous. Femme pieuse et chrétienne, allez-vous n'être plus qu'une dévote ?

Chere et respectable amie, je reçois vos avis avec la docilité d'un enfant, et vous donne les miens avec le zèle d'un père. Depuis que la vertu, loin de rompre nos liens, les a rendus indissolubles, ses devoirs se confondent avec les droits de l'amitié. Les mêmes leçons nous conviennent, le même intérêt nous conduit. Jamais nos cœurs ne se parlent, jamais nos yeux ne se rencontrent, sans offrir a tous deux un objet d'honneur et de gloire qui nous élève conjointement ; et la perfection de chacun de nous importera toujours a l'autre. Mais si les deliberations sont communes, la décision ne l'est pas; elle appartient a vous seule. O vous qui fîtes toujours mon sort, ne cessez point d'en etre l'arbitre; pesez mes reflexions, prononcez : quoi que vous ordonniez de moi, je me soumets . je serai digne au moins que vous ne cessiez pas de me conduire.

[1] Sorte de fous qui avaient la fantaisie d'être chrétiens, et de suivre l'Évangile a la lettre, a peu près comme sont aujourd'hui les méthodistes en Angleterre, les moraves en Allemagne, les jansénistes en France, excepté pourtant qu'il ne manque a ces derniers que d'être les maîtres, pour etre plus durs et plus intolérants que leurs ennemis

Dussé-je ne vous plus revoir, vous me serez toujours présente, vous présiderez toujours à mes actions ; dussiez-vous m'ôter l'honneur d'elever vos enfants, vous ne m'oterez point les vertus que je tiens de vous : ce sont les enfants de votre âme, la mienne les adopte, et rien ne les lui peut ravir.

Parlez moi sans detour, Julie. A présent que je vous ai bien expliqué ce que je sens et ce que je pense, dites-moi ce qu'il faut que je fasse. Vous savez a quel point mon sort est lié a celui de mon illustre ami. Je ne l'ai point consulté dans cette occasion ; je ne lui ai montré ni cette lettre ni la votre. S'il apprend que vous desapprouviez son projet, ou plutot celui de votre époux, il le désapprouvera lui-meme ; et je suis bien éloigne d'en vouloir tirer une objection contre vos scrupules ; il convient seulement qu'il les ignore jusqu'a votre entiere decision. En attendant je trouverai, pour différer notre depart, des prétextes qui pourront le surprendre, mais auxquels il acquiescera sûrement. Pour moi, j'aime mieux ne vous plus voir que de vous revoir pour vous dire un nouvel adieu. Apprendre a vivre chez vous en etranger est une humiliation que je n'ai pas meritee.

VIII. — DE MADAME DE WOLMAR A SAINT PREUX.

Hé bien ! ne voilà-t-il pas encore votre imagination effarouchée ? et sur quoi, je vous prie ? sur les plus vrais temoignages d'estime et d'amitie que vous ayez jamais reçus de moi ; sur les paisibles reflexions que le soin de votre vrai bonheur m'inspire ; sur la proposition la plus obligeante, la plus avantageuse, la plus honorable qui vous ait jamais été faite ; sur l'empressement, indiscret peut etre, de vous unir a ma famille par des nœuds indissolubles ; sur le desir de faire mon allie, mon parent, d'un ingrat qui croit ou qui feint de croire que je ne veux plus de lui pour ami. Pour vous tirer de l'inquietude ou vous paraissez etre, il ne fallait que prendre ce que je vous écris dans son sens le plus naturel. Mais il y a longtemps que vous aimez a vous tourmenter par vos injustices. Votre lettre est, comme votre vie, sublime et rampante, pleine de force et de puerilites. Mon cher philosophe, ne cesserez-vous jamais d'etre enfant ?

Ou avez-vous donc pris que je songeasse a vous imposer des

lois, a rompre avec vous, et, pour me servir de vos termes, a vous renvoyer au bout du monde? De bonne foi, trouvez-vous la l'esprit de ma lettre? Tout au contraire : en jouissant d'avance du plaisir de vivre avec vous, j'ai craint les inconvenients qui pouvaient le troubler ; je me suis occupée des moyens de prevenir ces inconvenients d'une maniere agreable et douce, en vous faisant un sort digne de votre merite et de mon attachement pour vous. Voila tout mon crime. il n'y avait pas la, ce me semble, de quoi vous alarmer si fort.

Vous avez tort, mon ami ; car vous n'ignorez pas combien vous m'etes cher : mais vous aimez a vous le faire rediro ; et comme je n'aime guere moins a le repeter, il vous est aise d'obtenir ce que vous voulez sans que la plainte et l'humeur s'en melent.

Soyez donc bien sûr que si votre sejour ici vous est agréable, il me l'est tout autant qu'a vous, et que, de tout ce que M. de Wolmar a fait pour moi, rien ne m'est plus sensible que le soin qu'il a pris de vous appeler dans sa maison, et de vous mettre en etat d'y rester. J'en conviens avec plaisir, nous sommes utiles l'un a l'autre. Plus propres a recevoir de bons avis qu'a les prendre de nous-memes, nous avons tous deux besoin de guides Et qui saura mieux ce qui convient a l'un, que l'autre qui le connait si bien? Qui sentira mieux le danger de s'égarer par tout ce que coûte un retour penible? Quel objet peut mieux nous rappeler ce danger? Devant qui rougirions-nous autant d'avilir un si grand sacrifice? Apres avoir rompu de tels liens, ne devons-nous pas a leur mémoire de ne rien faire d'indigne du motif qui nous les fit rompre? Oui, c'est une fidelite que je veux vous garder toujours, de vous prendre a temoin de toutes les actions de ma vie, et de vous dire, a chaque sentiment qui m'anime, Voila ce que je vous ai preferé. Ah ! mon ami, je sais rendre honneur a ce que mon cœur a si bien senti. Je puis etre faible devant toute la terre, mais je réponds de moi devant vous.

C'est dans cette delicatesse qui survit toujours au véritable amour, plutot que dans les subtiles distinctions de M de Wolmar, qu'il faut chercher la raison de cette elevation d'ame et de cette force interieure que nous eprouvons l'un pres de l'autre, et que je crois sentir comme vous. Cette explication du moins est plus naturelle, plus honorable a nos cœurs, que la sienne, et vaut mieux pour s'encourager a bien faire ; ce qui suffit pour la preferer.

Ainsi croyez que, loin d'être dans la disposition bizarre où vous me supposez, celle où je suis est directement contraire : que s'il fallait renoncer au projet de nous réunir, je regarderais ce changement comme un grand malheur pour vous, pour moi, pour mes enfants, et pour mon mari même, qui, vous le savez, entre pour beaucoup dans les raisons que j'ai de vous désirer ici. Mais, pour ne parler que de mon inclination particulière, souvenez-vous du moment de votre arrivée : marquai-je moins de joie à vous voir que vous n'en eûtes en m'abordant? vous a-t-il paru que votre séjour à Clarens me fût ennuyeux ou pénible? avez-vous jugé que je vous en visse partir avec plaisir? Faut-il aller jusqu'au bout; et vous parler avec ma franchise ordinaire? Je vous avouerai sans détour que les six derniers mois que nous avons passés ensemble ont été le temps le plus doux de ma vie, et que j'ai goûté dans ce court espace tous les biens dont ma sensibilité m'ait fourni l'idée.

Je n'oublierai jamais un jour de cet hiver, où, après avoir fait en commun la lecture de vos voyages et celle des aventures de votre ami, nous soupâmes dans la salle d'Apollon, et où, songeant à la félicité que Dieu m'envoyait en ce monde, je vis tout autour de moi mon père, mon mari, mes enfants, ma cousine, mylord Édouard, vous, sans compter la Fanchon qui ne gâtait rien au tableau, et tout cela rassemblé pour l'heureuse Julie. Je me disais : Cette petite chambre contient tout ce qui est cher à mon cœur, et peut-être tout ce qu'il y a de meilleur sur la terre; je suis environnée de tout ce qui m'intéresse; tout l'univers est ici pour moi; je jouis à la fois de l'attachement que j'ai pour mes amis, de celui qu'ils me rendent, de celui qu'ils ont l'un pour l'autre; leur bienveillance mutuelle ou vient de moi ou s'y rapporte; je ne vois rien qui n'étende mon être, et rien qui le divise; il est dans tout ce qui m'environne, il n'en reste aucune portion loin de moi; mon imagination n'a plus rien à faire, je n'ai rien à désirer; sentir et jouir sont pour moi la même chose; je vis à la fois dans tout ce que j'aime, je me rassasie de bonheur et de vie. O mort, viens quand tu voudras, je ne te crains plus, j'ai vécu, je t'ai prévenue; je n'ai plus de nouveaux sentiments à connaître, tu n'as plus rien à me dérober.

Plus j'ai senti le plaisir de vivre avec vous, plus il m'était doux d'y compter, et plus aussi tout ce qui pouvait troubler ce plaisir m'a donné d'inquiétude. Laissons un moment à part cette morale craintive et cette prétendue dévotion que vous me reprochez ; convenez du moins que tout le charme de la société qui régnait entre nous est dans cette ouverture de cœur qui met en commun tous les sentiments, toutes les pensées, et qui fait que chacun, se sentant tel qu'il doit être, se montre à tous tel qu'il est. Supposez un moment quelque intrigue secrète, quelque liaison qu'il faille cacher, quelque raison de réserve et de mystère ; à l'instant tout le plaisir de se voir s'évanouit, on est contraint l'un devant l'autre, on cherche à se dérober; quand on se rassemble on voudrait se fuir la circonspection, la bienséance, amènent la défiance et le dégoût. Le moyen d'aimer longtemps ceux qu'on craint ! On se devient importun l'un à l'autre... Julie importune ! . importune à son ami ! non, non, cela ne saurait être, on n'a jamais de maux à craindre que ceux qu'on peut supporter.

En vous exposant naïvement mes scrupules je n'ai point prétendu changer vos résolutions, mais les éclairer, de peur que, prenant un parti dont vous n'auriez pas prévu toutes les suites, vous n'eussiez peut être à vous en repentir quand vous n'oseriez plus vous en dédire. A l'égard des craintes que M. de Wolmar n'a pas eues, ce n'est pas à lui de les avoir, c'est à vous : nul n'est juge du danger qui vient de vous que vous-même. Réfléchissez-y bien, puis dites-moi qu'il n'existe pas, et je n'y pense plus car je connais votre droiture, et ce n'est pas de vos intentions que je me défie. Si votre cœur est capable d'une faute imprévue, très-sûrement le mal prémédité n'en approcha jamais. C'est ce qui distingue l'homme fragile du méchant homme.

D'ailleurs, quand mes objections auraient plus de solidité que je n'aime à le croire, pourquoi mettre d'abord la chose au pis comme vous faites ! Je n'envisage point les précautions à prendre aussi sévèrement que vous. S'agit-il pour cela de rompre aussitôt tous vos projets, et de nous fuir pour toujours? Non, mon aimable ami, de si tristes ressources ne sont point nécessaires. Encore enfant par la tête, vous êtes déjà vieux par le cœur. Les grandes passions usées dégoûtent des autres, la paix de l'âme qui leur succède est le seul sentiment qui s'accroît par la jouissance. Un cœur sensible craint le repos qu'il ne connaît pas qu'il le sente une fois, il ne voudra plus le perdre. En comparant deux états si contraires, on apprend à préférer le meilleur ; mais pour les comparer il les faut connaître. Pour moi, je vois le moment de votre sûreté plus près peut-être que vous ne le voyez vous-même. Vous avez trop senti pour sentir longtemps ; vous avez trop aimé pour ne pas devenir indifférent : on ne rallume plus la cendre qui sort de la fournaise, mais il faut attendre que tout soit consumé. Encore quelques années d'attention sur vous-même, et vous n'avez plus de risque à courir.

Le sort que je voulais vous faire eût anéanti ce risque ; mais, indépendamment de cette considération, ce sort était assez doux pour devoir être envié pour lui-même ; et si votre délicatesse vous empêche d'oser y prétendre, je n'ai pas besoin que vous me disiez ce qu'une telle retenue a pu vous coûter : mais j'ai peur qu'il ne se mêle à vos raisons des prétextes plus spécieux que solides ; j'ai peur qu'en vous piquant de tenir des engagements dont tout vous dispense et qui n'intéressent plus personne, vous ne vous fassiez une fausse vertu de je ne sais quelle vaine constance plus à blâmer qu'à louer, et désormais tout à fait déplacée. Je vous l'ai déjà dit autrefois, c'est un second crime de tenir un serment criminel : si le vôtre ne l'était pas, il l'est devenu, c'en est assez pour l'annuller. La promesse qu'il faut tenir sans cesse est celle d'être honnête homme et toujours ferme dans son devoir ; changer quand il change, ce n'est pas légèreté, c'est constance. Vous fîtes bien peut être alors de promettre ce que vous feriez mal aujourd'hui de tenir. Faites dans tous les temps ce que la vertu demande, vous ne vous démentirez jamais.

Que s'il y a parmi vos scrupules quelque objection solide, c'est ce que nous pourrons examiner à loisir : en attendant, je ne suis pas trop fâchée que vous n'ayez pas saisi mon idée avec la même avidité que moi, afin que mon étourderie vous soit moins cruelle, si j'en ai fait une. J'avais médité ce projet durant l'absence de ma cousine. Depuis son retour et le départ de ma lettre, ayant eu avec elle quelques conversations générales sur un second mariage, elle m'en a paru si éloignée, que, malgré tout le penchant que je lui connais pour vous, je craindrais qu'il ne fallut user de plus d'autorité qu'il ne me convient pour vaincre sa répugnance, même en votre faveur ; car il est un point où l'empire de l'amitié doit respecter celui des inclinations, et les principes que chacun se fait sur des devoirs arbitraires en eux-mêmes, mais relatifs à l'état du cœur qui se les impose.

Je vous avoue pourtant que je tiens encore à mon projet : il nous convient si bien a tous, il vous tirerait si honorablement de l'etat precaire ou vous vivez dans le monde, il confondrait tellement nos intérets, il nous ferait un devoir si naturel de cette amitie qui nous est si douce, que je n'y puis renoncer tout a fait. Non, mon ami, vous ne m'appartiendrez jamais de trop pres : ce n'est pas meme assez que vous soyez mon cousin; ah ! je voudrais que vous fussiez mon frere.

Quoi qu'il en soit de toutes ces idees, rendez plus de justice a mes sentiments pour vous; jouissez sans reserve de mon amitié, de ma confiance, de mon estime; souvenez-vous que je n'ai plus rien a vous prescrire, et que je ne crois point en avoir besoin. Ne m'otez pas le droit de vous donner des conseils, mais n'imaginez jamais que j'en fasse des ordres. Si vous sentez pouvoir habiter Clarens sans danger, venez-y, demeurez-y ; j'en serai charmee. Si vous croyez devoir donner encore quelques années d'absence aux restes toujours suspects d'une jeunesse impetueuse, écrivez-moi souvent, venez nous voir quand vous voudrez, entretenons la correspondance la plus intime. Quelle peine n'est pas adoucie par cette consolation ! quel eloignement ne supporte-t-on pas par l'espoir de finir ses jours ensemble ! Je ferai plus ; je suis prete a vous confier un de mes enfants; je le croirai mieux dans vos mains que dans les miennes : quand vous me le ramenerez, je ne sais duquel des deux le retour me touchera le plus. Si tout a fait devenu raisonnable vous bannissez enfin vos chimeres et voulez mériter ma cousine, venez, aimez-la, servez-la, achevez de lui plaire; en verite je crois que vous avez deja commence triomphez de son cœur et des obstacles qu'il vous oppose, je vous aiderai de tout mon pouvoir : faites enfin le bonheur l'un de l'autre, et rien ne manquera plus au mien. Mais, quelque parti que vous puissiez prendre, apres y avoir serieusement pensé, prenez-le en toute assurance, et n'outragez plus votre amie en l'accusant de se defier de vous.

A force de songer a vous, je m'oublie. Il faut pourtant que mon tour vienne; car vous faites avec vos amis dans la dispute comme avec votre adversaire aux échecs, vous attaquez en vous defendant. Vous vous excusez d'etre philosophe en m'accusant d'etre dévote; c'est comme si j'avais renonce au vin lorsqu'il vous eut enivré. Je suis donc dévote a votre compte, ou prete a le devenir ? Soit; les denominations méprisantes changent-elles la nature des choses? Si la dévotion est bonne, ou est le tort d'en avoir? Mais peut-être ce mot est-il trop bas pour vous. La dignité philosophique dédaigne un culte vulgaire; elle veut servir Dieu plus noblement; elle porte jusqu'au ciel même ses prétentions et sa fierté. O mes pauvres philosophes!... Revenons à moi.

J'aimai la vertu dès mon enfance, et cultivai ma raison dans tous les temps. Avec du sentiment et des lumieres, j'ai voulu me gouverner, et je me suis mal conduite. Avant de m'oter le guide que j'ai choisi, donnez-m'en quelque autre sur lequel je puisse compter. Mon bon ami, toujours de l'orgueil, quoi qu'on fasse! c'est lui qui vous éleve, et c'est lui qui m'humilie. Je crois valoir autant qu'une autre, et mille autres ont vécu plus sagement que moi : elles avaient donc des ressources que je n'avais pas. Pourquoi, me sentant bien née, ai-je eu besoin de cacher ma vie? Pourquoi haïssais-je le mal que j'ai fait malgré moi? Je ne connaissais que ma force, elle n'a pu me suffire. Toute la résistance qu'on peut tirer de soi, je crois l'avoir faite, et toutefois j'ai succombé. Comment font celles qui résistent ? Elles ont un meilleur appui.

Apres l'avoir pris à leur exemple, j'ai trouvé dans ce choix un autre avantage auquel je n'avais pas pensé. Dans le regne des passions, elles aident à supporter les tourments qu'elles donnent; elles tiennent l'espérance a coté du désir. Tant qu'on desire on peut se passer d'etre heureux; on s'attend à le devenir : si le bonheur ne vient point, l'espoir se prolonge, et le charme de l'illusion dure autant que la passion qui le cause. Ainsi cet état se suffit a lui-même, et l'inquiétude qu'il donne est une sorte de jouissance qui supplée à la réalité, qui vaut mieux peut-etre. Malheur a qui n'a plus rien à désirer! il perd pour ainsi dire tout ce qu'il possede. On jouit moins de ce qu'on obtient que de ce qu'on espere, et l'on n'est heureux qu'avant d'etre heureux. En effet, l'homme, avide et borné, fait pour tout vouloir et peu obtenir, a reçu du ciel une force consolante qui rapproche de lui tout ce qu'il désire, qui le soumet a son imagination, qui le lui rend présent et sensible, qui le lui livre en quelque sorte, et, pour lui rendre cette imaginaire propriété plus douce, le modifie au gré de sa passion. Mais tout ce prestige disparaît devant l'objet meme; rien n'embellit plus cet objet aux yeux du possesseur; on ne se figure point ce qu'on voit; l'imagination ne pare plus rien de ce qu'on possede; l'illusion cesse ou commence la jouissance. Le pays des chimeres est en ce monde le seul digne d'etre habité; et tel est le néant des choses humaines, qu'hors [1] l'Être existant par lui-même, il n'y a rien de beau que ce qui n'est pas.

Si cet effet n'a pas toujours lieu sur les objets particuliers de nos passions, il est infaillible dans le sentiment commun qui les comprend toutes. Vivre sans peine n'est pas un état d'homme ; vivre ainsi, c'est etre mort. Celui qui pourrait tout sans etre Dieu serait une misérable créature; il serait privé du plaisir de desirer ; toute autre privation serait plus supportable [2].

Voila ce que j'éprouve en partie depuis mon mariage et depuis votre retour. Je ne vois partout que sujets de contentement, et je ne suis pas contente ; une langueur secrete s'insinue au fond de mon cœur; je le sens vide et gonflé, comme vous disiez autrefois du votre ; l'attachement que j'ai pour tout ce qui m'est cher ne suffit pas pour l'occuper; il lui reste une force inutile dont il ne sait que faire. Cette peine est bizarre, j'en conviens; mais elle n'est pas moins réelle. Mon ami, je suis trop heureuse; le bonheur m'ennuie [3].

Concevez-vous quelque remède à ce dégoût du bien être ? Pour moi, je vous avoue qu'un sentiment si peu raisonnable et si peu volontaire a beaucoup oté du prix que je donnais à la vie, et je n'imagine pas quelle sorte de charme on y peut trouver qui me manque ou qui me suffise. Une autre sera-t-elle plus sensible que moi? aimera-t-elle mieux son pere, son mari, ses enfants, ses amis, ses proches ? en sera-t-elle mieux aimée ? menera t-elle une vie plus de son goût? sera-t-elle plus libre d'en choisir une autre? jouira-t-elle d'une meilleure santé ? aura-t-elle plus de ressources contre l'ennui, plus de liens qui l'attachent au monde ? Et toutefois j'y vis inquiete; mon cœur ignore ce qui lui manque ; il désire sans savoir quoi.

[1] Il fallait *que hors*, et surement madame de Wolmar ne l'ignorait pas Mais, outre les fautes qui lui echappaient par ignorance ou par inadvertance, il parait qu'elle avait l'oreille trop delicate pour s'asservir toujours aux regles mêmes qu'elle savait On peut employer un style plus pur, mais non pas plus doux ni plus harmonieux que le sien.

[2] D'ou il suit que tout prince qui aspire au despotisme aspire a l'honneur de mourir d'ennui Dans tous les royaumes du monde, cherchez-vous l'homme le plus ennuyé du pays? allez toujours directement au souverain, surtout s'il est très absolu C'est bien la peine de faire tant de miserables ! ne saurait-il s'ennuyer à moindres frais ?

[3] Quoi, Julie, aussi des contradictions ! Ah ! je crains bien, charmante devote, que vous ne soyez pas non plus trop d'accord avec vous-même Au reste, j'avoue que cette lettre me parait le chant du cygne.

Ne trouvant donc rien ici-bas qui lui suffise, mon âme avide cherche ailleurs de quoi la remplir : en s'élevant à la source du sentiment et de l'être, elle y perd sa sécheresse et sa langueur; elle y renaît, elle s'y ranime, elle y trouve un nouveau ressort, elle y puise une nouvelle vie, elle y prend une autre existence qui ne tient point aux passions du corps; ou plutôt elle n'est plus en moi-même, elle est toute dans l'Être immense qu'elle contemple, et dégagée un moment de ses entraves, elle se console d'y rentrer par cet essai d'un état plus sublime qu'elle espère être un jour le sien.

Vous souriez : je vous entends, mon bon ami; j'ai prononcé mon propre jugement en blâmant autrefois cet état d'oraison que je confesse aimer aujourd'hui. A cela je n'ai qu'un mot à vous dire, c'est que je ne l'avais pas éprouvé. Je ne prétends pas même le justifier de toutes manières : je ne dis pas que ce goût soit sage, je dis seulement qu'il est doux, qu'il supplée au sentiment du bonheur qui s'épuise, qu'il remplit le vide de l'âme, et qu'il jette un nouvel intérêt sur la vie passée à le mériter. S'il produit quelque mal, il faut le rejeter sans doute; s'il abuse le cœur par une fausse jouissance, il faut encore le rejeter. Mais enfin lequel tient le mieux à la vertu, du philosophe avec ses grands principes, ou du chrétien dans sa simplicité ? Lequel est le plus heureux des ce monde, du sage avec sa raison, ou du dévot dans son délire ? Qu'ai-je besoin de penser, d'imaginer, dans un moment où toutes mes facultés sont aliénées? L'ivresse a ses plaisirs, disiez-vous : eh bien ! ce délire en est une. Ou laissez-moi dans un état qui m'est agréable, ou montrez-moi comment je puis être mieux.

J'ai blâmé les extases des mystiques ; je les blâme encore quand elles nous détachent de nos devoirs, et que, nous dégoûtant de la vie active par les charmes de la contemplation, elles nous mènent à ce quiétisme dont vous me croyez si proche, et dont je crois être aussi loin que vous.

Servir Dieu, ce n'est point passer sa vie à genoux dans un oratoire, je le sais bien; c'est remplir sur la terre les devoirs qu'il nous impose ; c'est faire en vue de lui plaire tout ce qui convient a l'état où il nous a mis :

 . . . . . . Il cor gradisce,
 E serva a lui chi 'l suo dover compisce [1]

[1] Le cœur lui suffit, et qui fait son devoir le prie. METAST.

Il faut premierement faire ce qu'on doit, et puis prier quand on le peut; voila la regle que je tache de suivre. Je ne prends point le recueillement que vous me reprochez comme une occupation, mais comme une récréation; et je ne vois pas pourquoi, parmi les plaisirs qui sont a ma portée, je m'interdirais le plus sensible et le plus innocent de tous.

Je me suis examinée avec plus de soin depuis votre lettre : j'ai etudie les effets que produit sur mon âme ce penchant qui semble si fort vous deplaire; et je n'y sais rien voir jusqu'ici qui me fasse craindre, au moins sitot, l'abus d'une dévotion mal entendue.

Premierement, je n'ai point pour cet exercice un goût trop vif qui me fasse souffrir quand j'en suis privée, ni qui me donne de l'humeur quand on m'en distrait. Il ne me donne point non plus de distractions dans la journée, et ne jette ni degoût ni impatience sur la pratique de mes devoirs. Si quelquefois mon cabinet m'est nécessaire, c'est quand quelque emotion m'agite, et que je serais moins bien partout ailleurs : c'est la que, rentrant en moi-meme, j'y retrouve le calme de la raison. Si quelque souci me trouble, si quelque peine m'afflige, c'est la que je les vais déposer. Toutes ces miseres s'evanouissent devant un plus grand objet. En songeant à tous les bienfaits de la Providence, j'ai honte d'etre sensible a de si faibles chagrins et d'oublier de si grandes graces Il ne me faut des seances ni frequentes ni longues Quand la tristesse m'y suit malgré moi, quelques pleurs versés devant celui qui console soulagent mon cœur a l'instant. Mes reflexions ne sont jamais ameres ni douloureuses; mon repentir meme est exempt d'alarmes. Mes fautes me donnent moins d'effroi que de honte. j'ai des regrets, et non des remords. Le Dieu que je sers est un Dieu clément, un pere : ce qui me touche est sa bonté; elle efface a mes yeux tous ses autres attributs; elle est le seul que je conçois. Sa puissance m'étonne, son immensite me confond, sa justice... Il a fait l'homme faible; puisqu'il est juste, il est clement. Le Dieu vengeur est le Dieu des mechants, je ne puis ni le craindre pour moi, ni l'implorer contre un autre. O Dieu de paix, Dieu de bonté, c'est toi que j'adore ! c'est de toi, je le sens, que je suis l'ouvrage; et j'espere te retrouver au dernier jugement tel que tu parles a mon cœur durant ma vie.

Je ne saurais vous dire combien ces idees jettent de douceur sur mes jours et de joie au fond de mon cœur. En sortant de mon cabinet ainsi disposée, je me sens plus légère et plus gaie ; toute la peine s'évanouit, tous les embarras disparaissent ; rien de rude, rien d'anguleux ; tout devient facile et coulant, tout prend à mes yeux une face plus riante ; la complaisance ne me coûte plus rien ; j'en aime encore mieux ceux que j'aime, et leur en suis plus agréable : mon mari même en est plus content de mon humeur. La dévotion, pretend-il, est un opium pour l'âme ; elle égaye, anime et soutient quand on en prend peu ; une trop forte dose endort, ou rend furieux, ou tue. J'espere ne pas aller jusque-la.

Vous voyez que je ne m'offense pas de ce titre de dévote autant peut-être que vous l'auriez voulu ; mais je ne lui donne pas non plus tout le prix que vous pourriez croire. Je n'aime point, par exemple, qu'on affiche cet état par un extérieur affecté, et comme une espece d'emploi qui dispense de tout autre. Ainsi cette madame Guyon dont vous me parlez eût mieux fait, ce me semble, de remplir avec soin ses devoirs de mere de famille, d'elever chrétiennement ses enfants, de gouverner sagement sa maison, que d'aller composer des livres de dévotion, disputer avec des éveques, et se faire mettre à la Bastille pour des rêveries où l'on ne comprend rien. Je n'aime pas non plus ce langage mystique et figuré qui nourrit le cœur des chimeres de l'imagination, et substitue au veritable amour de Dieu des sentiments imités de l'amour terrestre, et trop propres a le réveiller. Plus on a le cœur tendre et l'imagination vive, plus on doit éviter ce qui tend a les émouvoir ; car enfin comment voir les rapports de l'objet mystique, si l'on ne voit aussi l'objet sensuel ? et comment une honnete femme ose-t-elle imaginer avec assurance des objets qu'elle n'oserait regarder [1] ?

Mais ce qui m'a donné le plus d'eloignement pour les dévots de profession, c'est cette apreté de mœurs qui les rend insensibles a l'humanité, c'est cet orgueil excessif qui leur fait regarder en pitié le reste du monde. Dans leur élevation sublime, s'ils daignent s'abaisser a quelque acte de bonté, c'est d'une maniere si humiliante, ils plaignent les autres d'un ton si cruel, leur justice est si rigoureuse, leur charité est si dure, leur zele est si amer, leur mépris

---

[1] Cette objection me parait tellement solide et sans replique, que si j'avais le moindre pouvoir dans l'Église, je l'emploierais a faire retrancher de nos livres sacres le Cantique des cantiques, et j'aurais bien du regret d'avoir attendu si tard.

ressemble si fort a la haine, que l'insensibilité même des gens du monde est moins barbare que leur commisération. L'amour de Dieu leur sert d'excuse pour n'aimer personne ; ils ne s'aiment pas même l'un l'autre Vit-on jamais d'amitié véritable entre les dévots? Mais plus ils se détachent des hommes, plus ils en exigent, et l'on dirait qu'ils ne s'elevent a Dieu que pour exercer son autorité sur la terre.

Je me sens pour tous ces abus une aversion qui doit naturellement m'en garantir · si j'y tombe, ce sera surement sans le vouloir, et j'espere de l'amitié de tous ceux qui m'environnent que ce ne sera pas sans être avertie. Je vous avoue que j'ai été longtemps sur le sort de mon mari d'une inquiétude qui m'eut peut-être altére l'humeur à la longue. Heureusement la sage lettre de mylord Édouard a laquelle vous me renvoyez avec grande raison, ses entretiens consolants et sensés, les vôtres, ont tout à fait dissipé ma crainte et changé mes principes. Je vois qu'il est impossible que l'intolérance n'endurcisse l'ame. Comment chérir tendrement les gens qu'on réprouve? quelle charité peut-on conserver parmi des damnés? les aimer, ce serait haïr Dieu qui les punit Voulons-nous donc etre humains? jugeons les actions et non pas les hommes; n'empiétons point sur l'horrible fonction des démons; n'ouvrons point si légerement l'enfer a nos freres. Eh ! s'il était destiné pour ceux qui se trompent, quel mortel pourrait l'eviter?

O mes amis, de quel poids vous avez soulagé mon cœur ! En m'apprenant que l'erreur n'est point un crime, vous m'avez délivrée de mille inquietants scrupules. Je laisse la subtile interprétation des dogmes que je n'entends pas ; je m'en tiens aux vérités lumineuses qui frappent mes yeux et convainquent ma raison, aux vérités de pratique qui m'instruisent de mes devoirs sur tout le reste j'ai pris pour règle votre ancienne réponse a M de Wolmar [1]. Est on maitre de croire ou de ne pas croire? est-ce un crime de n'avoir pas su bien argumenter? Non, la conscience ne nous dit point la vérité des choses, mais la regle de nos devoirs; elle ne nous dicte point ce qu'il faut penser, mais ce qu'il faut faire; elle ne nous apprend point a bien raisonner, mais a bien agir. En quoi mon mari peut-il etre coupable devant Dieu? Détourne-t il les yeux de lui? Dieu lui-meme a voile sa face. Il ne fuit point la verité, c'est la verité qui le fuit. L'orgueil ne le guide

---

[1] Voyez partie V, lettre III

SIXIÈME PARTIE.

point ; il ne veut égarer personne, il est bien aise qu'on ne pense pas comme lui. Il aime nos sentiments, il voudrait les avoir, il ne peut : notre espoir, nos consolations, tout lui échappe. Il fait le bien sans attendre de récompense : il est plus vertueux, plus désintéressé que nous. Hélas ! il est à plaindre ; mais de quoi sera-t-il puni ? Non, non : la bonté, la droiture, les mœurs, l'honnêteté, la vertu, voilà ce que le ciel exige et qu'il récompense ; voilà le véritable culte que Dieu veut de nous, et qu'il reçoit de lui tous les jours de sa vie. Si Dieu juge la foi par les œuvres, c'est croire en lui que d'être homme de bien. Le vrai chrétien, c'est l'homme juste ; les vrais incrédules sont les méchants.

Ne soyez donc pas étonné, mon aimable ami, si je ne dispute pas avec vous sur plusieurs points de votre lettre où nous ne sommes pas de même avis : je sais trop bien ce que vous êtes, pour être en peine de ce que vous croyez. Que m'importent toutes ces questions oiseuses sur la liberté ? Que je sois libre de vouloir le bien par moi-même, ou que j'obtienne en priant cette volonté, si je trouve enfin le moyen de bien faire, tout cela ne revient-il pas au même ? Que je me donne ce qui me manque en le demandant, ou que Dieu l'accorde à ma prière, s'il faut toujours pour l'avoir que je le demande, ai-je besoin d'autre éclaircissement ? Trop heureux de convenir sur les points principaux de notre croyance, que cherchons-nous au delà ? Voulons-nous pénétrer dans ces abîmes de métaphysique qui n'ont ni fond ni rive, et perdre à disputer sur l'essence divine ce temps si court qui nous est donné pour l'honorer ? Nous ignorons ce qu'elle est, mais nous savons qu'elle est ; que cela nous suffise ; elle se fait voir dans ses œuvres, elle se fait sentir au dedans de nous. Nous pouvons bien disputer contre elle, mais non pas la méconnaître de bonne foi. Elle nous a donné ce degré de sensibilité qui l'aperçoit et la touche ; plaignons ceux à qui elle ne l'a pas départi, sans nous flatter de les éclairer à son défaut. Qui de nous fera ce qu'elle n'a pas voulu faire ? Respectons ses décrets en silence, et faisons notre devoir ; c'est le meilleur moyen d'apprendre le leur aux autres.

Connaissez-vous quelqu'un plus plein de sens et de raison que M. de Wolmar ? quelqu'un plus sincère, plus droit, plus juste, plus vrai, moins livré à ses passions, qui ait plus à gagner à la justice divine et à l'immortalité de l'âme ? Connaissez-vous un homme plus fort, plus élevé, plus grand, plus foudroyant dans la dispute, que mylord Édouard, plus digne par sa vertu de défendre la cause de Dieu, plus certain de son existence, plus pénétré de sa majesté suprême, plus zelé pour sa gloire, et plus fait pour la soutenir ? Vous avez vu ce qui s'est passé pendant trois mois a Clarens ; vous avez vu deux hommes pleins d'estime et de respect l'un pour l'autre, éloignés par leur etat et par leur goût des pointilleries de collége, passer un hiver entier a chercher dans des disputes sages et paisibles, mais vives et profondes, a s'eclairer mutuellement, s'attaquer, se defendre, se saisir par toutes les prises que peut avoir l'entendement humain, et sur une matiere ou tous deux, n'ayant que le meme intéret, ne demandaient pas mieux que d'etre d'accord.

Qu'est-il arrivé ? Ils ont redoublé d'estime l'un pour l'autre, mais chacun est resté dans son sentiment. Si cet exemple ne guérit pas a jamais un homme sage de la dispute, l'amour de la verité ne le touche guere ; il cherche a briller.

Pour moi, j'abandonne a jamais cette arme inutile, et j'ai résolu de ne plus dire a mon mari un seul mot de religion que quand il s'agira de rendre raison de la mienne. Non que l'idée de la tolérance divine m'ait rendue indifferente sur le besoin qu'il en a : je vous avoue meme que, tranquillisée sur son sort a venir, je ne sens point pour cela diminuer mon zele pour sa conversion. Je voudrais au prix de mon sang le voir une fois convaincu ; si ce n'est pour son bonheur dans l'autre monde, c'est pour son bonheur dans celui-ci. Car de combien de douceurs n'est-il point privé ! Quel sentiment peut le consoler dans ses peines ? Quel spectateur anime les bonnes actions qu'il fait en secret ? Quelle voix peut parler au fond de son ame ? Quel prix peut-il attendre de sa vertu ? Comment doit-il envisager la mort ? Non, je l'espere, il ne l'attendra pas dans cet état horrible. Il me reste une ressource pour l'en tirer, et j'y consacre le reste de ma vie : ce n'est plus de le convaincre, mais de le toucher ; c'est de lui montrer un exemple qui l'entraine, et de lui rendre la religion si aimable qu'il ne puisse lui résister. Ah ! mon ami, quel argument contre l'incrédule que la vie du vrai chretien ! croyez-vous qu'il y ait quelque âme a l'épreuve de celui-la ? Voila désormais la tache que je m'impose ; aidez moi tous à la remplir. Wolmar est froid, mais il n'est pas insensible. Quel tableau nous pouvons offrir a son cœur, quand ses amis, ses enfants, sa femme, concourront tous à l'instruire en l'édifiant! quand, sans lui prêcher Dieu dans leurs discours, ils le lui montreront dans les actions qu'il inspire, dans les vertus dont il est l'auteur, dans le charme qu'on trouve à lui plaire! quand il verra briller l'image du ciel dans sa maison! quand cent fois le jour il sera forcé de se dire : Non, l'homme n'est pas ainsi par lui-même; quelque chose de plus qu'humain règne ici!

Si cette entreprise est de votre goût, si vous vous sentez digne d'y concourir, venez; passons nos jours ensemble, et ne nous quittons plus qu'à la mort. Si le projet vous déplaît ou vous épouvante, écoutez votre conscience, elle vous dicte votre devoir. Je n'ai rien de plus à vous dire.

Selon ce que mylord Édouard nous marque, je vous attends tous deux vers la fin du mois prochain. Vous ne reconnaîtrez pas votre appartement; mais dans les changements qu'on y a faits vous reconnaîtrez les soins et le cœur d'une bonne amie qui s'est fait un plaisir de l'orner. Vous y trouverez aussi un petit assortiment de livres qu'elle a choisis à Genève, meilleurs et de meilleur goût que l'*Adone*, quoiqu'il y soit aussi par plaisanterie. Au reste, soyez discret; car comme elle ne veut pas que vous sachiez que tout cela vient d'elle, je me dépêche de vous l'écrire avant qu'elle me défende de vous en parler.

Adieu, mon ami. Cette partie du château de Chillon [1], que nous devions tous faire ensemble, se fera demain sans vous. Elle n'en vaudra pas mieux, quoiqu'on la fasse avec plaisir. M. le bailli nous a invités avec nos enfants, ce qui ne m'a point laissé d'excuse. Mais je ne sais pourquoi je voudrais être déjà de retour.

IX. — DE FANCHON ANET A SAINT-PREUX

Ah monsieur! ah mon bienfaiteur! que me charge-t-on de vous apprendre!.. Madame... ma pauvre maîtresse... O Dieu! je vois

---

[1] Le château de Chillon, ancien séjour des baillis de Vevay, est situé dans le lac, sur un rocher qui forme une presqu'île, et autour duquel j'ai vu sonder à plus de cent cinquante brasses, qui font près de huit cents pieds, sans trouver le fond. On a creusé dans ce rocher des caves et des cuisines au-dessous du niveau de l'eau, qu'on y introduit quand on veut par des robinets. C'est là que fut détenu six ans prisonnier François Bonnivard, prieur de Saint Victor, homme d'un mérite rare, d'une droiture et d'une fermeté à toute épreuve, ami de la liberté,

déjà votre frayeur ; mais vous ne voyez pas notre désolation. Je n'ai pas un moment à perdre, il faut vous dire... il faut courir ; je voudrais déjà vous avoir tout dit... Ah ! que deviendrez-vous quand vous saurez notre malheur ?

Toute la famille alla hier dîner à Chillon. Monsieur le baron, qui allait en Savoie passer quelques jours au château de Blonay, partit après le dîner. On l'accompagna quelques pas ; puis on se promena le long de la digue. Madame d'Orbe et madame la baillive marchaient devant, avec monsieur. Madame suivait, tenant d'une main Henriette, et de l'autre Marcellin. J'étais derrière avec l'aîné. Monseigneur le bailli, qui s'était arrêté pour parler à quelqu'un, vint rejoindre la compagnie, et offrit le bras à madame. Pour le prendre elle me renvoie Marcellin : il court à moi, j'accours à lui, en courant l'enfant fait un faux pas, le pied lui manque, il tombe dans l'eau. Je pousse un cri perçant ; madame se retourne, voit tomber son fils, part comme un trait, et s'élance après lui...

Ah misérable, que n'en fis-je autant ! que n'y suis-je restée !... Hélas ! je retenais l'aîné, qui voulait sauter après sa mère : elle se débattait en serrant l'autre entre ses bras. On n'avait là ni gens ni bateau, il fallut du temps pour les retirer... L'enfant est remis ; mais la mère... le saisissement, la chute, l'état où elle était... Qui sait mieux que moi combien cette chute est dangereuse ?... Elle resta très-longtemps sans connaissance. A peine l'eut-elle reprise, qu'elle demanda son fils... Avec quels transports de joie elle l'embrassa ! Je la crus sauvée ; mais sa vivacité ne dura qu'un moment. Elle voulut être ramenée ici, durant la route elle s'est trouvée mal plusieurs fois. Sur quelques ordres qu'elle m'a donnés, je vois qu'elle ne croit pas en revenir. Je suis trop malheureuse, elle n'en reviendra pas. Madame d'Orbe est plus changée qu'elle. Tout le monde est dans une agitation... Je suis la plus tranquille de toute la maison.... De quoi m'inquiéterais-je ?... Ma bonne maîtresse ! ah ! si je vous perds, je n'aurai plus besoin de personne... O mon cher monsieur, que le bon Dieu vous soutienne

quoique Savoyard, et tolérant, quoique prêtre. Au reste, l'année où ces dernières lettres paraissent avoir été écrites, il y avait très-longtemps que les baillis de Vevay n'habitaient plus le château de Chillon. On supposera, si l'on veut, que celui de ce temps-là y était allé passer quelques jours.

dans cette epreuve¹... Adieu. Le medecin sort de la chambre Je cours au-devant de lui. S'il nous donne quelque bonne esperance, je vous le marquerai. Si je ne dis rien...

X. — A SAINT-PREUX

Commencée par madame d'Orbe, et achevée par M. de Wolmar.

Mort de Julie

C'en est fait, homme imprudent, homme infortuné, malheureux visionnaire ! Jamais vous ne la reverrez... le voile... Julie n'est...

Elle vous a écrit. Attendez sa lettre : honorez ses dernieres volontés. Il vous reste de grands devoirs a remplir sur la terre

---

XI. — DE M. DE WOLMAR A SAINT-PREUX

J'ai laissé passer vos premieres douleurs en silence; ma lettre n'eût fait que les aigrir. vous n'étiez pas plus en état de supporter ces details que moi de les faire. Aujourd'hui peut-etre nous serontils doux a tous deux Il ne me reste d'elle que des souvenirs; mon cœur se plait a les recueillir Vous n'avez plus que des pleurs a lui donner, vous aurez la consolation d'en verser pour elle. Ce plaisir des infortunés m'est refusé dans ma misere, je suis plus malheureux que vous.

Ce n'est point de sa maladie, c'est d'elle que je veux vous parler. D'autres meres peuvent se jeter apres leur enfant: l'accident, la fievre, la mort, sont de la nature, c'est le sort commun des mortels mais l'emploi de ses derniers moments, ses discours, ses sentiments, son ame, tout cela n'appartient qu'a Julie. Elle n'a point vécu comme une autre; personne, que je sache, n'est mort comme elle. Voila ce que j'ai pu seul observer, et que vous n'apprendrez que de moi.

Vous savez que l'effroi, l'emotion, la chute, l'évacuation de l'eau, lui laisserent une longue faiblesse dont elle ne revint tout a fait qu'ici. En arrivant elle redemanda son fils ; il vint · a peine le vit-elle marcher et repondre a ses caresses, qu'elle devint tout à fait tranquille et consentit a prendre un peu de repos. Son sommeil fut court et comme le medecin n'arrivait point encore, en l'attendant elle nous fit asseoir autour de son lit, la Fanchon, sa cousine, et moi Elle nous parla de ses enfants, des soins assidus qu'exigeait auprès d'eux la forme d'éducation qu'elle avait prise, et du danger de les négliger un moment. Sans donner une grande importance à sa maladie, elle prévoyait qu'elle l'empêcherait quelque temps de remplir sa part des mêmes soins, et nous chargeait tous de répartir cette part sur les nôtres.

Elle s'étendit sur tous ses projets, sur les vôtres, sur les moyens les plus propres à les faire réussir, sur les observations qu'elle avait faites, et qui pouvaient les favoriser ou leur nuire ; enfin sur tout ce qui devait nous mettre en état de suppléer à ses fonctions de mère aussi longtemps qu'elle serait forcée à les suspendre. C'était, pensai-je, bien des précautions pour quelqu'un qui ne se croyait privée que durant quelques jours d'une occupation si chère : mais ce qui m'effraya tout à fait, ce fut de voir qu'elle entrait pour Henriette dans un bien plus grand détail encore. Elle s'était bornée à ce qui regardait la première enfance de ses fils, comme se déchargeant sur un autre du soin de leur jeunesse : pour sa fille, elle embrassa tous les temps ; et, sentant bien que personne ne suppléerait sur ce point aux réflexions que sa propre expérience lui avait fait faire, elle nous exposa en abrégé, mais avec force et clarté, le plan d'éducation qu'elle avait fait pour elle, employant près de la mère les raisons les plus vives et les plus touchantes exhortations pour l'engager à le suivre.

Toutes ces idées sur l'éducation des jeunes personnes et sur les devoirs des mères, mêlées de fréquents retours sur elle-même, ne pouvaient manquer de jeter de la chaleur dans l'entretien. Je vis qu'il s'animait trop. Claire tenait une des mains de sa cousine, et la pressait à chaque instant contre sa bouche, en sanglottant pour toute réponse ; la Fanchon n'était pas plus tranquille ; et pour Julie, je remarquai que les larmes lui roulaient aussi dans les yeux, mais qu'elle n'osait pleurer, de peur de nous alarmer davantage. Aussitôt je me dis : Elle se voit morte. Le seul espoir qui me resta fut que la frayeur pouvait l'abuser sur son état, et lui montrer le danger plus grand qu'il n'était peut-être. Malheureusement je la connaissais trop, pour compter beaucoup sur cette erreur. J'avais essayé plusieurs fois de la calmer ; je la priai derechef de ne pas s'agiter hors de propos par des discours qu'on pouvait reprendre à loisir. Ah ! dit-elle, rien ne fait tant de mal aux femmes que le silence : et puis je me sens un peu de fièvre ;

autant vaut employer le babil qu'elle donne à des sujets utiles, qu'a battre sans raison la campagne.

L'arrivée du médecin causa dans la maison un trouble impossible a peindre. Tous les domestiques, l'un sur l'autre a la porte de la chambre, attendaient, l'œil inquiet et les mains jointes, son jugement sur l'état de leur maîtresse comme l'arrêt de leur sort. Ce spectacle jeta la pauvre Claire dans une agitation qui me fit craindre pour sa tete. Il fallut les eloigner sous différents prétextes, pour écarter de ses yeux cet objet d'effroi. Le medecin donna vaguement un peu d'espérance, mais d'un ton propre a me l'oter. Julie ne dit pas non plus ce qu'elle pensait; la présence de sa cousine la tenait en respect. Quand il sortit, je le suivis : Claire en voulut faire autant; mais Julie la retint, et me fit de l'œil un signe que j'entendis. Je me hâtai d'avertir le médecin que s'il y avait du danger, il fallait le cacher à madame d'Orbe avec autant et plus de soin qu'a la malade, de peur que le desespoir n'achevat de la troubler, et ne la mit hors d'etat de servir son amie. Il déclara qu'il y avait en effet du danger; mais que vingt-quatre heures étant a peine ecoulees depuis l'accident, il fallait plus de temps pour établir un pronostic assuré; que la nuit prochaine deciderait du sort de la maladie, et qu'il ne pouvait prononcer que le troisieme jour. La Fanchon seule fut temoin de ce discours; et apres l'avoir engagee, non sans peine, a se contenir, on convint de ce qui serait dit a madame d'Orbe et au reste de la maison.

Vers le soir Julie obligea sa cousine, qui avait passé la nuit precedente auprès d'elle, et qui voulait encore y passer la suivante, a s'aller reposer quelques heures. Durant ce temps la malade ayant su qu'on allait la saigner du pied, et que le medecin preparait des ordonnances, elle le fit appeler, et lui tint ce discours : « Monsieur
« du Bosson, quand on croit devoir tromper un malade craintif
« sur son etat, c'est une precaution d'humanité que j'approuve ;
« mais c'est une cruauté de prodiguer également a tous des soins
« superflus et desagreables, dont plusieurs n'ont aucun besoin.
« Prescrivez moi tout ce que vous jugerez m'etre veritablement
« utile, j'obeirai ponctuellement. Quant aux remedes qui ne sont
« que pour l'imagination, faites-m'en grâce : c'est mon corps et
« non mon esprit qui souffre ; et je n'ai pas peur de finir mes jours,
« mais d'en mal employer le reste. Les derniers moments de la vie
« sont trop precieux pour qu'il soit permis d'en abuser. Si vous

« ne pouvez prolonger la mienne, au moins ne l'abrégez pas, en
« m'ôtant l'emploi du peu d'instants qui me sont laissés par la
« nature. Moins il m'en reste, plus vous devez les respecter. Fai-
« tes-moi vivre, ou laissez-moi : je saurai bien mourir seule. »
Voilà comment cette femme si timide et si douce dans le commerce ordinaire savait trouver un ton ferme et sérieux dans les occasions importantes.

La nuit fut cruelle et décisive. Étouffement, oppression, syncope, la peau sèche et brûlante, une ardente fièvre, durant laquelle on l'entendait souvent appeler vivement Marcellin comme pour le retenir, et prononcer aussi quelquefois un autre nom, jadis si répété dans une occasion pareille. Le lendemain le médecin me déclara sans détour qu'il n'estimait pas qu'elle eût trois jours à vivre. Je fus seul dépositaire de cet affreux secret; et la plus terrible heure de ma vie fut celle où je le portai dans le fond de mon cœur sans savoir quel usage j'en devais faire. J'allai seul errer dans les bosquets, rêvant au parti que j'avais à prendre, non sans quelques tristes réflexions sur le sort qui me ramenait, dans ma vieillesse, à cet état solitaire dont je m'ennuyais même avant d'en connaître un plus doux.

La veille, j'avais promis à Julie de lui rapporter fidèlement le jugement du médecin; elle m'avait intéressé, par tout ce qui pouvait toucher mon cœur, à lui tenir parole. Je sentais cet engagement sur ma conscience. Mais quoi! pour un devoir chimérique et sans utilité, fallait-il contrister son âme, et lui faire à longs traits savourer la mort? Quel pouvait être à mes yeux l'objet d'une précaution si cruelle? Lui annoncer sa dernière heure, n'était-ce pas l'avancer? Dans un intervalle si court que deviennent les désirs, l'espérance, éléments de la vie? Est-ce en jouir encore que de se voir si près du moment de la perdre? Était-ce à moi de lui donner la mort?

Je marchais à pas précipités, avec une agitation que je n'avais jamais éprouvée. Cette longue et pénible anxiété me suivait partout; j'en traînais après moi l'insupportable poids. Une idée vint enfin me déterminer. Ne vous efforcez pas de la prévoir; il faut vous la dire.

Pour qui est-ce que je délibère? est-ce pour elle ou pour moi? Sur quel principe est-ce que je raisonne? est-ce sur son système ou sur le mien? Qu'est-ce qui m'est démontré sur l'un ou sur l'autre? Je n'ai pour croire ce que je crois que mon opinion armée de quelques probabilités. Nulle démonstration ne la renverse, il est vrai ; mais quelle démonstration l'établit? Elle a pour croire ce qu'elle croit son opinion de même ; mais elle y voit l'évidence ; cette opinion à ses yeux est une démonstration. Quel droit ai-je de préférer, quand il s'agit d'elle, ma simple opinion que je reconnais douteuse, à son opinion qu'elle tient pour démontrée? Comparons les conséquences des deux sentiments. Dans le sien, la disposition de sa dernière heure doit décider de son sort durant l'éternité. Dans le mien, les ménagements que je veux avoir pour elle lui seront indifférents dans trois jours. Dans trois jours, selon moi, elle ne sentira plus rien. Mais si peut-être elle avait raison, quelle différence ! Des biens ou des maux éternels !.. Peut-être ! ce mot est terrible !.. Malheureux ! risque ton âme, et non la sienne.

Voilà le premier doute qui m'ait rendu suspecte l'incertitude que vous avez si souvent attaquée. Ce n'est pas la dernière fois qu'il est revenu depuis ce temps-là. Quoi qu'il en soit, ce doute me délivra de celui qui me tourmentait. Je pris sur-le-champ mon parti ; et, de peur d'en changer, je courus en hâte au lit de Julie. Je fis sortir tout le monde, et je m'assis, vous pouvez juger avec quelle contenance. Je n'employai point auprès d'elle les précautions nécessaires pour les petites âmes. Je ne dis rien ; mais elle me vit et me comprit à l'instant. Croyez-vous me l'apprendre? dit-elle en me tendant la main. Non, mon ami, je me sens bien : la mort me presse, il faut nous quitter.

Alors elle me tint un long discours dont j'aurai à vous parler quelque jour, et durant lequel elle écrivit son testament dans mon cœur. Si j'avais moins connu le sien, ses dernières dispositions auraient suffi pour me le faire connaître.

Elle me demanda si son état était connu dans la maison. Je lui dis que l'alarme y régnait, mais qu'on ne savait rien de positif, et que du Bosson s'était ouvert à moi seul. Elle me conjura que le secret fût soigneusement gardé le reste de la journée. Claire, ajouta-t-elle, ne supportera jamais ce coup que de ma main ; elle en mourra s'il lui vient d'une autre. Je destine la nuit prochaine à ce triste devoir. C'est pour cela surtout que j'ai voulu avoir l'avis du médecin, afin de ne pas exposer sur mon seul sentiment cette infortune à recevoir à faux une si cruelle atteinte. Faites qu'elle ne soupçonne rien avant le temps, ou vous risquez de rester sans amie et de laisser vos enfants sans mere.

Elle me parla de son pere. J'avouai lui avoir envoyé un exprès; mais je me gardai d'ajouter que cet homme, au lieu de se contenter de donner ma lettre comme je lui avais ordonné, s'etait hâte de parler, et si lourdement, que mon vieux ami, croyant sa fille noyée, était tombé d'effroi sur l'escalier, et s'etait fait une blessure qui le retenait a Blonay dans son lit. L'espoir de revoir son pere la toucha sensiblement; et la certitude que cette esperance etait vaine ne fut pas le moindre des maux qu'il me fallut devorer.

Le redoublement de la nuit precedente l'avait extremement affaiblie Ce long entretien n'avait pas contribue a la fortifier. Dans l'accablement où elle etait, elle essaya de prendre un peu de repos durant la journée. je n'appris que le surlendemain qu'elle ne l'avait pas passée tout entiere a dormir.

Cependant la consternation régnait dans la maison. Chacun dans un morne silence attendait qu'on le tirât de peine, et n'osait interroger personne, crainte d'apprendre plus qu'il ne voulait savoir. On se disait · S'il y a quelque bonne nouvelle, on s'empressera de la dire; s'il y en a de mauvaises, on ne les saura toujours que trop tôt. Dans la frayeur dont ils étaient saisis, c'etait assez pour eux qu'il n'arrivât rien qui fit nouvelle. Au milieu de ce morne repos, madame d'Orbe etait la seule active et parlante. Sitôt qu'elle etait hors de la chambre de Julie, au lieu de s'aller reposer dans la sienne, elle parcourait toute la maison; elle arretait tout le monde, demandant ce qu'avait dit le médecin, ce qu'on disait. Elle avait été témoin de la nuit précedente, elle ne pouvait ignorer ce qu'elle avait vu; mais elle cherchait a se tromper elle-même, et a récuser le temoignage de ses yeux Ceux qu'elle questionnait ne lui répondant rien que de favorable, cela l'encourageait a questionner les autres, et toujours avec une inquietude si vive, avec un air si effrayant, qu'on eut su la verité mille fois, sans être tenté de la lui dire

Auprès de Julie elle se contraignait, et l'objet touchant qu'elle avait sous les yeux la disposait plus a l'affliction qu'a l'emportement. Elle craignait surtout de lui laisser voir ses alarmes; mais elle reussissait mal a les cacher, on apercevait son trouble dans son affectation même a paraitre tranquille. Julie, de son coté, n'epargnait rien pour l'abuser. Sans extenuer son mal, elle en parlait presque comme d'une chose passée, et ne semblait en peine que du temps qu'il lui faudrait pour se remettre. C'était encore un de mes supplices de les voir chercher à se rassurer mutuellement, moi qui savais si bien qu'aucune des deux n'avait dans l'âme l'espoir qu'elle s'efforçait de donner à l'autre.

Madame d'Orbe avait veillé les deux nuits précédentes ; il y avait trois jours qu'elle ne s'était déshabillée. Julie lui proposa de s'aller coucher ; elle n'en voulut rien faire. Hé bien donc, dit Julie, qu'on lui tende un petit lit dans ma chambre : à moins, ajouta-t-elle comme par réflexion, qu'elle ne veuille partager le mien. Qu'en dis-tu, cousine ? Mon mal ne se gagne pas, tu ne te dégoûtes pas de moi ; couche dans mon lit. Le parti fut accepté. Pour moi, l'on me renvoya, et véritablement j'avais besoin de repos.

Je fus levé de bonne heure. Inquiet de ce qui s'était passé durant la nuit, au premier bruit que j'entendis j'entrai dans la chambre. Sur l'état où madame d'Orbe était la veille, je jugeai du désespoir où j'allais la trouver, et des fureurs dont je serais le témoin. En entrant, je la vis assise dans un fauteuil, défaite et pâle, ou plutôt livide, les yeux plombés et presque éteints, mais douce, tranquille, parlant peu, et faisant tout ce qu'on lui disait sans répondre. Pour Julie, elle paraissait moins faible que la veille ; sa voix était plus ferme, son geste plus animé ; elle semblait avoir pris la vivacité de sa cousine. Je connus aisément à son teint que ce mieux apparent était l'effet de la fièvre ; mais je vis aussi briller dans ses regards je ne sais quelle secrète joie qui pouvait y contribuer, et dont je ne démêlais pas la cause. Le médecin n'en confirma pas moins son jugement de la veille, la malade n'en continua pas moins de penser comme lui ; il ne me resta plus aucune espérance.

Ayant été forcé de m'absenter pour quelque temps, je remarquai en rentrant que l'appartement était arrangé avec soin ; il y régnait de l'ordre et de l'élégance ; elle avait fait mettre des pots de fleurs sur sa cheminée, ses rideaux étaient entr'ouverts et rattachés, l'air avait été changé ; on y sentait une odeur agréable ; on n'eût jamais cru être dans la chambre d'un malade. Elle avait fait sa toilette avec le même soin, la grâce et le goût se montraient encore dans sa parure négligée. Tout cela lui donnait plutôt l'air d'une femme du monde qui attend compagnie, que d'une campagnarde qui attend sa dernière heure. Elle vit ma surprise, elle en sourit ; et, lisant dans ma pensée, elle allait me répondre, quand on amena les enfants. Alors il ne fut plus question que d'eux, et vous pouvez juger si, se sentant prête à les quitter, ses caresses furent tièdes et modérées. J'observai même qu'elle revenait plus souvent et avec des étreintes encore plus ardentes à celui qui lui coutait la vie, comme s'il lui fut devenu plus cher à ce prix.

Tous ces embrassements, ces soupirs, ces transports, étaient des mystères pour ces pauvres enfants. Ils l'aimaient tendrement, mais c'était la tendresse de leur âge : ils ne comprenaient rien à son état, au redoublement de ses caresses, à ses regrets de ne les voir plus; ils nous voyaient tristes et ils pleuraient : ils n'en savaient pas davantage. Quoiqu'on apprenne aux enfants le nom de la mort, ils n'en ont aucune idée, ils ne la craignent ni pour eux ni pour les autres; ils craignent de souffrir et non de mourir. Quand la douleur arrachait quelque plainte à leur mère, ils perçaient l'air de leurs cris; quand on leur parlait de la perdre, on les aurait crus stupides. La seule Henriette, un peu plus âgée, et d'un sexe ou le sentiment et les lumières se développent plus tôt, paraissait troublée et alarmée de voir sa petite maman dans un lit, elle qu'on voyait toujours levée avant ses enfants. Je me souviens qu'à ce propos Julie fit une réflexion tout à fait dans son caractère, sur l'imbécile vanité de Vespasien qui resta couché tandis qu'il pouvait agir, et se leva lorsqu'il ne put plus rien faire [1]. Je ne sais pas, dit elle, s'il faut qu'un empereur meure debout, mais je sais bien qu'une mère de famille ne doit s'aliter que pour mourir.

Après avoir épanché son cœur sur ses enfants, après les avoir pris chacun à part, surtout Henriette, qu'elle tint fort longtemps, et qu'on entendait plaindre et sangloter en recevant ses baisers, elle les appela tous trois, leur donna sa bénédiction, et leur dit, en leur montrant madame d'Orbe : Allez, mes enfants, allez vous jeter aux pieds de votre mère : voilà celle que Dieu vous donne; il ne vous a rien ôté. A l'instant ils courent à elle, se mettent à ses genoux, lui prennent les mains, l'appellent leur bonne

[1] Ceci n'est pas bien exact. Suétone dit que Vespasien travaillait comme à l'ordinaire dans son lit de mort, et donnait même ses audiences : mais peut-être en effet eut-il mieux valu se lever pour donner ses audiences, et se recoucher pour mourir. Je sais que Vespasien, sans être un grand homme, était au moins un grand prince. N'importe, quelque rôle qu'on ait pu faire durant sa vie, on ne doit point jouer la comédie à sa mort.

maman, leur seconde mere. Claire se pencha sur eux ; mais en les serrant dans ses bras elle s'efforça vainement de parler ; elle ne trouva que des gémissements, elle ne put jamais prononcer un seul mot ; elle étouffait. Jugez si Julie était emue ! Cette scene commençait a devenir trop vive ; je la fis cesser.

Ce moment d'attendrissement passé, l'on se remit a causer autour du lit, et quoique la vivacité de Julie se fût un peu éteinte avec le redoublement, on voyait le même air de contentement sur son visage elle parlait de tout avec une attention et un intérêt qui montraient un esprit tres-libre de soins ; rien ne lui échappait ; elle était a la conversation comme si elle n'avait eu autre chose à faire. Elle nous proposa de diner dans sa chambre, pour nous quitter le moins qu'il se pourrait : vous pouvez croire que cela ne fut pas refuse. On servit sans bruit, sans confusion, sans desordre, d'un air aussi rangé que si l'on eut ete dans le salon d'Apollon La Fanchon, les enfants, dinerent a table. Julie, voyant qu'on manquait d'appetit, trouva le secret de faire manger de tout, tantot pretextant l'instruction de sa cuisiniere, tantot voulant savoir si elle oserait en gouter, tantot nous interessant par notre sante meme, dont nous avions besoin pour la servir ; toujours montrant le plaisir qu'on pouvait lui faire, de maniere a oter tout moyen de s'y refuser, et melant a tout cela un enjouement propre a nous distraire du triste objet qui nous occupait. Enfin une maitresse de maison, attentive a faire ses honneurs, n'aurait pas en pleine sante pour des étrangers des soins plus marqués, plus obligeants, plus aimables, que ceux que Julie mourante avait pour sa famille. Rien de tout ce que j'avais cru prévoir n'arrivait, rien de ce que je voyais ne s'arrangeait dans ma tete. Je ne savais plus qu'imaginer ; je n'y etais plus.

Apres le diner on annonça monsieur le ministre. Il venait comme ami de la maison, ce qui lui arrivait fort souvent. Quoique je ne l'eusse point fait appeler, parce que Julie ne l'avait pas demandé, je vous avoue que je fus charme de son arrivee ; et je ne crois pas qu'en pareille circonstance le plus zele croyant l'eût pu voir avec plus de plaisir. Sa présence allait éclaircir bien des doutes et me tirer d'une etrange perplexite.

Rappelez-vous le motif qui m'avait porte a lui annoncer sa fin prochaine. Sur l'effet qu'aurait dû selon moi produire cette affreuse nouvelle, comment concevoir celui qu'elle avait produit réellement ? Quoi ! cette femme dévote qui dans l'état de santé ne passe pas un jour sans se recueillir, qui fait un de ses plaisirs de la prière, n'a plus que deux jours à vivre, elle se voit prête à paraître devant le juge redoutable ; et au lieu de se préparer à ce moment terrible, au lieu de mettre ordre à sa conscience, elle s'amuse à parer sa chambre, à faire sa toilette, à causer avec ses amis, à égayer leur repas, et dans tous ses entretiens pas un seul mot de Dieu ni du salut ! Que devais-je penser d'elle et de ses vrais sentiments ? Comment arranger sa conduite avec les idées que j'avais de sa piété ? Comment accorder l'usage qu'elle faisait des derniers moments de sa vie avec ce qu'elle avait dit au médecin de leur prix ? Tout cela formait à mon sens une énigme inexplicable. Car enfin, quoique je ne m'attendisse pas lui trouver toute la petite cagoterie des dévotes, il me semblait pourtant que c'était le temps de songer à ce qu'elle estimait d'une si grande importance, et qui ne souffrait aucun retard. Si l'on est dévot durant le tracas de cette vie, comment ne le sera-t-on pas au moment qu'il la faut quitter, et qu'il ne reste plus qu'à penser à l'autre ?

Ces réflexions m'amenèrent à un point où je ne me serais guère attendu d'arriver. Je commençai presque d'être inquiet que mes opinions indiscrètement soutenues n'eussent enfin trop gagné sur elle. Je n'avais pas adopté les siennes, et pourtant je n'aurais pas voulu qu'elle y eût renoncé. Si j'eusse été malade, je serais certainement mort dans mon sentiment ; mais je désirais qu'elle mourût dans le sien, et je trouvais pour ainsi dire qu'en elle je risquais plus qu'en moi. Ces contradictions vous paraîtront extravagantes ; je ne les trouve pas raisonnables, et cependant elles ont existé. Je ne me charge pas de les justifier, je vous les rapporte.

Enfin le moment vint où mes doutes allaient être éclaircis : car il était aisé de prévoir que tôt ou tard le pasteur amènerait la conversation sur ce qui fait l'objet de son ministère ; et quand Julie eût été capable de déguisement dans ses réponses, il lui eût été bien difficile de se déguiser assez pour qu'attentif et prévenu je n'eusse pas démêlé ses vrais sentiments.

Tout arriva comme je l'avais prévu. Je laisse à part les lieux communs mêlés d'éloges qui servirent de transitions au ministre pour venir à son sujet ; je laisse encore ce qu'il lui dit de touchant sur le bonheur de couronner une bonne vie par une fin chrétienne.

Il ajouta qu'à la vérité il lui avait quelquefois trouvé sur certains points des sentiments qui ne s'accordaient pas entièrement avec la doctrine de l'Église, c'est-à-dire avec celle que la plus saine raison pouvait déduire de l'Écriture; mais comme elle ne s'était jamais aheurtée à les défendre, il espérait qu'elle voulait mourir ainsi qu'elle avait vécu, dans la communion des fidèles, et acquiescer en tout à la commune profession de foi.

Comme la réponse de Julie était décisive sur mes doutes, et n'était pas, à l'égard des lieux communs, dans le cas de l'exhortation, je vais vous la rapporter presque mot à mot, car je l'avais bien écoutée, et j'allai l'écrire dans le moment.

« Permettez-moi, monsieur, de commencer par vous remercier
« de tous les soins que vous avez pris de me conduire dans la droite
« route de la morale et de la foi chrétienne, et de la douceur avec
« laquelle vous avez corrigé ou supporté mes erreurs quand je me
« suis égarée. Pénétrée de respect pour votre zèle et de reconnais-
« sance pour vos bontés, je déclare avec plaisir que je vous dois
« toutes mes bonnes résolutions, et que vous m'avez toujours
« portée à faire ce qui était bien, et à croire ce qui était vrai.

« J'ai vécu et je meurs dans la communion protestante, qui tire
« son unique règle de l'Écriture sainte et de la raison; mon cœur
« a toujours confirmé ce que prononçait ma bouche; et quand je
« n'ai pas eu pour vos lumières toute la docilité qu'il eût fallu
« peut-être, c'était un effet de mon aversion pour toute espèce de
« déguisement : ce qu'il m'était impossible de croire, je n'ai pu
« dire que je le croyais; j'ai toujours cherché sincèrement ce qui
« était conforme à la gloire de Dieu et à la vérité. J'ai pu me trom-
« per dans ma recherche; je n'ai pas l'orgueil de penser avoir eu
« toujours raison . j'ai peut-être eu toujours tort; mais mon inten-
« tion a toujours été pure, et j'ai toujours cru ce que je disais
« croire. C'était sur ce point tout ce qui dépendait de moi. Si Dieu
« n'a pas éclairé ma raison au delà, il est clément et juste; pour-
« rait-il me demander compte d'un don qu'il ne m'a pas fait?

« Voilà, monsieur, ce que j'avais d'essentiel à vous dire sur les
« sentiments que j'ai professés. Sur tout le reste mon état présent
« vous répond pour moi. Distraite par le mal, livrée au délire de
« la fièvre, est-il temps d'essayer de raisonner mieux que je n'ai
« fait, jouissant d'un entendement aussi sain que je l'ai reçu? Si je
« me suis trompée alors, me tromperais-je moins aujourd'hui? et

« dans l'abattement où je suis, depend-il de moi de croire autre
« chose que ce que j'ai cru etant en sante ? C'est la raison qui dé-
« cide du sentiment qu'on prefere ; et la mienne ayant perdu ses
« meilleures fonctions, quelle autorité peut donner ce qui m'en reste
« aux opinions que j'adopterais sans elle ? Que me reste-t-il donc
« désormais a faire ? c'est de m'en rapporter a ce que j'ai cru ci-
« devant : car la droiture d'intention est la meme, et j'ai le juge-
« ment de moins. Si je suis dans l'erreur, c'est sans l'aimer ; cela
« suffit pour me tranquilliser sur ma croyance.

« Quant à la preparation a la mort, monsieur, elle est faite ;
« mal, il est vrai, mais de mon mieux, et mieux du moins que je
« ne la pourrais faire a present. J'ai taché de ne pas attendre, pour
« remplir cet important devoir, que j'en fusse incapable. Je priais
« en santé ; maintenant je me resigne. La priere du malade est la
« patience : la preparation a la mort est une bonne vie ; je n'en
« connais point d'autre Quand je conversais avec vous, quand
« je me recueillais seule, quand je m'efforçais de remplir les de-
« voirs que Dieu m'impose, c'est alors que je me disposais a pa-
« raitre devant lui, c'est alors que je l'adorais de toutes les forces
« qu'il m'a donnees que ferais-je aujourd'hui que je les ai per-
« dues ? mon ame alienée est-elle en etat de s'élever a lui ? ces res-
« tes d'une vie a demi éteinte, absorbes par la souffrance, sont ils
« dignes de lui etre offerts ? Non, monsieur, il me les laisse pour
« etre donnes a ceux qu'il m'a fait aimer, et qu'il veut que je
« quitte . je leur fais mes adieux pour aller à lui ; c'est d'eux qu'il
« faut que je m'occupe bientot je m'occuperai de lui seul. Mes
« derniers plaisirs sur la terre sont aussi mes derniers devoirs :
« n'est-ce pas le servir encore et faire sa volonte, que de remplir
« les soins que l'humanité m'impose avant d'abandonner sa dé-
« pouille ? Que faire pour apaiser des troubles que je n'ai pas ?
« Ma conscience n'est point agitée : si quelquefois elle m'a donne
« des craintes, j'en avais plus en sante qu'aujourd'hui Ma con-
« fiance les efface ; elle me dit que Dieu est plus clement que je
« ne suis coupable, et ma securité redouble en me sentant appro-
« cher de lui Je ne lui porte point un repentir imparfait, tardif et
« forcé, qui dicté par la peur ne saurait être sincere, et n'est qu'un
« piége pour le tromper : je ne lui porte pas le reste et le rebut de
« mes jours, pleins de peine et d'ennuis, en proie à la maladie,
« aux douleurs, aux angoisses de la mort, et que je ne lui donne-

« rais que quand je n'en pourrais plus rien faire : je lui porte ma
« vie entière, pleine de pechés et de fautes, mais exempte des re-
« mords de l'impie et des crimes du méchant.

« A quels tourments Dieu pourrait-il condamner mon âme? Les
« réprouvés, dit-on, le haïssent : il faudrait donc qu'il m'empêchât
« de l'aimer? Je ne crains pas d'augmenter leur nombre. O grand
« Être! Être éternel, supreme intelligence, source de vie et de fé-
« licité, créateur, conservateur, père de l'homme et roi de la na-
« ture, Dieu tres-puissant, tres-bon, dont je ne doutai jamais un
« moment, et sous les yeux duquel j'aimai toujours à vivre! je le
« sais, je m'en réjouis, je vais paraitre devant ton trone. Dans
« peu de jours mon ame, libre de sa dépouille, commencera de t'of-
« frir plus dignement cet immortel hommage qui doit faire mon
« bonheur durant l'éternité. Je compte pour rien tout ce que je serai
« jusqu'à ce moment. Mon corps vit encore, mais ma vie morale
« est finie. Je suis au bout de ma carrière, et déjà jugée sur le
« passé. Souffrir et mourir est tout ce qui me reste à faire ; c'est
« l'affaire de la nature : mais moi, j'ai tâché de vivre de maniere
« à n'avoir pas besoin de songer à la mort; et maintenant qu'elle
« approche, je la vois venir sans effroi. Qui s'endort dans le sein
 d'un père n'est pas en souci du reveil. »

Ce discours, prononcé d'abord d'un ton grave et posé, puis avec
plus d'accent et d'une voix plus elevée, fit sur tous les assistants,
sans m'en excepter, une impression d'autant plus vive, que les
yeux de celle qui le prononça brillaient d'un feu surnaturel; un
nouvel eclat animait son teint, elle paraissait rayonnante, et s'il
y a quelque chose au monde qui mérite le nom de celeste, c'etait
son visage tandis qu'elle parlait.

Le pasteur lui-meme, saisi, transporté de ce qu'il venait d'entendre, s'écria en levant les yeux et les mains au ciel Grand
Dieu, voila le culte qui t'honore; daigne t'y rendre propice; les
humains t'en offrent peu de pareils.

Madame, dit-il en s'approchant du lit, je croyais vous instruire,
et c'est vous qui m'instruisez. Je n'ai plus rien à vous dire. Vous
avez la véritable foi, celle qui fait aimer Dieu. Emportez ce précieux repos d'une bonne conscience, il ne vous trompera pas; j'ai
vu bien des chretiens dans l'etat ou vous etes, je ne l'ai trouve
qu'en vous seule Quelle difference d'une fin si paisible à celle de
ces pécheurs bourreles qui n'accumulent tant de vaines et seches

prières que parce qu'ils sont indignes d'être exaucés ! Madame, votre mort est aussi belle que votre vie : vous avez vécu pour la charité; vous mourez martyre de l'amour maternel. Soit que Dieu vous rende à nous pour nous servir d'exemple, soit qu'il vous appelle à lui pour couronner vos vertus, puissions-nous tous tant que nous sommes vivre et mourir comme vous ! nous serons bien sûrs du bonheur de l'autre vie.

Il voulut s'en aller, elle le retint. Vous êtes de mes amis, lui dit-elle, et l'un de ceux que je vois avec le plus de plaisir ; c'est pour eux que mes derniers moments me sont précieux. Nous allons nous quitter pour si longtemps, qu'il ne faut pas nous quitter si vite. Il fut charmé de rester, et je sortis là-dessus.

En rentrant je vis que la conversation avait continué sur le même sujet, mais d'un autre ton et comme sur une matière indifférente. Le pasteur parlait de l'esprit faux qu'on donnait au christianisme en n'en faisant que la religion des mourants, et de ses ministres des hommes de mauvais augure. On nous regarde, disait-il, comme des messagers de mort, parce que, dans l'opinion commode qu'un quart d'heure de repentir suffit pour effacer cinquante ans de crimes, on n'aime à nous voir que dans ce temps-là. Il faut nous vêtir d'une couleur lugubre; il faut affecter un air sévère; on n'épargne rien pour nous rendre effrayants. Dans les autres cultes c'est pis encore. Un catholique mourant n'est environné que d'objets qui l'épouvantent, et de cérémonies qui l'enterrent tout vivant. Au soin qu'on prend d'écarter de lui les démons, il croit en voir sa chambre pleine; il meurt cent fois de terreur avant qu'on l'achève; et c'est dans cet état d'effroi que l'Église aime à le plonger, pour avoir meilleur marché de sa bourse. Rendons grâces au ciel, dit Julie, de n'être point nés dans ces religions vénales, qui tuent les gens pour en hériter, et qui, vendant le paradis aux riches, portent jusqu'en l'autre monde l'injuste inégalité qui règne dans celui-ci. Je ne doute point que toutes ces sombres idées ne fomentent l'incrédulité, et ne donnent une aversion naturelle pour le culte qui les nourrit. J'espère, dit-elle en me regardant, que celui qui doit élever nos enfants prendra des maximes tout opposées, et qu'il ne leur rendra point la religion lugubre et triste, en y mêlant incessamment des pensées de mort. S'il leur apprend à bien vivre, ils sauront assez bien mourir.

Dans la suite de cet entretien, qui fut moins serré et plus interrompu que je ne vous le rapporte, j'achevai de concevoir les maximes de Julie et la conduite qui m'avait scandalisé. Tout cela tenait a ce que, sentant son état parfaitement désespéré, elle ne songeait plus qu'a en écarter l'inutile et funebre appareil dont l'effroi des mourants les environne, soit pour donner le change a notre affliction, soit pour s'ôter a elle-meme un spectacle attristant à pure perte. La mort, disait-elle, est deja si penible ! pourquoi la rendre encore hideuse ? Les soins que les autres perdent a vouloir prolonger leur vie, je les emploie a jouir de la mienne jusqu'au bout. il ne s'agit que de savoir prendre son parti ; tout le reste va de lui-meme. Ferai-je de ma chambre un hopital, un objet de degoût et d'ennui, tandis que mon dernier soin est d'y rassembler tout ce qui m'est cher ? Si j'y laisse croupir le mauvais air, il en faudra ecarter mes enfants, ou exposer leur santé. Si je reste dans un equipage a faire peur, personne ne me reconnaitra plus ; je ne serai plus la meme, vous vous souviendrez tous de m'avoir aimée, et ne pourrez plus me souffrir. j'aurai, moi vivante, l'affreux spectacle de l'horreur que je ferai, meme a mes amis, comme si j'etais deja morte. Au lieu de cela, j'ai trouvé l'art d'etendre ma vie sans la prolonger. J'existe, j'aime, je suis aimée, je vis jusqu'à mon dernier soupir. L'instant de la mort n'est rien ; le mal de la nature est peu de chose ; j'ai banni tous ceux de l'opinion.

Tous ces entretiens et d'autres semblables se passaient entre la malade, le pasteur, quelquefois le medecin, la Fanchon, et moi. Madame d'Orbe y etait toujours presente, et ne s'y melait jamais. Attentive aux besoins de son amie, elle était prompte a la servir. Le reste du temps, immobile et presque inanimée, elle la regardait sans rien dire, et, sans rien entendre de ce qu'on disait.

Pour moi, craignant que Julie ne parlat jusqu'a s'epuiser, je pris le moment que le ministre et le medecin s'etaient mis a causer ensemble, et, m'approchant d'elle, je lui dis a l'oreille : Voila bien des discours pour une malade ! voila bien de la raison pour quelqu'un qui se croit hors d'état de raisonner !

Oui, me dit-elle tout bas, je parle trop pour une malade, mais non pas pour une mourante, bientot je ne dirai plus rien. A l'egard des raisonnements, je n'en fais plus, mais j'en ai fait. Je savais en santé qu'il fallait mourir. J'ai souvent reflechi sur ma derniere maladie ; je profite aujourd'hui de ma prevoyance. Je ne suis plus en état de penser ni de résoudre, je ne fais que dire ce que j'avais pensé, et pratiquer ce que j'avais résolu.

Le reste de la journée, à quelques accidents près, se passa avec la même tranquillité, et presque de la même manière que quand tout le monde se portait bien Julie était, comme en pleine santé, douce et caressante, elle parlait avec le même sens, avec la même liberté d'esprit, même d'un air serein qui allait quelquefois jusqu'à la gaieté enfin, je continuais de démêler dans ses yeux un certain mouvement de joie qui m'inquiétait de plus en plus, et sur lequel je résolus de m'éclaircir avec elle

Je n'attendis pas plus tard que le même soir Comme elle vit que je m'étais ménagé un tête-à-tête, elle me dit Vous m'avez prévenue, j'avais à vous parler. Fort bien, lui dis je, mais puis que j'ai pris les devants, laissez-moi m'expliquer le premier.

Alors m'étant assis auprès d'elle, et la regardant fixement, je lui dis Julie, ma chère Julie, vous avez navré mon cœur : hélas ! vous avez attendu bien tard ! Oui, continuai-je voyant qu'elle me regardait avec surprise, je vous ai pénétrée, vous vous réjouissez de mourir, vous êtes bien aise de me quitter. Rappelez-vous la conduite de votre époux depuis que nous vivons ensemble; ai-je mérité de votre part un sentiment si cruel? A l'instant elle me prit les mains, et de ce ton qui savait aller chercher l'âme : Qui? moi? je veux vous quitter? Est-ce ainsi vous lisez dans mon cœur? Avez-vous sitôt oublié notre entretien d'hier? Cependant, repris je, vous mourez contente... je l'ai vu .. je le vois. . Arrêtez, dit elle il est vrai, je meurs contente; mais c'est de mourir comme j'ai vécu, digne d'être votre épouse. Ne m'en demandez pas davantage, je ne vous dirai rien de plus; mais voici, continua-t-elle en tirant un papier de dessous son chevet, où vous achèverez d'éclaircir ce mystère. Ce papier était une lettre; et j vis qu'elle vous était adressée. Je vous la remets ouverte, ajouta-t-elle en me la donnant, afin qu'après l'avoir lue vous vous déterminiez à l'envoyer ou à la supprimer, selon ce que vous trouverez le plus convenable à votre sagesse et à mon honneur Je vous prie de ne la lire que quand je ne serai plus; et je suis si sûre de ce que vous ferez à ma prière, que je ne veux pas même que vous me le promettiez. Cette lettre, cher Saint-Preux, est celle que vous trouverez ci-jointe. J'ai beau savoir que celle qui l'a écrite est morte, j'ai peine à croire qu'elle n'est plus rien.

Elle me parla ensuite de son père avec inquiétude. Quoi! dit-elle, il sait sa fille en danger, et je n'entends point parler de lui! Lui serait-il arrivé quelque malheur? Aurait-il cessé de m'aimer? Quoi! mon père!... ce père si tendre... m'abandonner ainsi!... me laisser mourir sans le voir!... sans recevoir sa bénédiction... ses derniers embrassements!... O Dieu! quels reproches amers il se fera quand il ne me trouvera plus! Cette réflexion lui était douloureuse. Je jugeai qu'elle supporterait plus aisément l'idée de son père malade que celle de son père indifférent. Je pris le parti de lui avouer la vérité. En effet, l'alarme qu'elle en conçut se trouva moins cruelle que ses premiers soupçons. Cependant la pensée de ne plus le revoir l'affecta vivement. Hélas! dit elle, que deviendra-t-il après moi? à quoi tiendra-t-il? Survivre à toute sa famille!. quelle vie sera la sienne? Il sera seul, il ne vivra plus. Ce moment fut un de ceux où l'horreur de la mort se faisait sentir, et où la nature reprenait son empire. Elle soupira, joignit les mains, leva les yeux, et je vis qu'en effet elle employait cette difficile prière qu'elle avait dit être celle du malade.

Elle revint à moi. Je me sens faible, dit-elle; je prévois que cet entretien pourrait être le dernier que nous aurons ensemble. Au nom de notre union, au nom de nos chers enfants qui en sont le gage, ne soyez plus injuste envers votre épouse. Moi, me réjouir de vous quitter! vous qui n'avez vécu que pour me rendre heureuse et sage, vous de tous les hommes celui qui me convenait le plus, le seul peut-être avec qui je pouvais faire un bon ménage et devenir une femme de bien! Ah! croyez que si je mettais un prix à la vie, c'était pour la passer avec vous. Ces mots prononcés avec tendresse m'émurent au point qu'en portant fréquemment à ma bouche ses mains que je tenais dans les miennes, je les sentis se mouiller de mes pleurs. Je ne croyais pas mes yeux faits pour en répandre. Ce furent les premiers depuis ma naissance; ce seront les derniers jusqu'à ma mort. Après en avoir versé pour Julie, il n'en faut plus verser pour rien.

Ce jour fut pour elle un jour de fatigue. La préparation de madame d'Orbe durant la nuit, la scène des enfants le matin, celle du ministre l'après-midi, l'entretien du soir avec moi, l'avaient jetée dans l'épuisement. Elle eut un peu plus de repos cette nuit-là que les précédentes, soit à cause de sa faiblesse, soit qu'en effet la fièvre et le redoublement fussent moindres.

Le lendemain dans la matinée on vint me dire qu'un homme très-mal mis demandait avec beaucoup d'empressement à voir madame en particulier. On lui avait dit l'état où elle était : il avait insisté, disant qu'il s'agissait d'une bonne action, qu'il connaissait bien madame de Wolmar, et qu'il savait bien que tant qu'elle respirerait elle aimerait à en faire de telles. Comme elle avait établi pour règle inviolable de ne jamais rebuter personne, et surtout les malheureux, on me parla de cet homme avant de le renvoyer. Je le fis venir. Il était presque en guenilles, il avait l'air et le ton de la misère; au reste, je n'aperçus rien dans sa physionomie et dans ses propos qui me fît mal augurer de lui. Il s'obstinait à ne vouloir parler qu'à Julie. Je lui dis que s'il ne s'agissait que de quelque secours pour lui aider à vivre, sans importuner pour cela une femme à l'extrémité, je ferais ce qu'elle aurait pu faire. Non, dit il, je ne demande point d'argent, quoique j'en aie grand besoin, je demande un bien qui m'appartient, un bien que j'estime plus que tous les trésors de la terre, un bien que j'ai perdu par ma faute, et que madame seule, de qui je le tiens, peut me rendre une seconde fois.

Ce discours, auquel je ne compris rien, me détermina pourtant. Un malhonnête homme eut pu dire la même chose, mais il ne l'eut jamais dite du même ton. Il exigeait du mystère, ni laquais ni femme de chambre. Ces précautions me semblaient bizarres, toutefois je les pris. Enfin je le lui menai. Il m'avait dit être connu de madame d'Orbe, il passa devant elle, elle ne le reconnut point, et j'en fus peu surpris. Pour Julie, elle le reconnut à l'instant; et le voyant dans ce triste équipage, elle me reprocha de l'y avoir laissé. Cette reconnaissance fut touchante. Claire, éveillée par le bruit, s'approche, et le reconnait à la fin, non sans donner aussi quelques signes de joie; mais les témoignages de son bon cœur s'éteignaient dans sa profonde affliction : un seul sentiment absorbait tout; elle n'était plus sensible à rien.

Je n'ai pas besoin, je crois, de vous dire qui était cet homme. Sa présence rappela bien des souvenirs. Mais tandis que Julie le consolait et lui donnait de bonnes espérances, elle fut saisie d'un violent étouffement, et se trouva si mal qu'on crut qu'elle allait expirer. Pour ne pas faire scène, et prévenir les distractions dans un moment où il ne fallait songer qu'à la secourir, je fis passer l'homme dans le cabinet, l'avertissant de le fermer sur lui. La Fanchon fut appelée, et à force de temps et de soins la malade revint enfin de sa pâmoison. En nous voyant tous consternés autour d'elle, elle nous dit : Mes enfants, ce n'est qu'un essai ; cela n'est pas si cruel qu'on pense.

Le calme se rétablit ; mais l'alarme avait été si chaude, qu'elle me fit oublier l'homme dans le cabinet ; et quand Julie me demanda tout bas ce qu'il était devenu, le couvert était mis, tout le monde était là. Je voulus entrer pour lui parler ; mais il avait fermé la porte en dedans, comme je lui avais dit : il fallut attendre après le dîner pour le faire sortir.

Durant le repas, du Bosson, qui s'y trouvait, parlant d'une jeune veuve qu'on disait se remarier, ajouta quelque chose sur le triste sort des veuves. Il y en a, dis-je, de bien plus à plaindre encore ; ce sont les veuves dont les maris sont vivants. Cela est vrai, reprit Fanchon, qui vit que ce discours s'adressait à elle, surtout quand ils leur sont chers. Alors l'entretien tomba sur le sien ; et comme elle en avait parlé avec affection dans tous les temps, il était naturel qu'elle en parlât de même au moment où la perte de sa bienfaitrice allait lui rendre la sienne encore plus rude. C'est aussi ce qu'elle fit en termes très-touchants, louant son bon naturel, déplorant les mauvais exemples qui l'avaient séduit, et le regrettant si sincèrement, que, déjà disposée à la tristesse, elle s'émut jusqu'à pleurer. Tout à coup le cabinet s'ouvre, l'homme en guenilles en sort impétueusement, se précipite à ses genoux, les embrasse, et fond en larmes. Elle tenait un verre ; il lui échappe : Ah ! malheureux ! d'où viens-tu ? elle se laisse aller sur lui, et serait tombée en faiblesse si l'on n'eût été prompt à la secourir.

Le reste est facile à imaginer. En un moment on sut par toute la maison que Claude Anet était arrivé. Le mari de la bonne Fanchon ! quelle fête ! A peine était-il hors de la chambre qu'il fut équipé. Si chacun n'avait eu que deux chemises, Anet en aurait autant eu lui tout seul qu'il en serait resté à tous les autres. Quand je sortis pour le faire habiller, je trouvai qu'on m'avait si bien prévenu, qu'il fallut user d'autorité pour faire tout reprendre à ceux qui l'avaient fourni.

Cependant Fanchon ne voulait point quitter sa maîtresse. Pour lui faire donner quelques heures à son mari, on prétexta que les enfants avaient besoin de prendre l'air, et tous deux furent chargés de les conduire.

Cette scène n'incommoda point la malade comme les précéden-

tes ; elle n'avait rien eu que d'agréable, et ne lui fit que du bien
Nous passames l'apres-midi, Claire et moi, seuls aupres d'elle „ et
nous eumes deux heures d'un entretien paisible, qu'elle rendit le
plus intéressant, le plus charmant que nous eussions jamais eu.

Elle commença par quelques observations sur le touchant spectacle qui venait de nous frapper, et qui lui rappelait si vivement les premiers temps de sa jeunesse ; puis, suivant le fil des evenements, elle fit une courte recapitulation de sa vie entiere, pour montrer qu'a tout prendre elle avait ete douce et fortunee, que de degres en degres elle etait montee au comble du bonheur permis sur la terre, et que l accident qui terminait ses jours au milieu de leur course marquait selon toute apparence, dans sa carriere naturelle, le point de separation des biens et des maux.

Elle remercia le ciel de lui avoir donné un cœur sensible et porte au bien, un entendement sain, une figure prévenante ; de l'avoir fait naitre dans un pays de liberte et non parmi des esclaves, d'une famille honorable et non d'une race de malfaiteurs, dans une honnete fortune et non dans les grandeurs du monde qui corrompent l'ame, ou dans l'indigence qui l'avilit. Elle se félicita d'etre née d'un pere et d'une mere tous deux vertueux et bons, pleins de droiture et d'honneur, et qui, temperant les defauts l'un de l'autre, avaient formé sa raison sur la leur, sans lui donner leur faiblesse ou leurs prejugés. Elle vanta l'avantage d'avoir ete élevée dans une religion raisonnable et sainte, qui, loin d'abrutir l'homme, l'ennoblit et l'eleve, qui, ne favorisant ni l'impieté ni le fanatisme, permet d'etre sage et de croire, d'etre humain et pieux tout a la fois.

Apres cela, serrant la main de sa cousine qu'elle tenait dans la sienne, et la regardant de cet œil que vous devez connaitre, et que la langueur rendait encore plus touchant. Tous ces biens, dit-elle, ont eté donnés a mille autres ; mais celui-ci !... le ciel ne l'a donne qu'a moi. J'étais femme, et j'eus une amie : il nous fit naitre en meme temps ; il mit dans nos inclinations un accord qui ne s'est jamais dementi ; il fit nos cœurs l'un pour l'autre ; il nous unit des le berceau je l'ai conservee tout le temps de ma vie, et sa main me ferme les yeux. Trouvez un autre exemple pareil au monde, et je ne me vante plus de rien Quels sages conseils ne m'a-t-elle pas donnes ? de quels perils ne m'a-t-elle pas sauvee ? de quels maux ne me consolait elle pas ? Qu'eusse je eté sans elle ? que n'eut-elle pas fait de moi si je l'avais mieux écoutée ? Je la vaudrais peut-être aujourd'hui ! Claire, pour toute réponse, baissa la tête sur le sein de son amie, et voulut soulager ses sanglots par des pleurs : il ne fut pas possible. Julie la pressa longtemps contre sa poitrine en silence. Ces moments n'ont ni mots ni larmes.

Elles se remirent, et Julie continua. Ces biens étaient mêlés d'inconvénients ; c'est le sort des choses humaines. Mon cœur était fait pour l'amour, difficile en mérite personnel, indifférent sur tous les biens de l'opinion. Il était presque impossible que les préjugés de mon père s'accordassent avec mon penchant. Il me fallait un amant que j'eusse choisi moi-même. Il s'offrit, je crus le choisir : sans doute le ciel le choisit pour moi, afin que, livrée aux erreurs de ma passion, je ne le fusse pas aux horreurs du crime, et que l'amour de la vertu restât au moins dans mon âme après elle. Il prit le langage honnête et insinuant avec lequel mille fourbes séduisent tous les jours autant de filles bien nées : mais seul parmi tant d'autres, il était honnête homme et pensait ce qu'il disait. Était-ce ma prudence qui l'avait discerné ? Non ; je ne connus d'abord de lui que son langage, et je fus séduite. Je fis par désespoir ce que d'autres font par effronterie je me jetai, comme disait mon père, à sa tête : il me respecta. Ce fut alors seulement que je pus le connaître. Tout homme capable d'un pareil trait a l'âme belle, alors on y peut compter. Mais j'y comptais auparavant, ensuite j'osai compter sur moi même ; et voilà comment on se perd.

Elle s'étendit avec complaisance sur le mérite de cet amant ; elle lui rendait justice, mais on voyait combien son cœur se plaisait à la lui rendre. Elle le louait même à ses propres dépens. A force d'être équitable envers lui, elle était inique envers elle, et se faisait tort pour lui faire honneur. Elle alla jusqu'à soutenir qu'il eut plus d horreur qu'elle de l'adultère, sans se souvenir qu'il avait lui-même refuté cela.

Tous les détails du reste de sa vie furent suivis dans le même esprit. Mylord Édouard, son mari, ses enfants, votre retour, notre amitié, tout fut mis sous un jour avantageux. Ses malheurs mêmes lui en avaient épargné de plus grands. Elle avait perdu sa mère au moment que cette perte lui pouvait être la plus cruelle ; mais si le ciel la lui eut conservée, bientôt il fut survenu du désordre dans sa famille. L'appui de sa mère, quelque faible qu'il fut, eût suffi pour la rendre plus courageuse à résister à son père ; et de là seraient sortis la discorde et les scandales, peut-être les desastres et le déshonneur, peut-etre pis encore si son frere av ait vecu. Elle avait epouse malgre elle un homme qu'elle n'aimait point; mais elle soutint qu'elle n'aurait pu jamais etre aussi heureuse avec un autre, pas meme avec celui qu'elle avait aimé. La mort de M. d'Orbe lui avait ote un ami, mais en lui rendant son amie Il n'y avait pas jusqu'a ses chagrins et ses peines qu'elle ne comptat pour des avantages, en ce qu'ils avaient empêché son cœur de s'endurcir aux malheurs d'autrui. On ne sait pas, disait-elle, quelle douceur c'est de s'attendrir sur ses propres maux et sur ceux des autres La sensibilite porte toujours dans l'ame un certain contentement de soi-meme, independant de la fortune et des evenements. Que j'ai gémi! que j'ai verse de larmes ! Hé bien ! s'il fallait renaitre aux mêmes conditions, le mal que j'ai commis serait le seul que je voudrais retrancher; celui que j'ai souffert me serait agréable encore. Saint-Preux, je vous rends ses propres mots; quand vous aurez lu sa lettre, vous les comprendrez peut-être mieux.

Voyez donc, continuait-elle, a quelle felicite je suis parvenue. J'en avais beaucoup; j'en attendais davantage. La prosperite de ma famille, une bonne éducation pour mes enfants, tout ce qui m'etait cher rassemble autour de moi, ou pret a l'etre. Le present, l'avenir, me flattaient egalement : la jouissance et l'espoir se reunissaient pour me rendre heureuse : mon bonheur monté par degres etait au comble : il ne pouvait plus que dechoir, il etait venu sans etre attendu, il se fut enfui quand je l'aurais cru durable. Qu'eût fait le sort pour me soutenir a ce point? Un état permanent est il fait pour l'homme ? Non, quand on a tout acquis il faut perdre, ne fut-ce que le plaisir de la possession, qui s'use par elle. Mon pere est deja vieux, mes enfants sont dans l'age tendre ou la vie est encore mal assuree : que de pertes pouvaient m'affliger, sans qu'il me restat plus rien a pouvoir acquerir ! L'affection maternelle augmente sans cesse, la tendresse filiale diminue, a mesure que les enfants vivent plus loin de leur mere En avançant en âge les miens se seraient plus separes de moi Ils auraient vecu dans le monde; ils m'auraient pu négliger. Vous en voulez envoyer un en Russie; que de pleurs son départ m'aurait coutes ! Tout se serait detache de moi peu a peu, et rien n'eût supplee aux pertes que j'aurais faites. Combien de fois j'aurais pu me trouver dans l'etat ou je vous laisse! Enfin n'eut-il pas fallu mourir? peut-être mourir la derniere de tous ! peut-être seule et abandonnee !

Plus on vit, plus on aime à vivre, même sans jouir de rien : j'aurais eu l'ennui de la vie et la terreur de la mort, suite ordinaire de la vieillesse. Au lieu de cela, mes derniers instants sont encore agréables, et j'ai de la vigueur pour mourir; si même on peut appeler mourir que laisser vivant ce qu'on aime. Non, mes amis, non, mes enfants, je ne vous quitte pas pour ainsi dire ; je reste avec vous; en vous laissant tous unis, mon esprit, mon cœur, vous demeurent. Vous me verrez sans cesse entre vous ; vous vous sentirez sans cesse environnés de moi... Et puis nous nous rejoindrons, j'en suis sûre ; le bon Wolmar lui-même ne m'échappera pas. Mon retour à Dieu tranquillise mon âme et m'adoucit un moment pénible ; il me promet pour vous le même destin qu'à moi. Mon sort me suit et s'assure. Je fus heureuse, je le suis, je vais l'être : mon bonheur est fixé, je l'arrache à la fortune ; il n'a plus de bornes que l'éternité.

Elle en était là quand le ministre entra. Il l'honorait et l'estimait véritablement. Il savait mieux que personne combien sa foi était vive et sincère. Il n'en avait été que plus frappé de l'entretien de la veille, et en tout de la contenance qu'il lui avait trouvée. Il avait vu souvent mourir avec ostentation, jamais avec sérénité. Peut-être à l'intérêt qu'il prenait à elle se joignait-il un désir secret de voir si ce calme se soutiendrait jusqu'au bout.

Elle n'eut pas besoin de changer beaucoup le sujet de l'entretien, pour en amener un convenable au caractère du survenant. Comme ses conversations en pleine santé n'étaient jamais frivoles, elle ne faisait alors que continuer à traiter dans son lit avec la même tranquillité des sujets intéressants pour elle et pour ses amis ; elle agitait indifféremment des questions qui n'étaient pas indifférentes.

En suivant le fil de ses idées sur ce qui pouvait rester d'elle avec nous, elle nous parlait de ses anciennes réflexions sur l'état des âmes séparées des corps, elle admirait la simplicité des gens qui promettaient à leurs amis de venir leur donner des nouvelles de l'autre monde. Cela, disait-elle, est aussi raisonnable que les contes de revenants qui font mille désordres et tourmentent les bonnes femmes, comme si les esprits avaient des voix pour parler, et des mains pour battre [1] Comment un pur esprit agirait-il sur une âme

---

Platon dit qu'à la mort les âmes des justes qui n'ont point con-

enfermée dans un corps, et qui, en vertu de cette union, ne peut rien apercevoir que par l'entremise de ses organes? Il n'y a pas de sens à cela. Mais j'avoue que je ne vois point ce qu'il y a d'absurde à supposer qu'une âme libre d'un corps qui jadis habita la terre puisse y revenir encore, errer, demeurer peut-être autour de ce qui lui fut cher; non pas pour nous avertir de sa présence, elle n'a nul moyen pour cela; non pas pour agir sur nous et nous communiquer ses pensées, elle n'a point de prise pour ébranler les organes de notre cerveau; non pas pour apercevoir non plus ce que nous faisons, car il faudrait qu'elle eut des sens; mais pour connaître elle-même ce que nous pensons et ce que nous sentons, par une communication immédiate, semblable à celle par laquelle Dieu lit nos pensées dès cette vie, et par laquelle nous lirons réciproquement les siennes dans l'autre, puisque nous le verrons face à face [1]. Car enfin, ajouta-t-elle en regardant le ministre, à quoi serviraient des sens lorsqu'ils n'auront plus rien à faire? L'Être éternel ne se voit ni ne s'entend, il se fait sentir; il ne parle ni aux yeux ni aux oreilles, mais au cœur.

Je compris, à la réponse du pasteur et à quelques signes d'intelligence, qu'un des points ci-devant contestés entre eux était la résurrection des corps. Je m'aperçus aussi que je commençais à donner un peu plus d'attention aux articles de la religion de Julie, où la foi se rapprochait de la raison.

Elle se complaisait tellement à ces idées, que quand elle n'eût pas pris son parti sur ses anciennes opinions, c'eût été une cruauté d'en détruire une qui lui semblait si douce dans l'état où elle se trouvait. Cent fois, disait-elle, j'ai pris plus de plaisir à faire quelque bonne œuvre en imaginant ma mère présente qui lisait dans le cœur de sa fille et l'applaudissait. Il y a quelque chose de si consolant à vivre encore sous les yeux de ce qui nous fut cher!

tracte de souillure sur la terre se dégagent seules de la matière dans toute leur pureté. Quant à ceux qui se sont ici-bas asservis à leurs passions, il ajoute que leurs âmes ne reprennent point sitôt leur pureté primitive, mais qu'elles entraînent avec elles des parties terrestres qui les tiennent comme enchaînées autour des débris de leurs corps. Voilà, dit-il, ce qui produit ces simulacres sensibles qu'on voit quelquefois errants sur les cimetières, en attendant de nouvelles transmigrations. C'est une manie commune aux philosophes de tous les âges de nier ce qui est, et d'expliquer ce qui n'est pas.

[1] Cela me paraît très-bien dit : car qu'est-ce que voir Dieu face à face, si ce n'est lire dans la suprême Intelligence?

SIXIEME PARTIE.

Cela fait qu'il ne meurt qu'a moitié pour nous. Vous pouvez juger si durant ces discours la main de Claire était souvent serrée.

Quoique le pasteur répondit à tout avec beaucoup de douceur et de modération, et qu'il affectât même de ne la contrarier en rien, de peur qu'on ne prît son silence sur d'autres points pour un aveu, il ne laissa pas d'être ecclésiastique un moment, et d'exposer sur l'autre vie une doctrine opposée. Il dit que l'immensité, la gloire et les attributs de Dieu seraient le seul objet dont l'âme des bienheureux serait occupée; que cette contemplation sublime effacerait tout autre souvenir; qu'on ne se verrait point, qu'on ne se reconnaîtrait point, même dans le ciel; et qu'à cet aspect ravissant on ne songerait plus à rien de terrestre.

Cela peut être, reprit Julie : il y a si loin de la bassesse de nos pensées à l'essence divine, que nous ne pouvons juger des effets qu'elle produira sur nous quand nous serons en état de la contempler. Toutefois, ne pouvant maintenant raisonner que sur mes idées, j'avoue que je me sens des affections si chères, qu'il m'en couterait de penser que je ne les aurai plus. Je me suis même fait une espèce d'argument qui flatte mon espoir. Je me dis qu'une partie de mon bonheur consistera dans le témoignage d'une bonne conscience. Je me souviendrai donc de ce que j'aurai fait sur la terre; je me souviendrai donc aussi des gens qui m'y ont été chers, ils me le seront donc encore : ne les voir plus[1] serait une peine, et le séjour des bienheureux n'en admet point. Au reste, ajouta-t-elle en regardant le ministre d'un air assez gai, si je me trompe, un jour ou deux d'erreur seront bientôt passés : dans peu j'en saurai là-dessus plus que vous-même. En attendant, ce qu'il y a pour moi de très-sûr, c'est que tant que je me souviendrai d'avoir habité la terre, j'aimerai ceux que j'y ai aimés, et mon pasteur n'aura pas la dernière place.

Ainsi se passèrent les entretiens de cette journée, où la sécurité, l'espérance, le repos de l'âme brillèrent plus que jamais dans celle de Julie, et lui donnaient d'avance, au jugement du ministre, la paix des bienheureux, dont elle allait augmenter le nombre. Jamais elle ne fut plus tendre, plus vraie, plus caressante, plus

[1] Il est aisé de comprendre que par ce mot *voir* elle entend un pur acte de l'entendement, semblable à celui par lequel Dieu nous voit, et par lequel nous verrons Dieu. Les sens ne peuvent imaginer l'immédiate communication des esprits, mais la raison la conçoit très bien, et mieux, ce me semble, que la communication du mouvement dans les corps.

aimable, en un mot plus elle-même. Toujours du sens, toujours du sentiment, toujours la fermeté du sage, et toujours la douceur du chrétien. Point de prétention, point d'apprêt, point de sentence ; partout la naïve expression de ce qu'elle sentait, partout la simplicité de son cœur. Si quelquefois elle contraignait les plaintes que la souffrance aurait du lui arracher, ce n'était point pour jouer l'intrépidité stoïque, c'était de peur de navrer ceux qui étaient autour d'elle ; et quand les horreurs de la mort faisaient quelque instant pâtir la nature, elle ne cachait point ses frayeurs, elle se laissait consoler sitôt qu'elle était remise, elle consolait les autres. On voyait, on sentait son retour ; son air caressant le disait à tout le monde. Sa gaieté n'était point contrainte, sa plaisanterie même était touchante, on avait le sourire à la bouche et les yeux en pleurs. Ôtez cet effroi qui ne permet pas de jouir de ce qu'on va perdre, elle plaisait plus, elle était plus aimable qu'en santé même, et le dernier jour de sa vie en fut aussi le plus charmant.

Vers le soir elle eut encore un accident qui, bien que moindre que celui du matin, ne lui permit pas de voir longtemps ses enfants. Cependant elle remarqua qu'Henriette était changée. On lui dit qu'elle pleurait beaucoup et ne mangeait point. On ne la guérira pas de cela, dit-elle en regardant Claire, la maladie est dans le sang.

Se sentant bien revenue, elle voulut qu'on soupât dans sa chambre. Le médecin s'y trouva comme le matin. La Fanchon, qu'il fallait toujours avertir quand elle devait venir manger à notre table, vint ce soir-là sans se faire appeler. Julie s'en aperçut et sourit. Oui, mon enfant, lui dit-elle, soupe encore avec moi ce soir ; tu auras plus longtemps ton mari que ta maîtresse. Puis elle me dit : Je n'ai pas besoin de vous recommander Claude Anet. Non, repris-je, tout ce que vous avez honoré de votre bienveillance n'a pas besoin de m'être recommandé.

Le souper fut encore plus agréable que je ne m'y étais attendu. Julie, voyant qu'elle pouvait soutenir la lumière, fit approcher la table, et, ce qui semblait inconcevable dans l'état où elle était, elle eut appétit. Le médecin, qui ne voyait plus d'inconvénient à le satisfaire, lui offrit un blanc de poulet. Non, dit-elle ; mais je mangerais bien de cette ferra [1]. On lui en donna un petit morceau ; elle le mangea avec un peu de pain, et le trouva bon. Pen-

[1] Excellent poisson particulier au lac de Genève, et qu'on n'y trouve qu'en certain temps.

dant qu'elle mangeait il fallait voir madame d'Orbe la regarder ; il fallait le voir, car cela ne peut se dire. Loin que ce qu'elle avait mangé lui fit mal, elle en parut mieux le reste du souper : elle se trouva même de si bonne humeur, qu'elle s'avisa de remarquer, par forme de reproche, qu'il y avait longtemps que je n'avais bu de vin étranger. Donnez, dit elle, une bouteille de vin d'Espagne à ces messieurs. A la contenance du médecin, elle vit qu'il s'attendait à boire du vrai vin d'Espagne, et sourit encore en regardant sa cousine : j'aperçus aussi que, sans faire attention à tout cela, Claire de son côté commençait de temps à autre à lever les yeux avec un peu d'agitation tantôt sur Julie et tantôt sur Fanchon, à qui ces yeux semblaient dire ou demander quelque chose.

Le vin tardait à venir · on eut beau chercher la clef de la cave, on ne la trouva point ; et l'on jugea, comme il était vrai, que le valet de chambre du baron, qui en était chargé, l'avait emportée par mégarde. Après quelques autres informations, il fut clair que la provision d'un seul jour en avait duré cinq, et que le vin manquait sans que personne s'en fût aperçu, malgré plusieurs nuits de veille [1]. Le médecin tombait des nues. Pour moi, soit qu'il fallut attribuer cet oubli à la tristesse ou à la sobriété des domestiques, j'eus honte d'user avec de telles gens de précautions ordinaires ; je fis enfoncer la porte de la cave, et j'ordonnai que désormais tout le monde eût du vin à discrétion.

La bouteille arrivée, on en but. Le vin fut trouvé excellent. La malade en eut envie, elle en demanda une cuillerée avec de l'eau : le médecin le lui donna dans un verre, et voulut qu'elle le bût pur. Ici les coups d'œil devinrent plus fréquents entre Claire et la Fanchon ; mais comme à la dérobée, et craignant toujours d'en trop dire.

Le jeûne, la faiblesse, le régime ordinaire à Julie, donnèrent au vin une grande activité. Ah ! dit-elle, vous m'avez enivrée ! après avoir attendu si tard, ce n'était pas la peine de commencer ; car c'est un objet bien odieux qu'une femme ivre. En effet, elle se mit à babiller, très-sensément pourtant à son ordinaire, mais

[1] Lecteurs à beaux laquais, ne demandez point avec un ris moqueur où l'on avait pris ces gens-là. On vous a répondu d'avance : on ne les avait point pris, on les avait faits. Le problème entier dépend d'un point unique : trouvez seulement Julie, et tout le reste est trouvé. Les hommes en général ne sont point ceci ou cela, ils sont ce qu'on les fait être.

avec plus de vivacité qu'auparavant. Ce qu'il y avait d'étonnant, c'est que son teint n'était point allumé ; ses yeux ne brillaient que d'un feu modéré par la langueur de la maladie ; à la pâleur près, on l'aurait crue en santé. Pour lors l'émotion de Claire devint tout à fait visible. Elle levait un œil craintif alternativement sur Julie, sur moi, sur la Fanchon, mais principalement sur le médecin tous ces regards étaient autant d'interrogations qu'elle voulait et n'osait faire on eût dit toujours qu'elle allait parler, mais que la peur d'une mauvaise réponse la retenait ; son inquiétude était si vive qu'elle en paraissait oppressée

Fanchon, enhardie par tous ces signes, hasarda de dire, mais en tremblant et à demi-voix, qu'il semblait que madame avait un peu moins souffert aujourd'hui . que la dernière convulsion avait été moins forte. . que la soirée Elle resta interdite Et Claire, qui pendant qu'elle avait parlé tremblait comme la feuille, leva des yeux craintifs sur le médecin, les regards attachés aux siens, l'oreille attentive, et n'osant respirer, de peur de ne pas bien entendre ce qu'il allait dire.

Il eût fallu être stupide pour ne pas concevoir tout cela. Du Bosson se lève, va tâter le pouls de la malade, et dit : Il n'y a point là d'ivresse ni de fièvre, le pouls est fort bon. A l'instant Claire s'écrie, en tendant à demi les deux bras : Hé bien ! monsieur !... le pouls ?. . la fièvre ?... La voix lui manquait, mais ses mains écartées restaient toujours en avant ; ses yeux pétillaient d'impatience ; il n'y avait pas un muscle à son visage qui ne fût en action. Le médecin ne répond rien, reprend le poignet, examine les yeux, la langue, reste un moment pensif, et dit : Madame, je vous entends bien . il m'est impossible de dire à présent rien de positif ; mais si demain matin à pareille heure, elle est encore dans le même état, je réponds de sa vie. A ce mot Claire part comme un éclair, renverse deux chaises et presque la table, saute au cou du médecin, l'embrasse, le baise mille fois en sanglotant et pleurant à chaudes larmes, et toujours avec la même impétuosité, s'ôte du doigt une bague de prix, la met au sien malgré lui, et lui dit hors d'haleine . Ah ! monsieur, si vous nous la rendez, vous ne la sauverez pas seule.

Julie vit tout cela. Ce spectacle la déchira. Elle regarde son amie, et lui dit d'un ton tendre et douloureux · Ah ! cruelle, que tu me fais regretter la vie ! veux-tu me faire mourir désespérée ?

Faudra-t-il te preparer deux fois? Ce peu de mots fut un coup de foudre; il amortit aussitôt les transports de joie, mais il ne put étouffer tout à fait l'espoir renaissant.

En un instant la réponse du médecin fut sue par toute la maison. Ces bonnes gens crurent déjà leur maîtresse guérie. Ils résolurent tout d'une voix de faire au médecin, si elle en revenait, un présent en commun, pour lequel chacun donna trois mois de ses gages; et l'argent fut sur-le-champ consigné dans les mains de la Fanchon, les uns prêtant aux autres ce qui leur manquait pour cela. Cet accord se fit avec tant d'empressement, que Julie entendait de son lit le bruit de leurs acclamations. Jugez de l'effet dans le cœur d'une femme qui se sent mourir ! Elle me fit signe, et me dit à l'oreille : On m'a fait boire jusqu'à la lie la coupe amère et douce de la sensibilité.

Quand il fut question de se retirer, madame d'Orbe, qui partagea le lit de sa cousine comme les deux nuits précédentes, fit appeler sa femme de chambre pour relayer cette nuit la Fanchon; mais celle-ci s'indigna de cette proposition, plus même, ce me sembla, qu'elle n'eût fait si son mari ne fût pas arrivé. Madame d'Orbe s'opiniâtra de son côté, et les deux femmes de chambre passèrent la nuit ensemble dans le cabinet je la passai dans la chambre voisine; et l'espoir avait tellement ranimé le zèle, que ni par ordre ni par menaces je ne pus envoyer coucher un seul domestique : ainsi toute la maison resta sur pied cette nuit avec une telle impatience, qu'il y avait peu de ses habitants qui n'eussent donné beaucoup de leur vie pour être à neuf heures du matin.

J'entendis durant la nuit quelques allées et venues qui ne m'alarmèrent pas; mais sur le matin que tout était tranquille, un bruit sourd frappa mon oreille J'écoute, je crois distinguer des gémissements. J'accours, j'entre, j'ouvre le rideau... Saint-Preux !.. cher Saint-Preux !.. je vois les deux amies sans mouvement et se tenant embrassées, l'une évanouie et l'autre expirante Je m'écrie, je veux retarder ou recueillir son dernier soupir, je me précipite. Elle n'était plus.

Adorateur de Dieu, Julie n'était plus... Je ne vous dirai pas ce qui se fit durant quelques heures; j'ignore ce que je devins moi-même. Revenu du premier saisissement, je m'informai de madame d'Orbe. J'appris qu'il avait fallu la porter dans sa chambre, et même l'y renfermer; car elle rentrait à chaque instant dans celle de Julie, se jetait sur son corps, le rechauffait du sien, s'efforçait de le ranimer, le pressait, s'y collait avec une espece de rage, l'appelait a grands cris de mille noms passionnés, et nourrissait son desespoir de tous ces efforts inutiles.

En entrant je la trouvai tout a fait hors de sens, ne voyant rien, n'entendant rien, ne connaissant personne, se roulant par la chambre en se tordant les mains et mordant les pieds des chaises, murmurant d'une voix sourde quelques paroles extravagantes, puis poussant par longs intervalles des cris aigus qui faisaient tressaillir Sa femme de chambre au pied de son lit, consternée, epouvantée, immobile, n'osant souffler, cherchait a se cacher d'elle, et tremblait de tout son corps. En effet, les convulsions dont elle était agitée avaient quelque chose d'effrayant Je fis signe a la femme de chambre de se retirer, car je craignais qu'un seul mot de consolation lâche mal a propos ne la mit en fureur.

Je n'essayai pas de lui parler, elle ne m'eût point ecoute ni meme entendu; mais au bout de quelque temps, la voyant épuisée de fatigue, je la pris et la portai dans un fauteuil; je m'assis auprès d'elle en lui tenant les mains; j'ordonnai qu'on amenat les enfants, et les fis venir autour d'elle. Malheureusement le premier qu'elle aperçut fut précisement la cause innocente de la mort de son amie. Cet aspect la fit frémir Je vis ses traits s'alterer, ses regards s'en détourner avec une espece d horreur, et ses bras en contraction se roidir pour le repousser. Je tirai l'enfant a moi. Infortuné! lui dis-je, pour avoir eté trop cher a l'une tu deviens odieux a l'autre. elles n'eurent pas en tout le même cœur Ces mots l irriterent violemment, et m'en attirerent de tres-piquants Ils ne laisserent pourtant pas de faire impression Elle prit l'enfant dans ses bras et s efforça de le caresser ce fut en vain; elle le rendit presque au même instant; elle continue meme a le voir avec moins de plaisir que l'autre, et je suis bien aise que ce ne soit pas celui-la qu'on a destiné a sa fille.

Gens sensibles, qu'eussiez-vous fait a ma place? ce que faisait madame d'Orbe. Apres avoir mis ordre aux enfants, a madame d'Orbe, aux funerailles de la seule personne que j'aie aimée, il fallut monter a cheval, et partir, la mort dans le cœur, pour la porter au plus deplorable pere. Je le trouvai souffrant de sa chute, agité, troublé de l'accident de sa fille je le laissai accablé de douleur, de ces douleurs de vieillard, qu'on n'aperçoit pas au dehors, qui n'excitent ni gestes ni cris, mais qui tuent. Il n'y résistera jamais, j'en suis sûr, et je prévois de loin le dernier coup qui manque au malheur de son ami. Le lendemain je fis toute la diligence possible, pour être de retour de bonne heure et rendre les derniers honneurs à la plus digne des femmes. Mais tout n'était pas dit encore. Il fallait qu'elle ressuscitât, pour me donner l'horreur de la perdre une seconde fois.

En approchant du logis je vois un de mes gens accourir à perte d'haleine, et s'écrier d'aussi loin que je pus l'entendre : Monsieur, monsieur, hâtez-vous; madame n'est pas morte. Je ne compris rien à ce propos insensé : j'accours toutefois! Je vois la cour pleine de gens qui versaient des larmes de joie, en donnant à grands cris des bénédictions à madame de Wolmar. Je demande ce que c'est; tout le monde est dans le transport, personne ne peut me répondre : la tête avait tourné à mes propres gens. Je monte à pas précipités dans l'appartement de Julie : je trouve plus de vingt personnes à genoux autour de son lit et les yeux fixes sur elle. Je m'approche ; je la vois sur ce lit habillée et parée ; le cœur me bat je l'examine... Hélas! elle était morte! Ce moment de fausse joie sitôt et si cruellement éteint fut le plus amer de ma vie. Je ne suis pas colère : je me sentis vivement irrité. Je voulus savoir le fond de cette extravagante scène. Tout était déguisé, altéré, changé j'eus toute la peine du monde à démêler la vérité. Enfin j'en vins à bout ; et voici l'histoire du prodige.

Mon beau-père, alarmé de l'accident qu'il avait appris, et croyant pouvoir se passer de son valet de chambre, l'avait envoyé, un peu avant mon arrivée auprès de lui, savoir des nouvelles de sa fille. Le vieux domestique, fatigué du cheval, avait pris un bateau, et, traversant le lac pendant la nuit, était arrivé à Clarens le matin même de mon retour. En arrivant il voit la consternation, il en apprend le sujet : il monte en gémissant à la chambre de Julie, il se met à genoux au pied de son lit, il la regarde, il pleure, il la contemple. Ah! ma bonne maîtresse! ah! que Dieu ne m'a-t-il pris au lieu de vous! Moi qui suis vieux, qui ne tiens à rien, qui ne suis bon à rien, que fais-je sur la terre? Et vous qui étiez jeune, qui faisiez la gloire de votre famille, le bonheur de votre maison, l'espoir des malheureux. hélas! quand je vous vis naître, était-ce pour vous voir mourir?

Au milieu des exclamations que lui arrachaient son zèle et son bon cœur, les yeux toujours collés sur ce visage, il crut apercevoir un mouvement. son imagination se frappe ; il voit Julie tourner les yeux, le regarder, lui faire un signe de tête. Il se lève avec transport, et court par toute la maison en criant que madame n'est pas morte, qu'elle l'a reconnu, qu'il en est sûr, qu'elle en reviendra Il n'en fallut pas davantage ; tout le monde accourt, les voisins, les pauvres, qui faisaient retentir l'air de leurs lamentations ; tous s'écrient. Elle n'est pas morte ! Le bruit s'en repand et s'augmente · le peuple, ami du merveilleux, se prête avidement à la nouvelle, on la croit comme on la désire, chacun cherche à se faire fête en appuyant la crédulité commune Bientôt la défunte n'avait pas seulement fait signe, elle avait agi, elle avait parlé, et il y avait vingt témoins oculaires de faits circonstanciés qui n'arrivèrent jamais

Sitôt qu'on crut qu'elle vivait encore, on fit mille efforts pour la ranimer ; on s'empressait autour d'elle, on lui parlait, on l'inondait d'eaux spiritueuses, on touchait si le pouls ne revenait point. Ses femmes, indignées que le corps de leur maîtresse restât environné d'hommes dans un état si négligé, firent sortir tout le monde, et ne tardèrent pas à connaître combien on s'abusait. Toutefois ne pouvant se résoudre à détruire une erreur si chère, peut-être espérant encore elles-mêmes quelque événement miraculeux, elles vêtirent le corps avec soin, et quoique sa garde-robe leur eût été laissée, elles lui prodiguèrent la parure ; ensuite l'exposant sur un lit, et laissant les rideaux ouverts, elles se remirent à la pleurer au milieu de la joie publique

C'était au plus fort de cette fermentation que j'étais arrivé. Je reconnus bientôt qu'il était impossible de faire entendre raison à la multitude ; que si je faisais fermer la porte et porter le corps à la sépulture, il pourrait arriver du tumulte ; que je passerais au moins pour un mari parricide qui faisait enterrer sa femme en vie, et que je serais en horreur dans tout le pays Je résolus d'attendre. Cependant, après plus de trente-six heures, par l'extrême chaleur qu'il faisait, les chairs commençaient à se corrompre, et quoique le visage eût gardé ses traits et sa douceur, on y voyait déjà quelques signes d'altération. Je le dis à madame d'Orbe, qui restait demi-morte au chevet du lit. Elle n'avait pas le bonheur d'être la dupe d'une illusion si grossière, mais elle feignit de s'y prêter, pour avoir un pretexte d'être incessamment dans la chambre, d'y navrer son cœur à plaisir, de l'y repaître de ce mortel spectacle, de s'y rassasier de douleur.

Elle m'entendit, et prenant son parti sans rien dire, elle sortit de la chambre. Je la vis rentrer un moment après, tenant un voile d'or brodé de perles, que vous lui aviez apporté des Indes [1]. Puis s'approchant du lit, elle baisa le voile, en couvrit en pleurant la face de son amie, et s'écria d'une voix éclatante : « Maudite soit « l'indigne main qui jamais levera ce voile! maudit soit l'œil impie « qui verra ce visage defiguré! » Cette action, ces mots, frappèrent tellement les spectateurs, qu'aussitôt, comme par une inspiration soudaine, la même imprécation fut répétée par mille cris. Elle a fait tant d'impression sur tous nos gens et sur tout le peuple, que la défunte ayant été mise au cercueil dans ses habits et avec les plus grandes précautions, elle a été portée et inhumée dans cet état, sans qu'il se soit trouvé personne assez hardi pour toucher au voile [2].

Le sort du plus à plaindre est d'avoir encore à consoler les autres. C'est ce qui me reste à faire auprès de mon beau-père, de madame d'Orbe, des amis, des parents, des voisins, et de mes propres gens. Le reste n'est rien; mais mon vieux ami ! mais madame d'Orbe ! il faut voir l'affliction de celle-ci pour juger de ce qu'elle ajoute à la mienne. Loin de me savoir gré de mes soins, elle me les reproche; mes attentions l'irritent, ma froide tristesse l'aigrit, il lui faut des regrets amers semblables aux siens, et sa douleur barbare voudrait voir tout le monde au desespoir. Ce qu'il y a de plus désolant est qu'on ne peut compter sur rien avec elle, et ce qui la soulage un moment la dépite un moment après. Tout ce qu'elle fait, tout ce qu'elle dit approche de la folie, et sera risible pour des gens de sang-froid. J'ai beaucoup à souffrir, je ne me rebuterai jamais. En servant ce qu'aima Julie, je crois l'honorer mieux que par des pleurs.

---

[1] On voit assez que c'est le songe de Saint-Preux, dont madame d'Orbe avait l'imagination toujours pleine, qui lui suggère l'expédient de ce voile. Je crois que si l'on y regardait de bien près, on trouverait ce même rapport dans l'accomplissement de beaucoup de prédictions. L'évenement n'est pas prédit, parce qu'il arrivera; mais il arrive parce qu'il a été prédit.

[2] Le peuple du pays de Vaud, quoique protestant, ne laisse pas d'être extrêmement superstitieux.

Un seul trait vous fera juger des autres. Je croyais avoir tout fait en engageant Claire a se conserver pour remplir les soins dont la chargea son amie. Extenuée d'agitations, d'abstinences, de veilles, elle semblait enfin resolue a revenir sur elle meme, a recommencer sa vie ordinaire, a reprendre ses repas dans la salle a manger. La premiere fois qu'elle y vint, je fis diner les enfants dans leur chambre, ne voulant pas courir le hasard de cet essai devant eux : car le spectacle des passions violentes de toute espece est un des plus dangereux qu'on puisse offrir aux enfants Ces passions ont toujours dans leurs exces quelque chose de puéril qui les amuse, qui les séduit, et leur fait aimer ce qu'ils devraient craindre ¹ Ils n'en avaient deja que trop vu.

En entrant elle jeta un coup d'œil sur la table et vit deux couverts : a l'instant elle s'assit sur la premiere chaise qu'elle trouva derriere elle, sans vouloir se mettre a table ni dire la raison de ce caprice. Je crus la deviner, et je fis mettre un troisieme couvert a la place qu'occupait ordinairement sa cousine. Alors elle se laissa prendre par la main et mener a table sans resistance, rangeant sa robe avec soin, comme si elle eût craint d'embarrasser cette place vide. A peine avait-elle porte la premiere cuillerée de potage a sa bouche, qu'elle la repose, et demande d'un ton brusque ce que faisait la ce couvert, puisqu'il n'était point occupé. Je lui dis qu'elle avait raison, et fis oter le couvert. Elle essaya de manger, sans pouvoir en venir a bout. Peu a peu son cœur se gonflait, sa respiration devenait haute et ressemblait a des soupirs. Enfin elle se leva tout a coup de table, s'en retourna dans sa chambre sans dire un seul mot, ni rien ecouter de tout ce que je voulus lui dire, et de toute la journée elle ne prit que du thé.

Le lendemain ce fut a recommencer. J'imaginai un moyen de la ramener a la raison par ses propres caprices, et d'amollir la dureté du desespoir par un sentiment plus doux. Vous savez que sa fille ressemble beaucoup a madame de Wolmar. Elle se plaisait a marquer cette ressemblance par des robes de meme etoffe, et elle leur avait apporte de Geneve plusieurs ajustements semblables, dont elles se paraient les mêmes jours. Je fis donc habiller Henriette le plus a l'imitation de Julie qu'il fut possible ; et, apres l'avoir bien

---

¹ Voila pourquoi nous aimons tous le theatre, et plusieurs d'entre nous les romans

instruite, je lui fis occuper à table le troisième couvert qu'on avait mis comme la veille.

Claire, au premier coup d'œil, comprit mon intention ; elle en fut touchée ; elle me jeta un regard tendre et obligeant. Ce fut là le premier de mes soins auquel elle parut sensible, et j'augurai bien d'un expédient qui la disposait à l'attendrissement.

Henriette, fière de représenter sa petite maman, joua parfaitement son rôle, et si parfaitement que je vis pleurer les domestiques. Cependant elle donnait toujours à sa mère le nom de maman, et lui parlait avec le respect convenable ; mais, enhardie par le succès, et par mon approbation qu'elle remarquait fort bien, elle s'avisa de porter la main sur une cuiller, et de dire dans une saillie : Claire, veux tu de cela? Le geste et le ton de voix furent imités au point que sa mère en tressaillit. Un moment après, elle part d'un grand éclat de rire, tend son assiette en disant, Oui, mon enfant, donne ; tu es charmante. Et puis elle se mit à manger avec une avidité qui me surprit. En la considérant avec attention, je vis de l'égarement dans ses yeux, et dans son geste un mouvement plus brusque et plus décidé qu'à l'ordinaire. Je l'empêchai de manger davantage ; et je fis bien, car une heure après elle eut une violente indigestion qui l'eut infailliblement étouffée si elle eût continué de manger. Dès ce moment je résolus de supprimer tous ces jeux, qui pouvaient allumer son imagination au point qu'on n'en serait plus maître. Comme on guérit plus aisément de l'affliction que de la folie, il vaut mieux la laisser souffrir davantage, et ne pas exposer sa raison.

Voilà, mon cher, à peu près où nous en sommes. Depuis le retour du baron, Claire monte chez lui tous les matins, soit tandis que j'y suis, soit quand j'en sors : ils passent une heure ou deux ensemble, et les soins qu'elle lui rend facilitent un peu ceux qu'on prend d'elle. D'ailleurs elle commence à se rendre plus assidue auprès des enfants. Un des trois a été malade, précisément celui qu'elle aime le moins. Cet accident lui a fait sentir qu'il lui reste des pertes à faire, et lui a rendu le zèle de ses devoirs. Avec tout cela elle n'est pas encore au point de la tristesse ; les larmes ne coulent pas encore on vous attend pour en répandre ; c'est à vous de les essuyer. Vous devez m'entendre. Pensez au dernier conseil de Julie : il est venu de moi le premier, et je le crois plus que jamais utile et sage Venez vous réunir à tout ce qui reste d'elle Son père, son amie, son mari, ses enfants, tout vous attend, tout vous désire; vous êtes nécessaire à tous. Enfin, sans m'expliquer davantage, venez partager et guérir mes ennuis : je vous devrai peut-être plus que personne.

XII. — DE JULIE A SAINT-PREUX

Cette lettre était incluse dans la précédente

Il faut renoncer à nos projets. Tout est changé, mon bon ami souffrons ce changement sans murmure; il vient d'une main plus sage que nous. Nous songions à nous réunir : cette réunion n'était pas bonne. C'est un bienfait du ciel de l'avoir prévenue; sans doute il prévient des malheurs.

Je me suis longtemps fait illusion. Cette illusion me fut salutaire; elle se détruit au moment que je n'en ai plus besoin. Vous m'avez crue guérie, et j'ai cru l'être. Rendons graces à celui qui fit durer cette erreur autant qu'elle était utile : qui sait si, me voyant si près de l'abîme la tête, ne m'eût point tourné? Oui, j'eus beau vouloir étouffer le premier sentiment qui m'a fait vivre, il s'est concentré dans mon cœur. Il s'y reveille au moment qu'il n'est plus à craindre; il me soutient quand mes forces m'abandonnent; il me ranime quand je me meurs. Mon ami, je fais cet aveu sans honte, ce sentiment resté malgré moi fut involontaire : il n'a rien coûté à mon innocence; tout ce qui dépend de ma volonté fut pour mon devoir : si le cœur qui n'en dépend pas fut pour vous, ce fut mon tourment, et non pas mon crime. J'ai fait ce que j'ai dû faire; la vertu me reste sans tache, et l'amour m'est resté sans remords.

J'ose m'honorer du passé : mais qui m'eût pu répondre de l'avenir? Un jour de plus peut-être, et j'étais coupable! Qu'était-ce de la vie entière passée avec vous? Quels dangers j'ai courus sans le savoir! à quels dangers plus grands j'allais être exposée! Sans doute je sentais pour moi les craintes que je croyais sentir pour vous. Toutes les épreuves ont été faites; mais elles pouvaient trop revenir. N'ai-je pas assez vécu pour le bonheur et pour la vertu? Que me restait-il d'utile à tirer de la vie? En me l'ôtant le ciel ne m'ôte plus rien de regrettable, et met mon honneur à couvert. Mon ami, je pars au moment favorable, contente de vous et de moi; je pars avec joie, et ce départ n'a rien de cruel. Après tant de sacrifices je compte pour peu celui qui me reste à faire ; ce n'est que mourir une fois de plus.

Je prévois vos douleurs, je les sens : vous restez à plaindre, je le sais trop ; et le sentiment de votre affliction est la plus grande peine que j'emporte avec moi. Mais voyez aussi que de consolations je vous laisse ! Que de soins à remplir envers celle qui vous fut chère vous font un devoir de vous conserver pour elle ! Il vous reste à la servir dans la meilleure partie d'elle-même. Vous ne perdez de Julie que ce que vous en avez perdu depuis longtemps. Tout ce qu'elle eut de meilleur vous reste. Venez vous réunir à sa famille. Que son cœur demeure au milieu de vous. Que tout ce qu'elle aima se rassemble pour lui donner un nouvel être. Vos soins, vos plaisirs, votre amitié, tout sera son ouvrage. Le nœud de votre union formé par elle la fera revivre ; elle ne mourra qu'avec le dernier de tous.

Songez qu'il vous reste une autre Julie, et n'oubliez pas ce que vous lui devez. Chacun de vous va perdre la moitié de sa vie, unissez-vous pour conserver l'autre ; c'est le seul moyen qui vous reste à tous deux de me survivre, en servant ma famille et mes enfants. Que ne puis-je inventer des nœuds plus étroits encore pour unir tout ce qui m'est cher ! Combien vous devez l'être l'un à l'autre ! Combien cette idée doit renforcer votre attachement mutuel ! Vos objections contre cet engagement vont être de nouvelles raisons pour le former. Comment pourrez-vous jamais vous parler de moi sans vous attendrir ensemble ? Non, Claire et Julie seront si bien confondues, qu'il ne sera plus possible à votre cœur de les séparer. Le sien vous rendra tout ce que vous aurez senti pour son amie ; elle en sera la confidente et l'objet : vous serez heureux par celle qui vous restera, sans cesser d'être fidèle à celle que vous aurez perdue ; et après tant de regrets et de peines, avant que l'âge de vivre et d'aimer se passe, vous aurez brûlé d'un feu légitime et joui d'un bonheur innocent.

C'est dans ce chaste lien que vous pourrez, sans distractions et sans craintes, vous occuper des soins que je vous laisse, et après lesquels vous ne serez plus en peine de dire quel bien vous aurez fait ici-bas. Vous le savez, il existe un homme digne du bonheur auquel il ne sait pas aspirer. Cet homme est votre libérateur, le mari de l'amie qu'il vous a rendue. Seul, sans intérêt à la vie, sans attente de celle qui la suit, sans plaisir, sans consolation, sans espoir, il sera bientôt le plus infortuné des mortels. Vous lui devez les soins qu'il a pris de vous, et vous savez ce qui peut les rendre utiles Souvenez-vous de ma lettre précédente. Passez vos jours avec lui. Que rien de ce qui m'aima ne le quitte. Il vous a rendu le gout de la vertu, montrez lui-en l'objet et le prix. Soyez chretien, pour l'engager a l'etre. Le succes est plus pres que vous ne pensez : il a fait son devoir, je ferai le mien, faites le votre. Dieu est juste ; ma confiance ne me trompera pas.

Je n'ai qu'un mot a vous dire sur mes enfants. Je sais quels soins va vous couter leur éducation, mais je sais bien aussi que ces soins ne vous seront pas penibles. Dans les moments de dégout inseparables de cet emploi, dites-vous, ils sont les enfants de Julie ; il ne vous coutera plus rien M. de Wolmar vous remettra les observations que j'ai faites sur votre memoire et sur le caractere de mes deux fils. Cet écrit n'est que commencé : je ne vous le donne pas pour regle, je le soumets a vos lumieres. N'en faites point des savants, faites-en des hommes bienfaisants et justes. Parlez-leur quelquefois de leur mere... vous savez s'ils lui etaient chers. . Dites a Marcellin qu'il ne m'en couta pas de mourir pour lui Dites a son frere que c'était pour lui que j'aimais la vie. Dites-leur. Je me sens fatiguée. Il faut finir cette lettre. En vous laissant mes enfants je m'en separe avec moins de peine ; je crois rester avec eux.

Adieu, adieu, mon doux ami... Helas ! j'acheve de vivre comme j'ai commence. J'en dis trop peut-etre en ce moment ou le cœur ne déguise plus rien... Eh ! pourquoi craindrais-je d'exprimer tout ce que je sens ? Ce n'est plus moi qui te parle ; je suis deja dans les bras de la mort. Quand tu verras cette lettre, les vers rongeront le visage de ton amante, et son cœur ou tu ne seras plus Mais mon ame existerait-elle sans toi ? sans toi, quelle felicite gouterais-je ? Non, je ne te quitte pas, je vais t'attendre La vertu qui nous sépara sur la terre nous unira dans le sejour eternel. Je meurs dans cette douce attente trop heureuse d'acheter au prix de ma vie le droit de t'aimer toujours sans crime, et de te le dire encore une fois.

XIII. — DE MADAME D'ORBE A SAINT-PREUX.

J'apprends que vous commencez a vous remettre assez pour qu'on puisse esperer de vous voir bientot ici Il faut, mon ami, faire effort sur votre faiblesse ; il faut tacher de passer les monts avant que l'hiver acheve de vous les fermer. Vous trouverez en ce pays l'air qui vous convient ; vous n'y verrez que douleur et tristesse, et peut-etre l'affliction commune sera-t-elle un soulagement pour la votre. La mienne pour s'exhaler a besoin de vous : moi seule je ne puis ni pleurer, ni parler, ni me faire entendre. Wolmar m'entend, et ne me répond pas. La douleur d'un pere infortuné se concentre en lui-meme ; il n'en imagine pas une plus cruelle ; il ne la sait ni voir ni sentir : il n'y a plus d'épanchement pour les vieillards. Mes enfants m'attendrissent, et ne savent pas s'attendrir. Je suis seule au milieu de tout le monde ; un morne silence regne autour de moi. Dans mon stupide abattement je n'ai plus de commerce avec personne ; je n'ai qu'assez de force et de vie pour sentir les horreurs de la mort. O venez, vous qui partagez ma perte, venez partager mes douleurs ! venez nourrir mon cœur de vos regrets, venez l'abreuver de vos larmes c'est la seule consolation que je puisse attendre, c'est le seul plaisir qui me reste a goûter.

Mais avant que vous arriviez, et que j'apprenne votre avis sur un projet dont je sais qu'on vous a parlé, il est bon que vous sachiez le mien d'avance. Je suis ingenue et franche, je ne veux rien vous dissimuler. J'ai eu de l'amour pour vous, je l'avoue, peut-etre en ai-je encore, peut-etre en aurai-je toujours ; je ne le sais ni ne le veux savoir On s'en doute, je ne l'ignore pas ; je ne m'en fâche ni ne m'en soucie Mais voici ce que j'ai a vous dire et que vous devez bien retenir : c'est qu'un homme qui fut aimé de Julie d'Étange, et pourrait se résoudre a en épouser une autre, n'est a mes yeux qu'un indigne et un lache que je tiendrais a déshonneur d'avoir pour ami : et quant a moi, je vous declare que tout homme, quel qu'il puisse etre, qui desormais m'osera parler d'amour, ne m'en reparlera de sa vie.

Songez aux soins qui vous attendent, aux devoirs qui vous sont imposés, a celle a qui vous les avez promis. Ses enfants se forment et grandissent, son pere se consume insensiblement, son mari s'inquiete et s'agite. Il a beau faire, il ne peut la croire aneantie ; son cœur, malgre qu'il en ait, se révolte contre sa vaine raison. Il parle d'elle, il lui parle, il soupire Je crois deja voir s'accomplir les vœux qu'elle a faits tant de fois ; et c'est a vous d'achever ce grand ouvrage. Quels motifs pour vous attirer ici l'un et l'autre ! Il est bien digne du généreux Édouard que nos malheurs ne lui aient pas fait changer de résolution.

Venez donc, chers et respectables amis, venez vous réunir à tout ce qui reste d'elle. Rassemblons tout ce qui lui fut cher. Que son esprit nous anime, que son cœur joigne tous les nôtres ; vivons toujours sous ses yeux. J'aime à croire que du lieu qu'elle habite, du séjour de l'éternelle paix, cette âme encore aimante et sensible se plait à revenir parmi nous, à retrouver ses amis pleins de sa mémoire, à les voir imiter ses vertus, à s'entendre honorer par eux, à les sentir embrasser sa tombe et gémir en prononçant son nom. Non, elle n'a point quitté ces lieux qu'elle nous rendit si charmants ; ils sont encore tout remplis d'elle. Je la vois sur chaque objet, je la sens à chaque pas ; à chaque instant du jour j'entends les accents de sa voix. C'est ici qu'elle a vécu, c'est ici que repose sa cendre... la moitié de sa cendre. Deux fois la semaine, en allant au temple... j'aperçois... j'aperçois le lieu triste et respectable... Beauté, c'est donc la ton dernier asile !... Confiance, amitié, vertus, plaisirs, folâtres jeux, la terre a tout englouti... Je me sens entraînée... j'approche en frissonnant... je crains de fouler cette terre sacrée... je crois la sentir palpiter et frémir sous mes pieds... j'entends murmurer une voix plaintive !... Claire ! ô ma Claire ! où es-tu ? que fais-tu ? loin de ton amie ?... Son cercueil ne la contient pas tout entière... il attend le reste de sa proie... il ne l'attendra pas longtemps [1].

[1] En achevant de relire ce recueil, je crois voir pourquoi l'intérêt, tout faible qu'il est, m'en est si agréable, et le sera, je pense, à tout lecteur d'un bon naturel : c'est qu'au moins ce faible intérêt est pur et sans mélange de peine, qu'il n'est point excité par des noirceurs, par des crimes, ni mêlé du tourment de haïr. Je ne saurais concevoir quel plaisir on peut prendre à imaginer et composer le personnage d'un scélérat, à se mettre à sa place tandis qu'on le représente, à lui prêter l'éclat le plus imposant. Je plains beaucoup les auteurs de tant de tragédies pleines d'horreurs, lesquels passent leur vie à faire agir et parler des gens qu'on ne peut écouter ni voir sans souffrir. Il me semble qu'on devrait gémir d'être condamné à un travail si cruel ; ceux qui s'en font un amusement doivent être bien dévorés du zèle de l'utilité publique. Pour moi, j'admire de bon cœur leurs talents et leurs beaux génies, mais je remercie Dieu de ne me les avoir pas donnés.

FIN DE LA SIXIÈME ET DERNIÈRE PARTIE.

LIBRAIRIE DE **FIRMIN DIDOT FRÈRES**, RUE JACOB 56
Imprimeurs de l'Institut

CHEFS-D'ŒUVRE DE LA LITTERATURE FRANÇAISE.

32 Volumes grand in-18, formát anglais avec Portraits

Prix TROIS FRANCS *le volume*

Il paraît un volume tous les 15 jours

CHOIX DES OUVRAGES.

Poètes (11 olumes)

	vol
MALHERBE, J. B. ROUSSEAU	1
BOILEAU	1
CORNEILLE	2
RACINE	1
MOLIÈRE	2
LA FONTAINE, Fables, etc	1
VOLTAIRE, Henriade, etc	1
— Theatre	1
— Poesies	1

Prosateurs (21 volumes)

	vol
PASCAL, Provinciales	1
— Pensees, suivies des Pensees de NICOLE et du Traité de la Paix avec les hommes	1
FENELON, Telemaque et fables	1
BOSSUET, Histoire Universelle	1
— Oraisons Funebres, etc	1
MASSILLON, Œuvres choisies	1
LA BRUYÈRE	1
SEVIGNE	2
LE SAGE, Gil Blas	1
MONTESQUIEU, Grandeur des Romains, Lettres Persanes	1
VOLTAIRE, Siecle de Louis XIV et de Louis XV, etc	2
— Charles XII et Histoire de Russie	1
— Romans	2
ROUSSEAU, Nouvelle Heloise	1
BUFFON, choix	2
BEAUMARCHAIS	1
BERNARDIN DE SAINT PIERRE	2

Notre grande publication de la BIBLIOTHÈQUE FRANÇAISE, composée des Œuvres Completes de nos plus celèbres écrivains étant presque achevée, nous croyons devoir publier dans un format plus portatif, un choix des principaux chefs d'œuvre qu'elle contient

Ce choix est restreint à 32 volumes et se compose des ouvrages que chacun doit connaitre et qui sont perpétuellement relus par tout homme de gout. Chaque volume se vend separement

www.ingramcontent.com/pod-product-compliance
Lightning Source LLC
Chambersburg PA
CBHW061956300426
44117CB00010B/1362